A TRADIÇÃO DO BUDISMO

CB039016

Frontispício: O "Pagode da Paz", em Battersea Park, Londres.

Peter Harvey

A TRADIÇÃO DO BUDISMO

História, Filosofia, Literatura, Ensinamentos e Práticas

Tradução
Claudia Gerpe Duarte
Eduardo Gerpe Duarte

Editora Cultrix
SÃO PAULO

Título do original: *An Introduction to Buddhism – Teachings, History and Practices.*
Copyright © 2013 Peter Harvey.
Publicado mediante acordo com Cambridge University Press.
Copyright da edição brasileira © 2019 Editora Pensamento-Cultrix Ltda.
1ª edição 2019. / **2ª** reimpressão 202**4**.
Todos os direitos reservados. Nenhuma parte desta obra pode ser reproduzida ou usada de qualquer forma ou por qualquer meio, eletrônico ou mecânico, inclusive fotocópias, gravações ou sistema de armazenamento em banco de dados, sem permissão por escrito, exceto nos casos de trechos curtos citados em resenhas críticas ou artigos de revistas.

A Editora Cultrix não se responsabiliza por eventuais mudanças ocorridas nos endereços convencionais ou eletrônicos citados neste livro.
Editor: Adilson Silva Ramachandra
Gerente editorial: Roseli de S. Ferraz
Preparação de originais: Alessandra Miranda de Sá
Revisão técnica e de tradução: Marcelo Brandão Cipolla
Produção editorial: Indiara Faria Kayo
Editoração eletrônica: Mauricio Pareja Silva
Revisão: Bárbara Parente

Dados Internacionais de Catalogação na Publicação (CIP)
(Câmara Brasileira do Livro, SP, Brasil)

Harvey, Peter
A tradição do budismo : história, filosofia, literatura, ensinamentos e práticas / Peter Harvey ; tradução Claudia Gerpe Duarte, Eduardo Gerpe Duarte. — São Paulo : Cultrix, 2019.

Título original: An introduction to Buddhism : teachings, history and practices.
Bibliografia.
ISBN 978-85-316-1509-2
1. Budismo I. Título.

19-25520 CDD-294.3

Índices para catálogo sistemático:
1. Budismo 294.3
Cibele Maria Dias — Bibliotecária — CRB-8/9427

Direitos de tradução para o Brasil adquiridos com exclusividade
pela EDITORA PENSAMENTO-CULTRIX LTDA., que se reserva a
propriedade literária desta tradução.
Rua Dr. Mário Vicente, 368 — 04270-000 — São Paulo, SP
Fone: (11) 2066-9000
http://www.editoracultrix.com.br
E-mail: atendimento@editoracultrix.com.br
Foi feito o depósito legal.

Que qualquer fruição kármica (*puñña*) gerada por eu ter escrito este livro reverta em benefício de meus pais, minha esposa e minha filha, de todos os que lerem este livro e, na verdade, de todos os seres.

Namo tassa Bhagavato Arahato Sammā-sambuddhassa

Presto homenagem ao Abençoado, *Arahat*,
perfeita e completamente Desperto!

O autor (segundo a partir da direita) acompanhado por dois professores do Samatha Trust em um festival no Ratanagiri Vihāra, em Northumberland, Reino Unido, dando esmolas a Ajahn Sumedho, então presidente do Forest Sangha.

SUMÁRIO

Ilustrações 13
Tabelas 15
Prefácio do Autor à esta Edição e Agradecimentos 17
Nota sobre as Línguas e a Pronúncia 20
Abreviaturas 23

Introdução 31

1 O Buda e seu Contexto Indiano 37
Panorama da vida do Buda 37
A vida do Buda 43
A natureza e o papel do Buda 56
A natureza e o estilo do ensinamento do Buda 58

2 Os Primeiros Ensinamentos Budistas: Renascimento e Karma 61
O renascimento e a cosmologia 61
O karma 68
A crença no renascimento e no karma 76

3 Os Primeiros Ensinamentos Budistas: as Quatro Realidades Verdadeiras para os Espiritualmente Enobrecidos 79
A primeira Realidade Verdadeira para os Espiritualmente Enobrecidos: o doloroso 81
A segunda Realidade Verdadeira para os Espiritualmente Enobrecidos: a origem do doloroso 92
A terceira Realidade Verdadeira para os Espiritualmente Enobrecidos: a cessação do doloroso — o *Nirvāṇa* 102
A quarta Realidade Verdadeira para os Espiritualmente Enobrecidos: o caminho para a cessação do doloroso 110

4 O Desenvolvimento Inicial do Budismo ... 117
O início do *Saṅgha* ... 117
O *Abhidhamma* ... 119
As primeiras escolas e suas doutrinas ... 121
As três aspirações, *Jātakas* e *Avadānas* ... 128
O imperador Asoka e o budismo ... 129
A devoção e o simbolismo nos primórdios do budismo ... 131
A ascensão do Mahāyāna ... 136

5 As Filosofias do Mahāyāna: as Variedades do Vazio ... 142
A literatura da perfeição da sabedoria e a escola Mādhyamika ... 142
A escola Yogācāra ... 156
A doutrina do Tathāgata-garbha ... 166
O *Avataṃsaka Sūtra* e a escola Huayan ... 173
Síntese comparativa das filosofias do Mahāyāna e das suas ideias sobre a "vacuidade". 178

6 Os Seres Sagrados do Mahāyāna e o Budismo Tântrico ... 179
O caminho do *Bodhisattva* ... 179
A budologia do Mahāyāna: expansão do número, das localizações, do tempo de vida e da natureza dos Budas ... 190
O panteão do Mahāyāna ... 200
A perspectiva tântrica ... 207

7 A História Posterior e a Propagação do Budismo ... 220
A Índia e a Ásia Central ... 220
Laṅkā ... 222
Sudeste Asiático (com exceção do Vietnã) ... 225
As terras do budismo do norte ... 228
China ... 236
Vietnã e Coreia ... 249
Japão ... 251
Visão geral e reflexões comparativas ... 261

8 A Prática Budista: a Devoção ... 263
Focos e localizações de atos devocionais ... 264

Reverências, oferendas e entoações 266
Os refúgios 269
Atitudes em relação às imagens 272
Cânticos de proteção 274
Alguns focos de devoção do Mahāyāna 276
Peregrinação 282
Festivais 283

9 A Prática Budista: Ética 288
O papel e a base da ética no budismo 288
A doação 291
O cumprimento dos preceitos 292
A bondade amorosa e a compaixão 303
Cuidados com os agonizantes e os mortos 305
A ética dos relacionamentos sociais 307

10 A Prática Budista: o *Saṅgha* 311
O papel do monasticismo 311
O código de disciplina monástico 313
Padrões e tipos de ordenação 318
As monjas 322
A base econômica da vida monástica 326
O estudo e a meditação 329
A vida em comunidade 334
Relações com os leigos 338

11 A Prática Budista: A Meditação e o Cultivo da Sabedoria Baseada na Experiência .. 342
A abordagem da meditação 343
Qualidades a serem desenvolvidas por meio da meditação 345
Abordagens que começam com *samatha* no budismo do sul 349
A contribuição das meditações *samatha e vipassanā* no budismo do sul 357
Abordagens que começam com *vipassanā* no budismo do sul 358
O caminho clássico de *śamatha* e *vipaśyanā* no budismo do norte e no budismo do leste 365
Visualizações da Terra Pura 368

Visualizações tântricas 371
Técnicas tântricas de espontaneidade 380
Meditação Zen 385

12 A História Moderna do Budismo na Ásia 399
O budismo do sul 400
O budismo do leste 425
O budismo do norte 437

13 O Budismo Além da Ásia 442
A influência inicial do budismo por meio da literatura, da filosofia e da psicologia. 442
A Sociedade Teosófica: uma ponte entre o Oriente e o Ocidente 443
Erudição 444
A internet, os filmes e a música 447
A imigração 447
Categorias de budistas, suas características e números 450
Missões e organizações budistas 454

Apêndice I: Cânones dos Textos Sagrados 483
Apêndice II: Fontes da Internet Utilizadas Neste Livro 487
Bibliografia 493
Índice Remissivo 513

ILUSTRAÇÕES

Frontispício: O "Pagode da Paz", em Battersea Park, Londres. 2

Página de dedicatória: O autor acompanhado por dois professores do Samatha Trust em um festival no Ratanagiri Vihāra, em Northumberland, Reino Unido, dando esmolas a Ajahn Sumedho, então presidente do Forest Sangha. 7

MAPAS

1 Atual localização do budismo na Ásia. 36

2 A região onde o Buda viveu e pregou... 41

FIGURAS

1 O *Stūpa* de Sāñcī. (Adaptado de A. Volwahsen, *Living Architecture — India*, Macdonald, 1969, p. 91.)... 133

2 Tabela que mostra a presença, a predominância e a sobrevivência residual do budismo em diferentes países. 262

PRANCHAS

1 Imagem birmanesa do século XIX que mostra Gotama em sua "vitória sobre Māra", imediatamente antes de seu despertar. (Reproduzida com a gentil permissão do Museu Oriental da Universidade de Durham.)................................ 50

2 Imagem de Sārnāth que mostra o Buda fazendo o gesto de "Girar a roda do *Dhamma*", símbolo de seu primeiro sermão (século V ou VI EC). (Reproduzido com a gentil permissão de Ann and Bury Peerless Slide Resources and Picture Library.) 135

3 Um *t'angka*, ou pergaminho suspenso, que retrata o *Bodhisattva* Mañjuśrī em uma faculdade budista tibetana em Lake District, na Inglaterra. (Reproduzido com a gentil permissão de Andy Weber.) 206

4 Vajrapāni segurando um *Vajra* e um sino *Vajra*. (Reproduzido com a gentil permissão de Nick Cope, Universidade de Sunderland.) 211
5 Imagem tibetana do *Heruka* Yamāntaka e sua consorte. (Reproduzido com a gentil permissão do Museu Ashmolean, Oxford.) 214
6 Imagem de Tārā no pátio de um templo em Kathmandu, no Nepal. 215
7 Ruvanvelisāya Dagoba, Anurādhapura, Sri Lanka. (Reproduzido com a gentil permissão de Stuart McLeod.) 265
8 Imagem tailandesa do Buda e oferendas na sala-santuário de um centro de meditação em Manchester, na Inglaterra. 267
9 Figura moderna de porcelana de Guanyin. 277
10 Kannon Bosatsu Senju (com mil braços), no templo de peregrinação nº 58, Senyū-ji, Shikoku, Japão. (Cortesia de Yuka Itawaki, templo de peregrinação nº 55, Nankō-bō, com a ajuda de Ryofu Pussel.) 278
11 Pequeno santuário japonês que apresenta Amitābha e os dois *Bodhisattvas* que o ajudam. Madeira laqueada, com figuras em sândalo. (Reproduzido com a gentil permissão de Trustus of the British Museum.) 280
12 *T'angka* mostrando uma maṇḍala rodeada por várias divindades e seres espiritualmente realizados do Vajrayāna. (Reproduzido com a gentil permissão do Museu Oriental da Universidade de Durham.) 375
13 *Paisagem com Pinheiros e Cabana*, de Bunsei. Japão, século XV. (Reproduzido com a gentil permissão do Fundo Especial Chinês e Japonês, Museu de Belas-Artes, Boston.) 398

TABELAS

1 Fatores do Caminho Óctuplo 112
2 Estágios e perfeições do *Bodhisattva* 184
3 Textos tântricos indianos 210
4 Estados desenvolvidos com base na meditação de *samatha* 355
5 Número de budistas do sul na Ásia 401
6 Número de budistas do leste na Ásia 420
7 Número de budistas no Japão de acordo com diferentes critérios 431
8 Número de budistas do norte na Ásia 437
9 Grupos, centros, mosteiros/templos e organizações budistas nos Estados Unidos 456
10 Grupos, centros, mosteiros/templos e organizações budistas no Reino Unido e na Irlanda 465
11 Grupos, centros, mosteiros/templos e organizações budistas na Europa 475
12 Grupos, centros, mosteiros/templos e organizações budistas na Austrália, Nova Zelândia, Brasil, África do Sul e Israel 481

Prefácio do Autor à Esta Edição e Agradecimentos

A primeira edição deste livro, publicada originalmente nos Estados Unidos, vendeu mais de 55 mil exemplares desde a sua publicação em 1990 e foi traduzida para vários idiomas, como o francês, o italiano e o espanhol. Foi usada como obra de referência em universidades e por todos os interessados num estudo profundo sobre o tema.

A intenção do livro era oferecer um panorama geral e equilibrado sobre as várias escolas de budismo no mundo para estudantes, budistas e o público em geral. Eu, como autor, conhecia o budismo na prática e estava procurando ajudar as outras pessoas a enxergarem o interior de seus numerosos "aposentos". Antes de escrever o livro, eu era um estudioso do budismo Theravāda acostumado a trabalhar com textos sobre o assunto; um bacharel em Filosofia que já havia lecionado num curso universitário sobre budismo durante vários anos; um budista Theravāda praticante; e um professor de meditação na tradição Samatha Trust. A fim de escrever uma introdução ao budismo como um todo, tive de expandir minha base, explorando fontes textuais do budismo Mahāyāna, bem como relatos históricos e antropológicos de *todas* as tradições budistas. Minha formação me permitia escrever a partir de um conhecimento íntimo de várias correntes do budismo Theravāda; porém, no que dizia respeito às tradições do Mahāyāna e mesmo de algumas correntes do Theravāda, eu era apenas uma pessoa de fora que as encarava com simpatia.

Embora eu tenha agora mais disposição para explorar não somente os vínculos de união, mas também as tensões entre as diferentes formas de budismo, minhas intenções nesta nova edição são as mesmas da primeira:

1. apresentar um panorama o mais abrangente possível do budismo;
2. apresentar ideias/práticas/desenvolvimentos fundamentais, associando-os a citações textuais quando for o caso;
3. mostrar o relacionamento deles com outras ideias e práticas da mesma tradição;
4. mostrar o paralelo deles com outras tradições budistas;
5. apresentar as diversidades dentro do budismo, mas de uma maneira que possibilite ao leitor compreender como uma coisa levou à outra: os vínculos de união e, por-

tanto, os fios comuns que percorrem a tapeçaria do budismo, onde às vezes um fim semelhante é alcançado por meios diferentes;
6. explorar mesmo assim algumas tensões entre as diferentes formas do budismo;
7. mostrar que o budismo funciona como um conjunto de *práticas*, e não apenas como um conjunto de crenças;
8. mostrar a dinâmica global de como o budismo "funciona";
9. incluir uma boa gama de ilustrações de todas as tradições;
10. transmitir algo do tom emocional ou do(s) "sabor(es)" do budismo;
11. enfatizar aspectos do budismo que ajudam particularmente a explicar o budismo como ele é agora, mostrando como os acontecimentos históricos impactaram o presente.

O foco recai nos principais desenvolvimentos, ideias e práticas e sua inter-relação, em busca de uma cobertura ampla e interligada a fundo que transmita a natureza do budismo como uma tradição viva.

Esta nova edição foi inteiramente revista. Ela fornece referências detalhadas tanto aos textos sagrados quanto à literatura secundária; a bibliografia está atualizada; e acrescentou-se um anexo sobre fontes da internet, o qual também está disponível *on-line*, em inglês, em www.cambridge.org/harvey. O livro fornece versões em páli e em sânscrito dos principais termos, usa o moderno sistema *pinyin* de romanização para os termos chineses (seguido, na primeira ocorrência, do antigo sistema Wade-Giles) e apresenta formas pronunciáveis para os nomes e termos tibetanos (seguidas da transcrição de Wylie na primeira ocorrência). Quando um termo estrangeiro em itálico é usado no plural, um "s" sem itálico lhe é acrescentado para maior clareza.

Em todo o livro, foram acrescentados mais explicações e esclarecimentos. No Capítulo 2 e em outras partes da obra, a expressão "fruição kármica" é usada como tradução para *puñña* em vez da palavra "mérito", a qual, embora mais comum, é menos expressiva. No Capítulo 3, os *ariya-sacca*s são traduzidos e explicados como "Realidades Verdadeiras para os Espiritualmente Enobrecidos" e não como "Nobres Verdades" ou "Verdades Sagradas", assim como *dukkha*, que explica-se como "o doloroso"/"doloroso", e *anattā*, como "não Eu". Além disso, uma seção sobre "O *Nirvāṇa* como objeto de conhecimento" foi acrescentada. O Capítulo 4 contém uma nova seção sobre "As três aspirações, *Jātaka*s e *Avadāna*s", e dá-se mais atenção à tradição da escola que se tornou conhecida como "Theravāda", em parte para distingui-la com mais clareza do budismo primitivo.

O Capítulo 5 é dedicado aos diversos sentidos do termo fundamental "vazio" ou "vacuidade" no pensamento Mahāyāna — como, por exemplo, no debate entre a "vacuidade de si" e a "vacuidade de outros" no budismo tibetano e nos desenvolvimentos da doutrina do Tathāgata-garbha no budismo do Leste Asiático. O Capítulo 6 dá mais atenção à distinção entre os diferentes tipos de *Bodhisattva*, e a seção sobre o Tantra foi ampliada de modo considerável.

O Capítulo 7 agora inclui uma seção sobre o budismo esotérico do sul, ou budismo "tântrico". O Capítulo 8 une vários interesses correlatos por meio das atividades devocionais que explora. O Capítulo 9 baseia-se nas pesquisas que fiz para o meu livro *An Introduction to Buddhist Ethics*. O Capítulo 10 inclui assuntos atualizados sobre a revitalização da linha de ordenação *bhikkhunī* no Theravāda. O Capítulo 11, sobre meditação, foi reestruturado e desenvolvido com mais detalhes. Agora traz seções sobre "Qualidades a serem desenvolvidas por meio da meditação", "A contribuição das meditações *samatha* e *vipassanā* no budismo do sul", "Alguns métodos recentes da prática *vipassanā*", "Os *cakras* (chakras) e os 'seis yogas de Nāropa'", "Yoga sexual", "Mahāmudrā", "Dzogch'en" e "Zen em ação: mente objetiva em todos os momentos".

O Capítulo 12, sobre o budismo na Ásia moderna, sofreu significativas atualizações. Traz, por exemplo, informações sobre os movimentos Dhammakāya e Santi Asoke na Tailândia, a interação entre budismo e religiões animistas no Sri Lanka, e, no Japão, o debate do "Budismo Crítico", bem como a cisão Nichiren Shōshū/Sōka Gakkai. O Capítulo 13, sobre o budismo fora da Ásia, foi bastante atualizado, e agora possui novas seções, como "A internet, os filmes e a música", "A imigração" e "Categorias de budistas, suas características e números". Tanto o Capítulo 12 quanto o Capítulo 13 contêm várias tabelas novas e ambos trazem informações sobre o "Budismo Engajado".

Desejo expressar minha gratidão a Lance S. Cousins, atualmente membro do Wolfson College, em Oxford, pelos seus comentários valiosíssimos sobre o manuscrito da primeira edição deste trabalho, e a Paul Harrison, da Universidade de Stanford, pelos seus vários comentários sobre esta nova edição.

Quero agradecer também às seguintes pessoas: Russell Webb, pelas informações sobre o budismo na Europa; Cathy Cantwell, da Universidade de Oxford, pelos comentários sobre o material tântrico; meus alunos Mary Jaksch, do New Zealand Diamond Sangha, pela ajuda no entendimento dos *kōans*, e Aigo Pedro Castro Sánchez, autor de *Las Eseñanzas de Dōgen*, pela ajuda sobre como entender o uso do termo *Mahāsattva*; Jane Caple, da Universidade de Leeds, pelas informações sobre o número de budistas no norte na China; Ajahn Tiradhammo, pelos seus comentários a respeito do capítulo sobre o *Saṅgha*; e Stewart McFarlaine, anteriormente na Universidade de Lancaster, pela sua ajuda em alguns pontos do budismo do leste.

Nota sobre as Línguas e a Pronúncia

A maioria das palavras estrangeiras apresentadas neste livro está em páli e sânscrito, línguas estreitamente aparentadas entre si na antiga Índia. O páli é a língua escritural, litúrgica e erudita do budismo do sul (Theravāda), uma das três principais tradições culturais do budismo. O sânscrito, ou melhor, o "sânscrito híbrido budista", é a língua na qual muitos textos sagrados e tratados eruditos do budismo Mahāyāna foram escritos na Índia. Os budismos do norte e do leste, nos quais a forma Mahāyāna é predominante, usam em geral traduções tibetanas ou chinesas desses textos. Muitas obras sobre budismo fornecem apenas versões em sânscrito das palavras, o que as torna artificial, pois o sânscrito não é mais usado pelos budistas (exceto no Nepal), mas o páli ainda é muito utilizado. Este trabalho, portanto, usa a versão em páli dos termos (seguida, na primeira ocorrência, pelo sânscrito entre parênteses) para a maior parte do budismo primitivo, para o budismo do sul e quando discute o budismo em geral. Versões em sânscrito são usadas quando estão em discussão as formas do budismo Mahāyāna, para algumas das primeiras escolas que também usavam o sânscrito e em discussões sobre o hinduísmo. O termo sânscrito "*Stūpa*", alusão a um conjunto de relíquias, também é usado em detrimento do termo páli menos conhecido "*Thūpa*"; o mesmo se aplica a "*Nirvāṇa*" em vez de "*Nibbāna*". A palavra "karma" em sânscrito, sem o itálico, também é usada em vez do páli "*kamma*", já que agora é corrente na língua portuguesa. Em muitos casos, os termos em páli e em sânscrito têm a mesma grafia. Quando a grafia for diferente, a grafia em páli é a mais simples.

Tanto o páli quanto o sânscrito têm mais de 26 letras, de modo que para escrevê-los no alfabeto latino é preciso expandir este último por meio de sinais diacríticos. Uma vez conhecidos os sons específicos das letras, as palavras em páli e em sânscrito são pronunciadas tal como são escritas. Por conseguinte, vale a pena entender bem os sinais diacríticos, que constituem um guia claro para a pronúncia. As letras são pronunciadas da seguinte maneira:

1. As vogais ***a***, ***i*** e ***u*** são breves e abertas, como no português brasileiro;
   o ***e*** é longo e aberto;
   o ***o*** é longo e fechado (ou, antes de mais de uma consoante, é aberto).
2. A barra sobre uma vogal a torna longa: as vogais ***ā***, ***ī*** e ***ū*** são longas e abertas.
3. O sânscrito também tem as vogais *ai* e *au,* pronunciadas exatamente como o seriam no português brasileiro.

4. Quando há um ponto embaixo de uma letra (*ṭ*, *ḍ*, *ṇ*, *ṣ*, *ṛ*, *ḷ*), isso significa que se trata de uma letra "cerebral". Imagine um ponto no céu da boca que você precisa tocar com a língua ao pronunciar essas letras. Isso produz um som caracteristicamente "indiano". O *ṣ* tem o som semelhante ao do *sh* inglês ou do *x* em xícara, mas com a língua no céu da boca, e o *ṛ* é retroflexo, mais ou menos como o *r* "caipira" do sudeste brasileiro.
5. A letra *ḥ* em sânscrito representa uma aspiração seguida por um leve eco da vogal precedente: assim, *duḥkha* se pronuncia *duh*[u]*kha*.
6. O ***ś*** é semelhante ao som *sh* do inglês ou ao *x* em xícara.
7. As consoantes aspiradas (***kh***, ***gh***, ***ch***, ***jh***, ***ṭh***, ***ḍh***, ***th***, ***dh***, ***ph***, ***bh***) são acompanhadas por uma forte vibração respiratória no tórax, como quando as consoantes inglesas são pronunciadas com muita ênfase. A aspiração é pronunciada distintamente. Assim, por exemplo:
   o ***ch é como o*** *ch-h* em "*church-hall*"
   o ***th é como o*** *t-h* em "*hot-house*"
   o ***ph é como o*** *p-h* em "*cup-handle*".
   Quando as consoantes aspiradas ocorrem como parte de um grupo de consoantes, a aspiração acontece no final do grupo.
8. O ***c*** se pronuncia "tch", como o *ch* em "*choose*" no inglês.
9. O ***ñ*** é semelhante ao grupo *ny* em "*canyon*", ***ññ*** é como *nnyy*.
10. O ***ṃ*** é um som nasal puro, proferido com a boca fechada, embora o ar escape pelo nariz, com vibração das cordas vocais; assemelha-se ao *n* francês em *bon*.
11. O ***ṇ*** é semelhante ao grupo inglês *ng*, um som nasal proferido a partir da boca, e não do nariz.
12. O ***v*** pode ser semelhante ao *v* do português quando está no início da palavra; mas, entre vogais, é mais semelhante a um *u*.
13. As consoantes duplas têm sempre uma pronúncia longa; *nn*, por exemplo, pronuncia-se como na palavra inglesa "*unnecessary*".
14. O ***j*** pronuncia-se *dj*, ou seja, como o *j* da palavra inglesa *join*.
15. O ***s*** é pronunciado como o *s* inicial das palavras no português brasileiro.

Todas as outras letras são pronunciadas como em português.

Na transcrição das palavras japonesas, ***ō*** é usado para denotar um *o* longo e fechado. No caso das palavras tibetanas, a transcrição completa, de acordo com o sistema Wylie, é fornecida entre parênteses na primeira ocorrência, mas afora isso, e até mesmo no Índice Remissivo, apresenta-se uma forma que ofereça melhor indicação da pronúncia, seguindo Samuel (1993, pp. 617-34).

No caso do chinês, usa-se o moderno sistema *pinyin* de romanização, seguido, na primeira ocorrência, do antigo sistema Wade-Giles entre parênteses. Eis alguns pontos que devem ser assinalados com relação ao sistema *pinyin*:

O ***j*** não possui equivalente em português. É semelhante a um *q* não aspirado.

O ***q*** não possui equivalente em português. É semelhante ao grupo "tch", pronunciado com os lábios bem estendidos para os lados, a ponta da língua voltada para baixo de modo a tocar a parte de trás dos dentes e uma forte aspiração.

O ***x*** não possui equivalente em português. É semelhante ao *x* em xícara, pronunciado com os lábios bem estendidos para os lados e a ponta da língua voltada para baixo de modo a tocar a parte de trás dos dentes.

O ***zh*** fica entre o "tch" e o "dj".

O ***z*** fica entre o *s* e o *z*.

O ***c*** pronuncia-se *ts*.

ABREVIATURAS

Nesta lista:

Th. = texto do Cânone páli ou da literatura Theravāda posterior

My. = texto Mahāyāna em sânscrito, chinês ou tibetano

trad. = tradução para o inglês

A. *Aṅguttara Nikāya* (Th.); (trad. F. L. Woodward e E. M. Hare) *The Book of Gradual Sayings*, 5 vols., Londres, PTS, 1932-1936; (trad. Bhikkhu Bodhi) *The Numerical Discourses of the Buddha: A Complete Translation of the Aṅguttara Nikāya*, volume único, Boston, Wisdom, 2012; (trad. Nyanaponika Thera e Bhikkhu Bodhi) *Numerical Discourses of the Buddha*, Nova York e Oxford, Altamara, 1999: tradução parcial em um único volume.

A-a. *Aṅguttara Nikāya Aṭṭhakathā* (*Manorathapūraṇī*) (Th.): comentário sobre *A.*

AKB. *Abhidharma-kośa-bhāṣya* [de Vasubandhu — predominantemente Sarvāstivāda]; (trad. L. M. Pruden, da tradução francesa de L. de La Vallée Poussin) *Abhidharmakośa-bhāṣyam*, 4 volumes, Berkeley, Asian Humanities Press, 1991.

Asl. *Aṭṭhasālinī* (Th.): comentário sobre *Dhs.*; (trad. Pe Maung Tin) *The Expositor*, 2 volumes, Londres, PTS, 1920 e 1921.

Asta. *Aṣṭasāhasrikā Prajñāpāramitā Sūtra* (My.); (trad. E. Conze) *The Perfection of Wisdom in Eight Thousand Lines, and its Verse Summary*, Bolinas, Four Seasons Foundation, 1973.

Bca. *Bodhicaryāvatāra* de Śāntideva (My.); (trad. K. Crosby e A. Skilton) *Śāntideva: The Bodhicaryāvatāra*, Oxford e Nova York, Oxford University Press.

AEC Antes da era cristã.

BM. S. Shaw, *Buddhist Meditation: An Anthology from the Pāli Canon,* Londres e Nova York, Routledge, 2006.

BP. D. S. Lopez Jr., org., *Buddhism in Practice* [antologia], Princeton, N.J., Princeton University Press, 1995, citado pelo número do texto.

BPS Buddhist Publication Society.

BS1. E. Conze, *Buddhist Scriptures* [antologia], Harmondsworth, Penguin, 1959.

BS2. D. S. Lopez, *Buddhist Scriptures* [antologia], Londres e Nova York, Penguin, 2004, citado pelo número do texto.

BSR. *Buddhist Studies Review.*

BT. W. T. de Bary, org., *The Buddhist Tradition in India, China and Japan* [antologia], Nova York, The Modern Library, 1969; reimpr. Nova York, Random House, 1992.

BTTA. E. Conze, org., *Buddhist Texts through the Ages*, Oxford, Cassirer, 1954; reimpr. Oxford, One World, 1995, citado pelo número do texto.

Bvms. *Buddhavaṃsa* (Th.); (trad. I. B. Horner) in *Minor Anthologies*, vol. III, Londres, PTS, 1975. Também inclui a tradução do *Cariyā-piṭaka.*

BW. Bhikkhu Bodhi, *The Buddha's Words: An Anthology of Discourses from the Pali Canon*, Boston, Wisdom, 2005.

c. *Circa.*

EC Era cristã.

Ch. Chinês/chinesa.

D. *Dīgha Nikāya* (Th.); (trad. T. W. e C. A. F. Rhys Davids) *Dialogues of the Buddha*, 3 volumes, Londres, PTS, 1899-1921; (trad. M. Walshe) *Long Discourses of the Buddha*, 2ª edição revista, Boston, Wisdom, 1996, volume único.

D-a. *Dīgha Nikāya Aṭṭhakathā* (*Sumaṅgalavilāsinī*) (Th.): comentário sobre *D.*

Dhp. *Dhammapada* (Th.); (trad. K. R. Norman) *The Word of the Doctrine*, Londres, PTS, 1997; (trad. V. Roebuck) *The Dhammapada*, Londres, Penguin, 2010. Traduções de Buddharakkhita e Ṭhānissaro no *website* Access to Insight.

Dhp-a. *Dhammapada Aṭṭhakathā*, comentário sobre o *Dhp* (Th.); (trad. E. W. Burlingame) *Buddhist Legends*, 3 volumes, Harvard Oriental Series, Cambridge, Mass., Harvard University Press, 1921; reimpr. Londres, PTS, 1995.

Dhs. *Dhamma-saṅganī* (Th.); (trad. C. A. F. Rhys Davids) *A Buddhist Manual of Psychological Ethics*, Londres, PTS, 1900, 3ª edição, 1993.

EB. J. S. Strong, *The Experience of Buddhism: Sources and Interpretations*, 2ª edição, Belmont, Califórnia, Wadsworth, 2002, citado pelo número do texto.

f. Fundado.

FWBO Friends of the Western Buddhist Order.

It. *Itivuttaka* (Th.); (trad. P. Masefield) *The Itivuttaka*, Londres, PTS, 2001.

Jap. Japonês/japonesa.

Jat. *Jātaka with Commentary* (Th.); (trad. de várias pessoas sob a coordenação de E. B. Cowell) *The Jātaka or Stories of the Buddha's Former Births*, 6 volumes., Londres,

PTS, 1895-1907. S. Shaw, *The Jātakas: Birth Stories of the Bodhisatta*, Nova Delhi, Penguin, 2006, traduções de 26 *Jātakas*.

JBE *Journal of Buddhist Ethics.*

JIABS *Journal of the International Association of Buddhist Studies.*

Khp. *Khuddaka-pāṭha* (Th.); (trad. com comentários, Bhikkhu Ñāṇamoli) *Minor Readings and Illustrator*, Londres, PTS, 1960.

Khp-a. Comentário sobre *Khp.*

Kvu. *Kathāvatthu* (Th.); (trad. S. Z. Aung e C. A. F. Rhys Davids) *Points of Controversy*, Londres, PTS, 1915.

Kvu-a. *Kathāvatthu Aṭṭhakathā* (*Pañcappakaraṇa-atthakathā*) (Th.): comentário sobre *Kvu.*; (trad. B. C. Law) *The Debates Commentary*, Londres, PTS, 1940.

Lanka. *Laṅkāvatāra Sūtra* (My.); (trad. D. T. Suzuki) *The Lankavatara Sutra*, Londres, Routledge and Kegan Paul, 1932; reimpr. Delhi, MB, 2003.

Sūtra do Lótus *Saddharma-puṇḍarīka Sūtra* (My.); (trad. H. Kern, do sânscrito) *The Saddharma-puṇḍarīka* or *The Lotus of the True Law*, Sacred Books of the East, Volume XXI, Oxford, Clarendon Press, 1884; reimpr. Delhi, MB, 1968; (trad. B. Kato *et al.*, do chinês) *The Threefold Lotus Sūtra*, Nova York e Tóquio, Weatherhill/Kosei, 1975; reimpr. Tóquio, Kosei Shuppan-Sha, 1998.

M. *Majjhima Nikāya* (Th.); (trad. I. B. Horner) *Middle Length Sayings*, 3 volumes, Londres, PTS, 1954-1959; (trad. Bhikkhu Ñāṇamoli e Bhikkhu Bodhi) *The Middle Length Discourses of the Buddha*, volume único, Boston, Wisdom, 1995.

M-a. *Majjhima Nikāya Aṭṭhakathā (Papañcasūdanī)* (Th.); comentário sobre *M.*

MB Motilal Banarsidass (editor).

MBS Mahā Bodhi Society.

Miln. *Milindapañha* (Th.); (trad. I. B. Horner) *Milinda's Questions*, 2 volumes, Londres, PTS, 1963 e 1964.

Mmk. *(Mūla-)madhyamaka-kārikā* [de Nāgārjuna] (My.); (trad. K. K. Inada) *Nāgārjuna: A Translation of his Mūlamadhyamakakārikā, with an Introductory Essay* [e texto em sânscrito], Tóquio, Hokuseido Press, 1970; reimpr. Delhi, Sri Satguru, 1993; (trad. J. Garfield, do tibetano) 1995, *The Fundamental Wisdom of the Middle Way: Nāgārjuna's Mūlamadhyamakakārikā*, Oxford, Oxford University Press.

Ms. *Mahāyāna-saṃgraha* [de Asaṅga] (My.); (trad. J. P. Keenan) *The Summary of the Great Vehicle, by Bodhisattva Asaṅga*, Berkeley, Numata Center for Buddhist Translation and Research, 1992.

Mv. *Madhyānta-vibhāga* [de Asaṇga/Maitreya] (My.); (trad. S. Anacker) na sua obra *Seven Works of Vasubandhu*, Delhi, MB, 1984; (trad. T. A. Kochumuttom) O Capítulo 1 está traduzido em sua obra *Buddhist Doctrine of Experience*, Delhi, MB, 1982.

Mvkb. *Madhyānta-vibhāga-kārikā-bhāṣya* [de Vasubandhu] (My.); (trad. S. Anacker) na sua obra *Seven Works of Vasubandhu*, Delhi, MB, 1984; (trad. T. A. Kochumuttom) O Capítulo 1 está traduzido em sua obra *Buddhist Doctrine of Experience*, Delhi, MB, 1982.

Mvm *Mahāvaṃsa* (Th.); (trad. W. Geiger) *The Mahāvaṃsa or Great Chronicle of Ceylon*, Londres, PTS, 1964.

Mvs. *Mahāvastu* [da escola Lokottaravāda]; (trad. J. J. Jones) *The Mahāvastu, Translated from the Buddhist Sanskrit*, 3 volumes, Londres, PTS, 1949-1956.

MW. R. Bucknell e C. Kang, orgs., *The Meditative Way: Readings in the Theory and Practice of Buddhist Meditation,* Richmond, Surrey, Curzon Press, 1997.

Ndk. *Nidānakathā* (Th.); (trad. N. A. Jayawickrama) *The Story of the Buddha (Jātaka--nidāna)*, Oxford, PTS, 2002.

P. Páli.

Panca. *Pañcaviṃśati-sāhasrikā Prajñāpāramitā Sūtra* (My.); (trad. E. Conze) *The Large Sutra on Perfect Wisdom*, Londres, Luzac & Co., 1961-4; reimpr. Delhi, MB, 1979, e Berkeley, Califórnia, University of California Press, 1985.

Patis. *Paṭisambhidāmagga* (Th.); (trad. Bhikkhu Ñāṇamoli) *The Path of Discrimination*, Londres, PTS, 1982.

Plat. *The Platform Sutra of the Sixth Patriarch* (My.) (tradução do chinês para o inglês por P. B. Yampolsky), Nova York, Columbia University Press, 1967.

pron. Pronunciado.

PTS Pali Text Society.

Pv. *Petavatthu* (Th.); (trad. H. S. Gehman) "Stories of the Departed", in *The Minor Anthologies of the Pali Canon Part IV*, I. B. Horner e H. S. Gehman, Londres, PTS, 1974.

r. reinado.

reimpr. Reimpressão.

Rev. Reverendo.

Rv. *Ratnagotra-vibhāga* [de Asaṇga/Maitreya, ou Sthiramati/Sāramati] (My.); (trad. do sânscrito por J. Takasaki) *A Study of the Ratnagotravibhāga (Uttaratantra): Being a Treatise on the Tathāgatagarbha Theory of Mahāyāna Buddhism*, Roma, Series Orientales Rome

XXIII, 1966; (tradução do tibetano por J. Kongtrul e K. T. Gyamtso) *Buddha Nature: The Mahayana Uttara Shastra with Commentary*, Ithaca, N.Y., Snow Lion, 2000.

S. Sânscrito.

S-a. *Saṃyutta Nikāya Aṭṭhakathā* (*Sāratthappakāsinī*) (Th.); comentário sobre *S.*

SB. R. Gethin, *Sayings of the Buddha: A Selection of Suttas from the Pali Nikāyas*, Oxford e Nova York, Oxford University Press, 2008.

s.d. Sem data.

SN. *Saṃyutta Nikāya* (Th.); (trad. Bhikkhu Bodhi) *The Connected Discourses of the Buddha*, volume único, Boston, Wisdom, 2005.

Sn. *Sutta-nipāta* (Th.); (trad. K. R. Norman) *The Group of Discourses*, em brochura: *The Rhinoceros Horn and Other Early Buddhist Poems*, Londres, PTS, 1984; (trad. K. R. Norman) *The Group of Discourses*, Volume II, Londres, PTS, 1992, tradução revista com introdução e notas.

Sn-a. *Sutta-nipāta Aṭṭhakathā* (*Paramatthajotikā* II) (Th.); comentário sobre *Sn.*

Srim *Śrīmālā-devī Siṃhanāda Sūtra* (My.); (trad. A. & H. Wayman) *The Lion's Roar of Queen Śrīmālā*, Nova York e Londres, Columbia University Press, 1974; reimpr. Delhi, MB, 1989.

Ss. *Śikṣā-samuccaya* [de Śāntideva] (My.); (trad. C. Bendall e W. H. D. Rouse) ***Śikṣā-**samuccaya: A Compendium of Buddhist Doctrine Compiled by Śāntideva Chiefly from the Early Mahāyāna Sūtras*, Londres, 1922; reimpr. Delhi, MB, 1971.

Svb. *Suvarṇa-bhāsottama Sūtra* (My.); (trad. R. E. Emmerick) *The Sūtra of Golden Light*, Londres, Luzac and Co., 1970; referências ao texto, não à paginação da tradução.

Thag. *Thera-gāthā* (Th.); (trad. K. R. Norman) *Elders' Verses*, Vol. I, Londres, PTS, 1969.

Thig. *Therī-gāthā* (Th.); (trad. K. R. Norman) *Elders' Verses*, Vol. II, Londres, PTS, 1971.

Tib. Tibetano(a).

Trims. *Triṃśatikā-kārikā* (ou *Triṃśikā)* [de Vasubandhu] (My.); consulte as traduções sob *Mv.*

Tsn. *Trisvabhāva-nirdeśa* [de Vasubandhu] (My.); consulte as traduções sob *Mv.*

Ud. *Udāna* (Th.); (trad. P. Masefield) *The Udāna*, Londres, PTS, 1994.

Vc. *Vajracchedikā Prajñāpāramitā Sūtra* (My.); (traduzido e explicado por E. Conze) em *Buddhist Wisdom Books: The Diamond Sutra and the Heart Sutra*, Londres, George Allen and Unwin, 1958; reimpr. como *Buddhist Wisdom*, Nova York, Vintage, 2001; *Vajracchedikā Prajñāpāramitā*, 2ª edição, Roma, Istituto Italiano per il Medio de Estremo Oriente, 1974.

Ven. Venerável.

Vibh. *Vibhaṅga* (Th.); (trad. U. Thittila) *The Book of Analysis*, Londres, PTS, 1969.

Vibh-a. Comentário sobre *Vibh.* (Th.); (trad. Ñāṇamoli) *Dispeller of Delusion*, 2 volumes, Londres, PTS, 1988 e 1989.

Vigv. *Vigraha-vyāvartanī* [de Nāgārjuna] (My.); (trad. J. Westerhoff) *The Dispeller of Disputes*, Oxford, Oxford University Press, 2010.

Vims. *Viṃśatikā-kārikā* [de Vasubandhu] (My.); consulte as traduções sob *Mv.*

Vin. *Vinaya Piṭaka* (Th.); (trad. I. B. Horner) *The Book of the Discipline*, 6 volumes, Londres, PTS, 1938-1966.

Vism. *Visuddhimagga* [de Buddhaghosa] (Th.); (tradução de Bhikkhu Ñāṇamoli), *The Path of Purification: Visuddhimagga*, Onalaska, Wash., BPS Pariyatti, 1999.

Vrtti. *Viṃśatikā-vṛtti* [de Vasubandhu] (My.); consulte as traduções sob *Mv.*

Vv. *Vimāna-vatthu* (Th.); (trad. I. B. Horner) "Stories of the Mansions", in *The Minor Anthologies of the Pali Canon Part IV*, I. B. Horner e H. S. Gehman, Londres, PTS, 1974.

Vv-a. *Vimāna-vatthu Aṭṭhakathā (Paramatthadīpanī III)* (Th.); comentário sobre *Vv.*

A maioria dessas obras ainda está à venda; as reedições só foram mencionadas quando a editora não é a mesma da edição original. As traduções publicadas pela PTS são de edições de textos publicados por ela. Outras traduções são de várias edições. As traduções apresentadas neste livro não são necessariamente as mesmas que as citadas nas traduções, sobretudo no caso das traduções do páli. Para uma lista detalhada dos textos budistas e suas traduções, ver Williams e Tribe (2000, pp. 277-300).

De modo geral, faz-se a referência ao volume e ao número da página do texto em páli; mas, para *Dhp.*, *Sn.*, *Thag.* e *Thig.*, a referência é feita ao número do versículo; e a das obras do Mahāyāna, com exceção dos *Sūtras*, é feita pelo número do capítulo e do versículo. Para *Kvu.*, faz-se referência ao número da página ou do "livro" e o ponto de discussão dentro dele. A referência a *Dhs.*, *Plat.* e *Vc.* é feita pelo número da seção (sec.) no texto.

Os números de páginas da edição pertinente de um texto original serão em geral apresentados entre parênteses na sua tradução ou no alto da página. Nas traduções do Cânone páli, o número do volume da tradução corresponde, de maneira geral, ao volume da edição do texto da PTS, exceto pelo fato de que *Middle Length Sayings* I só tem a tradução das primeiras 338 páginas de *M.* I, sendo o restante parte de *Middle Length Sayings* II. Além disso, *Vin.* III e IV são traduzidos respectivamente como *Book of the Discipline*, volumes I mais o II (pp. 1-163), e II (pp. 164-416), mais o volume III; *Vin.* I e II como *Book of the Discipline*, volumes IV e V; e *Vin.* V como *Book of the Discipline* VI. Além disso, em *Book of the Discipline* I-V, o número que indica a numeração da página em páli mostra onde a página em questão *termina*, e não onde começa, como é habitual em outras traduções.

Observe-se que uma fonte muito útil para traduções de diversos textos em páli é o *site* Access to Insight, em inglês: www.accesstoinsight.org/tipitaka. Ele se refere aos textos pelo número do *Sutta*, ou pela seção e pelo número do *Sutta*, mas também fornece, entre parênteses, o volume e o número da página do início do texto em questão em páli (edição da PTS).

Introdução

A história do budismo abrange quase 2500 anos desde sua origem na Índia, com Siddhattha Gotama (P.; S. Siddhārtha Gautama), passando pela sua propagação para a maior parte da Ásia e, nos séculos XX e XXI, para o Ocidente. Richard Gombrich afirma que o Buda foi "um dos pensadores mais brilhantes e originais de todos os tempos" (2009, p. VII), cujas "ideias deveriam fazer parte da educação de todas as crianças no mundo inteiro", o que "tornaria o mundo um lugar mais civilizado, pacífico e inteligente" (Gombrich, 2009, p. 1), e o budismo, pelo menos do ponto de vista numérico, "o maior movimento em toda a história das ideias humanas" (Gombrich, 2009, p. 194). Embora seu sucesso tenha ora, aumentado, ora diminuído ao longo das eras, mais da metade da atual população do mundo vive em áreas nas quais ele é, ou foi, uma força cultural dominante.

O termo "budismo" indica corretamente que a religião se caracteriza pela devoção a "o Buda", aos "Budas" ou ao "Estado de Buda". "Buda" não é um nome próprio, e sim um título descritivo que significa "Desperto" ou "Iluminado". Isso dá a entender que se considera que a maioria das pessoas, no sentido espiritual, encontra-se adormecida — alheia a como as coisas de fato são. Como "Buda" é um título, ele não deve ser usado como um nome, por exemplo: "Buda ensinou que [...]". Em muitos contextos, "o Buda" é específico o suficiente, pois significa o Buda histórico: Gotama. Desde os primeiros tempos, contudo, a tradição budista postulou que outros Budas viveram na Terra em eras distantes do passado, ou viverão no futuro. A tradição posterior também pressupõe a existência atual de muitos Budas em outras partes do universo. Todos esses Budas, conhecidos como *sammā-sambuddhas* (S. *samyak-sambuddhas*), ou "Seres perfeitos completamente despertos", são no entanto considerados raros no vasto e antigo cosmos. Mais comuns são os "budas" de menor envergadura, que despertaram para a natureza da realidade praticando sob a orientação de um Buda perfeito como Gotama. A tradição tibetana também reconhece certos seres humanos como manifestações na Terra de Budas de outros sistemas cósmicos.

Como "Buda" não se refere a um indivíduo único, o budismo se concentra menos na pessoa de seu fundador do que, por exemplo, o cristianismo. A ênfase do budismo é nos *ensinamentos* do(s) Buda(s) e no "despertar" da personalidade humana ao qual eles parecem conduzir. Não obstante, os budistas demonstram grande reverência a Gotama como mestre supremo e exemplo da meta máxima que todos nos esforçamos por alcançar, justificando assim a provável existência de mais imagens dele do que de qualquer outra figura histórica.

Em sua longa história, o budismo usou uma variedade de ensinamentos e recursos para ajudar as pessoas primeiro a desenvolver uma personalidade mais calma, integrada e compassiva, e depois "despertar" das ilusões restritivas: ilusões que resultam em apego e, portanto, em sofrimento para a pessoa e aqueles com quem ela interage. O guia para esse processo de transformação é o "*Dhamma*" (S. *Dharma*): os padrões da realidade e da ordem das leis cósmicas descobertos pelo(s) Buda(s), os ensinamentos budistas, o caminho da prática budista e a meta do budismo, o atemporal *Nirvāṇa* (P. *Nibbāna*). O budismo consiste essencialmente, portanto, no entendimento, prática e realização do *Dhamma*.

Os portadores mais importantes da tradição budista têm sido os monges e as monjas que formam o *Saṅgha* ou "comunidade" budista. Desde mais ou menos cem anos depois da morte de Gotama surgiram certas diferenças no *Saṅgha*, que, de modo gradual, conduziram ao desenvolvimento de diversas fraternidades monásticas (*nikāyas*), cada uma das quais seguia um código monástico ligeiramente diferente, e de diferentes escolas de pensamento (*vādas*). As linhas de ordenação de todas as ramificações do *Saṅgha* convergem para uma ou outra das antigas fraternidades; no entanto, das primeiras escolas de pensamento, apenas a que se tornou conhecida como Theravāda continua a existir até hoje. Seu nome indica que ela professa seguir o "ensinamento" dos "Anciãos" (P. *Thera*, S. *Sthavira*) do primeiro cisma (ver p. 119). Embora não tenha permanecido estática, manteve-se próxima do que conhecemos a respeito dos primeiros ensinamentos do budismo, preservando a ênfase deles em alcançarmos a libertação pelo nosso próprio esforço e usando o *Dhamma* como guia. Por volta do começo da era cristã, teve início um movimento que conduziu a um novo estilo de budismo, conhecido como Mahāyāna ou o "Grande Veículo". Ele foi mais inovador, de modo que, durante muitos séculos, os seguidores do Mahāyāna continuaram a compor novos textos sagrados. O Mahāyāna se caracteriza pela ênfase mais franca na compaixão, na devoção a uma série de seres santos e redentores e em várias filosofias sofisticadas, desenvolvidas por meio da ampliação do que estava implícito nos antigos ensinamentos. Ao longo do tempo, tanto na Índia quanto além dela, o Mahāyāna produziu muitas escolas próprias, como a escola Zen. Um dos grupos que se desenvolveu por volta do século VI na Índia, e que é às vezes considerado à parte do Mahāyāna, é conhecido como Mantranaya, ou o "Caminho dos *Mantras*". Em termos de doutrina, ele é praticamente igual ao Mahāyāna, mas desenvolveu uma gama de novas e poderosas práticas para a obtenção das metas do Mahāyāna, como a repetição meditativa de palavras de poder sagradas (*mantras*) e complexas práticas de visualização. Baseia-se nos *tantras* ou em complexos sistemas ritualísticos, simbólicos e meditativos, e seu formato do final do século VII ficou conhecido como Vajrayāna, ou "Veículo do Raio".

Nosso conhecimento dos ensinamentos do Buda baseia-se em vários Cânones escriturísticos que derivam da transmissão oral, feita pelo *Saṅgha* primitivo, de grupos de ensinamentos definidos por consenso em vários concílios. O "Cânone páli" do Theravāda é preservado na linguagem páli, que se baseia em um dialeto próximo do que era falado pelo Buda, o Māgadhī Antigo. É o mais completo dos primeiros Cânones existentes e contém alguns dos materiais mais antigos. A maioria dos ensinamentos são, de fato, propriedade comum de todas as escolas budistas, sendo tão somente os ensinamentos que os Theravādin preservaram do conteúdo primitivo inicial comum. Embora partes do Cânone páli tenham sido com certeza criadas depois da época do Buda, grande parte deve se originar dos seus ensinamentos. Existe uma harmonia global no Cânone, indício de que seu sistema de pensamento provém de uma única mente. Tendo em vista que o Buda ensinou durante quarenta e cinco anos, alguns sinais de desenvolvimento nos ensinamentos podem refletir apenas mudanças ocorridas durante esse período. Algumas tentativas promissoras de datação aproximada apoiam-se nos critérios de estilo, e comparações de textos correlatos em diferentes Cânones vêm produzindo bons resultados. Esses Cânones foram divergindo aos poucos, à medida que diferentes tradições orais fluidas serviram de inspiração e textos sistematizantes, peculiares a cada escola, foram acrescentados. É possível perceber, contudo, que muitas das diferenças secundárias dentro dos Cânones e entre eles podem ser atribuídas à maneira pela qual as tradições orais sempre produzem diferentes permutações da mesma história ou ensinamento essencial.

Os primeiros Cânones contêm uma seção sobre *Vinaya*, ou disciplina monástica; outra sobre os *Sutta*s (S. *Sūtra*s), ou "discursos" do Buda; e alguns ainda contêm uma seção sobre o *Abhidhamma* (S. *Abhidharma*), ou "ensinamentos adicionais", que sistematiza os ensinamentos dos *Sutta*s na forma de análises detalhadas da experiência humana. Os principais ensinamentos do budismo estão contidos nos *Sutta*s, os quais, no Cânone páli, estão divididos em cinco *Nikāyas* ou "Coleções", das quais as quatro primeiras (16 volumes) são em geral as mais antigas. Nos outros Cânones primitivos, as cinco divisões que correspondem aos *Nikāyas* são chamadas de Āgamas. O Cânone páli foi um dos primeiros a serem escritos, o que aconteceu no Sri Lanka por volta de 20 AEC, e depois disso pouco material lhe foi adicionado, ou talvez nenhum. Existem também partes de seis Cânones primitivos não Theravādin preservadas em traduções chinesas e tibetanas, fragmentos de um Cânone em sânscrito ainda existente no Nepal e textos dispersos em vários idiomas da Índia e da Ásia Central encontrados no Tibete, na Ásia Central e no Japão.

A vasta literatura não canônica páli inclui outras obras do *Abhidhamma*, crônicas históricas e muitos volumes de comentários. Uma introdução bastante clara a muitos pontos da doutrina budista é o *Milindapañha* ("As Questões de Milinda"), que, segundo se supõe, registra conversas entre um monge budista e Milinda (Menandro; *c.* 155-130 AEC), um rei de ascendência grega. Outra é o *Visuddhimagga* ("O Caminho da Purificação"), um compêndio Theravāda muito influente de práticas de meditação e doutrina, escrito por Buddhaghosa (século V EC).

Os textos Mahāyāna foram compostos aproximadamente a partir do século I AEC, originando-se como trabalhos escritos e não orais. Com o tempo, foram registrados numa versão da mais prestigiada língua indiana, o sânscrito. Embora muitos sejam atribuídos ao Buda, sua forma e conteúdo mostram com clareza que se trata de reformulações posteriores e extensões da mensagem budista. As principais fontes para nosso entendimento dos ensinamentos do Mahāyāna são os extensos Cânones budistas chineses e tibetanos. Embora a maior parte do Cânone páli tenha sido traduzida para o inglês, somente textos selecionados desses outros Cânones foram traduzidos para idiomas ocidentais, apesar de muito progresso ter sido feito nesse sentido. Para mais detalhes sobre os três principais Cânones existentes, consulte o Apêndice I.

Conquanto o budismo hoje seja apenas uma religião minoritária dentro das fronteiras da Índia moderna, sua propagação além desse país significa que ele é, hoje em dia, encontrado em três áreas culturais principais. São as seguintes: o "budismo do sul", na qual se encontra a escola Theravāda, junto com alguns elementos incorporados do Mahāyāna; o "budismo do leste", em que se encontra a transmissão chinesa do budismo Mahāyāna; e a área da cultura tibetana, o "budismo do norte", que é o sucessor do extinto budismo indiano tardio e onde a versão Mantranaya/Vajrayāna do Mahāyāna é a força dominante. Podemos considerá-los os três ramos principais da "árvore" do budismo; mas, como todas as partes de uma árvore são idênticas do ponto de vista genético, essa caracterização minimiza as diferenças que se desenvolveram dentro do budismo com o passar do tempo. Ainda assim, podemos identificar uma série de transformações que associam formas primitivas e posteriores em um *continuum* causal; assim como o budismo diz que uma pessoa em uma vida e no renascimento seguinte não é "nem a mesma (sem nenhuma alteração) nem (completamente) diferente", o mesmo pode ser dito a respeito das várias formas de budismo que evoluíram. Uma imagem melhor do que os ramos de uma árvore são os ramos de uma grande "família". Existem "semelhanças familiares" entre os três ramos, embora certas características e formas sejam mais específicas, e às vezes exclusivas, de um dos três ramos. A quinta edição (2005) do livro de Robinson e Johnson, *The Buddhist Religion*, recebeu o novo título *Buddhist Religions*, para enfatizar que as três principais formas de budismo são, em certo sentido, "mundos" diferentes. No entanto, essa caracterização, por sua vez, minimiza os vínculos de continuidade e as numerosas conexões da vasta rede do budismo.

A concentração do budismo nos fundamentos do desenvolvimento espiritual tem justificado sua capacidade de coexistência tanto com outras religiões importantes quanto com tradições populares que atendem ao desejo das pessoas por uma variedade de rituais. Raramente existiu uma sociedade "cem por cento budista", caso se entenda com isso uma espécie de Estado religioso de partido único. O budismo tem sido muito capaz de se adaptar a diferentes culturas, ao mesmo tempo que defende suas fronteiras um tanto fluidas por meio da tolerância crítica para com outras tradições. Seu estilo tem sido o de oferecer convites a vários níveis de prática espiritual para aqueles que estão prontos a se comprometer. Nas terras budistas do sul, a veneração a deuses da natureza pré-budistas continuou, ao passo que, especialmente no Sri Lanka, os budistas também veneram deuses cujos cultos são de origem indiana. A maioria dos budistas não encararia isso como uma traição ao budismo, mas apenas como uma tentativa de interagir com forças secundárias do cosmos para a obtenção de certa vantagem material: como uma pessoa que pede a um membro do Parlamento que tente ajudá-la. No budismo do norte, existe um relacionamento semelhante com a religião Bön, nativa do Tibete. Na China, em Taiwan, na Coreia e no Vietnã, o budismo tem coexistido com o confucionismo — mais um sistema de filosofia social do que uma religião —, a religião taoista e muitas outras religiões populares. Não raro, as pessoas costumavam conciliar elementos de todas essas tradições. No Japão, o budismo existe ao lado da religião nativa — o xintoísmo, que se volta para a natureza — e do confucionismo, que ele trouxe consigo da China. Tradicionalmente, as pessoas se casavam pelos ritos xintoístas e enterravam seus mortos pelos ritos budistas. Na China (que hoje inclui o Tibete), na Coreia do Norte, no Vietnã e no Laos, o budismo existe sob a autoridade de governos comunistas. Os comunistas chineses perseguiram os budistas e vandalizaram seus templos durante a Revolução Cultural (1966-1976), mas desde então o governo vem diminuindo a pressão, de maneira a permitir um suave ressurgimento do budismo na China propriamente dita e a continuação da forte cultura budista no Tibete. A religião permanece sufocada na Coreia do Norte, mas tem força razoável no Laos e no Vietnã. Na Mongólia, em regiões da Federação Russa, e no Camboja, o budismo vem se fortalecendo após períodos comunistas anteriores.

O número de budistas no mundo é o seguinte (ver o Capítulo 12 para um desdobramento detalhado): budismo do sul, 150 milhões; budismo do norte, 18,2 milhões; budismo do leste, aproximadamente 360 milhões. Há também cerca de 7 milhões de budistas fora da Ásia (ver Capítulo 13). Isso fornece um total geral de cerca de 535 milhões de budistas no mundo — 7,8% do total da população mundial em 2010, que era de 6.852 bilhões —, embora na Ásia Oriental existam pelo menos outros 200 milhões que se relacionam com o budismo em grau considerável.

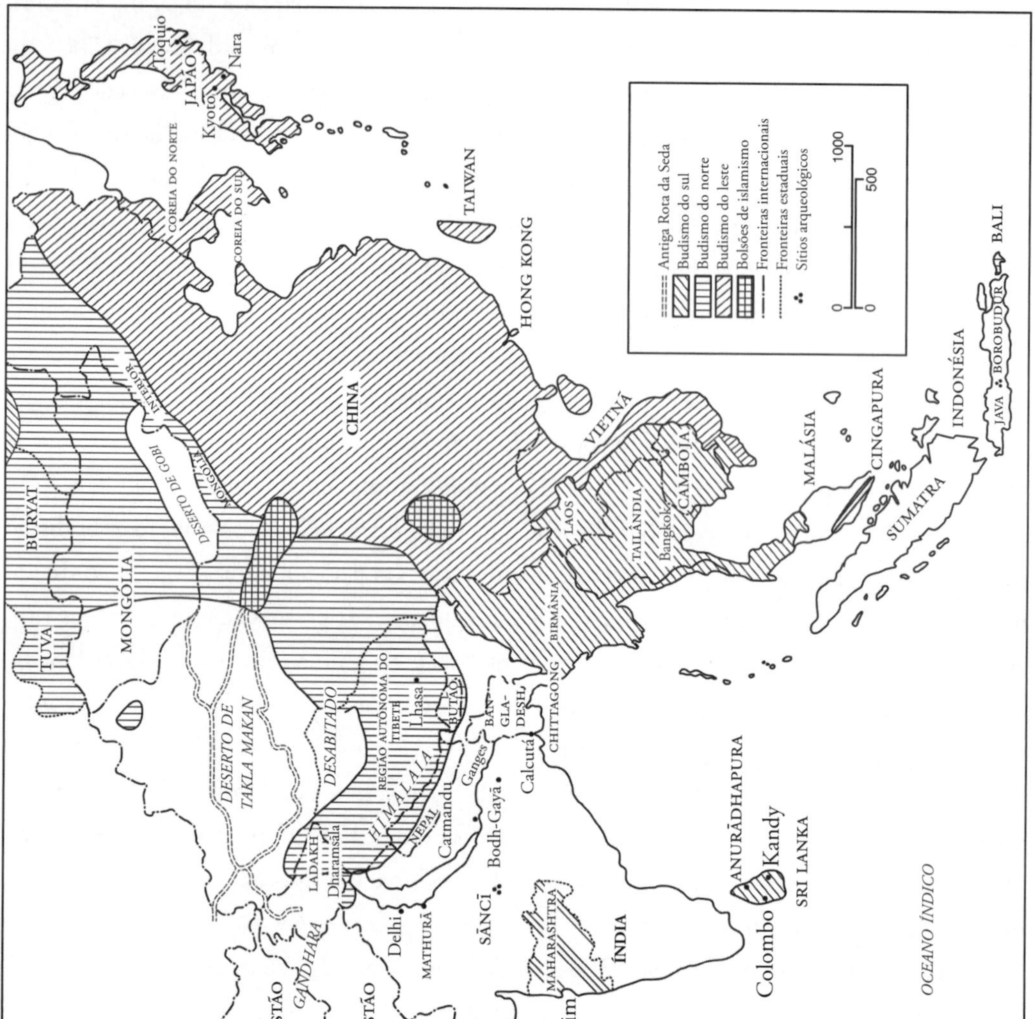

Mapa 1. Atual localização do budismo na Ásia.

CAPÍTULO I

O Buda e seu Contexto Indiano

A cultura indiana não se preocupou tanto em registrar datas exatas quanto as culturas chinesa ou greco-romana, de modo que nem sempre é possível determinar suas datas com precisão. Todas as fontes concordam que Gotama tinha 80 anos quando morreu (p. ex., *D.*II.100), e as fontes em páli do budismo Theravāda dizem que isso se deu "218" anos antes do início do reinado do imperador budista Asoka (S. Aśoka): a "cronologia longa". Fontes em sânscrito preservadas na Ásia Oriental têm uma "cronologia breve" em que sua morte ocorre mais ou menos "100 anos" antes do início do reinado de Asoka. Com base em uma data tradicional do início do reinado, fontes pális situam a vida de Gotama em 623-543 AEC. No entanto, referências a reis helenísticos nos editos de Asoka levaram alguns acadêmicos modernos a datar o início do reinado em *c.* 268 AEC (o que resulta nas datas *c.* 566-486 AEC para a vida de Gotama) ou, levando em conta dados mais recentes, em algum momento entre 267 e 280 AEC. Richard Gombrich[1] argumentou que é melhor encarar "218" e "100" como números aproximados e considera 136 como o número mais provável, tendo como base os números associados a uma linhagem de mestres budistas do *Dīpavaṃsa*, uma crônica do Sri Lanka — o "218" mencionado nesse texto (6.1) decorreria de uma leitura errônea dos números que constam em sua parte inicial. Com alguma margem de erro, Gombrich vê a ocorrência da morte de Gotama entre 422 e 399 AEC, sendo *c.* 404 mais provável; as datas de sua vida seriam, portanto, *c.* 484-404 AEC.

PANORAMA DA VIDA DO BUDA[2]

O bramanismo

O Buda ensinou na região da bacia do Ganges, no nordeste da Índia, onde a religião dominante era o bramanismo, administrada por sacerdotes conhecidos como brâmanes (*Brāhmaṇas*). Mais tarde, por volta de 200 AEC, essa tradição começou a se transformar na religião conhecida hoje

---

1 Gombrich, 1991-1992 e 2000, cf. Cousins, 1996c; Harvey, 2007d, pp. 105b-107a.

2 Para saber mais sobre as religiões indianas antigas, ver: Basham, 2005, pp. 234-58, 289-300; Flood, 1996, pp. 30-102; e Olivelle, 1996.

como hinduísmo. O bramanismo havia entrado no noroeste do subcontinente indiano cerca de 1500 AEC, levado por um povo nômade que parece ter provindo de uma área hoje situada ao leste da Turquia, sul da Rússia e norte do Irã. Nessa área, as pessoas supostamente falavam uma língua ariana (S. Ārya) — a base de uma série de línguas "indo-europeias" que se espalharam por meio da imigração dali para a Índia, o Irã, a Grécia, a Itália e outras partes da Europa Ocidental. A língua falada na Índia era o sânscrito (do qual deriva o páli), que está, portanto, associado, por meio do grego e do latim, às modernas línguas europeias. O influxo dos arianos parece ter coincidido em parte com o declínio da civilização do Vale do Indo, cuja sofisticada cultura urbana concentrava-se na região do Paquistão desde cerca de 2500 AEC. A religião dos arianos baseava-se no *Veda*, uma coletânea de hinos e ensinamentos orais "revelados": o *Ṛg Veda Saṃhitā* (*c.* 1500-1200 AEC), os três outros *Veda Saṃhitās*, e compilações posteriores conhecidas como *Brāhmaṇas* e *Upaniṣads*. Os arianos veneravam "trinta e três" deuses, na maioria masculinos, conhecidos como *devas* ou "seres ilustres": princípios antropomorfizados que estariam ativos na natureza, no cosmos e na vida humana. O rito central da religião envolvia, por parte dos sacerdotes, a entoação de louvores a um *deva* em particular, bem como o oferecimento de sacrifícios, que eram depositados no fogo sacrificial. Em troca, esperavam-se favores como saúde, o aumento do gado e a imortalidade ao lado dos *devas* na vida após a morte. Nos *Brāhmaṇas* (*c.* 1000-800 AEC), sacrifícios de animais passaram a ser acrescentados às oferendas anteriores, que consistiam em cereais e leite, por exemplo. A recitação dos versos sacrificiais sagrados, conhecidos como *mantras*, também era vista como a manipulação de um poder sagrado chamado *Brahman*, sendo o ritual encarado efetivamente como um ato de coerção para que os *devas* sustentassem a ordem do cosmos e atendessem aos desejos dos homens. A grande responsabilidade dos sacerdotes nesse aspecto refletia-se no fato de estarem situados no topo de uma hierarquia tida como de origem divina, a qual compreendia quatro classes sociais: além da dos brâmanes, também a dos *Kṣatriyas* (P. *Khattiyas*), líderes guerreiros da sociedade na paz ou na guerra; a dos *Vaiśyas* (P. *Vessas*), criadores de gado e agricultores; e a dos Śūdras (P. *Suddas*), ou servos. A afiliação de uma pessoa a um desses quatro *varṇas*, ou "compleições" da humanidade, era considerada determinada pelo nascimento; no hinduísmo posterior, o sistema incorporou milhares de agrupamentos sociais menores e passou a ser chamado de sistema das *jātis* ou castas. Os membros dos três *varṇas* superiores eram vistos como āryans, ou "nobres", e considerados superiores em termos sociais, devido à suposta pureza de sua linhagem.

Os brâmanes tomaram conhecimento de técnicas yogues de meditação, isolamento físico, jejum, celibato e disciplina espiritual com ascetas cujas tradições talvez remontassem à civilização do Vale do Indo. Essas técnicas eram consideradas úteis como preparação espiritual para a execução dos sacrifícios. Alguns brâmanes passaram a retirar-se para a floresta e utilizá-las como uma maneira efetiva de realização do sacrifício numa versão interiorizada, visualizada. Os *Upaniṣads* foram compostos com base em ensinamentos dos mais ortodoxos desses habitantes da floresta. Deles, os pré-budistas são o *Bṛhadāraṇyaka* e o *Chāndogya* (séculos VII a VI AEC) e, é bem provável, o *Taittirīya*, o *Aitareya* e o *Kauṣītaki* (séculos VI a V AEC). Nesses textos, *Brahman* é visto como a substância básica de todo o cosmos e idêntica ao *Ātman*, o Eu ou Si--Mesmo* universal que o elemento yogue da tradição indiana busca nas profundezas da mente. Por meio do verdadeiro conhecimento dessa identidade, acreditava-se que a pessoa poderia alcançar a libertação da reencarnação após a morte, fundindo-se novamente em *Brahman*. A ideia da reencarnação parece ter se desenvolvido como extensão do conceito, encontrado nos *Brāhmaṇas*, de que o poder da ação sacrificial de uma pessoa poderia ser insuficiente para conduzir a uma vida após a morte que não terminasse em outra morte. Os *Upaniṣads*, talvez devido a alguma influência não ariana, postulavam que essa morte seria sucedida pela reencarnação como um ser humano ou animal. Essa influência não ariana talvez esteja mais presente no desenvolvimento da ideia de que ***é*** a qualidade do *karma* ou ação de uma pessoa que determina a natureza de sua encarnação em uma forma terrena insegura; antes, "karma" se referia apenas à ação sacrificial. Não obstante, o bramanismo continuou a encarar o karma de maneira sobretudo ritualística, e as ações eram julgadas com relação ao *varṇa* de uma pessoa, a sua posição na sociedade. Gombrich argumenta que os ensinamentos centrais do Buda surgiram em resposta aos dos primeiros *Upaniṣads*, em particular o *Bṛhadāraṇyaka* e em especial as ideias deste sobre o *Ātman* (1996, p. 31). Além disso, no budismo, a chave da qualidade boa ou má de uma ação é a qualidade ética do impulso implícito nessa ação, e não sua conformidade com normas rituais (2006, pp. 67-70; 2009, pp. 19-44).

Um termo fundamental do pensamento bramânico era o *Dharma*, encarado como a ordem divinamente determinada do universo e da sociedade humana, manifestada nas atribuições específicas (*dharmas*) atribuídas a cada *varṇa*. O *Dharma* inclui tanto a maneira como as coisas são (como uma "lei" da física) quanto como deveriam ser (como uma "lei" jurídica); é o padrão ideal existente (como o metro-padrão de Paris). No budismo, *Dharma* (P. *Dhamma*) também é um termo fundamental. Nesse caso, a ênfase não recai em deveres sociais fixos, mas principalmente na natureza da realidade, em práticas que facilitam a compreensão dessa natureza e práticas permeadas por uma tal compreensão, todas em prol de uma vida mais feliz e mais próxima da libertação. O interesse pelo *Dharma* das coisas, por seu padrão básico ou ordem,

* O termo *Self*, que traduz no original em inglês o sânscrito *Ātman* (P. *Atta*), foi traduzido nesta edição brasileira por "Eu" ou, alternativamente, "Si-Mesmo", sendo a tradução escolhida a cada ocorrência em função da clareza do significado. Assim, do mesmo modo, o termo *non-Self* ou *not-Self* (que traduz o S. *anātma* e o P. *anatta*) foi traduzido por "não Eu". (N. do R.)

também é encontrado no antigo interesse indiano pela enumeração dos vários elementos do ser humano e do cosmos. No budismo, vemos isso em várias listas analíticas, como a dos seis elementos (Terra, Água, Fogo, Vento, Espaço e Consciência) ou das cinco esferas de renascimento.

Na época do Buda, a maioria dos brâmanes visava alcançar o céu do deus criador Brahmā (também conhecido como Prajāpati) por meio da veracidade, do estudo dos ensinamentos védicos e do sacrifício ou de uma ascese rigorosa. Alguns eram virtuosos, mas outros parecem ter sido arrogantes e ricos, sustentando-se por meio de sacrifícios grandes, dispendiosos e sangrentos, com frequência custeados por reis. No nível popular, o bramanismo incorporava práticas baseadas em feitiços de proteção, e o culto pré-bramânico dos espíritos sem dúvida continuava vivo naquela época.

Os Samaṇas

A época do Buda foi um período de transformação das condições sociais, em que as tradições de pequenas comunidades baseadas na família estavam sucumbindo, uma vez que vinham sendo engolidas por reinos em expansão, como os de Magadha e Kosala (Gombrich, 2006, pp. 49-60). Havia surgido uma série de cidades que eram os centros da administração e de um crescente comércio organizado, baseado em uma economia monetária. As ideias expressas nos *Upaniṣads* começavam a penetrar na comunidade intelectual mais ampla, sendo calorosamente debatidas, tanto pelos brâmanes quanto pelos *Samaṇas* (S. *Śramaṇas*), pensadores itinerantes que levavam vida ascética e eram, de certo modo, parecidos com os primeiros filósofos e místicos gregos. Os *Samaṇas* rejeitavam a tradição védica e perambulavam livres de vínculos familiares, vivendo de esmolas, a fim de pensar, debater e investigar. Muitos vinham dos novos centros urbanos, onde velhas convicções estavam sendo questionadas, e o aumento das doenças causado pela concentração populacional pode ter proposto o problema universal do sofrimento humano em uma versão bastante desoladora. Por essa razão, eles buscavam encontrar um fundamento de felicidade verdadeira e duradoura, situado além da mudança e da insegurança.

Na sua origem, o budismo era um movimento relacionado aos *Samaṇas*. Sua descrição e avaliação de outros grupos de *Samaṇas* estão contidas no *Sāmaññaphala Sutta* (*D*.I.47-86 (*SB*.5-36)). Um dos principais grupos desse tipo era o dos jainistas. O jainismo foi fundado, ou pelo menos liderado nos dias do Buda, por Vardhamāna Mahāvīra, ou "Grande Herói". Ele ensina que todas as coisas, até mesmo as pedras, têm vida; cada uma contém um *Jīva* ou "princípio vital". Cada *Jīva* tem a sua individualidade, assemelhando-se de certa forma à ideia ocidental de "alma", mas diferindo do *Ātman* universal dos *Upaniṣads*; é naturalmente brilhante, onisciente e jubiloso. O propósito do jainismo é liberar o *Jīva* da roda de renascimentos, livrando-o de ser oprimido pelo karma acumulado, entendido como uma espécie de matéria

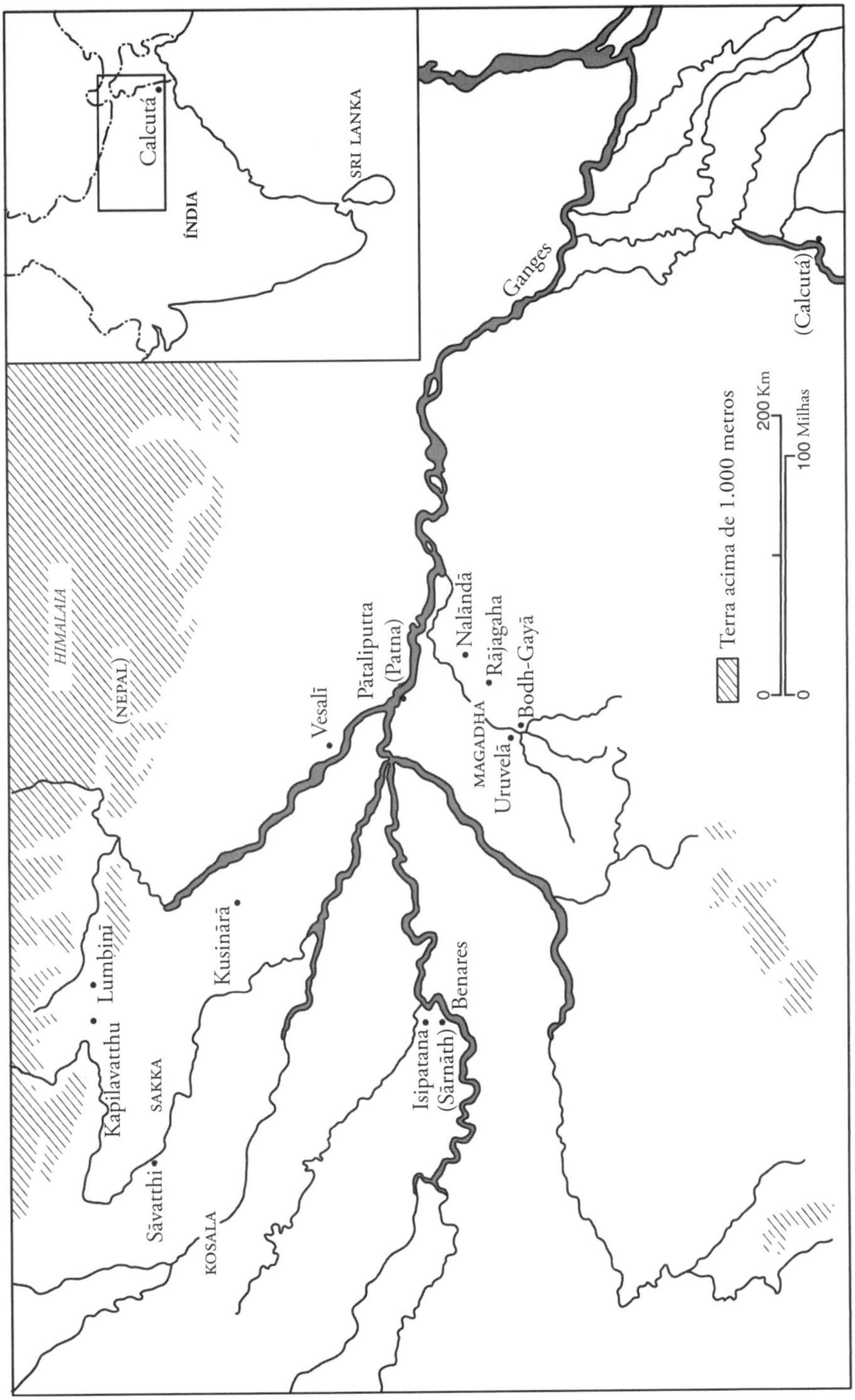

Mapa 2. A região onde o Buda viveu e pregou.

sutil. Os métodos para fazer isso são basicamente práticas rigorosas de ascese (o jejum, ficar sem tomar banho, arrancar os cabelos para esgotar os resultados do karma anterior) e mais o autodomínio, a total ausência de violência para com qualquer forma de vida e o vegetarianismo, de modo a evitar a criação de novo karma. O livre-arbítrio do *Jīva* é enfatizado, mas até mesmo ações como matar um inseto de maneira involuntária são consideradas geradoras de karma. Embora o Buda concordasse com os jainistas em questões como o renascimento e a não violência, ele considerava a teoria deles sobre o karma um tanto mecânica e inflexível e se opunha ao ascetismo deles por considerá-lo exagerado.[3]

Um grupo de *Samaṇas* que rivalizava com os budistas e os jainistas nos seus primeiros séculos era o dos Ājīvikas (Basham, 1981). Seu fundador foi Makkhali Gosāla (S. Maskarin Gośāla), mas, de acordo com a tradição páli, eles também se valiam das ideias de Pūraṇa Kassapa (S. Purṇa Kāśyapa) e Pakuddha Kaccāyana (S. Kakuda Kātyāyana). A principal doutrina de Gosāla era que todos os acontecimentos são governados pelo *niyati*, um "destino" impessoal, de modo que os seres humanos não têm nenhuma capacidade de afetar sua vida futura por meio do karma: as ações não são praticadas com liberdade, mas determinadas pelo *niyati*. Gosāla, portanto, acreditava no renascimento, mas *não* acreditava que o princípio do karma influencia o renascimento da pessoa. Os "princípios vitais" dos seres vivos eram impelidos apenas pelo *niyati*, por meio de uma progressão fixa de tipos de renascimentos, desde uma forma inferior de animal até um ser humano avançado, que se torna um asceta Ājīvika. Os Ājīvikas praticavam uma ascese rigorosa, com o jejum, a nudez e talvez também iniciações nas quais se desfiguravam, e tinham a intenção de morrer de fome (como efetivamente aconteceu com Vardhamāna) para encerrar seu último renascimento de maneira apropriada. Tanto Vardhamāna, que a princípio havia mantido boas relações com Gosāla, quanto o Buda criticavam o fatalismo dos Ājīvikas como uma negação perniciosa do potencial e da responsabilidade humanos.

Dois outros pequenos grupos de *Samaṇas* eram os materialistas e os céticos. De acordo com a tradição páli, nos dias do Buda seus principais porta-vozes eram respectivamente Ajita Kesa-Kambalī (S. Ajita Keśakambalin) e Sañjaya Belaṭṭhaputta (S. Sañjayī Vairaṭiputra). O propósito dos materialistas era levar uma vida frugal e equilibrada, desfrutando de prazeres simples e da satisfação dos relacionamentos humanos. Negavam a existência de qualquer "eu" que não pudesse ser percebido diretamente e sustentavam que o eu empírico era aniquilado na morte. Por essa razão, negavam a ideia do renascimento, bem como a do karma e a do *niyati*. Cada ato era visto como um evento espontâneo sem efeitos kármicos, e eles não consideravam possível o progresso espiritual. O Buda caracterizava a teoria dos materialistas como a visão extrema do "aniquilacionismo" e encarava a maioria das outras concepções da época como ex-

3 Gombrich (2009, pp. 45-60) discute os antecedentes jainistas de algumas ideias budistas.

pressões diversas do extremo oposto, o "eternalismo", segundo o qual o que sobrevive à morte é um Eu ou Princípio Vital eterno. Os céticos, reagindo à confusão de teorias conflitantes a respeito de questões religiosas e filosóficas, bem como às consequentes discussões, evitavam se comprometer com qualquer ponto de vista, de modo a preservar a paz de espírito. Sustentavam que o conhecimento sobre esses assuntos era impossível e não se comprometiam sequer para dizer que as opiniões de outras pessoas estavam erradas. O Buda encarava essa postura evasiva como uma "enguia serpeante", embora compartilhasse o desejo de sair do "emaranhado" de ideias conflitantes, evitando afirmações dogmáticas fundamentadas em bases frágeis. Essa ênfase comum talvez se reflita no fato de os dois principais discípulos do Buda, Sāriputta (S. Śāriputra) e Moggallāna (S. Maudgalyāyana), terem sido originalmente céticos. O Buda também compartilhava a ênfase dos materialistas na experiência como fonte de conhecimento e, portanto, na avaliação crítica das crenças vigentes sobre o renascimento, o karma e o Si-Mesmo. No entanto, ele achava que os materialistas e os céticos iam longe demais ao negar ou duvidar dos princípios do karma e do renascimento, que ele afirmava terem se revelado verdadeiros por meio da experiência (meditativa) (*M.*I.402). O budismo, então, não absorveu acriticamente a crença no karma e no renascimento da cultura indiana existente, como às vezes é aventado. Essas ideias eram muito debatidas na época.

A VIDA DO BUDA[4]

Sabemos que Gotama nasceu na pequena república do povo Sakka (S. Śākya), que se estende sobre a atual fronteira da Índia com o Nepal e tinha Kapilavatthu (S. Kapilavastu) como capital. Por ter nascido em meio a esse povo, Gotama é conhecido na tradição Mahāyāna como Śākya-muni, "o sábio dos Śākyas". A república não era bramanizada e o governo era exercido por um conselho de chefes de família, talvez qualificados por idade ou posição social. Gotama era filho de um desses governantes, de modo que se descrevia como um *Kṣatriya* quando falava com brâmanes, e a tradição posterior o viu como filho de um rei.

Os primeiros textos budistas não falam da vida *linear* do Buda, pois se concentravam em seus ensinamentos. Somente mais tarde, entre 200 AEC e 200 EC, um crescente interesse pela pessoa do Buda levou várias escolas a produzir "biografias" completas, que se baseavam em relatos dispersos pelas coletâneas existentes de *Sutta*s e *Vinaya*s, bem como em tradições orais variadas. Entre essas "biografias" estão o *Mahāvastu* da escola Lokattaravāda (*Mvs.*; século I EC), a *Lalitavistara*, de uma escola Sarvāstivāda mahāyānizada (Bays, 1983; a partir do século I EC), o poema *Buddhacarita* de Aśvaghoṣa (Johnston, 1972 (*BS1*.34-66); século II EC) e a

4 Sobre esse assunto, ver: Ñāṇamoli, 2003; Ray, 1994, pp. 44-78; Strong, 2001; Thomas, 1949.

Nidānakathā dos Theravādas (*Ndk*.; século II ou III EC). Os detalhes delas são, de modo geral, condizentes; mas, embora essas biografias sejam indubitavelmente baseadas em fatos históricos, também contêm adornos lendários e mitológicos, sendo, com frequência, impossível separar lenda e história. Mesmo que a base histórica da biografia tradicional não possa jamais vir a ser conhecida, a maneira como tal biografia se apresenta oferece uma excelente ideia sobre o budismo, possibilitando-nos vislumbrar o real *significado* da vida do Buda para os budistas: que lições considera-se que ela contenha.

A biografia tradicional não começa com o nascimento de Gotama, mas com o que aconteceu antes disso, nas muitas vidas em que viveu como um *Bodhisatta*, um ser (P. *Satta*) que se dedica a alcançar *bodhi*: a "iluminação", o "despertar", o Estado de Buda. Em *bodhi* surge "a visão, o conhecimento, a sabedoria, o verdadeiro conhecimento e a luz" (*SN*.v.422), e "*bodhi*" está relacionado a "*bujjhati*", "compreende", no sentido de "despertar da letargia do *continuum* das impurezas (morais e espirituais)" (*Asl*.217). *Bodhi* não é o despertar *para* alguma coisa, ou seja, o início de alguma coisa, mas um despertar *do sono da* ilusão etc. "*Bodhi-satta*" equivalia a princípio a "*bodhi-sakta*" em sânscrito, que significa um ser "destinado para/orientado para/ /que busca o despertar", embora com o tempo tenha sido sanscritizado como "*Bodhi-sattva*", um "ser (para) o despertar".

Conta-se que "há cem mil éons e quatro períodos incalculáveis", em uma das suas vidas passadas, Gotama foi um asceta chamado Sumedha (ou Megha), que conheceu e foi inspirado por um Buda anterior, Dīpaṅkara (S. Dīpaṃkara).[5] Por esse motivo resolveu se esforçar para alcançar o Estado de Buda, tornando-se um *Bodhisatta*. Sumedha sabia que, embora pudesse se tornar um discípulo iluminado de Dīpaṅkara, um *Arahat*, o caminho que escolhera em vez disso levaria muitas vidas para ser concluído. Entretanto, esse caminho culminaria com ele mesmo se tornando um Buda perfeito, um Buda que beneficiaria um sem-número de seres ao redescobrir e ensinar as verdades atemporais do *Dhamma* em um período no qual elas teriam sido esquecidas pela raça humana (*Bvms*.2A.56). Ele passou então muitas vidas como ser humano, animal e deus, formando as perfeições morais e espirituais necessárias para o Estado de Buda. Essas vidas são descritas nas narrativas chamadas *Jātaka* (*Jat*., p. ex., *BS1*.24-30). Ao longo dos éons, ele também conheceu outros Budas anteriores (Collins, 2010, pp. 126-71; Harvey, 2007d, pp. 161a-165a); o *Dīgha Nikāya* menciona seis (*D*.II.2-9), e o *Buddhavaṃsa*, 23. Na sua penúltima vida, ele nasceu no céu de Tusita (S. Tuṣita), a esfera dos deuses "em deleite". Dizem que essa é a esfera onde o *Bodhisatta* Metteyya (S. Maitreya) vive agora, pronto para um futuro período na história humana em que o budismo terá sido extinto e ele poderá se tornar o

5 *Bvms*. cap. 2; *Ndk*.1-19 (*BTTA*.72); *Mvs*. I.231-39 (*BS1*.19-24); *Divyāvadāna* 246-53 (*EB*.1.4.1).

próximo Buda.[6] Dizem que Gotama escolheu a época da história humana na qual renasceu pela última vez (*Ndk*.48-9), e os *Sutta*s afirmam que ele estava "atento e completamente consciente" quando foi concebido no útero da mãe (*M*.III.119 (*BW*.50-4)).

Está muito claro que os antigos textos encaram a concepção e os outros eventos significativos da vida de Gotama, como seu nascimento, o despertar, o primeiro sermão e a morte, como acontecimentos de importância cósmica, pois em todos menciona-se que a luz se espalhou por todo o mundo e a terra tremeu. *Ndk*.50 relata que, na ocasião da concepção, Mahāmāyā, sua mãe, sonhou que era transportada ao Himalaia, onde um ser com a forma de um auspicioso elefante branco penetrou seu lado direito. Ao narrar o sonho para o marido, Suddhodana (S. Śuddhodana), ele pediu a 64 brâmanes que o interpretassem. Eles explicaram que o sonho indicava que sua esposa havia concebido um filho que teria um grande destino pela frente. Ou ele ficaria em casa com seu pai e viria a ser um *Cakkavattin* (S. *Cakravartin*), um compassivo Imperador Universal — o que, segundo os *Sutta*s, ele fora em muitas vidas anteriores (*A*.IV.89) —, ou sairia de casa e se tornaria um grande mestre religioso, um Buda.

Esse paralelo entre um *Cakkavattin*[7] e um Buda também é feito em relação a outros eventos da vida de Gotama e aponta para a ideia de que um Buda tem "soberania" — isto é, influência — espiritual universal sobre os seres humanos e os deuses. Também indica que Gotama renunciou à opção do poder político ao se tornar um Buda. É certo que ele não tinha pretensões políticas, como Maomé tinha, tampouco era considerado uma ameaça política pelos governantes de sua época, como Jesus foi. No entanto, ensinou reis e ofereceu ensinamentos a respeito da melhor maneira de governar um reino.

Ndk.52-3 relata que, perto do final da gravidez, Mahāmāyā viajou de Kapilavatthu à casa dos seus parentes para dar à luz, como era o costume. No caminho, ela e seu grupo passaram pelo agradável bosque Lumbini, onde ela parou para apreciar as flores e o canto dos pássaros. Nesse local, entrou em trabalho de parto e, agarrando-se a uma árvore Sāl (*Shorea robusta*), deu à luz em pé. O nascimento de Gotama debaixo de uma árvore encaixa-se no padrão de outros eventos importantes de sua vida: ele alcançou o despertar sob outra árvore, proferiu seu primeiro sermão em um parque (reserva) de animais (talvez de veados) e morreu entre duas árvores. Isso sugere que ele gostava de ambientes simples e naturais, onde podia ficar em harmonia com todas as formas de vida. Os *Sutta*s dizem que o bebê foi colocado no solo por quatro deuses e que um curso d'água quente e fresco surgiu do céu como uma libação de água para a mãe e a criança. Gotama se pôs em pé de imediato, deu sete passos, olhou em todas as direções e

6 *D*.III.76; *BTTA*.22; *BSI*.238-42; *BS2*.12; *EB*.1.9.

7 Por exemplo, em *D*.II.142, 169-99 (*SB*.98-115), III.142-79; *A*.I.109-10 (*BW*.115-16); Harvey, 2007d, pp. 153a-155a.

disse em uma voz solene que era o ser mais eminente no mundo e que aquele seria seu último renascimento (*M*.III.123).

Como sua mãe morreu uma semana depois de dar à luz (*M*.III.122), Gotama foi criado pela segunda esposa do pai, a irmã de Mahāmāya, Mahāpajāpatī (S. Mahāprajāpatī). Os *Suttas* dizem pouco a respeito do início de sua vida, exceto que ele vivia cercado de lagos de lírios, roupas e fragrâncias refinadas, tendo musicistas do sexo feminino como acompanhantes em suas três mansões (*A*.I.145). Biografias posteriores o retrataram como um jovem entusiástico, inteligente e compassivo. Mencionam que seu pai estava ávido para que ficasse em casa e se tornasse um grande rei, e para tanto cercou-o de luxos a fim de garantir que permanecesse apegado à vida mundana. Aos 16 anos ele se casou e aos 29 teve um filho chamado Rāhula. Nos textos Theravāda, sua esposa é geralmente chamada "Mãe de Rāhula" (Rāhula-mātā, *Ndk*.58), mas outros nomes usados nesse e em outros textos são Bhaddakaccā, Bimbā-devī, Yaśodharā e Gopā.[8]

A renúncia e a jornada do despertar

Foi depois de viver em um ambiente agradável e saudável, portanto, que Gotama renunciou à vida mundana e partiu em sua busca religiosa. As circunstâncias que conduziram a essa transição crucial são descritas de diferentes formas nos textos mais antigos e nos posteriores. Os *Suttas* as retratam como o resultado de uma longa reflexão. Mesmo em sua existência protegida, Gotama teria se conscientizado dos eventos do envelhecimento, da doença e da morte. Compreendendo que nem mesmo ele era imune a essas coisas, as "vaidades" da juventude, da saúde e da vida o abandonaram (*A*.I.145-46). Por essa razão, ele se pôs a buscar o "refúgio supremo contra a escravidão — um refúgio que não nasce, não envelhece, não perece, não morre, não sofre e não tem máculas — o *Nirvāṇa*" (*M*.I.163). No entanto, ele compreendeu que:

> A vida doméstica é estreita e empoeirada; partir [para a vida de um *Samaṇa* itinerante] é amplo e aberto. Não é fácil, vivendo uma vida doméstica, levar uma existência santa perfeita como uma concha polida. E se eu raspasse a cabeça e a barba, vestisse roupas cor de açafrão, saísse de casa e me tornasse um sem-teto? (*M*.I.240)

Os textos posteriores dizem que a transição ocorreu quando ele estava com 29 anos, logo depois do nascimento do seu filho (*Ndk*.61-3),[9] retratando-a como decorrência de uma compreensão súbita e não de uma reflexão gradual. Nisso eles seguem o modelo de uma história

---

8 Harvey, 2007d, pp. 117a-121a; para um texto tailandês do século XIX, "Lamento de Bimbā", consulte *BP*.43.

9 Embora a tradição Sarvāstivāda (*EB*.1.3) considere que Rāhula foi concebido na noite da renúncia, garantindo assim que a linhagem de Gotama tivesse seguimento.

relatada nos *Suttas* sobre um Buda anterior (*D.*II.22-9), que vê a vida de todos os Budas como manifestação de um padrão recorrente (*dhammatā*). *Ndk.*58-9 relata que, em três dias consecutivos, Gotama visitou um de seus parques em sua carruagem. Seu pai havia mandado eliminar das ruas tudo o que era desagradável, mas os deuses tomaram medidas para que ele visse um homem senil, um homem doente e um cadáver. Ele ficou impressionado com o que viu, e seu cocheiro lhe explicou que o envelhecimento, a doença e a morte sobrevêm a todas as pessoas, o que o deixou em um estado de agitação diante da natureza da vida. Desse modo, os textos descrevem um exemplo do confronto humano com a fragilidade humana e a mortalidade; embora de certo modo esses fatos sejam "conhecidos" por todos nós, uma clara compreensão e aceitação deles não raro se dá como um vislumbre inusitado e perturbador. Em uma quarta visita a seu parque, Gotama viu um *Samaṇa* vestido com um traje cor de açafrão, a cabeça raspada e uma atitude tranquila. Ao vê-lo, sentiu-se inspirado a adotar esse estilo de vida. Naquela noite, deixou seu palácio, olhando longamente, pela última vez, para o filho, que estava nos braços da esposa adormecida, sabendo que seria difícil para ele partir se ela acordasse. A renúncia à vida familiar coloca-se como um precedente simbólico para a vida monástica dos monges e monjas budistas.

A tradição budista encara o ato de ele deixar a família como algo realizado em benefício de todos os seres; além disso, depois que Gotama se tornou um Buda, dizem que ele voltou para a sua cidade natal e instruiu a família, tendo seu filho se ordenado monge noviço sob seus auspícios e o pai se tornado um "dos que não retornam" (*Ndk.*91-2): a pessoa com uma percepção libertadora apenas um pouco aquém da do *Arahat* (S. *Arhat*; ver p. 116). Após a morte do pai, sua madrasta Mahāpajāpatī torna-se uma monja e depois uma *Arahat*, cuja morte é comparada à do Buda (*BP.*9). Também é dito em comentários do Theravāda que sua ex-mulher se ordenou monja (*Jat.*II.392-93), e talvez ela tenha sido a própria monja conhecida como Bhaddakaccānā, considerada proeminente nos "conhecimentos superiores" (como a memória de vidas passadas; *A.*I.25).

Os *Suttas* dizem que Gotama procurou mestres com quem pudesse aprender técnicas espirituais, dirigindo-se primeiro a Āḷāra Kālāma (S. Arāḍa Kālāma).[10] Logo dominou os ensinamentos dele, e depois inquiriu a respeito do estado meditativo no qual se baseavam. Tratava-se da "esfera do nada", um transe místico provavelmente alcançado por meio da concentração yogue, na qual a mente vai além de todos os objetos sensíveis e habita o "nada" remanescente. Depois que Gotama aprendeu a entrar nesse estado, Āḷāra lhe ofereceu a liderança conjunta de seu grupo de discípulos, mas ele recusou a oferta por sentir que, embora tivesse alcançado uma refinada calma interior, ainda não havia atingido o despertar e o fim do sofrimento.

10 *M.*I.160-75 (*BW.*54-9, 69-75; *BS*2.14); ver também *M.*II.91-7 (*SB.*173-94).

Procurou então outro mestre de yoga, Uddaka Rāmaputta (S. Udraka Rāmaputra), e uma vez mais logo compreendeu a doutrina dele e entrou no estado meditativo em que ela se baseava: a "esfera que não é nem da percepção nem da não percepção". Esse estado foi além do anterior, tendo ele alcançado um nível de quietude mental no qual a consciência fica tão atenuada que praticamente deixa de existir. Em resposta, Uddaka o reconheceu como seu próprio mestre, pois apenas o falecido pai dele, Rāma, havia antes alcançado esse estado. Uma vez mais Gotama rejeitou uma oportunidade de liderança e influência sob a justificativa de ainda não ter atingido sua meta. Não obstante, mais tarde ele incorporou os dois estados místicos que alcançara ao seu próprio sistema de meditação, como possíveis maneiras de acalmar e purificar a mente na preparação para o desenvolvimento da compreensão libertadora. Na realidade, ele ensinou uma grande variedade de métodos de meditação, adaptando alguns da tradição yogue existente, e pode ser considerado como um dos grandes adeptos da meditação na Índia.

Depois de ter experimentado um dos métodos de prática religiosa vigentes em sua época, Gotama decidiu experimentar outro: a automortificação ascética. Os *Sutta*s dizem que ele se acomodou em um bosque em Uruvelā (S. Uruvilvā) e resolveu sinceramente se empenhar em superar o apego aos prazeres sensuais por meio de intenso esforço, tentando dominar essas tendências através da força de vontade (*M.*I.240-46). Praticou meditações sem respirar, embora elas produzissem violentas dores de cabeça e de estômago, além de um calor ardente em todo o corpo. Reduziu a ingestão de comida a algumas gotas de sopa de feijão por dia, até ficar tão macilento que mal conseguia manter-se em pé, o pelo de seu corpo tendo caído todo. Nesse ponto, sentiu que não era possível uma pessoa avançar mais no caminho do ascetismo e continuar viva. Embora tivesse desenvolvido clareza mental e energia, seu corpo e a sua mente estavam atormentados e inquietos, de modo que não conseguiu continuar sua busca. Em decorrência disso, ele abandonou a prática do ascetismo severo, prática essa que textos posteriores (*Ndk.*67) dizem ter durado seis anos.

Nesse ponto, ele poderia ter abandonado sua busca por considerá-la sem esperança, mas pensou: "Será que não há outro caminho para o despertar?" (*M.*I.246). Então se lembrou de um estado meditativo no qual certa vez havia entrado de modo espontâneo, sentando-se aos pés de uma árvore enquanto o pai trabalhava (o comentário diz: arava a terra de forma cerimonial). Recordou que esse estado, conhecido como "primeiro *jhāna*" (S. *Dhyāna*), estava além do envolvimento com os prazeres dos sentidos, os quais ele estivera tentando vencer por meio de uma ascese dolorosa, mas era acompanhado por uma calma profunda, uma alegria jubilosa e uma felicidade tranquila. Lembrou-se de ter perguntado a si mesmo se aquele era um caminho para o despertar, e como agora via que era, resolveu usá-lo. O trecho anterior, é claro, implica que os dois estados místicos que ele alcançara antes não tinham a participação dos *jhānas*, embora essa tenha se tornado a rota para eles no sistema meditativo budista, no qual são as duas mais elevadas das quatro realizações "sem forma" (*arūpa*).

Quando Gotama ingeriu alimentos nutritivos para se preparar para alcançar o *jhāna*, seus cinco companheiros de ascetismo se afastaram dele desgostosos, achando que ele havia abandonado a busca que compartilhavam e tinha sido seduzido pela vida de luxo. Um dos *Suttas* (*Sn*.425-49) esboça uma sequência de tentações que os textos posteriores (*Ndk*.72-4) mencionam nesse ponto. Faz-se referência a um personagem semelhante a Satanás e chamado Māra, uma divindade que conquistou seu lugar por meio de boas obras anteriores, mas que usa o poder para enredar as pessoas no desejo sensorial e no apego de modo a mantê-las sob sua esfera de influência (Ling, 1962). Essa é a roda dos renascimentos e das repetidas mortes, sendo Māra considerado a personificação tanto do desejo sensorial quanto da morte. Māra se aproximou do asceta macilento com palavras melífluas. Recomendou com insistência que Gotama abandonasse sua busca e adotasse uma vida religiosa mais convencional de sacrifício e boas obras, de modo a gerar um bom karma. Em resposta, Gotama replicou que não precisava de mais bom karma e desdenhou dos "esquadrões" de Māra: o desejo sensorial, o ciúme, a fome e a sede, a cobiça, a obtusidade e a letargia, a covardia, o medo do compromisso, o menosprezo aos demais, a insensibilidade obstinada e a autoglorificação. Māra recuou, então, derrotado.

Esse relato, que retrata nitidamente a derradeira luta interior de Gotama, adquire tons dramáticos em textos posteriores, nos quais o "exército" de fragilidades espirituais de Māra presta testemunho ao fato de que ele praticara vários atos caridosos em vidas anteriores. Provocando Gotama ao dizer que ele não tinha ninguém para prestar testemunho de *suas* boas ações, Māra tentou usar o poder derivado do próprio karma bom para derrubar Gotama do local onde estava sentado. No entanto, Gotama não se moveu, meditando sobre as perfeições espirituais que havia desenvolvido ao longo de muitas vidas anteriores e sabendo que tinha direito ao lugar onde estava sentado. Tocou então a terra para que ela prestasse testemunho do bom karma que havia gerado em vidas passadas. A terra tremeu e a deusa da terra surgiu, extraindo de seus cabelos uma grande quantidade de água acumulada no passado quando Gotama havia formalizado boas ações por meio de um simples ritual de libação de água (Strong, 2001, p. 72). Diante do tremor e da inundação, Māra e seu exército fugiram. Essa "vitória sobre Māra" é comemorada como uma vitória sobre o mal em um sem-número de imagens e pinturas. Elas mostram Gotama, como na Prancha 1, sentado de pernas cruzadas, em meditação, com a mão direita tocando a terra: a "vitória sobre Māra" (P. Māra-vijaya) ou o gesto de "tocar a terra" (S. Bhūmi-sparśa).

A ideia de a deusa da terra atuar como testemunha das perfeições de Gotama é um indício da necessidade espiritual de se estar atentamente "ligado a terra". Na realidade, em sua busca espiritual, é digno de nota que Gotama tenha se voltado para um caminho de *percepção atenta*

Prancha 1: Imagem birmanesa do século XIX que mostra Gotama em sua "vitória sobre Māra", imediatamente antes de seu despertar.

do corpo, em especial da respiração, para induzir o *jhāna* prazeroso, em vez de *deixar de lidar com* o físico nos estados da não forma ou tentar *reprimir com vigor* o corpo e as necessidades deste no doloroso caminho ascético.

O despertar e o que vem a seguir

Livre de obstáculos espirituais, Gotama desenvolveu então meditações profundas como prelúdio do seu despertar, sentado sob uma espécie de árvore que mais tarde ficou conhecida como a árvore *Bodhi*, ou "do Despertar". O relato do *Sutta* (*M.*I.247-49 (*BW.*64-7)) descreve como Gotama entrou no primeiro *jhāna* e depois, de modo gradativo, aprofundou seu estado de tranquilidade concentrada até alcançar o quarto *jhāna*, um estado de grande equanimidade, clareza mental e pureza. Com base nesse estado, passou a desenvolver, no decurso das três vigílias da noite iluminada pela lua, o "conhecimento tríplice": a memória de muitas das suas incontáveis vidas, a visão do renascimento de outros de acordo com o karma deles e o conhecimento da destruição dos *āsavas* (S. *āśravas*) — "manchas" ou "ulcerações" espirituais que conspurcam a mente e a mantêm adormecida. O terceiro conhecimento, completado ao amanhecer, trouxe o perfeito despertar que ele estivera buscando, de modo que era agora, aos 35 anos de idade, um Buda, com a feliz experiência direta do *Nirvāṇa* incondicionado, além do envelhecimento, da doença e da morte.

Os relatos canônicos (*Vin.*I.1-8; *M.* I.167-70) dizem que o novo Buda permaneceu debaixo ou perto da árvore *Bodhi* por quatro ou mais semanas, no lugar hoje chamado Bodh-Gayā. Depois de refletir meditativamente sobre seu despertar, Gotama pensou sobre a possibilidade de ensinar outras pessoas, mas achou que o *Dhamma* que vivenciara era tão profundo, sutil e "além da esfera da razão" que as outras pessoas estariam sujeitas demais ao apego para serem capazes de compreendê-lo. Neste ponto, o compassivo deus Brahmā Sahampati — que a tradição budista via como um dos seres longevos "que não retornam", que recebera ensinamentos de um Buda anterior (*S.*v.232-33; *Sn-a.*476) — ficou alarmado diante da ideia de que uma pessoa completamente desperta tivesse surgido no mundo, mas não pudesse compartilhar sua rara e preciosa sabedoria. Por esse motivo, ele apareceu diante do Buda e, de modo respeitoso, pediu-lhe que transmitisse seus ensinamentos, porque "existem seres com pouca poeira sobre os olhos que estão decaindo por não ouvir o *Dhamma*". O Buda então usou seus poderes de leitura da mente para examinar o mundo e constatar que algumas pessoas eram maduras o bastante em termos espirituais para entender sua mensagem, de modo que decidiu compartilhar seus ensinamentos. O pedido do Brahmā compassivo é encarado pelos budistas como o estímulo para o desabrochar da compaixão do Buda, o complemento necessário para sua sabedoria desperta, para seu papel de Buda perfeito, "mestre de deuses e seres humanos". As palavras atribuídas a Sahampati são hoje usadas como um canto Theravāda para pedir formalmente a um monge que transmita seus ensinamentos.

Gotama desejava ensinar, sobretudo, seus dois professores de yoga, mas os deuses lhe informaram que eles estavam mortos, fato que ele confirmou por meio de sua percepção meditativa. Assim, decidiu ensinar os antigos companheiros de ascetismo. Intuindo que estivessem naquele momento no parque ou reserva de animais de Isipatana (S. Ṛṣipatana; hoje chamada Sārnāth), perto de Varanasi (Benares), ele se pôs a caminho, em uma jornada de cerca de 160 quilômetros.

O primeiro sermão e a propagação dos ensinamentos

O relato canônico (*Vin.*I.8-21) diz que, quando Gotama chegou à reserva de animais, os cinco antigos companheiros o viram a distância e resolveram tratá-lo com desdém, como se fosse um fracassado espiritual. No entanto, quando Gotama se aproximou, viram que ele havia passado por uma grande mudança e, apesar do que sentiam, cumprimentaram-no com respeito e lavaram seus pés. A princípio dirigiram-se a ele como um igual, mas o Buda insistiu que era um *Tathāgata*, "Que assim foi" ou "Sintonizado com a realidade" (cf. *A.*II.23-4 (*BW.*421-23)), que encontrara a Imortalidade e poderia, portanto, ser o mestre deles. Depois de Gotama repetir duas vezes sua afirmação, para superar a hesitação deles, os ascetas reconheceram que ele tinha uma recém-encontrada autoconfiança e se mostraram dispostos a aprender com ele.

Gotama, na maior parte das vezes, chamado de o "Senhor" ou "Abençoado" (*Bhagavat*) nos *Suttas*, proferiu então seu primeiro sermão. Começou com a ideia de que existe um "caminho do meio" para os que deixaram a vida doméstica, um caminho que evitava os extremos tanto da devoção aos meros prazeres dos sentidos quanto da devoção à automortificação ascética. Gotama havia experimentado esses dois impasses espirituais. O caminho do meio descoberto, que conduzia ao despertar, era o Caminho (P. *Magga*, S. *Mārga*) Óctuplo *Ariya* (S. *Ārya*), ou seja,

Nobre. Ele prosseguiu com a essência de sua mensagem, falando sobre as quatro Realidades Verdadeiras para os Espiritualmente Enobrecidos (em geral traduzidas como "Nobres Verdades"), que são quatro dimensões cruciais da existência: os aspectos dolorosos da vida; a avidez como principal causa do renascimento e das consequentes dores mentais e físicas; a cessação delas a partir da cessação da avidez; e o caminho da prática que conduz a essa cessação, o Nobre Caminho Óctuplo. Gotama enfatizou o efeito libertador que a completa compreensão dessas realidades e sua reação adequada a elas haviam tido sobre ele, a tal que se tornara um Buda.

Como resultado dessa instrução, um dos ascetas que ouviu o primeiro sermão de Gotama, Koṇḍañña (S. Kauṇḍinya), adquiriu uma compreensão experiencial das quatro Realidades Verdadeiras, de modo que Gotama confirmou com alegria o entendimento dele. Essa compreensão é descrita como a aquisição do imaculado "olho do *Dhamma*", por meio do qual Koṇḍañña "vê", "alcança" e "mergulha" no *Dhamma*, livre de toda dúvida com relação aos ensinamentos do Buda. Esse é o primeiro grande progresso espiritual de uma pessoa, envolvendo o primeiro vislumbre do *Nirvāṇa*. Na maioria dos casos, como no de Koṇḍañña, isso torna a pessoa "aquela que entrou no fluxo": alguém que ingressou no caminho que vai lhe garantir a plena obtenção do *Nirvāṇa* no período de sete vidas no máximo. A obtenção do olho do *Dhamma* por parte de Koṇḍañña é sem dúvida considerada o clímax do primeiro sermão, pois, tão logo isso ocorre, os vários escalões dos deuses transmitiram rapidamente a mensagem exultante de que "a suprema roda do *Dhamma*" fora posta em movimento pelo "Abençoado" e já não podia ser detida por nenhum poder; uma era de influência espiritual do *Dhamma* havia começado. A "ativação da roda do *Dhamma*" (P. *Dhamma-cakkappavattana*, S. *Dharma-cakra-pravartana*) tornou-se assim o título do *Sutta* do primeiro sermão (*SN*.v.420-24).

Depois que Koṇḍañña foi ordenado, tornando-se assim o primeiro membro do *Saṅgha* monástico, o Buda deu explicações mais extensas de seus ensinamentos aos outros quatro ascetas, e, um a um, eles obtiveram o olho do *Dhamma* e foram ordenados. Mais tarde, o Buda proferiu seu "segundo" sermão (ver p. 87), no qual todos os seus discípulos obtiveram a plena experiência do *Nirvāṇa* — como ele mesmo obtivera em seu despertar — de maneira a se tornar *Arahat*s.

Outros discípulos, monásticos e leigos, se seguiram, de modo que logo havia 61 *Arahat*s, incluindo o Buda. Tendo à disposição esse corpo de monges-discípulos despertos, o Buda os enviou em uma missão para propagar o *Dhamma*: "Caminhem, monges, viajem para o benefício e a felicidade dos homens, por compaixão pelo mundo, para o bem-estar, o benefício, a felicidade de deuses e humanos" (*Vin*.I.21 (*BTTA*.7)). À medida que o ensinamento se propagava, Gotama, com o tempo, adquiriu seus dois principais discípulos: Sāriputta, famoso pela sua sabedoria e capacidade de ensinar, e Moggallāna, famoso pelos poderes psíquicos desenvolvidos com a meditação.[11] Em algum momento da vida, Gotama iniciou uma ordem de monjas (ver pp. 300-23); dizem que isso aconteceu em resposta às repetidas solicitações de sua madrasta Mahāpajāpatī e de seu fiel monge-assistente Ānanda (*Vin*.II.253-83 (*BTTA*.3)).

O Cânone faz apenas referências incidentais aos eventos que se deram entre o envio dos sessenta *Arahat*s e o último ano de vida do Buda. O quadro geral transmitido é que ele passou sua longa carreira de ensino perambulando a pé, com poucas posses, na região da bacia do Ganges. Embora fosse de natureza contemplativa, amando a solidão do ambiente natural, era em geral acompanhado por muitos discípulos e passava grande parte do tempo em novas cidades ou perto delas, em particular Sāvatthī, Rājagaha e Vesālī (S. Śrāvastī, Rājagṛha, Vāiśalī). Havia nelas muitas pessoas de natureza inquisitiva em busca de uma nova perspectiva espiritual. Os comentários do *Thera-gāthā* e do *Therī-gāthā* descrevem a procedência de 328 monges e monjas (Gombrich, 2006, p. 56; Gokhale, 1994, p. 61) e indicam que mais de dois terços eram provenientes de áreas urbanas. Também indicam que, quanto à origem social, 41% eram brâmanes, 23% *Kṣatriya*, 30% *Vaiśya*, 3% Śūdra e 3% "sem casta" (abaixo dos Śūdras na hierarquia bramânica). Desses, os brâmanes não parecem, de modo geral, ter sido sacerdotes tradicionais das aldeias, e sim habitantes das cidades empregados talvez como funcionários públicos. Os funcionários públicos e os comerciantes eram os grupos dominantes na sociedade urbana, mas nenhum deles tinha um nicho estabelecido no sistema dos *varṇa*s (embora, mais tarde, os comerciantes viessem a ser considerados *Vaiśyas*). Esses grupos, cujas realizações dependiam do esforço pessoal, parecem ter sido particularmente atraídos pela mensagem do Buda, que se dirigia às pessoas como indivíduos no controle do próprio destino moral e espiritual e não como membros do sistema dos *varṇa*s (Gombrich, 2006, pp. 79-83); o respeito deveria se basear no valor moral e espiritual, não no nascimento; ele tinha de ser conquistado (*Sn*.136). O Buda ensinava todos os que o procuravam, sem fazer nenhuma distinção: homens, mulheres, mercadores ricos, criados, brâmanes, artífices, ascetas, reis e cortesãs, e fazia questão de insistir em que a origem social nada tinha a ver com a posição da pessoa dentro do *Saṅgha* (*A*.IV.202). Também recomendava com insistência aos discípulos que ensinassem nas línguas ou nos dialetos locais de seus ouvintes (*Vin*.II.139). Em contrapartida, os brâmanes ensinavam em sânscrito, que àquela altura tornara-se incompreensível para aqueles que não o haviam estudado, deixando assim os ensinamentos védicos disponíveis apenas para os homens dos três *varṇa*s superiores.

11 Para histórias da conversão de alguns importantes discípulos, consulte *BTTA*.1; *EB*.2.1.1/3/5/6.

O carisma e os poderes do Buda

Os primeiros textos retratam o Buda como um mestre carismático e humanitário que inspirou muitas pessoas. Até os animais o veneravam: dizem que um elefante certa vez cuidou dele levando-lhe água quando ele passava um período sozinho na floresta (*Vin*.I.352). No entanto, uma pessoa que lhe tinha hostilidade era seu primo Devadatta, um de seus monges. Com inveja de sua influência, Devadatta sugeriu certa vez que o Buda lhe deixasse liderar o *Saṅgha*, uma vez que estava envelhecendo, e depois conspirou para assassiná-lo quando o pedido foi recusado (*Vin*.II.191-95). Em um atentado contra sua vida, Devadatta pediu a seu amigo, o príncipe Ajātasattu (S. Ajātaśatru), que enviasse soldados para armar uma emboscada e assassinar o Buda. Dezesseis soldados foram enviados, um de cada vez, para pôr o plano em ação, mas nenhum teve coragem de cumprir a missão e, em vez disso, tornaram-se discípulos do Buda. Em outro atentado, o violento Nālāgiri, um elefante assassino de homens, foi solto na estrada em que o Buda viajava. Quando o elefante atacou, o Buda manteve sua posição com calma e envolveu o elefante com o poder de sua bondade amorosa, de modo que o animal parou e baixou a cabeça, deixando que o Buda o afagasse e domasse.

Ao conquistar ouvintes para sua mensagem, o Buda nem sempre se apoiava em seu carisma, reputação e poderes de persuasão. Ocasionalmente, recorria a poderes psíquicos, embora proibisse a mera exibição deles pelos seus discípulos (*Vin*.II.112). Os resultados desses poderes não são vistos como milagres sobrenaturais e sim como produtos paranormais do grande poder interior de certas meditações. Um trecho canônico tardio (*Patis*.I.125) descreve seu "prodígio dos pares", que o material lendário posterior atribui ao Buda durante sua permanência em Sāvatthī (*Dhp*-a.III.204-16): ele se elevou no ar e produziu tanto fogo quanto água de diferentes partes de seu corpo. De vez em quando usava seus poderes para curar fisicamente um de seus devotos seguidores: fez um parto longo e muito doloroso chegar ao fim (*Ud*.15-6), por exemplo, e curou um ferimento sem deixar ao menos uma cicatriz (*Vin*.I.216-18). Entretanto, de modo geral, o Buda encarava os poderes psíquicos como perigosos, pois poderiam incentivar o apego e a autoglorificação. Em um estranho paralelo com a tentação de Jesus no deserto, dizem que ele rejeitou a tentação de Māra de transformar o Himalaia em ouro (*SN*.I.116).

A morte do Buda

O *Mahāparinibbāna Sutta*[12] trata do último ano da vida do Buda. Durante esse período, ele sofreu de uma doença, e Ānanda perguntou a respeito do destino do *Saṅgha* depois de sua

12 *D*.II.72-167 (*SB*.37-97); *EB*.1.7 é de um texto em sânscrito paralelo.

morte, com certeza querendo saber quem o dirigiria. Em resposta, o Buda disse que ensinara o *Dhamma* sem ocultar nada, e que o *Shaṅga* dependia do *Dhamma*, não de um líder, nem mesmo dele próprio.[13] Os membros do *Saṅgha* deveriam cuidar da própria prática autossuficiente, tendo como guia o *Dhamma* que fora ensinado com clareza: eles próprios e o *Dhamma* seriam sua "ilha" e "refúgio" (*D*.II.100). Mais tarde, o Buda especificou que, depois de sua morte, o *Saṅgha* deveria ter tanto o *Dhamma* quanto a disciplina monástica (*Vinaya*) como "mestres" (*D*.II.154).

Embora tenha passado adoentado nos seus três últimos meses de vida, o Buda continuou a perambular a pé e sua jornada terminou na pequena aldeia de Kusinārā (S. Kuśunagarī). Quando lhe perguntaram como deveria ser organizado seu funeral, ele respondeu que essa era uma preocupação da laicidade, não do *Saṅgha*, mas que seu corpo deveria ser tratado como o de um imperador *Cakkavattin*. Ele deveria ser envolvido em um pano, colocado em um caixão e cremado. As relíquias remanescentes deveriam então ser colocadas em um *Stūpa* (P. *Thūpa*), ou monte mortuário, em um lugar onde quatro estradas se encontrassem. Em seguida, ele disse: "Quando as pessoas depositarem ali uma guirlanda, fragrância ou massa de farinha, ou fizerem saudações respeitosas, ou levarem paz ao seu coração, isso contribuirá para seu bem-estar e felicidade duradouros" (*D*.II.142). Depois da cremação do Buda, suas relíquias foram colocadas em oito *Stūpas* (*EB*.1.1); a tigela usada para recolher as relíquias e as cinzas do fogo fúnebre foram colocadas em outros dois. Esses *Stūpa*s, que talvez contivessem as relíquias de *Arahat*s, tornaram-se depois foco de muita devoção.

Até mesmo no seu leito de morte, o Buda continuou a ensinar. Um viandante perguntou se outros líderes *Samaṇa* tinham obtido o verdadeiro conhecimento. Em vez de dizer que os sistemas religiosos deles estavam errados e o seu estava certo, o Buda apenas indicou que o componente crucial de qualquer um desses sistemas era o Nobre Caminho Óctuplo: somente então tal sistema poderia conduzir à plena condição de *Arahat*. Na opinião dele, esse Caminho estava ausente dos outros ensinamentos que ele conhecia.

Não muito tempo depois disso, o Buda perguntou aos seus monges se algum deles tinha alguma pergunta final que gostariam de ver respondida antes que ele morresse. Como ficaram em silêncio, ele disse, com suavidade, que, se estavam em silêncio apenas por reverência a ele, deveriam pedir a um amigo que fizesse a pergunta que desejavam. Eles permaneceram silenciosos. Vendo que todos tinham um bom entendimento de seus ensinamentos, proferiu suas últimas palavras: "É da natureza das coisas condicionadas se deteriorar, mas, se vocês forem vigilantes, serão bem-sucedidos!" (*D*.II.156). Ele partiu então do mundo, em um estado de

13 Embora vários textos do noroeste da Índia mencionem Mahākāśyapa (P. Mahākassapa) como sucessor do Buda (Ray, 1994, pp. 105-08).

meditação destemido, calmo e autocontrolado. Passou para o primeiro *jhāna*, e depois, em estágios, pelos outros três *jhānas*, os quatro estados místicos "sem forma", e depois pela "cessação da percepção e da sensação" (ver p. 356). Em seguida, de modo gradativo, desceu de volta ao primeiro *jhāna*, subiu de novo para o quarto *jhāna*, e pereceu a partir daí (*D*.II.156). Os budistas encararam esse evento não tanto como uma "morte", e sim como uma passagem para a Imortalidade, o *Nirvāṇa*.

A NATUREZA E O PAPEL DO BUDA

Os *Suttas* contêm algumas informações muito "humanas" a respeito do Buda, como o fato de ter tido dor de cabeça depois de uma longa sessão de ensinamentos (*D*.III.209). No *Mahāparinibbāna Sutta*, encontramos o Buda de 80 anos expressando "cansaço" diante da perspectiva de lhe fazerem perguntas a respeito do destino de renascimento de *cada* pessoa que morreu em certa localidade (*D*.II.93); dizendo que estava velho e esgotado e só conhecia o conforto quando em meditação profunda (*D*.II.100); em sua doença final, encontrando-se extremamente sedento e insistindo para que lhe dessem logo água (*D*.II.128-29). No entanto, em outra parte do mesmo texto, o Buda atravessa o Ganges por meio de seu poder psíquico (*D*.II.89); diz que, se lhe pedissem, poderia continuar vivo "por um *kappa*, ou pelo restante de um" (*D*.II.103), tendo *kappa* (S. *Kalpa*) em geral o significado de "éon", mas aqui, é bem possível, a extensão máxima da vida humana, de aproximadamente 100 anos; quando ele se deita entre duas árvores *Sāl*, onde vai morrer, estas irrompem em uma florescência fora de estação em deferência a ele e ouve-se uma música divina no céu (*D*.II.137-38); deuses de dez regiões do universo se reúnem para testemunhar o grande evento da passagem de um Buda para o *Nirvāṇa* derradeiro na morte (P. *parinibbāna*, S. *parinirvāṇa*;[14] *D*.II.138-39); os deuses impedem que sua pira funerária queime até que o principal discípulo, Mahākassapa (S. Mahākāśyapa), chegue ao local (*D*.II.163).

Desse modo, quando os modernos theravādins às vezes dizem que o Buda era "pura e simplesmente um ser humano" (Rahula, 1974, p. 1), esses comentários precisam ser interpretados de forma adequada. De modo geral, eles têm a intenção de contrastar o Buda com Jesus, visto como "Filho de Deus", e de contrariar a concepção Mahāyāna da natureza do Buda, que a considera muito acima da humana. Esses comentários também podem ser atribuídos a uma perspectiva modernista do Buda, um tanto desmitologizada. No Cânone páli, considerava-se que

---

14 O termo *parinibbāna/parinirvāṇa*, às vezes, também é usado para a obtenção do *Nirvāṇa* em vida (o equivalente verbal *parinibbāyati* é usado com frequência nesse sentido), porém, de modo mais comum, e em especial no emprego moderno, vem a se referir particularmente à obtenção do *Nirvāṇa* derradeiro na ocasião da morte de um *Arahat* ou Buda.

Gotama havia *nascido* humano, embora fosse um ser humano com habilidades extraordinárias devido às perfeições acumuladas ao longo de sua trajetória de *Bodhissatta*. No entanto, depois que alcançou o despertar, não podia mais ser chamado de "humano", já que tinha aperfeiçoado e transcendido sua condição humana. Essa ideia reflete-se no trecho de um *Sutta* no qual perguntam ao Buda se ele é (literalmente "será") um deus (*deva*) ou um ser humano (*A*.II.37-9 (*BTTA*.105)). Em resposta, ele disse que tinha ido além dos traços inconscientes arraigados que o tornariam um deus ou um ser humano, e que deveria, portanto, ser visto como um Buda, aquele que crescera no mundo mas que agora o transcendera, como uma flor de lótus que cresce na água mas floresce acima desta, imaculada.

A misteriosa natureza de um Buda evidencia-se quando o Buda repreende um monge cuja fé nele era excessiva e acrítica, de modo que estava sempre seguindo-o de um lado para o outro: "Silêncio, Vakkali! O que você encontra ao buscar este desprezível corpo visível? Vakkali, quem vê o *Dhamma*, vê a mim; quem vê a mim, vê o *Dhamma*" (*SN*.III.120). Este estreito vínculo entre o Buda e o *Dhamma* é reforçado por outro trecho de um *Sutta*, no qual cita-se que um *Tathāgata* pode ser designado como "aquele que tem o *Dhamma* como corpo" (*Dhamma-kāya*; Harrison, 1992, p. 50) e que "tornou-se *Dhamma*" (*Dhamma-bhūta*; *D*.III.84). Esses termos indicam sem sombra de dúvida que um Buda exemplifica plenamente o *Dhamma*, no sentido do Caminho, na sua personalidade ou "corpo". Além disso, realiza plenamente o *Dhamma* no sentido supremo, por meio da experiência do *Nirvāṇa*, o equivalente do supremo *Dhamma* (*A*.I.156 e 158). O *Arahat* não é diferente nesses aspectos, pois é descrito como "tendo-se tornado o supremo" (*Brahma-bhūta*; *SN*.III.83), termo usado como equivalente do "Tornou-se *Dhamma*" mencionado antes. Qualquer pessoa desperta é "profunda, imensurável, difícil de sondar, como é o grande oceano" (*M*.I.487). Tendo "se tornado *Dhamma*", sua natureza desperta só pode ser de fato compreendida por alguém que tenha "visto" o *Dhamma* com o "olho do *Dhamma*" ao entrar no fluxo desse oceano. Enquanto os cristãos veem Jesus como Deus que se tornou humano, os budistas veem o Buda (e os *Arahats*) como um ser humano que se tornou *Dhamma*.

Nos primeiros textos budistas, o próprio Buda é considerado um *Arahat* e é visto como semelhante, na maioria dos aspectos, aos outros *Arahats*. A experiência do *Nirvāṇa* de todos os *Arahats* é a mesma; no entanto, um Buda perfeito é considerado detentor de um conhecimento mais extenso do que outros *Arahats*. Embora não seja onisciente no sentido de saber tudo de maneira contínua e ininterrupta (*M*.II.126-27), dizem que ele seria capaz de recuar na memória até onde desejasse e recordar suas inumeráveis vidas anteriores, e de saber como qualquer ser viria a renascer em conformidade com seu karma (*M*.I.482). Os outros *Arahats* têm limitações desses poderes ou podem até nem tê-los desenvolvido (*SN*.II.122-3; *M*.I.477). Um Buda perfeito é visto como aquele que pode vir a saber qualquer coisa cognoscível (*A*.II.25); precisa apenas voltar a mente para ela (*Miln*.102, 106). O que ele ensina é apenas uma pequena parte de seu imenso conhecimento (*SN*.V.438 (*BW*.360-61)), porque só ensina o que é ao mesmo tempo verdadeiro e proveitoso no âmbito espiritual (*M*.I.395; Harvey, 1995b).

Uma segunda diferença importante entre um Buda e um *Arahat* é que um Buda é alguém que, por esforço próprio, redescobre o Caminho depois de este se haver perdido para a sociedade humana (*SN*.II.105-07 (*BW*.69)). Tendo-o descoberto por si mesmo, ele habilmente o torna conhecido aos outros, para que estes possam praticá-lo por si mesmos e assim se tornarem *Arahats* ((*SN*.III.64-5 (*BW*.413-14)). Ele é um redescobridor e mestre de realidades atemporais (*A*.I.286-87). Na condição de fundador de um *Saṅgha* monástico e proponente das regras de conduta obrigatórias para seus membros, um Buda também cumpre um papel semelhante ao de um "legislador".

A NATUREZA E O ESTILO DO ENSINAMENTO DO BUDA

O estilo de ensinamento do Buda, de modo geral, era de esmerada adaptação à disposição de ânimo e aos interesses de seus ouvintes, respondendo a perguntas e até mesmo pensamentos não verbalizados de sua audiência bem como aproveitando-se de eventos fortuitos para ensinar (Gombrich, 2009, pp. 161-79). Por meio de um diálogo com os autores das perguntas, ele, aos poucos, oferecia-lhes algo da própria compreensão da realidade. Quando brâmanes lhe indagaram a respeito de como alcançar a união com o deus Brahmā depois da morte, ele disse que isso poderia ser obtido por meio do desenvolvimento meditativo da profunda bondade amorosa e da compaixão, e não por intermédio dos sangrentos sacrifícios védicos (*D*.I.235-52). Conferia com frequência novos significados a termos antigos, falando, por exemplo, do *Arahat* como o "verdadeiro brâmane" (*Dhp*.383-423) e usando o termo *ariya*, equivalente ao termo em sânscrito que designava o "nobre" povo ariano, no sentido de espiritualmente nobre ou enobrecido.

O Buda tratava as perguntas de maneira cuidadosa e analítica. Respondia diretamente a algumas, enquanto a outras só respondia depois de analisá-las a fim de esclarecer sua natureza. Também respondia a algumas com outra pergunta, para revelar motivos ocultos e pressuposições; outras ainda ele "deixava de lado", por incorrerem em petição de princípio e estarem repletas de conceitos equivocados (*A*.II.46). Não se importava quando outras pessoas discordavam dele, mas censurava interpretações errôneas do que ele ensinava. Demonstrava equanimidade até mesmo quando ganhava discípulos. Certo general chamado Sīha (S. Siṃha), que era um grande partidário dos monges jainistas, decidiu certa vez se tornar um discípulo leigo, mas o Buda o advertiu de que uma pessoa proeminente como ele deveria refletir com cuidado antes de mudar suas afiliações religiosas (*Vin*.I.236 (*BTTA*.2)). Quando ele, mesmo assim, desejou fazer isso e quis apoiar os monges budistas, o Buda o advertiu de que deveria também apoiar os monges jainistas.

O Buda enfatizou que a pessoa não deveria confundir crença com conhecimento[15]e sublinhou a importância da autoconfiança e de submeter todos os ensinamentos à experiência prática, inclusive os dele (*M.*I.317-20 (*BW.*93-6)). Apenas de vez em quando, por exemplo, antes de seu primeiro sermão, ele usou sua autoridade, mas não foi para obrigar as pessoas a concordarem com ele e sim para fazê-las escutar, a fim de que pudessem então obter entendimento. Também aconselhou os discípulos a não reagir emocionalmente quando ouvissem alguém culpando-o ou elogiando-o, dizendo que deviam avaliar com calma se o que fora dito era verdadeiro ou falso (*D.*I.3). Estava bastante consciente das numerosas doutrinas conflitantes dos dias em que vivia, uma época de efervescência intelectual. Rejeitando ensinamentos baseados na tradição dominante ou na mera especulação racional, ele enfatizava o exame e a análise da experiência efetiva. Quando falou para o confuso povo Kālāma,[16]depois que muitos mestres os haviam visitado louvando os próprios ensinamentos e menosprezando os de outros, ele disse o seguinte:

> vocês não devem concordar com uma coisa por causa do que lhes disseram, por causa da autoridade, por causa da tradição, por causa da conformidade com um texto transmitido, com base na razão, com base na lógica, por causa do pensamento analítico, por causa da reflexão teórica abstrata, por causa da aparência do orador ou porque um asceta é seu mestre. Quando souberem por si mesmos que determinadas qualidades são prejudiciais, culpáveis, censuradas pelos sábios e conduzem ao dano e ao sofrimento quando adquiridas e buscadas, deverão desistir delas (*A.*I.189 (*SB.*252)).

Pelo mesmo critério, eles deveriam observar que a cobiça, o ódio e a ilusão (a ausência da clareza mental), que conduzem a um comportamento prejudicial aos outros, teriam de ser evitados, e deveriam cultivar a não cobiça (a generosidade e a renúncia), o não ódio (a bondade amorosa e a compaixão) e a não ilusão (a clareza da mente e a sabedoria). Por inferência, os ensinamentos que desencorajam os primeiros e estimulam estes últimos valem a pena ser seguidos.

O Buda enfatizava que seus ensinamentos tinham um propósito prático e as pessoas não deveriam se agarrar cegamente a eles. Comparou o *Dhamma* à balsa construída por um homem que queria atravessar da margem próxima e perigosa de um rio, que representava o mundo condicionado, para a margem mais distante e tranquila, que representava o *Nirvāṇa* (*M.*I.134-

---

15 *M.*II.168-77 (*BW.*96-103; Harvey, 2009b, pp. 179-81).

16 *Kālāma Sutta*, *A.*I.188-93 (*BW.*88-9; *SB.*251-56; Harvey 2009b, pp. 176-78).

-35 (*BTTA*.77; *SB*.160-61)). Fez, então, uma pergunta retórica: se esse homem, ao chegar à outra margem, deveria tirar a balsa da água e carregá-la com ele para todo lado. Depois, ele disse: "O *Dhamma* é para a travessia, não para ser retido". Em outras palavras, o discípulo não deveria se agarrar com avidez às ideias e práticas budistas, e sim *usá-las* para o propósito a que se destinavam, devendo ter em mente que a pessoa que alcançou sua meta não as carrega como identidade a ser defendida. No entanto, muitos budistas comuns têm forte apego ao budismo.

Embora o Buda criticasse a fé cega, não negava o papel da fé com base sólida ou "confiança genuína" (P. *saddhā*, S. *śraddhā*); porque, para testar seus ensinamentos, a pessoa precisaria ter, pelo menos, certa confiança inicial neles. Os primeiros textos pressupõem um processo de escuta que desperta o *saddhā*, conduzindo à prática e, desse modo, à confirmação parcial dos ensinamentos, que leva a um *saddhā*, e a uma prática mais profundos, até que a essência dos ensinamentos seja de fato vivenciada (*M*.II.171-76). A pessoa torna-se então um *Arahat*, aquele cuja confiança está radicada na compreensão. Até mesmo no budismo Theravāda, que não raro passa uma imagem bastante racional, não emocional, é comum uma fé muito profunda no Buda, no *Dhamma* e no *Saṅgha*. De modo ideal, isso se baseia no fato de que alguma parte do caminho do Buda foi considerada edificante, inspirando assim confiança no restante dele. Muitas pessoas, contudo, têm simplesmente uma fé tranquila e jovial (P. *pasāda*, S. *prasāda*) inspirada no exemplo daqueles que estão bem estabelecidos no Caminho.

CAPÍTULO 2

Os Primeiros Ensinamentos Budistas: Renascimento e Karma

Neste capítulo e no próximo serão delineadas as doutrinas centrais dos primórdios do budismo tal como estão apresentadas, em essência, no Cânone páli, acompanhadas de algumas de suas aplicações posteriores. Embora o Mahāyāna tenha desenvolvido uma nova orientação com relação a alguns desses primeiros ensinamentos, além de novas doutrinas próprias, tais eventos só podem ser compreendidos tendo estes ensinamentos como pano de fundo. No Theravāda, eles permaneceram como estrutura norteadora para todos os novos desenvolvimentos.

De certo modo, o budismo começa e termina com a experiência do despertar do Buda, pois essa é a fonte suprema dos ensinamentos budistas e estes são um guia rumo ao desenvolvimento moral e espiritual que culmina em uma experiência de natureza semelhante. Em seu despertar, o Buda obteve um conhecimento direto do renascimento, do karma e das quatro "Realidades Verdadeiras para os Espiritualmente Enobrecidos". Todos os principais ensinamentos dos primórdios do budismo podem ser organizados sob um ou outro desses três pontos principais.

O RENASCIMENTO E A COSMOLOGIA

Uma das palavras usadas para fazer referência ao ciclo de renascimentos é *saṃsāra*, "vagar", um indício de que o processo é considerado longo e, com frequência, sem um propósito definido. Não é dito apenas que tivemos "muitas" vidas passadas, mas sim que tivemos *inúmeras* delas. Na noite de seu despertar, menciona-se que o Buda se lembrou de mais de 100 mil delas (*M.*I.22). A perspectiva budista, na verdade, é de que não existe nenhum início conhecido nem para o ciclo de renascimentos nem para o mundo: "É inconcebível qualquer começo deste *saṃsāra*; não se discerne um ponto mais precoce dos seres que, obstruídos pela ignorância espiritual e agrilhoados pela avidez, correm e vagueiam" (*SN.*II.178 (*BW.*37-40)). Por mais que recuemos no tempo, é preciso postular causas anteriores para quaisquer seres que tenham existido naquela época. Por essa razão, não se deve afirmar que o Buda se lembrava de "todas" as suas vidas passadas.

Menciona-se, em específico, que o máximo que o Buda conseguiu recuar foi 91 "éons" (*M.*I.483). Um "éon" (P. *kappa*, S. *kalpa*) é uma vasta unidade de tempo usada para medir o ir e vir de sistemas de mundo. Afirma-se que o universo físico consiste em um sem-número de sistemas de mundo espalhados pelo espaço, cada um deles tendo uma montanha central (Meru) cercada por quatro continentes e ilhas menores, que vieram a ser vistos como situados todos em um único disco plano (p. ex., *Vism.*205-06). Eles também existem em milhares de aglomerados, agrupamentos galácticos desses aglomerados, e agrupamentos supergalácticos dessas galáxias (*A.*I.227). Dentro desse vasto universo, desprovido de um limite conhecido, existem outros mundos habitados nos quais os seres também passam pelo ciclo de renascimentos. Assim como os seres passam por uma série de vidas, o mesmo acontece com os sistemas de mundo: eles se desenvolvem, persistem por um período, chegam ao fim e desaparecem, sendo sucedidos por outros. Cada fase dura um éon "incalculável", e todo o ciclo dura um "grande" éon (Harvey, 2007d, pp. 161a-165a). A enorme magnitude desse período é indicada por várias imagens sugestivas. Por exemplo, se houvesse uma montanha de sólido granito com nove quilômetros de altura, e uma vez em cada século ela fosse acariciada por um pano fino, ela se desgastaria antes que um grande éon se passasse (*SN.*II.181-82). Apesar disso, já se passaram mais éons do que a quantidade de grãos de areia às margens do rio Ganges (*SN.*II.183-84)!

Considera-se que o ciclo de renascimentos — de *puna-bbhava*, ou novo vir a ser —, portanto, envolve inúmeras vidas ao longo de vastas extensões de tempo. Se o ciclo só dissesse respeito a renascimentos humanos, seria difícil para um budista explicar a explosão da população humana. Na realidade, porém, vê-se no ciclo o envolvimento de muitas outras formas de vida, como a dos animais, de modo que a distribuição entre populações torna-se bastante verossímil. Apresenta-se, assim, a ideia de diferentes esferas de renascimento (*BS2.*1; *EB.*1.5.2).

As duas primeiras dessas esferas são a dos seres humanos e a do reino animal. Esta última inclui criaturas sencientes tão simples quanto os insetos. Não se incluem as plantas, embora considera-se que tenham uma consciência bastante rudimentar, na forma de sensibilidade ao toque (*Vin.*I.155-56). Existem também esferas de seres que não são (comumente) visíveis. Uma delas é a esfera dos *peta*s (S. *preta*), dos "falecidos" (*BS2.*4). Como se considera que estes têm corpos formados apenas por matéria "sutil", esse renascimento não envolve a "reencarnação", ou seja, a obtenção de um novo corpo físico bruto. Os *peta*s são vistos como seres espectrais frustrados que habitam os limiares do mundo humano devido a seu forte apego terreno, não muito diferentes dos fantasmas da literatura ocidental. Retrata-se um dos tipos de *peta*, conhecido em geral como "fantasma faminto", com um enorme estômago, atormentado pela fome, e um minúsculo pescoço que deixa passar pouquíssimo alimento.

A pior esfera é a do inferno (*niraya*), que abrange uma série de renascimentos infernais (*BS1*.224-26). Descrevem-se estes pelas experiências de ser queimado, retalhado, congelado ou comido vivo, e no entanto ser revivido para sofrer tudo isso de novo (p. ex., *M*.III.183). Trata-se, portanto, de uma esfera na qual uma consciência torturada vivencia abomináveis pesadelos, nos quais todos os objetos dos sentidos parecem repulsivos e horrendos (*SN*.IV.126). Alguns infernos são piores do que outros, mas todos são vistos como apropriados às ações que conduziram a eles. Embora a vida no inferno seja medida em milhões de anos, *nenhum* renascimento é eterno; portanto, um ser do inferno, com o tempo, chegará de novo ao nível humano.

As esferas dos animais, dos *peta*s e do inferno são as dos renascimentos inferiores, onde os seres sofrem mais do que os seres humanos. As esferas superiores de renascimento, mais afortunadas, são as dos seres humanos e dos *deva*s, "seres ilustres" ou deuses. Juntas, elas compreendem cinco esferas. Às vezes essas cinco esferas se tornam seis, sendo os deuses divididos em dois tipos: deuses propriamente ditos e *asura*s, ou "titãs", considerados seres divinos orgulhosos, ardorosos e sedentos de poder (que fazem parte dos renascimentos inferiores). Segundo consta, os deuses propriamente ditos vivem em 26 céus, agrupados em uma classificação tríplice de renascimentos. A mais baixa delas é a "esfera do desejo dos sentidos" (*kāma-dhātu*), que abrange todos os renascimentos mencionados até aqui, inclusive os seis céus inferiores. Em todas essas esferas, os seres percebem os objetos sensoriais de maneira a notar particularmente suas qualidades de desejabilidade e indesejabilidade. Mais sutil do que a esfera do desejo dos sentidos e "acima" dela está a "esfera da forma (pura, elementar)" (*rūpa-dhātu*). Nela vivem deuses mais aperfeiçoados, conhecidos, de modo geral, como *brahmā*s, em oposição aos *deva*s propriamente ditos dos céus inferiores. Na esfera da forma, menciona-se a existência de 16 céus de natureza progressivamente aperfeiçoada e tranquila. Os seres nesse nível de existência estão conscientes dos objetos de uma maneira pura, destituída do desejo sensorial, e não possuem os sentidos do tato, paladar e olfato. No entanto, sofrem de outros apegos e limitações. Mais aperfeiçoada que esfera da forma é a "esfera sem forma" (P. *Arūpa-dhātu*, S. *Ārūpya-dhātu*), que consiste dos quatro tipos mais aperfeiçoados de renascimento. Trata-se de "campos" (*āyatana*) puramente mentais, destituídos por completo de qualquer coisa que tenha uma configuração ou forma sutil. Esses campos recebem o nome dos estados de consciência característicos dos *brahmā*s renascidos "lá". No primeiro, eles têm a experiência do "espaço infinito"; no segundo, habitam a "consciência infinita", que pode contemplar o espaço infinito; no terceiro, vivenciam o aparente "nada" do seu nível de existência; no último, o estado relaxado de consciência é tão sutil que seu campo não é "nem da percepção, nem da não percepção". Esse último renascimento, "o apogeu da existência", constitui a forma mais elevada e sutil de vida no cosmos, com um enorme tempo de vida de 84 mil éons; no entanto, até mesmo esses seres, com o tempo, acabam morrendo. Conta-se que, quando estudava com o mestre Uddaka Rāmaputta, Gotama alcançou uma meditação que o teria conduzido ao renascimento nessa esfera, mas a rejeitou por estar aquém de sua meta (consulte a p. 48). Todas essas esferas de renascimento correspondem a estados e ações humanos considerados pertinentes a elas; por essa razão, o budismo tem uma espécie de "psicocosmologia" (Gethin, 1997, e 1998, pp. 112-32).

Entre os seis céus de desejo dos sentidos, existem alguns muito significativos. O segundo céu ascendente é o dos deuses Tāvatiṃsa (S. Trāyastriṃśa), os "trinta e três" deuses do panteão védico pré-budista. O principal deus védico, Indra, é chamado muitas vezes de Sakka (S. Śakra) nos textos budistas, tendo "entrado no fluxo" e sendo, portanto, considerado um protetor do budismo (*D.*II.288). O quarto céu é o dos deuses Tusita (S. Tuṣita, "Os Satisfeitos"), a esfera na qual os *Bodhisattas* passam sua penúltima vida e na qual Metteyya (S. Maitreya), marcado para ser o próximo Buda, agora vive. Nas margens do sexto céu habita Māra, o tentador (*M-a.*I.33-4). A estrutura das coisas é tal que sempre haverá um Māra nos sistemas de mundo, mas os encarregados desse tipo de posição cósmica nascem e morrem, como é o caso de todos os outros deuses (Ling, 1962). Eles talvez possam ser comparados a pessoas que ocupam cargos específicos, como o de prefeito. Como um Māra vive em um céu, ele tem um bom karma atrás de si, porém, assim como o "Satanás" do cristianismo, considerado um anjo caído, sua benevolência anterior sucumbiu. Tal como um chefe de seita carismático mas movido pelo ego, ele usa seus poderes a fim de tentar manipular outros seres para que fiquem sob seu domínio, em vez de ajudá-los.

Os cinco céus superiores são conhecidos como "moradas puras" (P. *Suddhāvāsa*, S. *Śuddhāvāsa*), alcançáveis apenas por pessoas conhecidas como aquelas que "não retornam" — quase *Arahats*. Os 11 céus restantes correspondem aos quatro *jhāna*s meditativos e são alcançados por pessoas que dominaram esse estado durante a vida, o que "sintoniza" a mente delas com determinado nível de existência. Dos seres desses céus, talvez o mais importante seja o Grande Brahmā, que habita o céu superior do primeiro *jhāna*, cuja esfera de influência inclui mil "sistemas de mundo" (*D.*II.261) e cujo tempo de vida é um grande éon. Nos dois céus inferiores habitam os ministros e o séquito do Grande Brahmā.

Os detalhes essenciais dos níveis de renascimento são os seguintes (os números entre parênteses representam a extensão da vida neles):[1]

Esfera sem forma. Quatro tipos de renascimento puramente mentais, os campos de:

- Nem-percepção-nem-não-percepção (84 mil éons), Nada (60 mil éons), Consciência Infinita (40 mil éons), Espaço Infinito (20 mil éons).

Esfera da forma. Céus que correspondem ao:

1 *Vibh.*422-6; A.II.128-29 (*BW.*216-18); Gethin, 1998, pp. 112-19.

- Quarto *jhāna*: as cinco moradas puras (16, 8, 4, 2, 1 mil éons), Seres Inconscientes (500 éons), céu de Grande Recompensa (500 éons).
- Terceiro *jhāna*: céus de Completa Beleza (64 éons), Beleza Ilimitada (32 éons), Beleza Limitada (16 éons).
- Segundo *jhāna*: céus de Resplendor Radiante (8 éons), Resplendor Ilimitado (4 éons), Resplendor Limitado (2 éons).
- Primeiro *jhāna*: céus do Grande Brahmā (1 éon), Ministros de Brahmā (meio éon), Séquito de Brahmā (um terço de um éon).

Esfera do desejo dos sentidos:

- Os seis céus dos *devas*, dos: Mestres das Criações dos Outros (16 mil anos divinos (a.d.)), Aqueles Que Se Deleitam em Criar (objetos agradáveis) (8 mil a.d.), Os Satisfeitos (4 mil a.d.), Os Deuses Yāma (2 mil a.d.), Os Trinta e Três Deuses (mil a.d.), Os Deuses dos Quatro Reis (500 a.d.).
- Seres humanos.
- Esferas de mau renascimento: *asuras*, fantasmas famintos, animais, seres do inferno (tempos de vida não especificados).

Enfatiza-se que a experiência do tempo é relativa, de modo que, no céu mais baixo, 50 anos humanos se passam em 1 "dia" divino, e, em 500 "anos" divinos (a.d.), passam-se 9 milhões de anos humanos. No sexto céu, 1.600 anos humanos se passam em 1 "dia", e 9,2 milhões de anos humanos são o tempo de uma vida lá.

As questões de um Deus criador e as origens da vida humana

O budismo não vê a necessidade de um criador do universo, já que não postula que este tenha tido um início; encara-o como sustentado por leis naturais (Nyanaponika, 1981). Além do mais, se houvesse um criador do mundo, ele seria tido como responsável pelo sofrimento encontrado nele (*Jat*.v.238). A coisa mais próxima de Deus nos primeiros textos é o Grande Brahmā do nosso sistema de mundo, considerado por alguns brâmanes como criador do mundo. Embora o Buda o considerasse um ser glorioso de longa vida, ainda assim o via como equivocado em sua crença de ser um criador todo-poderoso. Um trecho de um dos *Suttas*, aliás, narra por que ele tinha essa crença (*D*.I.18). Periodicamente, um sistema de mundo físico e os céus inferiores associados a ele chegam ao fim. Nessa ocasião, seres desses níveis inferiores renascem em geral como deuses de "Resplendor Radiante" (P. Ābhassara, S. Ābhāsvara). Depois de um longo período, os três céus da forma inferiores aparecem, e um deus de Resplendor Radiante morre e renasce lá como um Grande Brahmā. Após algum tempo, ele se torna solitário e anseia pela presença de outros. Logo seu desejo se realiza, tão somente porque outros deuses de Resplendor Radiante morrem e renascem, devido ao karma deles, como seus ministros e seu séquito. Por não se lembrar de sua vida anterior, o Grande Brahmā pensa o seguinte: "Eu sou Brahmā, o Grande Brahmā [...] o Onividente, o Controlador, o Senhor, o Gerador, o Criador [...] esses outros seres são minha criação". Os ministros e o séquito concordam com essa conclusão equivocada, e, quando um deles morre, renascendo, com o tempo, como ser humano, desenvolve o poder de recordar a vida anterior, e em decorrência ensina que o Grande Brahmā é o eterno criador de todas as coisas. Esse relato é uma alusão irônica a um trecho do *Bṛhadāraṇyaka Upaniṣad* 1.4.1-3, no qual o divino Si-Mesmo (*Ātman*; em outros lugares chamado *Brahman*, o poder que sustenta o universo) cria outros seres porque não deseja ficar sozinho. Outra história irônica apresenta as limitações de um Grande Brahmā. Um monge com uma questão filosófica a respeito da transcendência de todos os mundos medita para ser capaz de entrar em contato com os deuses e lhes fazer essa pergunta. Nenhum dos deuses, desde o céu mais baixo até os do séquito de Brahmā, é capaz de ajudá-lo, mas asseguram-lhe que o Grande Brahmā será capaz de fazê-lo. No entanto, quando o monge faz a pergunta, o Grande Brahmā responde apenas com a orgulhosa afirmação de sua condição de criador. Depois de responder três vezes dessa maneira, ele leva o monge para um canto e diz que não poderia desiludir seu séquito admitindo em público que não sabia a resposta; era melhor que o monge falasse com o Buda, que com certeza saberia responder (*D*.I.215-23). Portanto, um Grande Brahmā é visto como inferior ao Buda em termos de sabedoria. Embora essas ideias possam ser consideradas sátiras das ideias bramânicas (cf. Gombrich, 1996, pp. 65-95; 2009, pp. 180-92), também situam de modo adequado uma narrativa explanatória alternativa.

Apesar de serem bondosos e compassivos, nenhum dos *brahmās* é criador do mundo, de modo que a questão teológica da existência do mal não se coloca nos primórdios do budismo: a questão de como um Deus todo-poderoso, onisciente e todo-amoroso poderia criar um mundo no qual existem o mal e o sofrimento. Como veremos, no entanto (ver p. 169), algo semelhante a essa questão encontra-se em algumas correntes do budismo Mahāyāna.

A coisa mais próxima de uma história da criação no budismo é seu relato de como os seres vêm a povoar um sistema de mundo quando este inicia um novo ciclo de existência. O *Aggañña Sutta*[2] diz que, nessa ocasião, deuses de Resplendor Radiante morrem e renascem pairando sobre o mundo físico que está mais uma vez em evolução, sendo então uma extensão de água em completa escuridão. Os seres que renascem são considerados assexuados, autoluminosos e ainda semidivinos. Depois de um longo tempo, uma crosta de "terra suculenta" se espalha sobre as águas, e um ser voraz a prova e a deseja. Esse ato primordial de desejo e de voracidade é imitado por outros, até que esses seres perdem a autoluminosidade e tornam-se mais sólidos

2 *D*.III.80-98 (*SB*.116-28); cf. *EB*.3.3.2 e *BTTA*.206.

e orgulhosos de sua aparência, de modo que, com o tempo, desdobram-se em dois sexos. O ambiente deles é rico em alimentos, mas, quanto mais avidamente acumulam essa abundância, menos ele dá: uma ideia da qual podemos, hoje, deduzir implicações ecológicas. Com o tempo, a noção de propriedade privada se desenvolve e o roubo, a mentira e a violência a acompanham. A essa altura, reconhecidas facilmente como humanas, as pessoas formam um contrato social para escolher um rei que vai governá-las e punir os transgressores. Assim é o relato budista de uma "queda" causada pela cobiça e pelo orgulho e do desenvolvimento da sexualidade, dos seres humanos e da sociedade.

Implicações da perspectiva do renascimento

A perspectiva budista sobre o renascimento é que ele não é algo agradável (*SN*.II.179-80 (*BW*.218-19)), mas que todas as pessoas não iluminadas renascem, quer isso lhes agrade, quer não, e quer acreditem em renascimento, quer não. O processo de vida e renascimento não possui um propósito intrínseco, pois não foi projetado nem criado por ninguém. Sendo assim, por exemplo, a pessoa não renasce "para poder evoluir espiritualmente"; o renascimento pode proporcionar uma oportunidade para o aprendizado espiritual, mas esse é um efeito secundário, embora feliz. Uma vez que, segundo se considera, a vida da pessoa não *recebeu* um "propósito" de um Deus planejador, a *própria* pessoa pode conferir um propósito à sua vida com base no entendimento da natureza da vida, de suas possibilidades e seus problemas. Sendo assim, seriam objetivos de vida sensatos: evitar causar sofrimento para si mesmo e para os outros; obter renascimentos relativamente agradáveis por meio de boas ações; em última análise, transcender por completo o ciclo de renascimentos; e ajudar os outros a fazer o mesmo. A maioria dos budistas, portanto, visa alcançar um renascimento celestial ou humano, com a experiência libertadora do *Nirvāṇa* (que faz da pessoa um *Arahat*) como meta de longo prazo; os céus estão *aquém* da salvação; somente o *Nirvāṇa* vai além das limitações da existência tanto terrena quanto celestial. A meta do pleno Estado de Buda é ainda mais elevada e é enfatizada no budismo Mahāyāna.

Dentro da roda dos renascimentos, todos os seres fazem parte do mesmo ciclo de vidas. Cada ser humano já foi um animal, um fantasma, um ser do inferno e um deus no passado, e é provável que volte a ser no futuro. Qualquer forma de sofrimento que presenciemos em outro ser humano ou outro tipo de ser já foi vivenciada por nós em alguma ocasião (*SN*.II.186): portanto, não devemos nos apegar aos renascimentos e sim ter compaixão pelos outros seres sencientes. Em nossas incontáveis vidas passadas, a lei das médias diz que quase todos os seres com quem nos deparamos, por mais que nos antipatizemos com eles hoje, foram um dia um parente ou amigo próximo (*SN*.II.189-90), de modo que a bondade amorosa com relação a eles é apropriada.

Esses ensinamentos, é claro, encorajam a bondade e a não violência para com todas as formas de vida. Os seres humanos fazem parte do mesmo ciclo de vida de outros seres e não estão separados deles por um grande abismo. Apesar disso, quanto mais complexo e desenvolvido é um ser, pior é causar-lhe danos ou matá-lo; portanto, é pior matar um ser humano do que um animal (*M-a*.I.198 (*BS1*.70-1); Harvey, 2000, p. 52). Nas esferas inferiores, existe muito sofrimento e pouca liberdade de ação. Nos céus, a vida essencialmente feliz dos deuses tende a torná-los complacentes, e eles também podem pensar que são eternos e não têm necessidade de libertação. A esfera humana é intermediária: existe nela bastante sofrimento para motivar os seres humanos a buscarem transcendê-la por meio do desenvolvimento espiritual, e bastante liberdade para que possam agir movidos por essa aspiração. É, portanto, a esfera mais favorável para o desenvolvimento espiritual.

Entretanto, um renascimento humano é relativamente raro (*A*.I.35). Embora a população humana venha aumentando, ainda existem muito mais animais terrestres, pássaros, peixes e insetos, por exemplo. Os budistas Mahāyāna falam da graça de se obter um "precioso renascimento humano" (Guenther, 1971, pp. 14-29; *BS2*.2; cf. *D*.III.263-64): uma maravilhosa oportunidade para o crescimento espiritual que deve ser usada com sabedoria e também respeitada nos outros. Como pode ser interrompida a qualquer momento pela morte, ela não deve ser desperdiçada.

O KARMA[3]

A movimentação dos seres de renascimento em renascimento não é um processo fortuito, mas, sim, ordenado e regido pela lei do karma, o princípio de que os seres renascem de acordo com a natureza e qualidade de suas ações passadas; eles são "herdeiros" de suas ações (*M*.III.203). Todas as ações intencionais, boas ou más, *têm importância*, pois deixam um sinal na psique que produzirá resultados futuros. Segundo a tradição tibetana,[4] os atos de ódio e violência tendem a resultar no renascimento em um inferno; os atos associados à ilusão e à confusão tendem a conduzir ao renascimento como um animal; e os atos de cobiça tendem a resultar no renascimento como um fantasma. As ações da pessoa moldam sua consciência, tornando-a um certo tipo de pessoa, de modo que, depois de morrer, a forma exterior por ela assumida tende a corresponder ao tipo de natureza desenvolvido. Se as más ações não forem sérias o bastante

3 Sobre esse assunto, ver: *BS2*.3; Harvey, 2000, pp. 14-31, 61-6; Ñāṇamoli e Khantipālo, 1993; Nyanaponika, 1990; Payutto, 1993; Nyanatiloka, 1994; Samuel, 1993, pp. 199-222.

4 "Jewel Ornament of Liberation" de Gampopa (Guenther, 1971, p. 79), citando *Ratnāvalī* de Nāgārjuna.

para resultar em um renascimento inferior, ou depois de já o terem feito, elas afetam a natureza de um renascimento humano: a mesquinhez leva a pessoa a ser pobre, fazer mal a outros seres resulta em doenças frequentes e a raiva faz com que a pessoa se torne repulsiva — uma extensão do processo por meio do qual uma pessoa colérica, aos poucos, desenvolve traços desarmoniosos durante a vida atual (*M*.III.203-06 (*BW*.161-66)). Não obstante, os pobres, doentes ou repulsivos não devem ser responsabilizados pela sua condição, pois as ações das vidas passadas ficaram para trás, e o importante é a maneira como agem e tratam os outros agora. Dizem que uma existência ética conduz quase sempre à riqueza, por meio do empenho; à boa reputação; à autoconfiança junto a pessoas de todos os tipos, sem medo de censura ou punição; a morrer sem ansiedade; e ao renascimento em um mundo feliz (*D*.II.86), como ser humano ou deus da esfera dos desejos dos sentidos. Viver uma existência ética também confere uma boa base para desenvolver a calma meditativa de *jhāna*, que tende depois a resultar no renascimento em um céu correspondente, e também a preparar a mente para a compreensão. A fim de alcançar o *Nirvāṇa*, a pessoa precisa ser capaz de praticar uma ação transcendental, isto é, alcançar uma profunda compreensão da realidade (*A*.II.230-32 (*BW*.155-56)).

A lei do karma é considerada uma lei natural inerente à natureza das coisas, como uma lei da física. Não é acionada por um Deus; na verdade, os deuses são governados por ela. Os bons e maus renascimentos não são, em decorrência disso, encarados como "recompensas" ou "punições", mas apenas como resultados naturais de certos tipos de ação. O karma é comparado muitas vezes a uma semente, e as duas palavras que designam o resultado kármico, *vipāka* e *phala*, significam respectivamente "amadurecimento" e "fruto". Uma ação é, portanto, como uma semente que, mais cedo ou mais tarde, como parte de um processo natural de maturação, resulta em certos frutos que cabem ao praticante da ação: assim, podemos obter frutos comestíveis e saborosos ou frutos não comestíveis e amargos, dependendo da espécie de semente que plantamos. A expressão cristã "colhemos o que plantamos" encaixa-se com perfeição aqui.

O que determina a natureza de uma "semente" kármica é a vontade ou a intenção implícita em um ato: "É a vontade (*cetanā*), ó monges, que eu chamo de karma; tendo determinado o que queremos, agimos por meio do corpo, da fala ou da mente" (*A*.III.415). O "karma" é o impulso psicológico implícito em uma ação, aquilo que aciona um encadeamento de causas que culminam em um fruto kármico. Portanto, se alguém diz a respeito de algum evento em sua vida que "este é o meu karma", do ponto de vista da terminologia budista seria mais exato dizer "este é o resultado do meu karma". Além disso, as ações precisam ser intencionais para gerar resultados kármicos; pisar por acidente em um inseto não tem esse efeito, como acreditam os jainistas. No entanto, pensar em praticar uma má ação é, em si, um karma (mental) ruim, em especial quando energizamos esse pensamento em vez de apenas deixá-lo ir embora.

Abandonar esse pensamento de modo deliberado é um bom karma mental. Arrepender-se de uma má (ou boa) ação passada, e decidir não praticá-la de novo, diminui o resultado kármico dela, pois reduz o ímpeto psicológico do ato. Contudo, embora sentimentos dolorosos diante do pensamento de um ato passado possam fazer parte de seu resultado kármico, considera-se que abrigar sentimentos de culpa opressivos é o mesmo que nutrir ódio (por si mesmo), sendo um estado de angústia contrário à calma, à clareza e, portanto, ao aprimoramento espiritual.

Embora a crença na lei do karma possa às vezes degenerar em uma forma de fatalismo, o Buda enfatizava que o destino determinístico (*niyati*) e o karma eram conceitos muito diferentes, porque a ideia do karma enfatiza a importância da ação humana e seus efeitos: as pessoas criam o próprio "destino" por meio de suas ações. Além disso, nem tudo o que acontece a uma pessoa pode ser atribuído ao karma. Diz-se que sentimentos desagradáveis ou doenças podem surgir de uma diversidade de causas: "podem se originar da bile, da fleuma, do vento, da união (de humores corporais), de mudanças sazonais, podem ser provenientes de circunstâncias perturbadoras, podem ser causados pelo esforço [nosso ou de outra pessoa] ou ser provenientes do resultado do karma" (*SN*.IV.230-31 e *A*.V.110). Embora se considere que todas as ações volitivas tenham resultados kármicos, isso não significa que tudo o que acontece é um resultado kármico; o karma é uma das causas entre muitas outras na vida. Em parte, trata-se de uma simples lógica: o fato de A ser uma causa de B não significa que B seja *sempre e somente* causado por A; o afogamento é causa de morte, mas nem todas as mortes são causadas por afogamento. Além disso, o Buda criticava não apenas as teorias cujas experiências e respectivas ações eram atribuídas a um karma passado, mas também aquelas que as atribuíam à imposição de um Deus, ou mesmo ao mero acaso (*A*.I.173; *M*.II.214).

Entre os aspectos da vida que são vistos como resultado de um karma passado estão a nossa forma de renascimento, a classe social em que nascemos, nosso caráter geral, algumas das coisas cruciais, boas e más, que nos acontecem, e até mesmo a maneira como vivenciamos o mundo. A partir de um grande número de dados sensoriais, recebemos apenas "destaques editados" do que existe à nossa volta. Algumas pessoas tendem a notar coisas agradáveis, enquanto outras tendem a notar coisas desagradáveis; considera-se que essas diferenças sejam causadas pelo karma. No entanto, os resultados de ações passadas não incluem as ações intencionais *atuais*, embora os resultados kármicos possam influenciar o tipo de ação que uma pessoa tende a pensar em praticar.

Como nunca sabemos que aspecto de qualquer situação pode ter sido determinado pelo karma, não devemos aceitar as situações difíceis com passividade, e sim fazer o máximo para melhorá-las; apenas quando as coisas acontecem apesar de nossos esforços para evitá-las é que podem ser atribuídas a um karma passado. Se a situação puder ser evitada ou modificada, ótimo, embora ainda assim qualquer ansiedade ou sofrimento que ela tenha acarretado possa ser atribuída a um karma passado. Como auxílio para o planejamento de sequências de ação em um mundo influenciado pelo karma, muitos budistas tradicionais valem-se de métodos divinatórios, como a astrologia, para tentar avaliar o que o karma lhes tem reservado em certos momentos da vida. A ideia da influência do karma, embora não seja fatalista, nos encoraja a conviver com paciência em determinadas situações. Em vez de criar novo karma ficando zangados com a sociedade ou outras pessoas e culpando-as pela nossa sorte, podemos encarar a situação como resultado de ações passadas. Essa atitude ocorre quando assumimos a responsabilidade pela configuração de nossa vida. No entanto, assim como os adeptos de outras religiões, os budistas têm às vezes uma tendência fatalista conjugada à ideia do karma, ou podem até usar o karma passado como desculpa para continuar com o karma ruim atual.

É sobretudo no nível humano que as boas e más ações são praticadas. Os deuses, não raro, têm uma pequena esfera de ação para praticar o bem ou o mal, e a maioria deles apenas desfruta os resultados das boas ações anteriores que determinaram à sua existência. Os animais, fantasmas e seres do inferno têm pouca liberdade para praticar boas ou más ações intencionais, embora os animais superiores possam, às vezes, agir de maneira virtuosa e talvez até de maneira autoconsciente em termos morais. O modo como um ser humano escolhe agir é de suma importância: a liberdade de escolha gera a possibilidade tanto de um grande bem quanto de um grande mal.

Os seres em renascimentos inferiores, de modo geral, colhem apenas os resultados de más ações específicas anteriores. Quando esses resultados chegam ao fim, os de algumas boas ações anteriores podem então se tornar realidade e alçar o ser a alguma forma de vida melhor, e mais cedo ou mais tarde ele atingirá de novo o nível humano. Isso mostra que o karma não gera resultados somente na vida seguinte: diz-se que uma ação tem efeito mais tarde na vida atual, na próxima vida e também em vidas subsequentes (*A*.III.415).

A lei do karma não é considerada rígida e mecânica, mas sim como a resolução flexível, fluida e dinâmica dos frutos das ações. O detalhes completos da maneira como isso ocorre, em ocasiões específicas, são vistos como "imponderáveis" (P. *Acinteyya*, S. *Acintya*) para todos, exceto para um Buda (*A*.IV.77). Uma vida não é sucedida necessariamente por um bom renascimento, caso uma forte ação nociva de uma vida passada ainda não tenha gerado seus resultados ou caso uma pessoa que esteja morrendo se arrependa de ter feito o bem. Da mesma maneira, uma vida imoral não é seguida necessariamente, de imediato, por um renascimento ruim (*M*.III.209-15 (*SB*.195-204)). No entanto, os resultados apropriados virão com o tempo (*Dhp*.71).

No budismo, devemos evitar as ações criticadas pelos sábios (*A*.I.89), e uma "boa" ação é comumente chamada de *kusala* (S. *kuśala*): permeada pela sabedoria e, portanto, "hábil" em produzir um estado mental edificante em quem a executou, ou "salutar", porque envolve um estado mental saudável (Cousins, 1996b; Harvey, 2000, pp. 42-3; 2011). Uma "má" ação é *akusala*: "inábil/insalubre". Os principais critérios para uma ação ser "inábil" são o fato de ela conduzir ao dano de si mesmo, de outros, ou de ambos (M.I.415-16); e de ser "destrutiva para a sabedoria intuitiva, estar associada ao infortúnio e não conduzir ao *Nirvāṇa*" (M.I.115). De modo semelhante, uma ação "hábil" não ocasiona nenhum dano desse tipo, conduzindo ao desenvolvimento de estados mentais saudáveis (M.II.114). O "dano" a si mesmo que vem ao caso aqui é o dano espiritual, ou um dano material que surja do ódio por si mesmo. Em outros aspectos, um ato que beneficie outros à custa de um dano material a si mesmo por certo não será inábil.

As ações inábeis e hábeis surgem naturalmente de diversos impulsos motivadores (*M*.I.46--7) que caracterizam a natureza da volição implícita em uma ação. Portanto, devemos evitar "ações corruptas e prejudiciais de volição inábil, com consequências dolorosas (imediatas) que amadurecem (karmicamente) na dor", e praticar "ações benéficas de volição hábil, com consequências felizes que amadurecem na felicidade" (*A*.v.292-97). As três possíveis "raízes" motivadoras da ação inábil são: (i) a cobiça (*lobha*), que abrange uma gama de estados que vão de um anseio moderado à completa luxúria, avareza, busca pela fama e apego dogmático a ideias; (ii) o ódio (P. *dosa*, S. *dveṣa*), que vai da irritação moderada a uma raiva e ressentimento ardorosos; e (iii) a ilusão (*moha*), que caracteriza a estupidez, a confusão, a perplexidade, estados mentais embotados, erros de percepção arraigados, dúvidas enganosas sobre questões morais e espirituais e também está presente no ato de a pessoa se afastar da realidade, escondendo-a de si mesma. O oposto disso são as três "raízes" da ação hábil: (i) a não cobiça, abrangendo estados que vão de pequenos impulsos generosos a um forte anseio de renúncia aos prazeres mundanos; (ii) o não ódio, que abrange desde a cordialidade até a tolerância em face de uma grande provocação, além de uma profunda bondade amorosa e compaixão por todos os seres; e (iii) a não ilusão, que vai desde a clareza mental até a mais profunda compreensão da realidade. Embora expressos por uma ideia de negatividade (ao se usar o termo "não"), esses três estados são mais do que a mera *ausência* de seus opostos. São estados positivos na forma de anticobiça, antiódio e anti-ilusão.

Geração e compartilhamento da fruição kármica ou "mérito"

Dizem que as boas ações são "belas" (*kalyāṇa*) e são também ou têm a qualidade de *puñña* (S. *Puṇya*), termo que pode ser um adjetivo ou um substantivo. Como adjetivo, Cousins o entende como "a qualidade auspiciosa ou bem-afortunada de uma ação" (1996b, p. 153), ao passo que como substantivo "aplica-se quer a um ato que traz boa fortuna, quer ao feliz resultado desse ato no futuro" (1996b, p. 155). Sendo assim:

> Ó monges, não tenham medo de *puññas*; essa palavra, monges, designa a felicidade e aquilo que é agradável, encantador, precioso e prazeroso, quer dizer, *puññas*. Sei por experiência própria que o amadurecimento de *puññas* feitos por longo tempo é vivenciado durante um longo tempo como agradável, encantador, precioso e prazeroso (*It*.14-5, cf. *A*.IV.88-9).

Puñña é traduzido de modo geral, embora não sem certa hesitação, como "meritório" (adjetivo) ou "mérito" (substantivo). No entanto, "meritório" implica ser merecedor de recompensa, louvor ou gratidão, mas *puñña* se refere a algo que tem o poder natural próprio de produzir resultados felizes; não depende de ninguém distribuir o que é devido ao "merecedor". Na teologia cristã, "mérito" refere-se a uma boa ação pela qual o que a pratica tem direito a uma futura recompensa oferecida por um Deus generoso, uma ideia que não condiz com o budismo. Uma ação *puñña* é "auspiciosa", "afortunada" ou "frutífera", pois purifica a mente e, desse modo, conduz a uma boa sorte futura (McDermott, 1984, pp. 31-58). A palavra em sânscrito *puṇya* pode derivar do radical *puṣ*, que significa "vicejar, florescer, prosperar", ou *pū*, "tornar limpo, claro, puro ou luminoso"; por esse motivo, um comentário Theravādin explica *puñña* como algo que "limpa e purifica a continuidade da vida" (*Vv-a*.10, Bodhi, 1990). Outra restrição a "mérito" como tradução de *puñña* é que, no uso comum da linguagem, dizer que uma coisa "tem mérito" não raro significa amaldiçoá-la com um débil elogio, ao passo que, no budismo, os atos de *puñña* são vistos como edificantes e admiráveis. O efeito da tradução "mérito" é produzir uma imagem insípida e desanimadora desse aspecto do budismo. Reconhecidamente, *puñña* por si só não causará o despertar, pois é necessário sabedoria para isso, mas ele ajuda a preparar o terreno para que o despertar aconteça.

Como o substantivo *puñña* se refere ao poder das boas ações como sementes para frutos felizes no futuro, uma tradução apropriada é "(um ato de) fruição kármica", com "karmicamente frutífero" como adjetivo. Descreve-se o *Saṅgha* como o melhor "campo de *puñña*", ou seja, o melhor grupo de pessoas no qual "plantar" uma dádiva sob o aspecto de seus bons resultados; sendo assim: "como campos são os *Arahats*; os doadores são como agricultores. A dádiva é como a semente, [e] disso surge o fruto!" (*Pv*.I.1). Em defesa da tradução que acabo de propor, embora os frutos/resultados possam ser de boas *ou* más ações, e *puñña* se relacione apenas com boas ações, a palavra "fruto" também pode significar apenas um fruto comestível, agradável, como uma maçã, sem se referir aos frutos não comestíveis, desagradáveis.

O oposto de *puñña* é *apuñña*, cujo significado podemos interpretar, de modo correspondente, como "(um ato de) dano kármico" ou "karmicamente prejudicial", ou seja, sem a produção de frutos agradáveis, mas apenas amargos. Um sinônimo para *apuñña* é *pāpa*, que, embora traduzido com frequência como "nocivo" ou "mau", na realidade significa aquilo que é "infértil", "estéril", "prejudicial" (Cousins, 1996, p. 156) ou "que traz má sorte".

Os budistas são ávidos por praticar ações "karmicamente frutíferas", já que *puñña*, ao contrário dos bens físicos, é um "tesouro" imperdível *(Khp.*7). Os primeiros textos fazem referência a três "bases para a efetuação da fruição kármica" (*puñña-kiriya-vatthus*): doação (*dāna* — em especial dando esmolas para os monges), virtude moral (*sīla*) e cultivo meditativo de qualidades hábeis (*bhāvanā*) (*D*.ɪɪ.218). Textos posteriores acrescentam: mostrar respeito, atividades proveitosas, compartilhar a fruição kármica, regozijar-se diante da fruição kármica de outros, ensinar o *Dhamma*, ouvir o *Dhamma* e endireitar nossos pontos de vista (*D-a*. ɪɪɪ.999). Qualquer ato de doação é considerado frutífero em termos kármicos, até mesmo a doação na esperança de obter alguma retribuição ou com o fim exclusivo de obter o resultado kármico do ato de doar. Considera-se, no entanto, que as motivações mais puras conduzem a melhores resultados kármicos. Portanto, é particularmente benéfica a doação movida pela simples apreciação do ato de prestar auxílio a um estilo de vida sagrado, ou pela calma e alegria que a doação naturalmente acarreta (*A*.ɪᴠ.60-3). Embora uma dádiva de grande monta seja considerada, em geral, mais auspiciosa que uma mais modesta, a pureza da mente pode compensar a modéstia de uma dádiva, pois, "onde existe um coração de fé calma e contente (*citta-pasāde*), nenhuma dádiva é pequena" (*Jat*.II.85). Na realidade, alguém que não tenha nada para dar pode agir de maneira auspiciosa pelo simples júbilo com a doação de outra pessoa. Nas terras Theravāda, expressa-se esse fato ao se proferir a expressão ritual *sādhu*, que significa "isto é bom!" quando outras pessoas fazem uma doação. É claro que, pela lógica, o mesmo princípio implica que, se uma pessoa aprova verbal ou mentalmente uma ação prejudicial a outra, ela própria está praticando uma ação prejudicial.

Na tradição Theravāda, um ato frutífero do ponto de vista kármico pode ocorrer não apenas por meio da demonstração de empatia (*anumodanā*) pela ação auspiciosa de alguém, mas também por meio da transferência ou do compartilhamento da qualidade auspiciosa de um ato (*patti* — o que foi ganho) com outro ser. Essa prática pode ter se originado como uma versão budista da cerimônia brâmane de *śrāddha*, na qual as dádivas eram transferidas a parentes falecidos ao serem doadas para brâmanes em ritos memoriais, em intervalos regulares, após uma morte na família. Em um dos primeiros textos, um brâmane pergunta ao Buda se os ritos de *śrāddha* beneficiam os mortos, e o Buda responde que os mortos só se beneficiarão se renascerem como *petas*, pois esses seres espectrais vivem dos alimentos pútridos de sua esfera ou do que é oferecido como dádiva a parentes e amigos (*A*.ᴠ.269-72; *EB*.2.5.3). O *Petavatthu*, um texto canônico mais tardio, descreve, a esse respeito, uma série de ocorrências em que uma dádiva é oferecida em nome de um peta em sofrimento, fazendo-o obter o renascimento como um deus devido à fruição kármica da doação. Entre os ritos Theravāda para os mortos estão, portanto, a doação de alimentos aos monges e a transferência da fruição kármica ("mérito") aos falecidos, ou a quaisquer outros ancestrais que possam ser *petas*, na esperança de que isso amenize seu destino como *petas* ou os ajude a alcançar um renascimento melhor. Faz-se isso, em particular, sete dias depois de uma morte, mas também nos serviços memoriais anuais. Em outro dos primeiros textos, o Buda diz que é sábio apoiar os monges e ofertar dádivas aos deuses locais, para fazer com que contemplem com bons olhos o doador (*D.*II.88). De modo semelhante, as doações aos monges no budismo Theravāda não raro se encerram com um verso que transfere a fruição kármica da dádiva para os deuses. Considera-se que estes últimos tenham menos oportunidades de praticar ações auspiciosas, mas podem se beneficiar da transferência da fruição kármica, que ajuda a mantê-los em seu renascimento divino; em troca, espera-se que usarão quaisquer poderes que tenham para ajudar e proteger o budismo em geral e a pessoa que fez a doação. Um menino que estiver se ordenando como noviço ou monge pleno também vai compartilhar a fruição kármica desse ato com sua mãe. Nesse caso, a fruição kármica dela será proveniente tanto do ato de "abrir mão" do filho em prol do monasticismo quanto do júbilo diante do ato auspicioso dele.

Tendo em vista a ênfase budista na ideia de que uma pessoa só pode gerar fruição kármica por meio das próprias ações, a ideia de "transferi-la" é bastante anormal. Para evitar tal anomalia, comentários Theravādin datados do século V EC ou ainda anteriores desenvolveram uma interpretação ortodoxa, e os budistas tibetanos têm ideia semelhante: nenhuma fruição kármica, na verdade, é transferida, mas a comida e outras coisas doadas aos monges são dedicadas, pelo praticante da doação auspiciosa, a um ancestral ou um deus, de modo que a doação é feita em benefício deles com bens que lhes pertencem. Contanto que consintam nessa doação por delegação, rejubilando-se diante dela, eles próprios geram fruição kármica. Quando um ser vivo corrobora a ação benéfica de outra pessoa, em particular quando é praticada em seu benefício, ele próprio pratica uma ação mental positiva.

A ideia de compartilhar a fruição kármica ajuda a modificar qualquer tendência que a doutrina do karma possua para encorajar as pessoas a "acumular" fruição kármica para si mesmas, como uma espécie de dinheiro não físico no banco. A fruição kármica pode e deve ser compartilhada com outros. Doar, por exemplo, gera fruição kármica; quando ela é compartilhada com os outros, esse ato generoso gera mais fruição kármica; quanto mais fruição se compartilhar, mais fruição passará a existir — ao contrário de dinheiro ou bens materiais —, e a felicidade aumentará no mundo! Compartilhar fruição kármica é uma maneira de espalhar os benefícios kármicos das boas ações, como gesto de boa vontade. Isso se expressa no símile tradicional para explicar essa ideia de compartilhamento: várias lamparinas que se acendem a partir de uma.

A CRENÇA NO RENASCIMENTO E NO KARMA

Embora o budismo sustente que a existência do renascimento e a eficácia do karma de uma vida para outra possam ser confirmadas por meio da meditação profunda, a maioria dos budistas não teve esse tipo de experiência. Portanto, eles têm apenas uma *crença* nesses princípios e não um conhecimento direto proveniente da verdade que encerram, e usam essas crenças para obter certa perspectiva a respeito da vida e de como agir nela. O budismo, no entanto, enfatiza a necessidade de estabelecermos uma diferença entre aquilo em que *acreditamos* e o que *sabemos* de fato (*M.*II.171). As crenças são candidatas ao conhecimento, mas não são a mesma coisa que ele, e podem ser falsas. Mesmo quando são verdadeiras, não *sabemos* disso enquanto não as confirmarmos em caráter experimental. Nossa crença pode estar relativamente bem fundamentada, mas ainda assim ser parcial e um tanto distorcida.

No entanto, embora seja melhor *saber* por si mesmo, *acreditar* no que é verdade é melhor do que acreditar no que é falso. Para o budismo, o karma e o renascimento são considerados realidades cuja veracidade se confirma por uma fonte bastante confiável: o Buda e alguns de seus discípulos. Em geral, acredita-se na alegação de conhecimento nesses assuntos devido à confiabilidade proveniente de outras questões determináveis com mais facilidade. Alguns budistas ocidentais encaram o renascimento como uma espécie de "item opcional" no budismo. Talvez seja opcional para eles, mas os dados de que dispomos mostram com clareza que para o Buda não era assim:

> Como existe efetivamente outro mundo [qualquer mundo além do mundo humano atual, isto é, esferas de renascimento diferentes], a pessoa que tem a opinião de que "não existe nenhum outro mundo" tem uma opinião errada [...]. Como existe efetivamente outro mundo, a pessoa que diz "não existe nenhum outro mundo" está se opondo aos *Arahats*, que conhecem o outro mundo (*M.*I.402).

Isso posto, diz-se que parte da resolução do karma ocorre na vida atual, e as pessoas podem observar que os resultados das boas e más ações não raro as alcançam até mesmo durante a mesma existência. De maneira semelhante, um dos aspectos da doutrina do renascimento relaciona-se com o que pode ser observado em uma única vida. É provável que desde a época dos primórdios do budismo o renascimento já fosse visto como um processo que se dá tanto depois da morte quanto durante a vida. Em outras palavras, estamos sempre mudando durante a vida, "renascendo" como uma pessoa relativamente "diferente" de acordo com nossa disposição de ânimo, a tarefa com a qual estamos envolvidos ou as pessoas com quem nos relacionamos. Dependendo de como agimos, podemos vivenciar estados de espírito "celestiais" ou "infernais". Um budista acharia razoável a suposição de que esse processo de mudança, determinado em particular pela natureza de nossas ações, não é interrompido de modo abrupto ao morrermos, mas tem continuidade. Em dois textos iniciais (*M*.I.403; *A*.I.193), o Buda diz que acreditar no karma e no renascimento e vivenciar de forma apropriada uma vida moral conduzirá a um bom renascimento, *se* o renascimento existir. Se não houver renascimento algum, nada se perderá, e a pessoa, de qualquer modo, terá sido louvada pela sua conduta por pessoas sábias. Sendo assim, a "melhor aposta" é acreditar e agir motivado por esses princípios. Além disso, quem tiver vivenciado uma vida moral e sem apegos não terá medo da morte (*A*.II.173-76 (*SB*.256-58)). O karma passado também oferece, talvez, a única explicação satisfatória em termos religiosos para o incessante sofrimento de quem nada fez nesta vida que o justificasse.

Os budistas modernos também chamam a atenção para certas informações que parecem respaldar a teoria do renascimento. Grande parte disso foi pesquisado pelo professor Ian Stevenson, um psiquiatra norte-americano que publicou o resultado de suas investigações em obras como *20 Casos Sugestivos de Reencarnação* (*20 Cases Suggestive of Reincarnation*, 1974).[5] Esses resultados narram em minúcia estudos com crianças pequenas de lugares como Índia, Sri Lanka, Líbano, Brasil e Alasca, que falam de modo espontâneo sobre sua vida humana passada, como se a recordassem. Em regra, não muito tempo depois de começar a falar, a criança passa a se referir a eventos, parentes e bens que tinha quando era "grande". De modo geral, essas "memórias" se desvanecem quando a criança cresce. Essa personalidade anterior muitas vezes é localizável — vivia a certa distância, sendo desconhecida da família da criança, e morreu não muito antes de a criança ser concebida. Não raro, a criança conhece detalhes íntimos da vida da pessoa, tem traços de caráter semelhantes e pode até reconhecer antigos "parentes" em meio à multidão, nomeá-los de maneira correta e reagir a eles com uma emoção forte e apropriada. Às vezes, marcas de nascença correspondem à localização e até mesmo à aparência de ferimentos ou incisões cirúrgicas associados com a morte da personalidade anterior. Stevenson afirma, depois de uma análise extensa e profunda dos casos mais impressionantes, que explicações como fraude, fantasia de realização de desejos, ouvir por acaso informações a respeito de uma pessoa morta ou telepatia não se justificam. Portanto, ele considera o renascimento como a melhor e mais provável hipótese para explicar esses casos, embora a possessão também pudesse justificar alguns. É improvável que tais casos sejam um fenômeno puramente moderno, e parece razoável supor que sua ocorrência no passado tenha ajudado a manter a crença das culturas budistas no renascimento.

Embora os ensinamentos sobre karma e renascimento sejam uma parte importante da crença budista, não são os *mais* cruciais nem os mais especificamente budistas. No entanto,

5 Ver também Stevenson (1987) e a pesquisa de Erlendur Haraldsson, disponível em: <http://notendur.hi.is/erlendur/english>. Acesso em: 29 março de 2018.

conduzem e servem de motivação para os ensinamentos mais importantes, aqueles das quatro Realidades Verdadeiras para os Espiritualmente Enobrecidos. Quando ensinava pessoas leigas, o Buda começava quase sempre com um "discurso passo a passo":

> [...] em outras palavras, i) discurso sobre a doação, discurso sobre a virtude moral, discurso sobre os mundos do céu; ii) ele tornava conhecidos o perigo, a natureza inferior e a tendência para a degradação nos prazeres sensoriais, bem como a vantagem de renunciar a eles [por meio da disciplina moral, da calma meditativa e talvez da ordenação]. Quando O Abençoado soube que a mente do pai de família Upāli estava pronta, aberta, sem obstáculos, inspirada e confiante, explicou-lhe então o elevado ensinamento do *Dhamma* dos Budas: o doloroso, sua origem, sua cessação, o caminho (*M.*I.379-80).

Neste texto, o ensinamento sobre as Realidades Verdadeiras para os Espiritualmente Enobrecidos é "elevado", ou "particular" dos Budas, sendo ministrado depois de um ensinamento progressivo em dois estágios sobre questões preparatórias. Os ensinamentos do "discurso passo a passo" e as quatro Realidades Verdadeiras correspondem, respectivamente, a dois níveis da "visão correta" ou do "entendimento correto" da realidade (*M.*III.72). O primeiro é a crença de que: doar é digno de mérito; o que fazemos é *importante* e tem efeito em nosso futuro; este mundo não é irreal, e vamos para outro mundo depois da morte; é bom respeitar os pais, os responsáveis por nos estabelecer neste mundo; alguns dos mundos nos quais podemos renascer (p. ex., alguns céus) são povoados por seres que passam a existir de forma espontânea, sem terem pais; o desenvolvimento espiritual é uma possibilidade genuína, realizada por algumas pessoas, podendo conduzir, por meio da meditação profunda, à recordação de renascimentos passados em vários mundos e à conscientização de como outros renascem nesses mundos. Trata-se de algo diametralmente oposto ao ponto de vista atribuído ao materialista Ajita Kesakambalī (*D.*I.55).

O segundo nível da visão correta é a sabedoria e a compreensão que percebem diretamente as Realidades Verdadeiras. Como isso conduz além do sofrimento e do renascimento em qualquer mundo, é visto como transcendente (P. *Lokuttara*, S. *Lokottara*) e verdadeiramente Nobre (*ariya*). O primeiro tipo de visão correta é considerado comum ou corriqueiro (P. *lokiya*, S. *laukika*), pois respalda ações que conduzem a bons renascimentos. Considera-se que a prática baseada nessa visão correta comum crie uma boa base para o desenvolvimento adicional da sabedoria. Desse modo, vê-se o caminho geral do budismo como um treinamento que, de modo gradual, avança rumo a ensinamentos mais profundos, assim como o fundo do oceano se inclina gradualmente da orla para as profundezas (*A.*IV.200-01), embora possam surgir lampejos repentinos de compreensão. Muitos budistas podem não ir além da parte rasa, mas o convite e a oportunidade de se aprofundar estão sempre presentes.

CAPÍTULO 3

Os Primeiros Ensinamentos Budistas: as Quatro Realidades Verdadeiras para os Espiritualmente Enobrecidos

O que se conhece comumente como as quatro "Nobres Verdades" (P. *ariya-sacca*, S. *ārya-satya*) são a parte principal do que *Vin*.I.10-12 caracteriza como o primeiro sermão do Buda: o *Dhamma-cakka-ppavattana Sutta*.[1] Conforme se manifestam nas primeiras coleções de *Sutta*s (S. *Sūtra*), conhecidas como *Nikāya*s ou *Āgamas*, as *ariyasacca*s são o conteúdo de um ensinamento avançado destinado àqueles que foram, por meio do "discurso passo a passo" (ver p. 78), preparados espiritualmente para tê-las em consideração.

Se a mente não estiver calma e receptiva, falar de *dukkha* (S. *duḥkha*) — as dores mentais e físicas e os aspectos dolorosos, estressantes e insatisfatórios da vida que as engendram — poderá ser perturbador demais, conduzindo a estados como depressão, negação e táticas de autodistração. A descoberta das *ariya-sacca*s pelo próprio Buda ocorreu no quarto *jhāna* (S. *Dhyāna*), um estado de profunda calma meditativa (*M*.I.249). O Mahāyāna encarou mais tarde os ensinamentos sobre as *ariya-sacca*s como introdutórios aos ensinamentos superiores — mas não existe nada disso nos *Nikāya*s ou *Āgamas*. Nestes, elas não são ensinamentos a serem deixados para trás, ou ensinamentos simples e destituídos de complicações, mas sim ensinamentos a respeito de profundas realidades a serem observadas por intuição direta (*SN*.v.442-43 (*BW*.362-63)) e aos quais, depois, se deve reagir de modo apropriado.

A tradução de *ariya-sacca* como "Nobre Verdade" (p. ex., Anderson (1999)), embora bem estabelecida na literatura sobre budismo, é o "menos provável" dos significados possíveis dessa expressão (Norman, 1997, p. 16). Para esmiuçar e traduzir essa palavra composta, é preciso examinar os significados de cada termo e depois a maneira como se relacionam. O termo *sacca* (S. *satya*) é usado regularmente no sentido de "verdade", mas também com o significado de "realidade", um achado genuinamente real. Em trabalhos pré-budistas, o *Chāndogya Upaniṣad* 6.15.3 vê o Si-Mesmo universal como *satya*, e o *Bṛhadāraṇyaka Upaniṣad* 2.3 fala de duas formas de *Brah-*

1 *SN*.v.420-24 (*BW*.75-8, *SB*.243-46, Harvey 2007a); S. *Dharma-cakra-pravartana Sūtra* (*EB*.1.6).

man: *sat*, que é mortal, e *tyam*, que é imortal, sendo 2.3.6 um indício de que este último é "o real atrás do real [*sayasya satyam iti*]" (Olivelle, 1996, p. 28). Ou seja, *satya* abrange toda a realidade, que tem natureza dúbia. Há também uma conexão com *sat*, que significa "ser" ou "existência".

No que diz respeito ao significado de (*ariya-*)"*sacca*" no primeiro sermão do Buda, existem três razões pelas quais a palavra não pode significar "verdade" neste caso. Primeiro, diz-se que a segunda *ariya-sacca* deve ser abandonada (*SN*.v.422): por certo, não desejaríamos abandonar uma "verdade", embora pudéssemos muito bem querer abandonar uma "realidade" problemática. Segundo, diz-se que o Buda entendia: "Esta é a *dukkha ariya-sacca*", e não "A *ariya-sacca* 'Isto é *dukkha*'", o que seria o caso se *sacca* aqui significasse uma *verdade* cujo conteúdo fosse expresso pelas palavras entre aspas. Terceiro, em alguns *Suttas* (p. ex., *SN*.v.425), explica-se a primeira *ariya-sacca* por meio de sua identificação com uma espécie de ente existente (os cinco feixes de combustível-para-a-avidez — ver mais adiante), e não pela afirmação de uma forma verbal que poderia ser considerada uma "verdade". No uso habitual do idioma inglês, as únicas coisas que podem ser "verdades" são proposições, ou seja, algo que é expresso em palavras (faladas, escritas, pensadas). Qualquer coisa que se *diga* a respeito de *dukkha*, até mesmo apenas "isto é *dukkha*", pode ser uma "verdade", mas *dukkha* propriamente dita só pode ser uma *realidade* verdadeira e genuína. Desse modo, "realidade verdadeira" é a melhor tradução para *sacca*, pois ainda mantém clara a conexão com a "verdade" como outro significado de *sacca*.

E o que dizer do termo *ariya*? Como substantivo, ele significa "nobre". No bramanismo, o termo se referia aos membros das três classes sociais superiores, denotando pureza de ascendência e superioridade social (ver p. 38). No budismo, o termo é usado em sentido espiritual: o Buda é "o nobre" por excelência (*SN*.v.435), e outros "nobres" são os que estão parcial ou completamente despertos, bem como os bem estabelecidos no caminho rumo a esses estados (ver p. 116). Para esclarecer o sentido espiritual do termo, e que ser um "nobre" é uma conquista e não algo com que nascemos, a tradução "espiritualmente enobrecido" parece muito pertinente: alguém que foi elevado e purificado pela profunda compreensão da realidade. Como adjetivo, *ariya* significa "nobre", e, por essa razão, o próprio caminho budista, cuja prática transforma pessoas comuns em pessoas nobres, é chamado de "nobre".

Embora uma "verdade" possa ser "nobre" ou, para aqueles que a compreendam, "enobrecedora", o caso é diferente quando *sacca* significa "realidade verdadeira". Como uma das *ariya-saccas* — a origem de *dukkha* — deve ser abandonada, ela dificilmente seria "nobre" ou "enobrecedora". *Ariya*, portanto, tem de significar, neste caso, a pessoa "espiritualmente enobrecida". Uma *ariya-sacca* precisa ser então uma "realidade verdadeira para os espiritualmente enobrecidos" (Harvey, 2007a, 2009a). As quatro *arya-saccas* são as mais significativas categorias da existência, cuja plena importância só é reconhecida pelos espiritualmente enobrecidos. Sua correta identificação, bem como a profunda compreensão de sua natureza, é o que torna uma pessoa espiritualmente enobrecida. É evidente que os *ensinamentos* a respeito dessas realidades verdadeiras ainda são considerados verdades, mas esses ensinamentos em si não são as *ariya-saccas*.

As quatro Realidades Verdadeiras para os Espiritualmente Enobrecidos compõem a estrutura básica de todos os ensinamentos superiores dos primórdios do budismo. São as seguintes: (i) *dukkha*, "o doloroso", que abrange as várias formas de "dor", grosseira ou sutil, física ou mental, às quais todos estamos sujeitos, além das coisas dolorosas que as engendram; (ii) a originação (*samudaya*, isto é, causa) de *dukkha*, a saber, a avidez (P. *Taṇhā*, S. *Tṛṣṇā*); (iii) a cessação (*nirodha*) de *dukkha* pela cessação da avidez (essa cessação sendo equivalente ao *Nirvāṇa*); e (iv) o caminho (P. *magga*, S. *mārga*) que conduz a essa cessação. O primeiro sermão diz que a primeira dessas quatro Realidades Verdadeiras deve ser "plenamente compreendida"; a segunda deve ser "abandonada"; a terceira deve ser "pessoalmente experimentada"; e a quarta deve ser "desenvolvida/cultivada". "Acreditar nas" *ariya-saccas* pode ter seu papel, mas não é o mais importante.

A mesma estrutura quádrupla de ideias (x, originação de x, sua cessação, o caminho para sua cessação) também se aplica a uma gama de outros fenômenos, como o mundo vivenciado (*loka*; *SN*.I.62). Essa estrutura também pode ter sido influenciada pela prática dos primeiros médicos indianos, ou tê-la influenciado: (i) diagnosticar uma doença, (ii) identificar sua causa, (iii) determinar se ela é curável e (iv) delinear um tratamento para curá-la. A primeira Realidade Verdadeira é a "doença" metafórica de *dukkha* (*Vibh-a*.88), e vê-se o Buda desempenhando o papel de um médico espiritual. Tendo "curado" a si mesmo de *dukkha*, ele trabalhava para ajudar os outros a fazerem o mesmo. O problema do sofrimento havia motivado sua própria busca pelo despertar, e a solução tornou-se, com naturalidade, o foco de seus ensinamentos. Ele às vezes resumia estes últimos dizendo apenas: "Tanto no passado quanto agora, apresento somente o seguinte: *dukkha* e a cessação de *dukkha*" (p. ex., *M*.I.140).

A PRIMEIRA REALIDADE VERDADEIRA PARA OS ESPIRITUALMENTE ENOBRECIDOS: O DOLOROSO

Em seu primeiro sermão, o Buda diz o seguinte a respeito da primeira Realidade Verdadeira:

> Agora, *esta*, monges, para os espiritualmente enobrecidos, é a realidade verdadeira (*ariya-sacca*) dolorosa (*dukkha*): [i] o nascimento é doloroso, o envelhecimento é doloroso, a doença é dolorosa, a morte é dolorosa; [ii] a tristeza, a lamentação, a dor (física), a infelicidade e a aflição são dolorosas; [iii] a união com aquilo de que não gostamos é dolorosa; a separação daquilo de que gostamos é dolorosa; não conseguir o que queremos é doloroso; [iv] em resumo, os cinco feixes de combustível-para-a-avidez são dolorosos. (Números acrescentados.)

A palavra *dukkha* tem sido traduzida de muitas formas, sendo "sofrimento" a mais comum, de modo que o trecho anterior é traduzido em geral da seguinte maneira: "Agora, esta, monges, é a nobre verdade do sofrimento: o nascimento é sofrimento [...]"; mas "sofrimento" é uma tradução apropriada apenas em um contexto geral, inexato. A palavra "sofrimento", em nosso idioma, é um substantivo (como em "o sofrimento dele é intenso"). Se traduzirmos "o nascimento é sofrimento", não faz sentido tomar "sofrimento" como um substantivo, pois o nascimento etc. não são eles próprios *formas de* sofrimento — só podem ser ocasiões para o surgimento da experiência do sofrimento, coisas que com frequência o acarretam. Logo, no texto da primeira Realidade Verdadeira, *dukkha*, em "o nascimento é *dukkha*...", é um *adjetivo*, o que se evidencia pelo fato de o gênero gramatical mudar de acordo com a palavra que ele qualifica, sendo "doloroso" uma tradução que reflete isso de modo apropriado.

Na verdade, o significado comum, básico de *dukkha* como substantivo é "dor", por oposição ao "prazer" (*sukha*). A dor e o prazer, somados a "nem *dukkha* nem *sukha*", são os três tipos de sensação/sentimento (*vedanā*), com a explicação de que *dukkha* abrange tanto a dor física — *dukkha* em sentido mais restrito — quanto a infelicidade (*domanassa*), a dor mental (*SN*.v.209-10). Da mesma forma, em nosso idioma, "dor" se refere não apenas à dor física, mas também à angústia mental, sendo as duas abrangidas pela segunda parte da frase: os "prazeres e dores da vida". Falamos ainda "me dói dizer isso, mas...". No primeiro sermão, aquilo a que o adjetivo *dukkha* se aplica é "doloroso" no sentido de ser, de alguma maneira, importuno ou problemático, quer de maneira óbvia (p. ex., uma dor física, não conseguir o que queremos), quer mediante uma investigação (p. ex., nascer). O adjetivo se aplica a todas as coisas desagradáveis, estressantes, insatisfatórias, imperfeitas e que gostaríamos que fossem de outra maneira. As coisas que têm essas qualidades, portanto, podem ser descritas como "dolorosas", que parece ser o significado de "*dukkha*" explicado anteriormente: "o nascimento é doloroso [...]". Neste caso, "doloroso" se refere tanto às dores mentais quanto às físicas, bem como os aspectos da vida que as engendram.

As primeiras características descritas como "dolorosas" na citação anterior — (i) — são aspectos biológicos básicos de se estar vivo, cada um dos quais pode ser traumático (BW.20-36). O *dukkha* deles é piorado pela perspectiva budista do renascimento, a qual postula repetidos renascimentos, novos envelhecimentos, novas doenças e novas mortes. O segundo conjunto de características se refere à dor física ou mental que surge das vicissitudes da vida. O terceiro conjunto de características aponta para o fato de que nunca podemos nos afastar por completo das coisas, pessoas e situações de que não gostamos, nos mantermos sempre próximos daquelas de que gostamos e conseguir sempre o que queremos. A natureza instável e em constante transformação da vida é tal que somos levados a vivenciar a insatisfação, a perda e o desapontamento: em suma, a frustração. A quarta característica será discutida mais adiante.

O budismo é "pessimista" por enfatizar os aspectos desagradáveis da vida? O budismo ensina que, para transcender o estresse da vida, é preciso avaliar de forma bem realista o quanto esse estresse é onipresente. Precisamos aceitar a ideia de que estamos "doentes" para que a cura seja possível: deixar de dar atenção ao problema só o torna pior. Com certeza se reconhece que o que é "doloroso" não o é de modo exclusivo (*SN*.III.68-70). Não se negam os aspectos agradáveis da vida, mas enfatiza-se que desconsiderar os aspectos dolorosos conduz a um apego limitante, ao passo que reconhecê-los com calma tem um efeito purificador e libertador. Eis o que o Buda diz a respeito de cada um dos cinco aspectos do corpo e da mente:

> O prazer e a alegria que surgem dependentes dele: essa é sua atração. O fato de ele ser impermanente e doloroso, e estar sujeito à mudança: esse é o perigo dele. A remoção e o abandono do desejo e do apego por ele: isso é deixá-lo para trás (*A*.I.258-59 (*BW*.192), cf. *BW*.199-205).

A felicidade é bem real, e a calma e a alegria engendradas pelo caminho budista ajudam efetivamente a aumentá-la, embora o budismo enfatize que nenhuma forma de felicidade (com exceção da do *Nirvāṇa*) é permanente. Mais cedo ou mais tarde, elas escorregam entre nossos dedos e podem deixar um resquício de perda e anseio. Dessa maneira, até mesmo a felicidade pode ser encarada como *dukkha*. Isso pode ser visto com mais clareza quando examinamos outra classificação de manifestações de *dukkha*: a aflição da dor (física e mental) (*dukkha-dukkhatā*), a aflição da mudança e a aflição dos fenômenos condicionados (*saṅkhāra-dukkhatā*; *SN*.IV.259). Quando um sentimento feliz passa, não raro conduz à dor mental devido à mudança, e, mesmo enquanto está ocorrendo, o sábio o reconhece como sutilmente doloroso, no sentido de ser um estado imperfeito limitado e condicionado, um estado que não é satisfatório de verdade. Esse sentimento bastante sutil de *dukkha* é às vezes vivenciado por meio de uma vaga inquietação diante da fragilidade, da transitoriedade e da qualidade insatisfatória da vida.

Até que ponto "isso é *dukkha*" é uma *descrição* e até que ponto é um *juízo*? Muitas palavras têm aspectos de ambos; por exemplo, "mentiroso" é uma descrição que também contém um juízo implícito. Quando algo é considerado "*dukkha*" devido a uma dor física ou mental, o aspecto descritivo de seu significado é predominante, embora exista uma conotação implícita de "isto é lamentável". Quando algo é considerado "*dukkha*" porque é condicionado, limitado e imperfeito, o aspecto crítico está em posição proeminente, porque aquilo que é *dukkha* está, neste caso, sem sombra de dúvida, sendo desfavoravelmente comparado com o que é incondicionado e ilimitado, ou seja, o *Nirvāṇa*. A mensagem clara é a seguinte: se uma coisa for *dukkha*, não se apegue a ela. Nesse sentido, *dukkha* é tudo o que não for *Nirvāṇa*, e *Nirvāṇa* é aquilo que não é dukkha. Isso não conduz a uma definição cíclica e inútil dos dois termos, pois dukkha é aquilo que não é condicionado, surgindo de outros fatores que mudam no fluxo do tempo, e *Nirvāṇa* é aquilo que é incondicionado.

Dizer que uma coisa é *dukkha* significa que ela é: (i) "dolorosa" *pela própria natureza* ou (ii) "dolorosa" quando gera reações de cobiça ou aversão? Parece haver indício de ambos nos *Sutta*s em páli: apegar-nos a alguma coisa resulta em dor psicológica (devido ao fato de que todas as coisas condicionadas estão sujeitas à impermanência), e a aversão torna a dor pior, mas as coisas condicionadas também devem ser consideradas, por si sós, *dukkha* no sentido de serem limitadas e imperfeitas. Elas podem também, em sentido claro e direto, ser formas de dor física ou mental. O caminho budista visa a princípio a dor mental que as vicissitudes e o estresse da vida podem produzir, e depois acabar com essa dor mental, mas em última análise tem o propósito de encerrar a roda de renascimentos, a existência condicionada, e tanto as dores físicas quanto a natureza mais sutilmente dolorosa.

Os cinco feixes de combustível-para-a-avidez: os fatores da personalidade

Quando o Buda faz o resumo de *dukkha* em seu primeiro sermão, dizendo: (iv) "em resumo, os cinco feixes de combustível-para-a-avidez são dolorosos", ele se refere ao que é *dukkha* no sentido mais sutil. Os cinco "feixes de combustível-para-a-avidez" (P. *upādāna-kkhandha*, S. *upādāna-skandha*) são os cinco fatores que formam uma "pessoa". O budismo sustenta, portanto, que nenhum dos fenômenos que compõem a personalidade estão livres de certo tipo de aflição. Cada fator é um "grupo", "agregado" ou "feixe" (-(*k*)*khandha*) de estados relacionados, e cada um é um objeto de "avidez" (*upādāna*) de maneira a ser identificado como "mim", "eu", "eu mesmo". Também são chamados apenas de *khandha*s.

A tradução de *upādāna-kkhandha* como "grupos de avidez" é encontrada com frequência, mas pode induzir a erro. A avidez, *upādāna*, é um estado mental específico que seria mais bem classificado como um aspecto do quarto *khandha*; portanto, não há cinco grupos que apresentam, cada um, *tipos* de avidez. Nesse caso, "grupos (de objetos) de avidez" é melhor. Apesar disso, existem nuances ocultas na palavra *upādāna*. Sua derivação indica que seu significado fundamental é "absorver, incorporar". Embora não raro tenha o significado abstrato de "avidez", o termo também tem o significado concreto de "combustível": aquilo cuja "absorção" sustenta um processo como o do fogo. Richard Gombrich comenta que os *Sutta*s são ricos em metáforas relacionadas ao fogo devido à importância do fogo no bramanismo, argumentando depois que a palavra *upādāna-kkhandha* também faz parte dessa imagística do fogo (1996, pp. 66-8; 2009, pp. 111-28). Cada um dos *upādāna-kkhandhas*, portanto, pode ser visto como um "feixe de combustível" (1996, p. 67) que "queima" com as "chamas" de *dukkha* e suas respectivas causas (*SN*.II.19-20). Cada um deles sustenta objetos de avidez ou *fornece* combustível para esta última (cf. Ṭhānissaro, 1999a: cap. 2). A tradução "feixes de combustível-para-a-avidez" capta essas nuances.

O fato de que os espiritualmente enobrecidos vejam até mesmo os fatores que compõem uma pessoa como *dukkha* mostra que o entendimento deles da realidade é bem diferente do das pessoas comuns (que também têm pouca propensão a considerar o nascimento como *dukkha*). Portanto, diz-se que, enquanto o mundo encara o fluxo de objetos sensoriais agradáveis como prazeroso, e o término disso como *dukkha*, os espiritualmente enobrecidos encaram a transcendência dos *khandhas* e dos objetos sensoriais como o que é prazeroso na realidade (*Sn*.759-62 e *SN*.IV.127): o *Nirvāṇa* como um estado jubiloso, além de todos os fenômenos condicionados da roda de renascimentos.

Para ajudar no entendimento de *dukkha*, o budismo fornece detalhes de cada um dos cinco fatores segundo os quais se analisa a personalidade. Todos, exceto o primeiro desses "feixes", têm uma natureza mental, pois carecem de qualquer "forma" física:

1. *Rūpa* ou "forma (material)". Refere-se ao aspecto material da existência, quer no mundo exterior, quer no corpo de um ser vivo. Considera-se que é constituído de quatro forças ou elementos básicos e forma uma matéria sensível, sutil, derivada deles. Os quatro elementos básicos são a solidez (literalmente a "terra"), a coesão ("água"), o calor ("fogo") e o movimento ("vento"). A partir da interação destes é composto o corpo de carne, sangue, ossos etc.
2. *Vedanā* ou "sensação/sentimento". Trata-se da qualidade hedônica ou do "gosto" de qualquer experiência: agradável, dolorosa (*dukkha*) ou neutra. Inclui tanto as sensações que surgem do corpo quanto os sentimentos mentais de felicidade, infelicidade ou indiferença.
3. *Saññā* (S. *saṃjñā*), que processa os objetos sensoriais e mentais a fim de classificá-los e rotulá-los, por exemplo, de "amarelo", "um homem" ou "medo". É a "percepção", "cognição", rotulação mental, reconhecimento e interpretação — inclusive a interpretação errônea — dos objetos. Sem isso, uma pessoa poderia estar consciente sem saber do que estava consciente.
4. *Saṅkhāras* (S. *saṃskāra*) ou "atividades construtivas" (também chamadas de "atividades volitivas", "formações mentais" e "atividades kármicas"). Abrangem uma série de processos que iniciam a ação ou dirigem, moldam e dão forma ao caráter. O mais característico é *cetanā*, "vontade" ou "volição", relacionado ao karma (ver p. 69). Existem processos que são componentes de todos os estados mentais, como o estímulo sensorial e a atenção; aqueles que intensificam esses estados, como a energia, a alegria ou o desejo de

fazer; os que são eticamente "hábeis", como a atenção plena (*mindfulness*) e o senso de integridade moral; e os "inábeis", como a cobiça, o ódio e a ilusão.

5. *Viññāṇa* (S. *vijñāna*) ou "consciência (discriminativa)". Inclui tanto a percepção consciente de um objeto sensorial ou objeto mental quanto a discriminação de seus aspectos ou partes, que são na verdade reconhecidos por *saññā*. Poderíamos, portanto, vê-la também como um "discernimento" perceptivo. Ela é de seis tipos, conforme seja condicionada pelo olho, ouvido, nariz, língua, corpo ou órgão mental. Também é conhecida como *citta*, o foco central da personalidade, que pode ser caracterizado como "mente", "coração" ou "pensamento". Isso é, em essência, uma "mentalidade"; alguns aspectos dela se alteram de momento a momento, mas outros são recorrentes e equivalem ao caráter da pessoa. Sua forma se estabelece, em qualquer momento, pelos outros *khandhas* mentais, mas ela determina, por sua vez, o padrão de surgimento deles, em um processo de constante interação.

Grande parte da prática budista diz respeito à purificação, ao desenvolvimento e à integração harmoniosa dos cinco "feixes" que formam a personalidade, por meio do cultivo da virtude e da meditação. Com o tempo, contudo, usa-se essa análise quíntupla para capacitar o meditador a transcender, de forma gradual, a percepção simplista — com relação a "si mesmo" ou a "outro" — de uma "pessoa" ou "eu" unitários. Em vez disso, se estabelece a contemplação da pessoa como um conjunto de processos físicos e mentais em constante transformação, ou *dhammas* (S. *dharma*), minando desse modo a avidez e o apego, que são as causas do sofrimento.

Os fenômenos como impermanentes e não Eu[2]

Embora o primeiro sermão enfatize *dukkha*, esta é, na verdade, apenas uma das três características ou "marcas" dos cinco *khandhas*. As "três marcas" fundamentais (P. *Ti-lakkhaṇa*, S. *Tri-lakṣaṇa*) de todos os fenômenos condicionados são que eles são impermanentes (P. *anicca*, S., *anitya*), dolorosos (P. *dukkha*, S. *duḥkha*) e "não Eu" (P. *anattā*, S. *anātman*).[3] O budismo enfatiza que a mudança e a impermanência são características fundamentais de *tudo*, exceto do *Nirvāṇa*. As montanhas se desgastam, os bens materiais se estragam, perdem-se ou são roubados, e todos os seres, até mesmo os deuses, envelhecem e morrem (*M*.ɪɪ.65-82 (*BW*.207-13); *EB*.3.2.1). A forma grosseira do corpo muda com relativa lentidão, mas a matéria que o compõe é substituída à medida que comemos, excretamos e trocamos as células da pele. No que diz respeito à mente, os padrões de caráter podem ser relativamente persistentes, mas, quanto a

2 Consulte Collins, 1982; Harvey, 1995a, pp. 17-108, e 2009b, pp. 265-74.

3 P. ex., *SN*.ɪɪɪ.44-5 (*BW*.342-43), *SN*.ɪᴠ.46-7 (*SB*.224-25), *SN*.ɪᴠ.133-35 (*BW*.346-47).

sentimentos, disposições de ânimo, ideias etc., observa-se que estão em constante mudança. A natureza efêmera e enganosa dos *khandhas* se expressa em um trecho no qual se diz que eles são "destituídos, ocos": "A forma material é como uma massa de espuma, e a sensação/sentimento é como uma bolha; a percepção é como uma miragem, e as atividades construtivas são como uma bananeira [carecem de um núcleo, como uma cebola]; a consciência é como uma ilusão [de um mágico]" (*SN*.III.142 (*BW*.343-45); *SB*.220-22).

Pelo fato de as coisas serem impermanentes, também são *dukkha*. Além disso, como são impermanentes e, em certo sentido, dolorosas, também devem ser vistas como *anattā*, não Eu. Quando se diz que uma coisa é *anattā*, o tipo de "eu" que se considera que ela não tem é um eu permanente e livre de toda a dor, por mais sutil que tal dor seja — a fim de ser feliz, autoconfiante e independente. Embora o páli e o sânscrito não tenham letras maiúsculas, no nosso idioma é útil indicar esse conceito com uma maiúscula: Eu.

O termo *anattā* é quase sempre um substantivo:[4] tem a forma da palavra "Eu", *attā* (S. *ātman*), precedida pelo prefixo negativo *an*, e significa, portanto, que o que é *anattā* não tem, em certo sentido, nada a ver com "eu": não é um Eu — é não Eu — e tampouco é algo que diga respeito a tal coisa ou a ela pertença (*attaniya*, *SN*.III.33-4; *SN*.IV.54), como "meu", ou algo que contenha um Eu ou esteja contido nele (*M*.I.300; *SN*.III.127-32). É "vazio (P. *suñña*, S. *śūnya*) do Eu ou do que quer que diga respeito ao Eu" (*SN*.IV.54 (*BTTA*.81; *BW*.347)).*

Um importante ensinamento a respeito desse assunto foi apresentado pelo Buda em seu segundo sermão, *Anatta-lakkhaṇa Sutta* (*Vin*.I.13-4; *SN*.III.66-8 (*BS1*.118; *BW*.341-42)). Nele ele explicou, com relação a cada um dos cinco *khandhas*, que, se fossem verdadeiramente o Eu, não "tenderiam para a doença" e seriam totalmente controláveis pela vontade — o que não acontece. Além disso, como cada *khandha* é impermanente, *dukkha* e tem como natureza mudar, é inapropriado considerá-lo sob a óptica do "Isto é meu, este sou eu, este é o meu Eu".

Na época do Buda, a busca espiritual era vista em ampla medida como a busca pela identificação e libertação do verdadeiro Eu do aspirante. Postulava-se essa entidade como a natureza interior permanente da pessoa, a fonte da verdadeira felicidade e o "controlador interno" (S. *antaryamin*) autônomo de suas ações, elementos interiores e faculdades. Esse Eu também precisaria ter o pleno domínio de si mesmo. No bramanismo, esse *ātman* era considerado um Si-Mesmo universal idêntico a *Brahman*, ao passo que no jainismo, por exemplo, era visto como o "princípio vital" (*jīva*) individual. O Buda argumentava que qualquer coisa que estivesse

---

4 Às vezes, *anattā* é um adjetivo que significa "sem Eu".

* Neste ponto, o autor acrescenta um comentário que preferimos não incluir no corpo do texto, pois diz respeito a uma particularidade da língua inglesa: "Embora *anattā* não raro seja traduzido apenas como '*not-Self*', essa tradução captura apenas uma parte de seu significado, pois omite o aspecto de não ser nada que diga respeito ou pertença a um Eu, sentido este contido em '*non-Self*'." (N. do E.)

sujeita a mudança; qualquer coisa envolvida na desarmonia da dor mental; qualquer coisa que não fosse autônoma e totalmente controlável pelos próprios desejos ou pelos desejos de um outro não poderia ser um Eu verdadeiro e perfeito ou qualquer coisa que, de algum modo, tivesse relação com ele. Além disso, considerar que tal coisa exista é algo que causa muito sofrimento, porque tudo o que ingenuamente tomamos como nosso Eu permanente e essencial, ou como posse segura deste, na realidade se modifica de maneiras indesejadas. Embora os *Upaniṣads* reconhecessem diversas coisas como não Eu, sentiam também que um Eu real, verdadeiro, poderia ser encontrado. Sustentavam que, quando a pessoa o encontrasse e soubesse com certeza que ele é idêntico a *Brahman* — o fundamento universal —, encontraria nesse mesmo ato a libertação. Nos *Sutta*s budistas, no entanto, todas as coisas são vistas em absoluto como "não Eu", até mesmo o *Nirvāṇa*. Quando tal fato é verdadeiramente conhecido, alcança-se a libertação — o *Nirvāṇa* — por meio do total desapego. Portanto, tanto os *Upaniṣads* quanto os *Sutta*s budistas encaram muitas coisas como não Eu, mas os *Sutta*s aplicam esse conceito a *absolutamente tudo*.

O ensinamento sobre o "não Eu" dos fenômenos não tinha a intenção de minar apenas os conceitos bramânicos ou jainistas sobre o Eu, mas também concepções mais comuns e sentimentos bastante arraigados referentes à noção de eu. Sentir que, não importa o quanto mudemos na vida desde a infância, uma parte essencial permanece constante e imutável como o "verdadeiro eu" é acreditar em um Eu permanente. Agir como se somente as *outras* pessoas morressem, desconsiderando a inexorabilidade da própria morte, é agir como se tivéssemos um Eu permanente. Relacionar fenômenos mentais em constante transformação com um eu substancial que os "possua" — "*Eu* estou preocupado... feliz... zangado" — significa ter uma noção de Eu desse tipo. Construir uma identidade baseada na aparência física ou em nossas habilidades, ou em sensibilidades, ideias, crenças, ações, inteligência etc., é considerá-las parte de um "Eu".

É fácil compreender ou descrever de maneira incorreta o ensinamento sobre o não Eu; sendo assim, é importante sabermos o que ele realmente significa. O Buda aceitava os diversos usos da palavra "eu" ou "si mesmo" (também *attā*), como nas locuções "você mesmo" e "eu mesmo". Encarava estas últimas apenas como um modo conveniente de nos referirmos a um conjunto particular de estados mentais e físicos. No entanto, ele ensinava que nenhum Eu permanente, substancial, independente e metafísico poderia ser encontrado dentro desse "eu" convencional, empírico. Uma monja dos primórdios do budismo, Vajirā, esclareceu isso muito bem:[5] assim como a expressão "carro de guerra" é usada para denotar um conjunto de itens em uma relação funcional, e não uma parte específica do carro, o termo convencional "um ente" também é usado de modo adequado para fazer referência aos cinco *khandha*s em sua inter-relação. Nenhum

5 *SN*.I.135 (*EB*.3.2.3), cf. *Miln*.25-8 (*BS*1.147-49; *EB*.3.2.2).

dos *khandhas* é um "ente" ou um "Eu"; estes são apenas rótulos convencionais utilizados para designar o conjunto dos *khandhas* em funcionamento.

O ensinamento do não Eu não nega a existência da continuidade da personalidade na vida e, de certo modo, de vida para vida. Mas traços persistentes de personalidade são atribuídos à mera ocorrência repetitiva de determinados *cittas*, ou "maneiras de pensar". O *citta* como um todo é chamado às vezes de "eu" (empírico) (p. ex., *Dhp*.160), mas, embora esses traços de personalidade possam ser duradouros, eles também podem mudar e de fato mudam, sendo assim impermanentes e, portanto, "não Eu", insubstanciais. Uma "pessoa" é um conjunto de processos mentais e físicos que mudam e interagem com rapidez, com padrões de personalidade que voltam a ocorrer após algum tempo, e somente um controle parcial pode ser exercido sobre esses processos; por esse motivo, não raro eles se modificam de maneiras indesejadas, conduzindo ao sofrimento. E, por serem impermanentes, não podem constituir um Eu permanente. Por serem "dolorosos", não podem constituir um Eu verdadeiro e autônomo, que não conteria nada que estivesse em desarmonia consigo mesmo.

Embora o *Nirvāṇa* esteja além da impermanência e de *dukkha*, ainda assim ele é não Eu. Isso fica claro em um trecho recorrente (p. ex., em *A*.I.286-87), que afirma serem todos os *saṅkhāras*, entendidos aqui no sentido de fenômenos condicionados, impermanentes e *dukkha*, embora "todos os *dhammas*" sejam não Eu. "*Dhamma*" (S. *dharma*) é uma palavra com muitos significados no budismo, mas neste caso refere-se a qualquer componente básico da realidade. A maioria é condicionada, mas o *Nirvāṇa* é o *dhamma* incondicionado (*A*.II.34); tanto os *dhammas* condicionados quanto os incondicionados são não Eu. Embora o *Nirvāṇa* esteja além da mudança e do sofrimento, não contém nada que respalde a noção de eu; isso pode surgir apenas com relação aos *khandhas*, e nem nesse caso é um sentimento realmente válido (*D*.II.66-8; Harvey, 1995a, pp. 31-3).

Isso posto, é importante assinalar que, embora a frase "todos os *dhammas* são *anattā*" — "tudo é não Eu" — implique com clareza a inexistência de um Eu ou Si-Mesmo, a palavra *anattā propriamente dita* não significa "não Eu" em sentido absoluto, isto é, não significa que "nenhum Eu existe". Significa apenas que aquilo a que é aplicada não é um Eu ou algo que lhe diga respeito. Além disso, o ensinamento do não Eu não é *em si* uma negação da existência de um eu permanente; basicamente, trata-se de um ensinamento prático voltado à superação do apego. Na verdade, quando lhe perguntaram explicitamente se o "eu" (em sentido indefinido) existe ou não, Buda ficou em silêncio, pois não queria nem confirmar um Eu permanente nem confundir seu inquiridor por não aceitar a existência de um eu em nenhum sentido (*SN*. IV.400-01 (*EB*.3.2.4)). Uma negação filosófica do "Eu" é tão só uma opinião, uma teoria, que pode ou não ser aceita. Ela não nos leva necessariamente a examinar todas as coisas que *de fato* identificamos, de modo consciente ou inconsciente, como Eu ou "meu" em essência. Esse exame, em um contexto calmo e meditativo, é a finalidade do ensinamento do não Eu. É menos uma ideia conceitual que algo a ser feito, aplicado à experiência efetiva, de modo que o meditador *veja* sem sombra de dúvida que "*todos os dhamma*s são não Eu". Uma mera negação filosófica não encoraja tal ação, e pode na verdade significar que não se vê nenhuma necessidade disso.

Embora os *Sutta*s não deixem lugar para um Eu metafísico, ver as coisas como *não Eu* tem clara relação com o desempenho de um papel soteriológico vital. O conceito de "Eu" e a respectiva sensação profunda de que "eu sou" são então postos a serviço de uma finalidade espiritual. O ensinamento do não Eu pode, na verdade, ser considerado um brilhante recurso que lança mão de uma aspiração humana bastante arraigada, *ilusória* em essência, para superar os produtos negativos dessa ilusão. A identificação, quer consciente, quer inconsciente, de algo como "o que eu verdadeira e permanentemente sou", ou como intrinsecamente "meu", é uma fonte de apego; esse apego conduz à frustração e a um sentimento de perda quando nos identificamos com as mudanças e nos tornamos diferentes do que desejamos. No entanto, a ideia arraigada do "Eu" não deve ser combatida, e sim usada como parâmetro com relação ao qual todos os fenômenos devem ser comparados, de modo a enxergarmos que estão sempre aquém das perfeições implícitas na ideia do Eu. Isso deve ser feito por meio de um rigoroso exame experiencial dos fenômenos que *efetivamente* identificamos como "nós mesmos", "eu" ou "meu": à medida que cada um deles é examinado, porém encarado como efetivamente não Eu, e fica, portanto, aquém do ideal, pretende-se que o resultado seja o desapego da pessoa a essa coisa. Ao fazer isso, ela enfim virá a perceber *tudo* como não Eu, destruindo assim todo tipo de apego e alcançando o *Nirvāṇa*. Nesse processo, não é necessário apresentar nenhuma "negação" filosófica do Eu; a ideia se desfaz sozinha, pois considera-se que nenhuma ocorrência efetiva de tal coisa poderá ser encontrada em lugar algum (*M*.I.138 (*SB*.161-65)). Podemos, assim, talvez encarar a ideia do Eu como se desempenhasse um papel semelhante ao de um foguete que lança uma ogiva no espaço, contra a força da gravidade. Ele fornece a força para impelir a mente além do "campo gravitacional" do apego aos *khandha*s. Tendo feito isso, "perde a força e se consome em chamas", como um conceito vazio, parte dos *khandha*s insatisfatórios.

Assim como *anattā* é às vezes traduzido como "não Eu", também é traduzido como "não alma"; mas, embora o budismo não aceite uma "alma" no sentido da essência imortal de uma pessoa, ele não nega a "alma" no sentido do que dá vida ao corpo: a presença do fluxo de consciência discriminativa (*viññāṇa*), somada à "vitalidade" (*āyu*) e ao "calor", desempenha esse papel (*M*.I.296). "Alma" também pode significar a parte moral e emocional de alguém, e, nesse sentido, ser vista como correspondente a *citta*, termo que abrange tanto a "mente" quanto o "coração", no sentido de ser este o centro das emoções. Por outro lado, "alma" pode se referir a uma pessoa que personifica qualidades morais ou intelectuais, como quando nos referimos às "grandes almas da Antiguidade". Tal uso encontra eco no termo budista *mahattā*, "grandes almas" (*It.*28-9) — pessoas fortes, desenvolvidas em termos espirituais —, que reapareceu em época recente no título *mahātma*, "grande alma", aplicado ao mestre hindu Gandhi. O termo também pode se referir à energia e ao espírito, presente por exemplo na arte ou na música de qualidade, que "têm alma"; manifestações dessas qualidades são parte do caminho budista. Portanto, no todo, o budismo não "carece de alma".

Além disso, *anattā* não significa "desprovido de ego", como às vezes se traduz. O termo "ego" possui um leque de significados em nosso idioma. O "ego" freudiano não é o mesmo que *ātman/attā*, o Si-Mesmo permanente. Em uma linguagem mais corriqueira, "ego" significa apenas o sentimento egocêntrico de ser ou ter um "eu"; a existência desse sentimento não é negada no budismo, embora seja considerada proveniente, em última análise, de um erro de percepção da realidade (Harvey, 1995a, pp. 51-2).

No geral, pode-se afirmar que: (i) no eu empírico, em constante transformação, não se pode encontrar nenhum Eu permanente; (ii) no entanto, umas das atividades construtivas é o "conceito de que 'eu sou'" (*asmi-māna*) — o instinto ou a atitude de que somos ou temos um Eu real e substancial; (iii) à medida que a pessoa se desenvolve no âmbito espiritual, o eu empírico dela se torna mais forte à medida que ela própria vai se tornando mais centrada, tranquila, consciente e receptiva; (iv) nesse processo, a percepção consciente de todos os fatores da personalidade como não Eu mina a avidez, tornando, assim, a pessoa mais calma e forte; (v) no auge do desenvolvimento espiritual, a pessoa fica livre de todas as causas de *dukkha*, libertando-se, assim, de todo conceito de que "eu sou", embora possua um "grande" eu empírico.

A sensibilidade para com esses vários usos das palavras "eu" e "si mesmo" nos ajudará a evitar a incoerência quando apresentarmos ideias relacionadas à doutrina do não Eu. Os estudantes às vezes dizem coisas bizarras, como: "O budismo ensina que não existe eu algum [...]. O eu são os cinco *khandhas* [...], mas eles devem ser considerados não Eu". Embora o páli e o sânscrito não tenham letras maiúsculas, a utilização destas em nossa língua ajuda a indicar a diferença, implícita com clareza nos *Suttas*, entre um eu empírico cuja existência é aceita e um Eu metafísico que nunca é aceito.[6]

O budismo não vê necessidade de postular um Eu permanente; explicar o funcionamento da personalidade, nesta vida e de vida para vida, em função de um fluxo de processos condicionados mutáveis. Como veremos mais adiante, o renascimento não pressupõe a existência de um Eu permanente ou substancial, embora a *crença* em tal coisa seja uma das coisas que causam o renascimento.

6 Embora, como se verá (pp. 171-73), o Mahāyāna demonstre um ligeiro interesse pela linguagem do "Eu".

A SEGUNDA REALIDADE VERDADEIRA PARA OS ESPIRITUALMENTE ENOBRECIDOS: A ORIGEM DO DOLOROSO

No primeiro sermão, o Buda fala da seguinte maneira a respeito da segunda Realidade Verdadeira:

> Agora *esta*, monges, é, para os espiritualmente enobrecidos, a Realidade Verdadeira da originação do doloroso (*dukkha-samudaya*). É a avidez (*taṇhā*) que conduz à existência renovada, acompanhada do deleite e do apego, buscando o prazer ora aqui, ora ali; em outras palavras, ávida de prazeres sensoriais, ávida de existir, ávida pela não existência.

Por conseguinte, a principal origem ou causa de *dukkha* é *taṇhā* — que significa literalmente "sede", referindo-se sem dúvida a desejos exigentes e persistentes que estão sempre em busca de gratificação, "ora aqui, ora ali". Contém um elemento de compulsão psicológica, uma inquietação frenética que está sempre vigilante, à procura de novos objetos nos quais se concentrar: *eu quero*, *eu quero* mais, *eu quero* algo diferente. Isso impele as pessoas a sucessivas situações de dor, intranquilidade e descontrole. Desse modo, *taṇhā* não é apenas um "desejo" qualquer — porque o desejo pode ser saudável e voltado a coisas boas (Webster, 2005). *Chanda*, ou o desejo de agir, pode ser doentio, como *taṇhā*, ou saudável, sendo um componente importante de uma das quatro *iddhi-pāda*s, ou "fundamentos do sucesso", que ajudam no desenvolvimento espiritual (Gethin, 2001, pp. 81-103).

Entretanto, quanto mais intensa for a *avidez* da pessoa, maior a frustração quando a exigência de satisfação duradoura e completa for perpetuamente malograda por um mundo insatisfatório em constante transformação. Além disso, quanto *mais coisas* uma pessoa deseja, maior o número de oportunidades para a frustração, *dukkha*. A avidez também causa dor, pois conduz a brigas, disputas e conflitos entre pessoas e grupos (*D*.ɪɪ.59-61), motivando essas pessoas a praticar várias ações cujos resultados kármicos moldarão outros renascimentos, com o respectivo *dukkha* que os acompanha.

O primeiro sermão identifica três tipos de avidez: avidez de prazeres sensuais (*kāma-taṇhā*), avidez da existência (*bhava-taṇhā*) e avidez pela não existência (*vibhava-taṇhā*). O segundo tipo se refere ao impulso de consolidação do ego com base em certa identidade, e ao desejo de alcançar alguma espécie de vida eterna após a morte sem deixar de ser *eu*. O terceiro é o impulso de se livrar de situações e pessoas desagradáveis. Em uma manifestação intensa, pode conduzir ao impulso do suicídio, na esperança da aniquilação. Por ironia, essa avidez motiva um renascimento adicional, cujos problemas serão tão ruins quanto os atuais ou até piores. A fim de superar *dukkha*, o caminho budista visa não apenas limitar a expressão da avidez como também usar a tranquilidade e a sabedoria para extirpá-la por completo da psique.

Além da avidez, outra causa importante de *dukkha* são os "pontos de vista" (P. *diṭṭhi*, S. *dṛṣṭi*): crenças, teorias, opiniões ou visões de mundo, em particular quando se tornam fixas ou dogmáticas, de maneira a nos identificarmos por completo com uma forma de considerar uma coisa, uma maneira de explicá-la (Fuller, 2005). Nosso apego, portanto, é tal que ficamos ofendidos se essa teoria for criticada e chegamos a ser ardilosos ou insinceros ao defender a teoria. A teoria ou crença também limita nossa visão: é como um par de antolhos que só nos permite enxergar certas coisas, restringindo toda a nossa perspectiva com relação à vida, como um cego que confunde a parte de um elefante que ele sentiu com a mão com a totalidade do que é um "elefante" (*Ud.*67-9 (*BW.*214-15)). Isso pode conter certa verdade, mas precisamos sempre estar abertos a aprofundar essa verdade ou a chegar a um equilíbrio por meio de uma verdade complementar. O Buda era bastante cauteloso com relação a meras teorias ou "pontos de vista", afirmando que conduziam a brigas (*A.*I.66) e à vaidade (*Sn.*842-43). Esses pontos de vista são considerados formas ocultas de autoafirmação, que conduzem ao conflito com os que têm outras opiniões, seja ele em forma de discussões verbais ou guerras ideológicas e revoluções sangrentas. Nesse contexto, vale a pena assinalar que as atrocidades cometidas por Hitler, Stalin e o Khmer Rouge foram iniciadas por pessoas que estavam convictas da veracidade de uma teoria segundo a qual suas ações eram exigidas e "justificadas". Na realidade, o budismo afirma que um ponto de vista equivocado alimenta o mau comportamento (*A.*I.30-2 (*BW.*213-14)), e que a pior maneira de praticar um ato nocivo é quando ele se dá em razão de um ponto de vista que o encare erroneamente como "certo" (Harvey, 2000, pp. 55-6).

É certo que existem o que poderiam ser chamados de "pontos de vista budistas", como a crença na benevolência da doação, no karma e no renascimento. Essas crenças são chamadas de "pontos de vista corretos corriqueiros (*lokiya*)", e, embora conduzam na direção correta, ainda assim associam-se ao apego (*M.*III.72), porque podemos nos apegar a elas se não forem provadas pela sabedoria (*M.*I.133). Não deveríamos nos apegar sequer ao ponto de vista de que todos os pontos de vista nos desagradam, e sim nos livrarmos do nosso ponto de vista, seja ele qual for, sem abraçar nenhum outro (*M.*I.497-98). Considera-se que os pontos de vista, assim como tudo o mais no mundo condicionado, surgem de acordo com as condições, são impermanentes e causam *dukkha* se nos apegarmos a eles (*A.*V.187-88). A sabedoria (P. *paññā*, S. *prajñā*), a compreensão intuitiva dirigida de modo analítico, contudo, é considerada um "ponto de vista transcendente (*lokuttara*)" (*M.*III.72); quando se sabe, por exemplo, que "todos os *dhamma*s são não Eu", isso é "bem-visto como de fato é" (*A.*V.188), de uma maneira que vai além de qualquer raciocínio especulativo ou aceitação de ideias dos demais. O verdadeiro propósito, portanto, é não alimentar nenhum ponto de vista ou crença, mesmo que, por acaso, ele seja verdadeiro, e sim ter um conhecimento direto "que não dependa de ninguém" (*SN*.III.135). Em outras palavras: substituir um ponto de vista por uma observação direta.

O Buda concentrava sua atenção crítica nos pontos de vista relacionados com o "Eu", os quais considerava conducentes ao apego e, portanto, ao sofrimento. Esses pontos de vista podem assumir muitas formas, mas ele sentia que a maioria deles situava um Eu substancial em algum dos cinco *khandhas*, considerando-o como o Eu ou propriedade do Eu ou ainda postulando que estivesse contido dentro do Eu ou contivesse o Eu dentro de si. Produzem-se assim, no total, vinte desses pontos de vista (*SN*.III.1-5 (*SB*.216-20)). Cada um deles é conhecido como um "ponto de vista sobre o grupo existente" (*sakkāya-diṭṭhi*, S. *satkāya-dṛṣṭi*), o que às vezes se traduz também como "ponto de vista da personalidade". No entanto, como o significado é um ponto de vista que de algum modo relaciona um Eu essencial com o "grupo existente" — os cinco *khandhas* (*M*.I.299) —, talvez a melhor interpretação seja "ponto de vista da identidade do Eu". A não aceitação de nenhum desses pontos de vista nos *Suttas* significa, por exemplo, que, com relação à forma material (o corpo), não é correto dizer que "eu sou o corpo", "o corpo é meu", "o corpo é parte de quem Eu sou" ou "eu estou no corpo". Na realidade, diz-se que o corpo não "pertence" a ninguém: ele apenas surge devido ao karma passado (*SN*.II.64-5 (*BTTA*.40)). Seus respectivos estados mentais não o "possuem" de maneira alguma.

Mesmo quando se transcenderam os pontos de vista específicos com relação ao "Eu", uma espécie de "presunção" (*māna*) ainda permanece como uma noção de eu vaga e inespecífica relacionada aos *khandhas* (*SN*.III 127-32 (*BW*.402-06)). A "presunção" é a atitude básica do "eu sou": um egocentrismo arraigado, a ideia de que sou mais importante, o egoísmo, a preocupação a respeito de como "eu" me comparo com "os outros", sendo "superior", "inferior" ou "igual": tudo isso são causas significativas de *dukkha*.

Surgimento condicionado

Uma doutrina que costuma ser relacionada ao ensinamento sobre as quatro Realidades Verdadeiras para os Espiritualmente Enobrecidos, em particular a segunda, é a do "Surgimento Condicionado" (P. *paṭicca-samuppāda*, S. *pratītya-samutpāda*; também traduzido como "Originação Dependente").[7] As principais fontes dessa doutrina são o *Nidāna Saṃyutta* (*SN*.II.1-133) e o *Mahānidāna Sutta* (*D*.II.55-71 (Bodhi, 1984)). A compreensão do Surgimento Condicionado é tão fundamental para a prática e o desenvolvimento budistas que o principal discípulo do Buda, Sāriputta, disse o seguinte: "Quem quer que veja o Surgimento Condicionado vê o *Dhamma*, quem quer que veja o *Dhamma* vê o Surgimento Condicionado" (*M*.I.191). Além

7 *EB*.3.3.1; *BTTA*.39-69; Payutto, 1994a.

disso, Buda se referia a ele e ao *Nirvāṇa* como "o *Dhamma* profundo, difícil de ver" que ele próprio compreendera em seu despertar (*M.*I.167), e ensinava que o renascimento continua até que se alcance essa compreensão (*D.*II.55).

Em sua forma abstrata, a doutrina afirma o seguinte: "Com o existir daquilo, isto passa a existir; com o surgir daquilo, isto surge; com a inexistência daquilo, isto não existe; com a cessação daquilo, isto cessa" (*SN.*II.28). Isso expõe o princípio da condicionalidade, segundo o qual todas as coisas, mentais e físicas, surgem e existem devido à presença de certas condições e cessam quando suas condições deixam de existir: nada (exceto o *Nirvāṇa*) é independente. A doutrina, portanto, corrobora o ensinamento de que não existe um Eu permanente e independente. Esse princípio abstrato expressa o padrão geral encontrado numa sucessão de elos condicionados e condicionantes (*nidāna*) que culmina no surgimento de *dukkha*, de modo que *dukkha* deixa de existir quando eles cessam. A fórmula-padrão de doze *nidāna*s é a mais comum, mas também existem variações que enfatizam a contribuição de outras condições. Essas variações mostram que o "aquilo" da fórmula abstrata não é uma única causa determinante, e sim uma condição significativa entre muitas. Cada uma é uma condição necessária para o surgimento "disto", mas nenhuma por si só é suficiente para que isso aconteça. Desse modo, o comentarista Buddhaghosa, do budismo Theravāda, diz: "Não há aqui um fruto único ou múltiplo de uma única causa, nem tampouco um fruto único de múltiplas causas [...]. Mas uma causa e um fruto representativos são postulados desta maneira: 'com a ignorância espiritual como condição, há atividades construtivas'" (*Vism.*542). Um importante exemplo de condicionalidade que não envolve uma única causa determinante é o surgimento da avidez condicionada pela sensação/sentimento: a ignorância espiritual também é uma condição da avidez, pois a pessoa desperta tem sensação/sentimento, mas não sente avidez.

A fórmula-padrão (p. ex., *SN.*II.1-2 (*BW.*353)) começa assim: "com a ignorância espiritual como condição, há atividades construtivas; com as atividades construtivas como condição, há consciência", e continua ao longo de uma série de outras condições. A série avança assim: (1) ignorância espiritual → (2) atividades construtivas → (3) consciência (discriminativa) → (4) mente-e-corpo/corpo senciente → (5) seis bases sensoriais → (6) estimulação sensorial (7) sensação/sentimento → (8) avidez → (9) apego → (10) vir a ser → (11) nascimento → (12) envelhecimento, morte, pesar, lamentação, dor, infelicidade e aflição; "Assim é a origem de todo esse feixe de dor (*dukkha-kkhandha*)". Essa sequência pode ser explicada de (1) a (12), ou a explicação pode começar em (12), especificando-se em seguida (11) como condição crucial, e assim por diante, até (1). Depois que a fórmula é apresentada desse modo progressivo (*anuloma*), em cada uma dessas versões, ela se sucede no modo "reverso" (*paṭiloma*). Nesse modo, descrevem-se como a cessação de *dukkha* se dá com base na completa cessação da ignorância espiritual e a consequente cessação de cada *nidāna* seguinte.

Antes de examinar os detalhes dessa fórmula,[8] fazem-se pertinentes alguns comentários gerais. A fórmula explica a ocorrência de *dukkha*, a primeira Realidade Verdadeira para os Espiritualmente Enobrecidos, e o conjunto de condições que o origina constitui a segunda Realidade Verdadeira. A fórmula em modo inverso descreve a cessação de *dukkha*, isto é, o *Nirvāṇa*, a terceira Realidade Verdadeira (*A*.I.177). Também menciona-se que o Nobre Caminho Óctuplo, a quarta Realidade Verdadeira, é o trajeto rumo à cessação de cada um dos doze elos e, portanto, de *dukkha* (*SN*.II.43 e 56-9 (*BW*.355-56)). Existe até uma versão do Surgimento Condicionado (*SN*.II.30 (*SB*.213-16); Bodhi, 1980) que vai além do décimo segundo elo, dizendo que, com base em *dukkha*, surge a fé (P. *saddhā*, S. *śraddhā*). Em outras palavras, a fé no ensinamento do Buda surge com base na experiência e no entendimento de *dukkha*. A partir da fé, despontam, em sucessão, outros estados que fazem parte do caminho para o fim de *dukkha*: alegria, júbilo, serenidade, felicidade, concentração meditativa e estados mais profundos de compreensão e desapego. Esta doutrina, portanto, une as quatro Realidades Verdadeiras e torna possível uma ciência metodológica da vida moral e espiritual. Ao nos tornarmos conscientes de como estamos condicionados, podemos alterar o fluxo das condições, governando-as, interrompendo-as ou, para os habilidosos, intensificando-as a fim de reduzir *dukkha* e, por fim, fazendo cessar por completo o fluxo por meio da transcendência das condições: recondicionando e, depois, descondicionando.

Além de explicar a origem de *dukkha*, a fórmula também explica o karma, o renascimento e o funcionamento da personalidade, tudo sem a necessidade de invocar um eu permanente (*SN*. II.25-7 (*BW*.353-55)). Nenhum eu substancial subjaz aos *nidānas*, possuindo-os e fazendo--os funcionar: eles apenas ocorrem de acordo com as condições. Portanto, não é apropriado perguntar, por exemplo: "Quem anseia?", mas é adequado perguntar o que condiciona o anseio, sendo a resposta: "a sensação/sentimento" (SN.II.14). Enquanto a doutrina dos cinco *khandhas* é uma análise dos componentes da personalidade em forma estática, a fórmula dos doze nidānas é uma síntese que mostra a interação dinâmica desses componentes para formar o processo vivente da personalidade, numa só vida e também de vida para vida. Cada um dos cinco *khandhas* também ocorre na fórmula dos *nidānas*. A consciência (discriminativa), as atividades construtivas e a sensação/sentimento ocorrem em ambas as frentes. A forma material é

8 A esse respeito, consulte *SN*.II.2-4 (*SB*.210-13) e *M*.I.49-54 (*BW*.326-34). Richard Gombrich respalda a ideia de Joanna Jurewicz de que a sequência, de certa forma, se assemelha a ideias bramânicas anteriores (Gombrich, 2009, pp. 133-39), embora também as critique. Aquilo que no bramanismo diz respeito a fases da evolução de *Ātman* no mundo é substituído no budismo por uma série de processos destituídos de Eu.

o mesmo que o "corpo" (parte do elo 4), e a percepção é parte da "mente", sendo algumas de suas interpretações equivocadas equivalentes à ignorância espiritual.

Define-se o *nidāna* da ignorância espiritual (P. *avijjā*, S. *avidyā*) como a ignorância das quatro Realidades Verdadeiras para os Espiritualmente Enobrecidos (*SN*.II.4). Como o princípio do Surgimento Condicionado forma a base dessas realidades, o primeiro elo pode ser entendido, por ironia, como a ignorância desse próprio princípio. O Surgimento Condicionado, portanto, é um processo que só pode funcionar com base na ignorância de si mesmo. Uma vez que a pessoa o entenda por completo, ele pode ser interrompido. A "ignorância" a que se alude aqui não é a ausência de informações, mas sim uma impressão equivocada e arraigada da realidade, que só pode ser destruída por meio da compreensão meditativa direta. Ela é apresentada como o primeiro elo devido à influência fundamental que tem sobre o processo da vida, mas ela própria é condicionada pelo desejo sensual, má vontade, preguiça, agitação e medo do compromisso: os cinco "obstáculos". Estes, por sua vez, são condicionados pela má conduta do corpo, da fala ou da mente (*A*.v.113), de modo que essas atividades construtivas karmicamente nocivas ajudam a sustentar a ignorância espiritual que lhes dá origem.

O budismo considera, portanto, que a causa básica da dor e do estresse da vida é a ignorância espiritual — e não o pecado, que significa dar deliberadamente as costas a um Deus criador. Na realidade, pode-se considerar que a doutrina do budismo é a da "impecabilidade original". Embora se considere que a mente contenha diversas tendências inábeis com raízes profundas, "sob" essas raízes ela está livre de máculas ativas: "Monges, esta mente (*citta*) brilha vivamente (P. *pabhassara*, S. *prabhāsvara*), mas está corrompida por impurezas acidentais" (*A*.I.10). Em outras palavras, a camada mais profunda da mente é brilhante e pura (embora ainda não seja imune a ser obscurecida por impurezas). Isso representa, de fato, a potencialidade de se alcançar o *Nirvāṇa* — mas as impurezas surgem por meio de interações inadequadas da mente com o mundo. No entanto, acredita-se que nem mesmo um recém-nascido tenha uma mente pura por completo, pois se considera que ele tem tendências inábeis latentes (P. *anusaya*, S. *anuśaya*) que foram trazidas de uma vida anterior (*M*.I.433). Na tranquilidade da meditação profunda, a radiância profunda da mente é vivenciada em nível consciente, já que o processo da meditação suspende os cinco obstáculos poluentes assim como um fundidor purifica o minério de ouro a fim de obter ouro puro (*SN*.v.92). No entanto, o despertar requer mais que um estado mental destituído de poluentes. Para isso, devem-se destruir as quatro "máculas" ou "cancros" (P. *āsava*, S. *āśrava*): imperfeições espirituais mais profundamente arraigadas, comparadas com ulcerações supuradas, que sugam a energia da mente ou intoxicam seu influxo. Essas são as máculas (i) do desejo sensorial, (ii) do apego *à* "existência" e a uma identidade apreciada, (iii) dos pontos de vista e (iv) da ignorância espiritual, que, segundo se acredita, condicionam a ignorância espiritual e são condicionados por ela (*M.*I.54-5).

O segundo *nidāna*, as "atividades construtivas" ou "atividades kármicas" (P. *saṅkhāra*, S. *saṃskāra*), expressa-se em ações do corpo, da fala e da mente, tanto karmicamente nocivas quanto karmicamente frutíferas.[9] Em uma pessoa que tenha destruído a ignorância espiritual, as ações não têm mais o poder de "construir" resultados kármicos. Antes disso, as ações podem ser frutíferas do ponto de vista kármico se forem baseadas em *certo* grau de compreensão da realidade, como os princípios do karma ou da impermanência. A principal "atividade construtiva" é a vontade (*cetanā*), aquela que inicia as ações. Como é condicionada, embora não determinada com rigidez em um padrão fixo por eventos passados, ela tem relativa liberdade (Harvey, 2007c). Por exemplo, o surgimento da raiva não precisa conduzir a um comportamento enfurecido se a pessoa estiver vigilante e consciente dela, reduzindo assim seu poder. Isso acontece porque a meditação da atenção plena acarreta uma mudança nas condições presentes em funcionamento na mente.

As atividades construtivas condicionam a "consciência (discriminativa)" (P. *viññāṇa*, S. *vijñāna*) — as ações geram tendências cujo *momentum* tende a fazer a pessoa se conscientizar de certos objetos ou pensar neles. Por exemplo, se decidirmos que queremos comprar determinado artigo, nossa mente, de forma automática, perceberá coisas relacionadas a ele, como anúncios e notícias de "liquidação", que antes não eram registradas nem mesmo em nível mental. "Aquilo que queremos, aquilo que temos a intenção de fazer e aquilo para o que temos uma tendência latente são objetos para a persistência da consciência. Se existe um objeto, existe um apoio para a consciência" (*SN.*II.65 (*BW.*357-58)). Aquilo de que estamos conscientes, e portanto a forma da nossa consciência, depende de nossas volições e tendências. Como a consciência também é condicionada pelos seus objetos (e pelos órgãos sensoriais), a versão do Surgimento Condicionado em *D.*II.63 apresenta nome-e-forma, ou seja, os fenômenos mentais e físicos enquanto objetos, como primeiro elo da cadeia, seguido da consciência e depois dos elos remanescentes, como na versão padrão (Harvey, 1995a, pp. 123-28).

O contexto mais importante no qual as atividades construtivas condicionam a consciência é na geração da consciência em uma vida futura: porque se diz que a consciência "em evolução" ou "conducente" (*saṃvattanika*) é o elo crucial entre os renascimentos (*M.*II.262). No evento da morte, o *momentum* estabelecido pelas atividades construtivas (e pela avidez) não se interrompe, impelindo o fluxo da consciência em evolução a se propagar para além desta vida e ajudar a

9 E também em atividades construtivas "imperturbáveis", que conduzem ao renascimento em esferas sem forma e à sua qualidade neutra de sentimentos. São relacionadas à parte das karmicamente frutíferas, que conduzem a experiências de felicidade.

suscitar outra. O Surgimento Condicionado, neste caso, oferece um modo "intermediário" de entendimento que evita os extremos do "eternalismo" e do "aniquilacionismo": a sobrevivência de um Eu eterno ou a aniquilação total da pessoa na hora da morte (cf. *It*.43-4 (*BW*.215-16)). Menciona-se o seguinte a respeito de uma pessoa em dois renascimentos consecutivos: "Ela não é [imutavelmente] a mesma nem é [completamente] diferente" (*Miln*.40 (*BS1*.149-51)). Nenhum "ser" imutável passa de uma vida para outra, mas a morte de um ser conduz à continuação do processo vital em outro contexto, como quando acendemos uma lamparina a partir de outra (*Miln*.71); o ser "posterior" é uma continuação ou evolução do "anterior", do qual depende em uma relação causal. As duas existências estão ligadas pelo fluxo da consciência e pelas sementes concomitantes dos resultados kármicos, de modo que o caráter de uma é o desenvolvimento do caráter da "outra". Depois da morte, um fluxo mutável de personalidade continua a fluir. Após um longo tempo, esse fluxo pode se tornar *muito* diferente do que é agora: e, no entanto, o que existirá então se desenvolveu com base em como a pessoa é, e age, agora.

O quarto *nidāna* é "mente-e-corpo", literalmente "nome-e-forma" (nāmarūpa), composto de sensação/sentimento, percepção, vontade, estímulo e atenção ("mente/designação") e dos elementos físicos ("corpo/forma") (SN.II.3). Desse modo, ele pode ser considerado, de modo geral, como o "corpo senciente": o corpo e os estados mentais concomitantes que proporcionam a senciência. Esta se desenvolve tão logo o fluxo de consciência "desça" ao útero (*D*.II.62-3), quando houve também a relação sexual no momento certo do mês (*M*.I.265-66). Fora do útero, o corpo senciente plenamente desenvolvido prossegue, a não ser que a consciência seja eliminada (*D*.II.63): pois a consciência, a vitalidade e o calor tornam o corpo vivo e sensível (*M*.I.295-96). Juntos, a consciência e o nome-e-forma abrangem os cinco *khandhas* da personalidade, e considera-se a interação entre eles o ponto crucial do processo da vida e do sofrimento:

> Em verdade, a consciência retorna ao nome-e-forma e não vai além dele. Somente dessa maneira a pessoa pode nascer, envelhecer, morrer, abandonar a existência anterior ou renascer: em outras palavras, na medida em que a consciência é condicionada pelo nome-e-forma, e o nome-e-forma é condicionado pela consciência, as seis bases sensoriais são condicionadas pelo nome-e-forma [...] (*D*.II.32).

O próximo *nidāna* são as seis bases sensoriais (*āyatana*), que são os cinco órgãos sensoriais físicos e o órgão mental (*mano*), sendo este último visto como aquilo que é sensível aos objetos mentais, ou seja, os objetos da memória, do pensamento, da imaginação e das informações obtidas por meio dos cinco sentidos. Essas seis bases são condicionadas pelo corpo senciente, pois só podem existir em um organismo vivo. Sendo assim, o budismo enfatiza que, como quer que seja o mundo físico exterior, o "mundo" (*loka*) de nossa efetiva experiência vivenciada é construído com base nas informações coletadas pelos cinco sentidos e interpretadas pelo órgão mental (SN.IV.95). Como essa interpretação é, no caso da maioria das pessoas, influenciada pela ignorância espiritual, nosso "mundo vivenciado" é distorcido e não se encontra em harmonia com a realidade. Esse mundo está repleto de insatisfação, mas é condicionado e pode ser transcendido: "Declaro que esta carcaça com uma braça de comprimento, dotada de percepção e de um órgão mental, contém em si o mundo, a origem do mundo, a cessação do mundo [*Nirvāṇa*] e o caminho que conduz à cessação do mundo" (*SN*.I.62 (*SB*.209-10)). Pode-se ver isso como uma alusão às quatro Realidades Verdadeiras para os Espiritualmente Enobrecidos, com "o mundo" substituindo "*dukkha*".

Os *nidānas* seguintes mostram como o mundo do sofrimento é construído (*SN*.II.73-4 (*BW*.358-59)). Somente se houver bases sensoriais poderá ocorrer a "estimulação" (P. *phassa*, S. *sparśa*) delas: a reunião de uma base sensorial, seu objeto e o tipo de consciência apropriado. Embora *phassa* seja não raro traduzido como "contato", essa tradução não indica devidamente o envolvimento da consciência. Quando há estimulação, surge a sensação/sentimento (*vedanā*). Dependendo das sensações/sentimentos que surgem, existe a avidez (*taṇhā*) de desfrutá-las, prolongá-las ou descartá-las. Na verdade, as tendências latentes para o apego, a aversão ou a ignorância confusa podem se tornar ativas (*M*.III.285). Embora não possamos evitar os sentimentos que surgem, o grau de avidez em reação a eles é variável. Portanto, a avidez é um dos dois pontos fracos na cadeia de doze elos, sendo o outro a ignorância espiritual (*Vism*.523-26). O caminho budista visa minar a avidez por meio da disciplina moral e da tranquilidade meditativa, e depois destruir tanto a avidez quanto a ignorância por intermédio do desenvolvimento da sabedoria.

A partir da "sede" de alguma coisa surge o "apego" (*upādanā*) por ela, que é um envolvimento mais ativo com o objeto da avidez. Esse apego pode ter por objeto prazeres sensoriais, pontos de vista, regras e observâncias (entendidas como suficientes para a obtenção do despertar) ou as doutrinas de um Si-Mesmo transcendente (*M*.I.50-1). O apego, portanto, conduz ao "vir a ser" (*bhava*), ou seja, a um tipo de caráter ou natureza que está se cristalizando em um certo modo de ser. O *Abhidhamma* do budismo Theravāda explica isso sob dois aspectos: o "vir a ser do karma", ou seja, volições karmicamente frutíferas e nocivas, e o "vir a ser resultante", a existência em um mundo como resultado do apego e do karma (*Vibh*.137). Esse mundo é basicamente uma nova reencarnação, mas podemos argumentar de modo razoável que isso também se aplica a um "mundo" nesta vida, ou seja, uma identidade desenvolvida ou uma situação em que nos encontremos em decorrência de nosso apego e nossas ações. O "vir a ser" também pode se referir a um "vir a ser intermediário" (*antarā-bhava*), um período de transição entre renascimentos. Cerca de metade das escolas pré-Mahāyāna, inclusive as Theravādin, afirmavam que o momento da morte era seguido de imediato pelo momento da concepção, sem *nenhum* período intermediário. Outras escolas, e mais tarde o Mahāyāna, acreditavam nessa existência intermediária. Alguns textos dos *Sutta*s parecem indicar que os primeiros budistas acreditavam nela também. Um deles se refere a um período em que um ser deixara um corpo e ainda não havia surgido em outro (*SN*.IV.399-400). Outro diz que um *gandhabba*, um espírito sutil, deve estar presente na relação sexual para que ela conduza à concepção (*M*.I.265-66; Harvey 1995a, pp. 98-108).

Considera-se que qualquer "vir a ser", com as energias e inclinações que incitam o ser a buscar sempre "mais", conduzam naturalmente ao nascimento (*jāti*), que significa aqui a concepção, o ponto inicial de um renascimento. Além disso, em uma escala de tempo diferente, *jāti* pode ser interpretado como referência ao constante ressurgimento, durante a vida, dos processos que compreendem os cinco *khandha*s. Uma vez que o nascimento tenha surgido, sucedem-se o "envelhecimento e a morte" e vários outros *dukkha*s. Dizer que o nascimento é a causa da morte talvez pareça um tanto simplista, mas no budismo essa declaração é muito importante, pois existe uma alternativa para o nascimento: alcançar o *Nirvāṇa*, fato que põe fim ao processo de novos nascimentos e mortes. O *Nirvāṇa* não está sujeito ao tempo e à mudança, e portanto é chamado "não nascido"; como não nasceu, não pode morrer, de modo que também é chamado "imortal". Para alcançar esse estado, é preciso transcender todos os fenômenos sujeitos ao nascimento — os *khandha*s e os *nidāna*s — por meio do desapego.

Dos doze *nidāna*s, aqueles que contribuem de forma ativa para o surgimento de *dukkha* são a ignorância espiritual, as atividades construtivas, a avidez, o apego e o vir a ser do karma, sendo os demais resultados destes (*Vism*.579-81). Observe que nunca se diz que o último *nidāna*, o envelhecimento e a morte, é uma condição para o primeiro, a ignorância. Apesar disso, as pessoas poderão, de modo equivocado, chegar a essa conclusão, porque a "Roda da Vida" tibetana (Bechert e Gombrich, 1984, p. 29; Gethin, 1998, p. 158) tem doze *nidāna*s ao redor de seu contorno, de modo que o primeiro e o último são mostrados um ao lado do outro.

Em geral, é importante assinalar que o Surgimento Condicionado representa um caminho "intermediário" de entendimento que faz lembrar o próprio budismo como uma prática do "caminho do meio". Essa ideia se tornaria bastante influente em manifestações posteriores do budismo — como a Mādhyamika ou escola do "Caminho do Meio" —, todas as quais buscam expressar da melhor maneira esse caminho "intermediário" de compreensão da realidade. Nos primeiros textos, é como se a ideia do Surgimento Condicionado evitasse os extremos do "eternalismo" e do "aniquilacionismo" com relação ao destino da pessoa após a morte (veja acima). Ela também evita os extremos do substancialismo — considerar que o mundo experimentado exista aqui e agora de maneira sólida, essencial — e do niilismo — considerar que é pura ilusão, algo não existente. Na verdade, o mundo experimentado é um fluxo de processos em constante surgimento e extinção. Pode-se ver isso em um trecho que explica o significado mais profundo da "visão correta", o primeiro fator do Nobre Caminho Óctuplo.[10] Explica-se que a visão real de como o mundo experimentado se origina, por meio dos elos do Surgimento Condicionado, evidencia que é errado nos apegarmos à sua "não existência", ao passo que a visão real de sua cessação, ou seja, a cessação dos elos pelo Nirvāṇa, mostra como é errado nos apegarmos à sua "existência" substancial. A pessoa de visão correta não é "tolhida pela tendenciosidade, pelo apego ou pela insistência", nem "pela afirmação do 'meu Eu'", e "não tem nenhuma dúvida ou incerteza de que o que surge é apenas o surgimento de *dukkha*, e que o que cessa é apenas a cessação de *dukkha*" (e o que é *dukkha* também é não Eu).

Também se diz que o Surgimento Condicionado é um caminho "intermediário" que mostra o erro dos pontos de vista de que "tudo é um" e de que "tudo é diversidade" (*SN*.II.77). O primeiro destes é exemplificado pela ideia dos *Upaniṣads* de que tudo é *Brahman* e, inclusive, por algumas apresentações ocidentais do budismo. O segundo vê a realidade como um conjunto de entidades independentes que existem em separado. O Surgimento Condicionado é, contudo, uma rede de processos que não poderiam existir à parte um do outro, mas que tampouco são idênticos.

A TERCEIRA REALIDADE VERDADEIRA PARA OS ESPIRITUALMENTE ENOBRECIDOS: A CESSAÇÃO DO DOLOROSO — O *NIRVĀṆA*

A terceira Realidade Verdadeira é descrita no primeiro sermão da seguinte maneira:

> Agora, *esta*, monges, para os espiritualmente enobrecidos, é a Realidade Verdadeira da cessação do doloroso. É a dissipação e cessação sem resíduo dessa mesma avidez, a desistência e o abandono dela, a liberdade com relação a ela, a não dependência dela.

Em outras palavras, o fim da sede por "mais alguma coisa", a fim de dedicar toda a atenção ao aqui e agora; o abandono do apego ao passado, presente ou futuro; a liberdade proveniente do contentamento; não se apoiar na avidez a fim de que a mente não se fixe em nada, não se apegue a nada e em nada se pendure. Quando a avidez e outras causas relacionadas chegam, desse modo, ao fim, *dukkha* cessa. Isso é equivalente ao *Nirvāṇa* (P. *Nibbāna*), também conhecido como o "incondicionado" ou "não construído" (P. *asaṅkhata*, S. *asaṃskṛta*), a meta suprema do budismo (Collins, 2010). Como incentivo inicial para tentar alcançar o *Nirvāṇa*, a avidez por alcançá-lo pode ter seu papel (*A*.II.145; Webster, 2005, pp. 134-35), ajudando na superação de outros anseios, para ser então, em geral, substituída por uma aspiração saudável

10 *Kaccāyanagotta Sutta*: *SN*.II.17 (*BW*.356-57); cf. *EB*.3.2.5.

e sendo erradicado por completo na plena experiência do *Nirvāṇa*: só se alcança o *Nirvāṇa* quando ocorrem o desapego e o abandono totais.

Nirvāṇa significa literalmente "extinção" ou "resfriamento", sendo a palavra usada para a "extinção" de um fogo. Os "fogos" que o *Nirvāṇa* extingue estão descritos no "sermão do Fogo" (*SN*.iv.19-20 (*BW*.346; *SB*.222-24)). Ele ensina que tudo que é interno e externo a uma pessoa "queima" com os "fogos" do apego (*rāga)*, do ódio (P. *dosa*, S. *dveṣa*), da ilusão (*moha*) e do nascimento, envelhecimento e morte. Neste caso, os "fogos" se referem tanto às causas de *dukkha* quanto ao próprio *dukkha*. O apego (isto é, a luxúria sensual e outras formas de luxúria) e o ódio estão estreitamente relacionados com o anseio por coisas e o anseio de se livrar delas, sendo a ilusão sinônimo de ignorância espiritual. Com frequência define-se o *Nirvāṇa*, durante a vida, como a destruição desses três "fogos" ou impurezas (p. ex., *SN*.iv.251 (*BW*.364; *EB*.3.4.1)). Quando a pessoa que os destruiu morre, ela não pode renascer, de modo que fica totalmente além dos "fogos" remanescentes do nascimento, envelhecimento e morte, tendo alcançado o *Nirvāṇa* final.

Tanto durante a vida quanto além da morte, o *Nirvāṇa* pertence ao *Arahat*, a pessoa que tem o conhecimento direto de que destruiu as quatro "máculas" (ver p. 97). Descreve-se o *Nirvāṇa* alcançado em vida como "*Nirvāṇa* com resíduo do que é cobiçado" (P. *Sa-upādi-sesa*, S. *Sopadhi-śeṣa*), o que significa que os *khandhas*, o resultado da avidez passada, ainda permanecem com a pessoa. O *Nirvāṇa* alcançado além da morte é descrito como "*Nirvāṇa* sem resíduo do que é cobiçado" (P. *An-upādi-sesa*, S. *Nir-upadhi-śeṣa*), (*It*.38-9 (*BTTA*.97, *BW*.366-67)).

O Nirvāṇa durante a vida

É comum se acreditar que o *Nirvāṇa* durante a vida seja um estado constante do *Arahat*, mas isso não parece ser possível (Harvey, 1995a, pp. 180-97). Como o *Nirvāṇa* é sinônimo da cessação de tudo o que é *dukkha* e o *Nirvāṇa* alcançado durante a vida não é considerado inferior ao *Nirvāṇa* alcançado após a morte em nenhum aspecto (*Sn*.876-77), ele não pode estar sempre presente, porque o *Arahat* em algum momento experimentará a dor física. Além disso, o simples fato de andar pela rua é estar à mercê de estados condicionados como a sensação/sentimento e a consciência. Como a cessação de *dukkha* envolve a interrupção de cada um dos *nidānas* e *khandhas*, o *Nirvāṇa* está além da ocorrência desses estados. É preciso, portanto, encarar o *Nirvāṇa* alcançado durante a vida como uma experiência específica, na qual as impurezas são destruídas para sempre e na qual existe uma interrupção temporária de todos os estados condicionados (*Sn*.732-39). Essa destruição de impurezas é, sem dúvida, uma experiência transcendente, atemporal, pois é considerada "imortal" (*SN*.v.8) e "incondicionada" (*SN*.iv.362). Durante a vida ou além da morte, o *Nirvāṇa* é a cessação incondicionada de todos os fenômenos insatisfatórios, condicionados. Durante a vida, ele se dá quando esses fenômenos são interrompidos, voltando a se repetir depois diante do surgimento das experiências normais do mundo; uma vez alcançada essa interrupção, é possível retornar a ela. Depois da morte esses fenômenos se extinguem por completo.

Descrições da experiência do *Nirvāṇa* enfatizam sua "alteridade", colocando-a além de todos os conceitos limitados e categorias comuns de pensamento. Isso é mostrado com clareza em uma descrição de *Ud.*80 (*BTTA.*95; *BW.*365-66), que começa declarando enfaticamente a existência do que reside além de todo o *dukkha.* Em seguida, diz-se que essa é uma esfera na qual não existem nem os quatro elementos físicos, nem os quatro estados místicos sem forma ou níveis celestiais correspondentes de renascimento, nos quais somente os fenômenos mentais existem (ver p. 63). Isso indica que essa esfera está além de mente-e-corpo (*nāma-rūpa*). Além disso, considera-se que ela esteja além deste mundo ou de qualquer outro mundo de renascimento e além do surgimento e da cessação dos fenômenos no processo de vida e renascimento. É desprovida de qualquer "apoio" (*patiṭṭhā*) de que dependa e de qualquer "objeto" mental (*ārammaṇa*). Em face do *Nirvāṇa*, as palavras vacilam, pois a linguagem é um produto das necessidades humanas deste mundo e há poucos recursos à sua disposição que lhe permitam transcender todos os mundos. Diz-se que o *Nirvāṇa* é um aspecto do *Dhamma* que é "difícil de compreender [...] além do raciocínio abstrato, sutil" (*Vin.*I.4). As descrições mais exatas e menos enganosas são negativas, e dizem o que ele não é. Portanto, em *Ud.*80, há uma afirmação de existência sucedida por uma sequência de negações. Quase todos os sinônimos de *Nirvāṇa* também são negativos: interrupção de *dukkha*, o não nascido, o não vir a ser, o incriado (*Ud.*81 (*BW.*366)), o imortal, cessação (*nirodha*), desapego (*virāga*).

As descrições positivas do *Nirvāṇa* são, em geral, de natureza poética, sugestiva. Portanto, diz-se que ele é: a "outra margem" (além da "margem" desta vida e das suas dores, *M.*I.134-35 (BTTA.77)); a "[fresca] caverna de abrigo" (uma imagem poderosa de paz e repouso em meio ao tórrido clima indiano). Certas descrições positivas oferecem um indício menos poético de sua natureza. Ele é o "apaziguamento (*samatha*) de todas as atividades construtivas" (*Vin.*I.5), a "felicidade mais elevada", o oposto exato de *dukkha* (M.I.508). Ele é "atemporal" (*A.*I.158), pois está além do tempo (*Miln.*323), sendo permanente e eterno (*Kvu.*121). *SN.*IV.368-73 (*BW.*364-65) enfatiza a meta como "o incondicionado" e em seguida acrescenta vários sinônimos, entre eles: o imaculado, a Realidade Verdadeira (*sacca*), o além, o dificílimo-de-ver, o indeteriorável, o que não se manifesta (*anidassana*), o não elaborado (*nippapañca*), o pacífico, o sublime, o assombroso, liberdade, o que não adere a nada, a ilha (no meio da enchente), o refúgio.

Embora seja alcançado por meio do Nobre Caminho Óctuplo, o *Nirvāṇa* não é causado por ele, sendo incondicionado. Portanto, as duas últimas Realidades Verdadeiras não são (iii) o fim de *dukkha*, (iv) o caminho que causa esse fim, mas sim (iii) o fim de *dukkha* com base no fim de sua causa, (iv) o caminho que conduz a esse fim. O Caminho é o melhor de todos os estados condicionados (*A*.II.34 (*BW*.168-69)), e o *Nirvāṇa* relaciona-se com o Caminho como uma montanha se relaciona ao caminho que conduz a ela.[11] Em geral, o budismo considera mais apropriado descrever esse Caminho do que tentar descrever com precisão sua meta.

Apesar disso, certos trechos nos *Sutta*s dão a entender que o *Nirvāṇa* pode ser um estado de consciência (*viññāṇa*) transformado de forma radical:

> A consciência que é não manifesta [como o espaço], infinita, acessível a partir de todos os lados [ou: totalmente radiante]:
> É *aqui* que a solidez, a coesão, o calor e o movimento não têm base alguma.
> Aqui, o longo e o curto, o áspero e o liso, o hediondo e o adorável [não têm nenhuma base],
> É aqui que o nome (*nāma*) e a forma (*rūpa*) cessam sem vestígio:
> Com a interrupção da consciência, [tudo] para aqui (*D*.I.223).

Assim como *Ud*.80 o fez antes, descreve-se um estado além dos quatro elementos físicos, em que se transcende nome-e-forma. Como o cerne do Surgimento Condicionado é o mútuo condicionamento entre a consciência e o nome-e-forma, é nesse estado que essa interação cessa: com base na interrupção da consciência, cessam nome-e-forma. No entanto, a consciência não deixa de existir quando para, porque é considerada não manifestada e infinita, como um raio de sol que não é obstruído por nenhum objeto em seu trajeto (*SN*.II.103). Um trecho sobre a interrupção (*nirodha*) do *nidāna* da consciência (*SN*.III.54-5) diz que o monge abandona o apego a cada um dos cinco *khandha*s, de modo a não existir mais nenhum objeto (*ārammaṇa*) ou apoio (*patiṭṭhā*) para a consciência; a consciência, portanto, torna-se "sem apoio" (P. *Apatiṭṭhita*, S. *Apratiṣṭhita*) e livre de atividades construtivas, encontrando-se liberta, firme, contente, imperturbada, e alcança assim o *Nirvāṇa*. Essa descrição de uma consciência "interrompida" que não tem o apoio de nenhum objeto mental, na qual se transcendem nome-e-forma/mente-e-corpo, parece concordar bem com a descrição da *Ud*.80 anterior sobre o *Nirvāṇa*.

Dizer que o *Nirvāṇa* é a consciência incondicionada, desprovida de objeto, indica algo de sua natureza, mas não se aprofunda muito em seu mistério, porque parece impossível imaginar como seria a consciência desprovida de qualquer objeto. No que diz respeito à "interrupção" de mente-e-corpo, como um estado que ocorre durante a vida, isso talvez deva ser compreendido como aquele no qual todos os processos mentais (inclusive a consciência usual) cessam de modo temporário e a matéria do corpo é vista como efêmera a ponto de não significar "um corpo". Um trecho de *M*.I.329-30 que corresponde a *D*.I.223 diz que a consciência não mani-

11 *Miln*.269 (*BTTA*.98, *BS1*.157-59, *EB*.3.4.2).

festa (*anidassana*) "não é alcançada pela consistência da solidez, pela coesividade da coesão". A análise do *Nirvāṇa* como consciência desprovida de objeto, contudo, é interpretação do próprio autor (Harvey, 1995a, pp. 198-226). A tradição Theravāda encara o *Nirvāṇa* como "desprovido de objeto" (*Dhs.*1408), mas considera que a "consciência" tenha sempre um objeto. A interpretação do *D.*I.223, portanto, segundo se acredita, é de que o *Nirvāṇa* é conhecido pela consciência: o *Nirvāṇa* é, em si, o objeto da consciência do *Arahat* (*Patis.*II.143-45).

O Arahat[12]

Para lançar mais luz sobre o *Nirvāṇa* alcançado durante a vida, é preciso examinar a natureza do *Arahat*[13] (S. *Arhat*), aquele que alcançou a experiência do *Nirvāṇa* e foi radicalmente transformado por ela. A plena experiência do *Nirvāṇa* destrói para sempre o apego, o ódio e a ilusão. Quando uma pessoa se torna um *Arahat* nessa experiência (a qual é, então, conhecida de modo imediato por um conhecimento que a examina), a destruição dessas três impurezas é dada como definição tanto do *Nirvāṇa* alcançado durante a vida quanto do "Estado de *Arahat*" (*Arahatta*; *SN.*IV.252).

A palavra *Arahat* significa "pessoa digna", ou seja, digna de grande respeito. É aquela que completou integralmente o treinamento espiritual, sendo dotada por completo de todos os fatores do Caminho e tendo apagado as "chamas" das impurezas. Ela superou a "doença" de *dukkha* e alcançou a completa saúde mental (*A.*II.143). Descreve-se essa pessoa aperfeiçoada da seguinte maneira: "Calma na mente, calma no modo de falar, calma no comportamento; a pessoa que, por ter um conhecimento correto, é completamente liberta, perfeitamente tranquila e equilibrada" (*Dhp.*96). As ações tranquilas do *Arahat* são tais que ele não cria mais resultados kármicos que conduzam a renascimentos. São ações puras e espontâneas, sem nenhum fruto futuro. O desapego equilibrado da mente do *Arahat* é tal que, embora ele possa experimentar a dor física (talvez como resultado de um karma passado), nenhuma angústia mental pode surgir por causa dela (*Miln.*44-5). Ele e a pessoa quase iluminada, que não retorna a uma nova existência, estão livres da aversão à dor física e, portanto, não registram nenhuma dor mental como resposta a ela (*SN.*IV.208-09). Isso acontece porque ele não identifica a dor como "minha", encarando-a apenas como um fenômeno passageiro do não Eu. Como foi dito no *Avadāna-śataka* do século II EC (II.384; Dayal, 1932, p. 15): "o céu e a palma de sua mão eram a mesma coisa em sua mente". Mesmo diante da ameaça da morte, o *Arahat* permanece imperturbável. Nessa situação, o *Arahat* Adhimutta desconcertou alguns possíveis ladrões ao perguntar, com destemor, por que deveria se perturbar diante da perspectiva do fim dos com-

12 Consulte *EB.*3.5.2, *SB.*265-66, *BW.*406-13, Katz, 1982; Ray, 1994: 79-150.

13 Os livros usam "*Arahat*" ou "*Arahant*" como a forma páli. A primeira é a forma que aparece nos compostos, enquanto a segunda é a forma do radical.

ponentes de "sua" personalidade: ele não tinha nenhum pensamento de um "Eu" estar ali, vendo apenas um fluxo de fenômenos em transformação (*Thag*.715-16). Isso impressionou de tal maneira os ladrões que o ameaçavam que eles se tornaram discípulos de Adhimutta. Qualquer pessoa que demonstre algum indício de medo, arrogância ou quaisquer outros estados negativos não pode ser um *Arahat* (*M*.I.317, cf. *Vism*.634-35), e se o Buda, ou um de seus discípulos *Arahat* que são capazes de ler a mente, examinar e falar com alguém que afirme ser um *Arahat*, eles conseguem avaliar se essa afirmação é ou não verdadeira (*A*.v.155-56).

Embora livre do medo e do anseio, o *Arahat* não deve ser considerado apático nem desprovido de emoções. Ao se extirparem as emoções negativas, erradicam-se as restrições a qualidades como vigilância atenta, bondade amorosa e compaixão. Os *Arahat*s tampouco são todos iguais, já que alguns destacavam-se por habilidades específicas: o ensino, poderes psíquicos baseados na meditação, a explicação de ensinamentos expressos de maneira concisa ou a adoção de um estilo de vida ascético (*A*.I.23-5). Embora o *Arahat* tenha superado a ilusão de um Si-Mesmo ou Eu permanente, ele não deixa de ter um eu empírico — um caráter — muito bem desenvolvido no que diz respeito à virtude, à tranquilidade meditativa e à sabedoria (Harvey, 1995a, pp. 54-63): ele é uma pessoa "de eu desenvolvido" (*bhāvit-attā*, *It*.79), uma "grande alma" (*mahattā*; *A*.I.249; *It*.28-9), não uma pessoa "pequena" em termos psicológicos. No entanto, nesse eu empírico, ele não vê nenhum "Eu" substancial: não tem nada da presunção do "Eu sou" (*SN*.III.83-4 (*BTTA*.14; *BW*.412-13)). O *Arahat* tem uma mente forte "como um relâmpago" (*A*.I.124), na qual surgem lampejos de compreensão, e desenvolveu por completo os "sete fatores do despertar" (P. *bojjhaṅga*, S. *bodhyaṅga*): atenção plena (*mindfulness*), investigação do *Dhamma*, vigor, alegria, tranquilidade, unificação mental e equanimidade (*Thag*.161 com *D*.III.106). Ele não sente atração nem repulsa por nada, sendo "independente, natural, liberto, alforriado, e vive com uma mente constituída para ser desprovida de barreiras" (*M*.III.29).

O Nirvāṇa além da morte

Quando um *Arahat* ou Buda morre, os fatores da personalidade "que geram avidez" chegam ao fim. Isso suscita a pergunta do que acontece a uma pessoa desperta além da morte: ela continua a existir? Era comum fazerem ao Buda essa pergunta sobre o estado de um *Tathāgata* — que aqui significa um Buda ou *Arahat* — depois da morte: poderia se dizer que ele "existe" (*hoti*), que ele "não existe" (sendo aniquilado), que "ao mesmo tempo existe e não existe", ou que ele "nem existe nem não existe"? Essas indagações faziam parte de um pequeno conjunto de "perguntas indeterminadas" que o Buda deixou de lado, sem responder (*SN*.IV.373-400). Uma das razões disso era que ele via a especulação em torno delas como uma digressão da prática espiritual que resultava em desperdício de tempo. Quando um monge lhe disse que iria deixar o *Saṅgha* se não obtivesse respostas para essas perguntas, o Buda abriu um sorriso para lhe mostrar o quanto era tolo: se um homem fosse atingido por uma flecha envenenada, mas se recusasse a deixar que um médico o curasse enquanto ele não soubesse tudo a respeito de quem havia atirado a flecha, e do que a flecha era feita, esse homem logo estaria morto (*M*.I.426-31 (*BW*.230-33; *SB*.168-72)). O Buda disse então que tinha explicado o *dukkha* e o caminho para escapar dele com clareza, mas que as perguntas indeterminadas não tinham relação nenhuma com o *Nirvāṇa* e tampouco conduziam a ele. Isso está de acordo com sua afirmação de que só ensinava o que era ao mesmo tempo verdadeiro e útil do ponto de vista espiritual (*M*.I.395).

Além dessas considerações práticas, o Buda também acreditava que as perguntas indeterminadas contivessem um conceito equivocado implícito. Como o homem inocente a quem perguntassem: "Você parou de bater na sua mulher?", ele não poderia responder "sim" ou "não". O Buda explicou que quem fazia essas perguntas eram sempre pessoas que viam uma relação entre um Eu permanente e os cinco *khandhas* (ver p. 94), mas ele não as respondia porque não tinha esse mesmo ponto de vista (*SN*.IV.395). Em outras palavras, seus indagadores perguntavam a respeito do destino póstumo de um Eu substancial desperto; mas, se tal coisa não existia sequer durante a vida, que sentido faria discutir o estado dela depois da morte?

Deixando de lado essa concepção equivocada, como entender o estado da pessoa desperta além da morte? Deve-se considerar que ela deixa de existir com o fim dos cinco *khandhas*? Esse ponto de vista, equivalente à segunda pergunta indeterminada, é considerado particularmente pernicioso, porque se enfatiza que tudo que termina com a morte é *dukkha* (*SN*.III.109-12). A situação se esclarece em parte por um trecho no qual o Buda discute as perguntas indeterminadas sobre um *Tathāgata* equiparando-as a perguntas a respeito de se um monge desperto "surge" (isto é, renasce) ou não etc. depois da morte (*M*.I.486-87). Nesse ponto, ele diz que, embora possamos ter certeza de que um incêndio foi apagado, não podemos perguntar que direção o fogo apagado havia tomado: se leste, oeste, sul ou norte. Ele enfatiza então que um *Tathāgata* (mesmo em vida) é "profundo, imensurável, difícil de sondar, como o é o grande oceano".[14] Embora para uma pessoa com uma educação ocidental um fogo extinto não vá a lugar nenhum, porque ele não existe, a audiência do Buda na antiga Índia teria, de modo geral, pensado em um regresso do fogo extinto a um estado não manifestado, como um calor latente (p. ex., *A*.III.340-41). A exemplo do fogo extinto, portanto, o estado de uma pessoa desperta depois da morte é tal que fica além da compreensão normal, embora não seja um estado de inexistência: "Não há como submeter a uma medida uma pessoa que se extinguiu [como uma chama]. As referências que poderiam lhe ser atribuídas não mais existem para ela. Quando todos os fenômenos são eliminados, elimina-se toda maneira de fazer descrições" (*Sn*.1076). De modo semelhante, diz-se que as perguntas sobre o *Tathāgata* são deixadas de lado porque, além da morte dele, não existe absolutamente nenhum fundamento para dizer que ele esteja com ou sem corpo, com ou sem percepção, ou nem com nem sem percepção (*SN*.IV.402).

14 *BW*.367-69; *BTTA*.107, cf. 110-11, 119.

Tendo destruído todas as causas do renascimento, um *Tathāgata* não pode renascer de nenhuma maneira, — nem mesmo, por exemplo, na esfera refinada e sutil "Nem-percepção--nem-não-percepção". Embora não seja aniquilado ao morrer, não é possível dizer que ele "seja" alguma coisa. Deve-se entender que o estado indefinível "dele" não se encontra "após" a morte, mas "além" dela, pois precisa estar além da existência no tempo. Quanto ao que é esse estado, tudo o que ele pode ser é: *Nirvāṇa*, a cessação dos fenômenos condicionados. A indicação mais próxima do que isso poderia ser, além da morte, é um trecho sobre Godhika, que havia alcançado o *Nirvāṇa* na exata ocasião de sua morte (*SN*.I.121-22). Ao ver uma fumaça indo nas quatro direções, o Buda disse que isso era Māra procurando onde a consciência de Godhika estava "apoiada", ou seja, onde tinha renascido. O Buda afirmou que a busca de Māra era em vão, contudo, pois, "com uma consciência sem apoio, Godhika, membro de seu clã, alcançou o *Nirvāṇa*". Como uma consciência "sem apoio" não é mais condicionada por atividades construtivas ou quaisquer objetos (como já se demonstrou), ela precisa ser incondicionada e estar além de *dukkha*, não sendo mais um *khandha*. Como tudo o que termina na morte são os *khandhas* "que alimentam a avidez", equivalentes a *dukkha*, não parece haver nenhuma razão pela qual uma consciência tão misteriosa também deva acabar.

Independentemente de como se interprete a situação, a tradição Theravāda enfatiza que o Buda, depois de sua morte, está além do contato com o mundo e não responde nem às preces nem ao culto (*Miln*.95-100). Apesar disso, considera-se que algo do *poder* dele permanece no mundo, sendo atraído tanto pelos cânticos quanto pela prática de seus ensinamentos (*Dhamma*), e até mesmo por intermédio das relíquias corporais que permaneceram depois de sua cremação. Um dos comentários diz que cinco mil anos depois do *parinibbāna* (S. *Parinirvāṇa*), ou entrada do Buda no *Nirvāṇa* na ocasião da morte, a prática do budismo terá desaparecido, terminando assim o período de influência de Gotama Buda. Todas as suas relíquias irão então para a base da árvore sob a qual ele alcançou o despertar e desaparecerão em um lampejo de luz (*Vibh*-a.433, *BTTA*.22). Isso é conhecido como o *parinibbāna* das relíquias.

O Nirvāṇa como objeto de conhecimento

Além dos aspectos do *Nirvāṇa* de um *Arahat* discutidos acima, os primeiros textos também entendem o *Nirvāṇa* como algo que pode ser conhecido como um objeto da mente pelo *Arahat* e outros Nobres (Harvey, 1986, 1995a, pp. 193-97). Ao entrar no fluxo, a pessoa obtém o primeiro "vislumbre" do *Nirvāṇa*, porque obtém o olho-*Dhamma* e "vê" o *Dhamma*, que é o *Nirvāṇa* (ver pp. 51-2, 57 e 115). O *Nirvāṇa* que ela vê não é outro senão a esfera atemporal e incondicionada na qual o *Arahat* enfim entra ao morrer e que ele também, de modo esporádico, experimenta plenamente durante a vida. Considera-se que o *Nirvāṇa* exista de forma efetiva, quer ou não alguém o atinja, como se mostra pela afirmação de que, se não fosse pela existência do não nascido, incondicionado, não seria possível deixar para trás os fenômenos nascidos e condicionados, que são *dukkha* (*It.*37, *Ud.*81). Poderíamos talvez dizer que a experiência plena do *Nirvāṇa* que o *Arahat* tem em vida, sendo o *Nirvāṇa* não apenas um objeto conhecido, é uma experiência de "participação" nessa realidade não nascida, incondicionada.

O *Nirvāṇa* surge como objeto de conhecimento quando "concentramos a mente no elemento sem morte: 'Eis o tranquilo, eis o sublime, ou seja, o aquietamento de todas as atividades construtivas, a renúncia a toda espécie de apego, a destruição do anseio, o desapego, a cessação, o *Nirvāṇa*'" (*M.*I.436, cf. *A.*v.321-26). Parece que um dos termos que designam esse estado é a concentração (*samādhi*) ou libertação da mente (*ceto-vimutti*) "sem sinais" (*animitta*), na qual não nos ocupamos de "sinais" perceptivos nem de indicações perceptivas, nem mesmo daquelas que provêm do estado meditativo mais sutil, concentrando-nos no "elemento sem sinal" (*M.*I.296). Um trecho em *A.*v.318-19 (Harvey, 1995a, pp. 105-06) diz que, ao ver além de uma gama de sinais perceptivos — por exemplo, "terra"/solidez — e perceber que "Este é o tranquilo [...] *Nirvāṇa*", "a concentração de um monge é de tal natureza que, na solidez, ele não discerne a solidez", não discernindo do mesmo modo nenhum outro elemento físico ou estado espiritual sutil. Percebe-se a solidez, por assim dizer, como vazia de "solidez"; a percepção não se agarra a um "sinal" como parâmetro para ver a solidez como solidez. Antes, a mente percebe a realidade sem sinais, o *Nirvāṇa*. No entanto, para alcançar plenamente o *Nirvāṇa*, até mesmo essa percepção sublime, porém condicionada, precisa ser abandonada (*M.*III.108).

Uma vez que se alcança a condição de *Arahat*, a liberdade inabalável (*Nirvāṇa*) da mente da pessoa liberta é "vazia" de apego, ódio e ilusão (*M.*I.297-98 (*BTTA.*82)) e pode ser contemplada como tal. O *Nirvāṇa*, assim, é conhecido como "o vazio" (P. *suññata*, S. *śūnyatā*: "vazio"), sendo conhecido nesse aspecto por meio da contemplação dos fenômenos como "vazios do Eu e de tudo que diga respeito ao Eu".

A QUARTA REALIDADE VERDADEIRA PARA OS ESPIRITUALMENTE ENOBRECIDOS: O CAMINHO PARA A CESSAÇÃO DO DOLOROSO

No primeiro sermão, o Buda tem o seguinte a dizer sobre o Caminho:

> Monges, estes dois extremos não devem ser seguidos por alguém que tenha partido [para a vida de renúncia]. Quais dois? Aquele que é a busca da felicidade sensorial por meio dos prazeres sensoriais, que é baixa, vulgar, o caminho da pessoa comum, ignóbil, não conectada à meta; e aquele que é a busca da automortificação, que é dolorosa, ignóbil, não conectada

à meta. Monges, sem se inclinar em direção a nenhum desses dois extremos, o *Tathāgata* despertou para o caminho do meio (P. *majjhimā paṭipadā*, S. *madhyama pratipadā*), que dá origem à visão, ao conhecimento, que conduz à paz, ao conhecimento superior, ao pleno despertar, ao *Nirvāṇa*.

E o que, monges, é esse caminho do meio [...]? Trata-se tão somente deste nobre caminho óctuplo (P. *ariya aṭṭhaṅgika magga*, S. *āryāṣṭāṅgika mārga*) [...].

Agora *esta*, monges, para os espiritualmente enobrecidos, é a realidade verdadeira do caminho que conduz à cessação do doloroso. É este nobre caminho óctuplo, que quer dizer [1] visão correta, [2] intenção correta, [3] palavra correta, [4] ação correta, [5] meio de vida correto, [6] esforço correto, [7] atenção plena correta, [8] unificação mental correta. (Números adicionados.)

O Nobre Caminho Óctuplo é um caminho do meio que evita uma vida na qual busquemos ou os prazeres dos sentidos ou um implacável ascetismo, conduzindo à cessação de *dukkha* (Bodhi, 1994; Gethin, 2001, pp. 190-226). Como capítulos posteriores vão lidar com os detalhes da prática budista, esta seção se restringirá a um esboço geral do Caminho e sua dinâmica, e ainda aos estágios de santidade alcançados por meio dele.

O Caminho tem oito fatores (*aṅga*), cada um deles descrito como correto ou perfeito (P. *sammā*, S. *samyak*; *SN*.v.8-10 (*BW*.239-40)). Esses fatores também estão agrupados em três seções (*M*.I.301). Os fatores 1-2 dizem respeito a *paññā* (S. *prajñā*), ou sabedoria; os fatores 3-5 dizem respeito a *sīla* (S. *śīla*), a virtude moral; os fatores 6-8 dizem respeito a *samādhi*, meditação. Os oito fatores existem em dois níveis básicos: o comum (P. *lokiya*, S. *laukika*) e o transcendente (P. *lokuttara*, S. *lokottara*) ou Nobre (ver p. 49), de modo que existe um Caminho Óctuplo comum e um Nobre (*M*.III.71-8); consulte a Tabela 1.

Na Tabela, vê-se que a principal diferença entre os Caminhos comum e Nobre nasce das diferentes formas de visão correta. A ordem dos fatores do Caminho Óctuplo é vista como uma progressão natural; cada fator sucede-se ao anterior. A visão correta vem primeiro (*SN*.v.2), porque ela conhece as formas certa e errada de cada um dos oito fatores; também neutraliza a ignorância espiritual, o primeiro fator do Surgimento Condicionado (*SN*.v.1-2 (*SB*.226)). Com base no conhecimento objetivo da visão correta, floresce a intenção correta, a maneira correta de pensar/aspirar, que possui uma cordialidade harmonizadora. A partir dela, a fala da pessoa melhora, e portanto sua ação. Uma vez que esteja trabalhando na ação correta, torna-se natural que ela se incline a um modo de vida virtuoso. Tendo isso como base, pode haver progresso no esforço correto, que promove o desenvolvimento da atenção plena correta, cuja clareza então possibilita o desenvolvimento da tranquilidade na concentração meditativa. No entanto, nem o Caminho comum nem o Nobre deve ser compreendido como uma progressão linear do primeiro ao oitavo fator. O esforço e a atenção plena corretos trabalham com a visão correta para dar apoio ao desenvolvimento de todos os fatores do Caminho (*M*.III.72-5); os fatores do Caminho se apoiam mutuamente para possibilitar um aprofundamento gradual na maneira como o Caminho é trilhado. Cada fator do Caminho é um estado habilidoso a ser cultivado; ele mina, de forma progressiva, o fator "errado" oposto, até que todos os estados inábeis sejam destruídos.

Na maioria dos contextos (p. ex., *D*.II.91), a virtude moral, a meditação e a sabedoria são apresentadas nessa ordem, que é diferente da ordem na qual os fatores do Caminho agrupam-se na Tabela 1. Isso pode ocorrer, em parte, porque a primeira é a ordem na qual as pessoas tendem a trabalhar os aspectos do Caminho comum. A sabedoria derivada desse processo conduz então ao grande progresso, que é a sabedoria no início do Nobre Caminho. Quando esse progresso é alcançado, os que entram no fluxo realizaram por completo a virtude moral; os que não retornam mais (veja mais adiante) consumaram completamente a meditação; e os *Arahats* realizaram por completo a sabedoria (*A*.I.231-32).

Tabela 1 Fatores do Caminho Óctuplo

Sabedoria

1. **Visão correta** (P. *sammā-diṭṭhi*, S. *samyag-dṛṣṭi*):
   i) no nível "comum": crença nos princípios do karma e do renascimento, fazendo com que a pessoa assuma total responsabilidade por suas ações (ver pp. 78-9). Envolve também o entendimento intelectual e preliminar das quatro Realidades Verdadeiras para os Espiritualmente Enobrecidos;
   ii) no nível Nobre ou "transcendente", visão correta: compreensão direta e transformadora das Realidades Verdadeiras e do Surgimento Condicionado (*M*.I.46-55 (*BW*.323-35); Ñāṇamoli e Bodhi, 1991) na forma da faculdade da sabedoria que vê o fluxo da realidade condicionada e, além dela, o *Nirvāṇa*.
2. **Intenção correta** (P. *sammā-saṅkappa*, S. *samyak-saṃkalpa*): um "*saṅkappa*" provém daquilo em que focalizamos a percepção, conduzindo potencialmente ao desejo de fazer, ao anseio e à busca por alguma coisa (*SN*.II.143) — uma reminiscência do *saṃkalpa*, ou intenção preparatória, da qual os brâmanes se valiam antes de realizar um ritual sacrificial. Diz respeito às emoções e aspirações, sendo:
   i) no nível "comum", a intenção de: a) *nekkhamma* (S. *naiṣkāmya*), "renúncia" pacífica ou "não sensualidade", e distância dos prazeres dos sentidos (*kāmas*); b) não-má-vontade, equivalente à bondade amorosa, e distância da má vontade; c) não crueldade, equivalente à compaixão, e distância da crueldade;

ii) no nível Nobre: aplicação mental concentrada (P. *Vitakka*, S. *Vitarka*) de acordo com a visão correta. É considerada tanto a emersão da visão correta quanto um auxílio a ela, em ambos os casos fazendo parte da sabedoria. Ajuda a visão correta porque é uma aplicação repetida da mente a um objeto de contemplação, fazendo com que se o veja e o compreenda de maneira correta, profunda e penetrante como sendo impermanente, dukkha, não Eu.

Virtude moral: i) no nível "comum", esses fatores encontram-se bem estabelecidos;
ii) no nível Nobre, são a virtude natural da pessoa em
profundo estado de compreensão.

3. **Palavra correta** (P. *sammā-vācā*, S. *samyag-vācā*): abster-se dos discursos falso, desagregador, áspero e frívolo (ver pp. 300-01).
4. **Ação correta** (P. *sammā-kammanta*, S. *samyak-karmanta*): abster-se de atacar seres vivos, de tomar para si o que não lhe é dado e da conduta errada no que diz respeito ao prazeres sensoriais (ver pp. 293-300).
5. **Modo de vida correto** (P. *sammā-ājīva*, S. *samyag-ājīva*): viver de maneira a evitar causar sofrimento aos outros (seres humanos ou animais) ao enganá-los (*M*.III.75) ou ao prejudicá-los fisicamente, ou ainda ao matá-los: evitar "negociar armas, seres vivos, carne, bebidas alcoólicas ou veneno" (*A*.III.208).

Meditação: o nível da prática muda para o nível Nobre quando a Nobre visão correta passa a orientá-los.

6. **Esforço correto** (P. *sammā-vāyāma*, S. *samyag-vyāyāma*): a) evitar o surgimento de estados doentios (p. ex., cobiça, ódio ou ilusão); b) minar os estados doentios que tenham surgido; c) desenvolver estados saudáveis, como na meditação; d) manter os estados saudáveis que tenham surgido.
7. **Atenção plena correta** (P. *sammā-sati*, S. *samyak-smṛti*): praticar as quatro aplicações da atenção plena (P. *satipaṭṭhāna*, S. *smṛty-upasthāna*; ver pp.395-48) — a observação atenta e alerta das qualidades e da natureza mutável: a) do corpo (inclusive da respiração); b) do sentimento; c) dos estados mentais; d) dos *dhamma*s: padrões básicos no fluxo da experiência, como: os cinco *khandha*s, os cinco obstáculos, as quatro Realidades Verdadeiras e os sete fatores do despertar.

8) **Concentração correta /unificação da mente** (P. *sammā-samādhi*, S. *samyak-samādhi*): estados de calma, paz e clareza mental que surgem ao se focalizar a mente com atenção em um ou outro objeto de meditação. Estes são *estados* de concentração, e não o *ato* de concentração, que diz mais respeito ao esforço correto. São estados nos quais as energias da mente foram unificadas na forma dos quatro *jhāna*s (S. *dhyāna*), transes meditativos lúcidos (ver pp. 353-55).

Pelo mesmo critério, o desenvolvimento do Caminho pode ser considerado como se segue. Sob a influência de exemplos bons e inspiradores, o primeiro compromisso da pessoa será desenvolver a virtude, um modo de vida generoso que envolva o autocontrole, para o benefício de si mesma e dos demais. Para obter tal motivação, ela terá certo grau de entendimento preliminar, a visão correta comum, na forma de alguma familiaridade com a perspectiva budista e a aspiração de aplicá-la, expressa como *saddhā* (S. *śraddhā*), confiança ou fé confiante. Tendo a virtude como parâmetro indispensável para o futuro progresso, a pessoa poderá tentar um pouco de meditação. Com a aplicação apropriada, isso fará a mente se tornar mais calma, mais forte e mais clara. Possibilitará também que a compreensão experiencial do *Dhamma* se desenvolva — a concentração determinada, porém calma, ajuda a compreensão a penetrar as verdades sutis —, de modo a originar a sabedoria mais profunda. A partir disso, fortalece-se a virtude, tornando-se esta a base para o futuro progresso na meditação e na sabedoria. Com o refinamento do desenvolvimento da sequência virtude-meditação-sabedoria, o Caminho se alça a um nível superior. Com o tempo, o nível Nobre do Caminho poderá ser alcançado por meio da prática rumo à realização da entrada no fluxo. O Nobre Caminho é a convergência dos oito fatores do Caminho para um estado de forte compreensão das "três marcas" (ver p. 86), em particular a impermanência (*SN*.III.225); ela forma um método de abordagem hábil, livre de obstáculos espirituais e aberto à experimentação da compreensão direta das Realidades Verdadeiras para os Espiritualmente Enobrecidos. Nos *Suttas*, o Nobre Caminho dura um período não especificado e, uma vez que ele tenha surgido, garante a obtenção da entrada no fluxo em algum momento da vida atual (*SN*.III.225 (*BW*.393)). No período *Abhidhamma* posterior (ver p. 121), sua duração veio a ser considerada apenas um (Theravāda) ou quinze (Sarvāstivāda) momentos nos quais se vê o *Nirvāṇa* de modo direto, sendo tal visão seguida de imediato pela entrada no fluxo. Na verdade, vê-se desse modo apenas o(s) momento(s) culminante(s) do Nobre Caminho do *Sutta* como o verdadeiro Nobre Caminho. O Caminho comum e depois o Nobre Caminho são então usados para progressos significativos, até a condição de *Arahat*. A manifestação do Caminho que conduz diretamente à condição de *Arahat* possui dois fatores adicionais: conhecimento correto (P. *sammā-ñāṇa*, S. *samyag-jñāṇa*) e liberdade correta (P. *sammā-vimutti*, S. *samyag-vimukti*), tornando-o décuplo (*M*.III.76).

A maioria das pessoas, inclusive a maioria dos budistas, ainda não vivenciou o Nobre Caminho, sendo conhecida como *puthujjana*s (S. *Pṛthagjana*), "pessoas comuns". Essas pessoas são consideradas, em certo sentido, "dementes" (*Vibh-a*.186), pois carecem do equilíbrio mental dos dotados do Nobre Caminho, os oito tipos de "pessoas Nobres (*ariya*)" (*SN*.v.202)[15] que compõem o Nobre *Saṅgha* (*D*.III.227). As primeiras sete pessoas Nobres são chamadas *educan-*

15 Consulte *A*.IV.292, *S*.v.202 e *M*.I.140-42 em *BW*.385-86.

das (P. *sekha*, S. *saikṣa*); o *Arahat* é *asekha*, ou seja, passou além de todo processo de instrução e aprendizado.

A primeira Nobre pessoa é aquela que "pratica para a realização do fruto, que é a entrada no fluxo" (*A*.IV.293). Ela ou é uma seguidora do *Dhamma* que tem uma sabedoria particularmente forte ou uma seguidora da fé, cuja força é a fé no Buda, embora ela não careça de sabedoria. Ambas passam a ser o tipo seguinte de pessoa Nobre, a que entrou no fluxo (P. *sotāpanna*, S. *srotāpanna*), respectivamente como uma pessoa que alcançou o *Dhamma* ou uma pessoa liberta pela fé (*M*.I.477-79 (*BW*.390-92)). A pessoa que entrou no fluxo adquire um vislumbre inicial do *Nirvāṇa* e portanto sabe que o Nobre Caminho Óctuplo é, sem dúvida, o "fluxo" que leva a ele (*SN*.V.347-48). É certo que ela se tornará um *Arahat* dentro de sete vidas (*SN*.II.133-34 (*BW*.394)) e está livre de renascimentos como um ser do inferno, animal, fantasma ou *asura*, pois destruiu por completo os três primeiros dos dez "grilhões" espirituais (*SN*.V.357). O primeiro grilhão é o "ponto de vista da identidade do Eu" (ver p. 94), destruído pela profunda compreensão das quatro Realidades Verdadeiras para os Espiritualmente Enobrecidos e do Surgimento Condicionado. O segundo é a hesitação quanto ao compromisso com os três refúgios e o valor da moralidade. Aquele que entra no fluxo, portanto, tem confiança inabalável nos refúgios e na moralidade imaculada (*SN*.V.343-44 (*BW*.394-5) e *A*.I.235). Isso acontece porque ele "viu" e "mergulhou" no *Dhamma* (*M*.I.380), o que lhe conferiu confiança no *Dhamma* e no Buda "que se tornou *Dhamma*" (ver p. 57), sendo ele próprio membro do Nobre *Saṅgha*, quer leigo, quer membro do *Saṅgha* monástico. O terceiro grilhão destruído é o apego a regras e observâncias, pois, embora sua moralidade seja naturalmente pura, ele sabe que isso, por si só, é insuficiente para alcançar o *Nirvāṇa* (*M*.I.192-97 (*BW*.233-37)), não se apegando em excesso, portanto, a nenhuma maneira de fazer as coisas.

A obtenção da entrada no fluxo é muitas vezes associada ao surgimento do "olho do *Dhamma*" (p. ex., *SN*.II.133-34), embora isso também possa se referir a um grande progresso inicial num nível mais elevado do Caminho, sem o estado intermediário da entrada no fluxo (Anderson, 1999, p. 138). Trechos sobre o surgimento do "olho de *Dhamma*" (p. ex., *D*.I.110) mencionam a princípio uma pessoa que recebe o "discurso passo a passo" de dois estágios (ver p. 78) a fim de estar pronta para um grande progresso deliberado e franco rumo à verdade, e depois ouve o ensinamento sobre as Quatro Realidades Verdadeiras para os Espiritualmente Enobrecidos. Em seguida: "o olho de *Dhamma*, sem poeira, sem mancha, surgiu para ele evidenciando que: 'o que quer que tenha a natureza de surgir (*samudaya-dhamma*) tem também a natureza de cessar (*nirodha-dhamma*)'", de modo que o ouvinte se torna aquele que "viu o *Dhamma*, alcançou o *Dhamma*, conheceu o *Dhamma*, sondou/mergulhou no *Dhamma*". Com uma nova clareza de visão, ele busca refúgio no Buda, no *Dhamma* e no *Saṅgha* (se ainda não tiver feito isso) e se torna um seguidor leigo, ou é ordenado monge ou monja (se ainda não tiver feito isso).

O que é, então, "ver" o *Dhamma* com o "olho do *Dhamma*"? Em *SN*.III.135, um monge que queria "ver" o *Dhamma* recebe um ensinamento sobre o Surgimento Condicionado e sua interrupção, sendo o *Dhamma* então "penetrado" por ele. Na verdade, a compreensão de fenômenos que tenham a "natureza de surgir" pode ser vista como o conhecimento do *Surgimento* Condicionado, e a compreensão dos que tenham a "natureza de cessar", como o conhecimento do *Nirvāṇa*, a *interrupção* de todos os elos do Surgimento Condicionado (*SN*.II.70). Essa compreensão estaria focada no surgimento (*samudaya*) de *dukkha* a partir da avidez, e sua interrupção como decorrência da interrupção da avidez, o foco do primeiro sermão do Buda. Na verdade, no final do primeiro sermão do Buda, o olho do *Dhamma* se abriu para um dos ascetas que o Buda ensinava.

Depois da entrada no fluxo, por meio do aprofundamento da compreensão, a pessoa pode se tornar uma praticante que vise a realização de um só retorno, e depois se tornar um daqueles que só retornam uma vez (P. *Sakadāgāmin*, S. *Sakṛdāgāmin*). Aquele que só retorna uma vez pode renascer apenas mais uma vez no mundo dos desejos sensoriais, como ser humano ou deus inferior. Quaisquer outros renascimentos serão nos céus mais elevados. Isso porque ele destruiu as formas não sutis dos dois grilhões seguintes, o desejo sensual e a má-vontade, bem como as formas não sutis da ilusão. As próximas pessoas Nobres são as que praticam em prol da realização do não retorno e aquelas que efetivamente não retornam (*anāgāmin*). O que não retorna (*BW*.396-402) destruiu até mesmo o desejo sensual e a má vontade sutis, de modo que o caráter de sua experiência é uma grande equanimidade, e ele não pode renascer no mundo dos desejos sensoriais. Sua compreensão não é suficiente para que ele se torne um *Arahat*, e, se ele não conseguir esse grau mais tarde na vida, ou mesmo no período entre vidas (Harvey, 1995a, pp. 100-02), renascerá em um dos céus das esferas com forma ou sem forma. Pode renascer, em particular, uma ou mais vezes dentro das cinco "moradas puras", os céus mais refinados no mundo da forma e onde somente os que não retornam podem renascer. Nesses renascimentos, ele amadurece sua compreensão até que se torna um deus-*Arahat* de vida longa. As duas últimas Nobres pessoas são as que praticam para a realização da condição do *Arahat* e o próprio *Arahat*. O *Arahat* destrói os cinco grilhões remanescentes: o apego aos mundos da forma e sem forma, a arrogância do "Eu sou", talvez agora manifestando-se como um orgulho espiritual persistente, a inquietude e a ignorância espiritual. Estes são destruídos pelo Caminho Décuplo, o qual põe fim a *dukkha* e a todos os renascimentos na jubilosa experiência do *Nirvāṇa*. O Buda mencionou que, entre seus discípulos, pessoas Nobres mais avançadas eram mais raras — havia mais daqueles que não retornam do que *Arahats*; mais daqueles que só retornam uma vez do que dos que não retornam; e mais dos que entram no fluxo do que daqueles que retornam só uma vez (*SN*.v.406). No entanto, todos eles mais tarde acabariam se tornando *Arahats*.

CAPÍTULO 4
O Desenvolvimento Inicial do Budismo

O INÍCIO DO *SAṄGHA*

O *Saṅgha* (S. *Saṃgha*), no sentido de "Comunidade" de monges e monjas que tinham o Buda como professor, originou-se como um dos grupos de *Samaṇas*. Estes suspendiam a sua existência errante durante os três meses da estação das chuvas, e para os *Samaṇa*s budistas esse período de "chuvas" (P. *Vassa*, S. *Varṣa*) se tornou uma época de prática religiosa intensificada, com um maior contato com o público como um todo. Eles também tendiam a retornar aos mesmos lugares em *Vassa*, como parques doados por patronos leigos, e esses locais se tornaram a base de um modo de vida comunal mais assentado. Dessa maneira, os budistas inventaram a vida monástica, que era um estilo intermediário entre a vida dos renunciantes jainistas solitários e a dos chefes de família brâmanes.

A disciplina monástica (*Vinaya*) desenvolvida pelo Buda foi projetada para configurar o *Saṅgha* como uma comunidade ideal, com as condições ideais para o crescimento espiritual. O seu poder sustentador é demonstrado pelo fato de que nenhuma instituição humana teve uma existência contínua tão duradoura, aliada a uma disseminação tão ampla, quanto o *Saṅgha* budista. O Buda instituiu reuniões frequentes em cada local de *Saṅgha* com o propósito de alcançar um consenso unânime em questões de interesse comum (*D*.II.76-7). Se necessário, previa-se também votação e decisão da maioria (*Vin*.II.84).

Logo depois da morte do Buda (*c.* 404 EC), uma "recitação comunal" (concílio) de quinhentos *Arahat*s foi realizada em Rājagaha (S. *Rājagṛha*, *Vin*.II.284-87) para chegar-se a um consenso sobre os conteúdos do *Dhamma* e da *Vinaya* que o Buda deixara como "professor" (*D*.II.154).[1] Ānanda, o fiel acompanhante do Buda, recitou os *Sutta*s de maneira tal que cada um deles começa com "Assim eu ouvi". O monge Upāli recitou a *Vinaya*. É provável que a tese de que as seções inteiras da *Vinaya* e dos *Sutta*s foram recitadas na ocasião seja um exagero.

Talvez setenta anos depois da primeira "recitação comunal", uma segunda foi realizada em Vesālī (S. Vaiśālī) com o objetivo de censurar certos monges cuja conduta fora considerada

---

1 Ver Berkwitz (2010, pp. 42-6) sobre os primeiros concílios.

permissiva em dez pontos, como o fato de terem aceitado dinheiro (*Vin.*II. 294-307). Se esses pontos já não iam contra a *Vinaya* formal, foram considerados assim naquela ocasião. Dezesseis anos depois ou mais, talvez em outro concílio realizado em Pāṭaliputta (S. *Pāṭaliputra*), ocorreu o primeiro cisma no *Saṅgha* antes unificado; seguiram-se outros desses cismas. A causa deles era, em geral, divergências com relação à disciplina monástica, embora os pontos da *Vinaya* que tenham separado as primeiras fraternidades monásticas (*nikāyas*) não raro surgissem das diferentes condições de comunidades geograficamente separadas e não de divergências efetivas. A discussão de pontos da doutrina também conduziu ao desenvolvimento de diferentes escolas de pensamento interpretativas (*vādas*). Originalmente essas não poderiam ser causas de cisma, pois a única *opinião* pela qual um monge poderia ser condenado era a afirmação persistente de que o comportamento sensual não era um obstáculo a ser superado (*Vin.*IV.133-36). Desde cedo, parece que adeptos de determinadas escolas de pensamento podiam ser encontrados entre os membros de várias fraternidades monásticas, mas talvez no século II AEC as fraternidades monásticas tenham começado a se tornar conhecidas por certas interpretações doutrinais específicas comuns entre seus membros. Por volta de 100 EC, no mínimo, os cismas já podiam ocorrer por causa de pontos da doutrina, e a distinção entre uma "fraternidade" e uma "escola" desapareceu. Embora membros de diferentes fraternidades monásticas não pudessem participar juntos de atividades oficiais do *Saṅgha*, era comum compartilharem os mesmos mosteiros e estudarem as doutrinas uns dos outros. É bem possível que os leigos não estivessem muito preocupados com as diferenças entre fraternidades ou escolas.

Não existe um consenso a respeito da causa do primeiro cisma. A tradição Theravāda diz que ele foi causado pela parte derrotada no concílio de Vesālī.[2] No entanto, isso não pode ter acontecido por causa das dez práticas permissivas, pois ambas as fraternidades que emergiram do cisma concordaram em condená-las. Outras tradições, como a Sarvāstivāda, dizem que a causa foi doutrinária, relacionada a cinco pontos apresentados pelo monge Mahādeva. No entanto, é provável que essa disputa tenha ocorrido posteriormente e tenha sido projetada para o passado como causa do primeiro cisma. Jan Nattier e Charles Prebish (1976-1977) mostraram que a provável causa do cisma foi uma tentativa de expandir ligeiramente o número de regras monásticas. A preocupação com o rigor e a unidade monásticos pode ter levado uma parte do *Saṅgha* a incorporar algumas regras novas na seção da *Vinaya* que trata da conduta, do vestuário e do comportamento dos monges em público. Pode ser que práticas costumeiras que já existiam tenham sido transformadas em regras *de jure* a fim de treinar de modo adequado os novos membros do *Saṅgha*. Como os reformistas pareciam estar estabelecidos em regiões da Índia nas quais o budismo espalhava-se, isso teria se tornado importante para eles. A seção reformista não

---

2 Como se declara no *Dīpavaṃsa*, do século IV EC (v. pp. 1-54 (*EB*.3.6.1)).

conseguiu conquistar o apoio da maioria mais conservadora; sendo assim, seguiu-se um cisma. Os reformistas chamavam a si mesmos de Sthaviras (P. Thera), os Anciãos.[3] A maioria chamava a si mesmo de Mahāsāṃghikas, ou aqueles que "Pertencem ao *Saṅgha* Universal".

O ABHIDHAMMA

No século III AEC, algumas escolas adicionaram obras do *Abhidhamma* (S. *Abhidharma*) aos seus Cânones de ensinamentos, desenvolvendo-os com base nos *Mātikā*s (S. *Mātṛkā*) ou resumos tabulados de temas, que podem ter se originado com o Buda (Gethin, 1998, pp. 202-03).[4] Os *Abhidhamma*s das diferentes escolas diferiam de modo considerável nos detalhes, mas todos visavam apresentar os ensinamentos dos *Sutta*s de maneira sistemática, junto com interpretações que estendiam suas implicações. Com o tempo, outras escolas expressaram os respectivos pontos de vista em seus tratados extracanônicos. A literatura do *Abhidhamma* procurava evitar as inexatidões da linguagem convencional coloquial, como às vezes se encontra nos *Sutta*s, e expunha tudo em uma linguagem psicofilosoficamente exata a respeito das "realidades supremas" (P. *paramattha-sacca*, S. *paramartha-satya*). Ao fazer isso, analisava a realidade em uma sequência de micromomentos, a fim de poder analisar também o que acontecia em qualquer um deles.

O *Abhidhamma* executa duas principais tarefas. Por um lado, refina a análise dos *khandhas* de forma a apresentar uma enumeração e uma caracterização minuciosas de todos os *dhamma*s (S. *dharma*), padrões básicos ou processos básicos que são experimentados como componentes do fluxo dos fenômenos mentais e físicos. Pode-se ver isso como uma extensão da atenção plena aos *dhamma*s, postulada nos *Sutta*s como uma das quatro aplicações da meditação da atenção plena (*D*.II.290-315); *M*.I.55-63), sendo esses *dhammas* os cinco obstáculos, os cinco *khandha*s, os seis sentidos e seus objetos, os sete fatores do despertar e as quatro Realidades Verdadeiras para os Espiritualmente Enobrecidos. Por outro lado, o *Abhidhamma* refina a doutrina do Surgimento Condicionado ao mostrar como os padrões básicos se condicionam em uma rede de formas complexas. A primeira tarefa é executada, por exemplo, nos primeiros três livros do *Abhidhamma* Theravādin: *Dhamma-saṅgaṇī* (*Dhs*, "Enumeração dos *Dhammas*"), *Vibhaṅga* (*Vibh*, "(Livro de) Análise") e *Dhātu-kathā* ("Discurso sobre os Elementos"). A segunda é executada no seu sétimo livro, que é provavelmente o último, o *Paṭṭhāna* ("Relações Condicionais"), que detalha de forma minuciosa, em seis volumes, como os *dhamma*s particulares estão inter-relacionados com um ou mais de 24 tipos de relacionamentos condicionais. O quarto

3 Mais tarde, os termos Sthāvira ou Sthāvirīya (P. Theriya) foram algumas vezes usados, e Theriya e Theravādin vieram a ser utilizados como equivalentes pelos theravādins.

4 Para mais informações sobre o *Abhidhamma*, ver: Berkwitz, 2010, pp. 61-7; Chapple, 1996; Guenther, 1976; Mendis, 1985; Nyanaponika, 1965; Ratnayaka, 1981; Ronkin, 2005; Rowlands, 1982; van Gorkom, 1990.

livro, o *Puggala-paññatti* ("Conceito de Pessoas"), discute vários tipos de caráter e níveis de desenvolvimento espiritual. Embora essa literatura seja às vezes considerada fria e escolástica, é uma psicologia espiritual com propósito muito prático. Oferece um conhecimento detalhado do funcionamento da mente, podendo, assim, orientar uma pessoa no desenvolvimento meditativo; também simplifica o entendimento adequado da personalidade como uma interação de eventos impermanentes, insatisfatórios, sem dono e insubstanciais. De certo modo, é como uma análise detalhada e cuidadosa da natureza sutil da música: as notas, os relacionamentos entre elas e como podem ser combinadas.

Exceto quando discute tipos de caráter, o *Abhidhamma* analisa "pessoas" e "coisas", reduzindo-as a um número de *dhammas* que, quando examinados à luz do ensinamento do Buda, ou *Dhamma*, são fatos básicos da experiência: padrões básicos interdependentes dentro do Padrão Básico (*Dhamma*) global da natureza da realidade. Cada *dhamma* (exceto o *Nirvāṇa*, que está além da mudança) é considerado um processo padronizado que consiste de um fluxo de eventos momentâneos de um tipo particular. O termo "*dhamma*" é usado tanto para esse tipo de processo quanto para os eventos específicos que ele abarca. Nos primeiros séculos EC, a existência passou a ser vista como a interação entre um número limitado de *dhammas*: contando o *Nirvāṇa*, esses *dhammas* são em número de 82 de acordo com a escola Theravāda e 75 segundo a Sarvāstivāda. Eles eram considerados os componentes da realidade: não exatamente seus "elementos constituintes", que é uma imagem demasiado estática, mas os processos que a compõem. Dá-se alguma atenção aos tipos de processos físicos: os quatro elementos básicos (ver p. 85) e a matéria, como a parte sensível dos órgãos sensoriais ou o aspecto visível dos objetos (24 *dhammas* adicionais no esquema Theravāda). No entanto, a maior parte da atenção concentra-se na mente. Segundo o *Abhidhamma* Theravāda, ela consiste, em qualquer micromomento, de alguma forma de "consciência" ou "mente" (*citta*) *dhamma* junto com vários "estados mentais" (P. *cetasika*, S. *caitasika* ou *caitta*), sendo estes alguma forma de sensação/sentimento e percepção, e algumas das cinquenta atividades construtivas. São incluídas como formas de *citta* as cinco consciências dos sentidos, a consciência mental (*mano-viññāṇa*) e elemento-do-órgão-mental (*mano-dhātu*) (*Dhs.*1187), que juntos constituem o *khandha* da consciência (*Vibh.*54). *Citta* tem também muitos modos (89 no total), de acordo com os quais se apresenta, por exemplo, como eticamente hábil, inábil ou como resultado de estados anteriores eticamente ativos. Segundo uma sistematização posterior do *Abhidhammattha-saṅgaha* (Bodhi, 1993; Wijeratne e Gethin, 2002), datada talvez do século VII EC, os "estados mentais" estão divididos em: os que acompanham todos os *cittas* (7); os que podem acompanhar qualquer um, intensificando-os (6); os que acompanham alguns ou todos os *cittas* inábeis ou seus resultados kármicos (14); e os que acompanham alguns ou todos os *cittas* hábeis ou seus resultados kármicos (25). O aglomerado exato de "estados mentais" que acompanham um momento de *citta* representa sua natureza. Em cada instante do tempo surge outro aglomerado de *citta* com *cetasikas*, o que explica as mudanças sutis de momento a momento na experiência da pessoa.

O *Paṭṭhāna*, junto com o *Miln*.299-300, também desenvolve a ideia de *bhavaṅga*, um modo de *citta* considerado o estado de repouso da consciência, como no sono sem sonhos.[5] Equivalente à "mente que brilha vivamente" (ver p. 97), considera-se que esse nível de funcionamento mental ativa-se e desativa-se de modo constante durante a consciência desperta. Depois de alguns momentos de *bhavaṅga* seguem-se outros tipos de *citta*, que se voltam para certo objeto dos sentidos, por exemplo, uma forma visual, passando a conhecê-lo e depois apresentando uma reação hábil ou inábil. A mente retorna então ao nível *bhavaṅga* antes de se voltar para o mesmo ou outro objeto dos sentidos, como um som. Portanto, nós não vemos e ouvimos de maneira rigorosamente simultânea, mas a mente dança rapidamente entre *bhavaṅga* e o conjunto dos sentidos e do órgão mental, construindo uma imagem do mundo como aquela formada pelo ponto em movimento em uma tela de televisão.

O foco do *Abhidhamma* nas realidades momentâneas faz com que se veja a duração do pleno poder do transcendente Nobre Caminho Óctuplo como um intervalo de tempo muito curto (ver p. 114). O Theravāda postula que cada um dos estados do "Caminho", logo após o qual a pessoa se torna a que entra no fluxo, a que retorna uma vez, a que não retorna e um *Arahat*, dura apenas um momento cada. O Sarvāstivāda postula que cada um deles dura apenas quinze momentos. O Nobre Caminho Óctuplo é, sob esse tipo de ponto de vista, um estado alcançado e não algo que a pessoa pratica. Toda a prática é feita no nível do Caminho Óctuplo comum (ver pp. 112-13). Quando isso culmina no Nobre Caminho, a pessoa de imediato se conscientiza do *Nirvāṇa*.

AS PRIMEIRAS ESCOLAS E SUAS DOUTRINAS

Dentro das fraternidades monásticas originárias dos Sthaviras do primeiro cisma, três escolas sistemáticas de pensamento (*vādas*) se desenvolveram durante o século III AEC: a Pudgalavāda (P. Puggalavāda), a Sarvāstivāda (P. Sabbatthivāda) e a Vibhajyavāda (P. Vibhajjavāda).[6] As fraternidades originárias dos Mahāsāṃghikas eram mais abertas em termos doutrinários, de modo que recorriam a ideias de todos esses *vādas*, e mais tarde aceitaram as ideias Mahāyāna com mais prontidão.

---

5 Collins, 1982, pp. 225-47; Gethin, 1994, 1998, pp. 215-18; Harvey, 1995a, pp. 145-48, 160-66, 252-58.

6 Usa-se o sufixo *-vāda* para o nome de uma escola e *-vādin* para o seguidor de uma escola. Para uma visão geral das primeiras escolas, consulte: Berkwitz, 2010, pp. 51-61.

Os Pudgalavādins, ou "Personalistas", estavam insatisfeitos com a não aceitação doutrinal de qualquer tipo de Eu substancial.[7] Enquanto outras escolas encaravam as referências dos *Suttas* à "pessoa" como mera forma convencional de fazer referência ao conjunto de khandhas, que eram vazios de qualquer essência do Eu, os Pudgalavādins encaravam a "pessoa" como algo tão real quanto os *khandhas*: uma espécie de Eu sutil que, por ser um todo orgânico que os incluía, não era nem o mesmo, nem distinto deles. Com o tempo, passou a ser nem idêntico nem diferente, nem eterno nem não eterno. Embora criticados por todas as outras escolas budistas, os Pudgalavādins alcançaram bastante sucesso, e no século VII EC, sob a proteção do imperador Harṣa, um quarto dos monges indianos pertenciam à escola deles. Fraternidades dignas de nota que seguiam a corrente Pudgalavādin foram as dos Vātsīputrīyas e dos Saṃmatīyas. No entanto, elas se extinguiram depois, e somente alguns textos breves sobreviveram.

Os Sarvāstivādins, ou "Panrealistas",[8] tornaram-se a escola dominante no norte da Índia, em especial no noroeste, sob a proteção de Kaniṣka I, que governou no final do século I ou início do século II EC. A partir daí, tornaram-se influentes na Ásia Central, na rota para a China. O seu *Abhidharma* canônico sobrevive na tradução chinesa. Ficaram conhecidos pelo ponto de vista de que, além dos *dharmas* presentes, também existem os *dharmas* passados e futuros. Argumentavam que o conhecimento do passado e do futuro precisa ter objetos existentes e que os *dharmas* passados precisam existir para explicar como o karma passado afeta o presente. Também entendiam que as disposições positivas e negativas existem mesmo quando suas expressões conscientes encontram-se ausentes. Os oponentes argumentavam que somente os *dharmas* presentes existiam e que o ímpeto que produzia efeitos do karma passado continuava no presente. Os Sarvāstivādins afirmavam que os *dharmas* passados e futuros diferiam das coisas que eram pura ilusão e dos rótulos conceituais que designam grupos ou *dharmas*, visto que cada um deles tem uma "natureza própria" específica (S. *svabhāva*), uma característica definidora singular que lhe é intrínseca e está presente independentemente de quando ou como ele existia (Williams, 2009, p. 68). Havia a tendência relacionada de reificá-los como realidades supremas fundamentais e indivisíveis. Eles eram vistos como substâncias primárias (*dravya-sat*), ao passo que as realidades cotidianas como as árvores e as pessoas eram vistas como "secundárias", conceituais (*prajñapti-sat*). Por exemplo, a única realidade que uma "pessoa" tem é a do agregado de *dharmas* ao qual o rótulo conceitual "pessoa" se aplica. Além disso, aquilo que une os *dharmas* em uma "pessoa" era, ele próprio, um *dharma*, conhecido como *prāpti*, ou "possessão".

---

7 *BS*1.192-97; Conze, 1967, pp. 123-30; Cousins, 1994; Harvey, 1995a, pp. 34-8; Williams e Tribe, 2000, pp. 124-28.

8 Bastow, 1995; Conze, 1967: pp. 137-41; Gethin, 1998: pp. 220-21; Willemen *et al.*, 1998; Williams e Tribe, 2000: pp. 113-18; *EB*.3.6.2.

Entre aqueles que eram ordenados na fraternidade Sarvāstivāda, alguns criticavam as ideias do seu *Abhidharma* e buscavam apoio para as próprias interpretações nos *Sūtras* (P. *Sutta*). Aqueles que alimentavam essa perspectiva crítica, que talvez também tenha sido compartilhada por alguns membros de outras fraternidades, eram conhecidos como sautrāntikas.[9] Argumentavam que muitos *dharmas* dos Sarvāstivādins não eram realidades supremas isoladas, e que a ideia de que eles existiam de certa maneira no passado, no presente e no futuro os tornava praticamente permanentes e independentes: mais com uma "substância própria" inerente do que uma mera "natureza-própria". Os sautrāntikas desenvolveram teorias próprias, porém as consideravam recursos explanatórios provisórios e não descrições da natureza suprema das coisas. Uma das noções era de que, embora não houvesse nenhuma realidade substancial com o nome de "possessão", o fato de os indivíduos terem ou carecerem de certas disposições poderia ser explicado afirmando-se que seu complexo corpo-mente continha certas "sementes", ou tendências.

Um concílio ocorreu por volta de 100 EC, sob a direção de Kaniṣka I, e os Sarvāstivādins afirmaram que o objetivo dele foi decidir entre diferentes interpretações de seu *Abhidharma*. O século II assistiu, então, à produção do *Mahāvibhāṣā*, que, na forma de um comentário sobre o primeiro livro de seu *Abhidharma*, o *Jñāna-prasthāna*, discutiu diferentes interpretações. De modo geral, ele apoiava os pontos de vista de Vasumitra, que afirmava que os *dharmas* condicionados apenas se deslocavam de um estado "futuro" para uma manifestação momentânea no "presente", quando executavam a atividade característica do *dharma* em questão, e daí para um estado "passado". Os *dharmas* passados e futuros existem de maneira não ativa. Em tudo isso, sua natureza interior não se altera. Os Sarvāstivādins ortodoxos posicionaram-se a favor do *Mahāvibhāṣā*, de modo que eram conhecidos muitas vezes como Vaibhāṣikas. No século IV, um estudo magistral do seu pensamento foi elaborado por Vasubandhu em seu *Abhidharma-kośa* (Berkwitz, 2010, pp. 109-11). Ele produziu então um comentário sobre esse texto, o *Abhidharma-kośa-bhāṣya* (*AKB.*), ao qual o próprio *Abhidharma-kośa* se incorporou, que incluía uma apreciação crítica de aspectos dele que se inspiravam em certas ideias dos Sautrāntikas. Seu trabalho inicial, contudo, é a exposição clássica do *Abhidharma* no norte da Índia. Nele havia certas especulações sobre o significado do "Corpo do *Dharma*" de um Buda (ver p. 195), considerando-o um termo que indicava tanto os poderes, as habilidades e as perfeições desenvolvidas por um Buda quanto sua natureza interior purificada.

Enquanto os Sarvāstivādins não estavam muito representados no sul da Índia, essa era uma área onde os Vibhajyavādins, ou "Distincionistas", marcavam presença. Cousins comenta que eles "eram a escola predominante no Ceilão e em Gandhāra [noroeste] em uma data anterior,

9 Conze, 1967, pp. 141-43; Gethin, 1998: pp. 221-22; Williams e Tribe, 2000, pp. 118-22.

além de estar presentes, sendo até mesmo predominantes, em outras partes da Ásia Central, China, Sul da Índia e Sudeste Asiático até por volta do século III EC. Nenhuma outra escola tivera disseminação comparável até essa data" (2001, p. 169). Essa escola de pensamento era seguida pelos ancestrais de quatro das fraternidades ativas nos primeiros séculos da EC (Cousins, 2001, p. 132): (i) os Dharmaguptakas (P. Dhammaguttikas), que vieram a se situar principalmente no noroeste do subcontinente indiano e nas rotas comerciais para a China (e cuja *Vinaya* ainda é usada na China); (ii) os Kāśyapīyas (P. Kassapiyas), provavelmente na mesma área; (iii) os Mahīśāsakas (P. Mahiṃsāsakas), ali e em parte da Índia continental; (iv) os Tāmraparṇīyas (P. Tambapaṇṇiyas), "os da ilha de Laṅkā", que tinham presença marcante no Ceilão[10] embora também fossem ativos na região do Andhra (sudeste) e em outras partes do sul da Índia. Estes últimos foram mais tarde chamados de Theravāda, páli para "escola dos Anciãos"; por inferência, os Anciãos (P. *Thera*, S. *Sthavira*) do primeiro cisma. O Theravāda sobreviveu no sul da Índia até o século XVII, recolhendo-se depois para sua base no Ceilão. As demais escolas de pensamento pré-Mahāyāna, com o tempo, extinguiram-se na Índia, embora algumas delas tenham sido estudadas por alguns Mahāyānistas do budismo do norte e do leste. No Japão, a pequena escola Kusha ainda existe, baseando-se no estudo do *Abhidharma-kośa*.

A tradição Theravāda afirma que, durante o reinado do imperador Asoka, foi realizado um concílio em Pāṭaliputta por volta de 250 AEC, no final do qual Tissa Moggaliputta compôs o *Kathāvatthu* (*Kvu*), um "Livro de Discursos" que contesta as opiniões de outras escolas. É bem provável que esse trabalho, o quinto livro do *Abhidhamma* Vibhajyavāda/Theravāda, tenha sofrido acréscimos nos dois séculos subsequentes. Os vibhajyavādins faziam distinção entre a existência real dos *dhammas* atuais e os *dhamma*s passados ou futuros não existentes (p. ex., *Kvu*.I. 6-8), resistindo em grande medida à tendência de reificar os *dhamma*s e conservando assim o entendimento mais antigo e experiencial de sua natureza. Insistiam no caráter único do *Nirvāṇa* como o exclusivo *dhamma* incondicionado. Os Sarvāstivādins também incluíam o espaço nessa categoria, desvalorizando, em certa medida, o *Nirvāṇa* e tornando-o apenas uma entre muitas realidades metafísicas atemporais. O ponto de vista Vibhajyavāda (p. ex., em *Kvu*. VI.1-6, XIX.3-5) considera que, como o incondicionado está além do espaço e do tempo, não pode ter divisões internas.

Outra de suas doutrinas características é que, na entrada no fluxo, a compreensão direta das Quatro Realidades Verdadeiras para os Espiritualmente Enobrecidos não acontece de modo gradual, em uma série de momentos de pensamentos isolados (como afirmavam os Sarvāstivādins), e sim de forma simultânea, em um único momento de pensamento (*Kvu*.II.9; *Patis*.II.105-06). Como a primeira realidade é *dukkha* e a terceira é a interrupção de *dukkha*, ou

10 Hoje reconhecido como um Estado independente, o Sri Lanka.

Nirvāṇa, esse ponto de vista poderia ser considerado uma indicação de que o mundo condicionado de *dukkha* não é, portanto, diferente do *Nirvāṇa* incondicionado. Por ser incondicionado, o *Nirvāṇa* não pode ter relação espacial ou temporal com *nada*, nem mesmo por negação: nenhum lugar ou tempo pode estar mais perto ou mais longe dele. Ele não está separado do mundo condicionado, mas está, digamos assim, sempre disponível para ser vivenciado. Como o *Nirvāṇa* também é a interrupção dos *dhammas* condicionados, isso parece indicar que, em última análise, estes não são fundamentalmente reais. Isso tem relação com algumas das coisas ditas a respeito da concentração "sem sinal" (ver p. 110).

Uma ideia importante desse período foi a das três "vias de acesso para a libertação" (P. *vimokha-mukha*, S. *vimokṣa-mukha*; Conze, 1967, pp. 59-71): o "sem sinal" (P. *animitta*, S. *ānimitta*), o "sem objetivos" (P. *appaṇihita*; S, *apraṇihita*) e "o vazio" (*suññata*) ou "vacuidade" (S. *śūnyatā*). Elas são mencionadas no *Abhidharma-kośa-bhāṣya* (p. ex., *AKB*.VIII.23e-26d) e no *Paṭisambhidāmagga*, um antigo texto sistematizador do Vibhajyavāda contido no Cânone páli. Este último explica que a compreensão dos fenômenos como impermanentes conduz à primeira via de acesso; a compreensão dos fenômenos como *dukkha* conduz à segunda; e a compreensão dos fenômenos como não Eu, ou vazios de Eu e de tudo o que diz respeito ao Eu, conduz à terceira (*Patis*.II.58). As três libertações conhecem o *Nirvāṇa* sob três aspectos, como:

- O "sem sinal", pois ele é desprovido de sinais indicativos de qualquer coisa compreensível; é a esfera profunda que está além de todos os fenômenos particulares, limitados e condicionados, todos os quais estão sujeitos a uma constante mudança: na libertação sem sinal, veem-se os fenômenos construídos como "limitados e circunscritos" (*Patis*. II.48) pela sua natureza efêmera.
- O "sem objetivos", pois está além da condução para a meta relacionada aos fenômenos condicionados, que são todos *dukkha*, de modo que ocorre uma profunda entrega.
- O "vazio", como franca amplidão para além dos conceitos, sendo conhecido nesse aspecto pela profunda compreensão de tudo como não Eu, que é completamente livre da "determinação" dos fenômenos como "Si-Mesmo", "Eu", "meu" ou "permanente" etc. (*Patis*.II.67-8). O *Nirvāṇa* é desprovido de qualquer base para noções do "Eu" — estas só podem surgir da avidez pelos *khandhas* —, sendo vazio de apego, ódio e ilusão.

A discussão sobre as várias maneiras pelas quais uma coisa pode ser "vazia" (*suññaṃ*) em *Patis*.II.177-83 mostra que, quando se diz que uma coisa está vazia de algo, isso significa que esse algo lhe falta — quer seja a ausência do Eu ou da permanência, que caracteriza os fenômenos, ou ainda a ausência do desejo sensual, que caracteriza a renúncia. Mas o *Nirvāṇa*, o "vazio supremo", é *o que carece* dos estados condicionados e da avidez. Se x é visto como vazio de y, o termo "*suñña*" como adjetivo se refere à *qualidade* de x *de carecer* de y, e como substantivo pode se referir ao *próprio x* como a coisa *que carece* de y. Essa distinção será pertinente para algumas das utilizações posteriores do termo "vacuidade" (*śūnyatā*), do Mahāyāna.

A noção de *svabhāva* (P. *sabhāva*) ocorre tanto no Vibhajyavāda/Theravāda quanto na tradição Sarvāstivāda, mas no Theravadā tem um sentido diferente: como apenas uma "natureza-própria", sem implicar também uma "existência própria" implícita. O *Atthasālinī*, o comentário sobre o primeiro livro do *Abhidhamma*, explica os *dhammas* da seguinte maneira: "São *dhammas* porque sustentam sua natureza-própria. São *dhammas* porque são sustentados por condições ou de acordo com sua natureza-própria" (*Asl.*39). Neste caso, "natureza-própria" pareceria significar uma natureza característica, que não é inerente em um *dhamma* como uma realidade suprema isolada, mas surge devido às condições corroborantes tanto de outros *dhammas* quanto de ocorrências anteriores desse mesmo *dhamma*. Isso é importante, pois desvincula totalmente do Theravāda a crítica Mahāyāna à noção Sarvāstivāda de *svabhāva*.

Os vibhajyavādins faziam objeção ao ponto de vista defendido pelos Sarvāstivādins e Pudgalavādins de que alguns *Arahats* podiam regredir de seu estado após alcançá-lo de modo temporário (*Kvu.*I.2). Para os vibhajyavādins, essa pessoa ainda não era um verdadeiro *Arahat*. Também contestavam pontos correlatos que se tornaram conhecidos como os "cinco pontos de Mahādeva" (Cousins, 1991), cuja primeira referência se encontra em seu *Kathāvatthu* (II.1-5). O primeiro ponto é que, embora todos os *Arahats* estejam livres do desejo sensual, um deus Māra pode fazer com que o corpo de alguns *Arahats* do sexo masculino emita sêmen quando adormecido; aqueles que têm o completo domínio das aquisições provenientes da meditação estão imunes a isso. O segundo ponto é que, como um *Arahat* pode ignorar assuntos como o nome de uma pessoa, ele pode carecer de certo tipo de *ñāṇa* (S. *Jñaṇa*), ou compreensão. Na sua forma original, na qual o atual quinto ponto devia ter sido substituído pela ideia de que alguns *Arahats* podiam regredir, os "cinco pontos" eram provavelmente pontos de debate do *Abhidhamma*, usados para aguçar o entendimento das pessoas sobre certas questões e distinções. Podem muito bem ter sido originalmente propostos pela escola Sarvāstivāda.

As tradições monásticas de todas as formas sobreviventes do budismo remontam a fraternidades que descendiam dos Sthaviras do primeiro cisma, o que significa que se conhece muito menos a respeito do Mahāsāṃghika (Williams e Tribe, 2000, pp. 128-30). As doutrinas atribuídas ao Mahāsāṃghika por outras escolas encontram-se descritas em textos relativamente tardios, dos primeiros séculos da era cristã. Estes diferenciam de forma significativa uma ramificação do norte e outra do sul, as fraternidades Ekavyavahārika e Caitīya (que provavelmente se dividiram no século II AEC). Onde quer que tenham se originado os "cinco pontos de Mahādeva", o fato é que eles se tornaram associados aos "Mahāsāṃghikas", ou, de modo mais específico, à ramificação Caitīya. Podem ter se originado com o monge Mahādeva, que parece ter proposto uma nova formulação dos pontos. Alguns estudiosos sustentaram que os pontos de Mahādeva implicavam uma "redução do *status*" de um *Arahat* com relação a um Buda perfeito. No entanto, isso não parece ser correto. Sugere-se apenas uma pequena "redução de *status*", e isso se aplica a um tipo de *Arahat* com relação a outro. O primeiro tipo tem apenas uma obtenção limitada do estado meditativo de *jhāna* (S. *Dhyāna*), carecendo dos conhecimentos superiores que podem ser desenvolvidos usando esses como base. O segundo possui esses conhecimentos superiores, podendo usá-los a fim de "ser versado nos estados de outros": conhece os estados interiores e as necessidades dos demais e pode valer-se desse conhecimento para uma ajuda compassiva. Portanto, os pontos de Mahādeva estão associados com o aumento da ênfase na ação altruísta, que se tornou fundamentral para o Mahāyāna.

No que diz respeito aos textos do Mahāsāṃghika propriamente ditos, parte da sua coleção de *Sūtras* e todos os seus *Vinayas* sobrevivem na tradução chinesa. Em uma linguagem semelhante ao sânscrito, sobrevive um texto conhecido como o *Mahāvastu(-avadāna)*, que se declara um trabalho *Vinaya*. É descrito como um trabalho da Lokottaravāda, ou escola "Transcendentalista", que é provavelmente idêntica à escola Ekavyavahārika, a escola da "declaração única". Esta última afirmava que *todas* as declarações do Buda diziam respeito ao transcendente (cf. *EB*.3.6.3). O *Mahāvastu* (*Mvs.*) cresceu ao longo de vários séculos, talvez tendo início no final do século II AEC. Embora sua perspectiva tenha sido vista por muitos como um prenúncio de certas ideias do Mahāyana, demonstrou-se que ele próprio incorporou trechos inteiros dos primeiros textos sagrados do Mahāyana e pode ter sido influenciado por conceitos do Mahāyana até o final do século V EC. Vê Gautama como "transcendente" até mesmo antes de alcançar o Estado de Buda. Gautama deixa o céu Tuṣita num corpo criado pela mente para conceder suas bênçãos ao mundo (ver p. 44), e, embora bastante desenvolvido em termos espirituais, finge começar do início, cometendo "erros" como o ascetismo (*Mvs*.I.169-70). Na qualidade de Buda, é um ser onisciente que está sempre em meditação. A poeira não adere a seus pés e ele nunca se cansa. Come por mera conformidade com o mundo e para dar aos outros a chance de praticar ações karmicamente frutíferas, dando-lhe comida como esmola. No caso de um ser que transcendera o mundo dessa maneira, acreditava-se que todos os incidentes em sua vida tivessem ocorrido por uma razão especial. O *Mahāvastu*, portanto, dá muita atenção à biografia do Buda e também inclui muitas narrativas do *Jātaka*. Ao examinar seu desenvolvimento até chegar ao Estado de Buda, delineou-se uma série de dez estágios do *Bodhisattva* (P. *Bodhisatta*). Essa ideia também era importante para o Mahāyāna, embora os detalhes sejam diferentes. Ao contrário do Mahāyāna, os Transcendentalistas ainda entendiam que a meta para a maioria das pessoas era o estado de *Arahat*, sendo o caminho do *Bodhisattva* reservado apenas a indivíduos extraordinários.

AS TRÊS ASPIRAÇÕES, *JĀTAKAS* E *AVADĀNAS*

Entre as primeiras escolas, os praticantes dedicados deveriam escolher um dentre três tipos de aspirações. Deveriam ter o propósito de se tornar despertos como um *sāvaka-buddha* (S. *śrāvaka-buddha*), um *pacceka-buddha* (S. *pratyeka-buddha*) ou um *sammā-sambuddha* (S. *samyak-sambuddha*) (Gethin, 1998, pp. 32-4). O primeiro é um "discípulo desperto": um *Arahat*, aquele que se libertou seguindo a orientação de um Buda perfeito como Gotama; essa realização poderia ser nesta vida ou em uma vida futura. O segundo é um "desperto solitário", alguém que alcança o despertar pelos seus próprios esforços, praticando muitas vezes na floresta (Ray, 1004, pp. 213-50), em uma fase da história na qual os ensinamentos de um Buda perfeito estão indisponíveis, e só prega minimamente seus ensinamentos. O termo pode ter sido originalmente *pacceya-buddha*, que significa "o desperto por uma causa", como a compreensão da natureza limitada da realidade condicionada surgindo da visão da queda de uma folha seca (Harvey, 2007d, pp. 600a-602b). A compreensão dele é considerada superior à de um *Arahat*. O terceiro tipo de *buddha* é "o perfeita e completamente desperto", em geral chamado apenas de Buda perfeito ou simplesmente de Buda. São seres que têm a capacidade de redescobrir o *Dhamma* quando ele se tornou perdido para a sociedade humana e de ensiná-lo de muitas maneiras hábeis, para o benefício de muitos outros (ver pp. 44, 58). A primeira aspiração era a mais comum nas primeiras escolas, mas algumas aspiravam, e faziam votos de alcançar, as metas mais elevadas, que se considerava levarem muito mais vidas para serem alcançadas (Harvey, 2007d, pp. 83a-87b; Ratnayaka, 1985). Considerava-se que as três metas exigissem o desenvolvimento de certas perfeições morais e espirituais (P. *pāramī*, S *pāramitā*), respectivamente para um nível comum, mais elevado ou supremo (Bodhi, 1996).

Essas perfeições estavam associadas em particular ao *Bodhisatta*, capacitando-o a se tornar um Buda perfeito. Achava-se que eram ilustradas nas *Jātaka*s ou "Histórias do Nascimento" (*Jat.*), que narravam as ações (em geral) notáveis, em vidas passadas, do ser que se tornaria o Buda Gotama (Appleton, 2010). Cada uma dessas histórias descreve uma vida em que, quando ser humano, animal ou deus, ele praticou alguma ação inspiradora de generosidade, bondade ou sabedoria ou promoveu essas qualidades em outros. No final de cada história, os personagens principais são identificados com o Buda ou com seus principais discípulos ou parentes. Os versículos são canônicos, mas na maior parte das vezes só fazem sentido no contexto da narrativa com comentários em que são incorporados.

Enquanto as *Jātaka*s ajudavam a inspirar as pessoas a imitar o Buda, as *Avadānas* ou "Histórias de Ações e seus Resultados" enfatizavam o poder da devoção a ele (*BP*.11). Estas se desenvolveram a partir do século II AEC e incluem o *Apadāna*, do Cânone páli, o *Avadānaśataka* do Sarvāstivāda (*BS*2.17) e o *Divyāvadāna*, também do Sarvāstivāda (Rotman, 2008), bem como o *Mahāvastu-avadāna* da escola Lokottaravāda. Eles contam histórias das vidas passadas dos *Arahats* e do Buda, enfatizando o poderoso benefício espiritual de ter servido (*adhikāra*) aos Budas ou a suas relíquias. Os Budas e suas relíquias eram vistos como poderosos "campos de fruição kármica" (ver p. 73-74), a ponto de um ato de devoção a eles poder gerar boa dose de bom karma. Além disso, formar uma ligação com um Buda dessa maneira era considerado um pré-requisito crucial para o futuro despertar. Uma ideia correlata é a do Campo de Buda (P. *Buddha-khetta*, S. *Buddha-kṣetra*), o domínio ou a esfera de influência de um Buda, e algumas escolas passaram a considerar que esses domínios são em número incontável, espalhados pelo número ainda maior de sistemas de mundo no universo (*Mvs.*I.121-25). Como se mencionou posteriormente no *Visuddhimagga* de Buddhaghosa (*Vism.*414 (*BTTA.*120)), nosso Buda tem um Campo de Buda triplo: o de seu nascimento — os 10 mil sistemas de mundo que estremeceram quando ele nasceu e eventos significativos posteriores em sua vida; o de sua autoridade — os 100 mil milhões de sistemas de mundo onde certos *parittas*, ou cânticos protetores (ver pp. 279-45), têm poder; e o de seu conhecimento, que é imensurável.

O IMPERADOR ASOKA E O BUDISMO

Durante o reinado do imperador Asoka (S. *Aśoka, c.* 268-239 AEC), o budismo se propagou amplamente, alcançando a maior parte do subcontinente indiano e indo também além dele, tornando-se assim uma "religião mundial". O império Magadha que Asoka herdou incluía a maior parte da Índia moderna, com exceção do extremo sul: o maior no subcontinente até sua conquista pelos britânicos. Asoka adotou a ética social do budismo como princípio norteador de seu governo, sendo visto pelos budistas como o modelo de um governante budista compassivo. As fontes mais importantes de conhecimento sobre ele são seus numerosos editos, promulgados em rochas e pilares de pedra em várias línguas.[11]

O Buda parece ter tido certo gosto pelas repúblicas semidemocráticas da sua época, mas estava consciente do crescente poder dos reinados. Os seus ideais de monarquia vinham de (i) seu ponto de vista de que o primeiro rei na sociedade humana foi eleito pelo seu povo a fim de preservar a harmonia social (ver p. 67), e (ii) suas ideias sobre os compassivos governantes *Cakkavattin* do passado, que governavam com uma grande consideração pelo *Dhamma*, no sentido de moralidade e justiça social (p. ex., *D.*III.58-9). No início de seu reinado, Asoka parece ter ficado satisfeito em levar avante a política de seus antepassados, que consideravam ser dever de um governante expandir seu reino pela força, de acordo com a filosofia de que "a força faz o

11 *EB.2.6.3*; Dhammika, 1993; Nikam e McKeon, 1959.

direito".[12] Embora Asoka já tivesse se tornado nominalmente budista por volta de 260 AEC, as plenas implicações de sua nova fé só parecem ter se tornado significativas depois da sangrenta conquista da região de Kaliṅga, no ano seguinte. Em um edito que sucedeu esse episódio, ele revelou um grande remorso diante do massacre que causara, expressando o desejo de governar, agradar e proteger seus súditos de acordo com o *Dhamma*. Sentia agora que era sua obrigação melhorar a qualidade de vida dos seus súditos a fim de proporcionar uma estrutura sólida para que seguissem um modo de vida moral e religioso, budista ou de outro tipo. Inaugurou obras públicas, bem como poços e casas de repouso para viajantes, apoiou a ajuda médica para seres humanos e animais e ofereceu ajuda para a promoção dessas medidas em regiões além do seu império. Foram nomeadas autoridades do *Dhamma* para incentivar a virtude, cuidar dos idosos e dos órfãos, e garantir padrões judiciais iguais em todo o Império. Embora Asoka mantivesse alguns espancamentos judiciais, ele aboliu a tortura e, é bem provável, também a pena de morte (Norman, 1975). Os prisioneiros libertados recebiam ajuda financeira de curto prazo e eram encorajados a gerar fruição kármica para suas vidas futuras.

O interesse de Asoka pelo aprimoramento moral de seu povo se expressou de forma parcial na legislação, porém com mais frequência em tentativas de convencer as pessoas a viver uma vida melhor. Um valor fundamental encorajado em seus editos era *ahiṃsā*, ou "não causar dano", que é enfatizado com vigor tanto no budismo quanto em outras tradições indianas. Embora conservasse o seu exército para impedir as invasões, Asoka desistiu das conquistas. As excursões de caça, o esporte dos reis, foram substituídas por peregrinações a locais associados ao Buda (*EB*.1.2). Com o tempo, a grande unidade familiar real se tornou vegetariana. O sacrifício bramânico de animais foi proibido na capital, e um vasto leque de animais, pássaros e peixes não comestíveis foram protegidos. A generosidade para com os *Samaṇa*s, os brâmanes e os idosos foi recomendada com insistência. O respeito pelos idosos e pelos pais, o bom comportamento para com amigos e parentes e o bom tratamento dos criados foi elogiado. A misericórdia, a veracidade, a pureza sexual, a delicadeza e o contentamento foram recomendados. A orientação secular dos valores de Asoka revela-se no fato de que os editos fazem referência a uma sociedade harmoniosa e ao renascimento celestial como meta de uma vida virtuosa vivida de acordo com o *Dhamma*, sem fazer nenhuma menção ao *Nirvāṇa* (Basham, 1982).

Asoka conferiu ao budismo um lugar central em seu império, assim como o imperador romano Constantino (que governou de 306 a 337 EC) fez com o cristianismo. Não obstante, apoiava não apenas os monges e as monjas budistas, mas também os brâmanes, os jainistas

12 Explicitada no *Artha Śāstra* bramânico de Kauṭilya, de cerca de 300 AEC. Lendas posteriores, em textos como o *Aśokāvadāna* (Strong, 2008), retratam Asoka se afastando de um período inicial "negro" rumo a um período posterior "branco", sob a influência do budismo.

itinerantes e os ascetas Ājīvika, de acordo com um padrão que governantes budistas e hindus posteriores também seguiram. Em uma época em que diferentes religiões competiam por adeptos, ele encorajava o respeito mútuo e a tolerância. Considerava que todas as tradições religiosas contribuíam, de alguma maneira, para o desenvolvimento espiritual, e seu décimo-segundo edito em pedra declara que uma base comum para as religiões é que louvar a própria religião e criticar a dos outros era algo a ser restringido: porque a disputa religiosa causa dano tanto à religião da pessoa quanto à dos outros, enquanto o respeito mútuo fortalece ambas (Nikam e McKeon, 1959, pp. 51-2). Embora as escolas Theravāda e Sarvāstivāda afirmem ter tido uma associação especial com Asoka, é provável que ele não tenha sido parcial com relação a nenhuma escola budista, desencorajando o cisma. Estava, contudo, interessado na pureza do *Saṅgha*, e pode ter participado do expurgo dos monges negligentes.

Nas suas peregrinações a localidades budistas, Asoka erigiu santuários e pilares memoriais. Segundo relatos lendários posteriores, também abriu os dez *Stūpa*s originais e distribuiu as relíquias deles por muitos *Stūpa*s novos em toda a Índia, ajudando assim a popularizar o culto de devoção nos *Stūpa*s. Durante seu reinado, a atividade missionária budista foi considerável. Fontes Theravāda registram que o monge Tissa Moggaliputta enviou grupos de monges para uma série de "áreas fronteiriças". Os editos asokanos também registram que o imperador enviou embaixadas para várias terras estrangeiras, porque desejava disseminar os ideais que ele seguia: uma "conquista pelo *Dhamma*" em vez de uma conquista militar. Foram enviadas embaixadas a noroeste até a Síria, o Egito e a Macedônia, embora não haja nenhum registro da chegada delas a esses lugares. No leste, foram até "Suvaṇṇa-bhūmi", provavelmente a terra dos Mon da baixa Birmânia ou da Tailândia central. No sul, chegaram aos reinos indianos do sul e também até a ilha do Ceilão. O relacionamento entre as missões e as embaixadas não está claro, mas é bem possível que monges tenham acompanhado as embaixadas, e houve sem dúvida uma cooperação no caso do Ceilão. Aqui, por volta de 250 AEC, uma missão chefiada pelo próprio filho de Asoka, o monge *Arahat* Mahinda (*EB.6*.1.1.), foi muito bem-sucedida na implantação do que se tornaria conhecida como a forma Theravāda do budismo.

A DEVOÇÃO E O SIMBOLISMO NOS PRIMÓRDIOS DO BUDISMO[13]

O fato de Asoka ter abraçado o budismo o ajudou a se desenvolver como uma religião popular. O desenvolvimento da fé que assim aconteceu complementava a orientação para a sabedoria expressa nas obras do *Abhidhamma*. As duas coisas apelavam respectivamente aos tipos de pes-

13 Sobre os primeiros símbolos do budismo, ver Berkowitaz, 2010, pp. 27-32, Harvey, 1990 e 2007d: pp. 107a--116b. Para uma visão geral da arte budista, ver Fisher, 1993.

soas que poderiam se tornar seguidores da fé e seguidores do *Dhamma* (ver p. 115). Antes da popularização do culto dos *Stūpas*,[14] é provável que o principal foco de devoção fosse a árvore sob a qual o Buda alcançou o despertar e outras árvores cultivadas a partir de suas mudas ou sementes. Elas se tornaram conhecidas como árvores *Bodhi*, ou árvores "do Despertar", sendo muito veneradas, tanto como lembretes do despertar do Buda quanto como vínculo tangível com seus grandes poderes espirituais. Baseando-se na adoração das árvores que acontecia na época pré-budista, a devoção a essa árvore se expressava por meio de oferendas — flores, por exemplo — depositadas em um altar situado a seu pé e pelos atos de amarrar bandeirolas nela e regá-la. A circum-ambulação no sentido horário também era executada; o objeto em torno do qual a pessoa girava simbolizava algo que deveria encontrar-se no centro da vida da pessoa.

O *Stūpa* budista provavelmente se desenvolveu a partir dos montes mortuários de reis, heróis e santos pré-budistas, que remontam à pré-história em muitas culturas. Tornaram-se importantes no budismo devido às relíquias sagradas (P. *sarīra*, S. *śarīra*) que eles continham, ao fato de simbolizarem o Buda e o seu *parinirvāṇa* (a passagem para o *Nirvāṇa* final na morte) e, em alguns casos, à sua localização em locais significativos. As relíquias (ver p. 55) eram um importante foco de devoção no budismo primitivo e o são desde então (Harvey, 2007d, pp. 133a-137b; Strong, 2004). A importância da devoção às relíquias era enfatizada nos *Avadānas*. Dizem que as relíquias colocadas nos *Stūpas* foram as de Gotama, de *Arahats* e até mesmo de Budas anteriores. Por terem feito parte dos corpos de seres despertos, achava-se que tinham sido impregnadas com um pouco do poder para a bondade de uma mente desperta, podendo levar bênçãos àqueles que expressassem devoção nas proximidades. Quando relíquias funerárias não podiam ser encontradas, o cabelo ou objetos que haviam pertencido aos santos, cópias de relíquias corporais ou desses objetos ou ainda textos budistas vieram a ser usados no lugar deles (*BP*.28).

Dos antigos *Stūpas* budistas, o mais bem preservado é o Sāñcī na Índia central (ver Figura 1; Bechert e Gombrich, 1984, pp. 64-5), que data do século I EC na sua presente forma. Foi construído sobre um *Stūpa* datado do século III AEC, que pode ter sido construído ou adornado por Asoka. Os quatro pórticos, ou *toráṇas*, colocam o *Stūpa* em uma encruzilhada simbólica, como o Buda havia especificado, talvez para indicar a abertura e a universalidade do *Dhamma*. Relevos entalhados nos pórticos descrevem narrativas do *Jātaka*, ao lado de indicações simbólicas de Budas anteriores e eventos da vida final de Gotama. A *vedikā* circular, ou balaustrada, marca o local dedicado ao *Stūpa* e encerra os caminhos para a circum-ambulação (*pradakṣiṇā-patha*). A cúpula do *Stūpa*, chamada nos primeiros textos de *kumbha* ou "pote", é a cobertura externa das relíquias. Está associada ao símbolo indiano conhecido como o "vaso

---

14 A respeito desse assunto, consulte Ray, 1994, pp. 324-57.

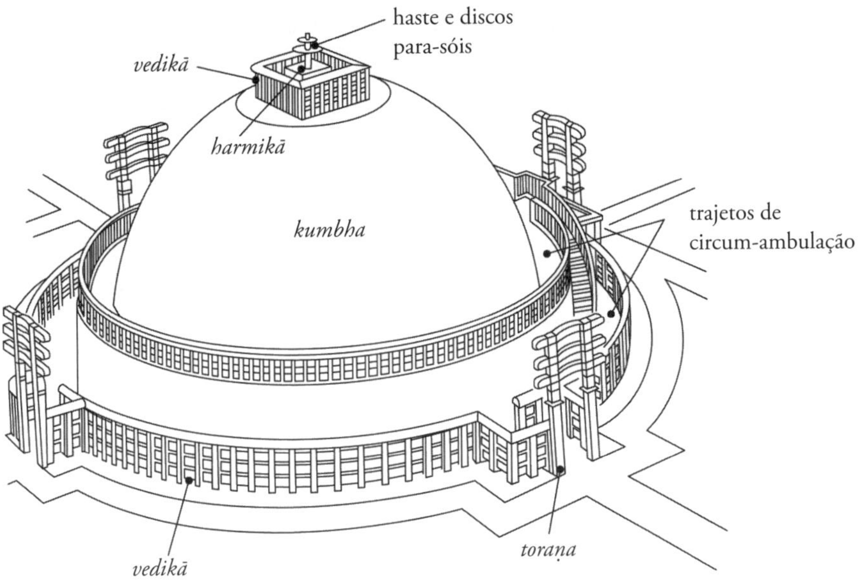

Figura 1: O *Stūpa* de Sāñcī.

da abundância", e, de modo simbólico, desperta a lembrança de um ser iluminado no qual "abunda" o *Dhamma* edificante.

No topo do *Stūpa* de Sāñcī há uma haste e discos que representam para-sóis cerimoniais. Como os para-sóis eram usados como símbolos da realeza na Índia, considera-se sua inclusão nos *Stūpas* uma maneira de simbolizar a soberania do Buda. É provável que essa ligação com os reis derive do antigo costume dos governantes de se sentar debaixo de uma árvore sagrada no centro de uma comunidade para administrar a justiça, com para-sóis móveis substituindo depois essas árvores umbrosas. A estrutura de para-sol nos *Stūpas* também parece ter simbolizado a árvore sagrada budista, a qual, por sua vez, simbolizava o despertar. Isso é sugerido por um relevo em pedra do século II AEC de um *Stūpa* que o mostra encimado por uma árvore cujas folhas têm o formato de para-sóis. Em vários *Stūpas*, constatou-se que a estrutura na base da haste e nos discos lembrava a forma dos cercados das árvores *Bodhi*.

Em *Stūpa*s posteriores, a parte superior se fundia em um pináculo e várias plataformas eram acrescentadas com frequência sob a cúpula para elevá-la de maneira honorífica. Tornou-se então possível entender cada camada da estrutura como símbolo de um conjunto particular de qualidades espirituais, como os "quatro esforços corretos" (ver p. 113), com o pináculo simbolizando os poderes e o conhecimento de um Buda. Os *Stūpa*s são hoje bastante conhecidos pelo termo "Pagode", provavelmente uma corruptela de *Dagaba* ("receptáculo de relíquia"), termo usado no Sri Lanka, que deriva do páli, *dhātugabbha*: "receptáculo dos elementos (do Buda)".

Uma característica digna de nota das primeiras representações de Gotama, até mesmo antes do seu despertar, é que ele só é representado por meio de símbolos (Bechert e Gombrich, 1984, p. 19), como uma roda do *Dhamma* sobre um trono vazio com pegadas diante dele: um espaço significativo que sugere a calma e a quietude da mente do Buda e o *Nirvāṇa* como o supremo "vazio". Isso deve ter sido atribuível ao sentimento de que a natureza profunda de uma pessoa que estivesse perto do Estado de Buda ou já o tivesse alcançado não poderia ser representada de modo adequado por uma forma humana. Até mesmo o bramanismo da época só retratava deuses secundários de maneira não simbólica.

Com o tempo, a ausência do Buda falecido foi muito sentida, surgindo a necessidade de que uma representação sua em forma humana atuasse como foco de devoção mais personalizado. O desenvolvimento de imagens do Buda, no século II EC,[15] foi precedido pela prática de visualizar a forma do Buda, como em *Sn.*1140-142, em que um monge mantém com reverência uma imagem clara do Buda na mente (Williams, 2009, pp. 209-10). Esta era uma maneira de praticar a lembrança consciente do Buda e suas qualidades (P. *Buddhānussati*, S. *Buddhānusmṛti*). A época em que as imagens se desenvolveram também foi um período no qual uma mudança de atmosfera afetou todas as religiões indianas, conduzindo à representação do fundador do jainismo e dos principais deuses hindus como focos de *bhakti*, ou "devoção amorosa". No budismo, essa mudança também conduziu à composição de biografias mais meticulosas do Buda e contribuiu para a origem do Mahāyāna.

Os artesãos que fizeram as primeiras imagens do Buda se inspiraram na tradição de que Gotama nascera com as "32 características de um Grande Homem", o que indicava que se tornaria um Buda ou um *Cakkavattin*. Essas características físicas são descritas como resultados kármicos de perfeições espirituais formadas em vidas anteriores (*D.*III.142-78). A mais óbvia exibida nas imagens do Buda é a "cabeça de turbante" (P. *unhīsa*, S. *uṣṇīṣa*), o que significa que sua cabeça tinha o formato de um turbante real, ou que dotado de visão espiritual conseguiria ver um turbante real em sua cabeça. Independentemente da interpretação, as representações artísticas primeiro a escondiam debaixo de um tufo de cabelo e depois a mostravam como uma protuberância no alto da cabeça. Os *Suttas* a veem como resultado de uma proeminência moral e espiritual anterior; textos posteriores a veem como uma espécie de "saliência de sabedoria" para acomodar a suprema sabedoria de um Buda. Um traço das imagens do Buda que não está entre as "características" são os lóbulos da orelha alongados. Eles representam a criação "real" de Gotama, quando usava pesados brincos de ouro, e portanto sua renúncia à opção da grandeza política. Também podem ser encarados como um símbolo comum da nobreza de caráter ou

15 *EB.1.8* apresenta um texto tardio que afirma ter sido a primeira imagem do Buda criada enquanto ele estava vivo.

Prancha 2: Imagem de Sārnāth que mostra o Buda fazendo o gesto de "Girar a roda do *Dhamma*", símbolo de seu primeiro sermão (século V ou VI EC).

um indício do "ouvido divino" do Buda, um poder sobrenatural baseado na meditação.

As imagens do Buda parecem ter sido produzidas pela primeira vez dentro do império de Kaniṣka I, situado na região onde estão hoje em dia o Afeganistão, o Paquistão e o noroeste da Índia. Isso ocorreu mais ou menos na mesma época em Ghandhāra, uma região ocidental na qual as imagens eram influenciadas pela arte helenística grega, e na cidade indiana de Mathurā. Embora as primeiras imagens deixassem um pouco a desejar em matéria de espiritualidade, com o tempo os artífices foram capazes de expressar muitas qualidades espirituais na pedra. Imagens primitivas do Buda também foram feitas em Āndhradeśa, uma região do sudeste da Índia cuja capital era Amarāvati. As mais antigas imagens desse local que ainda existem foram feitas mais ou menos um século depois das mais antigas de Mathurā e Gandhāra que sobreviveram. Desenvolveu-se ali aquela que veio a se tornar a maneira típica de mostrar a cabeça e o cabelo do Buda, na qual a *uṣṇīṣa* não é disfarçada por um coque, mas retratada com clareza como parte da cabeça, e todo o couro cabeludo é coberto por espirais de cabelo em forma de caracol, lembrando uma das "32 características", a dos pelos do corpo se enrolando em anéis para a direita. Imagens posteriores do Buda foram desenvolvidas mediante uma interação dos três estilos já descritos e por escultores que aprimoraram sua arte. Foi no período Gupta (320-540 EC) que a imagem clássica do Buda foi produzida na Índia. Um excelente exemplo de uma dessas imagens é mostrado na Prancha 2. Ela tem vida, vigor e graça e suas características sugerem alegria, compaixão, sabedoria, serenidade e concentração meditativa. Expressa as qualidades alcançadas por uma pessoa na meta do budismo e foi concebida para estimular o desenvolvimento dessas qualidades em alguém que a contemplasse.

As imagens do Buda vieram a mostrá-lo em uma variedade de posições — sentado de pernas cruzadas, em pé, caminhando ou dormindo deitado sobre o lado direito ou no seu leito de morte — e com vários gestos da mão, em especial mostrando-o girando a roda do *Dhamma*, raciocinando, recomendando o destemor, meditando ou tocando a terra logo antes do seu despertar (ver p. 50). Essas imagens iriam retratá-lo em diferentes eventos importantes de sua vida, mostrar diferentes aspectos de sua natureza e, é claro, tornar-se focos de devoção inspiradora.

A ASCENSÃO DO MAHĀYĀNA

O movimento que se tornou conhecido como Mahāyāna começou a surgir em algum momento entre 150 AEC e 100 EC como culminação de vários acontecimentos anteriores (Williams, 2009, pp. 21-44). Sua origem não está associada a nenhuma pessoa específica, tampouco ele estava vinculado com exclusividade a qualquer uma das primeiras escolas ou fraternidades, embora se inspirasse nas tendências Mahāsāṃghika e Sarvāstivāda; suas ideias filosóficas na Índia tanto se baseavam no Sarvāstivāda *Abhidharma* quanto o criticavam, configurando uma espécie de "Sarvāstivāda ampliado". Ele pode ter surgido mais ou menos na mesma época no sudeste e no noroeste do subcontinente. Reginald Ray aventa a hipótese de que tenha começado entre os meditadores da floresta do sudeste e foi então adotado sobretudo no noroeste (1994, pp. 251--92, 404-17). Tinha três componentes principais: primeiro, a adoção convicta do caminho do *Bodhisattva*, que várias das primeiras escolas tinham delineado; segundo, uma nova cosmologia nascida de práticas de visualização devota dirigidas ao Buda como um ser glorificado e transcendente. Esses dois primeiros componentes estão relacionados respectivamente com os interesses dos *Jātakas* e dos *Avadānas*. O terceiro foi uma nova perspectiva com relação ao *Abhidharma*, que derivou de uma compreensão meditativa da profunda "vacuidade" dos fenômenos (ver p. 110) e conduziu a uma nova concepção filosófica. Esses três componentes enfatizam, respectivamente, a compaixão, a fé e a sabedoria. Desenvolveu-se uma nova orientação com relação aos ensinamentos budistas tradicionais e um aumento repentino de novas interpretações, cuja sistematização gradual estabeleceu o Mahāyāna como um movimento com identidade própria.

O Mahāyāna surge na história como uma confederação livre de grupos, cada um associado a uma ou mais séries de novos *Sūtra*s (P. *Sutta*s). Estes assumiram forma escrita nos dialetos indianos médios muito pouco tempo depois de terem sido formados. Alterações graduais dos escribas transformaram sua linguagem no "Sânscrito Híbrido Budista", que se aproximava do sânscrito clássico, a língua de prestígio da Índia. Os textos não raro recebiam contribuições ao longo do tempo, como pode ser visto nas suas diferentes versões traduzidas para o chinês, algumas das quais têm uma forma anterior à das versões em sânscrito que sobreviveram. À medida que as ideias dos diferentes *Sūtra*s foram servindo de inspiração, os Mahāyānistas posteriores as incorporaram e as sistematizaram de várias maneiras conflitantes, dependendo do texto que se considerava conter a verdade mais completa e elevada. Esse processo continuou nas terras do norte e do leste, que também adotaram as próprias ênfases amplas e divergentes.

Por conseguinte, qualquer pessoa que aceitasse a nova literatura como *Sūtras* genuínos — discursos abalizados do Buda — pertencia ao novo movimento. Este não requeria que monges e monjas abandonassem as antigas fraternidades, pois continuavam a seguir a disciplina monástica das fraternidades nas quais haviam sido ordenados. Os Mahāyānistas continuaram sendo uma minoria entre os budistas indianos durante algum tempo, mas, no século VII, já representavam talvez a metade dos 200 mil ou mais monges contados pelo peregrino chinês Xuanzang (Hsüan-tsang) (Williams, 2009, p. 44).

Os tradicionalistas negavam que a nova literatura fosse "a palavra do Buda" (*Buddha-vacana*), como os primeiros *Suttas*. O material inicial incluía ensinamentos e declarações inspiradas dos principais discípulos do Buda, mas estas eram aceitas como "a palavra do Buda", ou por ter ele concordado com os ensinamentos ou por causa do louvor habitual que dirigia a esses discípulos. Mesmo depois que eles estavam todos mortos, algum material era acrescentado de memória aos *Suttas* quando se harmonizava bem com o corpo existente no estilo e no conteúdo. Os novos *Sūtras* eram muito diferentes no estilo e no tom, mas defendidos como "a palavra do Buda" por meio de vários recursos.[16] Primeiro, eram vistos como declarações inspiradas provenientes do Buda, considerado ainda passível de ser contactado por meio de visões meditativas e sonhos vívidos. Segundo, eram vistos como produtos do mesmo tipo de sabedoria perfeita que era a base do próprio ensinamento do *Dharma* (P. *Dhamma*) (*Asta*.4) do Buda. Em terceiro lugar, no Mahāyāna posterior, eram considerados ensinamentos ocultos do Buda no mundo das divindades-serpentes (*nāgas*), até que houvesse seres humanos capazes de enxergar as implicações mais profundas de sua mensagem, os quais iriam recuperar os ensinamentos por meio de poderes meditativos. Todas as explicações postulavam que os *Sūtras* haviam surgido, direta ou indiretamente, como frutos de experiências meditativas. Não obstante, assumem a forma de diálogos entre o Buda "histórico" e seus discípulos e deuses.

Os novos *Sūtras* iniciais foram vistos como a segunda "volta da roda do *Dharma*" (ver p. 52), um nível mais profundo de ensinamento do que os primeiros *Suttas*, com os discípulos *Bodhisattvas* do Buda sendo retratados como mais sábios do que os discípulos *Arhats* (P. *Arahat*). Por causa da verdade liberadora que se considerava que os *Sūtras* continham, dizia-se que havia uma enorme quantidade de fruição kármica se eles fossem transcritos, disseminados, recitados, explicados, compreendidos, praticados e até mesmo ritualmente venerados. Essas afirmações sugerem uma atitude defensiva da parte de um movimento novo e pequeno que tentava se

16 McQueen, 1981 e 1982; Williams, 2009, pp. 38-44.

estabelecer. Alguns *Sūtras* do Mahāyāna podem ter sido, em parte, produzidos pela nova classe de pregadores carismáticos do *Dharma* que os defendiam (Kent, 1982). Esses monges, e alguns leigos, pregavam tanto dentro quanto fora da comunidade budista existente para conquistar adeptos. Faziam isso enaltecendo as virtudes do perfeito Estado de Buda, de maneira a obter uma experiência de conversão de profundo efeito psicológico. Era o "surgimento do pensamento de despertar (*bodhi-citta*)", a sincera aspiração de se esforçar para alcançar o pleno Estado de Buda por intermédio do caminho do *Bodhisattva*.

Essa nova perspectiva sobre quais textos sagrados eram legítimos levou o Mahāyāna a ter uma "revelação" aberta e contínua, que produziu uma enorme efusão de novos *Sūtras* na Índia no período que se estendeu até mais ou menos 650 EC. Eles eram compostos de modo anônimo, não raro por uma série de autores que elaboravam um texto básico para produzir obras que não raro chegavam a ter centenas de páginas. Em contrapartida, os primeiros *Suttas* têm no máximo 95 páginas impressas, e é comum terem apenas uma ou duas páginas. Em alguns dos primeiros *Suttas*, como o *Mahāsamaya* (*D*.II.253-62), o Buda é um glorioso ser espiritual rodeado por um sem-número de deuses e centenas de discípulos. Os *Sūtras* Mahāyāna desenvolveram esse estilo. Neles, o Buda usa a linguagem hiperbólica e o paradoxo e torna conhecidos muitos Budas e *Bodhisattvas* celestiais de alto nível, existentes em diversas regiões do universo. Uma série desses seres salvadores, Budas e com o tempo *Bodhisattvas*, tornaram-se objetos de devoção e prece, contribuindo muito para a atratividade e o sucesso missionário do Mahāyāna.

A natureza do Mahāyāna e a sua atitude com relação às primeiras escolas

A princípio, o novo movimento era chamado de *Bodhisattva-yāna* ou "Veículo (Espiritual) do *Bodhisattva*". Contrastava assim com o "Veículo do Discípulo" (*Śrāvaka-yāna*) e o "Veículo do Buda Solitário" (*Pratyekabuddha-yāna*), que respectivamente visavam se tornar *Arhats* e *Pratyeka-buddhas* (ver p. 128). À medida que o novo movimento ia respondendo às críticas daqueles que não aceitavam os novos *Sūtras* (*BP*.34), passou a enfatizar cada vez mais a superioridade do *Bodhisattva-yāna* e a chamá-lo de *Mahā-yāna:* o "Grande Veículo", ou "Veículo (que conduz ao) Grande" (Williams, 2009, p. 267). Os outros "veículos" foram depreciados e chamados de "Veículo Inferior", ou *Hīnayāna* (*BS*1.197-211, do *Sūtra do Lótus*). Considerava-se que a "grandeza" do novo veículo residia em três áreas: a sua motivação compassiva, dirigida para a salvação de um sem-número de seres; a profundidade da sabedoria que ele cultivava; e a sua meta superior, o Estado de Buda onisciente.

Antes da sua primeira tradução para o chinês em 286 EC, o *Sūtra* conhecido como *Saddharma-puṇḍarīka*, ou "Lótus do Verdadeiro *Dharma*" (por brevidade, "*Lótus*") desenvolveu uma perspectiva que, embora hostil ao "Hinayāna", buscava retratá-lo como incorporado no Mahāyāna e completado por ele (Williams, 2009, pp. 149-61). O Capítulo 2 do *Sūtra* alcança essa acomodação por meio do que se tornaria um conceito central do Mahāyāna, o do *upāya-kauśalya*: habilidade (*kauśalya*) no uso dos meios (*upāya*) ou, como se diz comumente, o conceito dos "meios hábeis". Baseava-se nas antigas ideias dos métodos de ensino do Buda, nos quais ele adaptava o conteúdo de seu ensinamento ao temperamento e ao nível de compreensão de seu público. Fazia isso pela simples seleção de ensinamentos específicos dentre um corpo harmonioso de ensinamentos. Passou-se então a acreditar que ele tivesse diferentes níveis de ensinamentos, os quais poderiam parecer efetivamente conflitantes, pois o nível "superior" requeria a eliminação de certas lições de nível "inferior" simplificadas em demasia. Embora a suprema mensagem do Buda fosse de que *todos* poderiam se tornar Budas oniscientes, essa ideia teria sido inverossímil e confusa demais para ser apresentada como ensinamento preliminar (*BT*.85-90). Para o "ignorante com tendências baixas", ele começa, portanto, ensinando as quatro Realidades Verdadeiras para os Espiritualmente Enobrecidos, estabelecendo a meta de alcançar o *Nirvāṇa* tornando-se um *Arhat*. Considera-se que o *Arhat* ainda é maculado por um orgulho sutil e carece de compaixão na sua esperança de escapar à roda de renascimentos, deixando que os seres não iluminados se virem sozinhos. Para aqueles que estavam preparados para ouvir mais, o Buda então ensina que o verdadeiro *Nirvāṇa* é alcançado no Estado de Buda e que todos podem atingi-lo, até mesmo os *Arhat*s, que hoje pensam que já atingiram a meta. O Buda tem apenas "um veículo" (*eka-yāna*), o veículo do Buda que tudo abarca, mas ele usa os seus "meios hábeis" para evidenciá-lo por meio de três veículos distintos: os veículos do Discípulo, do Buda Solitário e do *Bodhisattva*. Oferece às pessoas aquele entre eles que corresponde às suas inclinações e aspirações; mas, depois que as leva a desenvolver a espiritualidade, oferece a todas elas o supremo veículo do Buda (*EB*.4.1). Como o caminho do *Bodhisattva* conduz ao Estado de Buda, parece difícil diferenciar os veículos do *Bodhisattva* e do Buda. Nem todos os *Sūtra*s Mahāyāna seguem essa perspectiva de "um só veículo"; na realidade, a maioria deles, como o *Ugraparipṛcchā* (Nattier, 2003), segue a perspectiva de "três veículos" (*tri-yāna*) na qual os *Arhat*s não se desenvolvem além do estado que já alcançaram. Outros, como o *Aṣṭsāhasrikā Prajñāpāramitā*, enfatizam a importância de os *Bodhisattvas* não recuarem para buscar a meta inferior de serem *Arhat*s.

De acordo com os padrões da condição de *Arhat* preservados por escolas como a Theravāda, a acusação de que o *Arhat* é orgulhoso e egoísta é absurda. Por definição, ele ou ela é alguém que enfim destruiu o conceito de "eu sou", a origem de todo o egoísmo e egocentrismo. Também é descrito como imbuído de bondade amorosa, alguém que ensina os outros de modo compassivo. O Theravāda ainda reconhece que o longo caminho em direção ao Estado de Buda, ao longo de muitas vidas, é a prática mais elevada, pois visa à salvação de um sem-número de seres (*Vism.*13). Por conseguinte, o *Dasa-bodhisatt'uppattikathā* ou "Relato do Surgimento de Dez *Bodhisattvas*", do final do século XIV, fala de maneira entusiástica de Metteyya e dos nove *Bodhisattvas* seguintes. Não obstante, embora o caminho do *Bodhisattva* tenha sido e ainda seja praticado por alguns theravādins (muitas vezes leigos), ele é considerado um caminho para um pequeno número de heróis. A maioria utiliza com gratidão os ensinamentos de Gotama Buda para avançar rumo à condição do *Arhat*, quer esta seja alcançada na vida atual ou em uma vida futura.

A escola Mahāyāna, contudo, exortou o maior número possível de homens e mulheres a se unirem aos poucos heróis que trilham o rigoroso caminho do *Bodhisattva*. Mesmo assim, o estereótipo da escola Mahāyāna de ser mais aberta às aspirações leigas não parece diretamente aplicável à escola Mahāyāna mais antiga (Berkwitz, 2010, pp. 71-5). Nas primeiras traduções chinesas de textos Mahāyāna, espera-se que o *Bodhisattva* leigo viva uma vida livre do apego à família e almeje se ordenar o mais rápido possível (Harrison, 1987, *BS*2.29). Em grande parte desses textos, ele é semelhante ao discípulo leigo ideal dos *Suttas* páli (p. ex., *A.*ɪᴠ.208-21). Poderia alcançar um estágio espiritual avançado, mas uma pessoa leiga na tradição Theravāda, digamos, também poderia. Não obstante, os praticantes leigos desempenham um papel proeminente em vários *Sūtras* Mahāyāna importantes, como o *Vimalakīrti-nirdeśa*.[17]

O chamado para o caminho do *Bodhisattva* foi inspirado pela visão de que o enorme universo sempre precisará de um Buda perfeito. A pessoa que ingressava nesse caminho aspirava a ser um herói compassivo e abnegado (Nattier, 2003). Seu caminho seria longo, já que ela precisaria desenvolver perfeições morais e espirituais não apenas para sua própria consecução do Estado de Buda, mas também para ser capaz de ofertar ajuda altruística a outras pessoas por meio de ensinamentos, boas ações, transferência da fruição kármica e resposta às preces. Embora a compaixão sempre tenha sido parte importante do caminho budista (ver pp. 51, 112), ela era agora enfatizada com mais vigor, como fator motivador para todo o caminho do *Bodhisattva*.

Ao longo dos séculos, muitos monges estudaram e praticaram tanto de acordo com o Śrāvakayāna quanto com o Mahāyāna; não era raro que ambos os caminhos estivessem presentes no mesmo mosteiro. Na realidade, os chineses só vieram a diferenciar com clareza o Mahāyāna como um movimento isolado no final do século IV. Além disso, no budismo do leste e do norte, o termo "Hīnayāna" veio a ser usado sobretudo para se referir ao nível inferior da motivação e da prática espirituais que preparavam para o nível Mahāyāna. De qualquer modo, é um erro igualar o "Hīnayāna" com a fraternidade Theravāda, não somente porque o termo é depreciativo e não é aceito pelos theravādins, mas também porque era usado para se

---

17 Lamotte, 1976; *BT*.271-76; *EB*.4.4.4.

referir a qualquer pessoa que não aceitasse os *Sūtras* Mahāyāna como abalizados. Essas pessoas poderiam pertencer a qualquer uma das fraternidades de ordenação e podiam mesmo conviver com outras que aceitavam até certo ponto esses novos *Sūtras*. Além disso, essas fraternidades também incluíam um caminho do *Bodhisattva*, de modo que é incorreto encará-las como tendo uma natureza puramente Śrāvakayāna. Mesmo assim, os theravādins que se recusaram a aceitar os novos *Sūtras* Mahāyāna acabaram, com o tempo, tornando-se a voz dominante em sua tradição.

Ao falar sobre esses budistas que não aceitavam os *Sūtras* Mahāyāna, vemo-nos diante do problema de encontrar um rótulo conveniente para designá-los. O termo pejorativo "Hīnayāna" é inadequado (Katz, 1980) e o termo "Theravāda" refere-se apenas a uma das tradições que se originaram antes da ascensão do movimento Mahāyāna, cujos membros criticavam em certo grau os novos textos. "Śrāvakayāna" é um termo útil, embora devamos nos lembrar de que as fraternidades cuja orientação era principalmente Śrāvakayāna também continham pessoas que seguiam o caminho do *Bodhisattva*, posicionadas dentro de um contexto doutrinário que ou não incluía as ideias dos novos *Sūtras* ou usava esses textos e as ideias deles. Sendo assim, é melhor falar das fraternidades "que enfatizavam o Śrāvakayāna". Alguns usam a expressão "budismo '*mainstream*'" para denotar os não Mahāyānistas (Williams e Tribe, 2000, p. 210; *EB*.88-9); mas, embora os Mahāyānistas não fossem *mainstream* ou "predominantes" na Índia, tornaram-se "predominantes" em lugares como o Tibete, a China e o Japão.

Entretanto, uma coisa está clara: não é possível compreender o Mahāyāna de modo isolado, sem examinar o que veio antes dele. Também precisamos entender a retórica e a autojustificação do Mahāyāna em seu contexto, encarando com cautela as generalizações excessivas que as caracterizam; e precisamos tomar cuidado para não projetar sobre o budismo indiano primitivo as noções ocidentais de diferenças religiosas ou os ideais do budismo japonês de orientação leiga do século XX. O amplo movimento Mahāyāna se originou de forma gradual, ao contrário da Reforma Protestante, e não foi originalmente dirigido por leigos, como disseram alguns estudiosos japoneses.

CAPÍTULO 5

As Filosofias do Mahāyāna: as Variedades do Vazio

O *tipo de motivação* Mahāyāna, de aspirar com compaixão ao perfeito Estado de Buda, é enunciado em regra dentro de uma estrutura *doutrinal* Mahāyāna. Não devemos nos esquecer, contudo, de que essa motivação também existia numa minoria daqueles cuja estrutura doutrinária fazia parte de uma das primeiras escolas, como o Theravāda. Há também aqueles cujo contexto doutrinário é Mahāyāna mas que têm por meta a proteção mundana, um bom renascimento ou a própria libertação, não tendo, portanto, ainda um nível de motivação que seja Mahāyāna.

A perspectiva doutrinária Mahāyāna se expressa tanto nos *Sūtras* quanto numa série de *Śāstras*, "tratados" escritos por autores renomados. Estes apresentam de modo sistemático o ponto de vista de escolas Mahāyāna particulares, com base nos *Sūtras*, na lógica e na experiência meditativa. Cada escola está associada a um grupo particular de *Sūtras*, cujo significado ela acredita ser completamente explícito (*nītārtha*); os outros *Sūtras* são vistos, em geral, como textos que carecem de interpretação (*neyārtha*). Na Índia, o Mahāyāna desenvolveu duas escolas filosóficas principais: a Mādhyamika e, mais tarde, a Yogācāra. Ambas foram influências importantíssimas no budismo do norte e do leste.

A LITERATURA DA PERFEIÇÃO DA SABEDORIA E A ESCOLA MĀDHYAMIKA

Fontes e escritores

A escola Mādhyamika também era conhecida como Śūnyatā-vāda, "Doutrina da Vacuidade", pois seu principal conceito é o de "vacuidade" ou "vazio", o qual é também um parâmetro básico para os *Sūtras* da tradição *Prajñā-pāramitā*, ou "Perfeição da Sabedoria" (*BTTA*.141-48). Entre esses está o mais antigo texto Mahāyāna existente, o *Aṣṭasāhasrikā* (*Asta.*), um *Sūtra* de Perfeição da Sabedoria com "8 mil Versículos". Originando-se nos primeiros séculos AEC e EC, seus conteúdos se expandiram, no período até 300 EC, para formar obras de 18 mil, 25 mil (*Panca.*) e 100 mil versículos. Versões mais curtas também foram compostas. O *Vajracchedikā* (*Vc.* (*BS1*.164-68; *BS2*.51)) ou "Lapidador de Diamantes", de 300 versículos, pode datar de

300 a 500 EC, embora possa também de algum modo já ter existido desde os primórdios dessa literatura. O *Hṛdaya* ou *Sūtra* da Perfeição da Sabedoria do "Coração",[1] de uma página, data depois de 300 EC. Jan Nattier[2] argumentou que ele foi composto na China como uma condensação das ideias da versão de 100 mil versículos, sendo depois introduzido na Índia, talvez pelo monge peregrino Xuanzang, e traduzido para o sânscrito quando os Mahāyānistas reconheceram seu grande mérito. O período de 300 a 500 EC também assistiu à composição do *Abhisamayālaṃkāra* atribuído ao *Bodhisattva* Maitreya, um trabalho exegético bastante utilizado no Tibete.

A escola Mādhyamika foi fundada por Nāgārjuna (*c.* 150-250 EC), um monge, filósofo e místico do sul da Índia. O documento básico da escola é seu (*Mūla*)-*madhyamaka-kārikā*, "Versos sobre (os Fundamentos de) o Caminho do Meio" (*Mmk.*). Este documento argumenta a favor do que Nāgārjuna percebe como o verdadeiro "Caminho do Meio" do Buda (ver p. 98), buscando convencer aqueles que não aceitam os *Sūtra*s Mahāyāna de que os antigos textos sagrados, quando compreendidos de maneira adequada, conduzem à percepção de que tudo é "vazio" tanto de uma existência inerente e independente quanto de uma natureza inerente (uma essência) (Westerhoff, 2009). Muitos outros trabalhos são atribuídos a Nāgārjuna, embora seja provável que vários deles tenham a autoria de homônimos posteriores. Entre as atribuições mais confiáveis (Williams, 2009, pp. 64-5) está o *Vigraha-vyāvartanī*, "Afastando os Argumentos" (*Vigv.*), que critica objeções às suas ideias. Embora a perspectiva dele pareça próxima daquela dos *Sūtra*s da Perfeição da Sabedoria, ele não faz menção a eles nem se refere ao "Mahāyāna" ou ao "*Bodhisattva*" no *Madhyamaka-kārikā*. Coube às suas outras obras, se autênticas, ou aos principais discípulos, Āryadeva (*BP*.32) e Nāga, fazerem essas conexões explícitas.

Buddhapālita (*c.* 470-540) e depois Bhāvaviveka[3] (*c.* 490-570) desenvolveram a popularidade da escola. Este último aprimorou seus métodos lógicos, inspirando-se nas ideias do lógico budista Dignāga (*c.* 480-540) e desenvolvendo uma nova interpretação das ideias de Nāgārjuna, formando assim a escola Svātantrika-Mādhyamika.[4] Sua interpretação foi então questionada por Candrakīrti (final do século VI), que desenvolveu o trabalho de Buddhapālita para fundar a escola Prāsaṅgika-Mādhyamika como declaração definitiva do Mādhyamika. As ideias de Candrakīrti são expressas em obras como seu comentário sobre o *Madhyamaka-kārikā*, o *Prasannapadā*, ou "Claramente Fraseado", e Śāntideva (*c.* 650-750) inspirou-se nessa perspectiva em seu *Bodhicaryāvatāra* (*Bca.*; *BP*.14; Berkwitz, 2010, pp. 121-25), uma influente sinopse

1 *BS1*.162-64; *EB*.4.2.2; Conze, 1958 contém tanto este quanto o *Lapidador de Diamantes*.
2 1992; cf. Williams, 2009, pp. 48-9, 284.
3 Também conhecidos como Bhavya e Bhāviveka.
4 Também conhecido no Tibete como o Sautrāntika-Mādhyamika.

do caminho do *Bodhisattva* Mahāyāna. Śāntarakṣita (*c.* 680-740) e seu aluno Kamalaśīla (*c.* 700-50) também acrescentaram algumas ideias da Yogācāra às da Svātantrika-Mādhyamika, formando assim a escola Yogācāra-Mādhyamika. Os autores Mādhyamika anteriores tiveram grande influência no Tibete, mas eram desconhecidos na China, onde o Mādhyamika teve influência menos duradoura. A versão chinesa do Mādhyamika foi a escola Sanlun, ou dos Três Tratados, fundada pelo grande tradutor Kumārajīva (*c.* 334-413).

A orientação Śūnyatāvādin

A literatura da Perfeição da Sabedoria enaltece a sabedoria (*prajñā*), assim como as outras "perfeições" (*pāramitā*) envolvidas no caminho do *Bodhisattva*. Embora tanto ela quanto as obras de Nāgārjuna fossem sem dúvida dirigidas a intelectuais, elas tornaram a enfatizar a rejeição do Buda a todas as "concepções" especulativas, afirmando que o pensamento analítico do *Abhidharma* poderia conduzir a uma forma sutil de avidez intelectual: a ideia de que uma pessoa "compreendeu" a verdadeira natureza da realidade em um elegante conjunto de conceitos. No Zen posterior, via-se esse empenho como uma tentativa de capturar um peixe-gato escorregadio com uma cabaça também escorregadia. A nova literatura também via, no contraste que o *Abhidharma* postula entre o *Nirvāṇa* e os *dharmas* condicionados que formam uma "pessoa", a base de uma forma sutil de autobusca espiritual: o desejo de "alcançar" o *Nirvāṇa* para si mesmo, para *obter* alguma coisa que ainda não se tivesse; em termos Sarvāstivādin, tê-la ligada a si mesmo pela "posse" (*prāpti*) do *dharma*. Os novos textos buscavam reenfatizar que a meta deveria ser alcançada por meio do "abandono" total, de modo a produzir um pensamento, ou estado de consciência (*citta*), que transcendesse qualquer objeto sensorial ou mental tomado como apoio (ver p. 105): "o *Bodhisattva* [...] deve produzir um pensamento sem apoio, isto é, um pensamento que não se apoia em lugar nenhum, um pensamento que não tem o apoio de coisas visíveis, sons, odores, sabores, coisas tangíveis ou objetos mentais" (*Vc.* séc. 10c).

Dharmas vazios e o Surgimento Condicionado

Uma importante crítica que a Perfeição da Sabedoria faz às doutrinas do *Abhidharma* — Sarvāstivādins em sua essência — era que elas não se aprofundavam muito no entendimento de que tudo é não Eu (S. *Anātman*) ou "vazio" (*śūnya*) de Eu (ver pp. 87 e 110). Compreendiam a "ausência do Eu nas pessoas" (*pudgala-nairātmya*), mas, quando analisava as "pessoas" e as decompunha em *dharmas*, cada um dos quais tem uma "natureza-própria" intrínseca (*svabhāva*; ver p. 122), considerava-se que não havia compreendido a "ausência (da natureza) do Eu nos *dharmas*" (*dharma-nairātmya*): que estes são desprovidos de essência. A literatura da Perfeição da Sabedoria afirma que um *dharma* (e também uma "coisa" comum) não é um fato derradeiro por legítimo direito, porque não pode ser nada por "si mesmo"; seu surgimento e sua própria natureza dependem de outros *dharmas*, os quais, por sua vez, dependem de outros etc.: ele é "vazio" de qualquer *svabhāva.* Edward Conze explica que, para a Perfeição da Sabedoria, *svabhāva* significa "Condição natural ou inerente de alguma coisa que existe apenas por meio do próprio poder, tendo uma marca invariável e inalienável e dotada de uma essência imutável. No seu 'ser próprio, uma coisa é ela mesma, e não meramente como ela é em relação a nós ou a outras coisas" (*Asta.* trad., p. 320). Paul Williams argumenta que, embora o termo significasse "natureza intrínseca" para os Sarvāstivādins, no Mādhyamika ele sofreu uma mudança sutil de significado, passando a ser "'existência intrínseca' (ou 'existência inerente') no sentido de uma existência fundamentalmente real, causalmente independente" (Williams, 2009, p. 68); em outras palavras, seu significado ainda incluía a "natureza intrínseca", mas esta implicava uma "existência inerente". Considera-se que a crítica da existência inerente implica, então, uma crítica da ideia de natureza inerente.

A crítica que Nāgārjuna faz da noção de *svabhāva* (*Mmk.* cap.15) argumenta que nenhuma coisa que surja de acordo com condições, como acontece com todos os fenômenos, pode ter uma existência/natureza inerente, pois o que ela é depende daquilo que a condiciona. Além disso, se não há nada que tenha existência inerente, ou seja, que exista por si mesmo, não pode haver uma "alter-existência" (*para-bhāva*), isto é, uma coisa cuja existência e natureza dependam de *outra coisa* que tenha autoexistência. Ou seja, não há nada que tenha uma natureza verdadeira, substancialmente existente (*bhāva*); em consequência, também não há nada que seja não existente (*abhāva*), no sentido de um verdadeiro existente que tenha deixado de existir. Assim como Nāgārjuna, a literatura da Perfeição da Sabedoria encara, portanto, todos os *dharmas* como um sonho ou ilusão mágica (*māyā*) (*BTTA*.166; cf. p. 58). Isso não significa que sejam irreais. Sua natureza incompreensível é, digamos assim, bem diferente do que parece, como o truque de um ilusionista; ou hoje poderíamos compará-la à ilusão em um veículo eletrônico de "realidade virtual" — exceto que todos os componentes do veículo também seriam considerados ilusões perceptivas... Há algo captado pela nossa experiência que pode ser descrito em função de *dharmas*, de modo que não é correto negar que estes existam; no entanto, eles tampouco têm uma existência substancial. O que vivenciamos não existe em sentido absoluto, mas apenas de maneira relativa, como um fenômeno efêmero interdependente. A natureza dos *dharmas* reside entre a absoluta "não existência" e a "existência substancial", de acordo com uma passagem de um dos primeiros *Suttas*[5] citada por Nāgārjuna (*Mmk*.15.7; cf. *EB*.4.2.3). É isso que Nāgārjuna quer dizer com "Caminho do Meio". Ele argumenta que uma coisa com

5 *SN*.II.17 (ver p. 72), conhecido em sânscrito como *Kātyāyanāvavāda Sūtra.*

existência inerente existiria de forma substancial e permaneceria eterna; acreditar em uma entidade assim é aderir à visão eternalista, ao passo que acreditar que algo poderia deixar de existir significa aderir à visão aniquilacionista; essas duas perspectivas eram condenadas pelo Buda.

A interpretação Mādhyamika do Surgimento Condicionado entende que os fenômenos não são apenas dependentes entre si quanto ao "surgimento" no tempo, mas que o são quanto à própria natureza. Portanto, não podemos nos referir a eles como entidades isoladas e identificáveis que interagem entre si. De modo isolado, uma coisa não é nada. Ela é o que é apenas em relação a outras coisas, e estas são o que são em relação àquela coisa e ainda a outras coisas. No seu exame do processo da visão (*Mmk.* cap. 3), Nāgārjuna argumenta que não existe nenhuma atividade da visão que não esteja vendo no momento presente. Por essa razão, não podemos dizer que haja algo, a "visão", que poderá em algum momento executar a ação isolada de "ver": "visão" e "ver" são interdependentes e não podem ser identificados em separado. Como a literatura da Perfeição da Sabedoria diria, em um paradoxo: a visão é "vazia" de visão. Não existe, portanto, uma atividade de "visão" que "veja". Mas, se a visão não vê, então a não visão por certo não vê; sendo assim, como podemos identificar um "vidente" que seja caracterizado pelo que ele "vê"? Sem um vidente, como pode alguma coisa ser vista? Todos esses conceitos, e os conceitos mais gerais de sujeito e objeto, só são significativos quando relacionados um ao outro. De modo análogo, o que é curto depende do que é longo, porque longo e curto são conceitos correlativos. Seguindo esse raciocínio, Nāgārjuna chega a dizer que o "incondicionado" (um termo tradicional para o *Nirvāṇa*) é conceitualmente dependente do condicionado, seu oposto (*Mmk.*7.33).

Por serem vazios e semelhantes a ilusões, os *dharmas* não devem ser vistos como entes ou processos existentes em essência (Williams e Tribe, 2000, pp. 100-01). Não há, por assim dizer, uma "existência fundamental" — nem mesmo o *Nirvāṇa* —, mas o pleno conhecimento e aceitação desse fato confere à pessoa, por assim dizer, um fundamento.

Os autores tibetanos da escola Gelugpa (ver p. 234), que seguem a visão Prāsaṅgika-Mādhyamika, veem portanto sob três aspectos o fato de uma coisa ser vazia de *svabhāva*:

1. Coisas (por exemplo, pessoas, disposições de ânimo, mesas, montanhas) cujas partes possam ser analisadas — as quais, por sua vez, podem ser também analisáveis — carecem de *svabhāva*, já que dependem dessas partes (sejam elas físicas ou mentais) e não têm verdadeira existência própria, faltando-lhes, nesse sentido, uma existência e uma natureza inerentes.
2. Os *dharmas*, que é o que a pessoa alcança por meio de uma rigorosa análise das partes, dependem de outros *dharmas* para seu surgimento; carecem de *svabhāva*, já que não são independentes, faltando-lhes, portanto, uma *existência* inerente.

3. Tanto as coisas do dia a dia quanto os *dharmas* dependem da imputação da designação mental em relação a outras coisas ou *dharmas*: carecem de uma natureza inerente, algo "com que eles próprios contribuam". Até mesmo o *Nirvāṇa* é dependente nesse sentido.

Todos os abhidharmistas concordariam com o ponto 1. Concordariam com o ponto 2, desde que ele só dissesse respeito aos *dharmas* condicionados, não ao *Nirvāṇa*; embora a ideia Sarvāstivādin de que os *dharmas* em certo sentido existem eternamente comprometesse a ideia de os *dharmas* afora o *Nirvāṇa* são dependentes. É no ponto 3, contudo, que parece haver uma ruptura com as ideias do *Abhidharma*. Por outro lado, devemos nos lembrar de que há algo do ponto 3 na ideia Vibhajyāvāda/Theravāda de que *duḥkha* (P. *dukkha*), um fenômeno condicionado, pode ser conhecido no mesmo instante em que se conhece sua interrupção, o *Nirvāṇa* (ver pp. 124-25).

A verdade e a linguagem convencionais

A escola Mādhyamika afirma que a confusão com relação à natureza dos fenômenos surge porque as pessoas não entendem que o Buda ensinava de acordo com dois níveis de verdade ou realidade: a "verdade/realidade convencional" (*saṃvṛti-satya*) e a profunda "verdade/realidade suprema" (*paramārtha-satya*) (*Mmk*.24.8-9). O conceito de dois níveis de verdade já existia no *Abhidharma*. Nele, as "verdades convencionais" eram as expressas por termos como "pessoa" e "coisa"; a "verdade suprema" é mais exata e se expressa quando se fala dos *dharmas*, realidades supremas. Para os autores do Mādhyamika, contudo, falar de *dharmas* é apenas outro tipo de verdade convencional, provisória. Essas verdades convencionais não devem ser confundidas com verdades supremas, ou seja, verdades a respeito de realidades que se supõe serem essenciais, supremas; encará-las dessa maneira é ilusão.[6] A verdadeira verdade suprema é que todas as coisas discutidas do ponto de vista da verdade convencional são vazias de uma realidade suprema, essencial; são, na realidade, *convencionais*. Encará-las assim é sabedoria, o que conduz ao *desapego* com relação às realidades convencionais, embora também a uma capacidade aprimoradíssima de *trabalhar de forma hábil com* elas.

Pensar que, porque uma palavra existe, é preciso que haja uma entidade real, encerrada em si mesma, no mundo extralinguístico a que ela se refere é cometer o erro da reificação: transformar palavras em coisas. Embora a linguagem comum se refira a essas coisas como "eu", "espaço", "tempo", "caminho", "pensamento" ou "fome", isso não significa que a realidade inclua qualquer uma dessas entidades essenciais: elas são apenas conceitos úteis em determinados contextos. Para os mādhyamikas, os enunciados verdadeiros em nível convencional são "ver-

6 *Mmk*.24.8-10; Williams, 2009, pp. 76-9.

dadeiros" porque os seres humanos concordam em usar os conceitos de uma certa maneira; por causa de convenções linguísticas. "O gelo é frio" é verdadeiro porque "gelo" é um termo usado para descrever uma forma de "água" vivenciada como "fria". Os termos da linguagem surgem porque a conceitualização distintiva (*prapañca*) abstrai vários segmentos do fluxo contínuo da experiência e os toma como entidades ou qualidades isoladas, com naturezas fixas. Estas se tornam então focos de apego. Os constructos de linguagem (*prajñapti*) que as rotulam estão inter-relacionados de diversas maneiras. Adquirem seu significado com base no modo como são usados em relação a outros conceitos, e não em relação a referentes objetivos existentes fora da linguagem.[7] No entanto, embora a linguagem determine o modo como vivenciamos o mundo, ela não faz as coisas existirem; também é um fenômeno vazio, dependente. Uma "coisa" específica entra no mundo humano quando se diferencia por meio de um nome ou conceito, mas este existe em relação a "alguma coisa" à qual ele se aplica: tanto o "nome" quanto a "forma" percebida existem em relação um ao outro (*Mmk.* cap. 5).

O vazio

Na perspectiva Śūnyatāvāda, cada fenômeno carece de uma natureza inerente, de modo que se considera que todos compartilham uma mesma "não natureza" vazia, que seria, ela sim, a sua "natureza" (*Asta.*192). Desse modo, um *dharma* não pode, em última análise, ser distinguido de outro: a ideia da "identidade" dos *dharmas*. A "natureza" que todos têm em comum é a "vacuidade" (*śūnyatā*). Como diz o *Sūtra do Coração*: "o que quer que seja forma material é vacuidade, e o que quer que seja vacuidade é forma material" (o mesmo se dá para os outros quatro "feixes" que formam uma "pessoa"). A "vacuidade", no entanto, não é uma base suprema e a substância do mundo, como o *Brahman* dos *Upaniṣads*. Ela indica que nenhuma substância autoexistente desse tipo existe: o mundo é uma rede de fenômenos fluidos, interdependentes e desprovidos de base. Nāgārjuna, na realidade, identifica o vazio ao princípio do Surgimento Condicionado, pois este conduz, de modo lógico, a ele:

> O que quer que seja Surgimento Condicionado
> Explica-se como sendo o vazio.
> Esta, sendo uma designação dependente (*prajñapti*).
> É ela própria o caminho do meio (*pratipat* [...] *madhyamā*). (*Mmk.*24.18)

7 Esse ponto de vista traz à lembrança a filosofia posterior de Ludwig Wittgenstein (1889-1951), que criticou sua ideia anterior de que a linguagem funciona "retratando" fatos no mundo.

A vacuidade é, portanto, uma qualidade adjetival dos "*dharmas*", a qualidade que eles têm de serem dependentes e não supremos; não é uma substância que os compõe. Não é nem uma coisa nem o nada; a rigor, refere-se à ausência de essência da realidade; esta não pode ser captada pelos conceitos, os quais tendem a gerar a reificação.

Alguns consideram que a física moderna contém paralelos com essa perspectiva (Wallace, 2003). Quando os objetos "sólidos" da realidade proveniente do senso comum foram analisados pela primeira vez, acreditou-se que consistiam em espaço vazio e prótons, nêutrons e elétrons. A física clássica os encarava como partículas duras e indivisíveis, os supremos elementos constituintes da matéria; no entanto, uma análise adicional demonstrou que os objetos são feitos de todo um leque de partículas bizarras como os *quarks*, cuja natureza está estreitamente associada às forças por meio das quais interagem. A matéria acabou se revelando um campo misterioso de interação; as "partículas" não são entidades reais e isoladas, mas sim designações conceituais temporárias.

Na opinião dos críticos das primeiras escolas, a doutrina da vacuidade como implicava que as quatro Realidades Verdadeiras para os Espiritualmente Enobrecidos eram em si mesmas vazias, subvertendo assim o ensinamento do Buda. Nāgārjuna contra-argumentou que era a ideia dos *dharma*s dotados de natureza intrínseca — e, logo, existência inerente — que subvertia os ensinamentos das quatro Realidades Verdadeiras (*Mmk.* cap. 24; *EB*.4.3.1). Se *duḥkha* tivesse uma existência inerente, seria sem causa e eterno e jamais poderia se extinguir. Se o Caminho tivesse uma existência inerente, nunca poderia ser desenvolvido de forma gradual até a perfeição em uma pessoa, porque esta o teria ou não. Em um mundo de entidades com existência inerente, qualquer tipo de mudança e atividade seria impossível; tudo seria estático e eterno. A possibilidade da atividade e inclusive do desenvolvimento espiritual decorre do fato de tudo ser vazio. Uma analogia, neste caso, é que o sistema de números decimais sofreria um colapso sem a quantidade zero.[8]

Os meios hábeis e transcendência das opiniões

Nāgārjuna enfatiza que a verdade suprema, indicada pelo discurso da vacuidade, não subverte, mas sim completa a verdade convencional. Na realidade, ela só pode ser compreendida se os ensinamentos convencionais sobre as quatro Realidades Verdadeiras para os Espiritualmente Enobrecidos tiverem sido compreendidos (*Mmk.* cap. 24.10). Isso diz respeito ao conceito de "meios hábeis", que, na perspectiva *Śūnyatāvāda*, desenvolve-se para significar que *todos* os ensinamentos budistas — inclusive os Śūnyatāvādin — devem ser considerados recursos tem-

8 Um conceito que provém da Índia, com o termo "zero" vindo, por via do arábico *ṣifr*, do termo *śūnya*, vazio.

porários que podem, quando muito, ser uma leve alusão ou indicar de modo indireto a verdade suprema. Os ensinamentos, especialmente sobre o Surgimento Condicionado, destinam-se apenas a induzir nas pessoas uma atitude mental hábil; uma atitude na qual pode haver uma compreensão sobre o que transcende todos esses ensinamentos — a natureza das coisas, inexprimível e vazia de essência.

O método de Nāgārjuna no *Madhyamaka-kārikā* consiste em criticar todas as opiniões e teorias a respeito de entidades ou princípios supremos. Ele faz isso mostrando que suas consequências necessárias (*prasaṅga*) contradizem quer as próprias opiniões, as quais são desse modo reduzidas ao absurdo, quer a experiência. Além disso, procura mostrar que *todas* as opiniões logicamente possíveis sobre temas específicos, como o movimento e o tempo (*Mmk.* caps. 2 e 19), são insustentáveis; que nossas ideias sobre eles são autocontraditórias na mesma medida em que tomamos essas coisas como realidades em si. Nesse ponto, ele usa seu método da "negação de quatro cantos (*catuṣkoti*)", um recurso que examina e refuta as quatro alternativas logicamente possíveis sobre um tema: x é y, x é não y, x é tanto y quanto não y, x não é nem y nem não y.

No Capítulo 1, ele estuda teorias sobre a causalidade. A primeira das concepções lógicas possíveis a esse respeito é a "autoprodução": um efeito surge de uma causa que, em última análise, é idêntica a ele próprio, parte da mesma substância subjacente (como na escola hindu Sāṃkhya[9]). No entanto, isso conduziria a uma autoduplicação sem sentido, e, se uma coisa se reproduz, nada há que a impeça de continuar a fazê-lo para sempre. A observação do mundo mostra que as coisas não são assim. Caso se diga que a mesma substância se manifesta de maneira diferente somente quando as condições são apropriadas, o conceito "*auto*produção" já terá sido abandonado.

A segunda possibilidade, a "heteroprodução", é que, em essência, o efeito surge de uma causa que é inerentemente "diversa" dela, com uma natureza inerente diferente. Considera-se que essa concepção provém do *Abhidharma*, na medida em que se diz, neste caso, que tanto um *dharma* quanto os *dharmas* que o condicionam têm naturezas próprias ou essências específicas, sendo, desse modo, essencialmente *diferentes* uns dos outros. Aqui, Nāgārjuna argumenta que, se entidades diferentes existissem de fato, todas seriam igualmente "diferentes", de modo que qualquer coisa poderia "causar" qualquer coisa. Uma causa e seu efeito (que se supõe diferente) podem sempre ocorrer juntos,[10] mas evidenciar isso não *explica* nada a respeito de como a causalidade funciona. Algo que é intrinsecamente "outro" em relação a uma coisa não pode ser a

9 A escola Sāṃkhya considerava todas as coisas no mundo diferentes manifestações de uma única substância subjacente, *prakṛti* (natureza).

10 Nas palavras do filósofo escocês empírico David Hume (1711-1776), estar "constantemente unidos".

causa desta coisa. Uma "causa" não é uma "causa" em si mesma, portanto, mas somente em relação a seu "efeito" (*Mmk.*1.5). *Se* a causa e o efeito fossem entidades essencialmente diferentes, não haveria nenhum vínculo entre eles. Trata-se de um caso particular de um problema mais geral: uma relação de *qualquer* tipo precisa (i) *conectar* dois termos, unificando-os, e (ii) conectar *dois* termos, diferenciando-os. Não pode haver relação entre entidades essenciais que sejam idênticas uma à outra ou diferentes uma da outra. Todas as opiniões essencialistas "congelam" a realidade em fragmentos idênticos uns aos outros (como na "autoprodução") ou diferentes uns dos outros (como na "heteroprodução"), mas depois não podem explicar de maneira coerente como esses fragmentos interagem para formar o mundo tal como é vivenciado. Como se enfatiza no budismo primitivo, o Surgimento Condicionado evita os conceitos extremos de tudo ser uma única unidade e ser uma diversidade desconexa (ver p. 102).

A terceira teoria é que a causalidade envolve tanto a "autoprodução" quanto a "heteroprodução". Se isso quer dizer que algumas partes da causa e do efeito são as mesmas e algumas são diferentes, os problemas das duas primeiras concepções são pertinentes. Se isso significar que toda causa é, ao mesmo tempo, a mesma coisa que o efeito e algo diferente dele, trata-se de algo impossível. A última possibilidade é que as coisas não se originam nem por meio da "autoprodução" nem da "heteroprodução": que se originam de modo espontâneo, sem uma causa. Mas, se isso fosse verdade, tudo seria um caos imprevisível, e não é esse o caso.

Observe que a quarta concepção não é de Nāgārjuna. A "posição" dele parece ser a de que, no nível convencional, dos fenômenos, pode-se observar a causalidade, com "uma" coisa (com o respaldo de outras condições) causando a origem de "outra"; no entanto, nenhuma das teorias da causalidade logicamente possíveis é capaz de explicar como o processo "funciona". Isso se deve ao fato de que, em nível supremo, não existem "coisas" reais que "originam"; não existem coisas dotadas de existência inerente; "elas" *só* existem de maneira convencional. Além disso, nenhuma suposta "causa" tem poder efetivo de fazer outra coisa acontecer; os efeitos surgem de uma combinação de várias condições, sendo que nenhuma delas "faz" o efeito acontecer. Como argumenta Jay Garfield (*Mmk.* trad., pp. 103-23), Nāgārjuna encara a causalidade apenas como uma questão de regularidades observadas em um mundo sem essência; não podemos na verdade ir além disso nem chegar mais fundo que isso, a não ser ao explicar um tipo de regularidade na natureza com referência a uma forma mais ampla ou mais geral de regularidade. Uma explosão, por exemplo, pode ser explicada com referência à presença de uma fonte de combustão, um gás explosivo e oxigênio; a qualidade de um gás explosivo pode ser explicada com referência à sua composição química, que pode ser explicada com referência à composição física dos átomos etc.

O discurso da vacuidade que caracteriza os mādhyamikas, portanto, pretende ser o antídoto de *todas* as teorias: "A vacuidade é proclamada pelos vitoriosos (Budas) como refutação de todas as opiniões; mas aqueles que mantêm a 'vacuidade' como concepção são chamados de incuráveis" (*Mmk.*13.8; cf. *BS2.*38, vv.6-7). Nāgārjuna estuda a opinião dos demais para propiciar uma forma de terapia espiritual, para ajudar a libertar as pessoas de todos os pontos de vista constritivos. Ao fazê-lo, afirma não ter pressuposições próprias, declarando trabalhar com as de seus oponentes, em uma espécie de judô lógico, usando a lógica convencional. Os vislumbres que tal processo produz também devem ser aprofundados pela contemplação meditativa dos fenômenos.

A escola Svātantrika-Mādhyamika afirmava que a lógica em si não é vazia, mas que tem existência autônoma (*svatantra*); sendo assim, declarações positivas válidas podem ser feitas com base na perspectiva Mādhyamika. As inferências feitas em nível convencional são uma verdadeira ponte, ao menos para alguns aspectos da verdade suprema. A escola Prāsaṅgika, por outro lado, enfatizava que a Mādhyamika continha apenas uma dialética negativa para refutar a opinião dos demais, e que compreender a verdade suprema significa conhecer os limites da lógica, das palavras e dos conceitos, culminando em uma experiência direta, não conceitual. Isso parece estar de acordo com os *Sūtras* da Perfeição da Sabedoria, que com certeza buscavam evitar estabelecer quaisquer opiniões ou, na verdade, "dizer" qualquer coisa: "Não existe nada para compreender, nada para compreender. Porque nada em particular se indicou, nada em particular se explicou" (*Asta.*38; cf. *EB.*4.4.4; *BT.*271-76).

A verdade suprema e o ser-o-que-é

No nível supremo, até mesmo o discurso sobre a "vacuidade" deve ser por fim abandonado: como as coisas consideradas vazias, em última análise, não existem, não podemos nem mesmo dizer que "elas" são "vazias" (*Mmk.*22.11): "a vacuidade de todos os *dharmas* é vazia dessa vacuidade" (*Panca.*196). A verdade suprema, portanto, é que não existem realidades supremas; a existência é inconcebível e inexprimível, já que não possui uma base suprema: "Quando o domínio do pensamento cessa, aquilo que pode ser declarado cessa" (*Mmk.*18.7). A literatura da Perfeição da Sabedoria contém uma série de alusões sutis ao que reside além das palavras. Um indicador usado para isso é a noção de *tathatā*: "ser-o-que-é".* O ser-o-que-é de alguma coisa, equivalente a seu vazio, é a própria condição de essa coisa ser tal como é, o que ela é do jeito que é, sem adicionar nem subtrair nada de sua realidade em termos conceituais: ela apenas é "*assim*: [...]". O ser-o-que-é é "imutável e inalterável, não distinguível, indiferenciado"; não pertence

* Em inglês, *thusness* ou *suchness*. (N. do R.)

a nenhum lugar, não é nem passado, nem presente, nem futuro, e o mesmo ser-o-que-é pode ser encontrado em todos os *dharmas* (*Asta*.307). A "Realidade Verdadeira" (*tattva*) "não é condicionada por outra coisa, pacífica, nem elaborada pela proliferação conceitual (*prapañca*)" (*Mmk*.18.9; como também se costuma dizer a respeito do *Nirvāṇa*). Conhece-se a verdade suprema quando se transcende a ignorância espiritual e se percebem por completo as limitações da linguagem, sem nenhuma geração subsequente de — ou apego a — constructos linguísticos que se assemelhem a sonhos; apenas uma perfeita equanimidade (*Mmk*.25.24). Veem-se os fenômenos vazios e condicionados como inúteis, não sendo mais, portanto, construídos, de modo que a compreensão da realidade suprema equivale a alcançar a bem-aventurança do *Nirvāṇa*.

Nirvāṇa e saṃsāra

No pensamento Śūnyatāvāda, o *Nirvāṇa* assim alcançado não é considerado um *dharma* diferente dos *dharmas* do *saṃsāra*, o mundo condicionado de sofrimento e renascimentos: "não existe a menor diferença entre os dois" (*Mmk*.25.20; *EB*.4.3.1). Como isso é possível? O próprio fato de o *Nirvāṇa* "não condicionado" estar sendo comparado em nível convencional a *saṃsāra* torna sua natureza *relacional*, sendo assim vazia de uma natureza inerente. O *Nirvāṇa*, na realidade, era considerado "a vacuidade" (P. *suññata*) até pelas primeiras escolas do budismo, no sentido de ser vazio de impurezas, ser conhecido pela visão de todas as coisas como vazias de Eu e estar além de qualquer conceitualização positiva (ver pp. 110, 125). Para Nāgārjuna, o condicionado e o não condicionado não podem, portanto, ser diferenciados porque se constata que "ambos" "são" a vacuidade: ausência de Eu, ausência de essência, ausência de quaisquer impurezas essencialmente existentes. Além disso, enquanto o *Nirvāṇa* é visto por todas as escolas do budismo como "não nascido", "imortal" e não impermanente, na perspectiva Śūnyatāvādin os *dharmas* condicionados podem ser descritos dessa mesma maneira. Isso se deve ao fato de que, se carecem de uma existência inerente e não existem como tal, não é possível dizer que "se originem" ou "cessem" (*Mmk*.7.33); a condição de ser-o-que-é deles não está sujeita ao surgimento ou cessação, sendo constante (*Mahāprajñāpāramitā Sūtra* (*BTTA*.148)). Por conseguinte, não se pode afirmar que sejam impermanentes (ou permanentes): permanecem "não originados" (*Sūtra do Coração*), "não nascidos" e sem diferenciação com relação ao *Nirvāṇa*. Desse modo, não se alcança o *Nirvāṇa* pela erradicação de nada que seja real, isto é, de impurezas, e sim pela não construção do mundo condicionado do *saṃsāra*:[11] porque "todos os *dharmas* são

11 Compare-se com a visão Theravāda de que, quando o Caminho traz a realização do *Nirvāṇa*, isso não representa o fim das impurezas do passado, que não mais existem, tampouco das atuais, que são incompatíveis com ele; trata-se da cessação da produção de quaisquer impurezas futuras e de seus efeitos (*Vibh-a*.299-300).

inponderáveis [...] iguais ao inigualado. Porque são *Tathāgata-dharmas*" (*Asta*.280), e "o ser-o--que-é de todos os *dharmas* e o ser-o-que-é do *Tathāgata* são apenas esse único ser-o--que-é" (*Asta*.512). *Nirvāṇa* e *saṃsāra* não são duas realidades isoladas, e sim o campo da vacuidade, visto pela óptica quer da ignorância espiritual, quer do verdadeiro conhecimento (*Mmk*.25.9). Como o *Sūtra do Coração* mais uma vez diz: "Na vacuidade não há nem forma material, nem sentimento, nem percepção, nem atividades edificantes, nem consciência [...]. Não há *duḥkha*, nenhuma originação, nenhuma interrupção, nenhum caminho". Quando se vê a vacuidade dos cinco "feixes" de uma "pessoa", eles "desaparecem" como entidades existentes em essência — embora permaneçam como realidades convencionais.

A ideia de que *Nirvāṇa* e *saṃsāra* não são diferentes desempenha papel central na perspectiva da Perfeição da Sabedoria. Uma vez "estabelecida", sucederam-se outras conclusões cujas consequências afetaram todo o pensamento Mahāyāna. A mais importante: o *Bodhisattva* não precisa tentar escapar do *saṃsāra* para alcançar o *Nirvāṇa*. Pode trabalhar de modo incansável para ajudar os "seres sofredores", sustentado pela ideia de que o *Nirvāṇa* é, por assim dizer, algo que já está presente no *saṃsāra*. Por ser um *Bodhisattva* avançado, ele vivencia diretamente essa não dualidade do *saṃsāra* e do *Nirvāṇa*, sendo essa realização plenamente amadurecida quando se alcança o Estado de Buda — o *Nirvāṇa* no sentido mais elevado. A natureza do Estado de Buda, da "Condição de Buda" (*buddhatā*), é, claro, o vazio, como o é a natureza de todas as coisas. Por esse motivo, considera-se que todos os seres tenham uma natureza que não é diferente da Condição de Buda. Se não fosse assim, como poderiam frágeis seres comuns se tornar, com o tempo, Budas oniscientes?

A vacuidade de si e a vacuidade de outros

As implicações do que foi dito acima eram consideradas de duas maneiras dentro das tradições Mahāyāna. No Tibete, eram chamadas de "vacuidade de si" (*rang stong*; pronuncia-se *rang dong*) e "vacuidade de outros" (*gzhan stong*; pronuncia-se *zhen dong*).[12] A primeira é a perspectiva da escola Gelugpa (ver p. 234), que adota a corrente do Prāsaṅgika-Mādhyamika. Ela encara o ensinamento da vacuidade como uma "negativa não afirmativa" sobre a ausência de natureza/existência inerente em qualquer coisa. Como os seres são vazios de um Eu fixo e a mente deles é vazia de uma natureza inerente, eles são capazes de uma mudança suprema, não sendo, em essência, diferentes do *Nirvāṇa*. As impurezas deles (apego, ódio, ilusão etc.) que sustentam o *saṃsāra* também são vazias de existência inerente, de modo que podem ser transcendidas. Vê-se

12 Williams, 2009, pp. 112-15; Powers, 2007a.

isso a princípio por meio do raciocínio; depois, o resultado desse raciocínio torna-se o foco da concentração meditativa, conduzindo a uma compreensão direta não conceitual da vacuidade, no caminho da visão, no início do caminho do Nobre *Bodhisattva*. Ao longo desse caminho, à medida que as perfeições se desenvolvem, a tendência da percepção usual de ver as coisas de maneira não vazia é purificada e dissipada de forma gradual.

A visão da "vacuidade de outros" é adotada principalmente por pessoas ligadas às escolas Nyingmapa e Kagyüpa, inspirando-se em ideias da hoje extinta escola Jonangpa (ver pp. 234--35). Essa perspectiva é chamada às vezes de "Grande Mādhyamika". Segundo essa visão, o referente mais importante do termo "vacuidade" é uma realidade autoexistente e imutável que permeia todos os fenômenos (*BS2*.52). Como o *Nirvāṇa* visto pelas primeiras escolas (ver pp. 110, 125), essa realidade é "vacuidade" por ser vazia de impurezas — vazia do que é outro, do que é diferente dela; no entanto, isso não significa que seja vazia das próprias qualidades positivas; a rigor, é plena das qualidades de Buda. O conhecimento dos limites dos conceitos não só mostra as limitações das verdades convencionais como também revela a realidade verdadeira, subjacente e absoluta que é conhecida de maneira não conceitual: a vacuidade, a consciência radiante e não dual de um Buda. A tarefa dos seres, portanto, não é "alcançar" uma coisa que ainda não possuem, e sim *revelar* e conhecer sua Condição de Buda. A tarefa do *Bodhisattva* é ajudá-los nisso de forma hábil. Essa visão encara a vacuidade suprema como *Tathāgata-garbha* (veja a seguir).

Na visão da vacuidade de si, a verdade suprema é que não existe nenhuma realidade suprema, nenhuma realidade com uma natureza/existência inerentes; existem apenas realidades convencionais não supremas. Ver o *Nirvāṇa* é ver a vacuidade, no sentido de ver que tudo é vazio de uma condição suprema. Na visão da vacuidade de outros, embora ainda se vejam as realidades convencionais como vazias de uma condição suprema, uma realidade suprema é considerada existente: a vacuidade em si, que é uma realidade positiva, embora vazia de impurezas. Essa é a base de todas as coisas. A visão da vacuidade de si é semelhante àquelas ideias dos primórdios do budismo que postulavam não haver nenhuma base suprema que seja o apoio de todas as outras coisas. A visão da vacuidade de outros é semelhante àquelas ideias dos primórdios do budismo que encaravam o *Nirvāṇa* como uma realidade por legítimo direito, mas difere delas ao encarar essa realidade como a base de todas as coisas, de maneira bastante semelhante ao *Ātman-Brahman* dos *Upaniṣads*.

As diferenças entre essas perspectivas ecoam o fato de que nos primórdios do budismo a qualidade de ser "vazio" (P. *suñña*, S. *śūnya*) se referia a um certo tipo de ausência, ao passo que "a vacuidade" (*suññaṃ/suññata*) se referia a uma realidade que *tem* certo tipo de ausência. "Vacuidade" (P. *suññatā*) às vezes se refere a uma qualidade de ausência (p. ex., *M*.III.105), embora a mente liberta do *Arhat* seja uma vacuidade por ser *vazia de* apego, ódio e ilusão (*SN*.IV.297). Como será visto a seguir, o termo "vacuidade" tem uma gama de significados no Mahāyāna. Quando essa palavra é usada, é preciso sempre tentar discernir se ela se refere a uma ausência ou carência específica — e, se for esse o caso, de que tipo (p. ex., de natureza inerente) — ou a uma realidade positiva à qual faltam certas características negativas.

A ESCOLA YOGĀCĀRA

Fontes e autores

É provável que as ideias da escola Yogācāra tenham sido, a princípio, esboçadas nos estratos mais antigos do *Yogācāra-bhūmi-śāstra*, atribuídos a Asaṅga (310-90?), mas com ideias que o antecediam (Williams, 2009, pp. 85-7). Também estavam radicadas em ideias de certos *Sūtra*s que começaram a aparecer no século III EC. O mais importante é o *Saṃdhinirmocana* ("Libertação do Sentido Subjacente"; Powers, 1995). O *Sūtra* vê a si mesmo como uma "terceira volta da roda do *Dharma*", ultrapassando as primeiras duas "voltas": os ensinamentos sobre as quatro Realidades Verdadeiras para os Espiritualmente Enobrecidos, e os *Sūtra*s da Perfeição da Sabedoria. O *Mahāyāna-abhidharma Sūtra* é outro texto desse tipo. O influente *Laṅkāvatāra* ("Descida em Laṅkā") *Sūtra* (*Lanka*), que se desenvolveu gradativamente a partir de cerca de 300 EC, também contém muitas ideias do Yogācāra em seu resumo assistemático dos ensinamentos do Mahāyāna.

A Yogācāra foi fundada como uma escola à parte por Asaṅga, considerado pela tradição um monge ordenado na fraternidade Vibhajyavādin Mahīśāsaka. Seu "mestre" foi um certo Maitreyanātha ou Maitreya, que pode ter sido um mestre humano ou ter sido visto por Asaṅga como o celestial *Bodhisattva* Maitreya. Com o tempo, Asaṅga converteu ao Mahāyāna seu meio-irmão Vasubandhu, considerado o Vasubandhy que compôs o Sarvāstivādin *Abhidharma-kośa* e seu *bhāṣya* (comentário: ver p. 123). O debate acadêmico a respeito de se os dois Vasubandhus eram de fato a mesma pessoa ainda não foi resolvido, embora seja possível perceber uma linha de desenvolvimento que conduz do *bhāṣya* a algumas ideias do Vasubandhu da escola Yogācāra (Berkwitz, 2010, pp. 108-09; Williams, 2009, pp. 301-02).

Entre as obras de Asaṅga (Williams, 2009, p. 87) incluem-se o *Mahāyāna-saṃgraha* ("Compêndio do Mahāyāna": *Ms*.), o *Abhidharma-samuccaya* ("Coleção do *Abhidharma*"), que é uma versão Yogācāra do *Abhidharma*, e um comentário sobre o *Saṃdhinirmocana Sūtra*. Várias outras obras associadas a Asaṅga são atribuídas pela tradição chinesa ou tibetana a "Maitreya", no sentido de que esse *Bodhisattva* teria inspirado Asaṅga a escrevê-las. Dessas obras, a mais importante no âmbito filosófico é a *Madhyānta-vibhāga* ("Diferenciação entre o Meio e os Extremos": *Mv.*). As obras mais importantes de Vasubandhu são as seguintes: *Triṃśatikā-kārikā* ou *Triṃśikā* ("Trinta Versículos": *Trims.*); *Viṃśatikā-kārikā* ("Vinte Versículos": *Vims.*) e seu comentário a respeito: *Viṃśatikā-vṛtti* (*Vrtti.*); *Trisvabhāva-nirdeśa* ("Exposição das Três Naturezas": *Tsn.*) e seu comentário sobre o *Madhyānta-vibhāga*: o *Madhyānta-vibhāga-kārikā-bhāṣya* (*Mvkb.*). No século VI viveram dois importantes mestres da Yogācāra, Sthiramati e Dharmapāla, sendo as ideias deste último mais tarde levadas à China por Xuanzang, fundador da escola Faxiang (Fa-hsiang). Também foram associados à Yogācāra os especialistas em lógica e epistemologia Dignāga (séculos V a VI) e Dharmakirti (*c.* 530-600; *BS*2.21; Berkwitz, 2010, pp. 117-21).

A orientação Yogācāra

Asaṅga e Vasubandhu não apenas desenvolveram as ideias características da escola Yogācāra como também procuraram sistematizar e sintetizar todas as correntes do Mahāyāna junto com algumas ideias do Śrāvakayāna. Ao passo que Vasubandhu era principalmente um teórico e conferiu à escola a sua forma clássica, os textos de Asaṅga estavam bastante radicados na prática do *dhyāna* (P. *jhāna*) ou transe meditativo. Por conseguinte, "Yogācāra" significa a "Prática do Yoga", referindo-se ao caminho do *Bodhisattva* de desenvolvimento meditativo. Embora os mādhyamikas e yogācāras tivessem as suas diferenças filosóficas, ambos tinham o Estado de Buda como meta, e as suas abordagens podem ser consideradas complementares. Os mādhyamikas tinham uma abordagem analítica e dialética da realidade, enfatizando *prajñā* (sabedoria); os yogācāras enfatizavam *samādhi* (concentração meditativa) e o retraimento da mente em relação aos fenômenos sensoriais. Assim como os primeiros budistas buscavam transcender o apego limitante encarando os fenômenos como impermanentes, dolorosos e não Eu, os mādhyamikas buscavam a mesma coisa encarando-os como "vazios" de uma natureza/existência inerente e os yogācāras o buscavam considerando os fenômenos como construções mentais. O retraimento da mente em relação aos fenômenos sensoriais no Yogācāra parece estar relacionado com aquilo que no budismo primitivo é descrito como a percepção do *Nirvāṇa* como o "desprovido de sinais" (*animitta*) — privado de indicações às quais a mente possa se agarrar ou interpretar (ver p. 125) — assim como o caminho Mādhyamika está relacionado com a visão do *Nirvāṇa* como "o vazio".

Os mādhyamikas consideravam a experiência normal do mundo como um produto de construções conceituais, mas não haviam se preocupado com os detalhes psicológicos desse processo. Os yogācāras abordaram essa questão e outras relacionadas. Por exemplo, se a ideia sarvāstivāda dos *dharmas* passados como ainda existentes não é aceitável, como é possível que as memórias e os efeitos do karma passado sejam transmitidos ao longo do tempo se um ser é composto de um fluxo de eventos momentâneos, como descrito no *Abhidharma*? Aqui, a resposta da escola Yogācāra se baseou nas de escolas anteriores, como a dos sautrāntikas, que haviam postulado uma série de "sementes" kármicas momentâneas que se reproduziam ao longo do tempo, e a dos vibhajyavādins (e mais tarde dos theravādins), que haviam postulado a consciência *bhavaṅga* (ver p. 121), que dava continuidade à personalidade até mesmo durante o sono sem sonhos. Ao continuar se debatendo com essas questões, os yogācāras desenvolveram uma nova literatura do tipo *Abhidharma*, posicionada dentro de uma estrutura Mahāyāna (Guenther, 1976).

A ênfase na consciência é dominante na Yogācāra; na realidade, a escola foi chamada depois pelo nome alternativo Vijñānavāda, o "Ensinamento da Consciência". No budismo primitivo (ver p. 98), o fluxo da consciência é visto como o vínculo crucial entre os renascimentos, e um estado de consciência transformado é associado ao *Nirvāṇa.* A mente perceptiva também é aquela que interpreta a experiência de maneira a construir um "mundo" e pode ser a base para vivenciar o *Nirvāṇa* que transcende o mundo. "O mundo é conduzido pela mente/pensamento" (*A*.II.177). Na Yogācāra, o papel da mente na construção do mundo é de tal maneira enfatizado que todos os conceitos de uma realidade física externa são rejeitados: o mundo percebido é visto como "mera representação" (*vijñapti-mātra*) ou "mera mente/pensamento" (*citta-mātra*). Nisso, os yogācāras foram um passo além dos sautrāntikas, para quem os objetos eram reais, mas só eram conhecidos por inferência a partir das representações que causavam na mente.

As concepções das escolas Yogācāra e Mādhyamika uma sobre a outra

Tanto os mādhyamikas quanto os yogācāras entendiam que estavam preservando o Caminho do Meio budista entre os extremos do niilismo (tudo é irreal) e o substancialismo (as entidades substanciais existem, ver pp. 101-02). Os yogācāras criticavam os mādhyamikas por tenderem ao niilismo, postulando que os fenômenos são respaldados apenas por outros fenômenos não respaldados, enquanto os mādhyamikas criticavam os yogācāras por se inclinarem para o substancialismo, configurando a mente como uma entidade suprema quando todas as coisas são igualmente "vazias" de existência/natureza inerente. A avaliação Mādhyamika reflete-se em uma representação do século V, mais tarde usada no Tibete, que classifica as principais escolas de acordo com a maneira como compreendiam a verdade: (i) Vaibhāṣika Sarvāstivāda, (ii) Sautrāntika, (iii) Citta-mātra (Yogācāra), (iv) Mādhyamika. Para se alcançar o nível Mādhyamika, contudo, as outras escolas teriam de ser estudadas uma de cada vez, nessa progressão. Além disso, a Yogācāra-Mādhyamika se desenvolveu mais tarde como uma poderosa escola sincretista: a ênfase da Yogācāra no fato de o mundo vivenciado ser um constructo mental estava de acordo com a ideia Mādhyamika de que as coisas eram "vazias" em parte porque dependiam dessa designação mental. O "substancialismo" dos yogācāras é, na verdade, mais aparente do que real, já que suas teorias sobre a mente são, em essência, mecanismos experimentais, "meios hábeis" a serem usados em conjunto com uma série de meditações destinadas a conduzir o praticante além de todas as construções mentais, inclusive as teorias, para uma experiência direta da verdadeira natureza da realidade. Para eles, as pessoas que não conseguem ir além das palavras e teorias são como alguém que confunde a ponta do dedo com a lua para a qual está apontando (*Lanka*.196-97 e 224) — uma imagem comum no zen-budismo.

A visão Yogācāra do papel e da natureza da consciência

Segundo o *Abhidharma* anterior, a consciência (P. *viññāṇa*, S. *vijñāna*) ou *citta* (pensamento/mente/coração) era de sete tipos: a consciência relacionada com cada um dos cinco sentidos físicos, a consciência da mente e o órgão da mente (P. *mano*, S. *manas*; *Dhs*.1187, *AKB*.I.16); este último processa as informações dos sentidos, não raro de maneira distorcida pela presunção do "Eu sou". *Manas* era visto pelos yogācāras como um processo de pensamento subliminar, que organiza informações das seis consciências de acordo com categorias estabelecidas para formar a experiência de um mundo significativo (cf. *M*.I.295, *M*.III.216-17). Contém a base tanto dos juízos corretos quanto da percepção errônea da realidade, tanto do karma hábil quanto do inábil, que são gerados por volições que acompanham as seis consciências (*Trims.* v. 6). Na qualidade de base das percepções errôneas, ele é chamado de *kliṣṭa-manas*, mente corrompida ou atormentada. Como no *Abhidharma* primitivo, cada ocorrência de um tipo de *citta* é vista como um evento momentâneo, acompanhado por um conjunto apropriado de "estados mentais" (P. *cetasika*, S. *caitta* ou *caitasika*; *Trims.* vv. 3-4).

Manas e as seis consciências representam apenas a superfície da mente, que é ativa e está voltada para os "objetos". Existe, contudo, uma oitava forma de consciência, que é a *āśraya*, ou "base" do resto; ela é a raiz fundamental de todas.[13] Desprovida de atividade volitiva e apenas indistintamente consciente dos objetos, ela é um nível mental inconsciente subjacente conhecido como *ālaya-vijñāna*, a "consciência-depósito". O *Laṅkāvatāra Sūtra* (*Lanka*.46-7, cf. 38-9) compara a relação entre as sete consciências ativas e o *ālaya* com as ondas no oceano: elas não estão realmente separadas dele; são apenas perturbações que nele ocorrem. No entanto, essas perturbações não afetam as profundezas em eterno repouso do *ālaya*, semelhante ao oceano. Asaṅga equipara o *ālaya* com o que o *Mahāyāna-abhidharma Sūtra* chama de "Esfera (ou princípio, *dhātu*) sem princípio no tempo, que é a base comum de todos os *dharmas*" (*Ms.*, cap. 2). É semelhante à consciência *bhavaṅga* do Theravāda (ver p. 121), exceto pelo fato de que o ālaya

13 *EB*.4.3.3 (*Trims*.1-19); Waldron, 2003; Williams, 2009, pp. 97-100.

é considerado simultâneo com as outras formas de consciência (Waldron, 2003, pp. 106, 112), enquanto bhavaṅga é o estado de repouso intermitente da mente-consciência.

Quando uma pessoa pratica ações ou karmas, resquícios dessas ações são deixados no seu inconsciente: "sementes" de futuros efeitos kármicos penetram no *ālaya*, um receptáculo que os armazena, prontos para o posterior amadurecimento. O *ālaya* consiste em uma série de *cittas* (*Trims*.v.4), acompanhado tanto pelas "sementes" kármicas quanto pelas "sementes" de possíveis impurezas e memórias. Todas estas se reproduzem ao longo do tempo, sendo desse modo responsáveis pela continuidade da personalidade após a morte e em períodos de inconsciência, quando as sete consciências ativas estão ausentes (*Trims*.v.16).

Consta também que o *ālaya* contém algumas "sementes" intrinsecamente puras, a fonte da aspiração religiosa.[14] Elas surgem das profundezas do *ālaya*, o *param-ālaya* ou "*ālaya* que está além" (*Lanka*.272). Na escola Shelun, a versão chinesa mais antiga da Yogācāra, tal coisa é designada como uma nona consciência "imaculada" (*amala*). Para essa escola, a consciência imaculada estava além do dualismo de sujeito e objeto, existência e não existência; era vista como o *Dharma-dhātu*, o "princípio/esfera do *Dharma*",[15] ou como o "ser-o-que-é", equivalente à vacuidade e ao *Nirvāṇa*. Também a situava além da inconsciência individual, vendo-a como uma realidade universal que reside "dentro" de todos os seres. A outra escola Yogācāra na China, a Faxiang, via a consciência imaculada como o *ālaya* quando livre dos aspectos impuros dele (Williams, 2009, p. 99).

Ālaya atua como a base das consciências ativas projetando-as efetivamente para fora de si mesmo. A Yogācāra, portanto, encara a percepção que a pessoa tem do mundo como um produto da mente inconsciente. Essa ideia está relacionada com a observação de que, em qualquer situação, só notamos de fato aquilo que nossa mente está sintonizada para perceber, seja isso algo que nos interesse, que nos ameace, que nos estimule ou que nos repugne. Sempre obtemos apenas "destaques editados" do possível campo de percepção. O que percebemos relaciona-se com certeza à nossa natureza, que é o produto, entre outras coisas, de nossas ações anteriores (cf. pp. 41 e 69). O fato de essa percepção não ser apenas uma questão de "ver o que está presente" de modo passivo demonstra-se pelos numerosos exemplos, nos livros de psicologia da percepção, de figuras ambíguas que podem ser "vistas" de diferentes maneiras. Também é ilustrado pela maneira pela qual podemos levar algum tempo para reconhecer o tema de uma foto-

---

14 Os sautrāntikas também falavam de uma "semente" indestrutível de "bondade" como fonte da aspiração nirvāṇica, e os theravādins equiparavam a consciência *bhavaṅga* ao *citta* "brilhantemente reluzente" mencionado em *A*.I.10 (ver p. 97).

15 No budismo primitivo, "*Dharma-dhātu*" se referia aos princípios descobertos pelo Buda: o Surgimento Condicionado, as quatro Realidades Verdadeiras para os Espiritualmente Enobrecidos (p. ex., *SN*.II.56-7) e as três marcas (*A*.I.286): padrões básicos de realidade dos quais o Buda se deu conta (*SN*.II.25).

grafia tirada de um ângulo bizarro ou sob uma luz estranha. Mas, depois que a coisa é "vista", é difícil *não* reconhecê-la. Os yogācāras enfatizavam essa realidade a tal ponto que a percepção era encarada, em essência, como um processo imaginativo no qual a mente gera construções mentais que são percebidas como um mundo.

A filosofia Yogācāra explica a "mecânica" do processo de construção como se segue. Dentro do *ālaya*, as sementes kármicas amadurecem por meio da influência sutil de *vāsanās* ou "impressões" geradas pelo apego arraigado a construções mentais.[16] As "sementes" então amadurecem na forma do fluxo das experiências que consiste em *manas* e nas seis consciências, cada uma orientada para o seu próprio tipo de "objeto", do qual ela é uma "representação" (*vijñapti*) (*Lanka*.44, e *Trims*.v.2). *Manas* divide o fluxo contínuo da experiência em um "sujeito" cognoscente e um "objeto" conhecido, ou o "que compreende" e o "compreendido". Com base nisso, ele gera então outras formas de diferenciação ilusória (*vikalpa*). Nesse processo, a linguagem desempenha um amplo papel. É permeada pela distinção entre sujeito e objeto e fornece conceitos sob os quais formas (*nimitta*) "significativas" podem ser separadas do fluxo da experiência e designadas como entidades supostamente fixas — como "uma roda", por exemplo (*Lanka*.226).

Embora tudo o que se experimente efetivamente seja a consciência e seus acompanhamentos mentais, a diferenciação produz a ficção de que estas experiências de um mundo "exterior" são vivenciadas por um sujeito "interior", o qual tem sentimentos e emoções "interiores". Para a Yogācāra, o fluxo de experiências não é na verdade nem "interno" nem "externo" — ele apenas é. Uma analogia possível é a situação de se interagir com um mundo de realidade virtual gerado por computador (cf. p. 117), no qual o visualizador é conduzido "através" de um espaço aparentemente tridimensional por meio de uma série contínua de imagens bidimensionais na tela, podendo também se identificar com um dos personagens retratados, como acontece quando assistimos a um programa de televisão. É claro que a analogia é imperfeita. Ela ainda contém um observador do computador ou da tela da televisão, ao passo que na visão Yogācāra o "próprio" observador é como a imagem na tela! *Manas* considera o suposto "sujeito" como um Eu permanente real, em parte devido a uma percepção confusa do *ālaya*, que é a base. Essa ilusão do Eu é, portanto, a fonte de anseios relacionados com "objetos", de uma variedade de volições que geram "sementes" kármicas — a serem armazenadas no *ālaya* até que amadureçam no futuro fluxo da experiência. Desse modo, o ciclo da vida e das vidas continua, com *ālaya* e *manas* condicionando um ao outro.

---

16 A terminologia de "sementes" e "impressões" já havia sido desenvolvida pelos sautrāntikas.

O mundo como "mero-pensamento"

A visão Yogācāra, de modo geral, tem sido considerada uma forma de idealismo filosófico, que nega a realidade do mundo material e afirma que essa realidade é mental. Ela por certo pode soar idealista: "As entidades visíveis não existem, o mundo exterior é meramente o pensamento/mente (*citta*) visto como uma multiplicidade [de objetos]; o corpo, a propriedade e o ambiente — esses eu chamo de mero-pensamento *(citta-mātra)*" (*Lanka*.154; cf. *BTTA*.183). A intenção da escola, no entanto, não é apresentar um simples ponto de vista filosófico, e sim desenvolver uma perspectiva que promoverá o despertar. Ao fazer isso, ela desenvolve diversas teorias experimentais que visam articular o que é experimentado de imediato, rejeitando teorias que vão além disso e discutem um "mundo material". Se uma realidade extramental existe, nunca a vivenciamos. O nosso "mundo" efetivo é meramente o "pensamento" (e seus acompanhamentos mentais) ou uma "representação" (*vijñapti*) produzidos pela consciência. A experiência consciente pode conter algum reflexo indistinto de existências extramentais, mas está condicionada com tanto vigor por constructos mentais que são estes que precisam ser o foco da análise e da mudança espiritual.[17]

Para respaldar essa opinião, a escola recorre à experiência meditativa. Nesta, a concentração em um objeto pode gerar uma imagem mental como um disco de luz colorida, que com o tempo se torna mais vívido e claro do que os objetos vistos com olhos abertos (ver p. 350). Asaṅga argumenta que, por mais reais que essas imagens possam parecer, por certo nada são além de pensamento/mente. Se tal já se aplica a experiências vivenciadas em um estado de tranquilidade, de menos ilusão, imaginemos o quanto não se aplicaria à experiência corriqueira? Ele também argumenta que, como alguns praticantes de meditação avançados são capazes de transformar terra em água, estes elementos não estão, na verdade, fora da mente. Além disso, os sonhos mostram que podemos ter impressões "sensoriais" agradáveis e desagradáveis quando não existe nenhum objeto real para causá-las (*Ms*.2.27.1-8 (*BTTA*.184)).

Não se depreende dessa perspectiva que cada um de nós habita um mundo totalmente privado. A semelhança entre as "sementes" kármicas das pessoas significa que nossos "mundos" têm muito em comum, embora se vejam diferentes tipos de seres percebendo o "mesmo objeto" de maneira muito diferente: enquanto os seres humanos veem um rio como um local no qual podem se banhar e beber água, para os peixes ele é apenas seu hábitat natural e para os "fantasmas famintos" é uma corrente de pus e excremento que não é capaz de aplacar sua sede devastadora (*Ms*.2.4). Repare que essa ideia indica que existe "alguma coisa" extramental que

17 Um efeito colateral disso é que os tipos não kármicos de causalidade são negligenciados: acredita-se que tudo o que é vivenciado é resultante do karma (inclusive a maneira como outros seres nos afetam).

está sendo percebida de uma maneira diferente. Além disso, o que um ser faz pode ajudar ou prejudicar outro; Vasubandhu afirma que isso não ocorre por meio da ação de corpos materiais e da fala fisicamente produzida, e sim pelas "representações" mentais de um ser que causam efeito nas de outro. Embora os seres sejam, até onde sabemos, apenas fluxos de fenômenos mentais, estes interagem (*Vims.*vv.18-20) — como também precisa ocorrer para que as pessoas compartilhem a linguagem, que a Yogācāra vê como algo que molda a experiência.

As três naturezas

Enquanto os mādhyamikas falam de "dois níveis de verdade", um conceito fundamental da Yogācāra é o das três "naturezas" aparentes — os três *svabhāvas* (*EB.*4.3.2). Cada um é uma perspectiva sobre a experiência que diz respeito a um tipo de conhecimento real ou suposto e a um grau de realidade com o qual esse conhecimento está relacionado. Assim como no Mādhyamika, a intenção é se afastar da experiência corriqueira e corrompida e se aproximar da experiência do mais elevado grau de verdade ou realidade. Para os yogācāras, existe também um nível intermediário de realidade, embora os mādhyamikas encarassem isso como uma combinação impossível de realidade e irrealidade.

A primeira das três "naturezas" é a *parikalpita*, a "(mentalmente) construída" ou "imaginada". É isso que é estruturado pela distinção sujeito/objeto: o mundo do senso comum que engloba o eu, as pessoas e as coisas e "objetos" de pensamento como os *dharmas* mentais e físicos, todos erroneamente vistos como dotados de essências permanentes reais ("natureza própria"). O seu "grau" de realidade é nulo: é apenas uma aparência ilusória. Como um tipo de "conhecimento", essa natureza é engolida pela ilusão, absorvida pelos sinais perceptivos (*nimitta*) que são as suas formas gerais, bem como por detalhes relacionados (*Lanka.*67); é o mundo do "costume convencional" (*vyavahāra*; *Trims.*v.23) mediado pela linguagem.

A segunda "natureza" é a *paratantra*, a "dependente do outro". Esse é o nível da realidade relativa, na forma do fluxo de fenômenos mentais em transformação (isto é, os *dharmas* compreendidos de modo adequado), que surgem dependentes uns dos outros de acordo com o princípio do Surgimento Condicionado, como no sistema de oito formas de *citta* e dos estados mentais concomitantes (*Mv.*1.9-10). Também se refere ao conhecimento relativo que percebe esses fenômenos como mutuamente dependentes e impermanentes. No entanto, não é o nível mais elevado de realidade, já que é o processo que gera a dualidade sujeito/objeto e portanto projeta a natureza "construída": é a "construção do irreal" (*abhūta-parikalpa*; *Tsn.*v.4).

A terceira e mais elevada "natureza" é a *pariniṣpanna*, a "absolutamente consumada". Este é o nível completamente real, desprovido da dualidade sujeito/objeto, no qual o conhecimento é aperfeiçoado por ser direto como "representação e mais nada". Enquanto o "construído" é como a água que se vê em uma miragem e o "dependente do outro" é como a própria miragem, o "absolutamente consumado" é a total ausência de água verdadeira na miragem. O primeiro é como os fios ilusórios vistos por uma pessoa que sofre de catarata, o segundo é como as placas nos olhos que produzem essas ilusões e o terceiro é como os objetos não confusos vistos pela pessoa que tem os olhos perfeitos.[18]

Como ele sabe que o "constructo" imaginário é vazio de uma "natureza" real e que os fenômenos interdependentes do nível "dependente do outro" também são individualmente vazios de uma "natureza" inerente (como no pensamento mādhyamika), o "absolutamente consumado" é o conhecimento da própria "natureza" vazia de todos os fenômenos: a vacuidade. Essa "natureza" também é conhecida como ser-o-que-é (*tathatā*), o inconcebível estado de ser-o-que-é da realidade. Por ser um conhecimento que transcendeu totalmente a ilusão de sujeito e objeto, ele é o próprio ser-o-que-é que ele conhece. O ser-o-que-é é a própria natureza da realidade, e as três "naturezas" são apenas três diferentes perspectivas a respeito dela, de graus variados de adequação (*Tsn.*vv.18-21).

Enquanto os mādhyamikas usam o termo "vacuidade" para denotar a simples ausência de uma natureza/existência inerente nos fenômenos, os yogācāras também veem o vazio como algo positivamente existente — na forma não dual da natureza "dependente do outro". A realidade, compreendida de acordo com o verdadeiro Caminho do Meio, é vazia de dualidade, porém não vazia de existência; ela é aquilo que é vazio. A "dependente do outro", a "construção do irreal", não é irreal por completo, existindo "dentro" do vazio, não sendo nem isolada dele nem idêntica a ele, assim como as coisas impermanentes não são isoladas da impermanência nem idênticas a ela (*Mvkb.* cap. 1, vv. 3 e 14). Ela tem uma "natureza inefável" (*anabhilāpya*) conhecida apenas pelos Budas (*Vṛtti.*v.10).

O caminho e a meta da Yogācāra

As duas primeiras naturezas são a base das impurezas e, portanto, do sofrimento. O caminho Yogācāra, por conseguinte, tem como objetivo compreender o "construto" dualista de maneira a solapar o aspecto do "dependente do outro" que é a sua base, até que esse aspecto seja por fim expurgado dele, deixando somente o "absolutamente consumado". Em uma profunda calma meditativa, a mente, de forma gradual, supera a tendência de interpretar as experiências como um indício de "objetos" externos. À medida que essa tendência diminui, a consciência ainda tende a ser compreendida como um "sujeito" real, mais real do que os "objetos". Por fim, a plena realização da "mera-representação" chega quando a total transcendência de qual-

18 *Saṃdhinirmocana Sūtra* (Taisho 16, p. 693 a-b), como citado por Keenan, 1982, p. 11.

quer "objeto" conduz ao colapso de qualquer noção de "sujeito", que é apenas seu contraste dualístico (*Tsn*.v.36). Desse modo surge a experiência do conhecimento transcendente, que é uma unidade indiferenciada, além da dualidade sujeito/objeto e de conceitos de qualquer tipo, até mesmo do "pensamento". É um pensamento que não é mais o que em geral se indica por "pensamento", pois não tem um objeto, sendo desprovido de conteúdo.[19] Essa é a realização do "absolutamente consumado" e é tida como a percepção da "ausência de limites" da esfera do *Dharma*, do despertar (*bodhi*) (*Tsn*.vv.37-8).

O caminho para o *Nirvāṇa* é um desenvolvimento gradual da virtude, da concentração meditativa e da compreensão do vazio dos fenômenos "dependentes de outro". A realização final chega de repente,[20] contudo, como uma poderosa transição espiritual, uma perturbação avassaladora que ocorre na raiz da mente — em *ālaya* na forma de *manas*. Esse evento é conhecido como a "inversão da base" (*āśraya-parāvṛtti*). É onde o fluxo habitual da mente mundana para de repente, de modo que as seis consciências sensoriais deixam de apresentar informações.[21] Tendo deixado de diferenciar "objetos" no fluxo das seis consciências, *manas* se "afasta" delas e obtém o nobre conhecimento (*ārya-jñāna*) direto e intuitivo de *ālaya* como a sua base. Devido a isso, *ālaya* não é mais capaz de conduzir "sementes" kármicas, a fonte da consciência dos "objetos", já que sua natureza ilusória é percebida com clareza. Desse modo, a intuição penetra nas profundidades não duais de *ālaya*, a esfera do *Dharma* que é a suprema realidade, fazendo com que tudo seja visto como "mero-pensamento" no sentido mais elevado. No espelho de *manas*, o *ālaya* ignorante obteve conhecimento da sua natureza interior, de modo que o *Nirvāṇa* é "a consciência de *ālaya* que é realizada interiormente, depois de uma inversão ter ocorrido" (*Lanka*.62). O *Nirvāṇa*, portanto, é a transfiguração de *saṃsāra*, não o seu aniquilamento: como no Mādhyamika, "não existe nenhuma diferença entre o *saṃsāra* e o *Nirvāṇa*" (*Lanka*.61).

Um *Bodhisattva* avançado que já vivenciou o *Nirvāṇa* não fica satisfeito com isso. Ele se volta de novo para o *saṃsāra* a serviço dos outros, o que o *Mahāyāna-saṃgraha* chama de *Nirvāṇa* de "não permanência" (*apratiṣṭhita*), não se agarrando nem ao *saṃsāra* nem ao *Nirvāṇa* como coisas supostamente separadas disso (Nagao, 1991). Faz isso de forma meditativa, emitindo um "corpo criado pela mente" que parece ser físico (*Ms*.2.27.8 ((*BTTA*.184)) — o qual, como a ilusão mágica de um ilusionista, não é mais um objeto físico do que qualquer outra coisa — com o qual se sintoniza e percebe o "mundo" aparente daqueles que está procurando ajudar. *Lanka*.136-37 descreve como um *Bodhisattva* (do oitavo estágio), tendo alcançado a "inversão",

19 *Trims*.vv.28-9 e comentário (*BTTA*.181; cf. p. 116).
20 Como acontece com a condição de *Arhat* nas escolas primitivas.
21 Cf. libertação "desprovida de sinal" (pp. 110 e 125).

entra em uma concentração meditativa na qual alcança duas formas de corpo criadas pela mente. Com a primeira, pode viajar à vontade até a presença de qualquer Buda celestial na sua "terra de Buda", ao passo que, na segunda, pode assumir a forma de uma variedade de classes de seres a fim de trabalhar entre eles e ajudá-los a alcançar a libertação. Vemos aqui as ideias filosóficas da Yogācāra se conectando com interesses centrais do Mahāyāna.

Pureza e impureza

Os yogācāras refletiram muito sobre a relação entre uma realidade suprema "pura" e um *saṃsāra* impuro encontrado "dentro dela". A "inversão" não provoca uma mudança na realidade suprema, porque o que é mutável é impermanente. A sua pureza é intrínseca a ela: "Como é o ouro puro, a água livre de sujeira, o céu sem nenhuma nuvem, ela é pura quando separada da imaginação" (*Lanka*.131). Vê-se o "vazio" como imaculado devido à própria natureza, o brilho vivo da *citta* transcendental, mas essa pureza é ocultada por impurezas fortuitas (*Mv*.1.23; cf. p. 68). Vasubandhu comenta que a existência dessas impurezas estranhas (no nível "dependente do outro") explica por que as pessoas não alcançam a libertação sem esforço, enquanto a natureza brilhante da realidade suprema explica por que o esforço de alcançar a pureza não será inútil. Ele também comenta (em *Mv*.5.21): "A esfera do *Dharma*, sendo como o espaço, é pura por natureza, e a dualidade 'pura' e 'impura' é apenas fortuita, chegando mais tarde". Em outras palavras, apenas em contraste com contaminações "impuras" a suprema realidade é "pura"; por si mesma, ela está além de todas essas dualidades.

A DOUTRINA DO TATHĀGATA-GARBHA

De acordo com a tradição chinesa, o pensamento Mahāyāna indiano compreendia as escolas Mādhyamika, Yogācāra e "Tathāgata-garbha". No entanto, as tradições indiana e tibetana não considerava essa última linha de pensamento uma escola filosófica separada: como ela se originou no período entre as origens da Mādhyamika e da Yogācāra, as suas ideias eram, de certo modo, intermediárias entre elas, e ambas recorriam a essas ideias. Além disso, não houve grandes mestres indianos associados a essa linha de pensamento. É provável que isso se devesse ao fato de ela não ter sido concebida como um sistema bem elaborado, tendo surgido entre aqueles que procuravam articular e apoiar aspectos da prática religiosa. Não obstante, deu importante contribuição para o pensamento Mahāyāna.[22]

---

22 Keenan, 1982; Ruegg, 1969, 1989a e 1989b; Williams, 2009, pp. 103-28.

Fontes Tathāgata-garbha

O texto mais antigo da corrente Tathāgata-garbha conhecido foi o *Tathāgata-garbha Sūtra* (*BP*.7), composto *c.* 200-250 EC. O mais importante, contudo, é o *Śrīmālā-devī-siṃhanāda Sūtra* (*Srim.*), "O *Sūtra* sobre o Rugido do Leão da Rainha Śrīmālā", composto entre 250 e 350 EC. Também importante é o único tratado em sânscrito que ainda existe sobre o Tathāgata--garbha. Ele é conhecido como o *Ratnagotra-vibhāga* (*Rv.*), "Análise das Joias e Linhagens", ou *Uttara-tantra*, "O Tratado sobre o Supremo". A tradição chinesa o atribui a um certo Sthiramati/Sāramati; a tradição tibetana, de modo menos plausível, o atribui ao *Bodhisattva* Maitreya, via Asaṅga. Esse texto, que cita livremente o *Śrīmālā-devī-siṃhanāda Sūtra*, provavelmente foi composto logo depois dele. O *Mahāparinirvāṇa Sutra*,[23] um texto do Mahāyāna que existe em várias versões e foi influente na China, também contém várias ideias pertinentes. O *Laṅkāvatāra Sūtra* (*Lanka.*) assimila o pensamento Tathāgata-garbha do ponto de vista Yogācāra, e essa assimilação se desenvolve de modo adicional num texto que era um resumo bastante usado no Mahāyāna chinês. Trata-se do *Dasheng qixinlun* (*Ta-sh'eng ch'i-hsin lun*), "O Tratado sobre o Despertar da Fé no Mahāyāna", composto, ou talvez traduzido, por volta de 550 EC.

O Tathāgata-garbha

A primeira palavra do termo *Tathāgata-garbha* significa literalmente "Assim ido" ou "Assim vindo", palavras pertinentes a um Buda que está sintonizado com a realidade, enquanto o segundo termo significa basicamente um embrião, ou um útero ou outro receptáculo. As traduções tibetanas se baseiam no primeiro significado de *garbha*, enquanto as chinesas, no segundo. *Tathāgata-garbha* significa, portanto, algo como "Buda embrionário" ou "matriz de um Buda", embora o primeiro significado possa ter sido uma referência a seres que "contêm um Buda". Considera-se que esse "embrião" exista dentro de todos os seres vivos, indicando que, por mais iludidos ou impuros que eles estejam, podem amadurecer como Budas. O *Tathāgata-garbha*, portanto, representa o "potencial de Buda" dentro de todos os seres. No *Tathāgata-garbha Sūtra,* Buda afirma que ele é "completo com virtudes e não é diferente de mim". É um vazio repleto de possibilidades; resplandece com as qualidades do Estado de Buda, que não tem início, é imutável e permanente (*Rv.*vv.51, 84). Está além da dualidade, tendo a natureza do pensamento e a pureza intrínseca de uma joia, espaço ou água *(Rv.*vv.28, 30, 49). Brilha com

23 Um texto muito diferente do *Mahāparinibbāna Sutta* Theravāda e suas versões em sânscrito de outras escolas primitivas.

lúcida clareza (*Rv*, v. 170) e é "por natureza vivamente brilhante e puro" (*Lanka*.77). Os seres são ignorantes desse grande tesouro interior, mas o Buda o revela para eles a fim de encorajá-los no desenvolvimento espiritual. Além disso, é o *Tathāgata-garbha* que responde aos ensinamentos espirituais e aspira ao *Nirvāṇa* (*Srim.* cap. 13; EB.4.3.5). De certa maneira, essa abordagem pode ser vista como um eco das primeiras ideias de ver o *Nirvāṇa* como "livre de propósito" ou "desprovido de desejo" (ver p. 125): se já temos o supremo, o que poderíamos desejar?

O Tathāgata-garbha e as impurezas

O *Tathāgata-garbha Sūtra* e o *Ratnagotra-vibhāga* (vv.96-8 (*BTTA*.169)) empregam uma série de metáforas para mostrar o relacionamento entre o *Tathāgata-garbha* intrinsecamente puro e as "manchas de impurezas fortuitas" — cobiça, ódio, ilusão etc. — que, ao que consta, o obscurecem. É semelhante a uma imagem do Buda envolvida em farrapos, o que sugere uma perfeição imutável que precisa apenas ser descoberta, e é semelhante também aos brotos de uma grande árvore que irrompem através do fruto a partir do qual ela cresce, um indício de que esse potencial necessita de cultivo. Na realidade, ele deve ser considerado de duas maneiras: "naturalmente presente desde sempre" e "aperfeiçoado por meio do cultivo adequado" (*Rv*.v.149). Embora se possa considerar que esses dois aspectos estão em tensão, talvez a intenção seja indicar que precisamos *primeiro* descobrir o *Tathāgata-garbha* como um potencial de Buda e *depois* amadurecê-lo até o Estado de Buda, ativando as qualidades implícitas dentro dele. O *Ratnagotravibhāga* encara o *Tathāgata-garbha* como já presente, "a verdadeira natureza imaculada à qual nada precisa ser acrescentado e da qual nada precisa ser retirado" (*Rv*.v.113). No entanto, ele precisa ser separado das impurezas que o acompanham, assim como o minério de ouro precisa ser refinado para revelar e manifestar a pureza intrínseca do ouro. Nos *Bodhisattvas*, ele está parcialmente purificado e, nos Budas, purificado por completo (*Rv*. v. 47).

O *Mahāparinirvāṇa Sūtra* às vezes dá a entender que o *Tathāgata-garbha* é uma essência pura intrinsecamente já existente, e às vezes que é uma potência seminal de pureza futura. Não obstante, em uma perspectiva que tem como pano de fundo a ideia Sarvāstivāda de que os *dharmas* futuros existem em um certo sentido, atenua-se a distinção entre um potencial para o futuro Estado de Buda e um Estado de Buda já existente que precisamos apenas descobrir. Como argumenta Ming-Wood Liu (1982), embora o *Sūtra* diga que os seres sencientes com certeza "têm" o *Tathāgata-garbha*, que é idêntico à natureza eterna incondicionada de um *Tathāgata* — o *Nirvāṇa* —, eles só a "têm" num sentido futuro. Têm a capacidade de se tornarem Budas quando as condições corretas da prática espiritual entram em ação, assim como o leite tem o potencial de se tornar creme ou manteiga quando tratado da maneira correta, mas ainda não "contém" creme ou manteiga. Um homem pode, sem muito rigor, dizer que "tem manteiga" se tiver disponível um pouco de leite para bater, mas ainda precisa bater o leite. Para os seres sencientes, a natureza do Buda existe no futuro, porém não no presente (Liu 1982, pp. 73-4). No entanto, na qualidade de seres sencientes, dotados de mente, eles são sempre capazes de se tornar Budas. Liu, portanto, interpreta a mensagem global do *Sūtra* como a de que os seres sencientes são capazes de despertar porque carecem de uma natureza fixa, definitiva (1982, p. 84). Na realidade, é assim que a escola Mādhyamika interpreta o *Tathāgata-garbha*: como uma maneira de falar a respeito da vacuidade de natureza inerente, vacuidade essa que possibilita a mudança suprema (ver pp. 159-55). Entretanto, na Ásia Oriental, o *Tathāgata-garbha* em geral não era interpretado dessa maneira; não raro era visto como uma realidade preexistente, esperando para ser descoberta.[24]

As últimas seções do *Mahāparinirvāṇa Sūtra* traduzidas para o chinês são notáveis pela ideia de que todo mundo, inclusive as pessoas muito perversas — *icchantikas* ou "decadentes" — com o tempo se tornarão Budas, devido ao seu *Tathāgata-garbha* (*EB*.8.3). Isso refutava a ideia, encontrada em algumas linhas do pensamento Yogācāra — caso da escola Faxiang —, de que essas pessoas eram incapazes de alcançar qualquer tipo de iluminação porque a consciência-depósito delas carecia das sementes puras que possibilitariam que isso acontecesse (Williams, 2009, pp. 98 e 107).

No entanto, se o *Tathāgata-garbha* é a base pura do esforço espiritual bem-sucedido, é necessário explicar a existência das impurezas estranhas que refreiam o despertar dos seres vivos. Como as duas coisas coexistem em um único ser? O *Ratnagotra-vibhāga* encara as impurezas como uma "casca" tão sem início quanto a "natureza imaculada da mente" que ela reveste (v.129). O *Śrīmālā-devīsiṃhanāda Sūtra* diz que as impurezas estão essencialmente radicadas na ignorância sem início, mas que apenas um Buda pode compreender como a mente, cuja natureza interior é o *Tathāgata-garbha* intrinsecamente puro, pode estar de *alguma maneira* associada a impurezas. Aqui, na verdade, podemos ver uma versão budista do problema do mal: de onde se origina o mal? O budismo evita o problema "teológico" do mal (ver p. 66), mas um problema semelhante surge aqui. Isso acontece porque o *Tathāgata-garbha* é visto como o eterno alicerce e apoio tanto do mundo incondicionado, que inclui as "qualidades inconcebíveis de Buda" (*Srim.* cap. 13), quanto do mundo condicionado do *saṃsāra*. Citando o *Mahāyāna-abhidharma Sūtra,* o *Ratnagotra-vibhāga* (cap. 9: trad. de Takasaki, p. 291) iguala o *Tathāgata-garbha* à esfera/princípio do *Dharma* (*dhātu*) que é descrito da seguinte maneira (cf. p. 131): "A Esfera é sem início no tempo / Ela é a base comum (*āśraya*) de todos os *dharmas* / Como ela existe, também existem / Todos os lugares de renascimento e a plena realização do

24 A ideia de que já podemos ser um Buda, mas não saber disso, não é de todo desprovida de problemas. O Mahāyāna enfatiza que os Budas são oniscientes, de modo que, se fôssemos um Buda, já deveríamos saber disso!

Nirvāṇa". É provável que isso não tenha sido dito no sentido de que existe uma única base para todo o universo — pois o *Tathāgata-garbha Sūtra* se refere a uma pluralidade de *Tathāgata-garbhas* — mas no sentido de que são as mentes dos seres sencientes que sustentam a roda de renascimentos e também têm um potencial que torna possível a realização do *Nirvāṇa*.

Tornar o *Tathāgata-garbha* a base de tudo implica que ele também é a base das impurezas e da ignorância. O *Ratnagotra-vibhāga* apoia essa implicação dizendo que o karma e as impurezas se baseiam na atenção insensata (que percebe o mundo condicionado como permanente e substancial); que isso se baseia na "pureza da mente", mas que essa "verdadeira natureza da mente" não possui nenhuma base adicional (*Rv.*vv.56-7). *Lanka*.220 diz efetivamente que o *Tathāgata-garbha* "encerra dentro dele a causa tanto das ações hábeis quanto das inábeis, e por ele todas as formas de existência são produzidas. Como um ator, ele assume uma variedade de formas".[25] Em última análise, contudo, os textos da linha Tathāgata-garbha procuram evitar qualquer ideia de que o mal genuíno seja proveniente do puro *Tathāgata-garbha*. Desse modo, as impurezas são consideradas insubstanciais, irreais, mas imaginadas pela mente iludida. Isso se vê pelo fato de que o verdadeiro *Nirvāṇa*, o Estado de Buda, não é considerado a extinção de nada (as impurezas), mas como o "Corpo do *Dharma*" ou Tathāgata (*Srim.* caps. 5 e 8). Isso já existe, porque, "coberto" por impurezas, ele é o *Tathāgata-garbha*.[26] Como no Mādhyamika e no Yogācāra, o despertar não é realizado pela destruição de impurezas reais, mas apenas pela não originação de impurezas ilusórias e do sofrimento ilusório ao qual elas conduzem. Contudo, o motivo pelo qual essas ilusões são imaginadas ainda não é explicado: somente um Buda é capaz de sabê-lo.

O pensamento Tathāgata-garbha em relação às escolas Mādhyamika e Yogācāra

Tanto os autores da linha Tathāgata-garbha quanto os yogācāras atribuem um significado mais positivo à "vacuidade" do que o encontrado (de forma explícita) no Mādhyamika clássico. O próprio *Tathāgata-garbha* é igualado à "vacuidade" e considerado vazio e isolado de todas as impurezas, mas não vazio ou isolado das "inconcebíveis qualidades de Buda, mais numerosas do que as areias do Ganges" (*Srim.* cap. 9). Isso estabelece uma dicotomia entre as impurezas irreais e as qualidades de Buda verdadeiramente reais. Essa perspectiva difere da Yogācāra, na qual existem *três* níveis de realidade, os três *svabhāvas*. Desse modo, os autores do Tathāgata-garbha afirmam que há dois níveis de realidade, como os mādhyamikas, mas têm uma visão mais substantivista da realidade suprema do que os mādhyamikas.

---

25 A empatia, por exemplo — saber como outro ser se sente —, torna possível tanto a compaixão quanto a crueldade deliberada.

26 Embora em outros textos o próprio *Tathāgata-garbha* seja mencionado como aquilo que é obscurecido por impurezas.

Tanto na Mādhyamika/Perfeição da Sabedoria quanto no Yogācāra encontra-se a noção de "*citta* brilhantemente reluzente", que deriva em última análise de um dos primeiros *Suttas* (ver p. 97) e é conceito fundamental do Tathāgata-garbha. Na literatura da Perfeição da Sabedoria, diz-se do "pensamento do despertar" (*bodhi-citta*)[27] que "Esse pensamento não é um pensamento, já que, por natureza, é brilhantemente reluzente", e que é um estado de "ausência de mente" (*acittatā*) que está além da existência e da não existência (*Asta.*5-6). Isso equipara *citta* brilhantemente reluzente ao *bodhi-citta*, cujo surgimento a literatura Tathāgata-garbha acredita ocorrer quando a pessoa se conscientiza do *Tathāgata-garbha* interior. Não obstante, o trecho da Perfeição da Sabedoria citado acima encara a mente brilhantemente reluzente como vazia da própria natureza da mente, e não a estabelece como a base do mundo. Tanto no pensamento Tathāgata-garbha quanto no Yogācāra, um aspecto da mente é estabelecido como a base tanto do mundo condicionado quanto da obtenção do incondicionado. Para os autores to Tathāgata-garbha, essa base era o *Tathāgata-garbha* reluzente, ao passo que para os yogācāras era as profundezas do *ālaya-vijñāna*.

É digno de nota que o *Ratnagotra-vibhāga* faça citações do *Mahāyāna-abhidharma Sūtra*, um texto Yogācāra, e que outro antigo texto Yogācāra, o *Mahāyāna-sūtrālaṃkāra*, enfatize a mente brilhantemente reluzente, a qual ele afirma ser a natureza do *Tathāgata* e um *garbha* que todos os seres têm. Esses fatos sugerem uma afinidade particular entre o pensamento Tathāgata-garbha e o pensamento Yogācāra. Pode muito bem ser que tenham se desenvolvido em círculos semelhantes (Keenan, 1982). Enquanto os autores do Tathāgata-garbha retiveram uma ênfase na pureza intrínseca da mente, os yogācāras seguiram em frente e passaram a explicar o surgimento e o funcionamento da consciência impura, empírica. Neste caso, conferia-se maior realidade à origem da impureza, denominada "a construção do irreal", do que a que lhe era atribuída pelo pensamento Tathāgata-garbha. No *Laṅkāvatāra Sūtra*, as duas linhas de pensamento estão unidas, porque se diz de forma explícita que *ālaya-vijñāna* também é conhecido como *Tathāgata-garbha* (*Lanka.*221).

Um último problema é que *Lanka.*77-8 descreve o *Tathāgata-garbha* como "oculto no corpo de todo ser como uma joia de grande valor [...] ele é eterno, permanente". Considerando essa descrição, como então ele difere de um Eu permanente, o qual nunca foi aceito pelo budismo?[28] Os textos parecem um tanto ambivalentes em relação a isso. Por um lado, o Corpo do *Dharma*, o *Tathāgata-garbha* plenamente amadurecido, é a perfeição da permanência e do

27 De modo geral é um termo que designa a aspiração compassiva ao Estado de Buda, de modo a ser capaz de ajudar os outros, mas também é usado para o estado mental que conhece o vazio.

28 A semelhança entre o *Tathāgata-garbha* e um Si-Mesmo Supremo é um eco da ideia dos Pudgalavādins de uma "pessoa" interior misteriosa: ver p. 122.

Eu (*Srim.* cap. 12). Por outro, conquanto o *Tathāgata-garbha* possa, aos olhos dos ignorantes, parecer com um Eu ou um criador eterno, não é este o caso, porque ele é idêntico à vacuidade (*Lanka*.78). Ele pode ser semelhante ao Si-Mesmo, mas não é um verdadeiro Si-Mesmo, no sentido de um "Eu": "O Buda não é nem um Si-Mesmo Supremo nem os *skandhas* (P. *Khandha*); é conhecimento livre de máculas nocivas" (*Lanka*.358).

O Tathāgata-garbha e o debate entre a vacuidade do eu e a vacuidade de outros

O debate tibetano sobre a natureza da "vacuidade" (ver pp. 154-55) é de particular relevância para o pensamento Tathāgata-garbha (Powers, 2007a; Williams, 2009, pp. 112-15). Os que defendem a visão da vacuidade de outros encaram a realidade pura, vazia de toda alteridade, como o *Tathāgata-garbha*, interpretado como uma realidade preexistente que precisa apenas ser descoberta: é uma radiância vazia de impurezas. Os que defendem a visão da vacuidade do eu consideram que o discurso sobre o "*Tathāgata-garbha*" é apenas uma maneira de afirmar que a ausência de natureza inerente da mente dos seres significa que eles são capazes de uma mudança suprema, para que possam se tornar Budas. Esta última visão minimiza a importância da ideia da radiância da mente, revelada na meditação, como a semente específica do futuro Estado de Buda, ao passo que a visão da vacuidade de outros faz questão de afirmar que o *Tathāgata-garbha* não muda e não precisa mudar, sendo um perfeito Estado de Buda já presente que só precisa ser revelado.

No Tibete, a abordagem da vacuidade de outros é vista, por exemplo, na prática *Dzogch'en* tal como se encontra na escola Nyingmapa (ver p. 231). Os adeptos dessa prática da "Grande Perfeição" a encaram como uma via "espontaneamente perfeita" e totalmente autossuficiente que conduz a uma realização repentina de nossa perfeição e sabedoria primordiais. Ela é vista como uma abordagem que permite a manifestação da claridade radiante, da verdadeira natureza da mente. Para tanto, é preciso permitir que os pensamentos venham e vão à vontade, sem apego — ou rejeição — a eles ou seus objetos, de maneira a sermos capazes de nos concentrar na radiância do fluxo de pensamento propriamente dito. Por meio dessa prática, o adepto desenvolve a capacidade de deixar que seu fluxo de sucessão de pensamentos desacelere de forma gradativa e natural. Em certo ponto dessa evolução, o fluxo para de súbito, pois a verdadeira não atração e não aversão ao pensamento surge em um instante espontâneo, com a mente repousando em um estado de percepção pura (*rig pa*[29]), ser-o-que-é, vazia da construção de "objetos", imóvel. Esse momento é visto como a repentina realização da iluminação, a perfeição

29 S. *vidyā*, o oposto de *avidyā*, a ignorância espiritual.

espontânea não produzida do Buda Samantabhadra primordial, a personificação do "Corpo do *Dharma*" — ou pelo menos uma prelibação disso. O modo como a escola da vacuidade do eu aborda a iluminação, contudo, é mais gradualista.

Ocorrências na Ásia Oriental

Na China, o *Tathāgata-garbha* não raro era chamado de *Foxing* (*Fo-hsing*), a "natureza do Buda".[30] O influente *Dasheng qixinlun*, o "Despertar da Fé no Mahāyāna", via-o como uma "Mente Una" universal, um Absoluto que é a base de todo o universo, conferindo-lhe assim um papel cosmológico (Williams, 2009, pp. 115-19). O monge Tiantai (T'ien-t'ai) Zhanran (Chanjan, 711-82 EC) argumentou que a natureza do Buda é a mente imutável na base de todos os fenômenos, até mesmo do solo e da poeira. Dōgen (1200-1253), fundador da Sōtō Zen no Japão, via todo o mundo dos fenômenos não como se *manifestassem* ou *contivessem* a natureza do Buda, o supremo, mas como se fossem ela (Williams, 2009, pp. 119-22). Embora textos como o *Mahāparinirvāṇa Sūtra* negassem que as paredes e as pedras tivessem a natureza do Buda, Dōgen afirmou que eles, como tudo o mais, *eram* ele. Todo o fluxo dos fenômenos vazios não era outra coisa senão a natureza do Buda, dentro da qual não era possível designar nada como "não senciente".

No século XXI, um grupo de estudiosos japoneses do Sōtō Zen[31] desenvolveram uma visão conhecida como "Budismo Crítico" (ver p. 430), que critica com vigor uma gama de elementos do budismo japonês agrupados sob o título do que eles chamam de "*dhātu-vāda*": uma visão monística que encara tudo como tendo por base um único fundamento substancial. Um aspecto fundamental disso é a ideia da natureza do Buda e o correlato "pensamento iluminado original/inerente" (Jap. *hongaku shisō*; (*BT*.191-92)). Os budistas da visão crítica veem essas ideias como não budistas, por estarem fora de sintonia com os ensinamentos do não Eu e do Surgimento Condicionado, que eles consideram como sendo a essência por excelência que define o "verdadeiro budismo": encaram tudo o mais no budismo como questionável (Hubbard e Swanson, 1997; Williams, 2009, pp. 122-25).

O AVATAṂSAKA SŪTRA E A ESCOLA HUAYAN

Embora o pensamento Tathāgata-garbha fosse percebido pelos chineses como uma terceira escola da filosofia indiana Mahāyāna, os próprios chineses desenvolveram a escola Huayan (Hua-yen), baseada no *Avataṃsaka Sūtra* ou "Sūtra do Ornamento de Flores" (Ch. *Huayan*

30 Embora também pareça equivalente ao sânscrito *Buddhatā*, a Condição de Buda.
31 Eles são menos críticos com relação a Dōgen do que a outros budistas japoneses.

jing). Trata-se de um livro imenso, e muitos dos capítulos circulavam como *Sūtras* separados. Alguns foram traduzidos para o chinês no século II EC, mas a obra completa foi traduzida no século V e depois, em uma forma ligeiramente mais longa, no século VII. Também existe uma tradução em tibetano. Os livros mais importantes, ambos ainda existentes em sânscrito, são o *Daśa-bhūmika Sūtra*, sobre os "Dez Estágios" do caminho do *Bodhisattva*, e o *Gaṇḍavyūha*, ou Sūtra do "Buquê de Flores", que perfazem mais de um quarto de todo o *Avataṃsaka* (Cleary, 1985, 1989, 1991; Williams, 2009, pp. 132-38).

O *Avataṃsaka* como um todo trata dos seguintes temas: os estágios de desenvolvimento e as qualidades dos *Bodhisattvas*; práticas religiosas; a natureza e as glórias do Estado de Buda; descrições visionárias dos mundos; e a natureza da realidade. Contém repetições rítmicas, um fluxo de imagens e perspectivas cambiantes destinadas a expandir horizontes e a percepção, bem como uma visão cósmica do profundo inter-relacionamento de todas as coisas. O *Gaṇḍavyūha*, a sua culminação, é uma obra-prima literária que relata a peregrinação espiritual do jovem Sudhana, enviado pelo Buda em uma jornada para conhecer 52 mestres e aprender os segredos do caminho do *Bodhisattva*.[32] A jornada começa com o Buda em um pavilhão de um bosque indiano; pela meditação, o Buda faz com que esse pavilhão se funda com ele e se expanda para abarcar todo o universo, e um sem-número de *Bodhisattva*s de mundos imensuravelmente distantes aparecem em cena. Esses *Bodhisattvas* têm poderes incríveis, como o de expandir o corpo até os confins do universo, como fizera o Buda. Quando Sudhana inicia sua peregrinação, o mundo no qual ele se desloca não é o mundo comum do dia a dia, e sim o mundo visto através do olho da sabedoria, repleto de incríveis maravilhas. Perto do final da jornada, ele encontra o *Bodhisattva* Maitreya, que lhe mostra a enorme torre do Buda Vairocana ("O Resplandecente"). Ela é descrita como a morada de todos os *Bodhisattva*s, representando o universo tal como visto por meio da sabedoria e da compaixão deles. Sudhana entra na torre e encontra ali um mundo maravilhoso, vasto como o espaço, repleto de inúmeros caminhos, palácios, estandartes e árvores, todos feitos de joias, junto com incontáveis espelhos, luminárias acesas e pássaros que cantam:

> Esta é a morada de todos aqueles que fazem um *kalpa* (éon) entrar em todos os *kalpas* e todos os *kalpas* em um *kalpa* [...] que fazem um *dharma* entrar em todos os *dharmas* e todos os *dharmas* em um *dharma*, e no entanto sem que nenhum deles seja destruído [...] que se manifestam em todos os mundos sem mover um fio de cabelo do lugar onde estão [...]. Essa é a morada daqueles que se deslocam por toda parte na esfera do *Dharma*, intocados, sem depender de nada, sem nenhuma habitação, livres de qualquer fardo, como o vento

32 Os estágios da jornada de Sudhana estão representados em vários frisos do enorme *Stūpamaṇḍala* de Borobudur, na ilha de Java, Indonésia.

soprando no ar, sem deixar nenhum rastro nas suas perambulações [...]. [Porque esses seres] veem em uma partícula de poeira todo o oceano de mundos, seres e *kalpas*, tão numerosos quanto todas as partículas de poeira que existem, e essa fusão ocorre sem nenhum tipo de obstrução [...]. Enquanto residem aqui, eles também percebem que o princípio da identidade prevalece em todos os seres, em todos os *dharmas*, em todos os Budas, em todos os mundos [...]. (Suzuki, 1970c: 120-21, 125, 131, 132; cf. *EB*.4.3.6)

O mundo visionário descrito nesse *Sūtra* lembra sob alguns aspectos a cidade mitológica adornada com joias de um imperador *Cakravartin* descrito em um dos primeiros *suttas*, o *Mahāsudassana* (*D*.II.169-98), embora seja mais magnífico do que esta. Não foi concebido como uma mera atividade da imaginação, sendo, com mais exatidão, uma tentativa de transmitir, por meio de uma série de imagens para contemplação, uma percepção da natureza "imponderável" (*acintya*) da realidade. A essência dessa percepção é a noção da "interpenetração" de todas as existências. Isso se origina da noção de vacuidade, de que as coisas são o que são por causa do seu relacionamento com outras coisas em uma rede de interdependência. É também uma expressão da consequente "identidade" (*samatā*) das coisas. O *Sūtra* retrata um mundo de luz e joias, pois as joias são tais que a luz passa através delas e é refletida a partir delas; cada raio de luz, que não interfere com outros raios de luz, representa uma linha de dependência entre existências interdependentes que carecem de uma natureza própria (são "transparentes"). O mestre Huayan Fazang (Fa-tsang, 643-712) ilustrou a interpenetração de todas as coisas por meio de uma imagem extraída do *Avataṃsaka Sūtra*: a rede de joias do deus Indra, na qual cada joia reflete todas as outras, inclusive os seus reflexos em cada joia, e assim até o infinito (Cook, 1989, p. 214). O mundo da Torre de Vairocana é a esfera transcendental do *dharma*, a esfera em que a percepção penetra na mútua interfusão de todas as coisas, enxergando dentro do ser-o-que-é das coisas. A esfera do *Dharma* não é diferente do *loka-dhātu*, a esfera mundana dos fenômenos "separados", mas é a sua verdadeira natureza, interpenetrando-o. A esfera do *Dharma* é a totalidade da rede de existência interpenetrante. Em cada parte do todo, o todo está presente, e no todo, cada parte é um componente necessário. Assim como qualquer parte de uma imagem holográfica tridimensional de uma coisa contém a imagem inteira, cada parte da esfera do *Dharma*, cada item da existência, reflete e inclui cada uma e todas as outras partes, porque todas são interdependentes. Cada fragmento do universo mostra o que é o universo como um todo. E no entanto, cada item da existência permanece como é, sem ser obstruído pelos outros itens — na realidade, ele não pode ser o que é sem o seu relacionamento com eles. Eis uma visão holística, orgânica das coisas, uma espécie de "ecologia cósmica" (Cook, 1989, p. 214) na qual todo o universo de espaço e tempo está presente em uma partícula de poeira. Desse modo, o *Sūtra* diz o seguinte: "Todo ser vivo e toda coisa minúscula é importante, pois até mesmo a coisa mais diminuta contém todo o mistério". Como diz um ditado Chan extraído do livro 20 do *Avataṃsaka Sūtra*: "A mente, Buda e todos os seres sencientes não são diferentes" (Cleary, 1983, p. 188).

As ideias de "vacuidade" são usadas na escola Huayan, e em outras escolas influenciadas por ela, não apenas como antídoto para todas as concepções, mas como parâmetro para uma avaliação positiva das realidades concretas da natureza como partes de uma unidade orgânica harmoniosa. Em sintonia com o amor chinês pela harmonia e pela natureza, todo item da natureza é considerado digno de respeito e reverência, porque tudo é o "corpo" do Buda Vairocana, como também foi ensinado por Kūkai (774-835), o fundador japonês da escola tântrica Shingon. É óbvio que isso inclui tudo o que o budismo primitivo via como "*duḥkha*", mas, embora essas visões sejam muito diferentes, elas têm em comum os valores da percepção e do não apego.

Ao sistematizar a mensagem do *Avataṃsaka Sūtra*, o pensamento Huayan combina muitas ideias do pensamento Mahāyāna primitivo, sendo influenciado pelas ideias do daoismo (taoismo) chinês nativo, em especial a de que todas as coisas são formas de uma suprema realidade fluida, o "*Dao*" (*Tao*). Usando uma dupla de ideias chinesas consagradas, a esfera do *Dharma* é considerada como sendo o "princípio" ou "númeno" (Ch. *li*) que interpreta os "fenômenos" (*shi* (*shih*)) como os próprios fenômenos se interpenetram. Como dissera Sengzhao (Sêng-chao, 384-414), "O céu e a terra e eu somos da mesma raiz, as 10 mil coisas e eu somos de uma única substância" (Suzuki, 1959, p. 353). Os fenômenos são vazios, mas não são irreais, pois não são diferentes de *li*. Veem-se os fenômenos como inter-relacionados de forma radical, e, portanto, vazios de uma natureza inerente, de maneira semelhante ao pensamento Mādhyamika; mas, assim como esse relacionamento "horizontal" entre os fenômenos, existe também seu relacionamento "vertical" com *li*, o *Tathāgata-garbha* concebido como o *Dao* sempre maleável. Todos os fenômenos são manifestações efetivas disso, como mostra o "Tratado sobre o Leão de Ouro" de Fazang (*BT*.168-72). Nele, os fenômenos do mundo são como as partes de um leão dourado, todas as quais são feitas do mesmo ouro maleável, sendo formas dele (Williams, 2009, pp. 141-44). A escolha de um objeto de ouro no tratado provavelmente não é acidental: o brilho intrínseco do ouro é, sem dúvida, uma alusão ao brilho intrínseco da natureza do Buda e da mente meditativa com a qual ela está relacionada. Essa ideia de uma substância subjacente a todas as coisas é muito diferente, no entanto, da maneira como o Mādhyamika indiano via a realidade, pois é mais semelhante ao *Brahman* dos *Upaniṣads*, que também era visto como a base e a substância que compunham todas as coisas. Entretanto, *li* não é estático ou imutável, e sim fluido e desprovido de uma forma fixa, como o *Dao*. É uma espécie de "vazio", porém agora no sentido de uma coisa vazia de uma forma fixa, e portanto repleta de um sem-número de possibilidades. É vazio de impurezas, mas não de uma radiância intrínseca; tem uma abertura brilhante, uma pureza natural à qual nenhuma impureza consegue aderir, por assim dizer — embora, é claro, as impurezas estejam incluídas nos fenômenos que são as formas de *li*. Os fenômenos interpenetram uns aos outros por meio de uma profunda interdependência e também são, em certo sentido, idênticos uns aos outros, já que todos são formas de *li*. Cada um deles também é a causa única da totalidade da existência, a esfera do *Dharma*, já que sem um fenômeno particular a totalidade não apenas careceria de um item como também careceria dos múltiplos efeitos que esse item ocasiona no todo. Como cada fenômeno é a causa do todo, eles também são idênticos nesse aspecto.

Essas ideias são exploradas por Francis Cook (1977), embora ela tenha a tendência de enxergar apenas um sentido Mādhyamika da "vacuidade" no pensamento Huayan. Nos seus textos, os autores Huayan buscavam defender a sua perspectiva, embora os seus argumentos sejam muitas vezes obscuros e misturem pontos válidos e muito discutíveis. Talvez o que tentavam dizer seja muito difícil de verbalizar de modo adequado. Talvez combinassem erroneamente diferentes tipos de ideias, como diferentes tipos de "vazio". Talvez um pouco dessas duas coisas. Talvez o que dê a impressão de serem argumentos tenham sido concebidos mais como orientações para a meditação.

As ideias Huayan tinham implicações na maneira como se via o caminho budista, porque o início do caminho, o surgimento da fé, era considerado em certo sentido idêntico à meta (Williams, 2009, pp. 144-45). Isso pode refletir, em parte, o fato de que, na primeira vez que a meditação de fato começa a funcionar para uma pessoa, isso lhe abre todo um panorama de possibilidades. Existe então a percepção de que a prática depois desse momento é uma questão de analisar e explorar o que já foi obscuramente sentido/visto. Existe, aqui, um paralelo com a ideia tântrica de usar a meta (visualizada como um ser sagrado) como um aspecto fundamental do caminho (ver p. 214).

Na escola Huayan, a prática envolve estar consciente de nossa natureza do Buda e agir o máximo possível como um Buda, até que isso se torne uma maneira de ser natural e espontânea (*BT*.192-93). O tipo de misticismo especulativo da escola propiciou a perspectiva filosófica que impregna grande parte do budismo Chan/Zen, e hoje suas ideias são muito enfatizadas pela "Ordem do Interser"*[33] do monge Thich Nhat Hanh, da tradição vietnamita Chan (conhecida como Thien). Um exemplo que ele sempre usa (p. ex., 1991) é que em uma folha de papel estão a árvore de onde vieram suas fibras, o sol e a chuva que sustentaram esse processo, o madeireiro que derrubou a árvore e tudo do que ele depende, e nós mesmos, como parte de um mundo profundamente interdependente no qual todas as coisas "interexistem" com todas as outras.

---

* "Order of Interbeing" no original. (N. dos trads.)
33 www.orderofinterbeing.org.

SÍNTESE COMPARATIVA DAS FILOSOFIAS DO MAHĀYĀNA E DAS SUAS IDEIAS SOBRE A "VACUIDADE"

Em uma análise retrospectiva das filosofias discutidas neste capítulo, podemos observar uma gama de significados conferidos à palavra "vazio", refletindo os diferentes interesses e perspectivas dos textos, autores e escolas relevantes. Falando de um modo geral:

- Para os mādhyamikas, o "vazio" é uma qualidade compartilhada por *todos* os fenômenos: eles carecem de uma natureza inerente e de uma existência inerente, tampouco compartilhando alguma substância subjacente a eles.
- Para os yogācāras, os fenômenos mentais da natureza dependente do outro, que é tudo que sabemos existir diretamente, estão, de modo individual, vazios em um sentido Mādhyamika, mas existe um senso adicional de "vazio" significando a falta de uma verdadeira dualidade sujeito/objeto nesse fluxo mental, e esse "vazio" também é um nome para a realidade positiva, não vazia de si mesma, que carece disso.
- Nos textos Tathāgata-garbha, o sentido Mādhyamika de vazio pode se aplicar aos fenômenos condicionados, mas o sentido mais importante de "vazio" é o puro e imutável *Tathāgata-garbha*, a suprema coisa vazia que é vazia de verdadeiras impurezas, mas repleta de qualidades do Buda e base de todas as ações dos seres.
- Para a escola Huayan, embora o sentido do vazio Mādhyamika se aplique aos fenômenos individuais, estes são manifestações de uma substância subjacente, a esfera do *Dharma*, o *Tathāgata-garbha*, a Mente Una, *li*, que é o "vazio" no sentido daquilo que carece de qualquer natureza *estável*, sendo fluido e infinitamente maleável, como o *Dao*. Esse princípio subjacente não tem natureza múltipla, uma para cada ser, sendo um único princípio universal na origem de todo o universo.

CAPÍTULO 6

Os Seres Sagrados do Mahāyāna e o Budismo Tântrico

O CAMINHO DO *BODHISATTVA*

O "*Bodhisattva*" (ver p. 44) é um "ser do despertar" ou "ser dedicado ao despertar", ou seja, dedicado a alcançar *bodhi* — o "despertar", "iluminação" ou "Estado de Buda". Aquele que visa o *bodhi* de um Buda perfeito, em vez do de um *Pratyeka-buddha* ou *Arhat* (ver p. 128), era às vezes chamado de *Mahāsattva*, um Grande Ser ou aquele que se dirige para o que é Grande, ou seja, o perfeito Estado de Buda (Harrison, 2000, pp. 174-75; Williams, 2009, p. 55) — embora o termo "*Bodhisattva*" por si só seja, de modo geral, interpretado nesse sentido. O Mahāyāna se concentra nesse tipo de *Bodhisattva*, aquele que está no caminho rumo ao perfeito Estado de Buda, cuja tarefa é ajudar compassivamente os seres enquanto sua própria sabedoria amadurece (*BT.*83-5; *BTTA*.124-27).

Sabedoria, compaixão e meios hábeis

Na sua sabedoria (*prajñā*), o *Bodhisattva* Mahāyāna sabe que não existem "seres", apenas fluxos de "*dharmas*", que carecem de uma existência inerente (*BTTA*.157); mas seus "meios hábeis" lhe permitem conciliar essa sabedoria com sua compaixão (*karuṇā*). Isso o estimula a trabalhar para a salvação de todos os seres, já que esses fluxos vazios vivenciam "a si mesmos" como "seres sofredores" (*Vc.* sec. 3).

A própria sabedoria ajuda a compaixão de inúmeras maneiras. Em última análise, ela leva a pessoa a se tornar um Buda onisciente, capaz de ensinar e ajudar os seres de um sem-número de maneiras. Também assegura que a ação compassiva seja apropriada, eficaz e não secretamente egoísta. O *Bodhisattva* pode se associar aos transgressores no esforço de "alcançá-los", como foi o caso do *Bodhisattva* leigo Vimalakīrti (*BT.*271-76), pois ele sabe que suas más características não são inerentemente existentes. Qualquer possível orgulho em relação ao bem que ele faz é moderado pela reflexão de que a sua fruição kármica também é "vazia" (*Vc.* sec. 8).

O mais importante é que a sabedoria fortalece o sentimento de solidariedade para com os outros pela compreensão da "identidade dos seres": uma vez que o "eu" e os "outros" são igualmente vazios, não existe nenhuma diferença irredutível entre eles. Śāntideva (c. 650--750) recorre à persuasiva ideia do vazio de existência/natureza inerente para argumentar que a indiferença ao sofrimento dos "outros" é tão absurda quanto a indiferença ao nosso "próprio" sofrimento. No seu *Śikṣā-samuccaya* (*Ss.*), ele argumenta que o "eu" e o "outro" são termos relativos, como "esta margem" e a "outra margem" de um rio; nenhuma das margens é, por si mesma, a "outra margem". Se uma pessoa disser que não deve proteger outra da dor, já que dor não a atinge, por que ela busca evitar a dor e trazer benefícios positivos para "si mesma" mais tarde nesta vida ou em vidas futuras? A pessoa não será então sempre o *mesmo* ser (*Ss.*315). O corpo e a mente consistem de uma série de estados em transformação. Cada um de nós, por hábito, chama esses estados de "eu", mas por que não usar essa ideia no que diz respeito a "outros" seres? Desse modo, devemos nos esforçar para evitar o sofrimento em *qualquer* ser (*Ss.*316). A compaixão pelos outros não traz dor para nós mesmos; ela torna possível a alegria baseada na percepção de que o ser de outros está sendo liberado do sofrimento. Devemos nos regozijar com a fruição kármica, seja quem for que a tenha gerado. Desse modo, o *Bodhisattva* deve sempre se identificar com os outros (*Ss.*317). No seu *Bodhicaryāvatāra* (*Bca.*), Śāntideva diz que, ao compreender que todos são iguais ao desejar a felicidade e não desejar a dor, devemos proteger os outros como protegemos a nós mesmos, pois o sofrimento é apenas sofrimento, não importa a pessoa a quem ele convencionalmente "pertença" (portanto, ele não tem dono, não sendo propriedade de nenhum Eu): o que é tão especial a respeito de mim mesmo e do "meu" sofrimento (*Bca.*VIII.90-6, cf. 103)?

Assim como a sabedoria ajuda a compaixão, esta por sua vez ajuda a sabedoria a solapar o egocentrismo, motivando uma vida de autossacrifício e serviço ativo pelos outros. O *Upāya--kauśalya Sūtra* (Sūtra da Habilidade nos Meios) (Tatz, 1994, pp. 73-6) e Śāntideva (*Ss.*168) declaram que o *Bodhisattva* pode até mesmo praticar uma ação que conduza ao inferno se isso for necessário para ajudar outra pessoa e conferir a ela uma perspectiva mais saudável da vida (ver p. 295; Harvey, 2000, pp. 134-40). A grande flexibilidade que a doutrina dos meios hábeis conferia ao Mahāyāna, contudo, está resguardada de se tornar licenciosidade devido à sua associação com a compaixão, as meditações purificadoras e a crença nos resultados do karma.

O Mahāyāna causou uma "mudança no centro de gravidade da ética budista" (Keown, 1992, p. 142), com uma nova ênfase na virtude moral "como uma qualidade dinâmica relacionada com o outro, em vez de preocupada em especial com o desenvolvimento pessoal e o autocontrole" (Keown, 1992, p. 131). O conceito de ação ética (S. *Śīla*, P. *Sīla*) se expandiu de modo a não ser mais visto como apenas um componente do caminho; no sentido mais amplo, ele abrangeria o caminho inteiro. Em textos como o *Mahāyāna-saṃgraha* e o *Bodhisattva-bhūmi* de Asaṅga (310-90?),[1] passou-se a entender que abrangia:

1. A ética da "contenção ou voto (*saṃvara*)", por meio tanto dos preceitos da moralidade leiga (abster-se de causar dano aos outros) quanto do código monástico, ambos denominados *prātimokṣa*.[2]
2. A ética de "coletar estados saudáveis/hábeis" (*kuśala-dharma-saṃgraha*), por meio da prática das perfeições do *Bodhisattva*.
3. A ética de "trabalhar em prol do bem-estar dos seres" (*sattvārtha-kriyā*), ajudando-os de modo ativo.

A primeira era vista como a base das outras duas, porém precisava delas para suplementá-la. Entendia-se que o *śrāvaka*, a pessoa dedicada a se tornar um *Arhat*, negligenciava o bem-estar dos outros seres e praticava apenas (i) desembaraçar-se do mal (Tatz, 1986, pp. 69-70). O *Bodhisattva* também pratica (ii) e (iii): empenhar-se no bem (Tatz, 1986, p. 87). Não obstante, (ii) diz respeito a qualidades e ações positivas que são predominantemente compartilhadas com o Caminho Óctuplo, e o interesse por ajudar os outros por certo não está ausente no budismo do sul, por exemplo.[3] Mesmo assim, a dedicação da fruição kármica da pessoa ao Estado de Buda futuro é algo que apenas o Mahāyāna enfatiza, e a compaixão assume o lugar central nele (Tatz, 1986, pp. 48-9).

A ética de beneficiar os seres sencientes envolve atender às necessidades dos outros da seguinte maneira: cuidar dos doentes; dar conselhos sobre como alcançar metas mundanas e transcendentes; ter e demonstrar gratidão pela ajuda recebida e retribuição; oferecer proteção contra os animais selvagens, os reis, os assaltantes e as intempéries; confortar os atingidos por calamidades; fazer doações a pessoas carentes; atrair discípulos por meio da cordialidade e depois atrair apoio material para eles; boa vontade com relação aos desejos (não nocivos) dos outros; elogiar e ressaltar as qualidades positivas dos outros; humilhar, punir ou expulsar certas pessoas de modo compassivo a fim de fazer com que abandonem hábitos prejudiciais e adotem hábitos saudáveis; usar poderes psíquicos para mostrar os resultados das ações prejudiciais nos infernos etc.; e inspirar e ensinar os outros de um modo geral (Tatz, 1986, p. 50; cf. *BT*.91). A ajuda prática também deveria incluir coisas como guiar os cegos, ensinar a linguagem dos sinais para os surdos e oferecer hospitalidade para os viajantes fatigados (Tatz, 1986, pp. 54-5). Na sua orientação relacionada

1 Parte dos *Yogācāra-bhūmi*, atribuído como um todo a Asaṅga ou ao seu mestre, porém com algumas partes que talvez os antecedam.

2 P. *Pāṭimokkha*: termo reservado no Theravāda a preceitos monásticos.

3 Portanto, a caracterização do *śrāvaka* como concentrado apenas em evitar o mal parece injusta.

com os outros, o *Bodhisattva* ideal do budismo Mahāyāna compartilha com o Imperador Universal (*Cakravartin*; ver pp. 45 e 129-30) do budismo primitivo a ênfase na compaixão.

As perfeições e estágios do Bodhisattva

O caminho do *Bodhisattva* começa com o surgimento do *bodhi-citta*, a aspiração de se esforçar para alcançar o Estado de Buda pelas suas vantagens intrínsecas e visando ajudar os seres sofredores (*EB*.4.4.2). Para que esse evento significativo ocorra, a pessoa precisa de fruição kármica e conhecimento, gerados pela prática moral e espiritual na vida atual e em vidas passadas, combinados com a devoção e a reflexão sobre os sofrimentos dos seres e a necessidade de Budas.

Uma série de meditações são usadas para despertar o *bodhi-citta* (Wayman, 1991, pp. 45-57). Elas trabalham com o conjunto budista primitivo de quatro *brahma-vihāras*, ou "moradas divinas": bondade amorosa, compaixão, alegria empática e equanimidade. Em primeiro lugar, a equanimidade é desenvolvida com relação a todos os seres, como uma imparcialidade não tendenciosa, baseada na compreensão de que os atuais inimigos poderão, com o tempo, se tornar amigos e vice-versa. Em seguida, o praticante de meditação desenvolve a bondade amorosa refletindo sobre a bondade que a sua mãe demonstrou para com ele e depois refletindo que na longa roda de renascimentos, até mesmo desconhecidos e inimigos foram suas mães em vidas pregressas (ver p. 67). Por conseguinte, ele almeja a felicidade de todos os seres: a "grande bondade amorosa" (*mahā-maitrī*). Desenvolve então a compaixão por meio de reflexões semelhantes prefaciadas pela visualização da sina deplorável de um criminoso condenado ou de um animal prestes a ser abatido, refletindo que a sua mãe atual e todas as mães passadas vivenciaram muitos sofrimentos desse tipo nas esferas de renascimento. Assim surge a aspiração de liberar todos os seres desses sofrimentos, a "grande compaixão" (*mahā-karuṇā*). Por fim, há o desenvolvimento da alegria empática, o regozijo com a felicidade atual dos seres, em particular dos inimigos. Pode haver ainda a prática da "troca do eu pelos outros". Ela é defendida por Śāntideva em *Bca*.VII.16, VIII.120:[4] o praticante olha para uma pessoa desprezível e a vê como "Eu", e olha para si mesmo como olharia para outra pessoa. Identificando-se plenamente com a outra pessoa e com a mentalidade dela, ele vê a si mesmo através dos olhos da outra pessoa, talvez igualmente orgulhoso e indiferente. Concentra suas ambições nessa pessoa, e qualquer indiferença que costume ter com relação aos outros é concentrada em si mesmo (*Bca*.VIII.140-54).

O "surgimento do pensamento do despertar" (*bodhi-citt'otpāda*), como uma resolução, é conhecido como "pensamento de aspiração" (*praṇiddhi-citta*); quando é colocado em prática, é conhecido como "pensamento de implementação" (*prasthānacitta*; *Bca*.I.15). Até mesmo a

4 Ver também Wayman, 1991, pp. 59-61.

resolução por si só, sem implementação, é considerada fonte de muita fruição kármica, consumindo assim grande quantidade do mau karma passado (*Ss.*11). Acredita-se que o *bodhi-citta* seja a semente de todas as qualidades do Estado de Buda, além de um evento precioso e glorioso que reorienta todo o ser da pessoa.

Depois do surgimento do *bodhi-citta*, as pessoas fazem vários votos (*praṇidhāna*) de *Bodhisattva* na presença de outras pessoas que vivem de acordo com eles, ou tomando todos os Budas e *Bodhisattva*s como testemunha (*BS2*.43). Alguns votos são gerais: superar inumeráveis impurezas, alcançar um Estado de Buda incomparável e salvar todos os seres; outros podem envolver uma ajuda mais específica aos seres. O voto de salvar todos os seres (ou pelo menos o maior número possível deles) se torna mais verossímil e menos ambicioso pela ideia de que os seres já têm a "Condição de Buda", ou o *Tathāgata-garbha*, e se torna não egoísta pela noção de que os seres, desse modo, não são diferentes do *Bodhisattva.* No entanto, esses votos não são feitos com leviandade. Entende-se que se tornam uma poderosa força autônoma dentro da psique e trazem resultados kármicos muito ruins se forem rompidos. Até mesmo na tradição Sarvāstivādin, acreditava-se que o caminho do *Bodhisattva* durava três "incalculáveis", cada um deles consistindo em mil milhões de milhões de grandes éons, cada um dos quais equivalente ao tempo desde quando um sistema de mundo começou até o início do seguinte.[5] Esse número também era o mais comum citado no Mahāyāna (*BS1*.30-3; Dayal, 1932, pp. 76-9), embora também se encontre um número de 33 incalculáveis. A natureza longuíssima do caminho do *Bodhisattva* ajuda a explicar por que se considera algo tão compassivo empreendê-lo, pois o caminho em direção à condição de *Arhat*, embora desafiador, é muito mais rápido. No entanto, o caminho mais longo beneficiará mais seres.

O caminho do *Bodhisattva* é praticado por meio do desenvolvimento de uma série de "perfeições" (*pāramitā*) e do progresso ao longo dos dez "estágios" (*bhūmi*) do *Bodhisattva.*[6] Seis "perfeições" (*EB*.4.4) são descritas na literatura da Perfeição da Sabedoria, embora mais quatro tenham sido acrescentadas depois, para se coordenarem com os quatro últimos estágios. Os estágios são descritos em obras como *Bodhisattva-bhūmi* e *Daśa-bhūmika Sūtra*, traduzidas pela primeira vez para o chinês em 297 EC. O *Daśa-bhūmika Sūtra* fala que o primeiro estágio do *Bodhisattva* tem início com o surgimento de *bodhi-citta*, mas os budistas tibetanos usam um modelo extraído das obras de Kamalaśīla (c. 700-750) e Atiśa (982-1054) que acrescenta várias preliminares, recorrendo ao esquema Sarvāstivādin de caminhos ou *mārgas* (Gethin, 1998, pp. 194-8, 230). No Mahāyāna, estes são os seguintes:

---

5 Em outras palavras, as quatro fases de um grande éon — ver p. 62. Repare que o termo "incalculável" é usado tanto para qualquer uma dessas quatro fases quanto para um número muito maior.

6 *BTTA*.129-33, 141-45; Williams, 2009, pp. 200-08.

- O caminho do equipamento ou acumulação (*sambhāra-mārga*): começa com o surgimento de *bodhi-citta* e o cultivo preliminar das seis perfeições, com o domínio da atenção plena e da calma.
- O caminho da aplicação ou preparação (*prayoga-mārga*): quatro estágios de discernimento penetrante, concentrando-se, por meio da meditação, na ideia do vazio.
- O caminho da visão (*darśana-mārga*): o grande avanço para o nível Nobre, semelhante à entrada no fluxo (ver pp. 114-16),[7] em uma visão direta não conceitual do vazio; isso conduz à entrada no primeiro dos estágios do Nobre *Bodhisattva.*
- O caminho do desenvolvimento (*bhāvanā-mārga*): os nove estágios remanescentes e o cultivo das suas perfeições até a máxima intensidade.
- O caminho do adepto (*aśaikṣa-mārga*): o Estado de Buda.

Os dez estágios pertencem ao Nobre *Bodhisattva* (Ārya); assim como o Caminho Óctuplo corriqueiro conduz ao Nobre Caminho Óctuplo, o *Bodhisattva* também pratica as perfeições em nível corriqueiro antes de se tornar uma pessoa espiritualmente enobrecida. O *Daśa-bhūmika Sūtra* correlaciona os dez estágios com as dez perfeições, e o *Bodhisattva-piṭaka Sūtra*, um texto que, segundo se acredita, data do século II EC (Pagel, 1995, p. 2), discute a fundo as perfeições. Os dez estágios e as suas perfeições correspondentes são mostrados na Tabela 2.

A ideia das "perfeições" também era encontrada nas primeiras escolas (ver pp. 128-29); o Theravāda tem uma lista de dez perfeições, a qual coincide em parte com a lista do Mahāyāna: generosidade, virtude moral, sabedoria, renúncia, vigor, paciência, veracidade, determinação, bondade amorosa e equanimidade. A literatura da Perfeição da Sabedoria reconhecia que apenas as perfeições *no mais alto grau* eram necessárias para o Estado de Buda (Conze, 1973, p. 155), e o influente mestre tibetano Tsongkh'apa (1357-1419) defendia que o "Hīnayāna" e o

Tabela 2 Estágios e perfeições do Bodhisattva

Estágio	*Perfeição*
1. Jubiloso (*Pramuditā*)	Generosidade (*dāna*)
2. Imaculado (*Vimāla)*	Virtude moral (śīla)
3. Luminoso (*Prabhākarī*)	Tolerância ou aceitação paciente (*kṣānti*)
4. Radiante (*Arciṣmatī*)	Vigor ou energia (*vīrya*)
5. Difícil de Conquistar (*Sudurjayā*)	Meditação (*dhyāna*)

7 Embora, na interpretação Theravāda do caminho do *Bodhisattva*, um Buda só alcance a entrada no fluxo na noite de sua iluminação, quando os quatro Nobres estágios são alcançados em uma única meditação. Essa é uma implicação clara de que as limitações superadas em geral na entrada no fluxo ainda existem, embora em nível diminuto, até logo antes do Estado de Buda.

6. Aproximação ou Face a Face (*Abhimukī*)	Sabedoria (*prajñā*)
7. Ido para Longe (*Dūraṅgamā*)	Habilidade nos meios (*upāya-kauśalya*)
8. Imóvel (*Acalā*)	Voto ou determinação (*praṇidhāna*)
9. Boa Inteligência (*Sādhumatī*)	Poder (*bala*)
10. Nuvem do *Dharma* (*Dharmameghā*)	Gnose (*jñāna*)

Mahāyāna não eram diferenciados por meio da sua concepção (da vacuidade) e sim do seu *upāya*, do método utilizado, o qual no caso do *Bodhisattva* baseia-se em *bodhi-citta.* Sendo assim, os mahāyānistas ainda reverenciavam os *Arhat*s, alguns dos quais, segundo se acreditava, permanecendo em estado meditativo suspenso em locais remotos nas montanhas. Na realidade, o budismo tibetano e, em particular, o budismo chinês veneram um conjunto de dezesseis ou dezoito desses grandes *Arhat*s (Ray, 1994, pp. 179-212).

No caminho Mahāyāna, no primeiro estágio, considera-se que o Nobre *Bodhisattva* tenha poderes psíquicos e a habilidade meditativa de ver muitos Budas de diferentes partes do universo, além de receber ensinamentos deles. Tais habilidades, segundo se considera, se fortalecerão ao longo dos estágios seguintes. No primeiro estágio, o *Bodhisattva* está repleto de júbilo e fé, concentrando-se em desenvolver a perfeição da generosidade em um grau elevado. Faz isso por meio da renúncia à riqueza, aos ensinamentos, à vida e à integridade física e até mesmo ao cônjuge e à família em benefício dos outros. O bom karma gerado por esses atos é dedicado ao futuro Estado de Buda de si mesmo e dos outros (*BTTA*.128). Essa transferência (*pariṇāmanā*) de fruição kármica (ver pp. 74-5) é considerada possível porque a fruição kármica é "vazia" e não "pertence" inerentemente a nenhum "ser" particular. No Mahāyāna, a aspiração é que a fruição kármica seja compartilhada com *todos* os seres (p. ex., Tatz, 1994, p. 24), em geral para ajudá-los a alcançar a iluminação. Os seres humanos devem transferi-la em benefício de outros seres humanos e de seres em renascimentos infortunados. Também devem transferi-la para os Budas e os *Bodhisattva*s com o objetivo de aumentar as perfeições e virtudes deles (*Ss*.205-06). No entanto, acredita-se que os *Bodhisattva*s e Budas avançados transferem-na aos devotos que pedem essa ajuda com fé. Śāntideva louva a transferência da fruição kármica no último capítulo (X) do seu *Bodhicaryāvatāra,* almejando que, em virtude do bom karma gerado pelo fato de ter escrito o seu poema, os seres humanos e outros seres ficassem livres de várias aflições e adquirissem moralidade, fé, sabedoria e compaixão. No verso 56 (cf. *Ss*.256-57), até mesmo reza para que os sofrimentos do mundo amadurecessem nele: para que realmente assumisse o mau karma dos outros, e não apenas desse-lhes a sua fruição kármica. De modo análogo, existe uma prática tibetana chamada *tong-len* (*gtong len*), de exalar nossas qualidades positivas para os outros e inalar as qualidades negativas e o sofrimento deles, para ajudá-los a superá-las (Willis, 1989, pp. 18, 137).

No segundo estágio, o *Bodhisattva* se concentra na perfeição da virtude moral até que sua conduta se torne espontaneamente pura. Ele também exorta os outros a evitar a imoralidade, já que ela conduz a renascimentos infelizes. O seu desenvolvimento meditativo possibilita que ele veja e venere muito mais Budas. No terceiro estágio, radiante de sabedoria, ele se concentra na perfeita aceitação paciente, ajudado pela meditação sobre a bondade amorosa e a compaixão. Desenvolve assim um grande autocontrole na adversidade, evita a raiva e persevera com paciência em busca da compreensão do profundo *Dharma*. No quarto estágio, desenvolve-se a perfeição do vigor, devido à crescente aspiração e compaixão. A vigilância atenta é enfatizada, e o estágio é bastante apropriado para a prática da disciplina de um monge ou monja. No quinto estágio, que está além do poder de Māra de conquistar, o foco é na perfeita meditação. Os transes meditativos são dominados, mas os renascimentos celestiais aos quais eles podem conduzir não são aceitos. As quatro Realidades Verdadeiras para os Espiritualmente Enobrecidos são compreendidas e a habilidade de se deslocar entre a verdade convencional e a suprema é desenvolvida. Habilidades nas áreas da matemática, medicina e poesia são cultivadas, como uma maneira de ajudar os outros e ensinar o *Dharma*.

No sexto estágio alcança-se a perfeição da sabedoria, com o pleno domínio do que fora vislumbrado a princípio como o "caminho da visão". O *Bodhisattva* obtém plena compreensão do Surgimento Condicionado, do não Eu e do vazio e, por meio da perfeição da sabedoria, as cinco perfeições antes enfatizadas se tornam transcendentes, alcançando a completude e a plena perfeição. Mesmo os atos mais difíceis são totalmente livres de autoconsciência ou de algum motivo ulterior. Por exemplo, ao doar, o *Bodhisattva* não percebe o "doador", o "dom", o "beneficiário" e o "resultado", porque tudo se dissolve na vacuidade (*BTTA*.131).

Na conclusão do sexto estágio e na entrada do sétimo estágio, o *Bodhisattva* atinge um nível de desenvolvimento semelhante ao do *Arhat* (Williams e Tribe, 2000, pp. 180-81, 268). Fica livre do "obscurecimento" (āvaraṇa) na forma das "impurezas" (*kleśa*) da cobiça, ódio e ilusão. Ao morrer, *poderia* abandonar a roda dos renascimentos e entrar no *Nirvāṇa* final,[8] mas a sua "grande compaixão" Mahāyāna o impede de fazer isso. Por saber que o *saṃsāra*, em última análise, não é diferente do *Nirvāṇa*, ele alcança o "*Nirvāṇa* de não permanência" (ver p. 165),

8 Pelo menos esta é uma possibilidade de acordo com os textos do Mahāyāna, como o *Akṣobhyavyūha Sūtra*, que admitem um modelo de "três veículos" (*tri-yāna*) em vez de um modelo de "um veículo" (*eka-yāna*). O primeiro deles encara as metas da condição de *Arhat* ou Estado de Buda Pratyeka como metas genuínas, o que impossibilita a obtenção da meta mais elevada, o perfeito Estado de Buda. Os textos de "um veículo", como o *Sūtra do Lótus* (ver p. 139), acreditam que as duas primeiras "metas" não são o que parecem: elas são na verdade estações intermediárias temporárias em direção ao perfeito Estado de Buda.

sem apego ou permanência quer no *saṃsāra*, quer no *Nirvāṇa*.[9] A partir do primeiro estágio, o *Bodhisattva* renasce de acordo com a força do seu voto, e não do seu karma; a partir do terceiro estágio, o renascimento é de acordo com a força da concentração meditativa do *Bodhisattva*; a partir do sétimo estágio, o renascimento é de acordo com um poder sobre-humano; as três são formas de renascimento dirigidas pelo propósito consciente.[10] A partir do sétimo estágio, o *Bodhisattva* se torna um ser transcendente que, por meio da perfeição dos meios hábeis, se projeta como que por mágica em muitos mundos de modo a ensinar e ajudar os seres de maneira apropriada. À medida que o Mahāyāna se desenvolveu, esses seres foram encarados como salvadores celestiais.

Em decorrência do sétimo estágio, no oitavo o *Bodhisattva* alcança um nível sem recaídas, irreversível (*avinivartanīya*), de modo que agora é certo que ele[11] possa alcançar o Estado de Buda.[12] A partir desse estágio, sua compreensão meditativa impregna toda a sua experiência, e os muitos obscurecimentos do cognoscível (*jñey'āvaraṇa*) — que impedem a onisciência do Buda — começam a ser superados. Seu conhecimento lhe permite aparecer em qualquer lugar no universo ao seu bel-prazer, ensinando os seres e tendo a aparência exata deles. Ele domina por completo a transferência da fruição kármica a partir do seu grande suprimento, de modo que os seres que rezam para ele a recebem como elevação de graça espiritual gratuita. No nono estágio, o *Bodhisattva* aperfeiçoa o seu poder, usando a sua tremenda compreensão das características dos seres para guiá-los e ensiná-los das maneiras mais precisamente apropriadas.

No décimo estágio, o *Bodhisattva* habita o céu Tuṣita, onde Maitreya vive agora (ver p. 44). Tem um corpo resplandecente e está cercado por um séquito de *Bodhisattvas* de menor envergadura. Na concentração meditativa de onisciência semelhante ao Diamante, ele tem a perfeição da gnose. Os Budas chegam então para consagrá-lo como pronto para o perfeito Estado de Buda, o qual ele alcança no estágio seguinte, o do *Tathāgata*.

A obtenção do Estado de Buda não é vista como tendo lugar na Terra, e sim no céu Akaniṣṭha (*Lanka*.361). No budismo primitivo, esse era considerado o mais refinado dos céus de forma elementar e a mais elevada das cinco "moradas puras", onde apenas os que não retornam renascem e, depois, tornam-se *Arhats* (ver p. 64). O tempo de vida dos deuses "Mais

9 A palavra em sânscrito para "não permanência" é *apratiṣṭhita*, em páli, *patiṭṭhita* (Harvey, 1995a, pp. 217-22). Na p. 104, ela é traduzida como "sem apoio" quando aplicada a uma forma de consciência que os *Pali Suttas* acreditam ser o *Nirvāṇa*.

10 Nagao, 1991, pp. 30-1, citando o *Mahāyāna-sūtrālaṃkāra* XX-XXI.8

11 Para uma discussão sobre diferentes pontos de vista Mahāyāna a respeito de até onde uma pessoa pode progredir no caminho do *Bodhisattva* ainda estando em uma forma feminina, ver Harvey, 2000, pp. 373-76. Vasubandhu afirmou que era até o sétimo estágio. A escola Tiantai sustenta que um Buda pode ser do sexo feminino.

12 Na interpretação de "um veículo", isso precisava significar ir além de qualquer ideia de que uma forma inferior de iluminação fosse desejável ou possível.

Velhos" (P. *akaniṭṭha*) era considerado de 16 mil éons. Sob alguns aspectos, os *Bodhisattva*s de nível avançado dos estágios mais elevados podem ser considerados semelhantes aos que não retornam dos primeiros ensinamentos, pois a percepção dos que não retornam era vista não raro como próxima da dos *Arhats*, embora continuassem a ter renascimentos celestiais até alcançarem por fim o *Nirvāṇa* — um que não retorna e que se torna um *Arahat* cedo na vida no céu *Akaniṣṭha* passa 16 mil éons como uma divindade *Arhat*. O Mahāyāna enfatizava, contudo, que os *Bodhisattvas* avançados e os Budas têm mais compaixão do que um *Arhat* ou santo de categoria inferior, e que os *Bodhisattvas* avançados vivem bem mais do que 16 mil éons, como *Bodhisattva*s e depois como Budas.

Tendo em vista a duração e os estágios do caminho do *Bodhisattva*, é válido mencionar que o que pode se aplicar a um *Bodhisattva* em determinado estágio pode não se aplicar a outro, embora todos compartilhem a mesma meta, o perfeito Estado de Buda, em prol de ajudar os outros da maneira mais eficaz possível. Um "*Bodhisattva*" pode ser:

1. uma pessoa que acabou de fazer os votos de *Bodhisattva* pela primeira vez;
2. qualquer outro *Bodhisattva* em nível "comum" que ainda não tenha vivenciado o "caminho da visão" que marca a entrada nos dez primeiros estágios do caminho do Nobre *Bodhisattva*;
3. um Nobre *Bodhisattva* em um dos estágios iniciais;
4. um Nobre *Bodhisattva* do sétimo estágio, cuja compreensão parece semelhante à de um *Arhat* e que está livre das impurezas, mas cuja grande compaixão o impede de abandonar a roda de renascimentos na hora da morte;
5. um Nobre *Bodhisattva* do oitavo ao décimo estágio, que está agora destinado, de modo irreversível, ao Estado de Buda e que é um ser transcendente que, com o tempo, veio a ser visto como um ser salvador.

Convém lembrar, portanto, que "*Bodhisattva*" é um termo que se refere ao caminho e não à meta: se refere ao tipo de ser que está em um ou outro ponto ao longo de um extenso caminho. Quando um *Sūtra* do *Mahāyāna* atribui certa qualidade a "um" ou "ao" "*Bodhisattva*", pode estar descrevendo o *Bodhisattva* avançado, ideal, o que todos os *Bodhisattva*s devem almejar ser antes de por fim se tornarem Budas. Devemos, portanto, ter cuidado ao considerar esses textos como aplicáveis a todos os *Bodhisattvas*.[13] Por conseguinte, comparações entre "o *Bodhisattva*" e "o *Arhat*" são, a rigor, inadequadas. Na verdade, deveríamos

13 Existe, às vezes, uma falta de clareza semelhante nos textos Mahāyāna, já que os "discípulos" (śrāvakas) e os *Arhats* são equiparados. Sendo mais específico, um śrāvaka (P. *sāvaka*) é uma pessoa que ou é um *Arhat* ou tem a

comparar o *Bodhisattva* com o śrāvaka (ambos basicamente termos que se referem ao caminho) ou o *Arthat* com o Buda (ambos termos que se referem à meta), ou então o *Bodhisattva* de um estágio particular com o *Arhat*. Dito isso, o caminho do *Bodhisattva* é tão longo que se pode considerar que esse caminho, bem como sua orientação de beneficiar os outros seres, transformou-se ele próprio numa meta, na forma de um modo de ser que está sempre amadurecendo. Por exemplo, a escola chinesa Tiantai (T'ien-t'ai) diz que o praticante está eternamente "se tornando um Buda", em um processo contínuo.

Nesse ponto, vale a pena abordar a questão hipotética de um *Bodhisattva* "adiar" o seu *Nirvāṇa* de modo a levar primeiro todos os outros seres para o *Nirvāṇa*, como se vê escrito às vezes em manuais sobre budismo.[14] O caminho em direção à Condição de *Arhat*, junto ao seu *Nirvāṇa*-em-vida e *Nirvāṇa*-além-da morte, ou *Nirvāṇa* final, é bem mais curto do que o caminho do *Bodhisattva* em direção ao perfeito Estado de Buda, de modo que o *Bodhisattva* está, de fato, escolhendo um caminho no qual o *Nirvāṇa* virá muito mais tarde. De qualquer modo, mesmo quando um *Bodhisattva* desenvolveu — com lentidão, tendo em vista tudo o que precisa ser desenvolvido ao longo do caminho — o mesmo nível de sabedoria de um *Arhat*, e assim, de forma efetiva, tem o *Nirvāṇa*-em-vida, ele não aceita a consequência disso, o *Nirvāṇa*-além-da morte, ou seja, não abandona a roda de renascimentos no final da vida na qual o *Nirvāṇa*-em-vida foi alcançado. Sendo mais exato, o *Bodhisattva* avançado vivencia o *Nirvāṇa* de não permanência enquanto ainda se conserva no *saṃsāra*, desenvolvendo as qualidades finais que causarão a onisciência de um Buda perfeito e sem negligenciar os seres sofredores do *saṃsāra*. Uma vez que se torna um Buda perfeito, o ex-*Bodhisattva* tem tanto o *Nirvāṇa* de não permanência quanto a onisciência de um Buda. Nos textos que incluem a ideia do *Nirvāṇa* de não permanência, o *Bodhisattva* não deseja adiar nenhuma dessas coisas — pois o Estado de Buda é a meta do *Bodhisattva*, proporcionando a sabedoria onisciente que inspira a maneira mais eficaz de ajudar de modo compassivo os seres sofredores, e a combinação de uma forte sabedoria e compaixão é o que conduz o *Bodhisattva* ao *Nirvāṇa* de não permanência. Apesar disso, antes que a ideia do *Nirvāṇa* de não permanência se desenvolvesse, e quando ainda se acreditava que um Buda, em algum momento, embora depois de uma vida extremamente longa, entraria no *Nirvāṇa* "final", acreditava-se também que alguns *Bodhisattva*s evitariam o Estado de Buda, já que isso faria com que eles, com o tempo, deixassem o mundo e perdessem o contato com os seres sofredores, embora no estágio do *Bodhisattva* de alto nível seja difícil especificar de modo realista sua diferença com relação a um Buda perfeito.

---

intenção de se tornar um, e pode ter alcançado níveis menores de santidade, de modo a ser alguém que entrou no fluxo, alguém que retorna apenas uma vez ou alguém que não retorna.

14 Williams e Tribe (2000, p. 139) e Williams (2009, pp. 58-62, 185-86) examinam de modo crítico essa afirmação.

A BUDOLOGIA MAHĀYĀNA: EXPANSÃO DO NÚMERO, DAS LOCALIZAÇÕES, DO TEMPO DE VIDA E DA NATUREZA DOS BUDAS

Depois da morte do Buda histórico, embora seus ensinamentos permanecessem no mundo, ainda havia o desejo de experimentar a presença de um Buda: esse contato direto era visto como bastante eficaz em termos espirituais, transmitindo uma poderosa bênção (*adhiṣṭhāna*; Hookham, 2004). O budismo primitivo aceitava uma linhagem de Budas terrenos passados, distribuídos ao longo dos éons (ver p. 44), embora enfatizasse que um sistema de mundo só pode ter um Buda, e a tradição que ele inicia, de cada vez.[15] O Mahāyāna, contudo, enfatizava que como havia um sem-número de sistemas de mundos no universo — o que não era uma ideia nova — muitos deles poderiam ser regidos cada um por um Buda diferente, e esses Budas podiam ser contactados e trazer benefícios para este mundo (*BS1*.212-14). Na realidade, os Budas eram considerados tão numerosos quanto "os grãos de areia no [rio] Ganges" (p. ex., Gómez, 1996, p. 149).

A crença de que era possível entrar em contato com esses Budas parece ter as suas raízes na prática de "recordação do Buda" (*Buddhānusmṛti*, ver p. 134; Williams, 2009, pp. 209-14). Na versão Theravāda, a recordação das qualidades do Buda conduz à superação do medo e a um estado no qual o praticante de meditação "passa a se sentir como se estivesse vivendo na presença do Mestre", de maneira a evitar praticar qualquer ato prejudicial (*Vism*.213). Dizem que isso conduz à obtenção de um estado relativamente profundo de calma meditativa[16] e, depois, a um renascimento celestial. No Mahāyāna, a recordação do Buda se tornou especialmente importante. Um texto bastante influente na China foi o *Pratyutpanna-buddha-saṃmukhāvasthita-samādhi Sūtra*: o "*Sūtra* sobre a Concentração Meditativa do Encontro Direto com Budas do Presente" — o *Pratyutpanna Sūtra*, para abreviar (Harrison, 1978, 1990). Ele foi traduzido pela primeira vez para o chinês em 179 EC e se concentra no Buda Amitāyus. Praticando uma rígida moralidade, a pessoa medita em reclusão, visualizando essa forma do Buda e refletindo sobre suas qualidades. Faz-se isso de forma quase contínua durante sete dias, depois dos quais Amitāyus é visto com os olhos físicos ou em um sonho. Aqui a presença "simulada" do/de um Buda se torna o que é visto como uma presença viva real, que não apenas pode ser venerada como também pode transmitir novos ensinamentos, de maneira a acelerar o progresso em direção à iluminação.

15 *M*.III.65; *Miln*.236-39 (*BS1*.211-12; *BS2*.6); *Vibh-a*.434-36.

16 Concentração de "Acesso" (*Vism*.111), na proximidade do primeiro *jhāna* (ver p. 353).

Terras puras e outros campos do Buda

Considera-se que cada um dos Budas em todo o universo tenha um "Campo de Buda" (*Buddhakṣetra*),[17] um domínio que ele havia purificado antes por meio de suas ações a partir do oitavo estágio do caminho do *Bodhisattva*. Atingiu então seu Estado de Buda no céu Akaniṣṭha de um dos sistemas de mundo do seu Campo ou Domínio. Muitos desses Campos são considerados "puros" — chamados de "Terras Puras" (*jingtu* (*ching-t'u*)) no budismo chinês: regiões ideais criadas pelo Buda em questão. O budismo sempre aceitou que o karma é uma força dominante no mundo. Combinando essa ideia com a noção Yogācāra da realidade como mero pensamento, foi desenvolvida a ideia de que um Buda poderia recorrer ao seu depósito imensurável de fruição kármica, e ao poder da sua mente, para criar um mundo em benefício dos outros seres. Embora essas Terras Puras sejam descritas em termos paradisíacos, são, de modo geral, esferas nas quais é fácil ouvir e praticar o *Dharma*: condições muito conducentes à obtenção do despertar. As Terras Puras estão fora do sistema normal de renascimentos, inclusive os celestiais, de acordo com o karma pessoal. Renascer em uma delas requer não apenas a dedicação da nossa fruição kármica a essa finalidade, mas também a transferência de parte da enorme provisão de fruição kármica do Buda dominante de uma Terra Pura, estimulada pela prece devocional. Uma vez que a fé tenha conduzido ao renascimento em uma Terra Pura, como um ser semelhante ao humano ou um deus, a pessoa pode desenvolver sua sabedoria e se tornar um *Arhat* ou um *Bodhisattva* de nível elevado.

A ideia de uma esfera com condições ideais para a obtenção da iluminação se baseia em uma série de conceitos do budismo primitivo sobre épocas ou níveis de existência com condições melhores do que a atual esfera humana (ver Gethin, 1997):

- *Outra época*: o glorioso mundo do antigo imperador *Cakravartin* Mahāsudarśana, com árvores de ouro e pedras preciosas (*D.*II.169-98 (*SB.*98-115)) ou do futuro imperador Saṅkha (*D.*III.75-7), quando os seres humanos viverão durante 80 mil anos e o próximo Buda, Maitreya, viverá e ensinará.
- *Outro nível*: como o céu Tuṣita onde Maitreya habita hoje como um *Bodhisattva*, ou as "moradas puras" nas quais aqueles que não retornam se tornam *Arhats*.

A ideia Mahāyāna das Terras Puras parece acrescentar algo mais às maravilhosas qualidades antes descritas, localizando-as no presente porém em partes distantes do universo, cada uma semelhante a uma galáxia, porque um Campo de Buda é visto como uma esfera que abarca milhões de sistemas de mundos com suas esferas de renascimento, que vão dos infernos (vazios) a inúmeros céus (Griffiths, 1994, p. 129).

17 Ver p. 129; Sponberg, 2007; Williams, 2009, pp. 214-18.

O enorme tempo de vida dos Budas

O Mahāyāna também desenvolveu uma nova perspectiva sobre o tempo de vida e a natureza do Buda histórico, que ele chama de Śākyamuni. No budismo primitivo existe a ideia de que o Buda poderia ter vivido pelo restante do éon atual, caso isso lhe tivesse sido solicitado (*D*.II.103), e o Mahāyāna absorveu esse tipo de ideia. Essa nova perspectiva começa a expressar-se em meados do século II EC, no *Lokānuvartanā Sūtra*. Sua mais notável expressão está no *Sūtra do Lótus* — cujo título completo é *Saddharma-puṇḍarīka Sūtra*, ou "Sūtra do Lótus Branco do Verdadeiro *Dharma*" — que atingiu sua forma final por volta de 286 EC, quando foi traduzido pela primeira vez para o chinês. No seu capítulo sobre a "Duração da vida do *Tathāgata*",[18] o Buda explica que se tornou desperto há incontáveis éons: há mais éons do que os átomos que existem em 50 milhões de miríades de sistemas de mundos. Desde aquela época, ele tem ensinado constantemente no nosso "sistema de mundo Sahā" e em incontáveis outros. Ao longo das eras, já apareceu na Terra na forma de antigos Budas como Dīpaṅkara (ver p. 44), ensinando de acordo com a capacidade espiritual das pessoas. A ideia do Buda terreno como a manifestação de um Buda celestial já foi expressa no *Mahāvastu* da escola Lokottaravāda (ver p. 127), mas a ideia de que a longa linhagem de Budas terrenos do passado era uma manifestação do mesmo Buda era nova. O *Sūtra do Lótus* diz que todos esses Budas terrenos, ao dirigir-se às pessoas de menor entendimento, ensinam que os Budas, quando morrem, entram no *Nirvāṇa* final, além do contato com os seres vivos. O *Sūtra* afirma, contudo, que esse é apenas um "meio hábil" destinado a garantir que as pessoas não se tornem muito dependentes dos Budas, mas que utilizem efetivamente o medicamento espiritual que estes oferecem (Pye, 2003; Williams, 2009, pp. 151-57). Na realidade, o Buda celestial (também conhecido como Śākyamuni), que apareceu na forma de Budas terrenos, continuará a viver durante duas vezes o tempo que transcorreu depois que ele se tornou desperto; só então entrará no *Nirvāṇa* final (*BTTA*; 135; cf. *EB*.5.1). Neste mundo, esse compassivo "protetor de todas as criaturas" está presente no Pico dos Abutres, perto do qual se deu o concílio que sucedeu à sua morte. Aqueles que são virtuosos e amáveis podem, mesmo agora, com o olhar da fé, vê-lo pregando lá.

Por conseguinte, essa mensagem de luz e esperança encara Śākyamuni como uma manifestação habilmente projetada na vida terrena por um ser transcendente há muito iluminado, que ainda está disponível para ensinar os fiéis por meio de experiências visionárias. Em nível popular, o significado da interpretação da mensagem é que o Buda Śākyamuni onisciente é um ser eterno, onipresente, que zela pelo mundo e é supremamente digno de veneração. Embora se acredite que ele tenha sido um Buda por um tempo muito longo, contudo, ainda é expressa

18 Número 15 na versão em sânscrito; 16 na chinesa.

a ideia de que se tornou um Buda ao praticar o caminho do *Bodhisattva*, começando como um ser comum. No *Sūtra do Lótus*, portanto, ele não é nem um ser humano recém-desperto que entrou no *Nirvāṇa* nem uma figura semelhante a um Deus monoteísta eterno.

O Mahāyāna tem diferentes opiniões a respeito da questão de saber se o Buda Śākyamuni, ou qualquer outro Buda perfeito, depois de uma vida extremamente longa, alcançará com o tempo o *Nirvāṇa*-além-da-morte (Williams, 2009, pp. 185-86). A visão anterior, como está expressa no *Sūtra do Lótus,* no *Akṣobhya-vyūha Sūtra* e na revisão mais antiga do *Sukhāvatī-vyūha Sūtra*, era de que ele, com o tempo, alcançará o *Nirvāṇa*-além-da-morte, indo além de qualquer possibilidade de contato com os seres do *saṃsāra.* Não obstante, uma vez que a ideia do *Nirvāṇa* de não permanência (ver p. 165) foi desenvolvida no Mahāyāna, admitiu-se a possibilidade de um Buda perfeito poder permanecer para sempre tanto usufruindo os benefícios do *Nirvāṇa* quanto ajudando os seres do *saṃsāra*, sem nenhuma necessidade de entrar no *Nirvāṇa* "final". Alguns textos, portanto, vieram a expressar esse ponto de vista, e as formas de budismo da Ásia Oriental tendem a interpretar o *Sūtra do Lótus* dessa maneira — ao lado de textos com uma visão um tanto diferente, que, carecendo da ideia do *Nirvāṇa* de não permanência, falam de alguns *Bodhisattva*s que adiaram o Estado de Buda. O *Gaṇḍavyūha Sūtra*, texto fundamental da escola Huayan, termina com a "Prece de Samantabhadra", uma resolução de 62 versículos do *Bodhisattva* avançado (ou Buda?) Samantabhadra, "Universalmente Bom", utilizado com frequência como parâmetro para votos do *Bodhisattva.*[19] Samantabhadra faz o voto de permanecer (presume-se que como um *Bodhisattva* e depois como um Buda) enquanto restar qualquer ser vivo, ajudando-os até o fim dos tempos ou talvez por incontáveis éons (vv. 22, 26).

A doutrina do Trikāya

À medida que as ideias que acabam de ser descritas se desenvolveram, passou a ser necessária alguma sistematização da natureza de diferentes aspectos do Estado de Buda. Já no século IV, isso foi feito pelos Yogācārins em textos como *Mahāyāna-sūtrālaṃkāra* (de Maitryanātha?) e seu comentário, e o *Mahāyāna-saṃgraha* de Asaṅga.[20] Encontramos aqui a doutrina do *Trikāya* ou dos "Três Corpos", uma estrutura central da crença Mahāyāna que enxerga três aspectos no Estado de Buda: (i) o *Nirmāṇa-kāya*, ou "Corpo de Transformação", (ii) o *Saṃbhogakāya*, ou "Corpo de Prazer" e (iii) o *Dharma-kāya*, ou "Corpo do Dharma".

19 *BT*.172-78; Cleary, 1989, pp. 387-94; Williams, 2009, pp. 137-38. Samantabhadra também é considerado protetor daqueles que entoam o *Sūtra do Lótus* (*EB*.5.2.3).

20 *BT*.94-5; Dutt, 1978, pp. 136-70; Griffiths, 1994; Williams, 2009, pp. 176-82; Xing, 2005a.

A ideia dos Corpos de Transformação se baseia na ideia primitiva de que a profunda meditação possibilita que uma pessoa gere um corpo criado pela mente (*D*.I.77) e tenha vários poderes psíquicos, como a capacidade de multiplicar a própria forma (*D*.I.78-83).[21] Os Lokottaravādins já viam o Buda histórico como um corpo criado pela mente enviado pelo Buda a partir do céu Tuṣita. No Mahāyāna, o "Corpo de Transformação" se refere aos Budas terrenos, vistos como instrumentos de ensino compassivamente projetados no mundo para mostrar às pessoas o caminho em direção ao Estado de Buda. Ao morrer, em geral esses corpos se recolhem no Buda celestial, ou mesmo no *Bodhisattva* avançado, que os manifestou. Além desses supremos Corpos de Transformação de um Buda, existem também outros tipos. O termo se aplica ainda a certos mestres religiosos, até mesmo não budistas, que, segundo se acredita, utilizam meios hábeis para atrair as pessoas em uma direção benéfica; D. T. Suzuki (1870-1966), que se esforçou muito para fazer o Ocidente se conscientizar do zen-budismo, via Cristo dessa maneira. Os Corpos de Transformação também podem incluir animais que agem de maneira compassiva e até mesmo objetos que aparecem de maneira misteriosa quando podem ser de grande ajuda para as pessoas.

Alguns textos encaram os Corpos de Transformação como corpos efetivos de carne e osso, enquanto outros, como o *Suvarṇa-bhāsottama Sūtra* (*Svb*.18), os veem como meras aparições. É claro que, para a escola Yogācāra, todo o mundo de pessoas e coisas são apenas uma aparência, já que essa perspectiva só considera a experiência direta como real. Um mundo físico "externo" — dependendo de como interpretamos o que eles estão dizendo — não é nem negado nem visto como um conceito especulativo problemático para o qual não temos nenhuma evidência confiável na experiência (ver p. 162). Enquanto os seres comuns são vistos como fluxos de processos mentais, sendo o mundo "externo" uma mera projeção da sua experiência direta, um Corpo de Transformação é visto *apenas* como uma aparição no fluxo mental dos outros, sem nenhum fluxo mental próprio além daquele do "Corpo de Prazer" que o projeta.

Quando um *Bodhisattva* alcança o Estado de Buda, ele é um ser de Corpo de Prazer: um corpo sutil refulgente de forma ilimitada, que é o produto da fruição kármica do treinamento de um *Bodhisattva*. Tal corpo é adotado por um Buda em parte em vista do "prazer" de Nobres *Bodhisattvas* — aqueles nesta Terra ou aqueles para quem ele aparece por meio de experiências visionárias, transmitindo-lhes ensinamentos. O budismo primitivo imaginava que o Buda tinha um corpo — sem dúvida no sentido de um corpo espiritual — dotado das 32 características especiais de um Grande Homem (*D*.III.42-79); ver p. 134). No Mahāyāna, entendia-se que os Budas com Corpo de Prazer, como o Śākyamuni celestial, tinham essas características. A

21 Para ideias Theravādin desenvolvidas sobre os "corpos" de Buda, ver Reynolds, 1977.

forma dos assombrosos poderes desses Budas variam ligeiramente de acordo com os seus votos passados de *Bodhisattva* e com a fruição kármica.

Acredita-se que cada Buda com Corpo de Prazer preside o seu próprio Campo de Buda, mas, além dos Campos de Buda "Puros", existem também sistemas de mundos "impuros", normais, como o nosso. Quanto ao motivo pelo qual o Campo de Buda do Buda Śākyamuni não é puro, foram dadas diferentes respostas: o Buda histórico foi um Corpo de Transformação enviado por outro Buda a partir de uma Terra Pura; ou enviado pela forma de Corpo de Prazer de Śākyamuni a partir da miniesfera de Terra Pura do Pico dos Abutres no nosso mundo, como no *Sūtra do Lótus*; ou Śākyamuni é especial por ser capaz de salvar seres até mesmo em uma esfera impura, trabalhando de maneira compassiva e adequada em relação aos seres nascidos nessa esfera, como no *Karuṇā-puṇḍarīka Sūtra*; ou essa esfera é mesmo pura, mas os seres só perceberão isso quando despertarem e ficarem sem impurezas mentais, como no *Vimalakīrti-nirdeśa Sūtra* (Williams, 2009, pp. 217-18).

Antes de examinar o terceiro aspecto de um Buda, o "*Dharma-kāya*", convém dar uma olhada na história desse termo, uma palavra composta que pode funcionar como substantivo ou adjetivo. No budismo primitivo, o Buda é descrito como "aquele que se tornou o *Dharma*" (P. *Dhammabhūta*) e "aquele que tem o *Dharma no seu corpo*" (P. *Dhamma-kāya*, S. *Dharma-kāya*; *D*.III.84). Esta última descrição parece significar que o Buda está espiritualmente "corporificado" no *Dharma* — embora também possamos dizer que o *Dharma* está fisicamente corporificado no Buda. Nesse caso, "*Dharma*" pode significar (a) os ensinamentos do Buda ou (b) as qualidades do caminho e a sua culminação que o Buda praticou e exemplificou, como se sugere num trecho de um *Sutta* em que o Buda diz: "quem vê o *Dhamma* vê a mim" (*SN*. III.120). *Dharma-kāya* também pode significar o "corpo" ou "coleção" (*kāya*) de ensinamentos (*Miln*. 73 (*BTTA*. 119)). O comentarista Theravāda Buddhaghosa explica o *Dhammakāya* como o "corpo" do Buda entendido como o *Nirvāṇa* em conjunto com as quatro experiências de "caminho" e as quatro experiências de "fruto" que o conhecem (*S-a*.II.314). Também diz que o Corpo de *Dhamma* do Buda aperfeiçoou os conjuntos puros de virtude moral, meditação, sabedoria, libertação e conhecimento-e-visão-da-libertação (*Vism*.234). Isso está de acordo com um trecho do *Apadāna* (p. 532. cf. 13, 168), em língua páli, no qual a monja *Arahat* Mahāpajāpatī, a madrasta do Buda, diz que, embora ela tenha cuidado do corpo físico do Buda, "meu irrepreensível Corpo de *Dhamma* foi cuidado por ti". Os Sarvāstivādins também especularam sobre a natureza do "Corpo do Dharma" do Buda (Dutt, 1978, pp. 142-47; Xing, 2005a, pp. 35-44). Vasubandhu explica que, embora as durações da vida dos Budas sejam diferentes, eles têm "uma fruição kármica e um conhecimento igualmente acumulados, já que realizaram o mesmo *Dharma-kāya*" (*AKB*.VII.34). O comentarista Vyākhā explica aqui o

Dharma-kāya como "uma série de *Dharmas* imaculados" que são os *Dharmas* que tornam uma pessoa um Buda, a saber, as cinco coleções puras, como em *Vism.*234 (*AKB.* IV.32). Em outras palavras, o "*Dharma-kāya*" não é uma única entidade e sim um conjunto de qualidades puras, de um tipo que é encontrado em qualquer Buda.

No *Aṣṭasāhasrikā Sūtra*, da série Perfeição da Sabedoria, o *dharma-kāya* é aquilo em que um Buda de fato consiste, e não seu corpo físico nem as relíquias remanescentes dele. Paul Williams relaciona três significados associados de "*Dharma-kāya*" desenvolvidos em vários textos da Perfeição da Sabedoria (*Prajñāpāramitā*): "Primeiro, o *Dharmakāya* é a coleção de ensinamentos, particularmente o próprio Prajñāpāramitā. Segundo, corresponde aos puros *Dharma*s possuídos pelo Buda, em especial os *Dharma*s mentais puros que conhecem a vacuidade. E terceiro, se refere à própria vacuidade, à verdadeira natureza das coisas" (Williams, 2009, p. 177). Da mesma forma, no *Niraupamyastava,* plausivelmente atribuído a Nāgārjuna, o *Dharma-kāya* é a condição de *Dharma* atemporal (Williams, 2009, p. 178).

No livro "Is the *Dharma-kāya* the Real 'Phantom Body' of the Buddha?", de 1992, Paul Harrison examina como o termo *dharma-kāya* era usado em: (a) textos traduzidos para o chinês por Lokakṣema — entre eles o *Aṣṭasāhasrikā* — por volta do final do século II EC, textos esses que constituem uma das mais antigas manifestações literárias datáveis do Mahāyāna e (b) alguns textos do período Mahāyāna "intermediário", como o *Laṅkāvatāra Sūtra*, traduzido pela primeira vez para o chinês por volta de meados do século V EC. Nos textos traduzidos por Lokakṣema, Harrison nunca encontra "*dharma-kāya*" com o significado de "corpo que é *Dharma*", ou seja, um misterioso Corpo cósmico de Buda, mas sim como "tendo o *Dharma* como corpo" ou, alternativamente, corpo (isto é, coleção) de *dharma*s: "qualidades, princípios de existência, verdades ou ensinamentos" (1992, p. 67), como nos textos Śrāvakayāna. Isso, portanto, enfraquece, pelo menos no que se refere ao Mahāyāna primitivo, a "ideia predominante de que o *dharma-kāya* é uma espécie de 'Divindade' ou 'Corpo Cósmico' inventado pelos seguidores do Mahāyāna" (1992, pp. 73-4). O *Trikāya-stava* (*EB*.4.3.4), texto devocional popular do final do século IV, ainda se refere ao *dharma-kāya* como "nem um nem muitos" — o que está em conflito com interpretações dele como entidade isolada, e, quando se diz que ele "deve ser realizado por cada um", isso o faz soar como o refúgio do *Dharma* do budismo Theravāda, o qual, no sentido mais elevado, é o *Nirvāṇa*, mas também inclui o caminho que a ele conduz. Harrison considera que os primeiros intérpretes do budismo para o Ocidente, como Edward Conze (1904-1979) e D. T. Suzuki, foram influenciados em suas traduções por evoluções posteriores do pensamento *Trikāya*, e, no caso de Suzuki, até mesmo por tentativas de transmitir as ideias budistas de maneira mais atraente para os cristãos. Estudiosos posteriores também "interpretaram muitos trechos importantes de forma errônea [...]. A metáfora dá lugar à metafísica" (Harrison, 1992, p. 74). Ele deixa em aberto a questão de saber se a evolução da doutrina do Corpo do *Dharma* na escola Yogācāra precisa ser reexaminada para verificar se também foi erroneamente interpretada.

Na ideia Yogācāra do Corpo do *Dharma*, ele é o tipo de natureza interior alcançado igualmente por todos os Budas, a Condição de Buda deles (*buddhatā*): o conhecimento onisciente, a perfeita sabedoria e outras qualidades espirituais por meio das quais um *Bodhisattva* se torna um Buda. O Corpo do *Dharma* também é conhecido como o *Svābhāvika-kāya* ou Corpo Intrínseco, já que é desprovido de quaisquer impurezas em sua natureza autossuficiente. É a natureza dependente do outro (ver p. 163) purificada da distinção ilusória entre sujeito e objeto, a pura consciência radiante, um ser-o-que-é atemporal que é a verdadeira natureza das coisas, a base a partir da qual surgem os fenômenos mundanos comuns da natureza construída de forma ilusória. Esses fenômenos incluem os outros dois corpos, que são apenas maneiras pelas quais o Corpo do *Dharma* aparece para as pessoas. O *Śrīmālā-devī-siṃhanāda Sūtra* diz que, quando obscurecido por impurezas, ele é o *Tathāgata-garbha*. É também o *Dharma-dhātu*, ou esfera do *Dharma* (ver pp. 169, 175): o universo como verdadeiramente compreendido por um Buda, já que um Buda sabe que sua natureza exemplifica a natureza da realidade, tem a mesma natureza vazia de outros fenômenos e os interpenetra. O conhecimento de um Buda está além da dualidade sujeito/objeto, de modo que não pode ser apartado do ser-o-que-é, que é o "objeto" do seu conhecimento. Como o conhecimento de um Buda também é onisciente, ele não é diferente de todos os fenômenos vazios: é o "mesmo" que todas as coisas.

No Tibete, a influente escola Gelugpa, à qual o dalai-lama pertence, e que acredita que o Prāsaṅgika-Mādhyamika expressa a verdade mais elevada, encara o Corpo do *Dharma* sob dois aspectos: o Corpo Intrínseco (tal como eles o entendem) e o Corpo de Gnose (*jñāna--kāya*).[22] O primeiro deles é o vazio de existência inerente em *qualquer* fenômeno, inclusive a consciência iluminada de um Buda: a não natureza que é, em qualquer ocasião, a própria natureza dos *dharmas*, a "condição de *dharma*" deles (*dharmatā*). Como essa vacuidade confere às mentes dos seres a impermanência que possibilita que elas se tornem iluminadas, ela é o *Tathāgata-garbha* compreendido como uma forma de autovacuidade (ver pp. 154-55). O Corpo Intrínseco é também algo que diz respeito especificamente aos Budas: a ausência de impurezas e obscurecimentos à onisciência. O Corpo de Gnose é a consciência onisciente de um Buda, vazia da distinção ilusória entre sujeito e objeto e compassivamente pronta para responder às necessidades dos seres.

A escola chinesa Tiantai, que acredita que o *Sūtra do Lótus* expressa a verdade mais elevada no budismo, baseia-se no capítulo do *Sūtra* sobre o tempo de vida do *Tathāgata* (ver p. 192)

---

22 Dalai Lama, 1971, pp. 120-25; Williams, 2009, pp. 182-84.

para postular o próprio Buda como o eterno Corpo do *Dharma*, e não como um Buda com um Corpo de Prazer particular.[23] Nesse aspecto, ele é às vezes identificado como Vairocana, o "Resplandecente" mencionado no *Avataṃsaka Sūtra.* Essa ideia também é encontrada na Tendai, a manifestação japonesa dessa escola, bem como na escola Nichiren, que se separou dela. Entre outras coisas, supera-se assim o conflito entre a concepção dos Budas terrenos do passado como diferentes Corpos de Transformação de um Śākyamuni único que existe na qualidade de Corpo de Prazer, por um lado, e a visão do próximo Buda terreno como uma manifestação de *Maitreya* no momento em que alcançar o Estado de Buda; e, com efeito, os Yogācārins haviam criticado a ideia de que os Budas terrenos do passado fossem Corpos de Transformação de um único Corpo de Prazer celestial (Griffiths, 1994, pp. 120-21).

Na escola Huayan e na escola tântrica japonesa Shingon, o Corpo do *Dharma* é personificado como o Buda (Mahā-) Vairocana. Acredita-se que tenha uma forma material muito sutil, reluzente e ilimitada a partir da qual a fala pode surgir, devido ao funcionamento autônomo dos votos do *Bodhisattva.* Nesse aspecto, o Corpo do *Dharma* parece se tornar um tanto semelhante ao conceito de Deus em outras religiões. No século X, o processo de personificação foi levado mais adiante, no conceito do Ādi Buddha, o Buda "Primordial" sempre desperto, chamado ora de Samantabhadra, ora de Vajradhara ou de Vairocana. No entanto, os Yogacarins resistiram à ideia de um primeiro Buda sempre iluminado, argumentando que qualquer Buda precisa primeiro ser inspirado por um Buda passado, e depois desenvolver as perfeições do *Bodhisattva* (Griffiths, 1994, p. 121).

Em nível supremo, apenas o Corpo do *Dharma* no seu aspecto de vazio de existência inerente ou natureza não dual da consciência é real; os Corpos de Transformação e Prazer, conhecidos na perspectiva Śūnyatāvāda e na doutrina do Tathāgata-garbha como "corpos de forma (*rūpa*)", são maneiras provisórias de falar a respeito dele e compreendê-lo. A verdadeira natureza de um *Tathāgata* não pode ser vista ao vermos sua forma física, já que os "*Tathāgata*s têm o *Dharma* como seu corpo" (*Asta.*513, como traduzido em Harrison, 1992, p. 52). Os Budas de Corpo de Transformação e Prazer, as Terras Puras e os *Bodhisattva*s de alto nível, portanto, não são reais de fato: assim como o livro que você está lendo agora ou os olhos com os quais você o lê também não o são! Na vacuidade, nada se destaca como realidade isolada. Em um nível convencional de verdade, contudo, esses Budas etc. são tão reais quanto qualquer outra coisa. Na realidade, na prática popular do Mahāyāna, os Budas de Corpo de Prazer e os *Bodhisattva*s são tratados como completamente reais, e o renascimento nas Terras Puras é procurado com ardor por meio da fé. O sentimento um tanto desconcertante gerado pela transitação entre a verdade suprema e a convencional é captado com habilidade em uma explicação apresentada por um

23 Tradução do *Sūtra do Lótus* de Kato *et al.*, p. 382: verbete *trikāya* no glossário; Williams, 2009, pp. 157-58, 162.

eremita chinês a John Blofeld, na qual ele também recorre à ideia chinesa da "Mente Una" (ver p. 173): "Acredite, os *Bodhisattvas* são tão reais quanto a terra e o céu e têm um poder infinito de ajudar os seres angustiados, mas eles existem dentro da nossa mente comum, a qual, para dizer a verdade, é o *receptáculo* da terra e do céu" (Blofeld, 1987, p.151).

A partir da perspectiva convencional, os *Bodhisattvas* de alto nível e os Budas celestiais são aqueles que se esforçaram de modo heroico para estar perto do Estado de Buda ou que o alcançaram. A partir da perspectiva suprema, são as formas simbólicas nas quais as "mentes" dos "seres" vazios percebem o Corpo do *Dharma*, a totalidade superabrangente que é a esfera do *Dharma* descrita no *Avataṃsaka Sūtra*. Como analogia, o Corpo do *Dharma* pode ser visto como um esplendor de luz ofuscante. Apenas um Buda pode enxergá-lo sem nenhuma obstrução. As obstruções que permanecem na mente dos Nobres *Bodhisattvas* significam que a luz é filtrada e eles a veem como Budas de Corpo de Prazer. Nos seres comuns, a luz é filtrada ainda mais, de modo que só conseguem vê-la na forma de Corpos de Transformação. No entanto, aqueles com grande compreensão conseguem vê-la no ser-o-que-é de qualquer objeto mundano, pois, como afirma o *Avataṃsaka Sūtra*, todo o mistério está presente em um grão de poeira. Para os não budistas, como os hindus, o Corpo do *Dharma* é conhecido na forma de Corpos de Prazer que assumem a forma dos deuses da sua religião (*Lanka*.192.3). Com efeito, no Japão budista, os principais *kamis*, ou divindades, da religião indígena xintoísta vieram a ser identificados com Budas celestiais ou *Bodhisattvas* particulares de alto nível.

Considerando a ideia da enorme duração do caminho do *Bodhisattva*, ninguém que tenha começado a trilhar esse caminho na época do Buda histórico, há cerca de 2.500 anos, teria tido tempo para se tornar um Buda hoje. Os *Bodhisattvas* que já estavam bem avançados em seu caminho nessa época poderiam, em princípio, ter se tornado Budas desde então — mas não no nosso sistema de mundo, já que o Mahāyāna clássico ainda tinha a ideia de que embora a influência de um Buda possa perdurar em um mundo, nenhum novo Buda aparecerá lá (Griffiths, 1994, pp. 119-26). No entanto, como veremos mais adiante, o caminho tântrico é considerado capaz de acelerar o caminho do *Bodhisattva* e potencialmente propiciar a Condição de Buda em uma única existência. De qualquer modo, nosso mundo ainda pode conter *Bodhisattvas* avançados ou Corpos de Transformação deles (já que eles, como Budas, podem tê-los), ou de Budas de outros campos de Buda. Desse modo, no budismo tibetano, existem cerca de 3 mil *tulkus* (*sprul-sku*), Corpos de Transformação, sobretudo na forma de renascimentos reconhecidos de antigos mestres que, segundo se acredita, têm a capacidade de escolher sua próxima reencarnação (Samuel, 1993, pp. 281-86). Alguns são vistos como *tulkus* ou *namtruls* (*rnam 'phrul*, emanações) "supremos".[24] São seres considerados Corpos de Transformação que voltaram a se manifestar. Entre eles estão os dalai-lamas, vistos como Corpos de Transformação do *Bodhisattva* avançado Avalokiteśvara, e os Panchen Lamas, considerados Corpos de Transformação do Buda Amitābha. São comumente vistos como formas efetivas desses seres, embora outra opinião, favorecida pelo atual Dalai Lama — talvez por modéstia, ou porque ele adota uma visão mais modernista —, seja a de que personificam suas virtudes e, por isso, foram abençoados em particular por eles (Williams, 2004, pp. 2-23). Desse modo, os dalai-lamas são considerados aqueles que expressam, em especial, a compaixão de Avalokiteśvara.

No budismo do Leste Asiático, o monge Chan Budai do século X (ver p. 204) é considerado como uma manifestação de Maitreya, e é na verdade chamado de Milo-fo, Buda Maitreya; e o Nichiren Shō-shū japonês vê Nichiren (ver pp. 258-59) como um Buda (para Nichiren-shū, ele é um grande *Bodhisattva*). Além disso, o termo "buda" pode às vezes ser usado livremente para designar uma pessoa com um desenvolvimento espiritual avançado, e existe a ideia de que, devido à natureza do Buda, todos já somos um Buda, mesmo que não nos comportemos como tal. Além disso, há uma prática japonesa segundo a qual, por volta de sete dias depois de sua morte, as pessoas recebem nomes póstumos, considerando-se popularmente, assim, que se tornaram um Buda (Reader, 1991, pp. 41, 90): a palavra que desgina a alma que partiu deste mundo, *hotuke*, também significa "buda", e acredita-se que os rituais do pós-morte sejam um auxílio para que o morto se torne, ao mesmo tempo, um ancestral venerado e um Buda. Nesse caso, a influência do xintoísmo pode estar em ação, embora também haja a ideia budista de ir para a Terra Pura e depois tornar-se um Buda.

O PANTEÃO DO MAHĀYĀNA

Entre os "incontáveis" Budas celestiais e *Bodhisattvas* avançados, alguns dos mencionados se tornaram focos de devoção como seres salvadores, com *Bodhisattvas* avançados específicos também simbolizando e exemplificando qualidades espirituais específicas.[25] No culto desses seres, vemos os aspectos "religiosos" do Mahāyāna mais relacionados com a fé, como um complemento que equilibra o seu aspecto refinado de sabedoria e tendo o caminho do *Bodhisattva*, baseado na compaixão, como algo que une as duas coisas. O anseio por um contato com o(s) Buda(s) conduz à ideia de uma diversidade de seres salvadores e esferas ideais localizadas em muitas áreas do imenso cosmos que o budismo primitivo já havia concebido. Nesse processo, podemos dizer que uma variedade de super*devas* budistas, *devas* com uma sabedoria libertadora e

24 E às vezes como *trulpas* (*sprul pa*), embora esse termo também designe emanações de seres que não são nem Budas nem *Bodhisattvas* avançados.

25 Uma visão geral deles pode ser encontrada em Getty, 1988, e Williams, 2009, pp. 218-43.

enorme compaixão, tornam-se o foco de devoção, contemplação e invocações para a inspiração e ajuda espiritual e prática. Panoramas cósmicos mágicos se abrem, nos quais fontes de ajuda do além são usadas para complementar o auxílio recebido dos recursos interiores da pessoa, da inspiração do Buda, do poder das suas relíquias, do seu ensinamento e *Dharma* entoado e do apoio permanente da comunidade monástica. Podemos encarar isso como a exposição de um lado "teísta" do Mahāyāna, embora seja um teísmo modelado pela ideia de que os *Bodhisattva*s e Budas celestiais são vazios de existência inerente.

Entres os Budas celestiais, um dos primeiros mencionados é Amitābha,[26] que assumiu importância fundamental nas escolas da Terra Pura do budismo do leste, onde é conhecido como Amituo (A-mi-t'o) (China) ou Amida (Japão).[27] O nome "Amitābha", ou "Radiância Imensurável", é uma expressão de simbolismo da luz. No budismo primitivo, a radiância já era associada ao deus Brahmā, à sabedoria e ao nível mental "vivamente brilhante" (ver p. 97); além disso, é evidente que a radiância é associada ao *Tathāgata-garbha.* O nome alternativo "Amitāyus" significa "Vida Imensurável", referindo-se à vida extremamente longa desse Buda. O seu culto se baseia em três principais Sūtras: o *Sukhāvatī-vyūha* "Maior" e "Menor", ou *Sūtra*s do "Agrupamento da Terra Feliz", e *Guanwuliangshoufo Jing* (*Kuan-wu-liang-shou-fo Ching*). Estes últimos podem ter se originado na Caxemira (noroeste da Índia), Ásia Central ou China, ou ter evoluído através dessas três regiões; seu título em sânscrito seria *Amitāyur-buddhānusmṛti Sūtra*: "O *Sūtra* sobre a recordação do Buda Amitāyus". O *Sūtra* "Maior" foi composto por volta do final do século II EC, e o "Menor" foi traduzido pela primeira vez para o chinês em 402 EC, embora eruditos japoneses não raro o considerem mais antigo do que o "Maior".

O *Sūtra* "Maior" da Terra Feliz conta como, há muitos éons, na vigência de um Buda anterior, o monge Dharmākara aspirava a tornar-se um Buda em uma época futura. Depois de ouvir falar nas Terras Puras de muitos Budas, decidiu que geraria um que combinasse as qualidades superiores de todos eles. Fez então 47 juramentos de *Bodhisattva*,[28] descrevendo essas qualidades e afirmando que só se tornaria um Buda quando seu caminho como um *Bodhisattva* tivesse força kármica bastante para produzir essa Terra Pura — o que de fato aconteceu, já que ele se tornou o Buda Amitābha. Na sua Terra Pura, chamada Sukhāvatī, a Terra Feliz, entende-se que os seres terão, se desejarem, uma vida imensuravelmente longa, na qual o progresso em direção ao Estado de Buda é acelerado. Sua vida seguinte será como um Buda, a não ser que, na qualidade de *Bodhisattva*s avançados, escolham renascer em outro lugar para ajudar os seres.

26 *BS1*.232-36; *BS2*.8; *EB*.5.4.1; Blum, 2002: Cleary, s.d.; Cowell, 1985; Gómez, 1996; Ingaki, 1995; Malalasekera *et al.*, 1964; Pas, 1995, pp. 145-64.

27 Ou aqueles seguidos por *-fo* (China) ou *butsu* (Japão): Buda.

28 No texto em sânscrito; 48 da sua versão chinesa.

Acredita-se que os habitantes dessa esfera tenham as "perfeições" mais elevadas, memória de vidas passadas e a capacidade de ver inúmeras outras Terras de Buda. Eles ouvem de imediato qualquer *Dharma* que desejem, não têm nenhuma noção de propriedade, nem mesmo com relação ao próprio corpo, e têm os mesmos poderes de felicidade e meditação daqueles que estão em profundo transe meditativo. Sukhāvatī é considerado um paraíso repleto de "árvores de pedras preciosas", que estimula a tranquilidade e os estados mentais contemplativos, uma esfera onde tudo é como os seres desejam, livre das tentações e das impurezas. E, o mais importante: de acordo com um dos votos de Dharmākara, acredita-se que ele apareça diante de qualquer ser agonizante que aspire ao despertar e o traga à lembrança com sinceridade, sendo que seus auxiliares *Bodhisattvas* o conduzirão à sua Terra Pura.

Considera-se a Terra Feliz de Amitābha um lugar remoto na região "ocidental" do universo. Para obter o renascimento lá, o *Sūtra* "Maior" da Terra Feliz diz que a pessoa precisa desejá-lo com sinceridade, ter fé em Amitābha, despertar o *bodhi-citta*, gerar fruição kármica e dedicar o poder de tudo isso a um tal renascimento. No *Sūtra* "Menor", existe apenas a referência a repetir e lembrar o nome de Amitābha durante várias noites antes da morte. No *Amitāyur-buddhānusmṛti Sūtra*, é possível entrar na Terra Feliz com um mínimo de valor pessoal, devido à graça de Amitābha. Apenas alguém que difame ou obstrua o *Dharma* não pode renascer lá. Não obstante, a pessoa precisa se preparar antes da morte recitando com serenidade *Nāmo mitābhāya Buddhāya*, "Honra ao Buda Amitābha", dez vezes, enquanto pensa continuamente em Amitābha. No entanto, na Terra Feliz, um malfeitor passará a princípio por uma espécie de purgatório, renascendo em um "lótus" que permanece fechado durante muitas eras antes que ele possa se beneficiar da Terra Pura. Outros ficarão mais próximos do despertar de acordo com o grau da sua fé, virtude, meditação e conhecimento. A ideia de renascer nessa Terra Feliz, portanto, proporciona uma esperança às pessoas que levam uma existência difícil e imperfeita. Caso sejam hoje incapazes de se comportar como verdadeiros *Bodhisattvas*, o ambiente da Terra Feliz lhes possibilitará fazê-lo, e seu tempo de vida ali, que é imensuravelmente longo lá, abrangerá o caminho longuíssimo do *Bodhisattva*.

Um Buda celestial, cuja popularidade talvez tenha sido anterior à de Amitābha, é Aksobhya, o "Imperturbável".[29] O *Akṣobhya-vyūha Sūtra* tem uma versão que foi traduzida para o chinês perto do final do século II EC e pode ter se originado no noroeste da Índia, embora muitas imagens desse Buda do nordeste da Índia demonstrem sua popularidade lá. Considera-se que sua Terra Pura, Abhirati, situa-se no leste, e consta que o *Bodhisattva* que a produziu era muito virtuoso e desprovido de raiva. Acredita-se que sua esfera seja um belo ambiente, livre de inconveniências como sarças ou montanhas, a menstruação das mulheres ou a necessidade

29 *EB*.5.4.3; Malalasekera *et al.*, 1964; Nattier, 2000.

de cultivar alimentos. Os que vivem lá podem se tornar *Arhat*s ou progredir em direção ao Estado de Buda. A pessoa obtém o renascimento nessa terra por meio da prática moral e espiritual assídua, fazendo o voto de renascer lá, dedicando a isso sua fruição kármica e visualizando os Budas que ensinam em seus campos de Buda. Com o tempo, Aksobhya entrará no *Nirvāṇa* final, mas seu lugar será mais tarde ocupado por outro Buda. Ainda que não seja importante no budismo chinês, com o tempo ele se tornou importante no budismo tântrico indo-tibetano, sendo um dos cinco Budas retratados em muitas *maṇḍalas* e figurando, não raro, como o Buda central (ver p. 212).

Outro Buda celestial popular é Bhaiṣajya-guru (Jap. Yakushi), o "Mestre da Cura",[30] que tem sua Terra Pura numa região "oriental" do universo. Seus votos são tais que a fé nele e a sincera repetição do seu nome conduzirá à cura de doenças e deformidades e levará a pessoa a compreender o seu próprio karma mau, para que ela se corrija e aspire ao Estado de Buda. Invocá-lo na hora da morte também pode possibilitar que a pessoa evite um renascimento desventurado ao qual esse mau karma de outra forma conduziria. Os textos dedicados a ele são o *Bhaiṣajya-guru Sūtra*, talvez composto na Ásia Central e introduzido pela primeira vez na China no século IV, e "O *Sūtra* dos Sete Budas". Seu culto é particularmente importante no Japão, onde é chamado para proteger o Estado de desastres e da doença. Em geral, é retratado na cor azul e segurando uma vasilha com medicamentos.

A devoção aos Budas celestiais parece ter antecedido a devoção aos *Bodhisattva*s avançados. Nos textos Mahāyāna traduzidos para o chinês por Lokakṣema no final do século II EC, os *Bodhisattva*s avançados como Mañjuśrī são mencionados, mas como exemplos de sabedoria e inspiração e não como seres salvadores, que eram o foco dos cultos. Os *Bodhisattva*s como objetos de culto só aparecerão nas traduções chinesas na segunda metade do século III, e parecem ter sido pouco retratados iconograficamente na Índia até o século VI. Paul Harrison (2000) argumenta que, com exceção de Maitreya, podem ter sido a princípio produto de uma imaginação literária inspirada para fornecer personificações dos ideais do movimento Mahāyāna em desenvolvimento. Esse desenvolvimento também pode ter sido alimentado por contribuições de experiências meditativas: se certas qualidades estavam sendo cultivadas com assiduidade, é natural que as pessoas viessem a ter visões de seres nos quais essas qualidades eram particularmente abundantes e que depois começassem a dar nome a esses seres. Com o tempo, eles então assumiam vida própria no movimento que se desenvolvia, sendo invocados para ajudar no desenvolvimento dessas qualidades ou para trazer outros benefícios. A partir desse estágio, funcionavam como seres salvadores transcendentes e celestiais.

---

30 *EB*.5.4.2.; Malalasekera *et al.*, 1968; Birnbaum, 1980.

Entre os *Bodhisattvas*, o que é mencionado primeiro é Maitreya (P. Metteyya), "O Amável", reconhecido até mesmo no Theravāda e em outras escolas primitivas como o ser que se tornará o próximo Buda na Terra (*D.*III.75-7). No Mahāyāna, consta que ele é um *Bodhisattva* do décimo estágio,[31] residindo — como na tradição mais antiga — no céu Tuṣita do nosso mundo, não em uma Terra Pura. Depois de alcançar o Estado de Buda, descerá na forma de um Corpo de Transformação para ser o próximo Buda a ensinar na Terra.[32] No Tibete e na Coreia, Maitreya é às vezes figurado, de antemão, como um Buda. Em geral é apresentado sentado em um trono com as pernas abaixadas, cruzadas nos tornozelos. Na China, o "Buda Maitreya" (Milo-fo) também é retratado na forma de uma das suas manifestações reconhecidas, o Budai (Pu-tai). Esse monge Chan era um mestre itinerante alegre e barrigudo que levava presentes para as crianças na sua bolsa de pano (*budai*). No Ocidente, é comum as imagens de Budai serem conhecidas como "Budas Sorridentes". Na China, o culto de Maitreya foi anterior ao de Amitābha e originalmente rival deste último. Uma série de movimentos milenaristas focados em Maitreya — nove durante os séculos V e VI — foram liderados por pessoas que afirmavam ser encarnações ou profetas de Maitreya que prenunciariam sua era de ouro.

Avalokiteśvara, embora não fosse o mais popular dos *Bodhisattvas* no Mahāyāna primitivo, com o tempo passaria a sê-lo.[33] É tido com frequência como um *Bodhisattva* do décimo estágio e um dos auxiliares de Amitābha, ao lado de Mahāsthāmaprāpta ("Aquele que tem Grande Poder"). Este último representa a sabedoria de Amitābha e atua em nome dele, abrindo os olhos das pessoas para a necessidade da libertação. Avalokiteśvara representa a compaixão de Amitābha pelo mundo, sendo, na realidade, considerado a própria personificação da compaixão, a força motriz de todos os *Bodhisattvas*. Na China, é considerado hoje um Buda que trabalha para a salvação de todos os seres. O texto "O *Sūtra* do Método Secreto do *Bodhisattva* Superperceptor com Mil Olhos Radiantes"[34] diz que ele se tornou um Buda antes de Śākyamuni e que o ensinou; outros acreditam que tenha se tornado um Buda depois de Śākyamuni, no seu lar na montanha Potalaka, onde hoje creem que ele reside. Esse local tem sido identificado ora como um lugar no sul da Índia, na ilha montanhosa de Putua (P'u-t'o) ao largo da costa chinesa (um importante centro de devoção a ele), ora como o Palácio de Potala do Dalai Lama em Lhasa, a capital do Tibete.

O nome Avalokiteśvara significa "O Senhor que Olha para Baixo (com compaixão)", enquanto na China ele é chamado de Guanyin (Kuan-yin), "Observador das Lamentações", ou

31 *BS1*.237-42; Sponberg e Hardacre, 1988.

32 Embora os Yogācārins encarassem a existência de um *Bodhisattva* no céu Tuṣita como sendo ela própria uma forma de Corpo de Transformação (Griffiths, 1994, p. 91)!

33 *EB*.5.2.1. Malalasekera *et al.*, 1967; Tay, 1976-1977; Blofeld, 1988.

34 Taishō 20, p. 1065; agradeço a Gene Reeves por essa referência.

Guanshiyin (Kuan-shih-yin), "Observador das Lamentações do Mundo", sendo esses nomes baseados em uma forma em sânscrito "Avalokitasvara". No Japão, ele é conhecido como Kwannon ou Kannon, e no Tibete como Chenrezi (sPyan ras gzigs): o "Onividente". Em todas as terras Mahāyāna, ele é o foco de uma dedicada devoção, contemplação e orações de súplica.

Um importante texto sobre ele é o capítulo[35] do *Sūtra do Lótus* sobre "Aquele Que Tem Todos os Aspectos", que no princípio circulava como um *Sūtra* à parte, sendo ainda, não raro, tratado como tal. Acredita-se que suas manifestações em muitos mundos sejam em formas que podem ser de um Buda com Corpo de Transformação, um *Arhat*, um deus hindu, um monge, uma monja, um leigo ou uma leiga. Ele se manifesta até nos infernos, e também nos mundos dos fantasmas e dos animais, para ajudar esses seres. Em uma pintura chinesa, é mostrado na forma de um touro a fim de converter um açougueiro e afastá-lo de seu meio equivocado de vida. Suas diversas manifestações podem desaparecer de modo misterioso depois de terem aparecido para ajudar alguém ou podem viver uma vida inteira, ou até mesmo uma série delas, como no caso dos dalai-lamas do Tibete (ver p. 199).

Avalokiteśvara é o foco do *Kāraṇḍavyūha Sūtra*, que chega a mencionar ter sido ele a criar nosso mundo — o Sol, a Lua e a Terra — e os deuses do hinduísmo, que passaram a governar o mundo com sua permissão (Williams, 2009, p. 222). É conhecido como Maheśvara, "Grande Senhor", assim como o é o deus hindu Śiva, sendo às vezes considerado como tendo a garganta azul, como Śiva; existem possíveis conexões entre seus cultos. A ideia de um *Bodhisattva* criando nosso mundo, o mundo que o Buda histórico havia dito que era *duhkha*, doloroso, é um fenômeno fascinante, mas talvez seja compreensível no contexto da rivalidade entre o budismo e um hinduísmo ressurgente e suas grandes divindades criadoras. De qualquer modo, nesta concepção Avalokiteśvara cria apenas uma das regiões do cosmos, não todo o universo; e não cria outros seres sencientes além dos deuses hindus, ou Corpos de Transformação particulares.

Assim como a maioria dos outros *Bodhisattvas* de alto nível, Avalokiteśvara é retratado com trajes majestosos e não os mantos monásticos de um Buda. Isso se destina a mostrar que os *Bodhisattvas* estão mais em contato com o mundo do que os Budas, além de mais empenhados em ajudar os seres. Na sua coroa, Avalokiteśvara tem uma imagem de Amitābha, a inspiração de seu trabalho. Tem na mão um botão de lótus, que simboliza a beleza pura de sua compaixão ou a mente mundana dos seres que ele encoraja no esforço do "florescer" do despertar. É com frequência representado com as mãos em concha, juntas, ao redor de uma "joia que atende aos desejos" (*cintā-maṇi*). A princípio um amuleto pré-budista contra o mal, tornou-se um símbolo de sua disposição de atender aos desejos virtuosos. Sua limpidez simboliza ainda a pureza natural, oculta por revestimentos de impurezas espirituais na mente dos seres. Essas

35 Número 24 na versão em sânscrito; 25 na chinesa.

Prancha 3: Um *t'angka*, ou pergaminho suspenso, que retrata o *Bodhisattva* Mañjuśrī em uma faculdade budista tibetana em Lake District, na Inglaterra.

impurezas são sugeridas pelas mãos em concha, também consideradas um botão de lótus.

Outro importante *Bodhisattva* avançado é Mañjuśrī,[36] "Doce Glória", que, com Samantabhadra, "Universalmente Bom", é considerado o ajudante do Buda celestial Śākyamuni. Um *Bodhisattva* do décimo estágio, é considerado a maior personificação da sabedoria, tendo a missão especial de destruir a ignorância e despertar o conhecimento espiritual. Sendo assim, é mostrado com uma flor de lótus na mão na qual repousa o texto de um *Sūtra* da Perfeição da Sabedoria, e brandindo uma espada flamejante, que simboliza a sabedoria com a qual transpassa a ilusão (ver Prancha 3). É considerado o patrono dos eruditos e protetor dos pregadores do *Dharma*. Dizem que aqueles que recitam seu nome com devoção e meditam sobre seus ensinamentos e imagens são protegidos por ele, têm bons renascimentos e o veem em sonhos e visões meditativas, nos quais ele os inspira e ensina. Acredita-se que tenha uma associação particular com o monte Wutai (Wu-t'ai) Shan, na China. Às vezes é visto como um Buda e de qualquer modo pode se manifestar como um Buda ou em muitas outras formas. O *Ajātaśatru-kaukṛtya-vinodanā Sūtra*, composto por volta do século II EC, o vê como tendo inspirado o Buda Śākyamuni a seguir o caminho do *Bodhisattva* (*BS*2.20; Harrison, 2000, pp. 169-70), e um *Sūtra* citado em Ss.13-4 diz que ele jurou permanecer até o fim do *saṃsāra* para ajudar os seres.

O *Bodhisattva* avançado Kṣitigarbha, ou "matriz da Terra", também está associado ao Campo de Buda de Śākyamuni, nosso mundo (Hua, 1974). No Japão, onde é conhecido como Jizō, ele é o segundo *Bodhisattva* mais popular. Seus votos eram ajudar a humanidade até que o próximo Buda aparecesse na Terra. Age como guardião dos viajantes, dos que estão em dificuldades, de mulheres e crianças. É considerado como aquele que trabalha sem cessar para trazer

36 Tribe, 1997; Harrison, 2000.

alívio àqueles que renascem dos infernos e também como aquele que se preocupa com o destino das crianças mortas. É apresentado em um manto monástico, uma figura afável que segura um cajado com o qual abre as portas dos infernos. No Japão, é comum encontrar estátuas dele à beira de estradas rurais e nas trilhas das montanhas, sendo ainda colocadas em cemitérios como oferendas de oração para o bom renascimento das crianças mortas e dos fetos provenientes de abortos espontâneos ou deliberados (Harvey, 2000, pp. 333-41).

A PERSPECTIVA TÂNTRICA

No budismo indiano, desenvolveu-se uma forma do Mahāyāna que, com o tempo, se viu como um "veículo" novo e mais poderoso para a salvação. Ela veio a predominar nas terras do Norte, enquanto na Coreia e no Japão existe ao lado de várias outras formas do Mahāyāna.

A nova abordagem se baseava em um grande corpo de textos chamados *Tantra*s — ou mais tarde classificados como desse tipo — que delineiam complexos "sistemas" de meditação que incorporam rituais, a magia e um rico simbolismo. Textos de tipo tântrico começaram a aparecer a partir do século II EC e foram sendo traduzidos para o chinês nos séculos III e IV EC. Continuaram a ser compostos na Índia até mais ou menos 1200 EC. Não obstante, dizia-se que alguns haviam sido ensinados pelo Buda histórico a um grupo seleto de discípulos que depois os passaram adiante; outros teriam sido ensinados pela divindade tântrica Vajradhara, vista como uma forma na qual o Buda apareceu para mestres lendários do passado.

O Mantranaya e a origem do budismo tântrico

A prática tântrica se baseia na evocação ritual, em particular por meio da utilização de *mantra*s e da visualização, de divindades consideradas, em certo sentido, despertas (ver pp. 212-15). Esses métodos destinavam-se no princípio a finalidades mundanas — parte do objetivo Mahāyāna de ajudar os seres de forma compassiva. Com o tempo, passaram a fazer parte das práticas avançadas para aqueles que tinham se preparado por meio de um treinamento Mahāyāna anterior. Essas práticas visavam gerar profundas experiências religiosas que podem conduzir com mais rapidez ao Estado de Buda do que o caminho longuíssimo do *Bodhisattva*. A ênfase no poder e na eficácia pode ser vista como uma evolução da ideia de poderes psíquicos meditativos (P. *iddhi*, S. *ṛddhi*), que estava presente desde o início no budismo.

A fase inicial do budismo tântrico chamava a si mesma de "*Mantra-naya*" ou "caminho dos *mantras*" (o termo *Mantra-yāna* foi cunhado depois), sendo considerada um complemento do *Pāramitā-naya* ou "caminho das perfeições", uma parte da prática Mahāyāna (Williams e Tribe, 2000, pp. 141-47). A partir do século III, os *Sūtra*s passaram a conter *dhāraṇīs*, fórmulas curtas que "preservavam" ou "mantinham" o *Dharma* e ajudava seus seguidores. Os *Sūtras* pré-Mahāyāna também contêm *parittas* (ver p. 274), ou cantos breves de proteção. Ampliando-se a partir dessa base, a prática de usar *mantras*, ou palavras sagradas de poder, foi adotada do hinduísmo, no qual os mantras eram usados originalmente nos próprios *Vedas*. Esses "instrumentos mentais" eram utilizados para contatar os deuses, ou como encantamentos para se conseguir uma boa colheita, saúde, filhos ou até mesmo para enfeitiçar alguém. No budismo tântrico, também começaram a ser entoados em ritos para estimular visualizações, nas quais um ser sagrado em particular era formado a partir do vazio como base para desenvolver as qualidades espirituais que o ser personificava.

Considera-se que cada divindade tântrica tem o seu *mantra* nas formas curta e longa. Esses mantras consistem em uma sílaba, palavra ou sequência de palavras que expressam e personificam sua natureza. O *mantra* mais famoso é o Avalokiteśvara: *Oṃ maṇi padme hūṃ*, citado pela primeira vez no *Kāraṇḍavyūha Sūtra*. *Oṃ* e *hūṃ* são sons sagrados usados nos *Vedas*, sendo o primeiro considerado o som básico do universo. *Maṇi padme* significa literalmente "Ó senhora do lótus adornado com joias". Em exegeses posteriores, acredita-se que *maṇi* se refira à joia que esse *Bodhisattva* segura, enquanto *padme* se refere ao seu símbolo, o lótus. Dá-se também a esse *mantra* um complexo conjunto de explicações simbólicas. Por exemplo, suas seis sílabas estão associadas às seis perfeições ou às seis esferas do renascimento. Enquanto é recitado, pode-se visualizar a emanação de raios de luz provenientes dos seres nessas esferas.

Foram vários os elementos que conduziram ao surgimento e desenvolvimento do budismo tântrico, em um contexto no qual os métodos tântricos afetavam todas as religiões indianas. As formas tântricas da religião indiana eram fortes sobretudo dentro de correntes do hinduísmo centradas na divindade Śiva, uma figura paradoxal que periodicamente recriava e depois destruía o mundo, visto como um asceta praticante de yoga que habitava os locais de cremação; seu símbolo era o *liṅgam* ou falo, o símbolo do poder criativo. O budismo tântrico se desenvolveu em concorrência com o shaivismo tântrico, e, apropriando-se do seu complexo simbolismo e técnicas rituais, adaptou-os ao aspecto budista, ajustado a objetivos budistas (Berkwitz, 2010, pp. 125-28). Ao fazer isso, afirmou que os textos Śaiva tinham sido a princípio ensinados pelo Buda, ou que os deuses hindus associados a eles eram formas nas quais os Budas ou *Bodhisattvas* avançados compassivamente aparecem; também descreveu a subjugação de Śiva pela divindade budista Vajrapāṇi (Williams e Tribe, 2000, pp. 182-84). Alexis Sanderson vê a influência Śaiva em todos os textos tântricos budistas e afirma que ela se tornou mais predominante com o tempo. Para os *Yoginī Tantras* (século IX ao século X), "quase tudo que é concreto nesse sistema [ou seja, símbolos etc.] tem uma origem não budista, embora o todo seja inteiramente budista na sua função" (1994, p. 92).

O budismo tântrico ampliou o aspecto mágico do budismo com elementos extraídos das crenças e práticas comuns nas sociedades agrícolas, além dos *mantras*. Acreditava-se que estes ajudavam o "sucesso" (*siddhi*) tanto nas questões mundanas quanto espirituais. Os rituais praticados nos mosteiros para levar ajuda às comunidades que os apoiavam e como introdução às práticas superiores vieram com o tempo a desempenhar um papel cada vez mais importante dentro dessas práticas superiores, voltando-se para metas soteriológicas. Além disso, divindades "femininas" e divindades hindus reinterpretadas foram admitidas no panteão bastante expandido dos seres sagrados budistas.

Conceitos fundamentais do Mahāyāna eram usados para fornecer uma justificativa ao desenvolvimento de novos métodos a fim de se alcançar a realização espiritual. Se o mundo não era diferente do *Nirvāṇa*, *qualquer* objeto ou ação poderia ser potencialmente usado como rota para a verdade suprema, se o motivo e o método estivessem certos, usando meios hábeis. Os ritos poderiam ser usados para aproveitar as forças inconscientes da paixão ou do ódio e "magicamente" transmutá-las em seus opostos. Se tudo era "apenas pensamento", visualizações complexas e vívidas poderiam ser desenvolvidas como um mundo de experiência novo e transformador.

As fases dos textos tântricos e o Vajrayāna

O desenvolvimento dos textos tântricos indianos e os temas de que tratam estão resumidos na Tabela 3 (Williams e Tribe, 2000, pp. 202-17). A classificação é feita segundo a óptica da tradição tântrica já desenvolvida.

No budismo tibetano, as duas últimas classes de *Tantra* são consideradas *Anuttara-yoga*/*Tantra*s da Suprema União: os *Mahā-yoga* são equivalentes à classe do "Pai" e os *Yoginī* à classe da "Mãe". A escola Nyingmapa usa os termos *Mahā-yoga e Anu-yoga*/União Complementar para designá-los, e adiciona *Ati-yoga*/Insuperável União, também conhecido como *Dzogch'en* (*rDzogs chen*; "A Grande Conclusão/Perfeição"); os *Kriyā Tantra*s, *Caryā Tantra*s e *Yoga Tantra*s são às vezes denominados "*Tantra*s externos", e os remanescentes, "*Tantra*s internos". Os níveis tântricos podem variar sobretudo de acordo com o tipo de relacionamento estabelecido com uma divindade: o do nível *Kriyā* é comparado à troca de olhares amorosos entre um homem e uma mulher, enquanto o do nível *Anuttara-yoga*, mais avançado, é como o êxtase da união sexual. Esses dois níveis são os praticados com mais frequência no Tibete.

Os textos primitivos enfatizavam mais os propósitos mundanos (cf. *EB*.7.5.2), mas, com o tempo, objetivos mais supramundanos, relacionados com o Estado de Buda, tornaram-se mais importantes. Desde a época dos *Yoga Tantra*s, ou seja, século VIII, os modos tântricos do budismo tornaram-se cada vez mais dominantes na Índia e o budismo tântrico se viu como

Tabela 3 Textos tântricos indianos

Tipo e datas do Tantra	*Textos: número no* Kangyur (bK'-'gyur) *ou Cânone dos textos sagrados tibetanos; exemplos fundamentais*	*Características*
Kriyā/Ação. Séculos II-VI.	Mais de 450. Chamados *dhāraṇī, kalpa, rājñī* ou sūtra. *Mahā-megha Sūtra; Mañjuśrī-mūla-kalpa.*	Rituais mágicos para ajudar e proteger. Usa *mantras* e formas primitivas de *maṇḍalas*. Ambos usados em outras classes, abaixo.
Caryā/Prática. De início a meados do século VII.	8. *Mahā-vairocana/Mahā-vairocan' ābhisaṃbodhi Sūtra.*	As práticas incluem a identificação com uma divindade, por exemplo, um Buda.
Yoga/União. Do início do século VIII em diante.	15. (*Sarva-tathāgata*)*-Tattva-saṃgraha Sūtra; Sarva-durgati-pariśodhana Tantra; Vajra-śekhara Tantra; Nāma-saṃgīti.*	Elementos sexuais secundários.
Mahā-yoga/Grande União ou *Yogottara*/Yoga Superior. Por volta do final do século VIII.	37 *Tantras* do "Pai" *Guhyasamāja Tantra; Māyā-jāla Tantra; Vajra-bhairava Tantra.*	Elementos sexuais e substâncias proibidas/impuras.
Yoginī/Yogue do sexo feminino ou *Yoga-niruttara*/*Yogānuttara*/União mais elevada. Séculos IX-X.	82 *Tantras* da "Mãe" *Hevajra Tantra; Kāla-cakra Tantra; Saṃvara Tantra.*	Elementos sexuais e substâncias proibidas/impuras, mais associações com locais de cremação do Tantra Śaiva hindu. Praticantes = (*Mahā-*)*siddhas*.

Prancha 4: Vajrapāni segurando um *Vajra* e um sino *Vajra*.

um veículo novo e mais poderoso, cujos métodos produzem o Estado de Buda, não apenas a proteção mundana. Desse modo, começou a chamar a si mesmo de *Vajra-yāna*, o veículo do "Raio" ou do "Diamante". Na Índia pré-budista, o *Vajra* era visto como o poderoso cetro de Indra, governante dos deuses védicos. No budismo primitivo, diziam que o *Arhat* tinha uma mente como um *Vajra* (P. *Vajira*; *A*.I.124) e no Mahāyāna considera-se que um *Bodhisattva* do décimo estágio entra em um estado meditativo do tipo *Vajra*. O budismo tântrico via o *Vajra* como um bom símbolo dos seus métodos poderosos e da mente desperta, pois o via como uma substância irresistível como o raio, sugerindo o poder avassalador da mente desperta para destruir obstáculos espirituais; dura como o diamante, sugerindo a natureza indestrutível da mente desperta; e clara como o espaço vazio, sugerindo a natureza "vazia" dessa mente. O *Vajra*, portanto, simbolizava o despertar, a realidade suprema e o Corpo do *Dharma*, personificado como Vajrasattva, o "ser *Vajra*". O objetivo do adepto Vajrayāna era tornar-se consciente da identidade entre o Vajra-sattva e sua "própria" "natureza" vazia, de modo a "vir a ser" um "ser" assim. Fazer isso significava alcançar o despertar ou o *siddhi*, o "sucesso" espiritual.

O cetro *Vajra* tornou-se um implemento ritual simbólico, assim como o sino *Vajra* (ver Bechert e Gombrich, 1984, p. 261), como o da figura na Prancha 4. Eles simbolizam basicamente os meios hábeis e a sabedoria, um par complementar cuja união perfeita é vista como a causa do despertar. Existem muitas explicações do simbolismo das partes desses implementos. Por exemplo, o centro do cetro simboliza o vazio, e três protuberâncias em cada um de seus lados representam o desejo sensorial, a forma elementar e os mundos sem forma, que "emergem" do vazio. O eixo e quatro pontas representam os cinco principais Budas Vajrayāna, cuja unidade se sugere pela fusão das pontas na extremidade do cetro. Desse modo, o todo é uma imagem suprema do Corpo do *Dharma*, a partir do qual emergem o mundo e os Budas. A alça do sino também representa o Corpo do *Dharma* atemporal, enquanto o sino em si, cujo som se esvai, representa o mundo condicionado da mudança. Juntos, eles mostram que esses dois estão inextricavelmente ligados.

A figura de Vajrapāṇi, ou "Vajra-na-mão", tornou-se cada vez mais importante no budismo tântrico. No budismo primitivo, ele era uma divindade secundária (*yakṣa*, P. *Yakkha*) que ameaça usar um raio para partir a cabeça das pessoas quando estas se recusavam a responder a uma pergunta crucial direta do Buda (*D*.I.95; *M*.I.231). No entanto, os comentários do Theravāda o identificam com Sakka (S. Śakra), Indra, a principal divindade védica, considerada no Theravāda como um seguidor do Buda que entrou no fluxo. No budismo tântrico, ele se torna pelo menos um *Bodhisattva* avançado. Muitos outros seres sagrados também adicionaram "*vajra*" aos seus nomes ou já foram desde o princípio chamados assim, como Vajradhara ("O que segura o Vajra") e Vajrasattva, possivelmente formas de Vajrapāṇi.

Divindades tântricas e adeptos

À medida que os *Tantra*s se desenvolveram, o panteão de seres sagrados se expandiu e novos tipos se destacaram. Nos *Kriyā Tantras,* havia os seres despertos da "família" Buda, mais as divindades pacíficas não despertas da família *Padma* (Lótus) e as divindades não despertas furiosas da família *Vajra*; estas duas últimas categorias esperavam a plena conversão ao budismo, respectivamente por Avalokiteśvara e Vajrapāṇi. Nos *Caryā Tantras,* o Buda mais importante é Vairocana (O Resplandecente), também importante no *Avataṃsaka Sūtra*. Nos *Yoga Tantra*s, duas outras famílias de divindades foram adicionadas: *Ratna* (Pedra Preciosa) e *Karma* (Ação). Vairocana, da família Buda, permanece central, mas é circundado, em *maṇḍalas*, pelos outros Budas em suas Terras Puras: Akṣobhya ("O Imperturbável"; família *Vajra*) no Leste; Amitābha ("Radiância Imensurável"; família *Padma*) no Oeste; Ratnasambhava ("O Nascido das Joias"; família *Ratna*) no Sul; Amoghasiddhi ("Sucesso Infalível"; família *Karma*) no Norte. Nos *Mahā-yoga Tantra*s, Akṣobhya e sua família *Vajra* tornam-se centrais. O mesmo ocorre nos *Yoginī Tantra*s, que adicionam muitas divindades furiosas e semifuriosas de aparência horrenda, como Vajravārāhī, Vajrayoginī e Vajraḍākinī.

Os cinco principais Budas são chamados de cinco "Conquistadores (da ilusão e da morte)" (S. *Jina*), e o Buda "central" é o foco específico no texto pertinente e na *maṇḍala* relacionada. Acredita-se que todos expressem aspectos do Corpo do *Dharma*. Alguns sistemas adicionam um sexto Buda: Vajrasattva, Vajradhara ou Samantabhadra ("Universalmente Bom"), representando o sempre desperto Ādi Buddha, o Buda primordial, visto como a unidade primordial a partir da qual se manifestam os outros Budas.

Considera-se que as divindades pertencentes a cada uma das cinco famílias correspondem aos defeitos predominantes de tipos particulares de pessoas, que se beneficiarão especialmente ao trabalhar com elas (Williams e Tribe, 2000, pp. 209-12; Berzin, 2002). Dentro de cada família, as divindades podem ser de quatro tipos diferentes para corresponder a outras variações no caráter humano (Snellgrove, 1987). Elas podem ter uma aparência masculina ou feminina, pacífica ou colérica. As cinco divindades pacíficas masculinas são os próprios *Jina*s e os *Bodhisattva*s comuns do Mahāyāna. As divindades coléricas destinam-se a lidar com emoções bastante negativas. A raiva que a divindade mostra não é a de um deus vingativo, e sim livre do ódio. Visa abrir o coração do praticante, devastando suas hesitações, dúvidas, confusões e ignorância. As divindades coléricas masculinas são chamadas de *Heruka*s e também *Vidyā-rājā*s, "Reis do conhecimento". A Prancha 5 mostra uma divindade popular chamada Yamāntaka, "Conquistador da Morte", a forma colérica do *Bodhisattva* Mañjuśrī. Ao visualizar essa forma terrível, que tem a cabeça de um touro furioso, o praticante pode enxergar com clareza o perigo da própria tendência à raiva, sendo possível, assim, transmutá-la em sabedoria. Yamāntaka é mostrado livre e desabrido, como todas as divindades coléricas, pisoteando cadáveres que representam o conceito do "Eu sou" e sua influência limitante e mortal. Na sua cabeça principal, usa como ornamentos uma coroa de crânios, representando os cinco maiores defeitos humanos; a guirlanda de cabeças pendurada na sua cintura representa seu triunfo sobre muitas ideias confusas e neuróticas. Também encontramos o Vajrayāna usando, como implementos rituais, crânios humanos como tambores e fêmures humanos como uma espécie de trombeta. O uso desses itens ajuda a inculcar na mente a possibilidade sempre presente da morte, ajudando também a superar a incapacidade de enxergar a possível pureza em todas as coisas.

A Prancha 5 mostra não apenas Yamāntaka, mas também uma divindade colérica feminina. Estas são chamadas de *Ḍākinīs* ("frequentadoras do céu") e vistas como seres divertidos, mas ao mesmo tempo ardilosos, não raro retratados empunhando um cutelo e segurando uma xícara-crânio que contém veneno (defeitos humanos) transformado no néctar da Imortalidade. As *Ḍākinīs* são às vezes retratadas como consortes dos *Heruka*s, assim como as divindades pacíficas femininas são vistas como consortes das divindades pacíficas masculinas. A consorte é chamada de "Sabedoria" (S. *Prajñā*) do seu respectivo parceiro masculino e representa o poder que torna possível os meios hábeis empenhados da divindade masculina. Juntos, os dois formam uma sabedoria-energia, muitas vezes representados, como na Prancha 5, como "Pai" e "Mãe" (Tib. *Yab* e *Yum*), na união sexual (*BS2*.54). Essa forma simboliza a ideia de que, assim como a união sexual conduz a um grande prazer, a união de meios hábeis e sabedoria conduz ao júbilo do despertar. Esse simbolismo sexual foi minimizado no budismo tântrico do Leste Asiático, pois ofendia o decoro confuciano.

Uma divindade pacífica masculina é chamada de *Bhagavat*, ou "Senhor", enquanto uma divindade pacífica feminina é chamada de *Bhagavatī*, ou "Senhora". Embora algumas das 21 formas da *Bodhisattva* Tārā, a "Salvadora", sejam coléricas, as formas pacíficas "Verde" e

Prancha 5: Imagem tibetana do *Heruka* Yamāntaka e sua consorte.

"Branca" são as "Senhoras" mais populares (*EB*.5.2.2; ver Prancha 6).[37] No Tibete, estas vieram a estar entre as divindades mais amadas, e ambas tornaram-se deusas padroeiras do Tibete. São vistas como graciosas, atraentes, acessíveis e sempre prontas a cuidar com ternura das pessoas em apuros. Sua natureza compassiva, ao responder àqueles que as invocam, se reflete na história de que elas nasceram de duas lágrimas derramadas por Avalokiteśvara quando ele viu os horrores do inferno. Segundo se relata, Tārā jurou permanecer na forma feminina ao longo das suas vidas como *Bodhisattva* e depois como Buda. Com efeito, os tibetanos a veem com frequência como um Buda feminino. Seu culto parece ter se desenvolvido por volta do século VII. Ela é, às vezes, considerada a "Mãe" de todos os Budas", como era a divindade anterior Prajñāpāramitā, "Perfeição da Sabedoria" (*EB*.4.2.1).

A meta e a filosofia do Vajrayāna permaneceram mahāyānistas, mas seus recursos eram considerados bem mais poderosos, já que conduziam ao Estado de Buda em apenas uma vida:[38] uma espécie de Mahāyāna "superenergizado", mas mesmo assim Mahāyāna. Considerava-se que funcionava não tanto por fortalecer as causas do Estado de Buda, mas por visualizar e evocar o *resultado* desse caminho de modo a tornar o resultado *parte* do caminho. No Tibete, é comum se postular que os recursos tântricos são necessários para que qualquer pessoa conclua o caminho em direção ao Estado de Buda. Poderíamos dizer aqui que, embora o Mahāyāna clássico tenha vindo a incluir Budas celestiais e *Bodhisattvas* que, segundo se acreditava, ajudavam os seres ao longo do caminho, no Vajrayāna esses seres também são interiorizados, como uma ajuda *interior*. É claro que no Mahāyāna primitivo, parte da grande compaixão do *Bodhisattva* era a disposição de seguir a longa rota em direção ao Estado de Buda em vez da rota mais curta para se tornar um *Arhat*. Como acreditava-se que os *Tantras* eram um atalho

37 *BTTA*.176; Williams e Tribe, 2000, p. 224.

38 Katz, 1982, pp. 283-84; Samuel, 1993, p. 21; Williams e Tribe, 2000, pp. 219-20.

para o Estado de Buda, podia-se entender que essa excelência particular da compaixão havia sido atenuada, e, *nesse* aspecto, o caminho podia se assemelhar mais ao caminho pré-Mahāyāna, embora conservasse a forte ênfase do Mahāyāna na compaixão.

Prancha 6: Imagem de Tārā no pátio de um templo em Catmandu, no Nepal.

Aquele que alcançou vários tipos de realização mágica pelo caminho tântrico, chegando inclusive ao Estado de Buda, é chamado de *Siddha* ou "Ser Realizado", e existem relatos da vida dos 84 *Mahāsiddhas*, ou "Grandes Seres Realizados", que viveram entre os séculos VIII e XII.[39] Essas pessoas em geral eram leigas e tinham o cabelo longo, vindo não raro de castas inferiores e levando uma existência errante não convencional como mágicos-santos que pareciam loucos; entre elas estavam aquelas conhecidas como o Lavadeiro Sábio, o Sapateiro Divino, a Princesa Louca, o *Siddha* de dois dentes e o Vagabundo Rejeitado. Eram inspiradas e treinadas por *Gurus* e, por sua vez, tornaram-se grandes *Gurus*. Buscavam introduzir um novo espírito dinâmico no Mahāyāna, que era um tanto sistematizado em demasia, voltando a enfatizar o papel do praticante leigo, embora também pudessem ser monges. Entre eles estavam Tilopa (988-1069) e Nāropa (1016-1100), importantes inspiradores do budismo tibetano, e alguns teriam transmitido ensinamentos a Padmasambhava e Vimalamitra (ambos do século VIII). Considera-se Padmasambhava um "segundo Buda" (Samuel, 1993, p. 19) e também um Corpo de Transformação do Buda Amitābha (Powers, 2007b, p. 371). Outros *siddhas* espalharam o budismo tântrico para a China, a Indonésia e o Camboja. O caminho tântrico logo foi incorporado à corrente predominante do Mahāyāna indiano, sendo estudado em universidades monásticas a partir do século VIII. Não obstante, na fase Vajrāyana do budismo Mahāyāna, as diferenças com as tradições que enfatizavam o Śrāvakayāna tornaram-se muito mais acentuadas do que no Mahāyāna primitivo.

39 *BTTA*.193; *EB*.5.5.7; Ray, 1989; Samuel, 1993, pp. 419-35.

Características do budismo tântrico

As características importantes que tendem a ser encontradas nas formas tântricas do budismo, em várias combinações (Williams e Tribe, 2000, p. 197-202, 231-33), são as seguintes:

- O uso de uma linguagem esotérica, de significado velado, e a necessidade de manter em segredo certos aspectos dos ritos e seu significado.
- A importância do *Guru*, um preceptor espiritual conhecido no Tibete como *Lama* (*bla-ma*), "Ser Superior", ou *Vajrācārya* (mestre-*Vajra*). Ele (às vezes, ela) é não apenas um mestre espiritual, mas também aquele que dá *abhiṣeka* — "consagração" nas diversas práticas tântricas ou "empoderamento" para usá-las — e deve ser visualizado como se personificasse as qualidades dos Budas. Essa pessoa, seja ela um monge, uma monja ou um praticante leigo avançado, orienta um pequeno grupo de iniciados na utilização dos poderosos métodos tântricos.
- Os praticantes fazem *samayas*, votos tântricos de executar coisas como recitar diariamente um *sādhana,* um texto ritual que envolve uma visualização ou realizar certas práticas, como tratar as mulheres com especial respeito. Esses votos vêm acrescentar-se aos preceitos leigos ou monásticos comuns e aos votos do *Bodhisattva.*
- Uma reavaliação do *status* e do papel das mulheres, de modo que muitos seres sagrados são vistos como femininos; o respeito pelas mulheres — consideradas como simbolizando a sabedoria — é imensamente incentivado.
- O uso ritual das *maṇḍalas,* "círculos sagrados" que retratam o mundo onde vive uma divindade particular; tal mundo é retratado como as divindades o veem (ver p. 374-76).
- Um pensamento analógico que postula correspondências entre coisas como os aspectos de um ritual, fatores do corpo ou da mente, elementos, defeitos humanos e Budas ou tipos de sabedoria particulares — de modo que o trabalho em uma coisa liga a pessoa àquilo que corresponde a ela. As numerosas características iconográficas das divindades tântricas também recebem um significado simbólico preciso.
- Uma reavaliação do corpo, sendo este visto como o campo da ação sagrada, e abrangendo uma estrutura mística que envolve canais (*nāḍī*) e centros (*cakra*) por meio dos quais a energia (*prāṇa*) flui. É preciso assinalar aqui que, embora o budismo até as primeiras formas do Mahāyāna tivesse falado com frequência sobre os aspectos desagradáveis do corpo, o budismo primitivo também havia dito que o *Nirvāṇa* é encontrado por meio da prática "nesta carcaça com uma braça de comprimento" (ver p. 99).
- Reavaliação de estados mentais negativos, como o orgulho e a luxúria (*rāga*).
- Yoga sexual.
- Atos que vão contra a lei e oferendas repugnantes.

No que diz respeito aos estados mentais como o orgulho/arrogância e a luxúria, embora o budismo sempre os tenha considerado coisas a serem superadas, o *Bhikkhunī Sutta* (*A*.II.145--46) páli diz o seguinte: "com base na avidez, a própria avidez pode ser abandonada [...] com base na arrogância, a própria arrogância pode ser abandonada", no sentido de que a avidez de ser um *Arhat* e a sensação de que a própria pessoa é capaz de se tornar um podem ser incentivos para alcançar esse estado (Webster, 2005, pp. 129-40). Não obstante, o desejo sexual não pode desempenhar nenhum papel nisso. Mesmo assim, a cobiça (relacionada com a luxúria) é vista como um defeito menor do que o ódio e a ilusão, embora ela, assim como a ilusão, esmoreça com lentidão (*A*.I.200). No budismo Mahāyāna, o *Bodhisattva* permanece no *saṃsāra* por reter uma parcela dos menores desses defeitos na forma de um apego sagrado. No budismo tântrico, existe tanto a ideia de desenvolver um "orgulho tântrico", quando a pessoa se identifica com uma divindade desperta ao visualizá-la, quanto a de louvar a luxúria. O *Hevajra Tantra* afirma que o mundo é agrilhoado pela paixão ou luxúria e também que pode ser libertado por ela (Williams e Tribe, 2000, p. 202). Isso se referia à prática do yoga sexual, no qual o poder da luxúria é controlado e transmutado em um poder para a libertação por meio da visualização do fluxo de várias energias místicas dentro do corpo. O Vajrayāna também falava de sua meta usando termos positivos como "grande deleite" (*mahā sukha*). Embora isso se desse na analogia da bem-aventurança sexual, o termo não é sem precedente nem mesmo nos *Sutta*s páli, em que se vê o *Nirvāṇa*, às vezes, como o "deleite mais elevado" (*parama sukha: M*.I.508), porém sem quaisquer alusões sexuais. De qualquer modo, o yoga sexual tântrico pode ser feito em uma forma visualizada, e não física, para que os monges e monjas possam preservar o celibato.

Práticas tabus e que violavam as convenções eram usadas para superar apegos e ajudar o discernimento a ver tudo como o Corpo do *Dharma*, além das divisões "dualistas" (*BTTA*.186; *EB*.5.5.1-2). Em uma época na qual o vegetarianismo tinha sido difundido entre os budistas Mahāyāna e os hindus de castas elevadas, os ritos tântricos podiam ser executados depois da ingestão de vários tipos de carne e vinho, em um cemitério à noite, sendo o parceiro sexual uma moça de uma casta inferior visualizada como divindade. No budismo primitivo, os cemitérios costumavam ser considerados bons lugares para meditar sobre a natureza do corpo e da morte, mas também eram preferidos como locais de prática pelos ascetas Śaiva, e os ritos tântricos de aspecto bizarro foram por certo uma inovação no budismo.

Esses rituais tântricos também podiam incluir o uso — quer como oferendas, quer como coisas para ser consumidas de modo ritual — de substâncias repugnantes como urina e fezes, ou a carne de cães, elefantes ou até mesmo de seres humanos. Embora a repugnância por essas coisas seja comum na maioria das culturas humanas, os aspectos bramânicos do hinduísmo tinham ideias elevadas de "pureza" ritual associadas ao seu sistema de castas, e o vegetarianismo era visto como um modo de vida "puro". O *Tantra* Śaiva ia contra algumas dessas normas para explorar o poder do proibido, e o budismo tântrico fazia o mesmo. Mesmo assim, versões um tanto mais suaves desses ritos integraram-se à prática monástica e ao treinamento yogue nas tradições tântricas tibetanas. Formas de carne e "elixires" repugnantes ainda continuam sendo usadas nas festividades tântricas periódicas celebradas nas comunidades monásticas, mas são representadas de várias maneiras — por pílulas medicinais consagradas, por exemplo, adicionadas a um líquido alcoólico e distribuídas em colheres de chá.

A prática em relação ao "repugnante" também era baseada em precedentes nos *Sūtras* Mahāyāna, em que se falava de transcender a repugnância e o apego normais. Dizem que o melhor tipo de "sucesso" (P. *Iddhi*, S. *Ṛddhi*) é ser capaz de entrar, à vontade, em um estado no qual a pessoa possa perceber as coisas de várias maneiras.[40] Como explica o *Paṭisambhidāmagga* (*Patis.*ɪɪ. 212; cf. *Vism.*382): (a) "perceber o não repugnante no repugnante (*paṭikkūle*)": desenvolvendo a bondade amorosa por uma pessoa com um corpo desagradável ou identificando os elementos de uma coisa ou substância; (b) "perceber o repugnante no não repugnante": focalizando o aspecto ou a impermanência repugnante/desagradável (*asubha*) de um objeto sensorial agradável. O objetivo final é: (c) "ao evitar tanto o repugnante quanto o não repugnante, que eu possa residir na equanimidade, atento e claramente consciente". O objetivo do *tantra* também era terminar com a mesma atitude em relação a tudo, mas, nesse caso, tudo deveria ser visto como puro, de modo que o segundo aspecto acima não era usado, embora, é claro, entenda-se que os apegos negativos são atacados com a ajuda de divindades coléricas.

Os textos tântricos, às vezes, também dizem que a pessoa deve "matar" ou "mentir", mas essas recomendações eram interpretadas, em geral, de forma simbólica ou vistas como princípios já encontrados antes no budismo Mahāyāna: que às vezes, em circunstâncias restritas, a compaixão pode requerer que a pessoa viole um preceito enquanto estiver ajudando alguém, sendo essa uma forma de "meios hábeis" (Williams e Tribe, 2000, pp. 235-38). Ainda se tem por certo que o praticante cumprirá as normas morais budistas. Embora o adepto tântrico Tilopa tenha aceitado como discípula uma mulher que dirigia uma loja de bebidas muito bem-sucedida, ele fez com que ela fechasse a loja como condição para aceitá-la (Ray, 1980, pp. 229-30).

O budismo tântrico é mais amplo do que os aspectos sexuais e transgressivos que apareceram nas suas fases indianas posteriores, mas um exemplo desse tipo de material, do *Guhyasamāja Tantra*, um *Mahā-yoga*, é *BTTA*.187. Aqui, é o gozo de todos os desejos, e não a disciplina, que é visto como o caminho para o Estado de Buda, e defende-se o yoga sexual; o *yogin* ou yogue vê a si mesmo como idêntico ao objeto supremo de devoção; os objetos dos cinco sentidos são

40 *D.*ɪɪɪ.112-13, cf. *M.*ɪɪɪ.301, *A.*ɪɪɪ.169-70, 430-31, *S.*v.119-20.

identificados com os cinco principais Budas, começando por Vairocana; *citta*, pensamento ou mente/coração, é a essência dos sentidos, sendo Samantabhadra seu Senhor oculto; a pessoa deve concentrar-se no corpo, na palavra e na mente de todos os Budas e almejar atingi-los; a recitação dos *mantras* é fundamental. A pessoa deve contemplar a Perfeição da Sabedoria, "naturalmente translúcida" (como o *Tathāgata-garbha*) e não produzida; a "não produção" nirvânica, translúcida, sem símbolo e nem dual nem não dual. Deve concentrar-se em divindades da família *Vajra* do Buda Akṣobhya, associado à ira/ódio, e deve prestar culto a uma menina de 12 anos. Desse modo, qualquer pessoa alcançará o Estado de Buda.

O *Mahā-siddha* Saraha (século IX?) desenvolveu uma abordagem intuicionista iconoclástica que prescindia dos *mantras* e de ritos complexos, considerando-os distrações. No seu *Dohā-kośa* (*BS1*.175-80; *BTTA*.18), ele diz que o perfeito conhecimento pode ser desenvolvido sem que a pessoa seja um monge; ela pode ser casada e desfrutar dos prazeres sensoriais. Ele enfatiza com rigor a importância da prática espiritual sob a orientação de um *Guru*, em vez de morrer de sede "no deserto de numerosos tratados" (v. 56). Essa prática envolvia cultivar um estado livre de pensamentos, um estado natural e espontâneo semelhante à inocência de uma criança. Esse estilo "*Sahaja-yāna*" manifestaria o "Inato" (*Sahaja*), a realidade suprema profunda e não dual que pode ser vista em todas as coisas (*EB*.5.5.6; *BS2*.53).

Entre os últimos textos tântricos está o *Kāla-cakra Tantra (BP*.23), ou Tantra da "Roda do Tempo", para o qual o atual dalai-lama costuma oferecer iniciações. Datado do século XI, ele adverte sobre as invasões muçulmanas na Índia e, de certa maneira, procura formar uma aliança com o hinduísmo contra elas. Aguarda com ansiedade um mundo futuro de paz ideal e o surgimento de um salvador do mundo budista, oriundo da terra mítica de Śambhala. Também contém ensinamentos sobre manipulações das energias internas do corpo, astrologia e medicina.

CAPÍTULO 7

A História Posterior e a Propagação do Budismo

A ÍNDIA E A ÁSIA CENTRAL

Durante a dinastia hindu Gupta (320-540), que governou grande parte do norte da Índia, o hinduísmo ficou mais forte. No entanto, de modo geral, o budismo continuou a florescer, com os governantes apoiando ambas as religiões. Ao longo do século que teve início por volta de 450 EC, os hunos brancos, originários da Ásia Central, devastaram mosteiros no Afeganistão, no norte do Paquistão e em regiões da Índia ocidental. Por volta do século VII, já se observava uma lenta recuperação no noroeste, o budismo do sul do Paquistão permanecendo forte. No Ocidente e em algumas regiões do sul da Índia, no entanto, ele perdia terreno para o hinduísmo e o jainismo. A partir de 750 EC, a dinastia Pāla, que era principalmente budista, governou no nordeste, protegendo o budismo e apoiando cinco universidades monásticas, com a maior delas sendo Nālandā, internacionalmente conhecida. No século XI, o domínio da dinastia Pāla enfraqueceu e ela foi sucedida pela dinastia hindu Sen. A partir de 986 EC, os turcos muçulmanos passaram a fazer incursões no noroeste da Índia a partir do Afeganistão, saqueando a Índia ocidental no início do século XI. Realizaram-se conversões forçadas ao islamismo e imagens budistas foram destruídas devido ao desprezo islâmico pela "idolatria". De fato, na Índia, a palavra "*budd*" passou a designar "ídolo" para os muçulmanos. Já em 1192, os turcos passaram a controlar o norte da Índia a partir de Delhi. O baluarte nordeste do budismo caiu então, com a destruição da Universidade de Nālandā em 1198. No nordeste, no leste e na Caxemira, o budismo perdurou durante mais ou menos dois séculos, com certa proteção real nas duas últimas regiões. Na Caxemira, foi erradicado à força pelos muçulmanos no século XV. Refugiados budistas fugiram para o sul da Índia (onde os reis hindus resistiam ao poder muçulmano), o Sudeste Asiático, Nepal e Tibete. O que é hoje conhecido como escola Theravāda permaneceu na costa sudeste, em Tâmil Nadu, até pelo menos o século XVII (Berkwitz, 2010, p. 142), antes de se retirar dessa região assolada pela guerra rumo à ilha do Ceilão. No entanto, a partir do século XVI, essa escola foi reintroduzida, a partir da Birmânia, nas fronteiras do nordeste do subcontinente indiano.

No norte do Tibete, em uma região conhecida como Ásia Central, havia uma rota comercial chamada Rota da Seda, pois a seda era exportada por esse percurso da China ao noroeste da Índia e até mesmo ao mundo mediterrâneo. Entre os mercadores indianos havia muitos budistas que, não raro acompanhados por monges errantes, ajudavam a propagar a religião ao longo da Ásia Central.[1] O budismo esteve presente na região desde o século II AEC, e no século I EC a fraternidade Sarvāstivāda floresceu em várias cidades-estado da região, com muitos monges se inspirando nas ideias e práticas do Mahāyāna. A Ásia Central permaneceu budista até o século X ou XI, quando os turcos começaram as conversões para o islamismo.

Que fatores contribuíram para o declínio e praticamente a extinção do budismo dentro do subcontinente indiano (com exceção da região do Himalaia e do Ceilão)?[2] Um deles foi a diluição da singularidade do budismo com relação à crescente força do hinduísmo. Os autores Mahāyāna criticavam muito o hinduísmo, mas as semelhanças superficiais dos cultos devocionais hindus e Mahāyāna, bem como o tantrismo, podem ter levado a comunidade laica a acreditar que as duas religiões eram bastante semelhantes. O hinduísmo também se apropriou de elementos do budismo. Os devotos do deus Viṣṇu passaram a desaprovar os sacrifícios de animais e a praticar o vegetarianismo (também influenciados pelo jainismo), enquanto alguns saivitas (seguidores do deus Śiva) encaravam as distinções de casta como tendo pouca relevância para a prática religiosa. O grande teólogo Śaṅkara (788-820) desenvolveu um monasticismo semelhante ao do grande *Saṅgha*, e também usou o conceito budista de "dois níveis da verdade", já apropriado pelo seu predecessor Gauḍapāda (século VII). Como o hinduísmo não podia ignorar o Buda, por volta do século VI reconheceu-o como a nona encarnação de Viṣṇu. Em contrapartida, no Ceilão budista, Viṣṇu veio a ser considerado um *Bodhisattva*, ou seja, alguém que seria um Buda no futuro.

A hostilidade hindu também desempenhou seu papel. A encarnação do Buda foi apresentada como um modo de iludir os demônios para que negassem a autoridade dos *Veda*s, de maneira a levá-los para o inferno. Śaṅkara descreveu o Buda como um inimigo do povo, e perseguições esporádicas foram movidas contra os budistas a partir do século VI. Há também sinais do ostracismo social dos budistas, o qual provavelmente se deve à falta de entusiasmo deles pelo sistema de castas, que se tornou particularmente influente na sociedade por volta de 600 EC. Enquanto o budismo procurava influenciar a sociedade com base em seus centros monásticos, o hinduísmo se entremeou à estrutura da sociedade por meio do sistema de castas, com os sacerdotes brâmanes tendo certa autoridade sobre as outras castas. Ao contrário do budismo, mais universal, o hinduísmo veio a ser considerado a religião "nacional" da Índia.

1 Sobre essa região, ver Bechert e Gombrich, 1984: 99-107; Puri, 1987.
2 Joshi, 1977: 379-418; Ling, 1980: 24-46.

No entanto, as invasões muçulmanas representaram o pior golpe, já que o budismo não tinha reis que o defendessem e, ao contrário do hinduísmo com sua classe dos guerreiros *Kṣatriya*s, ele carecia de espírito militar. O *Saṅgha*, cuja sobrevivência é fundamental para o florescimento do budismo, era uma instituição facilmente identificável e, portanto, vulnerável. A devastação da agricultura devido às invasões também significou que a comunidade laica deixou de ter excedentes para sustentar seus monges. Desse modo, o *Saṅgha* se extinguiu na maioria das regiões da Índia e não poderia ser revivido sem que existissem monges já ordenados para iniciar os postulantes. Entre os invasores muçulmanos, com sua justificativa doutrinária de uma "guerra santa" para propagar a fé, e os hindus, muito bem identificados com a cultura indiana e mais arraigados na dimensão social, os budistas foram esmagados e desapareceram. Aos budistas leigos restou uma forma popular de budismo, e aos poucos eles foram mesclando-se ao hinduísmo ou se converteram ao islamismo. Em decorrência, o budismo se extinguiu em toda a sua terra natal, exceto nas fronteiras, embora tivesse, havia muito tempo, se espalhado além delas.

LAṄKĀ[3]

A história da ilha do Ceilão ou Laṅkā (que hoje constitui o território de um Estado chamado Sri Lanka) e seu budismo está registrada em obras como *Dīpavaṃsa*, *Mahāvaṃsa* (*Mvm.*) e Cūlavaṃsa, respectivamente dos séculos IV, VI e XIII ao XIX EC. A ilha estava bem conectada a diversas regiões da Índia continental por meio do transporte marítimo. Os monges da missão de Mahinda, de cerca de 250 AEC, haviam memorizado o Cânone páli juntamente com os comentários que iam desenvolvendo. Estes continuaram a ser transmitidos de forma oral até por volta de 20 AEC, quando invasões e a fome acarretaram a possibilidade de perda de partes do Cânone à medida que os monges fossem morrendo (Berkwitz, 2010, pp. 48-51). Sendo assim, reuniu-se um conselho para tratar da redação do Cânone, em páli, e dos comentários no dialeto cingalês local da língua indo-ariana. Mahinda estabeleceu um *Saṅgha* autóctone em Laṅkā, e sua irmã, a monja Saṅghamittā, trouxe uma muda da árvore *Bodhi* para plantar na capital Anurādhapura. Ela também trouxe relíquias do Buda, que foram preservadas no primeiro dos numerosos *Dagaba*s (*Stūpa*s) que seriam construídos na ilha.

Desde então, o budismo tem sido a principal religião do local. O *Saṅgha* ensinava e aconselhava os reis e, em várias ocasiões na história da ilha, influenciou a escolha do governante. Há muito tempo os cingaleses sentem que a vida civilizada é impossível sem a presença de monges

3 Sobre eesa região, ver Bechert e Gombrich, 1984: 133-46; Berkwitz, 2010: 121-25; Gombrich, 2006; Rahula, 1966.

na sociedade. Eles requeriam que seus reis fossem budistas e, a partir do século X, passaram a considerá-los *Bodhisattvas*. De modo geral, os reis mais devotos têm sido os mais ativos em relação ao bem-estar social: constroem obras de irrigação, apoiam serviços médicos e veterinários e providenciam lares para pessoas moribundas. A educação é promovida por meio do apoio aos monges, que se tornaram os educadores do povo.

No século V, o monge Buddhaghosa veio para Laṅkā, pois tinha ouvido dizer que havia lá extensos comentários sobre os textos sagrados. Obteve permissão para traduzi-los para o páli, editá-los e acrescentar algumas ideias próprias. A fim de demonstrar que estava à altura de tal tarefa, ele primeiro compôs o *Visuddhimagga* (*Vism.*), ou "Caminho da Purificação", um estudo magistral de meditação e doutrina que se tornou a expressão clássica do budismo Theravāda (Berkwitz, 2010, pp. 113-17). O Laṅkā e outras nações Theravāda produziram uma florescente literatura em páli: crônicas, comentários e subcomentários, além de obras de devoção, doutrina e o *Abhidhamma*. O *Abhidhammattha-saṅgaha* de Anuruddha (talvez do final do século VI), um compêndio sistemático do *Abhidhamma*, merece menção particular.[4]

Três fraternidades monásticas se desenvolveram, embora todas usassem o Cânone páli como texto sagrado. A mais antiga se baseava no Mahāvihāra, o "Grande Mosteiro" fundado por Mahinda, que veio a se tornar um dos maiores centros do mundo budista. Depois, no final do século I AEC, o rei Vaṭṭagāmaṇi doou o mosteiro Abhayagiri para um monge protegido seu. Como o mosteiro não fora doado à comunidade como um todo, o monge foi expulso da fraternidade Mahāvihāra, o que deu origem a um cisma (*Mvm.*33.95ss.). Mais tarde, foi formada a fraternidade Jetavana, uma vez mais devido à doação de um mosteiro a um monge em particular, efetuada pelo rei Mahāsena (274-301 EC; *Mvm.*37.32ss.). Os monges da fraternidade Abhayagiri eram mais receptivos às ideias do Mahāyāna do que os monges de Mahāvihāra, estes mais conservadores, enquanto os monges Jetavana estavam indecisos. Mahāsena apoiou o Mahāyāna e destruiu o Grande Mosteiro, mas seu sucessor o reconstruiu.

Os termos usados em Laṅkā para se referir a ideias que provavelmente provinham do Mahāyāna eram os seguintes (Harvey, 2008, pp. 118-20): "ensinamento do grande vazio (*mahā-suññatā*)"; Vitaṇḍa-vāda — ensinamento frívolo baseado em prestidigitação vocabular e argumentos inúteis; Vetulya-vāda, "ensinamento ampliado (S. *Vaitulya* ou *Vaipulya*)" com base em textos que não são a palavra do Buda, às vezes considerados exagerados e pretensiosos. O termo cognato *vaitulika* significa "mágicos". Acreditava-se que os textos associados corrompiam o budismo, e, ao longo dos séculos, alguns reis vieram a queimá-los.

A fraternidade Mahāvihāra foi fortalecida depois pelo trabalho de Buddhaghosa e continuou a resistir às ideias Mahāyāna, preservando com tenacidade suas tradições. Contudo,

4 Bodhi, 1993; Wijeratne e Gethin, 2002.

inspirou-se em várias ideias e práticas do norte da Índia quando as considerava compatíveis com suas tradições (Cousins, 1997a, p. 391). Rahula (1966, p. 128) afirma que as imagens do Buda foram popularizadas em Laṅkā sobretudo pelos adeptos do Mahāyāna, sendo depois plenamente aceitas.

Nos séculos VIII e IX, houve um período de considerável influência Mahāyāna e tântrica em Laṅkā (Deegalle, 1999). No século IX, o Vājiriyavāda (S. Vajrayāna) tântrico chegou e exerceu influência durante pelo menos trezentos anos (Gombrich, 1971, p. 31). Gombrich afirma que uma inscrição do século X dizendo que somente os *Bodhisattva*s podiam ser reis da ilha mostra a influência Mahāyāna (1971, p. 31). Segundo sua descrição, algumas estátuas do Buda Metteyya (S. Maitreya) na cidade de Kandy traziam um pequeno Buda em meditação em seu acessório de cabeça; além disso, essas estátuas seguravam um lótus, e ambos os elementos podem ter se originado de antigas estátuas do *Bodhisattva* Mahāyāna Avalokiteśvara (1971, pp. 92-3). Ele também se refere a uma divindade pouco cultuada chamada Nātha ("Senhor") como um prolongamento de Avalokiteśvara, de quem teria sido um epíteto (1971, pp. 177-78).

A partir do final do século X, ocorreu um declínio no budismo e na disciplina monástica devido a invasões dos tâmeis e a guerras civis. No início do século XI, a linhagem de ordenação dos monges teve de ser reimportada da Birmânia, para onde fora recém-levada, embora a Ordem das monjas tenha sido extinta. O rei Parakkama Bahu I (1153-1186) interrompeu o declínio e purificou o *Saṅgha*, também unificando-o em torno da fraternidade Mahāvihāra (*Cūlavaṃsa* 78.20-3; *EB*.6.4). Por volta desse período, o budismo do sul ingressou em sua Era de Ouro tanto em Laṅkā quanto no Sudeste Asiático, incorporando práticas e aspirações selecionadas do Mahāyāna e do Mantranaya à sua estrutura existente de ensinamentos do *Sutta*, do *Abhidhamma* Vibhajjavādin e de um *Vinaya* ou código monástico chamado *Vinaya* dos Theriyas (S. Sthāvira, Anciãos), ou seja, um código que remontava aos Anciãos do primeiro cisma. Buddhaghosa diz que o monge que lhe pediu que escrevesse o *Visuddhimagga* era "membro da linhagem dos Mahāvihāra-vāsins, ilustres Theriyas, o melhor dos vibhajjavādins" (*Vism*.711--12). Quando ativos no sul da Índia, os monges das três fraternidades cingalesas eram reconhecidos como pertencentes à escola de Laṅkā (Taprobane): os Tāmraparṇīyas (P. Tambapaṇṇiyas), e os termos equivalentes Laṅkāvaṃsa e Sihalavaṃsa também se tornaram bem conhecidos em Laṅkā e depois no Sudeste Asiático. No norte da Índia, as três escolas do Laṅkā e suas filiais indianas tendiam a ser chamadas no coletivo de fraternidade Sthāvira (Skilling, 2009, pp. 66--7). Com o tempo, o termo "Theriyas" e o nome Theravāda passaram a ser a preferência entre os monges instruídos (Cousins, 1997a, p. 391). No entanto, apenas a partir do início do século XX "Theravāda" foi popularizado como nome para o budismo do Laṅkā e de grande parte do Sudeste Asiático (Skilling, 2009; Skilling *et al.*, 2012), em um contexto mais amplo no qual o termo pejorativo "Hīnayāna" (ver pp. 138, 140-41) estava sendo aplicado à tradição por algumas pessoas e em que havia o desejo de se distinguirem dos "Mahāyānistas", ao mesmo tempo em que os aceitavam dentro do "budismo". A autoimagem do Theravāda era de uma escola que tinha preservado os ensinamentos originais do Buda sem distorções ou, efetivamente, como se diz às vezes hoje em dia no Sri Lanka, em sua "pureza prístina".[5] Os ensinamentos do Mahāyāna tendem a ser encarados como uma versão deturpada, algo a ser desconsiderado ou estudado apenas como parte da história do budismo.

No período colonial, o Laṅkā se tornou um objetivo valioso para as potências ocidentais. Os portugueses católicos (1505-1658), depois os holandeses calvinistas (1658-1796), controlaram certas regiões de planícies litorâneas. No final do século XVI, a perseguição movida por um rei Śaivita (adepto do deus hindu Shiva) conduziu a um declínio em meio ao qual a linhagem de ordenação dos monges (mas não de noviços) se perdeu mais uma vez (Gombrich, 2006, p. 166). Somente em 1753 ela foi reintroduzida com sucesso, a partir do Sião (hoje chamado de Tailândia). Por fim, em 1815, os britânicos acabaram com o reino de Kandy, situado na região montanhosa, e passaram a governar toda a ilha. Embora apenas os portugueses tivessem perseguido o budismo, todas as potências coloniais tentaram transmitir seu tipo de cristianismo para os habitantes da ilha.

Sudeste Asiático (com exceção do Vietnã)[6]

Uma pequena comunidade budista talvez tenha existido entre os mons do sul da Birmânia/Tailândia central desde a época de Asoka. Em todo caso, é provável que uma tradição páli tenha sido apresentada aos mons nos primeiros séculos da era cristã, talvez vinda da Índia. No norte da Birmânia, a fraternidade Sarvāstivāda e manifestações do budismo Mahāyāna, junto com o hinduísmo, estiveram presentes desde o século III EC, tendo o budismo tântrico chegado por volta do século IX. Ocorreu uma mudança quando um rei do norte, Anawratā (1044-1077), unificou o país, e quando depois seu sucessor Kyanzitth (1084-1113) deu grande apoio à tradição Theriya dos mons, com o estudo de uma versão do Cânone páli trazida de Laṅkā. Desde essa época, o budismo Theriya/Theravāda tornou-se aos poucos a principal religião dos birmaneses, embora elementos semelhantes ao tantra tenham perdurado (*BP*.30) e os deuses (*nats*) da religião de natureza pré-budista tenham seu lugar na cosmologia budista (Hall, 1981,

5 Por exemplo, o *Daily News* do Sri Lanka (29 de outubro de 2011) citou o primeiro-ministro da ilha dizendo "O Sri Lanka foi capaz de proteger o budismo na sua pureza prístina durante mais de 2.500 anos" (www.dailynews.lk/2011/10/29/news03.asp).

6 Sobre esse assunto, ver Bechert e Gombrich, 1984: 147-70; Hazra, 1982.

pp. 159-63). Já no século XV, uma linhagem de ordenação Theravāda de Laṅkā estabeleceu-se enfim como a linhagem ortodoxa.

Mercadores levaram o bramanismo aos Khmers do Camboja no século I EC, bem como formas sânscritas do budismo no século II (Bechert e Gombrich, 1984, pp. 159-70). A partir do século VI, uma mescla de Śaivismo hindu e Mahāyāna estabeleceu-se como a religião das áreas urbanas, embora houvesse certa perseguição dos reis ao budismo no século VII. De 802 a 1432 houve um poderoso império Khmer, o rei sendo às vezes considerado uma encarnação tanto de Śiva quanto de um grande *Bodhisattva*. Essa cultura foi a responsável pela construção do complexo de templos hindus de Angkor Wat, dedicado ao deus Viṣṇu, e do templo budista vizinho de Angkor Thom. O tantrismo também exerceu sua influência. A partir do século XII, as missões mons conquistaram o apoio das classes inferiores e camponesas, que parecem ter preferido o Theravāda à religião complexa da corte. No século XIV, a realeza se voltou para o Theravāda, e a tradição se estabeleceu no país como um todo.

No que diz respeito à situação na região que é hoje a Tailândia, uma forma de budismo em páli, talvez relacionada à tradição Theriya, parece ter sido predominante a partir de cerca do século V EC, embora também houvesse cultos a *Bodhisattvas* como Avalokiteśvara e a divindades bramânicas como Viṣṇu, Śiva e Sūrya. Quando o poder Khmer declinou no século XIII, o povo tailandês, que havia migrado da China, foi capaz de estabelecer vários Estados na região, recorrendo à tradição Theriya dos mons e a cultos bramânicos, tendo os rituais bramânicos permanecido até o presente como corrente secundária ao lado do budismo (Skilling, 2009, p. 75). Assim como a Birmânia, o Sião/Tailândia teve vínculos com o budismo do Laṅkā ao longo dos séculos.

O povo tailandês também se fixou no Laos. No início do século XIV, a esposa cambojana de um governante ajudou a converter a corte real e o povo ao budismo Theriya, de modo que este se tornou a religião oficial do Laos por volta de 1350. No século XV, o budismo Theriya também se propagou para o Dai, outra ramificação do povo tailandês no que é hoje a província de Yunnan, na China.

O budismo esteve presente na península malaia desde o século IV e constituiu-se um Estado budista no norte no século V. A partir dessa época, o Śaivismo e o budismo Mahāyāna tornaram-se influentes na península e nas ilhas indonésias de Java e Sumatra. No século VII, os Sarvāstivādins também se estabeleceram em Sumatra e o budismo tântrico tornou-se popular na região no século VIII. Por volta do ano 800, um enorme *Stūpa*, que ainda é o maior monumento do hemisfério sul, foi construído em Borobuḍur, Java (Bechert e Gombrich, 1984, p. 63), retratando cenas de muitos textos, mas em particular do *Avataṃsaka Sūtra*. A partir do século XI, a religião dominante no local aos poucos transformou-se em uma mescla das formas tântricas do budismo e do Śaivismo. No século XIV, o islamismo foi trazido pelos mercadores e, no século XV, propagou-se com rapidez, tornando-se a religião dominante. Entretanto, o sincretismo hindu-budista ainda existe na pequena ilha de Bali, e o budismo também é encontrado na comunidade chinesa da região.

Yogāvacara: budismo esotérico do sul

Em especial no Sudeste Asiático, faz parte do budismo do sul uma corrente de prática que Heinz Bechert chamou de "Theravāda tântrico". Esse assunto foi estudado em particular no Camboja, por François Bizot, mas também existem traços dele no Laos e em partes da Tailândia e da Birmânia, e alguns vestígios em Laṅkā. Lance Cousins (1997b) prefere chamar a tradição de "Budismo Esotérico do Sul", e Kate Crosby a chama por um termo tradicional: *Yogāvacara*, ou tradição dos "Praticantes de Disciplinas Espirituais" (2000, p. 141). Como expressão do Theravāda semelhante ao tantra, sua forma é Mantranaya e não Vajrayāna. Fazem parte do resumo de Kate Crosby (2000, pp. 141-42) sobre as características desse tipo de tradição:

1. Criação de um Buda interior por meio da execução de um ritual, ao se colocar e reconhecer dentro do corpo da pessoa as qualidades do Buda, que por sua vez se torna o Buda.
2. Uso de uma linguagem sagrada, combinada com uma identidade do microcosmo e do macrocosmo. Empregam-se sílabas ou frases sagradas para representar uma entidade maior. Grupos de sílabas de um número particular representam outros grupos significativos do mesmo número. Esse uso de uma linguagem sagrada inclui a utilização de sílabas do coração (semelhantes às *dhāraṇī* do Mahāyāna), mantras e yantras [diagramas sagrados] [...].
5. Interpretações esotéricas de palavras, objetos e mitos que em geral têm um significado ou propósito exotérico padronizado no budismo Theravāda.
6. Necessidade de iniciação antes da execução de um ritual ou prática.

Entre as práticas semelhantes ao tantra estão cânticos e diagramas de proteção, os quais se considera guardarem a pessoa por meio de um círculo simbólico de *Arahat*s e *Sutta*s de proteção (*EB*.6.6). Além disso, visualiza-se o corpo como a árvore *Bodhi*, e pode haver também a visualização de uma "esfera de cristal" no corpo, que representa o potencial da pessoa para o despertar ou a iluminação. Há ainda uma espécie de peregrinação yogue. Uma delas é chamada "o Caminho para Laṅkā", em que "Laṅkā" simboliza o útero de Mahāmāyā, a mãe do Buda. Nesse caso, o iniciado regressa ao útero de Mahāmāyā para renascer como o Buda. Cânticos breves podem ser entoados de forma circular, como um cujas sílabas representam os nomes dos livros do *Abhidhamma* — (*Dhamma*)-*saṅgaṇī*, *Vibhaṅga*, *Dhātukathā*, *Puggalapaññatti*, *Kathāvatthu*, *Yamaka*, *Paṭṭhāna* —, sintetizando, segundo se acredita, a sabedoria deles:

saṃ[7] *vi dhā pu ka ya pa*
vi dhā pu ka ya pa saṃ
dhā pu ka ya pa saṃ vi
pu ka ya pa saṃ vi dhā
ka ya pa saṃ vi dhā pu
ya pa saṃ vi dhā pu ka
pa saṃ vi dhā pu ka ya
saṃ vi dhā pu ka ya pa. . . (cf. *BP*.29)

Um *yantra*, conhecido como *yan* na Tailândia, consiste em palavras e letras desenhadas com atenção em papel, tecido (em geral, o tecido de um manto), folha de prata ou de ouro, ou como tatuagem, em uma escrita fluente, para formar um padrão semelhante ao de uma *maṇḍala* (Shaw, 2009, pp. 119-21). São usados muitas vezes para proteção mágica, mas também têm ressonâncias meditativas. Sua sutil forma linear é usada para inscrever sílabas relacionadas ao budismo esotérico, por exemplo, as de *na mo bu ddhā ya* (*namo buddhāya*: reverência ao Buda): cada sílaba corresponde a um elemento e a um dos cinco *khandhas*.

Existem várias possibilidades para a origem dessas tradições, das quais todos os termos são em páli e os conceitos básicos são Theravāda: influência da fraternidade Abhayagiri, do Sarvāstivāda, do budismo Mahāyāna tântrico ou do hinduísmo. No entanto, pode ser que a tendência aos métodos tântricos nas religiões indianas tenha apenas produzido uma variante budista Theravāda no Sudeste Asiático, sem que isso haja se moldado pelas formas tântricas do Mahāyāna ou do hinduísmo. Cousins explorou a possibilidade de que ela tenha se desenvolvido dentro da tradição Mahāvihāra em Laṅkā e além, já que existem indícios de textos sagrados a esse respeito (1997b, pp. 191-93). Na Tailândia, contudo, reformas no século XIX lideradas pelo novo Dhammayutika Nikāya procuraram se afastar do uso dessas práticas esotéricas.

AS TERRAS DO BUDISMO DO NORTE[8]

O Nepal participou dos fenômenos do budismo do norte da Índia e do hinduísmo, e, já no século XIII, o hinduísmo se tornara a religião dominante, preferida pelos governantes. No século XV, os monges passaram a abandonar aos poucos o celibato, formando uma casta hereditária, enquanto a erudição encontrava-se em declínio. O budismo era encontrado sobretudo entre os neuaris do vale de Kathmandu. Desde 1786, quando os gurkhas, da Índia, conquistaram

7 A pronúncia de *Saṃ* é bem semelhante à de *Saṅ*.
8 Sobre esse assunto, ver por exemplo Bachlor, 1987; Bechert e Gombrich, 1984: 108-14 (Nepal) e 253-70 (Tibete); Berkwitz, 2010: 156-62 (Nepal); Powers, 2007b; Samuel, 1993, 2012; Snellgowe e Richardson, 1968.

o país, os neuaris resistiram às tentativas dos governantes de converter totalmente essa região ao hinduísmo. Há também vários grupos étnicos nas áreas que fazem fronteira com o Tibete, influenciados por suas religiões (*EB*.7.2); os gurkhas também vieram a incluir alguns deles.

O budismo só chegou ao Tibete, a área central do budismo do norte, mais tarde, porque o país é isolado e montanhoso. Com o tempo, os tibetanos e seus professores indianos transportaram e mantiveram com sucesso a forma rica e complexa do Mahāyāna tântrico encontrada no budismo indiano mais tardio, antes de esta desaparecer na maioria das regiões da própria Índia. Embora os pensadores tibetanos primassem quase sempre pela originalidade, consideravam-se apenas esclarecedores das ideias do budismo indiano.

A religião autóctone do Tibete era uma espécie de xamanismo concentrado nas essências espirituais dentro de uma pessoa e na estreita relação delas com várias divindades (Samuel, 1993, pp. 438-44). A divinação por meio dos espíritos era um ponto importante e havia também um culto ritual de reis mortos, presidido por sacerdotes da corte chamados *Bön-pos*. No entanto, considerar toda a tradição primitiva como "Bön" é um equívoco (Samuel, 1993, pp. 10-3). Embora a tradição Bön primitiva tenha desaparecido com o tempo devido ao advento do budismo, outra homônima desenvolveu-se a partir do século XI, e o xamanismo continuou como manifestação importante da vida religiosa tibetana.

A primeira influência budista autêntica no Tibete ocorreu no reinado do rei Songsten Gampo (Song bstan sgam po;[9] 618-50 EC), que, segundo dizem, foi convertido pelas suas duas esposas, do Nepal e da China. Um ministro visitou a Índia em busca de textos e depois inventou a primeira escrita tibetana, para redigir as traduções. Após a morte do rei, o ímpeto para o budismo se extinguiu, embora muitos tibetanos o estudassem no Nepal. No século seguinte, influências budistas vieram da Índia, da China e da Ásia Central, e o rei Tr'isong Deutsen (Khr srong lde'u bstan; 740-98) tentou criar o primeiro mosteiro no país. No entanto, segundo consta a tradição, seus esforços foram frustrados por terremotos e doenças, considerados resultado da hostilidade das divindades Bön. Os problemas continuaram mesmo depois que o mestre Mahāyāna Śāntarakṣita, da Universidade Nālandā, foi trazido para abençoar o local. Este último avisou que o budismo tântrico atrairia muitos tibetanos, devido às suas inclinações xamanistas, e sugeriu que o *Mahāsiddha* Padmasambhava fosse convidado para ir ao Tibete. Consta que, ao chegar, ele exorcizou com sucesso o local por volta de 775, convertendo depois muitas das divindades nativas (*EB*.7.1), que se tornaram protetoras do budismo. Padmasambhava converteu muitas pessoas e o budismo foi reconhecido como religião do Estado em 779. As

9 Os nomes e termos tibetanos são fornecidos conforme sua pronúncia aproximada, seguidos da grafia tibetana completa como transcrita para o alfabeto latino de acordo com o sistema Wylie.

traduções adquiriram um ritmo mais intenso, e, no período que transcorreu até cerca de 1000 EC, muitos tibetanos estudaram na Índia e professores indianos visitaram o Tibete.

Sob os auspícios do rei Tr'isong Deutsen, houve um ou mais debates na capital, Lhasa, no mosteiro Samyé (bSam yas) — houve ao menos um debate em 797 —, entre Kamalaśīla, discípulo de Śāntarakṣita, e o monge chinês Heshang Moheyan (*EB*.7.3). Esses dois representavam, respectivamente, a abordagem gradualista indiana do despertar, na qual esse era o resultado do treinamento gradual da moralidade e das outras perfeições, e a ideia Chan (Zen-chinesa) de que ele era alcançado de súbito, por meio da transcendência do pensamento conceitual (Ruegg, 1989b; Williams, 2009, pp. 191-94). A abordagem indiana saiu vitoriosa, de modo que o budismo que se enraizou foi uma mistura do Mahāyāna indiano de base monástica, representado por Śāntarakṣita, e do misticismo e ritual tântricos, representado pelo venerado Padmasambhava: uma mistura que se tornou comum no Tibete. É claro que as tradições Vajrayāna que o Tibete adotou estavam interessadas em um caminho relativamente rápido, mas havia uma preocupação maior em preparar o terreno de forma sistemática para o progresso repentino do que a ideia Chan parecia ter. Os sacerdotes do budismo tibetano costumam ser conhecidos como *Lamas* (*bLa ma*), o que corresponde à palavra em sânscrito *Guru*, denotando um mestre respeitado que é visto como uma fonte de verdade liberadora (Samuel, 1993, pp. 280-81). Os *Lamas* podiam ser monges celibatários, ocasionalmente monjas ou especialistas no ritual tântrico não celibatários.

A escola que considera Padmasambhava — conhecido como "Guru Rinpoche", o Precioso Guru[10] — como seu fundador é a Nyingmapa (rNying ma pa): aqueles que (*pa*) são "Adeptos dos Velhos (*Tantras*)" (Powers, 2007b, pp. 367-97). Ela dá forte ênfase ao tantrismo e à magia e enfatiza a experiência, não o estudo, como a base do aprendizado. Tem um sistema de nove "veículos" espirituais (*yāna*): os do Śrāvaka, *Pratyeka-buddha* e *Bodhisattva*, vistos como modos de "renúncia" às impurezas; os dos três "*Tantras* externos" (ver p. 211), vistos como modos de "purificação"; e os dos três "*Tantras* internos": *Mahā-yoga, Anu-yoga* e *Ati-yoga,* vistos como modos de transformação, que transmutam as impurezas em formas de sabedoria, em vez de procurar apenas negá-las. Na doutrina Nyingmapa, todos são vistos como apropriados para pessoas em diferentes níveis de desenvolvimento espiritual. No entanto, na prática, todas as pessoas são encorajadas a praticar os *Tantras* internos/*Anuttara-yoga*, desde que o refúgio básico e os compromissos e votos do *Bodhisattva* também sejam mantidos. O *Ati-yoga*, o ensinamento mais elevado, diz respeito às doutrinas e práticas do *Dzogch'en* (*rDzogs chen*), ou à "Grande Completude/Perfeição" (Samuel, 1993, pp. 463-66; ver pp. 383-85), que busca conduzir o praticante à conscientização de um vazio radiante não gerado conhecido como *rig pa* (S. *Vidyā*, percep-

10 Sua consorte Yeshey Tsoygal (Ye shes mtsho rgyal) também é bastante venerada (*BP*.10).

ção-conhecimento). *Rig pa* é simbolizado por Samantabhadra (Kuntu Sangpo (Kun tu bzang po)), o Buda primordial que personifica o *Dharma-kāya* (*BP.*5), mas também já está presente em todos os seres, como em uma determinada interpretação dos ensinamentos do Tathāgata-garbha. O objetivo é abandonar todas as atividades mentais e todo o conteúdo mental, de modo a se conscientizar daquilo que os origina. Aqui existem paralelos com as ideias e práticas Chan, e outras escolas tibetanas encaravam essas semelhanças como uma base para comentários críticos. Entre as escolas do budismo tibetano, a Nyingmapa é a mais aberta a práticas como o *yoga* sexual, embora este só possa ser praticado por parceiros que tenham um controle absoluto do seu corpo, e depois de anos de treinamento. Nele, o sêmen, que simboliza o *bodhi-citta*, é retido, e considera-se que suba através de um canal nas costas em direção ao topo da cabeça. Alguns seguidores não monásticos do Nyingmapa e, às vezes, também monges que se secularizaram, talvez de modo temporário, praticam esse tipo de yoga com uma parceira.

Ao longo dos séculos, os Nyingmapas afirmam ter descoberto muitos *terma*s (*gTer ma*) ou textos "tesouros", que são atribuídos a Padmasambhava e descobertos por um *tertön* (*gTer ston*) ou "descobridor de tesouros". Os *terma*s podiam ser textos físicos ou artefatos religiosos. No caso dos "*terma*s mentais", acreditava-se que haviam sido enterrados na mente inconsciente de um discípulo por Padmasambhava e depois redescobertos lá por uma encarnação posterior desse discípulo. A transmissão de ensinamentos pelos *terma*s, vista como um salto direto de um antigo mestre para um receptor atual, é considerada um complemento da transmissão *Kama* (*bKa'ma*; Transmissão Oral) mais usual, pela qual ensinamentos orais e escritos são passados ao longo das gerações.

Os Nyingmapas foram influenciados pelo xamanismo autóctone, e já no século XI o elemento Bön se tornara bastante reformulado pela influência budista. No entanto, a hostilidade dos Bön conduziu à perseguição do budismo pelo rei Lang Darma (gLang dar ma; 838-42). Embora ele tenha sido assassinado por um monge budista, o período de desordem política que se seguiu não favoreceu a propagação do budismo. Nessa época, o poder político era detido por reis regionais e até mesmo por alguns grandes mosteiros.

Os Bönpos posteriores, ou seguidores do Bön, procuraram no passado um fundador iluminado de natureza semelhante à do Buda como visto pelos budistas. No entanto, negavam que o Buda fosse desperto e consideravam seu fundador como antecessor dele, tendo vivido no Tibete ocidental em uma região mais ocidental, talvez no Irã. Assim como os Nyingmapas, os Bönpos têm um sistema de nove "veículos" ou estágios de progresso. Embora o primeiro seja diferente do do Nyingmapa, já que envolve a astrologia, a adivinhação e o diagnóstico médico (talvez semelhante a *alguns* aspectos dos "veículos" Nyingmapa *Kriyā* e *Caryā*), o estágio mais elevado, como no sistema Nyingmapa, envolve os ensinamentos do *Dzogch'en*. Os Bönpos também compartilham com os Nyingmapas a ideia dos *termas* e foram influenciados pelo budismo a adotar o monasticismo. Por ser uma tradição bastante influenciada pelo budismo, mas que não é considerada por si mesma e nem pelos budistas como parte do budismo, ela é uma minoria que até certo ponto não é vista com bons olhos, mas é tolerada.[11]

No século XI, uma renascença do budismo conduziu à sua firme consolidação em todo o Tibete e ao desenvolvimento de várias novas escolas que se basearam em novas traduções de textos budistas, de modo que foram chamadas de escolas da "nova tradução" (*sarma* (*gsar ma*)). A convite de um rei regional, o idoso monge-professor Atiśa veio da Índia em uma visita missionária em 1042. Ele ajudou a purificar o *Saṅgha,* enfatizando o celibato, e melhorou o entendimento tibetano da doutrina budista, baseada em uma mistura do Mādhyamika e dos *Tantras* (*BP*.24; *EB*.7.4). Suas reformas levaram seu principal discípulo a criar a Kadampa (bKa' gdams pa), ou "Escola Controlada pelo Comando (da disciplina monástica)", e também influenciaram duas outras novas escolas do período. A primeira foi a Kagyüdpa (bKa' brgyud pa), a "escola da Transmissão Sussurrada" (Powers, 2007b, pp. 399-431). Seu fundador foi Marpa (1012-1097), um leigo casado que tinha estudado com *Gurus* tântricos na Índia e traduzido muitos textos. Ele enfatizou um complexo sistema de yoga e instruções secretas sussurradas de mestre para discípulo. Seu principal aluno foi o grande poeta-eremita-santo Milarepa (Mi la ras pa; 1040-1123; *EB*.7.6), cujo aluno Gampopa (sGam po pa) foi o primeiro a fundar os mosteiros Kagyüdpa. A outra nova escola foi a Sakyapa (Sa skya pa), fundada em 1073 no mosteiro Sakya. Ela é célebre pela sua erudição e é próxima da Kagyüdpa na maioria das questões.

Os poderosos mongóis cobiçaram o Tibete desunido e, em 1244, seu governante convocou o *lama* superior da escola Sakyapa à sua corte. Em troca da submissão do Tibete, o *Lama* foi nomeado regente dele. Ele também propagou o budismo (Sakyapa) para a Mongólia e regiões do norte da China dentro do Império Mongol. Pakpa ('Phags-pa; 1235-1289), seu sucessor, foi o conselheiro espiritual de Khubilai Khan, que se tornou imperador mongol da China. As outras escolas e seus soldados resistiram ao poder da Sakyapa, o qual chegou ao fim em 1336. Uma linhagem de reis se seguiu de 1358 a 1635.

Já no século XIV, o Cânone tibetano de textos sagrados, baseado em traduções cuidadosas e não raro literais, estava completo. O budismo tibetano é o sucessor direto do tardio budismo do norte da Índia, e como os muçulmanos haviam destruído as bibliotecas na Índia, o Cânone tibetano é a melhor indicação, embora incompleta, de como era esse budismo.

Uma ideia que parece ter se originado com os Kagyüdpas no século XIII é a dos Corpos de Transformação ou *tulkus* (*sprul-sku*) reconhecidos, dos quais existem hoje cerca de 3 mil no Tibete (ver p. 199). Um *tulku* é muitas vezes chamado de um *Lama* "reencarnado (*yang-*

11 Bechert e Gombrich, 1984, pp. 268-70; Powers 2007b, pp. 497-513.

sid (*yang srid*))". Embora no budismo todas as pessoas sejam consideradas renascimentos de algum ser anterior, os *tulkus* são diferentes por serem renascimentos de uma pessoa anterior identificada, que era um *Lama* famoso e, em alguns casos, a manifestação de um ser celestial. Os *tulku*s são reconhecidos ainda crianças a partir de previsões dos seus predecessores e com base na capacidade da criança de reconhecer os objetos que pertenciam a seu antecessor entre outros de aparência semelhante. Essa prática tornou-se a base de um sistema de sucessão para a liderança dos mosteiros e para o poder político que às vezes a acompanhava. Uma nova série de *tulku*s pode começar a qualquer hora, enquanto uma série existente pode ser descontinuada ou ser suspensa. Em alguns casos, um *tulku* renasce como três pessoas — as encarnações do seu "corpo", da sua "fala" e da sua "mente". Os Nyingmapas e os Kagyüdpas passaram a ter numerosas linhagens de *tulku*s.

No budismo tibetano, vários tipos de "linhagens" são apreciadas: linhagens de ordenação monástica; linhagens de encarnação; linhagens de transmissão textual, convencionais ou por meio da descoberta de *terma*s; linhagens de ensinamentos orais; linhagens de iniciação/empoderamento. De diferentes maneiras, todas buscam a autêntica transmissão do *Dharma*. Em resposta a uma pergunta sobre o assunto, Atiśa respondeu que as instruções pessoais diretas de um professor eram mais importantes do que os textos das escrituras, já que preservavam a continuidade e a integridade da tradição viva. As iniciações tântricas são precedidas pela recitação de um texto por um mestre a um discípulo, ação vista como uma transmissão textual direta (*lung* ou *upadeśa*); ela representa a permissão formal para estudar o texto e se considera que produz no discípulo a capacidade de compreendê-lo de maneira adequada. As diferentes escolas surgiram da afiliação a diferentes linhagens de prática ou de tradições exegéticas ou filosóficas, ou a um determinado acervo de textos. Embora tenha havido algumas divergências entre elas, não é raro que os praticantes recorram a elementos de diferentes escolas.

A última escola importante do budismo tibetano foi fundada pelo reformador Tsongkh'apa (Tsong kha pa; 1357-1419) com base na escola Kadampa e na organização dos ensinamentos de Atiśa em uma série de níveis, com um tantrismo purificado no topo. Ele fundou a Gelugpa (dGe lugs pa), ou "Seguidores do Caminho da Virtude", cujos monges se distinguem dos outros pela cor amarela dos chapéus cerimoniais. Tsongkh'apa enfatizou o estudo do Mādhyamika (*BS2*.24) e a aceitação da disciplina moral e monástica. Reduziu as práticas mágicas e eliminou o yoga sexual para os monges, a não ser na forma visualizada. Na sua "Grande Exposição dos Estágios do Caminho" (*Lamrim Ch'enmo* (*Lam rim che ba*); Cutler, 2002), ele argumenta que a pessoa deve progredir da busca de um bom renascimento (uma meta mundana) para a busca da libertação para si mesma (motivação Hīnayāna) e daí para a busca do Estado de Buda de modo a efetuar a libertação dos outros seres (motivação Mahāyāna), ocasião em que os métodos

Vajrayāna ajudarão a alcançar com mais rapidez as metas Mahāyāna. Considera-se que os níveis mais elevados de verdade ou prática se constroem sobre o fundamento dos mais baixos, sem corrompê-los. A análise lógica prepara o caminho para a percepção direta, não conceitual, e as transmissões textuais são tão importantes quanto as orais.

Perto de Lhasa, a capital, os três principais mosteiros Gelugpa — Gan den (dGa'ldan), Drepung ('Bras spungs) e Sera — se inspiraram nas universidades monásticas da Índia e se tornaram grandes centros de erudição, lógica e debate budistas. Entre os *Tantras*, eles enfatizam o *Guyha-samāja*, o *Cakra-saṃvara* e em particular o *Kāla-cakra*, ou "Roda do Tempo" (ver p. 219).

No século XVI, o dirigente da escola Gelugpa reintroduziu o budismo entre os mongóis, que o tinham negligenciado. Por conseguinte, um dos dirigentes mongóis, Altan Khan, conferiu a ele o título de *Dalai*, "Oceano (de Sabedoria)". Ele foi considerado a segunda reencarnação de um líder Gelugpa anterior, sobrinho de Tsongkh'apa, de modo que este último (o sobrinho) passou a ser visto, em retrospectiva, como o primeiro Dalai Lama. Cada Dalai Lama era considerado um *tulku* e também um Corpo de Transformação de Avalokiteśvara (*EB*.7.6) que voltara a se manifestar. O outro *tulku* Gelugpa importante é o Panchen Lama, visto como nova encarnação do Buda Amitābha.

Em 1641, os mongóis invadiram o Tibete e instituíram o quinto Dalai Lama como governante do país. A partir de então, a escola Gelugpa se tornou a "religião de Estado". Alguns dos monges e *Lamas* Kagyüdpa que ficaram insatisfeitos com isso se mudaram para o Butão e para Sikkim, ajudando assim a escola Drukpa ('Brug pa) Kagyüdpa a se tornar dominante no Butão (Berkwitz, 2010, pp. 163-65). A escola Jonangpa (Jó nang pa), que se ramificou do Sakyapa, foi suprimida no século XVII pelo quinto Dalai Lama, que mandou destruir seus mosteiros ou obrigou seus adeptos a se converter à perspectiva Gelugpa, queimando ainda alguns dos seus livros. O Jonangpa apoiava a visão da "vacuidade de outros", que era oposta à visão Gelugpa da "vacuidade de si" (ver pp. 154-55). Sua supressão pode muito bem ter ocorrido tanto por razões políticas quanto doutrinárias, já que a escola estivera aliada aos líderes da escola Karma Kagyüdpa, que lutara contra o quinto Dalai Lama pelo controle político do Tibete e perdera o embate. Entretanto, o quinto Dalai Lama não era estritamente Gelugpa, pois também recorria a alguns ensinamentos Nyingmapa.

Como a monarquia secular havia entrado em colapso no Tibete, os mosteiros, na condição de protagonistas importantes na sociedade e na economia, passaram a assumir o poder político, ajudados pelos Khans mongóis. Embora três das quatro principais escolas do budismo tibetano competissem entre si pelo poder político, suas diferenças religiosas eram mais de ênfase do que de concepções antagonistas.

Alguns mosteiros Jonangpa sobreviveram no Tibete oriental, e, embora seus blocos de impressão, ou clichês, tenham sido ocultados, o acesso a eles foi recuperado no século XIX pelos *Lamas* do movimento Ri-may (Ris med) (Samuel, 1993, pp. 525-32, 535-47). O Ri-may, "Imparcial", "Não alinhado" ou "Superabrangente", era um tipo de movimento universalístico eclético que surgiu nos círculos Nyingmpa no Tibete oriental e veio a atrair adeptos de outras escolas, incluindo até mesmo alguns Gelugpas. No entanto, o movimento Ri-may era basicamente uma síntese de ensinamentos que competia com a síntese Gelugpa. Com poucas exceções, os *Lamas* das tradições Ri-may estudavam em centros Ri-may e os *Lamas* Gelugpa em centros Gelugpa, com apenas um contato limitado entre eles. A síntese Ri-may reunia as três escolas não Gelugpa (e alguns membros da escola Bön semibudista). Estas já tinham em comum a existência de *yogins* leigos e um interesse pelos antigos *Tantras* e *termas*; além disso, os ensinamentos/práticas *Dzogch'en*, que não pressupunham as formas e práticas de uma escola específica, forneciam uma perspectiva unificadora.

Tanto a síntese Gelugpa quanto a Ri-may uniam os elementos eruditos/monásticos e yogues/xamanistas/visionários do budismo tibetano, embora enfatizando respectivamente o primeiro e o segundo destes. A Gelugpa tem dedicado um lugar mais importante à hierarquia monástica e também tem mosteiros maiores, enquanto a Ri-may tem dedicado menos importância a essas coisas, valorizando mais a autoridade espiritual individual. A Ri-may não é uma escola com uma posição doutrinária definida; alguns de seus defensores apoiavam a posição Jonangpa da vacuidade de outros, e outros se opunham a ela. O aspecto erudito tem sido mais original e exploratório do que a Gelugpa depois se tornou. Não é uma ordem monástica organizada, e seus seguidores ainda pertencem às linhagens de suas escolas. Os Gelugpas têm um caminho único linear e estruturado, ao passo que os seguidores da Ri-may têm um conjunto de caminhos e métodos alternativos como opções adequadas a diferentes praticantes. A Ri-may "ajudou assim a diminuir as divisões sectárias que tinham se desenvolvido ao longo dos séculos entre diferentes tradições, cada uma estabelecida aos poucos dentro da própria base monástica institucional" (Samuel, 1993, p. 542). No entanto, o movimento Ri-may não erradicou todo o sentimento sectário entre as escolas não Gelugpa e, embora a Gelugpa seja relativamente mais sectária, o atual Dalai Lama, que pertence a essa escola, tem uma atitude muito aberta e não sectária.

Desde o século XVI, na Mongólia, o budismo se tornou bem estabelecido e popular, pacificando um povo que outrora fora belicoso. Não obstante, a natureza fragmentada da sociedade mongol significou que o budismo só chegou a algumas partes do país no século XIX. A religião autóctone dos mongóis era uma forma de xamanismo, embora fossem influenciados, por intermédio do povo Uighur, pelo maniqueísmo iraniano, uma religião sincretista baseada no zoroastrismo, tendo, com o tempo, aproveitado elementos cristãos e budistas (há um hino maniqueísta a "Jesus, o Buda"). A principal divindade maniqueísta era Ohrmazd ou Ahura Mazdā, um deus da Luz. O daoismo chinês também teve certa influência entre os mongóis, e o cristianismo nestoriano teve uma pequena presença. No budismo, os mongóis se sentiam atraídos em particular pelas divindades tântricas coléricas de aparência apavorante. A identificação tântrica com uma divindade era sentida como semelhante à possessão xamanista por uma divindade. No entanto, além desses aspectos tântricos, a filosofia budista também era aceita.

No século XVIII, o budismo se espalhou para o norte a partir da Mongólia, rumo aos nômades do que são hoje as Repúblicas Buryat e Tuva na Federação Russa. Uma ramificação do povo mongol também migrou para o oeste, para uma área próxima ao mar Cáspio que é hoje a República de Kalmykia, também na Federação Russa.

CHINA[12]

História primitiva

Sendo a religião dos mercadores estrangeiros que chegavam da Ásia Central, o budismo estava presente na China por volta de 50 EC. Já em meados do século seguinte, o interesse chinês conduziu à tradução de textos: primeiro as obras sobre meditação do Śrāvakayāna e *Abhidharma*, depois também os *Sūtras* da Perfeição da Sabedoria e obras sobre as Terras Puras de Amitābha e Akṣobhya. A China, portanto, passou a presenciar o ingresso de centenas de textos budistas traduzidos dos idiomas índicos.

Ao contrário da maioria das outras terras por onde o budismo se espalhou, a China já tinha uma antiga civilização letrada; no entanto, o budismo conseguiu transpor o vasto abismo cultural entre os mundos indiano e chinês (Zürcher, 1989), como tem feito com o Ocidente ao longo mais ou menos do último século. A ideologia dominante da sociedade era o confucionismo, uma filosofia social que remontava a Kong Fuzi (Kung Fu-tzu;[13] Confúcio; 551-497 AEC). Kong enfatizava a importância da família e dos relacionamentos sociais corretos e harmoniosos, em particular a piedade filial ou respeito pelos pais. Isso se estendia à devoção respeitosa aos ancestrais, em sincronia com a antiga prática chinesa. O homem era visto como parte de um triângulo de forças: Terra, Homem e um Céu impessoalmente concebido (*Tian* (*T'ien*)). O ideal de Kong era o cavalheiro erudito, que estudava os antigos clássicos que ele havia editado

12 Sobre esse assunto, ver Bechert e Gombrich, 1984: Ch'en, 1964; Zürcher, 1959: 193-211.

13 Os termos chineses romanizados são apresentados aqui no sistema *pinyin* moderno. Quando outra forma se segue entre parênteses, ela é a equivalente no sistema Wade-Giles mais antigo, tal como usado em diversos livros mais antigos sobre budismo. Essa forma só é apresentada quando difere do *pinyin*.

e cultivava uma vida de humanismo e relacionamentos sociais adequados e respeitosos. Na dinastia Han (206 AEC-220 EC), esses cavalheiros eruditos administravam a burocracia do enorme império chinês em nome do imperador, que era considerado o mediador das forças da Terra, do Homem e do Céu, e também digno de devoção.

A outra corrente do pensamento chinês era o daoismo, um sistema religioso-filosófico fundado pelo semimítico Laozi (La-tzu; "Velho Sábio") que, segundo consta, nasceu em 604 AEC. O *Dao-De-Jing* (*Tao-Te-Ching*), "A Obra Clássica sobre o Caminho (*Dao* (*Tao*)) e seu Poder", é atribuído a ele. Esse livro vê o misterioso e indescritível *Dao* como uma força que circula através de todas as coisas na natureza e as gera. O sábio daoista é aquele que tenta ser como o *Dao* ao agir sem esforço e de maneira espontânea e natural. Desse modo, o daoismo desdenha a formalidade produzida pelo confucionismo, embora compartilhe o seu amor pela harmonia. O sábio deve ser humilde, compassivo e buscar se tornar um com o *Dao* ao contemplá-lo de maneira meditativa. A partir do século II EC, desenvolveu-se uma forma de daoismo que se baseava na devoção a muitos deuses e na busca da longevidade ou "imortalidade" física usando a alquimia, a alimentação e a meditação.

Ao se propagar para a China, o budismo enfrentou problemas, alguns dos quais relacionados com seu monasticismo. Entendia-se que o celibato minava a ênfase chinesa na continuidade da linha familiar para que os ancestrais não fossem privados de devoção. Os monges "não filiais" também viviam uma existência que não era baseada no lar e na família, o elemento central da vida chinesa. Além disso, os chineses esperavam que todos, menos o cavalheiro erudito, se dedicassem ao trabalho produtivo, mas os monges viviam de caridade. Com o tempo, quando os mosteiros se tornaram ricos por meio da doação de terras e de metais preciosos para as imagens, o budismo foi acusado de estar exaurindo o país em termos econômicos. O *Saṅgha* também era encarado com alguma suspeita por ser um grupo autônomo que precisava ser regulado antes de poder se encaixar na estrutura totalitária da sociedade chinesa. Um símbolo dessa autonomia era o fato de que, a princípio, os monges não se curvavam em deferência ao imperador, porque os monges não deviam se curvar para nenhum leigo, por maior que fosse a dignidade deste.

Embora os chineses gostassem de coisas exóticas e estrangeiras, os letrados confucionistas passaram a criticar a nova religião, que crescia cada vez mais, e a considerá-la adequada apenas para os bárbaros estrangeiros (*BT*.125-38). Os budistas tinham a tendência de encarar as diferenças de classe como irrelevantes, ao passo que a hierarquia social era muito importante no confucionismo. Os aspectos espirituais do pensamento budista também estavam em conflito com o pragmatismo chinês e seu foco neste mundo. Para os racionalistas confucionistas, não havia nenhuma evidência do renascimento, matar animais não era errado e o destino das pessoas e dos reinos dependia da vontade do Céu e não do karma individual.

Como se explica então que o budismo tenha se tornado durante um longo tempo a principal religião de todas as classes na China, com o daoismo sendo a segunda religião e o confucionismo permanecendo a principal influência na ética social? Um evento importante foi o declínio e o colapso da dinastia Han, que conduziu a uma crise de valores devido ao aparente fracasso do confucionismo. Nessa situação de incerteza, o budismo se apresentou para preencher o vazio e lançar suas raízes. Sob alguns aspectos, essa situação tem paralelos com as origens do budismo na Índia, que também ocorreu em uma época de mudança social, ansiedade e busca de novos valores.

O budismo tinha desenvolvido não apenas uma ética, como o confucionismo, mas também uma filosofia, como o daoismo. Tinha uma orientação mais popular do que o confucionismo e uma filosofia mais sistemática da natureza humana do que o daoismo. Particularmente popular era o conceito de que todas as pessoas tinham a natureza do Buda, um mesmo potencial para a iluminação, o que reintroduziu na China a noção de que todas as pessoas têm o mesmo valor. Essa ideia havia perdido a popularidade desde que expressa por Mozi (Mo-tzu (470-391 AEC)), um crítico tanto do confucionismo quanto do daoismo. A ajuda compassiva dos Budas celestiais e dos grandes *Bodhisattva*s trouxe esperança e conforto aos sofredores; as doutrinas do karma e do renascimento passaram a ser consideradas um bom apoio para a moralidade, e a crença "estranha" se revelou adaptável e tolerante. As adaptações foram facilitadas pela ideia dos meios hábeis. Era possível cuidar dos ancestrais transferindo fruição kármica para eles, de modo que os monges budistas passaram a ser muito procurados para executar os ritos para os mortos. Os abades falecidos eram venerados como "ancestrais" dos mosteiros, e esperava-se que os monges noviços se comportassem de maneira respeitosa e filial para com o monge designado para zelar por eles.[14] Além do mais, desenvolveram-se escolas de budismo cuja ênfase era mais pragmática, mais dirigida para este mundo, embora também houvesse algumas que se expressavam em uma linguagem muito abstrata.

Com a queda da dinastia Han, a China foi dividida em uma parte setentrional, controlada por "bárbaros" não chineses como os hunos, e uma parte meridional, governada por uma série de dinastias chinesas enfraquecidas. No norte, os monges missionários tinham a reputação de possuir poderes paranormais baseados na meditação, sendo procurados pelos amantes da magia para que lhes ensinassem a meditação, vista como um meio de proteção no período de devastação causado pela guerra. Os governantes buscavam os monges "paranormais" como con-

14 Embora houvesse precedentes de piedade filial no budismo indiano (Xing, 2005b), essa era mais enfatizada na China: *EB*.8.2.

selheiros sobre questões políticas e militares, e os monges então, pouco a pouco, os civilizaram, moderaram seus excessos e os converteram em protetores do budismo: um bom exemplo de meios hábeis em ação. Não sendo uma religião chinesa, o budismo não apenas caiu nas graças dos poderosos governantes como também se tornou a religião do povo. O lado prático do budismo foi enfatizado na forma de devoção, meditação e boas ações, com mais de 30 mil templos sendo construídos no norte já no século IV. Também foram feitas muitas traduções, em especial pela grande repartição de tradução dirigida pelo monge Kumārajīva (334-413) da Ásia Central de 402 a 413 EC. Breves perseguições inspiradas no daoismo e no confucionismo ocorridas em 446-52 e 574-78 foram ineficazes e não conseguiram deter o crescimento do budismo.

No sul, o budismo a princípio aliou-se ao daoismo, porque era visto como uma forma de daoismo que Laozi tinha ensinado aos estrangeiros na parte ocidental da China. Os daoistas buscavam no budismo soluções para certos problemas da filosofia daoista e, até o século IV, termos budistas eram traduzidos por termos daoistas. No sul, a ênfase não era na prática religiosa e sim na discussão intelectual entre a nobreza e os letrados, em especial na literatura da Perfeição da Sabedoria. Uma vez que o budismo começou a florescer por si mesmo, o daoismo passou a considerá-lo um rival, embora tenha sido influenciado pelas suas formas, adotando um Cânone de textos sagrados e uma estrutura eclesiástica. Quando a dinastia Sui (581-618) reunificou a China, o budismo consolidou-se na cultura chinesa, já que era visto como uma força unificadora que também incentivava a paz.

As escolas do budismo chinês

A partir do século V surgiram várias escolas diferentes de budismo, cada uma sendo conhecida como um *zong* (*tsung*): um "clã" que reconstitui sua linhagem até determinado fundador ou patriarca. Cada escola se especializava em um aspecto particular do ensinamento ou prática budista, e os monges e as monjas não raro estudavam ou praticavam em conformidade com vários deles.

Algumas das escolas foram importadas diretamente da Índia. A primeira foi a Sanlun, ou escola dos "Três Tratados", que era a forma chinesa do Mādhyamika (*BT*.143-50; Williams, 2009, pp. 81-3). Ela foi apresentada pelo tradutor Kumārajīva e se baseava em três textos principais: o *Madhyamaka-kārikā*, alguns versos de Nāgārjuna e um trabalho de Āryadeva, em cada caso incorporado a um comentário. A segunda foi a Faxiang (Fa-hsiang), ou escola das "Características dos *Dharmas*", uma forma do Yogācāra introduzida pelo tradutor-viajante Xuanzang (Hsüan-tsang; 602-64; *BT*.150-55). Uma forma anterior do Yogācāra conhecida como Shelun, apresentada no século VI pelo tradutor Paramārtha, se extinguiu. Paramārtha (499-569) também apresentou o Zhushe (Chu-she), uma forma do Sarvāstivāda baseada no estudo do *Abhidharma-kośa*. Ela foi então organizada por Xuanzang. Essas escolas perderam sua identidade própria depois de algum tempo, mas, como matérias de estudo, influenciaram outras. Uma escola que foi importada depois, chegando no século VIII, foi a Zhenyan (Chen-yen), a escola do "*Mantra*" ou da "Palavra Eficaz". Embora tenha se extinguido na China em uma perseguição ao budismo no século IX, essa forma de Mantranaya alcançou um sucesso considerável na Coreia e no Japão.

É bem provável que Paramārtha seja também autor de dois textos que foram bastante influentes no budismo chinês: o *Foxinglun* (*Fo hsing lun*) ou "Tratado sobre a natureza do Buda" (King, 1991) e o *Dasheng qixinlun* (*Ta-ch'eng ch'i-hsin lun*) ou "Tratado do Despertar da Fé no Mahāyāna".[15] Encontramos aqui o *Tathāgata-garbha* sendo retratado de maneira cosmológica como a "Mente Una" que abarca toda a realidade, tanto desperta quanto não desperta; como uma realidade individual, universal, em vez de um aspecto dos seres individuais, como é comum no budismo indiano. Essa doutrina aparentemente monística lembra a ideia bramânica de que o Si Mesmo (Ātman) é idêntico a *Brahman*, o sagrado, e que "tudo é *Brahman*", e lembra também as ideias daoistas de que tudo é a atividade do *Dao* (ver p. 237).

O budismo chinês recebeu mais ou menos toda a gama de textos e ideias budistas e também desenvolveu novos textos que alguns afirmavam ser de origem indiana. Embora a China tivesse uma percepção histórica muito mais desenvolvida do que a Índia, por ironia, levou a sério a afirmação dos *Sūtras* Mahāyāna indianos de que eles se originavam do Buda histórico. Teve então que entender a grande variedade de ensinamentos do budismo indiano como sendo provenientes de uma só pessoa. Duas importantes escolas que se originaram na China, estimuladas pelo amor chinês da harmonia, produziram sínteses filosóficas dos ensinamentos de diferentes textos. Elas enfatizaram que o Buda ensinava de acordo com meios hábeis e categorizaram os diversos *Sūtras* Śrāvakayāna e Mahāyāna como pertencentes a um dos vários níveis de ensinamento oferecidos em diferentes períodos de sua vida: os sistemas *panjiao* (*p'an-chiao*) (Ch'en, 1964, pp. 305-11, 18-9). No nível mais elevado, as escolas colocavam um *Sūtra* escolhido como representando a verdade suprema. A escola Tiantai (T'ien-t'ai), fundada por Zhiyi (Chih-i; 539-97; *BS2*.32), recebeu seu nome em homenagem ao Monte do "Terraço Celestial", no qual sua sede estava localizada. Ela enfatizava tanto o estudo quanto a meditação, destacava a ideia da natureza do Buda como presente em todas as coisas e afirmava que o mundo não é diferente da suprema "Mente Una", do ser-o-que-é, do vazio ou do *Nirvāṇa*.[16] Segundo seu sistema *panjiao*, o Buda ensinou: três semanas sobre o *Avataṃsaka Sūtra*, que apenas poucas pessoas compreendiam; depois, doze anos sobre os Āgamas, sobre as Realidades Verdadeiras para os Espiritualmente Enobrecidos e o Surgimento Condicionado, para aqueles com um entendimento inferior; depois, oito anos sobre os ensinamentos Mahāyāna iniciais sobre o ideal do *Bodhisattva*; depois, vinte e dois anos sobre os ensinamentos da Perfeição da Sabedoria, segundo os quais todas

---

15 *BTTA*.209; Hakeda, 1967; Williams, 2009, pp. 115-19.

16 *BT*.155-66; Williams, 2009, pp. 161-65; Swanson, 1989.

as distinções, como entre *saṃsāra* e *Nirvāṇa*, são produtos artificiais da mente; e, por fim, oito anos ensinando o *Sūtra do Lótus* e o *Mahāparinirvāṇa Sūtra*, sobre a natureza do Buda em todos os seres, o Buda como o salvador de tudo e a união dos "três veículos" em um (ver p. 138).

No entanto, a escola Huayan (Hua-yen) colocava o *Avataṃsaka Sūtra* em destaque.[17] Fundada pelo mestre de meditação Dushun (Tushun; 557-640), ela foi sistematizada do ponto de vista filosófico pelo seu terceiro patriarca Fazang (Fa-tsang; 643-712) e veio a exercer influência sobre a escola Chan. Ambas as escolas sintetizadoras floresceram na dinastia Tang (T'ang) (618-907). Influenciadas pelo modo chinês de pensamento, elas enfatizavam a realidade suprema como imanente no mundo, como o *Dao*, e como compreensível pela penetração no ser-o-que-é de qualquer fenômeno natural.

Ao procurarem abranger tudo, as escolas Tiantai e Huayan dissipavam muita energia em longas horas de estudo e uma variedade de práticas. Suas ideias também eram, às vezes, muito obscuras e difíceis de formular. As escolas restantes estudavam apenas alguns textos selecionados e concentravam sua energia em um número limitado de práticas. A menor delas era a Lü, ou escola "Vinaya", que surgiu por volta de 650 EC. Baseada na escola Dharmaguptaka que enfatizava o Śrāvakayāna, ela dava importância ao estudo da disciplina monástica e tinha padrões elevados para a ordenação e a vida monástica. Nesses aspectos, ela influenciou a prática de outras escolas, em especial a Chan. As duas outras escolas voltadas para a prática se tornaram as mais bem-sucedidas: a Jingtu e a Chan.

A escola da Terra Pura[18]

A Jingtu (Ching-t'u), ou escola da "Terra Pura" se tornou a forma de budismo mais popular na China, sobretudo entre os leigos. Ela se baseia nos três principais *Sūtra*s relacionados com o Buda Amitābha (ver p. 201) e no *Sukhāvatī-vyūhopadeśa* ("Instrução sobre o Arranjo da Terra Feliz"), uma obra atribuída a Vasubandhu[19] que sistematiza as ideias do *Sukhāvatī-vyūha Sūtra* Maior. No início do século V, Huiyuan (334-416) organizou uma sociedade para a meditação sobre a Terra Pura de Amitābha, mas Tanluan (T'an-luan; 476-542) foi o primeiro a organizar a escola de modo adequado, sendo considerado seu primeiro patriarca. Ele era um ex-daoista erudito, inspirado por um monge missionário a entender a verdadeira imortalidade como a obtenção de uma vida imensurável em Sukhāvatī (a "Terra Feliz"). Embora seus textos se inspirassem nas ideias do Mādhyamika e do Yogācāra, ele enfatizava a fé no poder dos votos de Amitābha, que poderiam salvar até mesmo um malfeitor. Seu ideal era estabelecer uma fé pura,

---

17 Ver p. 176; Cook, 1977; Cleary, 1983; Williams, 2009, pp. 129-48.

18 Sobre esse assunto, ver: *BT*.197-207; Foard, Solomon e Payne, 1996; Williams, 2009, pp. 212-14, 243-54.

19 Ela só está disponível em chinês e o título em sânscrito é uma adaptação.

firme e ininterrupta durante toda a vida. Isso garantiria a capacidade, quando a morte se aproximasse, de invocar Amitābha durante dez momentos consecutivos de fé genuína, sendo esse o requisito mínimo para o renascimento em Sukhāvatī. A principal prática que ele defendia se chamava *nianfo* (*nien-fo*, Jap. *Nembutsu*), termo que traduzia *Buddhānusmṛti*, "recordação do Buda" (ver p. 190). Ele explicou que o termo significava tanto "recordação" quanto "invocação" de Amitābha, isto sendo feito por meio da recitação repetida da tradução chinesa de breves palavras rituais de louvor a Amitābha (ver pp. 202-279).

O segundo patriarca, Daochuo (Tao-ch'o; 562-645), enfatizou a ideia que, a partir de 549 EC, o mundo estava na era degenerada do "*Dharma* dos tempos modernos" (Ch. *Mofa* (*ma-fa*), Jap. *Mappō*). Isso ocorreu porque os chineses achavam que 549 era 1.500 anos depois da morte do Buda, sendo portanto o início de uma era de declínio do budismo e da moralidade, declínio esse prognosticado pelo *Sūtra do Lótus* (cf. *BP*.20-1). Nessa situação, a maioria das pessoas não poderia seguir o difícil "caminho dos santos", com base na sua própria virtude e meditação, precisando se apoiar no "caminho fácil" de devoção a Amitābha. O "poder próprio" (*zili* (*tzu-li*)) precisava ser substituído pelo "poder do outro" (*tali* (*t'a-li*)). O terceiro patriarca, Shandao (Shan-tao; 613-81), deu à escola sua forma clássica e fez muito para popularizá-la. A partir do século IX, a escola se difundiu tanto que não precisou mais ter patriarcas especiais como líderes.

A escola Chan[20]

O nome da escola Chan (Ch'an, Jap. Zen), ou escola de "Meditação", é uma transliteração da palavra sânscrita *dhyāna*, que se refere ao estado de meditação profunda (P. *jhāna*). Com o tempo, a escola Chan se tornou a mais popular entre os monges, artistas e intelectuais. Assim como o budismo tântrico na Índia, ela desenvolveu novos e poderosos métodos de prática. Na sua terminologia e no estilo espontâneo, foi influenciada pelo daoismo, e sua expressão de ideias budistas em uma forma direta e prática também estava em harmonia com o temperamento chinês. A meditação (*chan*) existia no budismo chinês desde os primeiros dias, mas a escola Chan se especializou nela. Seu gênio fundador teria sido o semilendário monge indiano Bodhidharma, que pode ter estado ativo na China no período entre 470 e 520 EC e parece ter sido um grande mestre de meditação e adepto do *Laṅkāvatāra Sūtra*. Uma das lendas a seu respeito era que ficara meditando durante nove anos fitando uma parede, até que suas pernas cederam! Isso ilustra a ênfase obstinada na meditação Chan como *o* método por excelência para atingir o despertar. Outra lenda é que ele dissera ao devoto imperador Wu que este "não gerara fruição kármica alguma" com suas numerosas obras virtuosas. Essa chocante afirmação provavelmente

20 Sobre essa escola, ver Dumoulin, 2005a.

significava que a fruição kármica, assim como tudo o mais, era vazia de existência inerente, e que a percepção da realidade era mais importante do que as obras virtuosas. Embora as obras virtuosas, a devoção e o estudo desempenhem seu papel na escola Chan, eles não devem se tornar focos impeditivos de apego. A escola Chan, portanto, tem tendência iconoclasta, a ponto de se afirmar que certos mestres consumados queimaram imagens do Buda (Danxia (Tan-hsia), 739-834; Jap. Tanka) ou rasgaram *Sūtras* (Huineng; ver adiante) como forma de abalar o apego de alguém. Isso, às vezes, tem sido interpretado de maneira errada pelos alunos ocidentais da escola Chan/Zen. Quando, depois de passar alguns dias em um mosteiro japonês, um desses alunos comentou que os antigos mestres costumavam cuspir nas imagens do Buda em vez de se curvar diante delas, o mestre apenas retorquiu: "Se quiser cuspir, cuspa. Eu prefiro me curvar" (Kapleau, 2000, p. 235).

A formação filosófica da escola Chan é proveniente de vários textos e correntes de pensamento. Os *Sūtras* da Perfeição da Sabedoria estão entre eles, em especial o *Sūtra do Coração* e o *Sūtra do Lapidador de Diamantes*, com suas ideias do vazio, de dois níveis de verdade e modos paradoxais de expressão. Outro é o *Laṅkāvatāra Sūtra*, um texto Yogācāra que também se inspira em ideias do Tathāgata-garbha. A escola indiana Yogācāra via a experiência humana como uma projeção a partir da "consciência-depósito" devido ao amadurecimento das sementes kármicas nele. O *Laṅkāvatāra Sūtra* equiparava esse tipo de mente inconsciente ao *Tathāgata-garbha* (ver p. 171). Outra influência se originou dos dois textos acima sobre a "natureza do Buda": o "Tratado sobre a natureza do Buda" e o "Tratado sobre o Despertar da Fé no Mahāyāna". Assim como o *Dharma-kāya*, também a "Mente Una" deste último texto é vista no Chan como a "iluminação original" de todos os seres (ver p. 173). Além disso, depreciam-se o pensamento discursivo e suas distinções "dualistas" — ao contrário, por exemplo, da escola tibetana Gelugpa — por dissimularem sua realidade gloriosa, pura e inata. Muitas dessas ideias também são encontradas na escola Huayan, com suas ideias da Mente Una como princípio unificador com base no qual tudo é criado (ver p. 178). De muitas maneiras, a escola Huayan pode ser encarada como a equivalente filosófica da escola Chan.

Uma afirmação atribuída a Bodhidharma, encontrada pela primeira vez em um texto de 1108, é a seguinte:

> Uma transmissão especial fora das escrituras;
> Sem depender de palavras e letras;
> Apontando diretamente para a mente humana;
> Enxergando a natureza inata, a pessoa se torna um Buda.

Isso expressa a importância secundária no estudo na escola Chan e a ideia de que a compreensão surge por meio da transmissão direta da mente do mestre para a mente do discípulo — ideia que, sob alguns aspectos, corresponde à do *Guru* tântrico iniciando um discípulo. A "natureza inata" dentro da mente é a natureza do Buda. Pela compreensão direta desse fato alcançam-se vários níveis do despertar (Ch. *Wu*, Jap. *Satori*). A mais elevada realização ocorre quando essa potencialidade é plenamente realizada — ou quando ela, como realidade oculta, é conhecida e expressa — e a pessoa se torna um Buda, alguém que sabe de fato que sua mente nunca esteve isolada do Estado de Buda. Outras pessoas e seus ensinamentos não podem *fazer* uma pessoa ver de fato a natureza do Buda. Isso precisa surgir como uma intuição direta, quando o praticante para por completo de procurar a realidade suprema fora de si mesmo. O mestre da escola Chan, portanto, pode apenas tentar estimular o surgimento dessa realização a partir do *interior* do seu discípulo.

No século VIII houve uma controvérsia entre alguns grupos de praticantes da escola Chan. Uma escola do Sul enfatizava que, para as pessoas sábias, o despertar surge de repente, e atribuiu-se à florescente escola do Norte a visão de que o despertar aparecia em estágios, por meio de um processo gradual de purificação (Dumoulin, 2005a, pp. 107-21). A escola do Sul tomou Huineng (638-713) como o "sexto patriarca" da escola Chan, enquanto a do Norte atribuiu a Shenxiu (Shen-hsiu; 600-706) esse papel. As intensas disputas entre as escolas eram causadas pelo zelo com o qual seus seguidores buscavam o despertar/iluminação, bem como pela importância que veio a ser imputada à genuína transmissão da verdade "de mente para mente". A questão foi decidida em um concílio que aconteceu em 796, quando um imperador favoreceu a escola do Sul. Depois, os vários grupos de praticantes da escola Chan foram reunidos sob a proteção dessa escola. Sua ascendência deveu-se à campanha de Shenhui (668-760; *BS2*.56; *BTTA*.212), que defendeu sua causa transformando Huineng em uma figura lendária e passando a considerá-lo o segundo fundador da escola Chan. A tradição passou a aceitar uma descrição da sua vida e ensinamentos apresentada no *Liuzi-tan-jing* (*Liu-tzu T'an-ching*), "O *Sūtra* da *Plataforma* do Sexto Patriarca", composto em torno de 820 EC (*Plat.*; *BT*.211-25; *EB*.8.6.1). Ele relata que Huineng, quando era um menino iletrado, teve um momento de compreensão quando ouviu um monge recitando versículos do *Sūtra do Lapidador de Diamantes*, da série Perfeição da Sabedoria. Quando jovem, ele ingressou na comunidade monástica do "quinto patriarca", Hongren (Hungjen; 601-74), e foi enviado para trabalhar nas cozinhas, sem ser ordenado. Oito meses depois, o patriarca deveria designar seu sucessor, que todos esperavam que fosse o monge principal da comunidade, Shenxiu. Não obstante, o patriarca decidiu escolher seu sucessor baseado na acuidade de percepção expressa em um verso. Shenxiu escreveu o seguinte no muro do mosteiro:

O corpo é a árvore Bodhi [Árvore do Despertar];
A mente é como um espelho límpido.
Em todos os momentos precisamos nos esforçar para poli-lo,
E não devemos deixar a poeira se acumular. (*Plat.* sec. 6)

Avaliou-se que esse verso expressava apenas um entendimento parcial, sendo superado por dois outros que Huineng pediu a um amigo que escrevesse no muro:

O Bodhi originalmente não tem nenhuma árvore;
O espelho também não tem nenhum suporte
A natureza do Buda é sempre pura e límpida;
Onde poderá acumular-se a poeira?

A mente é a árvore Bodhi,
O corpo é o suporte do espelho.
O espelho é originalmente puro e límpido;
Onde ele pode ser manchado pela poeira? (*Plat.* sec. 8)

Nesse caso, expressa-se o nível supremo da verdade: todos os fenômenos, por mais enaltecidos que sejam, são vazios de realidade substancial e não podem manchar a natureza do Buda, que é vazia de quaisquer impurezas realmente existentes. Para ser como um espelho que reflete a realidade, a mente não precisa de purificação gradual — ela já é a prístina natureza do Buda. Não precisamos nos purificar para chegar ao Estado de Buda; basta que realizemos nossa pureza inata, que também é o Corpo do *Dharma* ou o verdadeiro ser-o-que-é. Hongren então chamou Huineng ao seu quarto à meia-noite, aprofundou a sabedoria dele ensinando-lhe o *Sūtra do Lapidador de Diamantes* e tornou-o o sexto patriarca. Huineng deixou a comunidade em segredo, para que o fato de um mero ajudante de cozinha ser nomeado patriarca não causasse embaraço. Ele viveu nas montanhas como leigo durante dezesseis anos e depois, em 676, ordenou e veio a reunir muitos discípulos.

Os métodos desenvolvidos pela escola Chan visavam possibilitar que a pessoa intuísse diretamente sua verdadeira natureza. Para fazer isso, a mente precisa estar livre dos antigos hábitos, preconceitos, processos de pensamento restritivos e até mesmo do pensamento conceitual corriqueiro. A base para fazer isso, em especial nos mosteiros, era um estilo de vida disciplinado, influenciado tanto pelas regras budistas monásticas quanto pela moderação confuciana e pela ênfase nas formas rituais. Esses procedimentos estabeleciam um contexto moral e limitavam a expressão dos desejos do ego para que a pessoa pudesse cultivar a naturalidade e a espontaneidade que vinham de seu interior: das profundezas puras da consciência-depósito. Portanto, a espontaneidade era colocada dentro de um contexto de formas estabelecidas de disciplina, ritual e hierarquia monástica. Embora uma pessoa leiga pudesse praticar os ensinamentos da escola Chan, já que isso não requeria longas horas de estudo, considerava-se que a vida monástica proporcionava uma atmosfera mais conducente à meditação, oferecendo acesso mais próximo ao indispensável mestre de meditação. Como ele tinha muitos discípulos, os encontros particulares (*dukan* (*tu-k'an*), Jap. *Dokusan*) com ele eram preciosos e muito esperados. Nesse encontro, o mestre diagnosticaria o problema espiritual específico pelo qual o discípulo passava na ocasião e o trataria da maneira adequada. Esse tratamento poderia envolver um conselho ou uma explicação, ou até mesmo uma provocação, ações repentinas, pancadas ou gritos: o que quer que fosse apropriado ao estado mental do discípulo, de modo a ativar um despertar, o qual dependia do momento adequado, da própria natureza do Buda do discípulo e da indicação direta do mestre. Os métodos violentos usados por alguns se refletem nessa descrição do comportamento de Mazu (Ma-tsu; 709-88): "Seu passo era como o de um touro e seu olhar como o de um tigre" (Dumoulin, 2005a, p. 163). O mestre às vezes travava com o discípulo um rápido diálogo que condensava diferentes níveis de entendimento e se destinava a estimular o discípulo a encontrar dentro de si e expressar o nível supremo da verdade. Nisso, a escola Chan foi influenciada pelo estilo de diálogo paradoxal da Perfeição da Sabedoria, pela dialética Mādhyamika e por um estilo perscrutador de questionamento encontrado no Śūraṅgama Sūtra (*Leng Yan Jing* (*Leng Yen Ching*)), que provavelmente se trata de um texto composto na China.

Embora a escola Chan se considere "independente das palavras e das letras", ela desenvolveu um estilo próprio de linguagem retórica para ajudar a desencadear ou expressar uma experiência de despertar. Dale Wright (1993) considera que se utilizam, para tanto, quatro tipos de retórica:

- Da estranheza: usar a linguagem de maneiras não convencionais, não para representar fatos no mundo nem para explicar ou persuadir, e sim para desafiar e deixar entrever a realidade verdadeira que é desconsiderada, mas está presente nas experiências do dia a dia.
- Da indicação direta: por meio do gesto ou da ação, fazer parar a mente discursiva e promover uma percepção imediata do ser-o-que-é, o espaço aberto que é a vacuidade da realidade.
- Do silêncio: desafiar formas corriqueiras de linguagem, pensamento e percepção.
- Da perturbação: desorientar e perturbar; "é extremamente atordoante a compreensão de que, não apenas ela [a linguagem perturbadora] não faz sentido, como também não fará enquanto eu permanecer sendo quem sou, ou seja, uma pessoa limitada por convenções

particulares de colocação no mundo. A linguagem da escola Chan coloca em questão a relação entre o eu e o mundo que respalda a posição do leitor como aquele que entende e age no mundo (Wright, 1993, p. 32).

Aqui, podemos enxergar uma conexão tanto com as ideias iniciais do budismo sobre o não Eu quanto com a perspectiva Yogācāra, que encara a dualidade sujeito/objeto como uma ilusão imposta ao fluxo da experiência direta.

Um simples exemplo de um diálogo que usa esse tipo de linguagem é o seguinte:

Monge: Como o silêncio pode ser expresso?
Mestre: Ele não se expressará aqui.
Monge: Onde você o expressará?
Mestre: Ontem, à meia-noite, perdi três moedas perto da minha cama. (*BT*.236)

Aqui, o "ser-o-que-é" do silêncio é comunicado, não por meio de uma descrição, mas sim da invocação da imagem de procurar algumas moedas na escuridão e no silêncio da noite.

Registros de algumas das sessões de perguntas e respostas (*wen-dai* (*wen-tai*), Jap. *Mondō*) e dos atos espontâneos dos mestres forneciam importantes paradigmas para a prática da escola Chan. Um registro desses era conhecido como *gong-an* (*kung-an*, Jap. *Kōan*), ou "registro público" (*EB*.9.6). Eram usados como temas para um tipo de meditação e também como pontos de discussão em encontros privados. Foram cada vez mais utilizados a partir do século VIII, e já no século XII havia grandes antologias deles, entre elas, o "Registro do Penhasco Azul" e a "Barreira sem Portão".[21] Eram usados como base de um sistema no qual os praticantes teriam de lidar com uma série de questões enigmáticas, como "qual era minha face original antes que minha mãe e meu pai nascessem?", ou seja, qual é minha verdadeira natureza, além da existência no tempo e no espaço? Essa era uma maneira de educar as pessoas "da maneira mais difícil".

Dizem que a escola Chan se originou de um suposto incidente na vida do Buda, quando ele mostrou uma flor para um grupo de discípulos. Mahākāśyapa sorriu, demonstrando que compreendera seu sermão silencioso, e assim recebeu o "selo do *Dharma*" para transmitir o ensinamento. Essa história, que funciona como uma espécie de mito fundador da escola Chan, parece ter se originado com os letrados da escola durante o período Song (960-1279; Welter, 2000). Mahākāśyapa (P. Mahākassapa) foi um dos principais discípulos do Buda, um *Arhat* que era uma figura relativamente ascética, amante da beleza das montanhas e das florestas, sendo tido em vários textos budistas do noroeste na Índia como o sucessor do Buda (Ray, 1994,

21 Respectivamente, o *Biyan Lu* (*Pi-yen-lu*, Jap. *Hekiganroku*) e o *Wumenguan* (*Wu-men-kuan*, Jap. *Mumonkan*).

pp. 105-18). Uma flor exemplifica tanto a beleza quanto a impermanência do mundo, e dizem que Mahākāśyapa tomou conhecimento da morte do Buda ao encontrar um asceta com uma flor que fora oferecida em devoção ao Buda falecido (*D.*II.162).

Das cinco linhagens Chan que se desenvolveram (Dumoulin, 2005a, pp. 211-42), duas sobreviveram às vicissitudes da história e passaram a dominar depois do século XI. A primeira é a escola Linji (Lin-chi, Jap. Rinzai), fundada por Linji (falecido em 867). Ela enfatiza o uso de *gong-ans*, métodos rigorosos nas entrevistas, e postula que o despertar acontece de modo repentino. A segunda é a escola Cao-dong (Ts'ao-tung, Jap. Sōtō), fundada por Dongshan (Tung-shan; 807-69) e Caoshan (Ts'ao-shan; 840-901). O nome da escola pode fazer alusão aos nomes deles. Ela enfatiza uma forma de meditação sentada e passou a ver o despertar como uma revelação gradual. Embora as formas japonesas dessas duas escolas tenham permanecido separadas, elas se fundiram na China durante a dinastia Ming (1368-1644).

Já no século XVI, a prática difundida de *nianfo* da Terra Pura passou a fazer parte da liturgia diária dos mosteiros Chan. Nesse contexto, contudo, ele se tornou mais um exercício de "poder próprio" do Chan do que um exercício de "poder do outro" da Terra Pura. Isso se devia ao fato de que, além da recitação, um tema comum de meditação era "quem recita o nome do Buda?", ou seja, qual é nossa verdadeira natureza? Um sincretismo entre a escola da Terra Pura e a escola Chan também se desenvolveu, no qual viam-se a natureza do Buda "interior" e o Buda Amitābha "exterior" como diferentes maneiras de olhar para a mesma realidade.

História posterior

O budismo floresceu na dinastia Tang (T'ang) (618-907), quando os mosteiros eram instituições grandes e bem-providas que promoviam a criatividade artística, cuidavam dos doentes, dos idosos e dos órfãos e administravam projetos de desenvolvimento comunitário. Entretanto, a influência do budismo e a riqueza acumulada pelos seus mosteiros conduziu a maquinações dos seus rivais daoistas. O governo, precisando de dinheiro depois de uma guerra civil, visou os metais preciosos usados nas imagens budistas, as terras dos templos e a isenção fiscal desfrutada pelos monges e pelos leigos que trabalhavam nos mosteiros. Em 842, o imperador confiscou terras que pertenciam a monges e monjas negligentes e em 845 mandou destruir quase todos os mosteiros-templos, reduzindo ao estado laical muitos monges e monjas e tomando grande parte das terras do *Saṅgha*. A perseguição foi breve, mas devastou as instituições budistas em toda a China. O imperador faleceu em 846 e sua política foi revertida, mas a maioria das escolas não conseguiu se recuperar e entraram em declínio. A Tiantai reteve parte do seu poder, mas as principais escolas sobreviventes foram a Chan e a Terra Pura. A Chan sobreviveu porque não dependia tanto de bibliotecas, imagens etc., seus monges tinham passado a cultivar os próprios alimentos e muitos dos seus centros eram isolados do ponto de vista geográfico. A Terra Pura sobreviveu porque era sobretudo um movimento leigo. O apogeu do budismo na China tinha sido deixado para trás.

No entanto, durante a dinastia Song (Sung) (960-1279), todo o Cânone de textos sagrados budistas foi impresso, tendo sido usados mais de 130 mil blocos de impressão de madeira (972--83). Com o tempo, contudo, o budismo veio a perder terreno para o poder em ascensão do neoconfucionismo, que atingiu sua forma clássica no século XII. Tratava-se de uma ideologia e metafísica superabrangente que extraiu elementos da filosofia budista e tornou-se um parâmetro para os concorridos exames para o serviço público. Sob sua influência, o budismo passou cada vez mais a ser visto como adequado apenas para as massas. O declínio do budismo sob essa expressão reformulada de convicções chinesas nativas é, sob alguns aspectos, semelhante ao seu declínio na Índia sob o hinduísmo, um bramanismo reformulado. Em ambos os casos, uma religião ou filosofia estreitamente ligada a uma cultura nacional veio a eclipsar uma religião universal da qual muitas coisas ela copiara. Com o tempo, contudo, tornou-se muito comum a prática das pessoas se inspirarem no confucionismo, no daoismo e no budismo.

Na dinastia mongol Yuan (1280-1368), o patrocínio do Estado aumentou de novo, embora fosse sobretudo para o budismo do norte. No início da dinastia Ming (1368-1644), o budismo teve uma pequena revitalização devido ao incentivo inicial do Estado, mas depois o controle da educação pelos eruditos confucianos e o fato de os budistas estarem impedidos de ser funcionários do governo acarretou um declínio na erudição budista. Entretanto, o budismo popular ainda prosperava, embora se combinasse cada vez mais com o daoismo e a religião popular. Na dinastia Qing (Ch'ing), ou Manchu (1644-1911), o budismo continuou a ser criticado pelos neoconfucionistas, mas no século XVII os imigrantes chineses o propagaram pela ilha de Taiwan.

VIETNÃ E COREIA[22]

O budismo Śrāvakayāna e Mahāyāna tinha chegado ao norte do Vietnã, proveniente da China e da Índia, por volta do século III EC. A escola da Terra Pura teve influência em nível popular a partir do século IX, e a escola Thien (Ch. Chan) se tornou a mais influente nos mosteiros (Thien-An, 1975). A partir do século X, o budismo floresceu entre todas as classes de pessoas e o patrocínio do Estado teve início, sendo os monges Thien a elite cultural erudita.

No sul, o hinduísmo e o budismo Śrāvakayāna e Mahāyāna chegaram ao reino de Champā por volta no século III EC. Por volta de 900 EC, uma combinação do Mahāyāna com o Śaivismo

---

22 Sobre esse assunto, ver Bechert e Gombrich, 1984: 198-208; Chun, 1974; Thien-Na, 1975.

foi favorecida pelos governantes. No século XV, uma invasão do norte resultou na subsequente dominância da forma do Mahāyāna de base chinesa em todo o Vietnã, embora o Theravāda continuasse a existir no sul perto do Camboja. No entanto, uma revitalização do confucionismo como ideologia do Estado conduziu a um declínio gradual do budismo, e, a partir do final do século XVI, o cristianismo católico, propagado pelos missionários espanhóis, e depois franceses, alcançou certo sucesso no sul. No século XVIII, o budismo teve uma espécie de revivescência.

Assim como em muitas culturas, a religião nativa da Coreia é uma forma de xamanismo, e isso continua até hoje. Já no final do século IV, o budismo tinha chegado ao norte e ao sudeste, e no século VI havia penetrado em toda a península coreana, trazendo com ele grande parte da cultura chinesa. Nos séculos VI e VII, monges coreanos que estudavam na China trouxeram de volta a maioria das escolas do budismo chinês. O budismo se tornou a religião da elite, tendo a forma da Terra Pura alcançado certo sucesso entre as pessoas comuns. No entanto, o confucionismo era a filosofia da aristocracia inferior. Durante o período Silla (688-935), o budismo se tornou força dominante na sociedade, com a escola Seon (Ch. Chan) passando a ser importante a partir do século IX (Mu Soeng, 1987). No período Koryo (935-1392), o budismo foi muito influente, sendo uma religião tanto popular quanto aristocrática a partir do século XII. O patrocínio do Estado era considerável, e os monges budistas conseguiram fazer com que a pena de morte fosse abolida em 1036. Todo o Cânone chinês foi impresso no século XII e uma nova edição foi impressa no século XIII, com a utilização de 81.258 blocos de impressão de madeira (que ainda existem). No século XIV, o budismo passou a dominar a vida cultural.

O monge leigo Won Hyo (617-86)[23], uma figura nada convencional, escreveu extensos comentários sobre as doutrinas e *Sūtras* enfatizados por todas as escolas concorrentes, buscando harmonizá-las em torno da ideia da "Mente Una". Seus textos foram influentes na China, e ele foi o primeiro a desenvolver na Coreia a tendência sincretista que iria se tornar comum. Depois do surgimento da escola Seon no século IX, contudo, houve uma considerável rivalidade entre esta, que enfatizava o ensinamento oral de mente para mente, e outras escolas baseadas nos *Sūtras*, em particular a Hwaom (Ch. Huayan). A escola Seon também defendia uma abordagem "repentina" da realização, em vez de uma abordagem gradual. Uich'on (1055-1101) foi o primeiro a tentar uma reconciliação entre abordagens que lhe pareciam unilaterais, as quais enfatizavam ou o estudo ou a meditação em vez de buscar um equilíbrio entre as duas. Sua tentativa de aproximação se baseava em uma revitalização da escola Ch'ont'ae (Ch. Tiantai), mas depois da sua morte esta se tornou apenas mais uma escola rival. A pessoa mais responsável pela tendência conciliadora do budismo coreano foi o monge Chinul da escola Seon

23 *BP*.44; Mu Soeng, 1987, pp. 33-43.

(1158-1210; Mu Soeng, 1987, pp. 82-108), que também instituiu uma forma da escola Seon verdadeiramente coreana. De forma singular, ele usou os *Sūtras* para guiar sua prática Seon, e assim veio a ensinar a utilidade do estudo dos textos sagrados. Assim como na escola Seon tradicional, ele aceitava a importância central dos vislumbres repentinos da natureza do Buda. No entanto, também admitia que muitas pessoas precisavam amadurecer esses vislumbres por meio do refinamento gradual dos estados benéficos, ao mesmo tempo que considerava que tanto estes quanto as impurezas eram vazios de existência inerente (*BS2*.41). Ele se valia das práticas de várias escolas de uma maneira pragmática, de acordo com as necessidades das pessoas de diferentes posições. Em essência, contudo, ele desenvolveu uma síntese da escola Seon com a filosofia e práticas da escola Hwaom. No século XIV, o método *gong-an* da escola Linji, que ele começara a experimentar, tornou-se o método Seon normativo.

O budismo sofreu uma reversão na dinastia Yi (1392-1910), quando o neoconfucionismo da China foi adotado como ideologia do Estado. No início do século XV, terras de mosteiros foram confiscadas, os mosteiros foram reduzidos para 242, depois para 88, e as escolas foram reduzidas a 7, e depois para 2 organizações guarda-chuva. Estas eram a escola Seon, ou de Meditação, dominada pela Seon, mas incluindo também a Kyeyul (Ch. Lü), a Ch'ont'ae e a Milgyo (Ch. Zhenyan), e a escola Kyo, ou Textual, que abarcava as escolas remanescentes. Os monges foram impedidos de entrar na capital (1623) e as crianças aristocratas foram proibidas de se ordenar. Por conseguinte, o budismo se retirou para os mosteiros nas montanhas, sendo aos poucos considerado uma religião do povo, como na China, com uma revitalização ocorrendo na década de 1890.

JAPÃO[24]

História inicial

A tradição religiosa nativa do Japão é o xintoísmo, o "Caminho dos Deuses", que se baseia na devoção a um leque de seres divinos, cada um conhecido como um *kami*. Alguns são vistos como forças criativas personalizadas, muitos como forças impessoais presentes em objetos naturais notáveis e animais e alguns como seres humanos extraordinários: qualquer coisa impressionante ou misteriosa pode ser considerada um *kami*. A tradição não tinha forte dimensão ética, mas possuía uma apreciação desenvolvida da beleza natural e preocupação com a pureza ritual.

O budismo chegou oficialmente ao Japão em 538 EC, quando um rei coreano enviou embaixadores com um imagem do Buda, textos sagrados e um grupo de monges (*BP*.17). Depois,

24 Sobre esse país, ver Bechert e Gombrich, 1984: 222-30; Kusahara, 2001; Kitagawa, 1990.

grande parte da civilização chinesa, inclusive o confucionismo e o daoismo, também chegou ao país, onde então se desenvolvia uma monarquia centralizada. O budismo foi adotado a princípio devido ao atrativo da sua arte e ritual, ao poder protetor oferecido pelos ritos que geravam a fruição kármica ou recorriam ao poder de seres sagrados e ao poder da sua ética de incentivar a harmonia entre clãs rivais. Dizem que o príncipe Shōtoku (573-622; *EB*.9.1), um regente culto e devoto, implantou com firmeza o budismo e tornou-o religião do Estado, com responsabilidade pelo bem-estar do Japão; o confucionismo foi tornado a filosofia do Estado. A partir desse período inicial, o budismo passou a ter vínculos com o poder do Estado.

No período de Nara (710-84), o devoto imperador Shōmu ordenou a construção de templos em todo o território. Os monges atuavam como escribas, introduzindo assim a escrita no país, e ajudaram a abrir um sistema viário em todo o Japão. Seis escolas do budismo chinês foram introduzidas, sendo a mais influente a Kegon (Ch. Huayan). Em Nara, a capital, Shōmu construiu um templo que abrigava uma imagem de Vairocana com 16 metros de altura: o Buda central, com seu Corpo do *Dharma*, de acordo com a escola Kegon. A imagem representava o centro tanto do poder espiritual quanto do poder temporal no reino. Assim como a escola Kegon via a realidade suprema como se interpenetrasse a realidade fenomenal sem que tolhessem uma à outra, o poder do imperador era visto como interpenetrando a sociedade japonesa. Essa ideia se encaixava bem com a combinação de coletivismo e individualismo encontrada na cultura japonesa. Um *kami* de Nara também foi reconhecido como um *Bodhisattva* e se tornou o protetor do templo principal.

O budismo de Nara se destinava sobretudo à elite. Atraía riqueza e também monges ambiciosos no aspecto político, que tinham recebido ordens para se ordenar para benefício kármico do governante. Em decorrência, tornou-se corrupto e politicamente ativo. A capital, portanto, foi transferida para Kyoto no início do período Heian (794-1185). O budismo japonês atingiu então a maioridade.

O monge japonês Saichō (767-822) introduziu a escola Tendai (Ch. Tiantai) chinesa em 805 (*BT*.255-76; *EB*.9.4). Seu principal mosteiro-templo foi instalado no Monte Hiei, perto de Kyoto, onde Saichō estabeleceu um regime de treinamento de estudo, meditação e disciplina monástica com doze anos de duração. Esse se tornou o templo mais importante no país e abrigou 30 mil monges no seu apogeu. Na sua síntese abrangente, o *Sūtra do Lótus* representava a verdade mais elevada, mas elementos do *Chan*, da devoção a Amitābha e de práticas tântricas foram incluídos.

O monge japonês Kūkai (774-835) trouxe a escola Mantranaya Zhenyan da China em 816.[25] No Japão, ela se chama Shingon, e Kūkai estabeleceu o templo central dela no Monte

25 Ver *BS2*.56, *BT*.287-313; Hakeda, 1972; Kiyota, 1978c.

Kōya, a 80 quilômetros da capital. Ele ajudou a desenvolver a escrita atual do idioma japonês, causou um impacto notável nas artes e popularizou muitos ritos e liturgias de proteção. Os ritos coloridos e complexos da escola Shingon vieram a suplantar a influência da escola Tendai na corte real, e a escola também teve alguma influência na própria Tendai. Kūkai, que é chamado muitas vezes pelo seu título honorário Kōbō Daishi ("Grande Mestre da Disseminação do *Dharma*"), é enaltecido como inovador cultural, e locais que, segundo se acredita, eram associados a ele são o foco da rota da peregrinação de 88 templos ao redor da ilha de Shikoku (ver p. 283), acreditando-se que ele acompanha espiritualmente cada peregrino.

Os praticantes da escola Shingon têm o objetivo de estabelecer contato com várias forças sagradas; um importante ritual Shingon é a cerimônia do fogo, chamada *goma* (S. *Homa*). Em essência, ele deriva da cerimônia do fogo bramânica na qual as oferendas para os deuses eram colocadas em uma fogueira sagrada. Uma forma dessa cerimônia foi adotada pelo budismo tântrico indiano e, através da China, chegou à escola Shingon, a partir da qual a Tendai também a adotou. A cerimônia é executada com o objetivo de alcançar uma finalidade especial, como a paz ou a vitória. Para a cura de uma doença, oferendas são feitas ao Buda Yakushi (Bhaiṣajya-guru). Um monge (hoje em dia, clérigo casado) oferece madeira aromática, óleo e incenso em uma fogueira ou altar diante de uma imagem ou *mandara* (S. *Maṇḍala*), enquanto faz vários *mudrās*, ou gestos simbólicos com as mãos. A escola Shingon encara o uso de *mudrās*, *mantras* e visualizações de símbolos e imagens como os "três mistérios" (*sanmitsu*). Eles sintonizam o corpo, a fala e a mente com Vairocana (Jap. Dainichi), o Buda supremo, que representa a realidade suprema que tudo permeia, possibilitando assim que a pessoa conheça sua identidade com ele. A "*Maṇḍala* de Dois Princípios" consiste nas *maṇḍalas* da esfera *Vajra* e da esfera *Garbha*/Útero, ambos com Vairocana no centro. O primeiro representa a Realidade Verdadeira em forma estática, bem como a sabedoria atemporal de Vairocana; o segundo representa sua compaixão impregnada de sabedoria dinâmica e ativa no mundo.

Nas escolas Tendai e Shingon, uma ideia importante era *hongaku shisō*, despertar/iluminação "original" ou "inato/a" (Stone, 1999), expressão que ocorre pela primeira vez no "Despertar da Fé no Mahāyāna" (ver pp. 239-40). Essa ideia se tornou uma influência fundamental no budismo japonês dessa época, segundo a qual viam-se todos os fenômenos do dia a dia como detentores, de algum modo, da natureza desperta de um Buda.[26] A pessoa que se dedicava à prática religiosa não tinha como objetivo se tornar um Buda, mas, sim, na verdade, saber que já o era.

Embora as escolas Tendai e Shingon florescessem na corte, a devoção a Amitābha e Avalokiteśvara estava se propagando entre as pessoas. O xintoísmo permaneceu forte na zona rural, embora viesse a ser sintetizado com o budismo em uma forma conhecida como Ryōbu ou

26 *BP*.18; Hubbard e Swanson, 1997, pp. 4-6.

"aspecto Dual" (*EB*.9.2). Nisso, as escolas Shingon e Tendai ensinaram que os principais *kamis* eram manifestações dos Budas e *Bodhisattvas* celestes, a deusa do sol Amaterasu sendo uma forma de Vairocana. Nos santuários do xintoísmo foram erguidas imagens dos seres sagrados budistas correspondentes; o xintoísmo copiou expressivamente elementos do budismo, bem como do confucionismo e do daoismo, para se sistematizar e fortalecer.

No final do período Heian, as escolas Tendai e Shingon se tornaram decadentes, ocorrendo então um período de caos social, político e religioso, a ponto de se considerar o início do "período do *Dharma* moderno" (*mappō*) em 1052. Durante o turbulento período Kamakura (1192-1333), o poder era dominado pelos Shōguns militares e pelos *bushi*, ou a classe dos cavaleiros-guerreiros, hoje conhecidos em geral pelo seu nome posterior, *samurai*. No entanto, estes últimos ajudaram o budismo a se espalhar pelo povo, dando-lhe assim raízes profundas. Foram criadas cinco novas escolas, que eram mais simples e mais práticas do que o longo e complexo caminho da escola Tendai e mais abertas do que o ritual esotérico da Shingon. Todas foram fundadas por monges que tinham completado o treinamento Tendai no Monte Hiei, mas sentiam que ele se tornara corrompido. De diferentes maneiras, todos atribuíam importância à qualidade da fé. Além disso, as escolas budistas japonesas tinham limites mais firmes do que em outras terras budistas, tornando-se mais como seitas isoladas, com seus próprios seguidores leigos. Elas também tenderam a se dividir, com o tempo, em muitas subseitas.

As escolas da Terra Pura

A síntese da escola Tendai continha aspectos da prática da Terra Pura (*EB*.9.5), e, durante o século X, vários monges Tendai heterodoxos tinham começado a propagar a devoção a Amida (S. Amitābha) entre as pessoas (*BS2*.9). No entanto, a escola só decolou mesmo na era Kamakura, sob a liderança de Hōnen (1133-1212) e Shinran (1173-1263).[27] Hōnen foi um monge erudito que, aos 43 anos, veio a considerar o caminho da escola Tendai difícil demais como recurso para o despertar na decadente era *mappō*. Por conseguinte, voltou-se com humildade para o "caminho fácil" de confiança em Amida e seu "voto original" para salvar a todos (*BS2*.42). Deixando o Monte Hiei, popularizou a prática do *nembutsu* (ver p. 242) em Kyoto durante muitos anos e escreveu uma obra enfatizando uma fé simples e sincera em Amida. No entanto, foi exonerado das funções de monge e expulso de Kyoto, pois as autoridades da escola Tendai não apreciaram o fato de ele se opor à ortodoxia. O idoso Hōnen, contudo, encarou isso apenas como uma oportunidade para pregar na região rural, preocupado por temer que os poderes divinos que ele julgava protegê-lo fossem punir aqueles que se opunham à sua mensagem.

27 *BT*.314-44; *EB*.9.3; Williams, 2009, pp. 254-66.

Ele próprio não fundou uma nova escola (*shū*), mas seus seguidores criaram uma. Formaram o primeiro grupo budista japonês independente do poder do Estado, unindo pessoas de diferentes classes. O assédio fortaleceu sua união, de modo que, com o tempo, separaram-se da escola Tendai e se tornaram a escola Jōdo-shū, ou "escola da Terra Pura".

Shinran deixou o Monte Hiei para seguir Hōnen, indo para o exílio com ele e depois viajando bastante para popularizar a devoção a Amida entre os pobres e os *bushi*. Sentia-se incapaz de alcançar o despertar pelos próprios esforços, de modo que seu último recurso era a fé em Amida — embora afirmasse não saber se o *nembutsu* conduziria à Terra Pura ou ao inferno. Sentia que os seres humanos eram pecadores irremediáveis, repletos de paixão e depravação, desconhecendo o que é verdadeiramente o bem ou o mal. Sua interpretação da mensagem de Hōnen a tornou mais simples e radical. As pessoas precisam desistir de qualquer tentativa desesperada de ter "poder próprio" (Jap. *jiriki*) e devem tomar cuidado para que o cultivo deliberado da virtude ou da sabedoria não resulte em orgulho e falta de fé em Amida. Hōnen ensinava que, já que até mesmo as pessoas perversas poderiam renascer no Sukhāvatī, então as boas por certo poderiam renascer lá; Shinran ensinou que, já que até mesmo as pessoas boas poderiam renascer lá, as "perversas" tinham chance ainda maior de que isso acontecesse (*BT*.340): uma ideia semelhante ao conceito cristão da "salvação dos pecadores". A salvação acontece quando aceitamos com gratidão a graça redentora de Amida, e não por meio de boas ações. Até mesmo nossa fé é proveniente da graça (*BS2*.59), porque o poder de Amida, que tudo permeia, pode ser encontrado dentro de nós, impelindo a natureza do Buda a sobrepujar a arrogância e o pecado.

Para Hōnen, a recitação do *nembutsu* era o ato religioso central, mas a devoção a outros Budas e *Bodhisattva*s ainda era aceita. Devemos procurar nos aprimorar e praticar frequentes repetições do *nembutsu* para tornar mais certa a salvação. Somente nossa atitude poderia tornar isso uma manifestação de "poder próprio", não o número de recitações. Shinran ensinou, contudo, que uma única recitação sincera — uma expressão de *shinjin*, a verdadeira confiança da autoentrega — era suficiente; depois disso, as recitações deveriam ser feitas apenas para agradecer Amida por já nos ter salvo, sendo *shinjin* equivalente à entrada no fluxo (ver p. 115). A repetição para ajudar a salvação era uma forma de "poder próprio". Como é muito fácil escorregar para o caminho do "poder próprio", Shinran ensinou que o "poder do outro" (Jap. *Tariki*) era o caminho *difícil*, não o "caminho fácil" (ver p. 242). Embora a salvação pela graça pura seja muito diferente da ênfase budista inicial na autossuficiência, elas compartilham o ideal do "abandono". O budismo primitivo defendia o abandono de todos os fenômenos condicionados de forma a minar o conceito do "Eu sou", enquanto Shinran defendia o abandono do "poder próprio" em prol do poder redentor de Amida. Ambos visam superar o egoísmo, mas os budistas primitivos consideravam ser isso possível pelo cultivo dos recursos interiores por meio da prática do *Dharma* ensinada por Gautama, enquanto Shinran considerava que os recursos eram provenientes de Amida, ou pelo menos que apenas Amida tinha o poder de permitir a alguém entrar em contato com sua natureza búdica, já que ele próprio era uma encarnação dela.

Embora a maioria dos seguidores monásticos de Hōnen mantivessem o celibato, Shinran o abandonou quando sonhou que Avalokiteśvara — ou, em um relato, Shōtoku — disse a ele que se casasse. Ele considerava o monasticismo desnecessário para a salvação, e o casamento, uma admissão realista da fraqueza humana. Desse modo, deu início a uma espécie de clero casado hereditário, defendendo a família como o centro da vida religiosa. Embora tivesse nascido aristocrata, com humildade descrevia-se como um "calvo ignorante", chamando seus seguidores de "companheiros crentes". Mais à frente, estes formaram a Jōdo-shin-shū, ou "Verdadeira Escola da Terra Pura", também conhecida como Shin-shū.

As escolas Zen[28]

A meditação Zen fora incluída na escola Tendai, e os mestres da escola Chan tinham vindo da China para visitar o Japão, mas o Zen só se popularizou como uma escola à parte no período Kamakura. O monge Eisai (1141-1215) o trouxe da China e foi o primeiro a apresentá-lo, em sua forma Rinzai (Ch. Linji). Ele sofreu oposição dos monges da escola Tendai quando declarou que o Zen era a melhor forma de prática, mas sua adaptabilidade garantiu que o Zen lançasse raízes, porque ele também transmitia ensinamentos Tendai, Shingon e Ritsu (Ch. Lü). Quando diziam que o Zen teria um efeito debilitante sobre o povo, Eisai argumentava que, pelo contrário, o Zen o fortaleceria e protegeria a terra (*BS2*.34; *BT*.363-65). De fato, a disciplina ética e de meditação do Zen, bem como a indiferença diante da morte, agradava aos *bushi*, que foram com isso mais capazes de resistir a duas tentativas de invasão da Mongólia, em 1274 e 1281. Eisai ganhou a proteção de um Shōgun (ditador militar) na capital Kamakura e estabeleceu a duradoura aliança entre a escola Rinzai e os *bushi*/samurais. Isso também pode ser encarado como um exemplo de "meios hábeis", na forma de uma adaptação do budismo ao modo de vida de um grupo particular de pessoas.

Embora o Rinzai Zen tivesse sucesso sobretudo entre os samurais, o Sōtō (Ch. Cao-dong) Zen tinha um apelo mais popular, tornando-se conhecido como Zen "dos agricultores". Ele foi apresentado por Dōgen (1200-1253), talvez a figura mais importante do budismo japonês (Dumoulin, 2005b, pp. 51-119). Esse gênio religioso, admirado por todos os japoneses, conferiu ao Zen uma identidade completamente isolada da escola Tendai, bem como uma forma

28 Sobre essas escolas, ver: *BT*.355-98; Dumoulin, 2005b.

mais japonesa. Por ser um monge Tendai, um problema que o incomodava era o seguinte: se as pessoas já tinham a natureza do Buda, por que precisavam se empenhar na prática religiosa para alcançar a Condição de Buda? A busca da resposta o conduziu a um templo Rinzai e depois para a China, onde encontrou um mestre que lhe causou um despertar. Em 1227, ele voltou ao Japão, e embora não desejasse fundar uma nova escola, sua defesa obstinada do Zen fez com que uma escola se formasse em torno dele. Ele atraiu muitos discípulos, monásticos e leigos, homens e mulheres, e várias vezes precisou mudar para um templo maior para acomodar sua comunidade. Enfatizava uma vida rígida e simples de disciplina monástica e *zazen*, ou "meditação sentada", e preferia ter alguns bons discípulos do que um mosteiro ricamente patrocinado com muitos discípulos falsos.

Dōgen deixou muitos textos, dos quais o mais importante é o *Shōbōgenzō*.[29] Assim como Eisai e Chinul, ele criticava o fato de a escola Chan na sua fase mais avançada negligenciar os *Sūtra*s, pois os considerava como estando de acordo com a transmissão direta da verdade de mente para mente. Ele próprio era bastante versado no Śrāvakayāna e nos *Sūtra*s Mahāyāna, e sentia que o estudo era aceitável desde que fosse realizado para apoiar a prática, e não por suas vantagens intrínsecas: "É você que se perde nos *Sūtra*s, e não os *Sūtra*s que o desencaminham".

Na sua leitura, Dōgen ficou bastante impressionado com o exemplo pessoal do Buda histórico, que ele considerava ter vivido uma vida simples e ascética de empenho constante pelo benefício dos outros. Para o Zen, Śākyamuni deixou de ser um ser celestial tão glorioso, como no Mahāyāna anterior, e voltou a ser mais um mestre e exemplo humano. Em sincronia com isso, tanto a escola Chan quanto o Zen tinham uma simpatia pelos primeiros *Arhat*s seguidores do Buda. Para Dōgen, a leitura dos *Sūtra*s era vista como conducente à fe no Buda e na suprema realidade. Essa fé também era despertada pela experiência da impermanência e do sofrimento (cf. p. 67) — os pais de Dōgen morreram quando ele era pequeno —, de modo que o *Dharma* era considerado uma maneira de transcender a dor. A fé deveria conduzir ao respeito por qualquer objeto ou prática budista e também à confiança no mestre Zen da pessoa.

Dōgen defendia o *zazen*, ou "meditação sentada", como um retorno ao verdadeiro budismo do Buda, um método fácil e natural aberto a todos e que abrangia todas as demais práticas. Ele criticava a dependência da Rinzai em relação ao *kōan* (ver p. 247) como unilateral e excessivamente mental, enfatizando a importância de também treinar o corpo usando da maneira correta a postura de meditação do "lótus" dos Budas. O *zazen* não é encarado como um "método" para "alcançar" o despertar, sendo ele próprio o despertar, uma maneira de a pessoa exibir sua natureza inata do Buda (Cook, 1983). Desse modo, Dōgen resolveu o problema que o fizera partir em sua jornada espiritual; além disso, veio a enxergar todo o mundo imperma-

---

29 *BT*.367-73; Cleary, 2000; Masunaga, 1971; Putney, 1996; Waddell e Abe, 2002.

nente como a própria natureza do Buda (ver p. 173), uma espécie de fluxo de realidade em transformação, cuja verdadeira natureza precisa ser conhecida e expressa. A pessoa precisa meditar em *zazen* com consciência constante e com a fé de que já é um Buda. Esse é um processo de autoesquecimento no qual a natureza do Buda expande, de modo gradual, seu potencial infinito por toda a vida da pessoa:

> Estudar o caminho do Buda significa estudar a si mesmo. Estudar a si mesmo significa esquecer de si mesmo. Esquecer de si mesmo significa deixar que o mundo objetivo prevaleça em você [ou: ser iluminado por todas as coisas]. Deixar que o mundo objetivo prevaleça em você significa abandonar "seu próprio" corpo e mente, bem como o corpo e a mente dos "outros". (*Shōbōgenzō shakui, Genjōkōan* (*BT*.371))

Como uma ajuda para isso, a disciplina física, mental, moral e intelectual oferece uma estrutura apropriada para uma vida de ação altruísta. Dōgen, portanto, criticava uma corrente antinomiana que ele percebia em algumas manifestações do Chan/Zen, considerando-a uma "heresia naturalista" (*jinen gedō*): a ideia de que a mente como ela é já é naturalmente idêntica à mente desperta, uma ideia associada ao que Dōgen chamava de "heresia Senika" (*senni-gedō*),[30] que via a natureza do Buda como um Eu permanente que reside em um ser (Faure, 1991, pp. 59-63).

A escola Nichiren[31]

A escola Nichiren recebeu o nome do monge Nichiren ("Lótus do Sol"; 1222-1282). Esse filho de pescador tinha a intenção de reformar a escola Tendai por meio de uma defesa sincera do seu principal texto sagrado, o *Sūtra do Lótus*, que ele encarava como a expressão da essência do budismo. Via-se como sucessor do fundador da escola Tiantai e como a encarnação de um *Bodhisattva* que, segundo o *Sūtra do Lótus*, protegeria os ensinamentos desse texto sagrado na era *mappō*. É provável que tenha sido influenciado por um tipo de meditação Tendai que envolvia o culto e a recitação do *Sūtra do Lótus*, bem como a circum-ambulação de uma cópia dele (Stevenson, 1986: 67-72).

Em 1253, ele começou uma campanha para converter o Japão à fé no *Sūtra do Lótus*. Encarou uma série de calamidades naturais como produto da decadência nacional e prognosticou a tentativa de invasão mongol de 1274. Era um patriota que tinha a missão de salvar o Japão,

30 Em alusão a um indiano, Śreṇika Vatsagotra, cujos pontos de vista eram criticados pelo Buda: *Asta*.8-9 (e ver a nota na p. 72 da tradução), Conze, 1975, pp. 12-3, 101-02, e o *Mahāparinirvāṇa Sūtra*, cap. 39. Ele parece idêntico ao "Vacchagotta" dos *Suttas* páli, que faz as perguntas indeterminadas (*M*.I.483-89), ou seja, está obcecado pela ideia de um "Self" (ver p. 108).

31 Sobre esse assunto, ver: *BT*.345-54; Habito e Stone, 1999; Kodena, 1979; Williams, 2009, pp. 165-71.

dizendo que o país iria prosperar quando venerasse o verdadeiro budismo e seria a fonte de onde este se propagaria para o mundo inteiro, ocasionando uma era de ouro. Defendia um método de "poder próprio" que todos tinham facilidade em praticar e que consistia na entoação das palavras rituais *Na-mu myō-hō ren-ge-kyō*, "Honra ao *Sūtra do Lótus* do Verdadeiro *Dharma*", e na contemplação de uma placa de madeira ou um pergaminho, conhecido como *gohonzon*, no qual essa invocação estava escrita (ver p. 282). Isso ativaria a natureza do Buda e conduziria à elevação moral do indivíduo e da sociedade, bem como à realização da Condição de Buda, até mesmo na era do *mappō* (*BS2*.57). Nichiren criticava todas as outras escolas, considerando-as devastadoras perversas do país, e declarava que o Estado deveria exterminá-las. Dizia isso porque todas elas negligenciavam o Śākyamuni do *Sūtra do Lótus* de alguma maneira. As escolas da Terra Pura cultuavam o imaginário Amida e as escolas Zen reverenciavam o Śākyamuni terreno, mas não o celestial, enquanto as escolas Shingon cultuavam Vairocana. Se a Shinran se perguntava se a recitação do *nembutsu* conduziria ao inferno, Nichiren estava certo de que isso aconteceria! Esse tipo de acusação odiosa é bastante incomum no budismo, e Nichiren se afigurava mais como um profeta do Antigo Testamento do que como um sábio budista tradicional. Suas declarações fizeram com que ele quase fosse executado e duas vezes expulso. Ele aceitou todo esse sofrimento com o espírito de um mártir, encarando-o como resultado do seu karma e como ajuda para sua purificação. Além disso, seu estilo carismático de ardoroso evangelismo e coragem pessoal atraíram muitas pessoas, que vieram a formar a escola Nichiren.

História posterior

O período Ashikaga (1333-1573) foi uma época de conflitos quase constantes, com o governo simultâneo de dois imperadores sucedido pelo governo de Shōguns rivais beligerantes. Durante esse período, o Rinzai Zen teve grande influência. Os templos Zen eram refúgios de paz, cultura, educação e arte, com o Rinzai promovendo avanços na pintura, caligrafia, escultura, impressão, jardinagem, arquitetura, literatura, teatro e medicina.

No Jōdo-shū, Ryōyo (1341-1420) desenvolveu a ideia de que a Terra Pura está, de fato, em toda parte e deve ser penetrada com uma atitude mental modificada durante a vida, e não na morte. No Jōdo-shin-shū, o "segundo fundador", Rennyo (1415-1499), se opôs a uma corrente de pensamento que dizia ser a conduta moral irrelevante para aqueles que tinham fé em Amida. Enfatizou que a fé sincera implicava um coração puro e que a vida moral expressava gratidão a Amida. Ele ensinava que as outras escolas não deveriam ser criticadas, mas que somente Amida deveria ser cultuado como o "Buda original" que abrange todos os outros. Em outras palavras, Amida era a encarnação do Corpo do *Dharma.*

O Jōdo-shin-shū passou a se concentrar em templos fortificados, com seus seguidores armados agindo para defender a fé. No último século do período Ashikaga, a seita se organizou, encabeçou levantes dos camponeses e se tornou o poder governante em uma das regiões do Japão. As escolas Tendai e Shingon também mantinham soldados, alguns dos quais eram monges, e no século XVI, budistas Nichiren atacaram os quartéis-generais das escolas Shin e Tendai antes de ser derrotados (*BP*.19). Esse comportamento não budista talvez possa ser encarado como produto de tempos violentos nos quais o poder político estava disponível e a ambição aflorou. No entanto, a ideia de que a violência poderia ser usada em defesa do *Dharma* — o que as pessoas viriam a enxergar com naturalidade como a defesa do *Dharma* tal qual compreendido pela sua seita — havia infelizmente sido expressa em seções do *Mahāparinirvāṇa Sūtra* do Mahāyāna.[32]

Dois poderosos Shōguns colocaram então um fim nos mosteiros militares até a era Tokugawa (1603-1867), quando o país foi unificado sob uma ditadura militar. Durante esse tempo, o Japão fechou as portas para quase todos os negociantes do mundo exterior. No século XVI, os portugueses tinham levado o cristianismo para o Japão. Alguns governantes o haviam defendido como contraste ao poder dos mosteiros budistas, tendo-o propagado com violência. Agora, ele era perseguido de modo implacável como um possível condutor da influência estrangeira, tendo se mantido com dificuldade como a religião secreta de alguns poucos.

Em 1614, o budismo tornou-se a religião de Estado, com todas as pessoas tendo que se registrar e frequentar periodicamente o templo mais próximo. O budismo não carecia de ajuda financeira, mas se tornou complacente demais e moribundo. O código dos samurais influentes continha vários elementos não budistas, como a obrigação da vingança e o desprezo pela vida. Um crescente secularismo também se desenvolveu à medida que as pessoas se mudavam para cidades em crescimento. Apesar disso, a erudição budista continuou, escolas primárias eram administradas e o mestre Hakuin (1685-1768), da escola Rinzai, revitalizou o uso do *kōan* (*EB*.9.6), fazendo muitos sermões populares. O leigo Zen Bashō (1644-1694) também popularizou o poema *haiku* de dezessete sílabas como forma de arte religiosa (Suzuki, 1959, pp. 215-67; ver pp. 397-99). Surgiu ainda uma nova escola Zen, a Ōbaku, que se inspirou em elementos tântricos e da Terra Pura (Dumoulin, 2005b, pp. 299-309). Ela surgiu a partir da influência dos monges Chan que fugiam dos conflitos políticos na China, e seu defensor mais famoso foi Tetsugen Dōkō (1630-1682), que encarava o Buda Amida como a representação da "natureza própria da Mente Una". A escola alcançou certo sucesso inicial, mas não superou a popularidade da Rinzai ou da Sōtō Zen, e hoje em dia tem apenas um punhado de templos em funcionamento.

---

32 Harvey, 2000, pp. 137-38, 265; Williams, 2009, pp. 163-65.

Apesar desses acontecimentos, o neoconfucionismo se tornou cada vez mais influente como ideologia do Estado na era Tokugawa, e, a partir do século XVIII, uma nova forma de xintoísmo começou a ser desenvolvida como a "verdadeira religião" dos japoneses, uma expressão genuína e espontânea de religiosidade, diferente das "artificialidades" do budismo e do confucionismo estrangeiros. Em 1868, isso culminou em um golpe de Estado que acabou com o Shōgunato Tokugawa, simpatizante dessas tradições estrangeiras. O poder foi devolvido ao imperador, visto como um *kami* que descendia da deusa do sol. Pouco depois, o Japão abriu as portas para a influência ocidental.

VISÃO GERAL E REFLEXÕES COMPARATIVAS

Embora a distinção entre o "poder próprio" e o "poder do outro" tenha surgido no budismo do leste, é proveitoso aplicá-la em todas as formas do budismo. Em linhas gerais, podemos traçar as tradições em um espectro da seguinte maneira: *extremo do poder próprio* <— 1. Chan/Zen; 2. Theravāda; 3. Tiantai/Tendai e Huayan/Kegon; 4. Vajrayāna tibetano e Shingon; 5. Nichiren; 6. Jingtu e Jōdo; 7. Jōdo-shin —> *extremo do poder do outro*. Entre os aspectos do poder próprio estão: o cultivo da moralidade, da meditação e da sabedoria; ser nosso próprio refúgio; radiância básica da mente; natureza do Buda; prática de entoar cânticos; ação compassiva. Entre os aspectos do poder do outro estão: o Buda e os membros do *Saṅgha* como professores; ensinamentos orais e textuais; o poder dos textos entoados (p. ex., textos *paritta* ou o *Sūtra do Lótus*); ajuda dos *Bodhisattva*s e Budas celestiais e dos deuses; divindades visualizadas; o poder salvador do Buda Amitābha. Além disso, os locais de peregrinação e as relíquias oferecem certo grau de poder do outro (ver pp. 129, 273, 282). No nível popular, em todas as tradições asiáticas, o budismo não raro recorre também a elementos de magia (p. ex., *BTTA*.214) que combinam o poder do além com a ideia de que este possa ser manipulado por certos métodos, combinando assim elementos do poder próprio com o poder do outro.

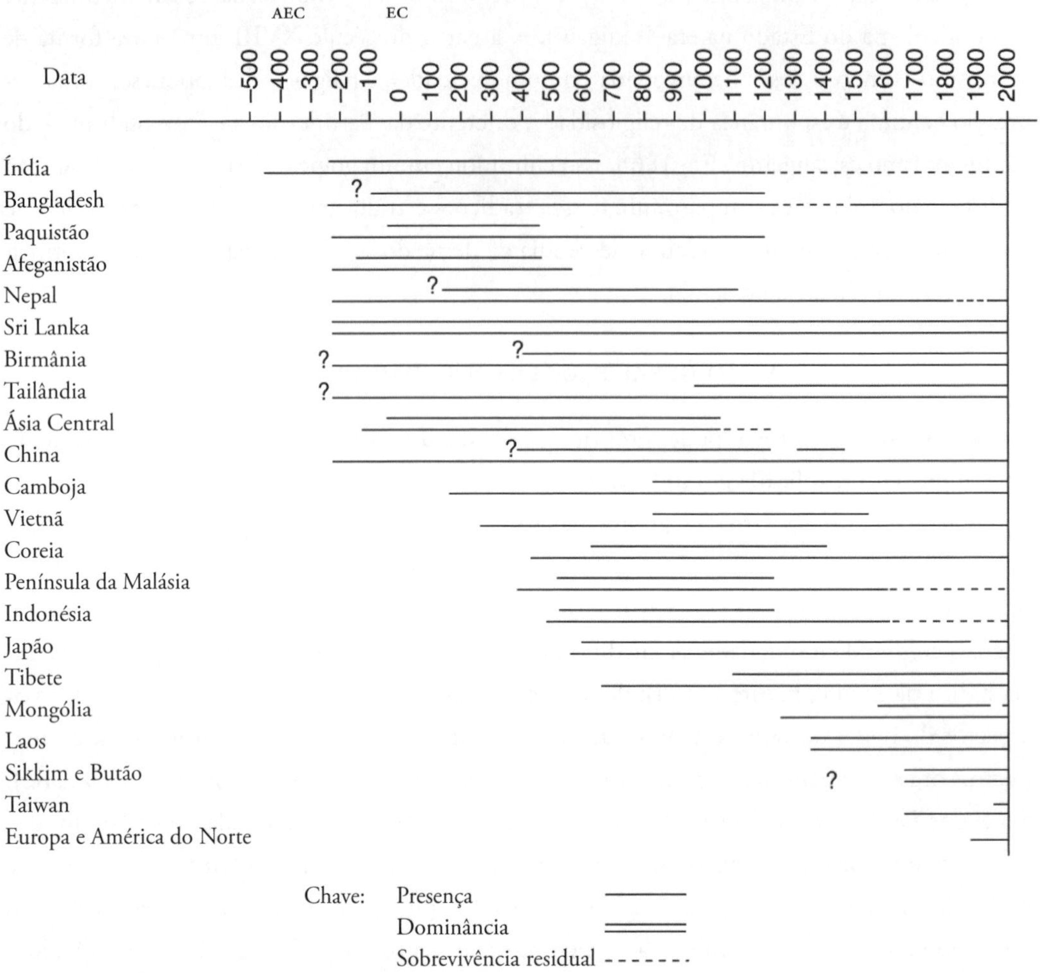

Figura 2: Tabela que mostra a presença, a dominância e a sobrevivência residual do budismo em diferentes países.

CAPÍTULO 8

A Prática Budista: a Devoção

A maioria das tradições do budismo considera *saddhā* (S. *Śraddhā*), "convicção confiante" ou "fé", uma qualidade que precisa ser equilibrada pela sabedoria e uma preparação para a meditação, ou um acompanhamento dela.[1] Tendo em vista essa condição, a devoção desempenha um papel importante na vida da maioria dos budistas. Embora possa, não raro, encerrar uma qualidade meditativa, ela está associada à "moralidade" na tríade "moralidade, meditação e sabedoria" e é vista como algo que se consuma juntamente com a moralidade, quando se alcança a entrada no fluxo (ver p. 116). Entre as ideias implícitas nas ações relacionadas com a devoção da maioria dos budistas asiáticos, Shenpen Hookham (2004) identificou as seguintes:

- *Adhiṣṭhāna* (S. e P. *Adhiṭṭhāna*): "influência ou bênção, uma espécie de poder que passa de uma pessoa para outra como uma doença contagiosa" (2004, p. 187). Os monges e as monjas o conduzem pela sua conexão com o grande poder espiritual do Buda por intermédio das suas linhagens de ordenação, bem como por meio da virtude do seu modo de vida. Essa bênção pode ser transmitida por um breve canto, pela imposição das mãos na cabeça ou passando adiante um objeto abençoado, como um pedaço de manuscrito, uma imagem ou um cordão que tenha estado ligado a monges que entoavam cânticos.
- *Nidāna*: conexão, o tipo de proximidade física que possibilita que *adhiṣṭhāna* passe de uma coisa ou pessoa para outra. Esse é o caso em particular quando, com o coração aberto, a pessoa faz oferendas ou mostra devoção a uma imagem, monumento ou pessoa ligada ao Buda.
- *Puṇya* (P. *Puñña*, traduzido neste livro como "fruição kármica"): o poder positivo ou energia da bondade que pode ser acumulada de forma ativa e depois direcionada a qualquer meta que possamos escolher. Ela é mais abundante quando doamos para aqueles ricos em *adhiṣṭhāna*, ou quando doamos por compaixão para os necessitados.
- *Praṇidhāna* (P. *Paṇidhāna*): uma firme resolução, desejo sincero ou promessa devota que carrega consigo o poder de consumar seu propósito positivo. "Muitas cerimô-

1 Conze, 1993; *BTTA*.25-8, 170; Gethin, 2001, pp. 106-12.

nias e rituais budistas consistem basicamente em fazer uma conexão que fará com que *adhiṣṭhāna* flua, depois em executar ações que irão gerar *puṇya* e depois em dedicar o *puṇya* na forma de *pranidhāṇas* para o bem geral, bem como para propósitos específicos" (2004, p. 196).

- *Satya-vākya* (P. *Sacca-vacana* ou *Sacca-kiriyā*, discutido em *Miln.*119-22): uma declaração ou elocução solene de alguma verdade a respeito do Buda, do *Dharma* ou do *Saṅgha*, ou de uma virtude genuína ou uma embaraçosa negligência da própria pessoa, o que é visto como uma forma de liberar um poder para o bem que opera maravilhas, para benefício de si mesmo e dos outros (Harvey, 1993, pp. 67-75).

Os três primeiros dos itens acima estão associados às ideias enfatizadas na literatura *Avadāna* (ver pp. 129-30). A essa lista pode-se acrescentar o princípio de que temos uma tendência natural de nos tornar mais parecidos com aquilo ou aquele que contemplamos, valorizamos ou com quem nos associamos com devoção. Assim como é melhor ter amigos virtuosos que não virtuosos, porque eles nos influenciam, as boas qualidades são cultivadas pela sintonia com qualquer coisa associada a estados de elevado desenvolvimento espiritual.

FOCOS E LOCALIZAÇÕES DE ATOS DEVOCIONAIS

A devoção aos Budas e *Bodhisattvas* focaliza-se ou canaliza-se pelo uso de vários artefatos, como imagens. Em casa, pode ser expressa diante de um santuário, que pode ser bem simples, como uma prateleira elevada e uma imagem em um canto tranquilo. Nos templos, sempre haverá alguma espécie de santuário ou corredor de imagens: nos templos Theravāda, as imagens são de Gotama, às vezes ladeadas pelos seus dois principais discípulos *Arahat*; nos templos Mahāyāna, é comum encontrar um grupo de três Budas celestiais, ou um Buda e dois *Bodhisattvas*, talvez com imagens dos dezesseis ou dezoito principais discípulos *Arahat* ao longo das paredes do corredor. Haverá sempre acomodações para monges e/ou monjas, ou, como no Japão, para clérigos casados. Desse modo, os templos são, na verdade, templos-mosteiros; os Theravāda são conhecidos pelo termo páli para mosteiro: *vihāra*. Há com frequência algum tipo de *Stūpa*, inclusive a forma de múltiplos telhados, conhecida no Ocidente como Pagode, que se desenvolveu na China. A maioria dos *Stūpas* são construídos de maneira a não ser possível entrar neles, com exceção de alguns na Birmânia e a forma de múltiplos telhados do Leste Asiático. Configuram-se a partir de um metro de altura, com alguns dos grandes sendo o maior atrativo de um templo. O *Stūpa* mais venerado no Sri Lanka é Mahāthūpa ou Ruvanvelisāya Dagoba, Anurādhapurā; datado do século II AEC, ele tem 103 metros de altura e 287 de circunferência (ver Prancha 7). Contém relíquias do Buda trazidas da Índia, e dizem que sua câmara de relíquias está no centro de uma árvore *Bodhi* de prata de 20 metros de altura, com um Buda de

Prancha 7: Ruvanvelisāya Dagoba, Anurādhapurā, Sri Lanka.

ouro maciço na base, circundado pela representação de cenas da vida do Buda (Strong, 2004, pp. 160-71). Na Birmânia, dizem que o famoso *Stūpa* Shwe-dāgon folheado a ouro, de 112 metros de altura, em Rangun, contém alguns fios de cabelo de Gotama e pertences de três Budas anteriores. Devido a seu caráter divino, ele foi folheado a ouro, além de coberto por uma orbe guarnecida com diamantes. Os templos também podem ter o seguinte: um salão para reuniões e pregações; um salão de meditação separado, como nos templos Zen; uma árvore *Bodhi*, como em muitos templos Theravāda; uma biblioteca e prédios administrativos; e, enfim, santuários para um ou mais deuses ou espíritos da natureza (compare com *EB*.6.2). Quase todos os templos são edifícios isolados, mas em todo o mundo budista há também cavernas naturais e especificamente escavadas, cujo interior fresco, calmo e um tanto impressionante tem sido usado como templo.

Os artefatos devocionais podem ser pagos por uma comunidade ou pessoa. Em ambos os casos, a comunidade pode participar de seu embelezamento. No Sudeste Asiático, as imagens não raro são cobertas de modo gradual com quadrados individuais de folhas de ouro. Como doar gera fruição kármica, que pode ser compartilhada, os artefatos podem ser doados, talvez em benefício de uma criança recém-nascida, de alguém que tenha morrido há pouco tempo, do sucesso de um empreendimento comercial ou do fim de uma guerra. Em 1961, o governo birmanês organizou a confecção de 60 mil *Stūpa*s de areia temporários para evitar uma calamidade mundial prevista pelos astrólogos em toda a Ásia (Spiro, 1971, pp. 258-59). O motivo de gerar fruição kármica significa que os templos costumam ter mais imagens do que seriam "necessárias", e novos *Stūpa*s podem ser construídos ao lado dos que estão velhos e decadentes. Isso acontece porque, de um modo geral, há mais alegria em começar algo novo do que em restaurar alguma coisa. Uma alegria maior deixa uma "marca" saudável na mente, considerando-se portanto que produz frutos kármicos de melhor qualidade. Na Birmânia, "Construtor de *Stūpa*" é um título respeitado, e os *Stūpa*s de fruição kármica são tão populares que vários podem ser vistos em qualquer paisagem.

REVERÊNCIAS, OFERENDAS E ENTOAÇÕES[2]

A maioria dos atos devocionais budistas não tem uma essência congregacional, embora sejam com frequência ocasiões para que as pessoas se reúnam e compartilhem uma atividade e experiência. Em casa, costumam ser realizados pela manhã e/ou à noite. As visitas ao templo podem ocorrer em qualquer ocasião, embora sejam mais comuns durante os eventos festivos ou em "dias de observância" especiais (ver p. 283). Ao visitar um templo, a pessoa executa atos que correspondem a uma demonstração de devoção aos "três refúgios". O Buda é representado pela imagem, pelo *Stūpa* e pela árvore *Bodhi*; o *Dhamma* é representado por um sermão ou ensinamentos informais oferecidos pelos monges; e o *Saṅgha* é representado pelos próprios monges. A devoção em casa ou no templo é expressada por *pūjā*: "reverência" e "respeito", que envolve fazer reverências, oferendas e entoações. Não envolve necessariamente a adoração, que é uma parte do "culto", embora possa envolvê-la às vezes.

Nas culturas budistas, as pessoas fazem reverências em muitas ocasiões. As crianças fazem reverência para os pais e para os professores; os adultos fazem reverência para os monges, as monjas, os *Lama*s e os idosos; e os monges fazem reverência para aqueles que estão ordenados há mais tempo do que eles. Essa inclinação da cabeça é um reconhecimento de que a outra pessoa tem mais experiência de vida ou de prática espiritual, e desenvolve respeito e humildade. É natural, portanto, fazer uma reverência diante dos objetos sagrados que apontam para a realidade mais elevada, bem como situar a imagem do Buda no "assento" mais elevado em um aposento. Dentro de uma sala-santuário ou na área que circunda um *Stūpa* ou árvore *Bodhi*, a pessoa demonstra humildade ao não usar sapatos, visto que, na Antiguidade, usá-los era sinal de riqueza e *status*, além do que, como é evidente, eles também podem trazer impurezas para dentro.

A reverência diante dos objetos sagrados em geral é feita três vezes, de maneira a demonstrar respeito pelos "três refúgios". A pessoa fica em pé ou se ajoelha com as palmas das mãos unidas em um gesto conhecido como *namaskāra*. As mãos são postas no peito e na testa ou, no budismo do norte, no peito, nos lábios e na testa: simbolizando respeito oferecido pelo corpo, pela fala e pela mente. A partir da posição ajoelhada, a pessoa coloca então os cotovelos, as mãos e a testa no chão. No budismo do norte, uma forma mais completa conhecida como "grande prostração" envolve deitar-se com o corpo inteiro no chão. A devoção também se manifesta na forma da circum-ambulação de *Stūpa*s, árvores *Bodhi* e templos, o que no budismo do norte pode ser entremeado com repetidas prostrações. No budismo do leste, uma prática também importante é a repetida reverência diante de uma imagem com espírito de arrependimento.

2 Sobre esse assunto, ver *EB.5.5.3*; Khantipālo, 1982; Welch, 1967, pp. 89-104, 382-87.

De modo geral, as oferendas são acompanhadas por versos cantados adequados à ocasião. Juntas, essas duas coisas visam a despertar a contemplação prazerosa e devocional das qualidades de um ser sagrado, bem como a aspiração do progresso espiritual. Por conseguinte, esses atos geram fruição kármica. As oferendas mais comuns são as flores. Um verso de oferenda de flores do Theravāda diz o seguinte, em páli:

Essa massa de flores, de cores revigorantes, fragrantes e selecionadas,
Ofereço aos abençoados pés de lótus do Senhor dos sábios.
Com diversas flores, reverencio o Buda/*Dhamma*/*Saṅgha*;
E que possa haver libertação por meio dessa fruição kármica.
Assim como essa flor fenece, também meu corpo avança rumo à destruição.

Esse verso combina a reverência jubilosa, a aspiração e a reflexão sobre a impermanêcia da vida humana. Um verso Zen de oferenda de flores almeja a que as "flores da mente" "floresçam na primavera da iluminação".

Prancha 8: Imagem tailandesa do Buda e oferendas na sala-santuário de um centro de meditação em Manchester, na Inglaterra.

A pessoa, quando entra em um templo budista, costuma sentir o aroma agradável de varetas de incenso em lenta combustão. Um verso páli de oferenda de incenso se refere ao Buda como "Aquele com corpo fragrante e rosto fragrante, fragrante com infinitas virtudes". Isso reflete a ideia de que o Buda tem um "aroma de santidade": um certo "ar" à sua volta sugere seu glorioso caráter e virtudes. Além de lembrar isso à pessoa, o incenso também cria um sentimento de alegria, que pode então ser focado sobre o Buda. Outra oferenda é a luz de pequenas lâmpadas ou velas, um lembrete dos Budas como seres "Iluminados" que dão luz ao mundo por meio dos seus ensinamentos. Um verso de oferenda do Theravāda descreve o Buda como "a lâmpada dos três mundos, dissipador da escuridão".

No budismo do norte, as lâmpadas de manteiga, feitas de prata finamente lavrada, não raro queimam de modo perpétuo diante das imagens. Também é comum que sete tipos de oferendas sejam colocadas diante de uma imagem. Água "para o rosto" e "para os pés" simboliza hospitalidade, enquanto flores, incenso, lâmpadas, perfume e alimentos representam os cinco sentidos, expressando idealmente a dedicação de todo o ser do devoto ao desenvolvimento espiritual. As oferendas são colocadas em sete vasilhas, ou a água e os cereais que elas contêm são visualizadas como sendo as oferendas. Os devotos também usam *mudrās*, gestos rituais que representam oferendas como flores, uma lâmpada ou o mundo inteiro. A pessoa pode, também, oferecer à imagem um *kuttha* (Tib. *Kha-btags*) de algodão branco ou seda, conhecido geralmente como "lenço da felicidade". Essas coisas costumam ser usadas como oferenda de amizade para estabelecer um relacionamento em bons termos. Nesse caso, são usados para formar um vínculo de amizade com um ser sagrado.

Em todas as escolas do budismo, o cântico (recitação formal de textos religiosos) é muito comum como veículo de devoção ou de outros atos cerimoniais. Sua utilização deriva do budismo primitivo, quando a sociedade indiana usava pouco a escrita e a pessoa culta era quem tinha "ouvido muito" e não "lido muito". O cântico colabora com a memorização precisa dos ensinamentos do Buda, pois seu ritmo incentiva a mente a fluir de palavra em palavra; em geral não tem melodia, pois esta poderia exigir que a métrica de algumas palavras fosse distorcida. O cântico também é um veículo público, de modo que os erros de memorização possam ser conhecidos e corrigidos. Depois que os ensinamentos foram escritos, ainda era considerado melhor que fossem memorizados, e o cântico se tornara também parte da vida devocional.

O cântico budista não é nem um canto nem uma endecha monótona. Embora seja entoado em tons graves e um tanto solene, ele prende o interesse com suas pequenas variações de tom e ritmo.[3] A entoação feita por um grupo de monges e/ou monjas é particularmente bela, porque eles podem usar diferentes escalas que se combinam em um todo harmonioso. Os cânticos costumam ser entoados em idiomas antigos, como o páli ou o tibetano antigo, o que lhes confere um ar adicional de santidade. Este fato, aliado à qualidade de seus sons e dos pensamentos concomitantes, gera uma mistura de alegria edificante, não raro sentida como uma radiância de calor no peito, além de calma contemplativa. Esses estados tendem a surgir mesmo naqueles que ouvem um cântico, se o escutarem com a mente relaxada, porém atenta. O cântico talvez constitua o tipo de meditação mais praticado no budismo. Ele se torna uma espécie de irradiação da meditação quando monges e monjas transmitem um pouco da tranquilidade do seu modo de vida ao entoar os cânticos para os leigos. Todos os monges têm conhecimento básico dos cânticos e podem explicá-lo aos leigos. O pleno entendimento deles depende do conheci-

---

3 Podem se ouvir exemplos em BuddhaNet Audio: www.buddhanet.net/audio-chant.htm.

mento da língua em que são entoados, que a maioria dos monges aprende em certa medida. Também existem cânticos em língua vernácula.

Em todas as tradições, os cânticos mais comuns são breves fórmulas verbais que podem ser reunidas ou repetidas para formar cânticos contínuos mais longos. Um cântico muito comum do budismo do sul, em homenagem ao Gotama Buda, é o seguinte: *Namo tassa bhagavato, arahato, sammā-sambuddhassa*, "Louvado seja o Abençoado, *Arahat*, perfeita e completamente Desperto". Ele é repetido três vezes, sendo geralmente acompanhado por uma declaração entoada de dedicação aos "três refúgios" e cinco preceitos morais.

Em todas as tradições, rosários podem ser usados para fazer a contagem dos cânticos repetidos. No budismo do sul, pode ser usado um *mantra* como "*du sa ni ma; sa ni ma du; ni ma du sa; ma du sa ni*". Ele se baseia nas iniciais das palavras que designam as quatro Realidades Verdadeiras para os Espiritualmente Enobrecidos: *dukkha*, *samudaya*, *nirodha*, *magga*. Concentra a mente, a mantém alerta e a abre para o entendimento. Um cântico devocional usado com o rosário no budismo do sul é "*Buda, Dhamma, Saṅgha*", e uma das mais populares invocações tibetanas é "*oṃ maṇi padme huṃ*" (ver p. 208).

OS REFÚGIOS

A principal expressão de comprometimento com o budismo é "tomar os refúgios".[4] A fórmula antiga de tomada de refúgio, na forma páli, começa da seguinte maneira: "*Buddhaṃ saraṇaṃ gacchāmi, Dhammaṃ saraṇaṃ gacchāmi, Saṅghaṃ saraṇaṃ gacchāmi*". Trata-se da seguinte afirmação: "Vou até o Buda como refúgio, vou para o *Dhamma* como refúgio, vou para o *Saṅgha* como refúgio". Cada afirmação é então repetida "pela segunda vez [...]" (*dutiyam pi* [...]) e "pela terceira vez [...]" (*tatiyam pi* [...]). A tripla repetição estabelece uma distinção entre a recitação e os empregos comuns da fala, garantindo que a mente se concentre no significado de cada afirmação pelo menos uma vez. A ideia de um "refúgio", nesse caso, não é o de um lugar para se esconder, e sim de algo que purifique, enalteça e fortaleça o coração quando pensamos nele. A orientação em relação a esses três guias para um modo de vida melhor é vivenciada como um abrigo jubiloso de tranquilidade, uma "ilha segura no meio de uma inundação", contrastando com as dificuldades da vida. Os "refúgios" lembram ao budista pessoas e estados mentais calmos, sábios e espirituais, ajudando assim a produzir esses estados. O valor do Buda, do *Dhamma* e do *San'gha* é indicado pelo fato de que eles também são conhecidos como o *Tiratana* (S. *Triratna*) ou "três joias": tesouros espirituais valiosíssimos.

---

4 *BS1*. 182-83; *BS2*.13 (Khp-a.21-2); Bodhi, 1981; Carter, 1982; Nyanaponika, 1983.

O significado de cada refúgio varia um pouco entre diferentes tradições. A interpretação do Theravāda é expressa, por exemplo, em um cântico muito utilizado, extraído do Cânone páli (p. ex., *SN*.v.343). Ele afirma o seguinte sobre o Buda: "Assim, ele é o Abençoado: porque ele é um *Arahat*, perfeita e completamente Desperto, consumado no verdadeiro conhecimento e conduta, afortunado, conhecedor dos mundos, líder insuperado de pessoas a serem domadas, mestre dos deuses e dos humanos, Buda, Abençoado". O "Buda" mencionado aqui é, em essência, Gotama, que é encarado com reverência e gratidão como o redescobridor e exemplificador do *Dhamma*, tendo também mostrado aos demais como conhecê-lo e viver de acordo com ele. Esses sentimentos naturalmente desenvolvem uma maior profundidade à medida que os benefícios de viver de acordo com o *Dhamma* são vivenciados. Uma liturgia cingalesa popularizada em tempos recentes, a *Buddha Pūjā* ou Bōdhi Pūjā, afirma: "Assim infinito, possuindo imensuráveis qualidades, inigualado, igual ao inigualável, deus para os deuses, para mim o Abençoado, minha própria mãe Buda, meu próprio pai Buda, o orbe da alvorada para as trevas da ilusão [...]" (Gombrich, 1981, p. 67). O refúgio do Buda não se refere apenas à Gotama, mas também a Budas anteriores e futuros, bem como ao princípio de que o despertar é sumamente merecedor de ser alcançado. Nesse aspecto, o primeiro refúgio também pode ser tomado como indício das várias qualidades espirituais que vão se desenvolvendo dentro do praticante.

O cântico páli sobre o *Dhamma* é o seguinte: "O *Dhamma* foi bem explicado pelo Abençoado e é diretamente visível, imediato, convida a pessoa a vir e ver e é passível de ser posto em prática e ser vivenciado de modo pessoal pelos sábios". Isso enfatiza o *Dhamma* como sempre disponível, aberto à investigação experimental, prática e transformadora. Como refúgio, o *Dhamma* é explicado como o Nobre Caminho Óctuplo (*Khp-a*.19). Em sentido mais amplo, como explicam os comentários em páli, ele se refere a: (a) *pariyatti*, ou o corpo de ensinamentos, (b) *paṭipatti* ou a "prática" do caminho e (c) *paṭivedha*, ou "realização" dos estágios de santidade — no sentido mais elevado, o próprio *Nirvāṇa*. O *Dhamma*, portanto, deve ser ouvido/lido e compreendido, praticado e realizado. Também é a "lei e a regularidade" inerentes na natureza, o "Padrão Básico" de ocorrência dos fenômenos de acordo com o princípio do Surgimento Condicionado, a partir de condições apropriadas.

O cântico páli do *Saṅgha*, ou Comunidade, é o seguinte: "A Comunidade dos discípulos do Abençoado está praticando o bom caminho, praticando o caminho reto, praticando o caminho verdadeiro, praticando o caminho adequado; ou seja, os quatro pares de pessoas, os oito tipos de indivíduos; essa Comunidade [...] é digna de dádivas, hospitalidade, oferendas e reverente saudação, o campo insuperado da fruição kármica para o mundo". Aqui, os "quatro pares de pessoas, os oito tipos de indivíduos" são aquele que entrou no fluxo, aquele que só retorna uma vez, aquele que não retorna, o *Arahat*, e aqueles bem estabelecidos nos caminhos rumo a esses "frutos" espirituais (ver pp. 115-16); em outras palavras, todos os que atingiram o *Nirvāṇa*, o vislumbraram ou estão prestes a vislumbrá-lo. Esse é o precioso *ariya-Saṅgha* (*Vism.*218), a Comunidade de "Nobres" pessoas, que pode ser encontrada sobretudo dentro do *Saṅgha* monástico, seu representante simbólico, mas também entre os leigos espiritualmente avançados ou até mesmo entre os deuses. Por ter uma conduta exemplar, seus membros merecem dádivas e respeito; o *Saṅgha* monástico segue o exemplo deles nesse aspecto. O conceito de um "campo de fruição kármica" (ver p. 73) é que, assim como a semente plantada em um solo melhor produz um fruto melhor, a dádiva oferecida a uma pessoa mais virtuosa gera mais fruição kármica (*M.*III.255-7). Essa ideia se baseia parcialmente no fato de que, se dermos algo a uma pessoa de caráter suspeito, poderemos nos arrepender de alguma maneira desse ato, ao passo que, se dermos algo a alguém virtuoso ou santo, colocaremos todo o coração no ato e poderemos regozijar-nos com ele. Doar também estabelece um vínculo de associação (um *nidāna*; ver p. 263). O Nobre *Saṅgha*, em decorrência disso, traz benefícios ao mundo com a oportunidade de gerar uma fruição kármica abundante, auspiciosa e purificadora.

No Mahāyāna, a doutrina dos "Três corpos" significa que o refúgio do Buda se refere não apenas a Gotama e outros Budas com Corpo de Transformação, mas também, e de forma mais significativa, aos Budas celestiais com Corpo de Prazer. As escolas da Terra Pura dão ênfase sobretudo, ou com exclusividade, a Amitābha. No Chan/Zen, a ênfase é no Buda histórico como um exemplo heroico, emocionante, porém mais particularmente na ideia da natureza do Buda interior: "tomem refúgio nos três tesouros da sua própria natureza. O Buda é a iluminação, o *Dharma* é a verdade, o *San'gha* é a pureza [...] tomem refúgio no Buda dentro de vocês [...]. Se vocês não se apoiarem na sua própria natureza, não há mais nada em que possam se apoiar" (*Plat.* sec. 23). Veem-se também os Budas com Corpo de Transformação, de modo figurativo, como bons e sábios pensamentos dentro de nossa mente, e o refúgio é tomado "no perfeito Corpo de Prazer futuro no meu próprio corpo físico" (*Plat.* sec. 20). No Mahāyāna, o refúgio do *Dharma*, em seu sentido mais elevado, refere-se ao Corpo do *Dharma*. Os nobres *Bodhisattvas* estão incluídos no refúgio do *San'gha*, e o ato de tomar refúgio neles está relacionado a fazer os votos, não raro repetidos todos os dias, para se tornar como eles.

No Mantranaya do budismo do norte, são tomados refúgios adicionais. Antes dos três habituais, a pessoa toma refúgio no seu *Lama/Guru*, fonte de seu conhecimento dos outros refúgios, sendo considerado uma encarnação das virtudes deles (*EB.*5.5.5). Depois dos refúgios habituais, a pessoa pode então tomar refúgio em seu *yidam*, um ser sagrado que é sua divindade tutelar (ver p. 373). Um adepto que esteja se preparando para o treinamento em visualizações meditativas também precisa completar práticas preliminares de natureza devocional e purificatória. Em geral, são dadas cinco ou seis dessas práticas, cada uma das quais deve ser feita 100 mil vezes. Uma delas é a "grande prostração", realizada enquanto a pessoa segura blocos de madeira, na tentativa de evitar que se formem bolhas nas mãos pelo repetido deslizamento destas no chão (ou em uma tábua específica) quando ela assume a posição de prostração plena ao dedicar-se ao seu *Guru* (Blofeld, 1987, p. 151). Depois de um período de esforço e dor, dizem que a prática causa grande alegria. Também conduz a um equilíbrio entre o "poder próprio" e o "poder do outro": apoiar-se em si mesmo e no poder dos seres sagrados.

Uma prática fundamental relacionada é a do *Guru-yoga*, na qual o praticante visualiza à sua frente, ou acima de sua cabeça, o *yidam* e a linhagem dos *Gurus*/*Lamas*, inclusive o próprio *Lama* do praticante, que transmitiu ensinamentos sobre eles. Pedem-se inspiração e bênçãos a todos eles, que, segundo se acredita, mesclam-se e fluem como luz através do alto da cabeça do praticante, entrando em seu coração. Nas palavras do Lama Yeshe, da escola Gelugpa:

> Meditamos então sobre o sentimento de que nosso guru, que em essência é idêntico à divindade, e nossa própria consciência sutil se tornaram uma só coisa. A essência do guru é sabedoria, o estado mental perfeitamente claro e radiante no qual a bem-aventurança e a realização da vacuidade estão inseparavelmente unificadas [...]. Ao fazer essa visualização e pensar na bondade pessoal que lhe foi mostrada pelo seu guru, uma poderosa conexão é estabelecida [...]. O propósito de ver o guru em um aspecto exaltado [...] é apenas o de acelerar a sua própria evolução espiritual (*MW*.188-89).

Como Sarah Harding expressou: "Todas as qualidades do Buda são projetadas e identificadas com o guru" (Kongtrul, 2002, pp. 11-2). No entanto, enquanto olhamos para o nosso *Guru* como se ele fosse perfeito, não deve haver uma fé cega nem devemos entender que as idiossincrasias e defeitos do *Guru* são virtudes (Kongtrul, 2002, p. 92). A ideia é focar os aspectos mais profundos e exemplares do nosso *Guru*, bem como o *Dharma* que ele ensina.

ATITUDES EM RELAÇÃO ÀS IMAGENS

As imagens sempre funcionam, no mínimo, como lembretes das qualidades espirituais dos seres sagrados. Quando um Theravādin, por exemplo, expressa devoção diante de uma imagem de Gotama Buda, ele se lembra de sua luta pelo despertar, de suas perfeições, dos seus ensinamentos e do ideal que ele representa. Recorda o Buda com alegria, desenvolvendo um coração afetuoso e uma mente pura. As qualidades espirituais expressas pela forma de uma boa imagem também ajudam a estimular o surgimento dessas qualidades naquele que a contempla.

No budismo do norte e no do leste, com exceção talvez do Chan/Zen, as imagens são mais do que simples lembretes. Em especial nas escolas Mantranaya, são vistas como impregnadas pelo espírito e o poder do ser que representam. Além disso, quando a imagem e o ser "se encontram", sendo ambos vazios de existência inerente e "apenas mente", a imagem passa a ser vista como uma forma efetiva do ser. Para isso, ela precisa ter a forma e o simbolismo tradicionais e ser consagrada (*BS2*.23). Isso é feito por meio da entoação de preces e *mantras* sobre a imagem; colocando nela escrituras e relíquias — até mesmo órgãos internos de argila — e completando e umedecendo os olhos. Isso a associa a sons e objetos sagrados, conferindo-lhe um poder para o bem, e a vitaliza, com os olhos umedecidos sugerindo a resposta de um olhar vivo. Da mesma maneira, no Japão, algumas imagens, conhecidas como *hibutsu*, "Budas Secretos", são mostradas ao público apenas em raras ocasiões, para não "perturbá-las" em seu santuário; no entanto, podemos ser favorecidos pela sua presença benéfica mesmo estando do lado de fora.

Até mesmo no budismo do sul, uma imagem no templo parece representar mais do que um lembrete, porque de modo geral se acredita que precise ser consagrada antes de funcionar como foco para a devoção.[5] A consagração envolve colocar relíquias na imagem e um monge recitar alguns versos em páli sobre ela. No Sri Lanka, dizem que esses versos são aqueles que o Buda recitou logo depois do seu despertar. Isso se harmoniza com o fato de que a feitura dos olhos da imagem costuma ser completada por volta das cinco horas da manhã, considerada a hora em que Gotama se tornou plenamente desperto. Esses dois aspectos parecem sugerir que a imagem consagrada é vista como representante do Buda e não apenas como uma representação dele. Outros aspectos da consagração reforçam essa ideia. No Sri Lanka, artífices leigos que completam a feitura dos olhos agem como se tal ato conectasse a imagem a uma fonte de força que, assim como a eletricidade, é perigosa se for manipulada de maneira descuidada. Eles se preparam em um ritual que dura horas e depois só olham para os olhos da imagem através de um espelho, enquanto os pintam; até que o trabalho esteja concluído, considera-se nocivo olhar diretamente para a imagem. Alguns monges modernistas negam a necessidade de consagrar as imagens.

Na realidade, no budismo do sul, há uma crença bastante difundida de que uma espécie de "força do Buda" permanecerá no mundo enquanto o budismo for praticado (ver p. 109). De fato, um livreto publicado por um templo tailandês em Londres afirma o seguinte a respeito do Buda: "Embora sua forma física não exista mais, sua forma espiritual, ou seja, sua benevolência e grande compaixão, permanece no mundo". Essa atitude se reflete na maneira como os budistas do sul encaram as relíquias e as árvores *Bodhi*, considerando que elas têm um poder protetor para o bem.[6] A "força do Buda", na qual muitos acreditam, está particularmente associada às

---

5 *BP*.2; Gombrich, 1966 e 1971, pp. 113-14, 138-40.

6 Sobre a devoção relacionada a relíquias, ver *EB*.6.1.2 e 6.5.2 no caso do Sudeste Asiático, e *BP*.3 e *BS2*.22 no caso da China, além de Harvey, 2007d, pp. 133a-137b, e Strong, 2004.

imagens, em especial àquelas usadas na devoção durante séculos, dando a entender que estas foram "carregadas" com o poder do Buda (*adhiṣṭhāna*). Os budistas do sul menos instruídos chegam, às vezes, a achar que o Buda ainda está vivo como pessoa e, de algum modo, presente em suas imagens consagradas.

CÂNTICOS DE PROTEÇÃO

Em todas as escolas de budismo, o ato de entoar cânticos ou escutá-los é, não raro, usado como uma forma de proteção. No budismo do sul, são usados textos cantados chamados *paritta*s, ou "runas de segurança".[7] A maioria são fragmentos de escrituras páli e o mais comum, traduzido acima, é o que trata das qualidades dos três refúgios. Entre outros populares estão: o *Karaṇīya-metta Sutta* (ver p. 303), que irradia sentimentos de bondade amorosa para todos os seres vivos; o *Maṅgala Sutta* (*BP*.35), que descreve "bênçãos" como a boa educação, a generosidade, ouvir o *Dhamma* e alcançar o *Nirvāṇa*; e o *Ratana Sutta*, que pede a proteção dos deuses e louva as três joias (ver *Khp*.2-6 e 8-9). Embora quase todos os *paritta*s sejam usados para a proteção em geral, alguns são utilizados contra perigos particulares; é o caso de um encantamento contra a morte por picada de cobra, por exemplo, que segundo os *Sutta*s foi dado pelo Buda especificamente como um "*paritta*" (*Khandha paritta*: *A*.ɪɪ.72). Os *paritta*s são usados, por exemplo, para repelir animais selvagens, rechaçar inimigos humanos ou fantasmas, exorcizar pessoas, curar doenças e evitar os perigos de acidentes ou desastres naturais. Também são usados para obter uma boa colheita, ajudar a passar em um exame, abençoar um novo prédio ou apenas para gerar fruição kármica. No entanto, existem limites para o poder deles. Dizem que eles só funcionam para as pessoas virtuosas que confiam nos "três refúgios", e não podem, por exemplo, curar a doença de uma pessoa se ela tiver sido causada por um karma anterior (*Miln*.150-54). Dentro desses limites, considera-se que o funcionamento dos *paritta*s envolve uma série de fatores.

Primeiro, entoar ou ouvir um *paritta* é reconfortante e conduz à autoconfiança e à mente calma e pura, devido à qualidade do som e ao significado do *paritta*. O fato de a mente se encontrar em um estado mais saudável pode curar doenças psicossomáticas ou tornar a pessoa mais alerta e capaz de evitar os perigos da vida. Segundo, acredita-se que entoar um *paritta*, em especial algum que expresse bondade amorosa para todos os seres, é algo que acalma uma pessoa, animal ou fantasma hostil, tornando-os mais bem-intencionados com relação a quem está entoando ou ouvindo o *paritta*. Terceiro, além de gerar uma nova fruição kármica, considera-se que entoar um *paritta* seja um estímulo à fruição kármica passada, para que traga sem demora alguns dos seus frutos. Quarto, entoar ou ouvir um *paritta* é considerado algo que

7 Conhecidos no Sri Lanka como *pirit*. Ver *EB*.6.5.3; Gombrich, 1971, pp. 201-26; Harvey, 1993; Piyadassi, 1999.

agrada aos deuses que são devotos do Buda, de modo que eles oferecem a proteção e assistência que têm o poder de dar. Por fim, acredita-se que o poder espiritual do Buda, o "protetor imensamente compassivo" (*Mahājayamaṅgala Gāthā paritta*), e da verdade que ele expressou, continua presente em suas palavras; sua influência benéfica é liberada quando estas são entoadas com devoção. Isso se relaciona em parte com o conceito anterior da "asseveração da verdade" (ver p. 264). Por conseguinte, um refrão do *Ratana Sutta*, "que por essa verdade haja bem-estar!", é repetido depois de várias qualidades superiores das "três joias" terem sido enumeradas.

Embora uma pessoa leiga comum ou um recitador especializado possam ativar o poder das palavras do Buda por meio dos cânticos, estes são mais eficazes quando entoados por monges ou monjas. Isso acontece porque eles tentam viver plenamente o estilo de vida ensinado pelo Buda. Quando membros do *Saṅgha* monástico entoam o *Dhamma*, como ensinado pelo Buda, há uma poderosa combinação que beneficia as pessoas leigas que estão ouvindo o cântico. Para simbolizar o poder de proteção proveniente dos monges (*adhiṣṭhāna*; ver p. 264), eles seguram um cordão enquanto entoam o *paritta*. O mesmo cordão está amarrado a uma imagem do Buda, sugerindo que a imagem está sendo impregnada com o poder do *paritta*, ou, de modo semelhante, que está dispensando parte do seu poder previamente acumulado para aumentar o do *paritta*. Depois, pedaços desse "cordão do *paritta*" são amarrados no pulso dos leigos como um lembrete do poder de proteção do *paritta* e também como um "depósito" desse poder. Quando o cordão é amarrado, é proferido um verso em páli que significa: "Com a majestade do poder alcançado por todos os Budas, Budas Solitários e *Arahat*s, eu amarro uma proteção completa".

Nas tradições do leste e do norte, inclusive a Chan/Zen, fórmulas entoadas usadas de maneira semelhante às *paritta*s são as *dhāraṇīs*, enunciações que "preservam" o budismo e seus seguidores (*BS2*.46, 47). Trata-se de sequências de palavras e sílabas em sânscrito que podem ter uma natureza devocional ou ser fórmulas mnemônicas que resumem um *Sūtra* ou ensinamento, e às vezes são ininteligíveis sem uma explicação. Um breve exemplo do *Sūtra do Lótus* é o seguinte: "*Aṭṭe taṭṭe naṭṭe vanaṭṭe anaḍe nāḍi kunaḍi svāhā*". Acredita-se que sua recitação preserve tanto a memória do *Dharma* quanto a pessoa que está entoando a *dhāranī*, por meio do poder da verdade do *Dharma*. A invocação do budismo do sul "*du, sa, ni, ma* [...]", já citada, é desse tipo.

ALGUNS FOCOS DE DEVOÇÃO DO MAHĀYĀNA

Avalokiteśvara

A devoção a Avalokiteśvara permeia o budismo do leste e do norte.[8] Um texto muito usado nas liturgias é a seção em verso do *Avalokiteśvara Sūtra*, um excerto do *Sūtra do Lótus*. Expressando uma profunda devoção, ele fala do seguinte:

> Olhar verdadeiro, olhar sereno, olhar sábio e de longo alcance, olhar de piedade, olhar de compaixão, há muito esperado, há muito procurado! Puro e sereno na radiância, sol da sabedoria que destrói a escuridão [...] lei da misericórdia, tremor do trovão, compaixão assombrosa como uma grande nuvem, derramando chuva espiritual como néctar, extinguindo as chamas do sofrimento![9]

Estátuas e pinturas de Avalokiteśvara são abundantes, representando-o aproximadamente de 130 maneiras diferentes, cada uma delas com a intenção de expressar algum aspecto de sua natureza. Na China, como Guanyin (Kuan-yin), "ele" passou, de modo gradual, a ser retratado como mulher, numa transformação que começou talvez no século X e culminou no século XVI. Isso pode ter acontecido porque os chineses viam a compaixão dele como uma qualidade feminina; também pode ter ocorrido, em parte, devido à referência feminina no seu *mantra* (ver p. 209). Além disso, a partir do século V, algumas das encarnações populares "dele" foram femininas (*EB*.8.7.2), e "ele" também pode ter se fundido com uma deusa pré-budista que, segundo se acredita, zela pelos marinheiros. Guanyin tornou-se assim uma "deusa mãe" bastante compassiva, a divindade mais popular em toda a China, sendo retratada como uma figura graciosa, vestida com um manto branco e segurando uma flor de lótus (ver Prancha 9; *BP*.13).

Outra forma artística encontrada no Tibete e no Japão mostra Avalokiteśvara com "mil" braços (com um número menor, por razões práticas, nas estátuas) e onze cabeças (ver Prancha 10), como descrito no *Kāraṇḍavyūha Sūtra*. Na estátua mostrada, a maioria das mãos seguram objetos que simbolizam as numerosas maneiras pelas quais esse *Bodhisattva* ajuda os seres, utilizando seus meios hábeis. Há também um olho na palma de cada mão, representando sua natureza sempre vigilante, pronta para acudir os seres rapidamente. Suas onze cabeças são explicadas por meio de uma história que conta que, ao ver tantos seres sofrendo nos infernos, seu horror e suas lágrimas fizeram com que ele perdesse por um momento a esperança de cumprir sua promessa de salvar a todos. Sua cabeça então se dividiu em dez partes, como ele disse que acon-

---

8 Tay, 1976-1977; Blofeld, 1988; Samuel, 1993, pp. 482-85; Williams, 2009, pp. 221-25.

9 *Sūtra do Lótus*, tradução de Kato, p. 326; cf. *BTTA*.175.

Prancha 9: Figura moderna de porcelana de Guanyin.

teceria se um dia abandonasse sua resolução. O Buda Amitābha então o trouxe de volta à vida para renovar sua promessa. Transformando cada um dos fragmentos da cabeça em uma nova cabeça, ele os reuniu sobre os ombros de Avalokiteśvara e encimou-os com uma réplica da própria cabeça, simbolizando que ele continuaria a inspirar o *Bodhisattva* em seu trabalho. Com onze cabeças, Avalokiteśvara estava agora mais bem equipado para procurar os seres necessitados! Além disso, a partir das lágrimas de Avalokiteśvara, duas formas de Tārā nasceram (ver pp. 213-14; Williams, 2009, p. 225).

O *Avalokiteśvara Sutrā* diz que Avalokiteśvara responderá de imediato àqueles que "invocarem seu nome com todas as forças da mente". "Em decorrência do poder dessa grandiosidade do *Bodhisattva*" (tradução de Kato, p. 319), eles não serão queimados pelo fogo; serão salvos no mar em uma tempestade; o coração de inimigos assassinos se voltará para a bondade; quando prisioneiros, culpados ou inocentes serão libertados de suas correntes; os mercadores serão libertados dos perigos dos assaltantes; as feras ameaçadoras fugirão às pressas; o sucesso será alcançado em um tribunal de justiça ou em uma batalha; uma mulher terá um filho virtuoso, do sexo de sua escolha. Os devotos também serão libertados do apego, do ódio e da ilusão "ao se lembrarem sempre" de Avalokiteśvara. Grande parte disso se compara ao poder atribuído à entoação de *parittas*. A maravilhosa ajuda de Avalokiteśvara é interpretada tanto como uma intervenção literal no mundo, talvez por meio da ajuda de um desconhecido misterioso ou uma visão que guie uma pessoa através da névoa em uma montanha perigosa (Blofeld, 1988, pp. 30-3), quanto como proveniente do poder da fé de um devoto. No *Śūraṅgama Sūtra*, é dito que Avalokiteśvara ajuda os seres despertando-os para a natureza do Buda compassiva deles e, como consequência disso, qualquer ato de grande bondade pode ser visto como a "ajuda" de Avalokiteśvara.

O Chan/Zen, para o qual "Ser compassivo é Guanyin" (*Plat.* sec. 35), em geral interpreta a ajuda dele/dela a partir de um prisma puramente espiritual e interior: uma "tempestade" é raiva, o "fogo" é desejo, as "correntes" são apenas as do medo, um sentimento de opressão provém da falta de paciência e os animais só ameaçam quem tem animosidade. Portanto, a devoção

Chan/Zen a Guanyin é considerada, em essência, sob o ponto de vista do "desenvolvimento do coração de Guanyin": cultivar a semente de grande compaixão para que a pessoa esteja sempre pronta para ajudar os outros.

No budismo no norte, o *Maṇi mantra* (ver p. 208) é muito popular para invocar a ajuda de Avalokiteśvara (Tib. Chenresig (Spyan ras gzigs)) e para desenvolver a compaixão.[10] Acompanhado pelo clique dos rosários, é com frequência ouvido nos lábios de todos os que têm algum grau de devoção ao budismo. Pode ser entoado enquanto a pessoa se dedica às suas atividades habituais, seja sussurrando, seja como um murmúrio rítmico audível que os tibetanos chamam de "ronronar". Os tibetanos também ativam o poder desse *mantra* e geram fruição kármica usando a "roda da religião *Maṇi*", conhecida no Ocidente como "roda de oração". A fórmula é gravada ou pintada na parte externa de um cilindro, sendo escrita muitas vezes em um pedaço de papel enrolado bem apertado e colocado do lado de dentro. Considera-se cada volta do cilindro equivalente à repetição de todas as fórmulas escritas sobre ele e dentro dele, uma ideia relacionada à do primeiro sermão do Buda como a "Ativação da roda do *Dharma*". As "rodas de religião *Maṇi*" são de vários tipos. As portáteis têm cilindros com cerca de 7 centímetros de comprimento e são montadas sobre alças com cerca de 12 centímetros de comprimento; um pequeno peso acoplado ao cilindro em uma corrente possibilita que ele gire ao redor de um eixo fixado na alça. Rodas com cerca de 25 centímetros de altura também são fixadas em fileiras ao longo das laterais de *Stūpas* ou mosteiros, para que as pessoas possam girá-las enquanto fazem a circum-ambulação. As rodas maiores, encontradas na entrada dos templos, podem ter 4 metros de altura e 2 metros de diâmetro e contêm milhares de fórmulas *Maṇi*, junto com textos sagrados e imagens. Há também rodas impulsionadas por cursos d´água ou pela fumaça de chaminés. O *Maṇi mantra* também é gravado em pedras deposita-

Prancha 10: Kannon Bosatsu Senju (com mil braços), no templo de peregrinação nº 58, Senyū-ji, Shikoku, Japão.

10 Ver Ekvall, 1964, pp. 115-18, 129-30, 239; Powers, 2007b, pp. 22-5; Samuel, 2012.

das sobre monumentos funerários no topo dos morros, na face de pedras à beira dos caminhos, em longos muros construídos de preferência nos arredores das cidades, e ainda é impresso em "bandeiras de oração". A fruição kármica advém àqueles que pagam por qualquer um desses ou que os produzem, a todos os que os olham pensando em Avalokiteśvara e em sua compaixão, e até mesmo aos insetos que entram em contato com eles.

Na Tailândia, onde predomina o Theravāda, encontra-se a devoção a Avalokiteśvara entre a minoria chinesa, e às vezes deparamos com pequenas estátuas dele/dela nas proximidades dos templos Theravāda.

Amitābha[11]

Encontra-se a devoção ao Buda Amitābha na maioria das escolas do Mahāyāna, embora ela seja a essência da prática da Terra Pura, que se baseia na "invocação do Buda" (Ch. *Nianfo* (*nien-fo*), Jap. *Nembutsu*). Trata-se da repetição de "*Nan-mo A-mi-tuo Fo*" (*Nan-mo A-mi-t'o Fo*) em chinês ou "*Namu Amida Butsu*" em japonês: equivalentes ao sânscrito "*Namo 'mitābhāya Buddhāya*", que significa "Salve o Buda Amitābha". Na China, a recitação é feita em sintonia com a respiração constante e natural, podendo ser repetida muitas vezes por dia, já que o praticante nunca sabe quando já completou o mínimo de "dez vezes necessárias" com "inabalável concentração". Um subproduto da concentração em Amitābha e no despertar alcançável na sua Terra Pura é que a mente é purificada das paixões perturbadoras. O *nembutsu* também possui certa qualidade semelhante à do *mantra*, porque acredita-se que abra um canal entre um ser sagrado e um devoto: nesse caso, o canal da graça. Além disso, quando a prática é realizada com sinceridade, ela se torna espontânea e pode ser vista como uma recitação que recita a si mesma em um espaço mental no qual o ego se dissolveu de modo temporário. Por meio da associação com a prática do *nembutsu*, o rosário da pessoa não raro se torna um objeto venerado; tocá-lo pode fazer com que a recitação comece de imediato a revolver na mente, provocando os estados mentais a ela relacionados.

Na China, Shandao (613-81) enfatizou a invocação como a prática "primária" da Terra Pura. Entre as secundárias estavam: a entoação dos *Sūtra*s da Terra Pura; a visualização de Amitābha e da sua Terra Pura; a adoração de vários Budas; o canto de hinos de louvor a Amitābha; a determinação de renascer na sua terra e desenvolver a generosidade e a compaixão por meio da ajuda aos necessitados e da prática do vegetarianismo. No Japão, a escola Jōdo-shin colocou toda a ênfase no Buda Amitābha e no *nembutsu* à exclusão de todas as outras práticas, embora as práticas secundárias pudessem ser realizadas como expressão de gratidão

11 Ver *BP*.31; Corless, 1979.

pela salvação. O único propósito do *nembutsu* é promover o despertar da fé; o momento em que isso ocorre de verdade é considerado uma experiência transcendental, atemporal, na qual o devoto se une a Amitābha na forma do *nembutsu* sagrado, em uma experiência análoga à entrada no fluxo.[12] Depois do surgimento da fé, qualquer recitação é feita apenas como expressão de gratidão, não raro demonstrada meramente pelo uso de um rosário enrolado na mão. Isso também é um lembrete de que os "seres humanos pecadores" são apenas um punhado de paixões em comparação com Amitābha. O devotos expressam uma adoração jubilosa por Amitābha, comparando-o ao pai e à mãe, de modo que ele costuma ser chamado de *Oyasama*, "o Genitor". Shinran se refere a ele como "luz pura" inexprimível que "destrói a servidão kármica", um refúgio supremo repleto de amor que oferece conforto (Burtt, 1987, pp. 218-22).

Prancha 11: Pequeno santuário japonês que apresenta Amitābha e os dois *Bodhisattvas* que o ajudam. Madeira laqueada, com figuras em sândalo.

A Prancha 11 mostra um pequeno santuário japonês que se abre para mostrar Amitābha em meditação, com o encontro de seus indicadores e polegares mostrando que os devotos devem desistir do "poder próprio" e se apoiar no "poder do outro" para a salvação. Amitābha aparece como um ser sereno e afável, que atrai o devoto por meio de sua compaixão. Sua forma radiante, flutuando sobre um lótus, é ladeada pelos seus dois ajudantes *Bodhisattvas*: Avalokiteśvara (oferecendo três joias que concedem desejos sobre um lótus) à sua esquerda e Mahāsthāmaprāpta à sua direita. O todo procura retratar o foco central de Sukhāvatī, estimulando uma experiência espiritual edificante ao aprofundar a aspiração de renascer nessa Terra Pura. Na realidade, grande parte da arte do Mahāyāna se inspirou em experiências visionárias e ajudou a inspirar outras experiências de tipo semelhante.

12 Ver p. 255; observe que, no budismo primitivo, uma das rotas para a entrada no fluxo era ser um "seguidor da fé".

Bhaiṣajya-guru

A devoção ao Buda Bhaiṣajya-guru (Jap. Yakushi Nyorai), o "Mestre da Cura", é importante tanto no budismo do norte quanto no budismo do leste (Birnbaum, 1980). Nos templos chineses, os corredores de imagens na maioria das vezes têm imagens dele e de Amitābha ladeando uma de Śākyamuni. Em geral, ele segura uma tigela que dizem ser feita de berilo, uma substância cristalina translúcida que se considera possuir propriedades curativas. Também dizem que seu corpo parece ser feito de berilo e que resplandece com luz. Em um rito de cura chinês, a pessoa cumpre oito votos durante sete dias, faz oferendas para monges, presta culto a Bhaiṣajya-guru, recita o *Sūtra* dele 49 vezes, confecciona sete imagens dele e depois contempla a imagem dele para que adquira vida com a força espiritual e energia de cura de Bhaiṣajya-guru. Assim sintonizado, o devoto então se funde mentalmente com ele.

O Sūtra do Lótus

Nas escolas Nichiren japonesas, o título simbolicamente rico do "*Sūtra do Lótus do Verdadeiro Dharma*", *Myōhō-renge-kyō*, é um venerado foco de devoção. É chamado *daimoku* e acredita-se que represente a suprema realidade em sua pureza intrínseca. Está contido na fórmula invocatória "*Na-mu myō-hō ren-ge-kyō*", cuja repetição, acompanhada por tambores, é a prática principal da escola Nichiren. Acredita-se que sua entoação com fé sincera no poder das verdades do *Sūtra* purifique a mente, proteja e beneficie o entoador, desenvolvendo as perfeições do *Bodhisattva*. O título também é escrito ou entalhado em um pergaminho ou plaqueta conhecido como *gohonzon*, ou "principal objeto de devoção".[13] No centro dele está escrita a invocação em caracteres japoneses proeminentes; em cima, à esquerda e à direita, estão os nomes do Buda Prabhūtaratna — um antigo Buda que volta a se manifestar em um incidente no *Sūtra do Lótus* (cap. 11) — e de Śākyamuni; de cada um dos lados estão os nomes dos "quatro grandes reis", divindades guardiãs que vivem no céu inferior descrito na antiga cosmologia budista; no espaço remanescente estão os nomes de vários seres sagrados mencionados no *Sūtra* — entre eles, o *Bodhisattva*[14] de quem Nichiren afirmou ser uma reencarnação — e de certos *kamis* do xintoísmo. Acredita-se que o *gohonzon* represente a verdade final, como revelada no *Sūtra*, enfatizando o Buda Śākyamuni como a realidade que tudo permeia e o poder universal. O *gohonzon*, portanto, é o principal foco de devoção e objeto de contemplação, exibido com proeminência nos templos Nichiren entre imagens de Śākyamuni e Prabhūtaratna. A subseita conhecida como

13 Ver, por exemplo, Bechert e Gombrich, 1984, p. 226. A principal imagem em um templo budista é um *honzon*. Para narrativas chinesas sobre o poder da devoção ao *Sūtra do Lótus*, ver *BP*.36.

14 Viśiṣṭacāritra (Jap. Jogyō), mencionado nos Capítulos 15 e 21 da versão chinesa do *Sūtra do Lótus*.

Nichiren Shō-shū, contudo, tem uma imagem do próprio Nichiren na posição central, já que eles o veem como um Buda. Uma prática secundária da Nichiren é entoar as seções do *Sūtra do Lótus* sobre meios hábeis e o "eterno" tempo de vida de Śākyamuni.

PEREGRINAÇÃO

A peregrinação é uma prática comum no budismo e pode ser empreendida por várias razões: comemorar eventos da vida de seres sagrados e assim fortalecer as aspirações espirituais; gerar fruição kármica; ser permeado pela influência benéfica (ver p. 263) de relíquias e árvores *Bodhi*; receber proteção de divindades nos locais; ou cumprir uma promessa para agradecer à ajuda recebida de um certo *Bodhisattva*. Os mais antigos locais de peregrinação são os do nascimento do Buda, do seu primeiro sermão, do despertar e o do *parinirvāṇa*. O Buda disse que esses locais deveriam ser visitados com pensamentos de reverência, para que qualquer pessoa que morresse na jornada renascesse em um céu (*D*.II.140-41). O mais importante é Bodh-Gayā, cujo foco é uma antiga árvore *Bodhi* que descende diretamente daquela sob a qual Gotama alcançou o despertar. Seus ramos arqueados são sustentados com reverência, bandeiras de preces tremulam em seus galhos e peregrinos guardam quaisquer folhas que caiam dela.

No Sri Lanka, uma muda da árvore *Bodhi* original cresce na antiga capital, Anurādhapura, sendo um dos locais favoritos de peregrinação. Outro local é Kandy, onde o "Templo do Dente" abriga como relíquia um dente do Buda. Os peregrinos também visitam o Monte Siripāda, conhecido no Ocidente como "Pico de Adão", a montanha mais espetacular do Sri Lanka. No seu cume, há uma depressão na rocha com 1,7 metro de comprimento, considerada uma pegada deixada pelo Buda quando usou seus poderes meditativos para voar para a ilha em uma viagem educativa. Encontramos essas "pegadas" em outros lugares no mundo budista, e elas são bastante valorizadas como objetos associados a Gotama. Em Siripāda, a devoção se expressa tanto na "pegada" quanto no santuário de Saman, o deus que guarda o pico e entrou no fluxo. Em um espírito bastante ecumênico, os hindus veneram a pegada como sendo de Śiva e os muçulmanos a veneram como sendo de Adão.

No Sudeste Asiático, locais de peregrinação como o *Stūpa* Shwe-dāgon são venerados pelas suas relíquias ou como o local de uma suposta visita de Gotama na sua última vida ou em vidas anteriores. Um importante local tibetano está situado na capital, Lhasa: o Palácio Potala, o lar tradicional dos dalai-lamas. Outro é o Monte Kailāsa (*EB*.7.5.1), identificado com o Monte Meru, a montanha central do mundo, e associado a Milarepa (ver p. 232). Na China, os peregrinos visitam quatro montanhas sagradas (*Shan*) consideradas as "residências" neste mundo de certos grandes *Bodhisattvas*; Putuo (P'ut'o) para Avalokiteśvara, Wutai

(Wut'ai) para Mañjuśrī (*BS*2.11), Emei (O-mei) para Samantabhadra e Jiuhua (Chiuhua) para Kṣitigarbha. No Japão, dizem que Avalokiteśvara se manifestou em uma ou outra de suas formas em 33 locais nas imediações das antigas capitais Nara e Kyoto, que são hoje o foco da rota de peregrinação Saikoku com 1.200 quilômetros de extensão. A peregrinação Shikoku, que é mais longa, se estende por 1425 quilômetros em volta da ilha de Shikoku e passa por 88 templos associados a Kōbō Daishi, fundador da escola Shingon (ver p. 253), com seus templos dedicados a vários seres sagrados, mas em especial a Bhaiṣajya-guru e Avalokiteśvara (Reader, 2006). Cada um desses locais possui um templo ou um santuário onde se entoam *Sūtras* e os peregrinos recebem selos que são colocados em seus livros especiais ou pergaminhos, sendo estes entesourados como lembretes da peregrinação e da devoção que ela expressou e despertou. O peregrino bastante devoto pode realizar práticas ascéticas, como se banhar nas águas geladas de uma cachoeira ou rezar a noite inteira. Os motivos mais comuns para se empreender essas peregrinações, no Japão, são favorecer a saúde do peregrino ou de um membro da família, criar um bom karma para transferi-lo a um ancestral, trazer harmonia e/ou prosperidade para a família da pessoa e, hoje em dia, evitar acidentes de trânsito ou visitar lugares da cultura japonesa tradicional.

FESTIVAIS

Os budistas prezam e apreciam os festivais como ocasiões para reafirmar a devoção e o compromisso, gerar fruição kármica para o indivíduo e a comunidade, fortalecer laços e valores comunitários e se divertir (Gombrich, 1986). As tradições do sul, do norte e do leste têm seus grandes festivais e há também versões nacionais deles, bem como festivais locais, por exemplo no aniversário da fundação de um templo. Alguns festivais que os budistas celebram não são propriamente budistas, relacionando-se com o ciclo agrícola, divindades nacionais ou tradições como o confucionismo.

No budismo do sul, os principais festivais acontecem na época da lua cheia. Como no budismo do norte, o ciclo lunar também assinala os *uposatha*s (S. *Poṣadha*), semelhantes ao sábado dos judeus, ou "dias de observância", na lua cheia, na lua nova e, com menos importância, nos dias do quarto crescente e do quarto minguante. A não ser nas ocasiões dos festivais importantes, apenas os mais devotos participam dos dias de observância, passando um dia e uma noite no mosteiro local. Alimentos são oferecidos com solenidade aos monges, é feito o comprometimento com determinados preceitos éticos, os monges entoam cânticos para os leigos e, às vezes, é feito um sermão: características que também ocorrem em todos os festivais do budismo do sul. As pessoas passam o restante do tempo demonstrando devoção, lendo, conversando com os monges e talvez meditando um pouco.

Nas terras do budismo do sul, o período anual de festivais começa no Ano-Novo tradicional, celebrado em vários momentos, por até quatro dias, em meados de abril. No primeiro dia, é feita uma limpeza completa nas casas para eliminar a sujeira do ano velho. Água, às vezes aromatizada, é vertida de forma cerimoniosa sobre imagens do Buda e nas mãos de monges e parentes idosos, em sinal de respeito. No Sudeste Asiático, essa cerimônia costuma ser acompanhada por um período alegre em que os leigos jogam água em todas as pessoas. No segundo dia, na Tailândia, no Camboja e no Laos, são construídos *Stūpa*s de areia no recinto dos templos ou à margem dos rios. Quando o Ano-Novo começa no dia seguinte, a areia é espalhada para formar um novo chão no recinto, ou é lavada pela água do rio. Considera-se que a sua dispersão "purifica" simbolicamente a pessoa das más ações praticadas no ano anterior, representadas pelos grãos de areia. Ao refletir sobre as más ações passadas, as pessoas assim voltam a se dedicar aos valores budistas. Por conseguinte, o Ano-Novo também é uma ocasião para ajudar os seres vivos, soltando pássaros engaiolados e resgatando peixes de lagos e riachos que estão secando. Entre as festividades concomitantes estão as corridas de barcos, as lutas de pipa, a música, a dança tradicional e as peças teatrais.

Durante a lua cheia no mês lunar de Vesākha, que em geral ocorre em maio, acontece o *Vesākha Pūjā*, que celebra o nascimento, o despertar e o *parinirvāṇa* do Buda. No Sri Lanka, esse é o festival mais importante, quando as casas são decoradas com guirlandas e lanternas de papel e os caminhos de acesso e pátios dos templos são iluminados. As pessoas perambulam entre pantomimas nas calçadas e pavilhões que exibem pinturas da vida do Buda, e comida é distribuída em barracas de esmolas. Na Birmânia, as árvores *Bodhi* são regadas com água aromatizada, enquanto na Tailândia, no Camboja e no Laos os monges completam à frente dos leigos três voltas ao redor de um templo, *Stūpa* ou imagem do Buda. O sermão que se segue, sobre a vida do Buda, às vezes dura a noite inteira.

No Sri Lanka, a lua cheia seguinte assinala o festival *Poson*, que celebra a propagação do budismo para a ilha por Mahinda. Pinturas dele são ostentadas em desfiles pelas ruas ao som de tambores, e peregrinações são feitas a Anurādhapura e à vizinha Mihintale, onde ele conheceu e converteu o rei. A lua cheia seguinte determina o *Āsāḷha Pūjā*, que celebra a renúncia do Buda e o primeiro sermão, além de definir o início do período de três meses de *Vassa* (as chuvas). Durante esse período, os monges permanecem em seus mosteiros de domicílio, a não ser por breves ausências, para se concentrarem no estudo e na meditação, e muitos rapazes no Sudeste Asiático se ordenam por um tempo. Os leigos também aprofundam seu comprometimento religioso. Eles tendem a evitar as festividades, em especial as seculares, como os casamentos, e mais gente que de costume observa os *uposatha*s nos mosteiros locais. A maior parte das ordenações acontece na ocasião que antecede o *Āsāḷha Pūjā*, considerando-se sua fruição kármica uma contribuição para o início oportuno das chuvas.

Na lua cheia que assinala o fim de *Vassa*, os monges realizam a cerimônia do *Pavāraṇā*. Quando entoam cânticos e meditam, a cera de uma vela acesa pinga dentro de uma tigela com água, e acredita-se que parte da fruição kármica dos monges, acumulada durante *Vassa*, permeie e sacralize a água. Esta é então borrifada nos leigos como uma bênção. No Sudeste Asiático, em particular na Birmânia, no dia seguinte há o festival *Tāvatiṃsa*, que celebra a ocasião em que o Buda, depois de passar *Vassa* no céu Tāvatiṃsa ensinando sua mãe, desceu a terra. Como a luz do mundo tornou-se então mais uma vez acessível, esse é um festival de luzes, que ilumina casas, mosteiros e *Stūpas*; as luzes podem também ser colocadas em pequenos barcos feitos de folhas que flutuam nos rios. Uma oferenda especial de comida também é feita para uma procissão de monges, conduzida por um leigo que segura uma imagem do Buda e uma tigela de esmola, simbolizando o Buda que retornou.

O mês seguinte é a época das celebrações do *Kaṭhina*, nas quais novos trajes, bens úteis e dinheiro são doados aos mosteiros. A ação principal é a doação de retalhos de tecido que os monges tingem e convertem em um manto especial, no mesmo dia, comemorando os mantos feitos de trapos costurados do budismo primitivo. Essas cerimônias bastante auspiciosas, realizadas na maioria dos *vihāras* locais, completam o ciclo anual dos festivais mais importantes do budismo do sul.

Com exceção do Nepal, vários festivais do budismo do norte são mais ou menos coincidentes com seus correspondentes do sul: a celebração do despertar e do *parinirvāṇa* do Buda (com o nascimento sendo celebrado oito dias antes), o primeiro sermão e a descida do céu (nesse caso, considerado o céu Tuṣita). As diferentes escolas têm festivais relacionados a seus fundadores, com a morte de Tsongkh'apa (em novembro) sendo de importância geral; os mosteiros também têm festivais relacionados a sua divindade tutelar. Um festival importante e característico gira em torno do Ano-Novo tibetano, em fevereiro. Nas duas semanas precedentes, monges com máscaras e trajando mantos com cores vivas executam esplêndidas danças rituais diante de um grande público leigo.[15] Acompanhados por retumbantes trompas alpinas, tambores, oboés estridentes e címbalos retumbantes, apresentam uma série de movimentos solenes e impressionantes, que duram várias horas. Acredita-se que esses rituais afastem as forças malignas, enquanto outros procuram ajudar os seres a progredir rumo ao despertar. Do quarto ao vigésimo quinto dia do primeiro mês, os monges realizam as cerimônias de *Monlam* (*sMon lam*), a "Grande Promessa", que se concentram em uma celebração de cinco dias do "prodígio dos pares" em Śrāvasti (P. Sāvatthī; ver p. 54). Por ser um evento no qual mestres rivais eram

15 Bechert e Gombrich, 1984, pp. 242-43 mostram essas danças na coroação do rei do Butão em 1974.

vencidos em debates, ele se tornou um símbolo apropriado para a superação das forças do mal, bem como da vitória passada do budismo sobre a religião Bön. No décimo terceiro dia, danças retratam divindades protetoras ameaçadoras do budismo tibetano na sua luta contara os demônios e a ignorância espiritual. Estas são representadas por uma pequena efígie humana que é assassinada de forma ritual, simbolizando a vitória sobre o mal e a garantia de um Ano-Novo seguro e próspero. Para elevar os níveis de energia das pessoas para o Ano-Novo, são realizadas nesse período corridas de cavalo e competições de tiro com arco.

Nas terras do budismo do leste, o ciclo anual de festivais tem menos elementos budistas e mais elementos do confucionismo, do xintoísmo e das tradições populares. Na China comunista, os festivais foram durante algum tempo, e em grande medida, secularizados e politizados, embora tenham continuado quase como eram antes em Taiwan e entre os chineses expatriados. Os chineses, que determinam os festivais em função de um calendário lunar, celebram o nascimento do Buda em maio, como na Coreia, enquanto no Japão ele é celebrado no dia 8 de abril. O rito principal relembra a história de que Śākyamuni recém-nascido ficou em pé e foi banhado pela água enviada pelas deusas; pequenas imagens do bebê em pé são colocadas em tigelas e jogam-se sobre elas água aromatizada ou chá. Para os budistas chineses, o festival também é uma ocasião popular para a libertação de seres vivos na água ou no ar. Na Coreia, é uma época em que os templos são iluminados com lanternas de papel. No Japão, o festival é conhecido como *Hana matsuri*, "O Festival das Flores", e retém elementos de um festival pré-budista que envolvia a colheita de flores da montanha para trazer para casa divindades que protegeriam os campos de arroz. A conexão budista diz que Śākyamuni nasceu em um bosque repleto de flores, de modo que imagens do Buda bebê são abrigadas em santuários floridos.

Os outros importantes festivais budistas chineses são os do "nascimento", "despertar" e "morte" de Guanyin, e em especial *Ullambana*, que também é celebrado por não budistas. É na época desse "Festival dos Fantasmas Famintos", realizado em agosto/setembro, que dizem que ancestrais renascidos como fantasmas vagam pelo mundo humano, como uma fonte de perigo potencial. Na lua cheia, que finaliza o "Retiro do Verão" de três meses, os monges transferem fruição kármica, oferecem comida e entoam *Sūtra*s para eles, para ajudá-los a ter melhores renascimentos. Os leigos patrocinam os ritos e participam queimando grandes barcos de papel que ajudarão a "transportar" os fantasmas famintos para um mundo melhor, mostrando assim respeito filial pelos ancestrais. Uma das histórias favoritas narradas nessa ocasião é a de Mu-lian (Mu-lien),[16] um importante discípulo *Arhat* do Buda que descobriu que sua mãe tinha renascido como um fantasma faminto ou em um inferno (há duas versões

16 Skt Maudgalyāyana, páli Moggallāna.

da história). Aconselhado por Buda, ele ajudou-a então a conseguir um renascimento melhor, transferindo-lhe fruição kármica (*BS2*.35 e 46; *EB*.2.5.4). No Japão, *Ullambana* tornou-se *O-bon*, a "Festa para os Mortos", celebrada de 13 a 15 de julho. As sepulturas são lavadas e arrumadas e monta-se um altar na casa ou perto dela, onde são colocadas oferendas, ervas frescas e flores. Acendem-se uma fogueira e velas para sinalizar aos espíritos ancestrais que estão convidados a compartilhar as oferendas, e um sacerdote budista é convidado a entoar um *Sūtra* em cada casa da sua paróquia.

CAPÍTULO 9

A Prática Budista: Ética[1]

O PAPEL E A BASE DA ÉTICA NO BUDISMO

No budismo, a virtude moral (P. *Sīla*, S. *Śīla*) é a base do caminho espiritual, embora considere-se que o apego rígido às regras e observâncias como se fossem todo o caminho seja um "grilhão" impeditivo (ver p. 115). Vê-se a virtude como fonte de liberdade com relação ao remorso, e isso ajuda a pessoa a se desenvolver por meio da alegria e do contentamento, atingindo assim a calma meditativa, a compreensão e a libertação (*A*.v.2). Embora esse modelo de ética como parte de um "caminho" predomine, ele muda em algumas escolas Mahāyāna, em particular no Japão. A Sōtō Zen, por exemplo, encara a moralidade como a manifestação de nossa natureza inata de Buda, enquanto o Jōdo-shin a considera apenas uma expressão de gratidão a Amitābha por nos ter salvo.

A superação de *dukkha*, tanto em nós mesmos quanto nos outros, é a principal preocupação do budismo, e a ação ética contribui para isso. Considera-se que, pela natureza das coisas, o comportamento ético reduz o sofrimento e aumenta a felicidade, tanto em nós mesmos quanto nas pessoas com quem interagimos. A vida moral não é uma obrigação opressiva formada por "deveres" vazios, mas sim uma fonte edificante de felicidade, na qual o sacrifício dos prazeres menores promove a experiência de prazeres mais enriquecedores e satisfatórios. Sendo assim, o budismo diz que, se a pessoa quiser obter prosperidade, relacionamentos sociais amigáveis e boa reputação, autoconfiança, calma e alegria, um bom renascimento ou o progresso em direção ao *Nirvān.a*, ela deve agir de tal e tal maneira: porque é assim que essas coisas são fomentadas (*BS1*.83-6). Se a pessoa agir de outra maneira, sofrerá nesta vida e em vidas subsequentes, como resultado natural (kármico) das ações prejudiciais. Não se afirma, contudo, que a razão pela qual algo é considerado uma boa ação é o fato de essa ação trazer frutos kármicos agradáveis para a pessoa que a pratica. Na verdade, esses frutos acontecem *porque* uma ação que é

---

1 O assunto deste capítulo foi tratado minuciosamente em Harvey, 2000; Harvey 2009b: 375-87 cita alguns textos importantes; Keown, 2000 é uma coleção útil sobre ética budista, e Saddhatissa, 1970, um estudo clássico da ética Theravāda. Além disso, a revista *on-line* de acesso aberto, *Journal of Buddhist Ethics*, possui muitos artigos excelentes sobre o tema.

em si irrepreensível é *kusala* (S. *Kuśala*): "salutar" — oriunda de um estado mental saudável no âmbito moral e conducente a um tal estado — e "hábil" — inspirada pela sabedoria (Cousins, 1996b; Harvey 2009b, pp. 381-82). Mesmo assim, os benefícios kármicos de várias ações virtuosas tornam-se com frequência parte da motivação para praticá-las, embora um motivo mais elevado seja praticá-la pelo simples fato de tratar-se de uma ação boa.

As más ações são *akusala* — prejudiciais, não hábeis —, e os *Suttas* e o *Vinaya* dizem, com relação a essas ações, que (Harvey, 2011):

1. a atenção insensata (*A*.I.199-201) alimenta a cobiça, o ódio e a ilusão, que são "as coisas prejudiciais" (*A*.I.292-97) e as raízes que sustentam
2. "o prejudicial": ações prejudiciais específicas do corpo, da fala ou da mente (*M*.I.46-7; *A*.V.292-97),
3. que são intencionais (*Vin*.IV.124-25), de volição prejudicial,
4. corrompidas (*A*.V.292-97), obscuras (*M*.I.389-91), censuráveis/condenáveis (pelos sábios) (*D*.III.157, *A*.I.263), criticadas pelos sábios, ações que não devem ser feitas (*M*.II.114-15, *A*.I.188-93),
5. porque causam dor e dano à pessoa e aos outros (*M*.I.415-19, *M*.II.114-15; *A*.I.201-05) de uma maneira que é prevista pela percepção correta dos fatos imediatos da situação (*Vin*.IV.124-25), não devendo a pessoa infligir aos outros o que não gostaria que fosse infligido a si mesma (*SN*.V.353-56),
6. e que, como resultado kármico, atraem um dano sombrio e dor nesta e em vidas futuras para o agente (*M*.II.114-15; *A*.I.201-05, *A*.V.292-97), bem como
7. tendências prejudiciais de caráter (*M*.II.114-15), obscurecendo a sabedoria e afastando a pessoa do *Nirvāṇa* (*M*.I.115-16).

As ações salutares têm as qualidades opostas.

A ética budista considera que a bondade ou a maldade de uma ação residem em uma combinação de: (a) o estado mental, inclusive a vontade, do qual ela se origina, como na ética kantiana ocidental; (b) os efeitos (imediatos e previsíveis) sobre aqueles a quem a ação é dirigida, como no utilitarismo; e (c) as virtudes ou imperfeições que ela expressa e ajuda a cultivar — de maneira a avançar rumo à perfeição da iluminação — como na ética da virtude.[2] A ética budista também possui níveis de prática adequados a diferentes níveis de comprometimento, e não um conjunto único de obrigações universais. O mais importante: monges e monjas assumem compromissos excluindo ações, como a relação sexual, que são aceitáveis para um leigo.

2 Keown (1992; 2000, pp. 17-38) enfatizam o aspecto da "ética da virtude", em comparação com uma interpretação utilitária antes frequente. Harvey (2000, pp. 49-51) faz uma avaliação parcial dessa tese e Harvey (2011) desenvolve mais o assunto.

Quando um budista passa a compreender a extensão do *dukka* em sua vida, passa naturalmente a se preocupar com o sofrimento dos outros e a aprofundar sua compaixão. Na realidade, enfatiza-se a importância de "se comparar com os outros": "Como o eu do outro é precioso para cada pessoa, que aquele que ama a si mesmo não faça mal aos outros" (*Ud.*47). A base essencial da ação ética é a reflexão de que é inadequado infligir a outros seres aquilo que consideramos desagradável (*SN.*v.353-54). Os outros são exatamente iguais a nós no ato de desejar a felicidade e não gostar da dor, de modo que não existe uma boa razão para aumentar a parcela comum de sofrimento. Além disso, nosso benefício está entrelaçado ao dos outros, de modo que o interesse em diminuir nosso sofrimento está associado ao interesse em diminuir o dos outros. Ajudar os outros é uma ajuda a nós mesmos (por meio dos resultados kármicos e do desenvolvimento de boas qualidades mentais), e ajudar a nós mesmos (por meio da purificação do caráter) nos ajuda a ajudar melhor os outros. Isso se compara à maneira como dois acrobatas, que trabalham juntos e confiam um no outro, contribuem para os cuidados com o parceiro cuidando atentamente de si mesmos (*SN.*v.168-69). Por essa razão, a atenção cuidadosa com nosso estado mental e nossas ações nos protege e, por conseguinte, protege os outros, e proteger os outros por meio da paciência, da não violência, da bondade amorosa e da solidariedade é uma proteção a nós mesmos.

Uma das implicações da "impermanência" é que as pessoas devem sempre ser respeitadas como capazes de uma mudança para melhor. Os *Sutta*s contêm um famoso exemplo disso, quando o Buda visitou o esconderijo do assassino Aṅgulimāla, percebendo que ele precisava apenas de uma pequena exortação para mudar seus hábitos: o assassino se tornou um monge e logo alcançou o *Nirvāṇa* (*M.*ɪɪ.97-105 (*BS2.*97)). Independentemente da superficialidade de uma pessoa, considera-se que as profundezas de sua mente são "vibrantes e reluzentes" e livres de "impurezas ativas" (ver p. 97). Essa pureza profunda, conhecida no Mahāyāna como *Tathāgata-garbha* ou natureza do Buda, representa o potencial para a suprema transformação, e como tal é uma base para respeitarmos todos os seres.

As mudanças envolvidas no ciclo de renascimentos também têm uma ressonância ética. Em uma de nossas incontáveis vidas, nós já teremos suportado qualquer sofrimento que estejamos presenciando agora (*SN.*ɪɪ.186), e todos os seres terão sido bons para nós em alguma ocasião, como parentes próximos ou amigos (*SN.*ɪɪ.189-90). Essas reflexões estimulam a compaixão, bem como um olhar positivo em relação aos demais, não importando o papel, o caráter ou a espécie atual deles. A compaixão também é apropriada com relação a alguém que, por ser mau a ponto de não ter pontos positivos aparentes, suportará um grande sofrimento em vidas futuras como resultado kármico de suas ações (*Vism.*340).

O ensinamento do não Eu, segundo o qual nenhum Eu permanente existe dentro da pessoa, não defende em si e por si uma consideração positiva pelas pessoas como entidades únicas, como fazem os ensinamentos cristãos.[3] Antes, defende a ética na medida em que mina o egoísmo, que é a própria fonte da falta de respeito. Faz-se isso por meio do enfraquecimento da ideia de que "Eu" sou uma entidade substancial, com autoidentidade, que deve ser gratificada e ser capaz de passar por cima dos outros caso eles se coloquem no "meu" caminho. O ensinamento não nega que cada pessoa tem uma história e um caráter individual, mas enfatiza que estes são combinações de fatores universais. Em particular, significa que o "seu" sofrimento e o "meu" sofrimento não são intrinsecamente diferentes (*Bca.*VIII). São apenas sofrimento, de modo que a barreira que em geral nos mantém dentro do "interesse próprio" deve ser dissolvida, ou ter sua abrangência ampliada até incluir todos os seres. O ensinamento do não Eu também enfatiza que não estamos tão no controle de nós mesmos quanto gostaríamos: isso incentiva a humildade e acrescenta uma pitada de senso de humor à nossa atitude diante das nossas fraquezas e das fraquezas dos outros. Além desses argumentos em prol da ação ética, o budismo também a encoraja por meio das populares histórias do *Jātaka*, sobre as vidas anteriores e as ações de Gotama (por exemplo, *BTTA*.73, Appleton, 2010, e consulte *Jat.* nas abreviaturas).

A DOAÇÃO[4]

A principal atividade ética que os budistas aprendem a desenvolver é a doação, *dāna*, que lança os alicerces de todo desenvolvimento moral e espiritual. No budismo do sul, ela é a primeira das dez "bases para gerar a fruição kármica" (ver p. 73). O principal foco de doação é o *Saṅgha* monástico, que depende dos leigos para doações de alimentos, mantos, remédios e locais de moradia, por exemplo. Os monges e as monjas, por meio do ensino e do exemplo, retribuem com uma dádiva maior, porque "A dádiva do *Dhamma* sobrepuja todas as dádivas" (*Dhp.*354). Esses atos de doação mútua formam assim uma característica fundamental do relacionamento entre leigos e monges: "Deste modo, monges, esta vida sagrada é vivida em uma dependência mútua, para cruzar a torrente [do *saṃsāra*] rumo ao fim absoluto de *dukkha*" (*It.*III). Além disso, o *Saṅgha* é um poderoso "campo de fruição kármica" (*S.*v.343), considerando-se, assim, que as doações nele "plantadas" proporcionam uma boa colheita de fruição kármica para os doadores. Uma vez que os donativos conferem longa vida, boa aparência, felicidade e força ao beneficiário, afirma-se que essas boas qualidades, em um renascimento humano ou celestial, são os resultados kármicos da caridade (*A.*IV.57). Por outro lado, dizem que a mesquinhez

3 Sobre o budismo e os direitos humanos, ver Keown, 2000, pp. 57-80.

4 Sobre esse assunto ver, por exemplo, *BW.169-72; EB.I.4.2*; Bodhi, 2003; Harvey, 2000, pp. 61-6.

produz a pobreza (*M*.III.205[5]). A generosidade não é praticada apenas com o *Saṅgha*; pelo contrário, é um valor onipresente nas sociedades budistas. Fielding Hall, um burocrata britânico na Birmânia no século XIX, conta que as pessoas usavam alegremente seus recursos financeiros para construir casas de repouso para viajantes, escolas monásticas, pontes e poços (1902, pp. 106-15).

Uma prática relativamente comum é conceder liberdade a pássaros ou peixes (*BS2*.44; *EB*.9.5; Tucker e Williams, 1997, pp. 149-65). Outra é contribuir para os custos da impressão de livros budistas para distribuição gratuita e, em anos recentes, também foram desenvolvidos muitos *sites* excelentes, como o Access to Insight (www.accesstoinsight.org), que disponibiliza bastante conteúdo gratuito em inglês. Os budistas também se mostram muito propensos a oferecer ajuda, produtos e dinheiro em ordenações, funerais e festivais, ou ainda quando alguém está doente, para gerar fruição kármica e compartilhá-la com os outros. As comunidades se unem em ações karmicamente frutíferas e cumprem-se obrigações por meio da contribuição a uma cerimônia patrocinada por alguém que nos tenha ajudado antes dessa maneira. Algumas cerimônias podem ser dispendiosas, de modo que uma pessoa rica também pode ajudar a patrocinar a ordenação do filho de uma pessoa mais pobre.

Embora se considere que qualquer ato de doação gere fruição kármica, esta pode se tornar mais abundante à medida que o motivo se torne mais puro (*A*.IV.60-3; Harvey, 2000, pp. 19-21). A doação pode ser praticada a princípio visando resultados kármicos materiais, mas a alegria e o contentamento proporcionados pelo ato de doar promovem a motivação. A prática constante da doação também ajuda no desenvolvimento espiritual ao reduzir a possessividade, cultivar uma atitude sincera e sensível diante dos outros e expressar o desapego e a renúncia, refletidos na prática de "desistir" da vida no lar e com a família para se tornar um monge ou monja. A generosidade também é a primeira das "perfeições" do *Bodhisattva* (ver p. 184), de acordo com todas as tradições. Ela serve de base para o comedimento moral, considerado ainda mais produtivo do ponto de vista kármico (*A*.IV.393-96 (*BW*.178-79)).

O CUMPRIMENTO DOS PRECEITOS[6]

Com base no desenvolvimento de *dāna*, os budistas cultivam a virtude moral observando os preceitos éticos, dos quais os mais comuns são as "cinco virtudes" (*pañca-sīlāni*; *BW*.172-74).

5 Apesar disso, acredita-se que nem toda infelicidade é causada por um karma passado; outras causas também podem estar em jogo (ver p. 70).

6 Sobre esse assunto, ver Bodhy, 1981; Harvey, 2000, pp. 66-88. *BS1*.70-3, citações Buddhaghosa sobre os primeiros quatro preceitos. Os preceitos também são discutido por Buddhaghosa no *Khp-a*.23-37, e Heng-ching Shih, 1994 no texto Mahāyāna sobre os preceitos.

A promessa de cumprir cada uma delas começa com "Comprometo-me com a regra de treinamento de me abster de [...]". As cinco abstenções são de: (i) "atacar [ou seja, matar] seres vivos", (ii) "tomar o que não é dado", (iii) "ter uma conduta imprópria no que diz respeito aos prazeres sensoriais", (iv) "proferir palavras falsas" e (v) "usar bebidas alcoólicas ou drogas, que são uma oportunidade para a desatenção". Cada preceito é uma "regra de treinamento" — assim como cada item do código monástico também o é —, sendo uma promessa ou juramento que a pessoa faz para si mesma. Não se trata de "mandamentos" vindos de fora, embora alguns exagerem a diferença com relação a esses. Nas sociedades nas quais o budismo é a religião dominante, os preceitos se tornam normas e, como tal, espera-se de fato que as pessoas procurem viver de acordo com eles. Além disso, embora a "aceitação" dos preceitos, por meio de sua entoação ritual, possa ser feita por um leigo em qualquer ocasião, não raro eles são "aceitos" sob a orientação de um monge, que cumpre o papel de "administrá-los". Nesse contexto, a resolução de cumprir os preceitos tem um impacto psicológico maior, gerando, portanto, mais fruição kármica.

No budismo do sul, os cinco preceitos são entoados na maioria das cerimônias, em geral todos os dias. As pessoas se esforçam ao máximo para cumpri-los da melhor forma possível, de acordo com seu comprometimento e as circunstâncias, mas com um cuidado maior nos dias de observância ou durante os festivais. No Sudeste Asiático, onde o budismo é apenas um dos componentes da situação religiosa, os preceitos são aceitos apenas por aqueles que têm um comprometimento relativamente forte com a religião budista. Na China, são aceitos pela primeira vez, talvez durante uma estadia em um mosteiro, em uma cerimônia de "ordenação leiga" pela qual a pessoa é reconhecida como um leigo (*upāsaka*) ou leiga (*upāsikā*) (Welch, 1967, pp. 361-65). Os preceitos são então considerados votos muito importantes, de modo que a pessoa pode omitir um deles caso sinta que ainda não é capaz de cumpri-lo (no entanto, o primeiro nunca é omitido). Na Sōtō Zen, os leigos devotos professam os preceitos no *Jūkai*, um conjunto de cerimônias com uma semana de duração que ocorrem sempre na primavera, durante a permanência em um templo. Os novatos também têm uma cerimônia de ordenação para leigos. Os preceitos professados consistem no comprometimento com os três refúgios, os "três preceitos puros" — "interromper o mal, fazer apenas o bem, fazer bem aos outros" — e os "dez grandes preceitos" que iniciam os 58 preceitos do *Bodhisattva* do *Brahmajāla Sūtra* (ver p. 318): equivalentes aos quatro primeiros dos cinco preceitos, mais: (v) não usar nem vender drogas ou álcool, (vi) não criticar os outros, (vii) não se vangloriar nem diminuir os outros, (viii) não ser mesquinho ao doar o *Dharma* ou a riqueza, (ix) não ceder à ira e (x) não difamar as "três joias". No Zen, considera-se que os preceitos tenham um significado literal e também que lembrem ao praticante que tudo é uno na natureza do Buda.[7]

O "meio de vida correto" (*BW*.124-28) tem laços estreitos com o cumprimento dos preceitos. Isso significa viver de uma maneira que não envolva a habitual ruptura dos preceitos ao causar dano a outros seres, mas sim de um modo que ajude os outros e colabore para cultivar com esperança nossas faculdades e habilidades (ver p. 113).

Às vezes se chama a atenção para a necessidade de seguir um "caminho do meio" ao cumprir os preceitos, evitando-se os extremos da frouxidão e da rigidez. De qualquer modo, o budismo não encoraja o desenvolvimento de fortes sentimentos de culpa caso um preceito seja violado. A culpa é vista como parte do resultado kármico natural da ação não hábil, podendo, portanto, atuar como um impedimento. No entanto, não devemos nos entregar a ela para produzir a aversão por nós mesmos e a turbulência mental, que é uma obstrução espiritual. Lamentar as más ações é um dos meios hábeis — o reconhecimento dos defeitos é uma parte importante do treinamento monástico —, mas apenas se não causar a ruminação de fraquezas anteriores. Todas as tradições encaram o arrependimento sincero como uma forma de reduzir pelo menos o mau karma das ações passadas, e as boas ações neutralizantes como uma forma capaz de diluir os efeitos das más ações. Não obstante, o budismo enfatiza uma moralidade prospectiva que sempre busca fazer melhor no futuro: professa os preceitos como ideais a serem seguidos de maneira cada vez mais completa. Não obstante, a confissão de más ações faz parte de algumas liturgias do Mahāyāna (*BP*.14 (p. 187)); na escola chinesa Tiantai, por exemplo, há elaboradas cerimônias monásticas de "arrependimento" (*chan-hui* (*ch'an-hui*)) (Stevenson, 1986, pp. 61-9), talvez influenciadas pela importância atribuída pelo confucionismo à etiqueta ritualizada nas relações sociais. As cerimônias envolvem a vergonha causada pelas fraquezas e promessas de correção. O "arrependimento" não envolve somente a recordação de más ações cometidas nesta vida, mas também as más ações de vidas passadas — e ainda as ações da pessoa *e* de todos os seres: arrependimento das ações, atitudes e modos de pensar que sustentaram o *saṃsāra* para a pessoa e os outros. Os rituais incluem *dhāraṇīs* cuja entoação, acredita-se, é capaz de eliminar o mau karma passado e ajudar o progresso espiritual. Os monges às vezes conduzem os leigos em rituais de "arrependimento", embora os leigos também financiem monges para fazer esses rituais em nome deles.

O papel da "consciência" é cumprido pela atenção plena, que torna a pessoa consciente das suas ações e motivos, junto com *hiri* (S. *Hirī*) e *ottappa* (S. *Apatrapya*): os dois "estados radiantes que protegem o mundo" (*A*.I.51) e são causas imediatas da virtude. *Hiri* é a "dignidade", que nos faz procurar evitar qualquer ação que possamos sentir não ser digna de nós e que possa

7 *BS2*.60; Aitken, 1984, pp. 4-104; Harvey, 2000, pp. 14-5; Jiyu-Kennett, 1999, pp. 213-14.

diminuir nossa integridade moral. *Ottappa* é a "atenção às consequências", sendo estimulado pela preocupação com a reprovação e a censura (seja de nós mesmos ou dos outros), com o constrangimento diante da punição legal dos outros (em especial daqueles que respeitamos) ou com os resultados de uma ação (*Asl.*124-27).

Para que uma ação quebre um preceito e seja, portanto, karmicamente nociva, ela precisa ser praticada com intenção; esse não é o caso, por exemplo, quando pisamos sem querer em um inseto (*EB*.2.3.2). Dizer a alguém para praticar em nosso nome uma ação que quebre um preceito, contudo, é uma violação cometida tanto por nós mesmos quanto pela pessoa (Harvey, 1999, p. 280). Além disso, o karma piora à medida que a força da vontade implícita em uma ação aumenta, pois isso deixa um "vestígio" na mente. Disso decorrem várias coisas (Harvey, 2000, pp. 52-8). Primeiro, a responsabilidade se reduz em razão da loucura ou paixão inflamada, o que reduz também a seriedade kármica de uma ação prejudicial (*Miln.*221). Segundo, é pior premeditar uma ação. Terceiro, é pior praticar uma ação errada quando não a consideramos errada, porque ela então será praticada em um estado de ilusão sem coibição nem hesitação (*Miln.*84) — como foi presenciado no século XX com ideologias como as de Hitler, Stalin e do Khmer Rouge, que "justificaram" o assassinato de muitas pessoas. Desse modo, matar um ser humano ou um animal sem remorso é pior do que fazê-lo com temor. Enfim, é pior matar um animal grande do que um pequeno, porque o primeiro envolve um esforço mais prolongado (*BS1*.70-1). A gravidade de uma ação também depende da perversidade da intenção. Fazer mal a uma pessoa virtuosa ou a alguém que mereça respeito, como um dos pais, é pior do que fazer mal a outras pessoas. Do mesmo modo, é pior fazer mal a uma forma de vida mais desenvolvida. Embora os humanos sejam considerados superiores aos animais, isso é apenas uma questão de grau; os humanos devem demonstrar sua superioridade usando a liberdade de escolha para tratar bem os animais e não maltratá-los.

A ênfase do Mahāyāna nos "meios hábeis" (ver pp. 139, 218) faz com que essa tradição tenha uma tendência maior do que o Theravāda para adaptar os preceitos às circunstâncias (Harvey, 2000, pp. 134-40). O *Bodhisattva-bhūmi* de Asaṅga (Tatz, 1986, pp. 70-1) afirma que um *Bodhisattva* (avançado) pode matar uma pessoa prestes a matar muitas pessoas — de modo que ele as salve e poupe o agressor do mau karma de matar —, desde que isso seja feito com base em compaixão genuína e com a disposição de sofrer as consequências kármicas do ato de matar; inclusive, se a intenção for sincera, essas consequências serão mais leves que o normal. Ele também pode mentir para salvar outras pessoas, bem como roubar a pilhagem de ladrões e governantes injustos, para que eles e seus hábitos nocivos sejam obstruídos.

O primeiro preceito

O primeiro preceito, considerado o mais importante, é a resolução de não matar de modo intencional nenhum ser humano, animal terrestre, pássaro, peixe ou inseto: a palavra para "ser vivo" (P. *Pāṇa*, S. *Prāṇa*) no preceito significa literalmente "o que respira". Embora isso não signifique que a maioria dos budistas tenha sido pacifista, o pacifismo tem sido o ideal do budismo (Harris, 1994; Harvey, 2000, pp. 239-85). Embora o "meio de vida errado" do "comércio de armas" se refira ao vendedor de armas e não ao soldado, dizem que a pessoa que ganha a vida como soldado e morre em combate renasce em um inferno ou como um animal (*SN*.IV.308-09). É enfatizado que a guerra é inconsequente e inútil: "A vitória gera inimizade; a pessoa derrotada dorme mal. A pessoa pacífica dorme tranquila, tendo abandonado a vitória e a derrota" (*Dhp*.201; *SN*.I.83); o matador por sua vez encontra outro matador, o conquistador encontra aquele que o conquista" (*SN*.I.85). Por conseguinte, o budismo contribuiu para acabar com a violenta expansão do império de Asoka (ver p. 129) e controlou os beligerantes tibetanos e mongóis; os budistas chineses eram famosos por "se esquivar de suas obrigações militares", e um dos primeiros presidentes das Nações Unidas foi o devoto budista birmanês U Thant. No entanto, a maioria dos budistas está disposta a violar o primeiro preceito em autodefesa, e muitos ajudaram a defender a comunidade. Na Tailândia, o exército é bastante respeitado pelo seu papel de servir e ajudar a administrar o país. A história dos países budistas não está livre de guerras e, às vezes, seitas budistas lutaram umas contra as outras, como vimos no Capítulo 7. A agitação popular que irrompeu no Sri Lanka em 1983 e que contrapôs segmentos da população minoritária tâmil (sobretudo hindus) à população cingalesa (sobretudo budistas), conduzindo a um conflito armado que durou até 2009 (ver pp. 405-06), mostra, de forma lamentável, que os budistas não estão imunes a deixar que o comunalismo os leve a se esquecer de alguns dos seus princípios (Harvey, 2000, pp. 255-60).

Embora o budismo não faça objeção ao controle da natalidade, vê-se o aborto como uma violação do primeiro preceito, já que ele interrompe um "precioso renascimento humano", o qual se entende que começa na concepção.[8] Na opinião de muitos, o mau karma de um aborto varia de acordo com a idade do feto, já que um aborto em idade gestacional avançada envolve matar um ser com quem a mãe tem um relacionamento mais desenvolvido e exige mais força; mas a maioria dos budistas aceitaria o aborto para salvar a vida da mãe. O aborto tem sido bastante comum no Japão secularizado do pós-guerra, embora muitas mulheres sintam a necessidade de reparar sua ação cuidando do espírito da criança abortada por meio do culto do

8 *D*.II.62-3; *Vin*.I.93. Sobre o tema do aborto, ver: Keown, 1995, 1998, 2000, pp. 136-68; Harvey, 2000, pp. 311-52; 2001.

Bodhisattva Jizō no ritual conhecido como *mizuko kuyō*.[9] O suicídio também desperdiça um "precioso renascimento humano", considerando-se, assim, que o sofrimento que o instigou não diminui e se intensifica no renascimento seguinte, que talvez seja sub-humano (Harvey, 2000, pp. 286-310). No entanto, o caso da pessoa que "dá" compassivamente a vida para ajudar outras é diferente. As histórias do *Jātaka* contêm uma série de exemplos do *Bodhisattva* dando a vida ou uma parte do corpo para salvar ou ajudar outro ser (*BS1*.24-6; *BS2*.18 e 19), e há uma pequena tradição de "suicidas religiosos" no budismo do leste, nos quais a pessoa oferece sua vida aos Budas (Benn, 2007). Durante a guerra do Vietnã, vários budistas se suicidaram ateando fogo em si mesmos para chamar a atenção do mundo para o drama do povo sul-vietnamita sob o regime de Diem. A esperança deles era que a fruição kármica do ato de doar a si mesmos ajudaria a sustentar o budismo, trazendo paz para o Vietnã e para o mundo.

Embora seja relativamente fácil evitar matar seres humanos, outras formas de vida podem causar mais problemas na prática.[10] Existe uma preferência geral por afastar os animais nocivos a uma distância segura e soltá-los, mas certas cobras mortíferas e perigosas poderiam ser mortas sem hesitação. Quando os budistas matam insetos, é possível tentar neutralizar os maus resultados kármicos dessa ação. Na Birmânia, os agricultores só podem cogitar acabar com uma praga de ratos que destroem a colheita argumentando que parte do dinheiro assim economizado poderá ser usado em ações karmicamente frutíferas. Nos mosteiros Zen, são realizados ritos para favorecer o destino de insetos nocivos que foram mortos.

O imperador Asoka (ver p. 129) criou leis que proibiam matar animais nos dias de observância, castrar ou marcar o gado a ferro quente e incendiar indiscriminadamente as florestas; alguns reis Theravāda também proibiram ou limitaram o abate de animais. Apesar disso, o primeiro preceito não significa que a maioria dos budistas seja vegetariana, e o próprio Buda parece ter aceitado carne em sua tigela de esmolas (Harvey, 2000, pp. 159-63). A ênfase dele era em evitar matar de modo intencional; ou seja, era pior matar uma mosca com um tapa do que comer um animal morto. Ele permitia que um monge comesse carne desde que não tivesse visto, ouvido nem desconfiado de que o animal fora morto para ele em particular; esse alimento era, nesse caso, "irrepreensível".[11] Como os monges viviam de donativos, não deviam ser exigentes com relação aos alimentos que eram aceitáveis ou privar um doador da oportunidade de praticar uma ação karmicamente profícua ao recusar um alimento "irrepreensível". No que diz respeito aos leigos, até mesmo matar para doar a carne gera maus resultados kármicos,

9 LaFleur, 1992; Cabezón, 1992, pp. 65-89.

10 Sobre o budismo, os animais e o ambiente, ver Batchelor e Brown, 1992; Harvey, 2000, pp. 150-86; 2007b; Keown, 2000, pp. 81-135; Tucker e Williams, 1997.

11 *M*.II.368-71 e *Vin*.I.236-38 (*BTTA*.2).

devido ao sofrimento dos animais sendo levados para o abate e a dor que eles sentem quando são mortos (*M*.I.371).

O "meio de vida correto" exclui o "comércio da carne", pertencendo a este o açougueiro, o caçador e o pescador: atividades que nenhum budista comprometido exerceria. Nas sociedades budistas, os açougueiros são em geral não budistas — muçulmanos, por exemplo — e são considerados depravados ou párias. A posição de que a carne é aceitável desde que outra pessoa mate o animal não é necessariamente um atalho para contornar o preceito. Nos países budistas não existem matadouros imensos, como no Ocidente — que seriam vistos como infernos na terra —, sendo mais provável que, para obter carne, a pessoa tenha de *pedir* a um açougueiro que mate um animal, ou tenha ela própria de matá-lo. Na realidade, acredita-se que criar gado para o abate é uma violação do "modo de vida correto", e os budistas tendem a procurar evitar essa atividade.

No budismo do sul, embora poucos sejam vegetarianos, tal comportamento é admirado universalmente, e a maioria das pessoas sentem inquietude quando *refletem* a respeito de comer carne (Gombrich, 1971, pp. 260-62). Algumas se abstêm nos dias de observância, quando podem também evitar se dedicar a atividades agrícolas, porque isso pode causar dano às minhocas e aos insetos. Alguns monges são vegetarianos e, às vezes, organizam boicotes a açougues em aldeias remotas. De modo geral, considera-se pior comer a carne de um animal de um nível mais elevado de existência: o pior é comer carne bovina (na Birmânia, já foi crime matar vacas) e é menos mau comer carne de cabras ou aves, menos mau ainda comer ovos (em geral considerados fertilizados), e o ato menos mau de todos esses é comer peixe, a forma de carne mais comumente ingerida. Muitas pessoas pescam o próprio peixe, mas desprezam-se na sociedade aquelas que ganham a vida pescando.

No Mahāyāna, o *Laṅkāvatāra Sūtra*[12] nega que o Buda permitisse aos monges comerem carne "irrepreensível", opondo-se à ingestão de carne: todos os seres foram parentes em uma vida passada; a carne tem mau cheiro; ingeri-la atrapalha a meditação e causa problemas de saúde, arrogância e o renascimento como animal carnívoro ou um ser humano de classe inferior; se não se ingerir nenhum tipo de carne, o abate para consumo cessará. Na China, os preceitos do *Bodhisattva* no *Brahmajāla Sūtra,* usados como um código monástico suplementar e que também é influente junto aos leigos devotos, postulam o vegetarianismo, e banquetes vegetarianos têm sido comuns nas celebrações budistas (*BS2*.45). Na tradição japonesa, a carne bovina não era ingerida e o vegetarianismo era exigido dos monges, embora em 1872, como parte da modernização do Japão e do seu empenho em aprender a cultura ocidental, a proibição formal da ingestão de carne nos mosteiros tenha sido revogada pelo governo (Jaffe, 2001,

12 *Lanka*.244-59, como em *BT*.91-2. Ver também Harvey, 2000, pp. 163-65.

pp. 26-33). É provável que a preferência japonesa por todos os tipos de alimentos marinhos se deva à influência budista (os peixes são uma forma de vida inferior) e também ao fato de o Japão ser uma ilha. Infelizmente, as baleias também vivem no mar, e barcos mais potentes e um crescente secularismo significam que o Japão agora captura muitas delas (embora o paladar do público por carne de baleia esteja em declínio).

A maioria das terras do budismo do norte tem clima inóspito e frio, sendo o vegetarianismo encarado como pouco prático. Apesar disso, entre os pastores nômades, os membros mais devotos das famílias costumam evitar matar o gado, e aqueles que trabalham como açougueiros profissionais são desprezados. Em geral, prefere-se o abate de grandes animais à morte de vários animais menores para a obtenção da mesma quantidade de carne. Não obstante, os tibetanos são famosos pela sua bondade para com os animais; há escrúpulos até com relação à ingestão do mel silvestre, encarada como roubo ou assassinato de abelhas.

Outros preceitos

O segundo preceito rejeita qualquer ato de roubo e também de fraude, desonestidade, pedir emprestado sem a intenção de pagar e pegar mais do que nos é devido. Com frequência, inclui-se também o jogo de azar a dinheiro. O preceito, sem dúvida, tem a ver com a produção e o uso da riqueza (Harvey, 2000, pp. 187-238). O ideal nesse caso é que a nossa riqueza seja formada de uma maneira moral, que não engane ou cause danos aos outros; deve ser usada para proporcionar conforto e prazer a nós mesmos e à nossa família, para ser compartilhada com os outros e para gerar a fruição kármica; e não deve ser objeto da nossa cobiça e anseio (*SN*.IV.331-37). A avareza e a dissipação são extremos a ser evitados. Quando uma pessoa é abastada, não raro se acredita que isso se deva à fruição kármica passada, sendo considerado que a pessoa rica tem mais oportunidade de gerar fruição kármica se fizer doações livres ao *Saṅgha* e à comunidade. Em combinação com a ideia de que a pobreza tende a incentivar o roubo e o descontentamento civil (*D*.III.64-9 e *D*.I.135 (*BW*.139-41)), isso significa que o ideal budista é uma sociedade livre do desequilíbrio entre a pobreza e a riqueza.

Os países budistas se encontram em muitos níveis diferentes de desenvolvimento econômico. Em um dos extremos está o Butão, hoje emergindo aos poucos de um estilo de vida medieval. Nele, as pessoas são pobres, mas parecem de um modo geral satisfeitas, e o rei disse que está mais interessado na "Felicidade Nacional Bruta" do que no "Produto Nacional Bruto". No outro extremo está o Japão. Sua rápida modernização foi auxiliada pela ênfase em servir ao grupo (enraizada nos métodos tradicionais de agricultura, porém reforçada pelo confucionismo), pela ética do samurai do serviço leal ao senhor feudal e ao Estado e pela insistência budista no desapego altruísta, visto nesse caso de modo ativo e engajado (King, 1981). Embora os japoneses modernos pareçam ter se apegado ao trabalho quase pelo trabalho em si, nos últimos tempos alguns têm se preocupado com o fato de que há pouco tempo para o relaxamento e as questões espirituais.

O terceiro preceito diz respeito basicamente a evitar causar sofrimento por meio do comportamento sexual. Isso inclui o adultério, o incesto e qualquer relação sexual forçada, bem como as relações sexuais com pessoas casadas ou comprometidas com outra ou que estejam sob a proteção de parentes. O que é considerado "adultério" varia de acordo com os padrões de casamento de diferentes culturas, e o budismo tem sido flexível ao se adaptar a eles. Embora a monogamia seja o padrão preferido e predominante, ele também tem tolerado a poligamia e, às vezes, a poliandria. O sexo pré-conjugal tem sido considerado uma violação do preceito em algumas culturas, mas não em outras; flertar com uma mulher casada também pode ser encarado como violação. A atividade homossexual raramente é especificada entre as atividades que quebram os preceitos leigos,[13] embora se considere que um tipo de pessoa conhecida como *paṇḍaka* — ou seja, uma pessoa nascida como um homem não normativo, em especial um homossexual passivo — seja incapaz de vivenciar certos estados meditativos profundos (Harvey, 2000, pp. 411-34). Outras formas de sexualidade proibidas pela sociedade são vistas como rupturas do preceito, sem dúvida devido aos sentimentos de culpa que acarretam. Atividades sexuais obsessivas também entram no preceito, assim como outros exageros sensoriais, por exemplo, empanturrar-se de comida.

Os três primeiros preceitos dizem respeito a ações físicas, e cumpri-los é o fator da "ação correta" do Caminho Óctuplo. O quarto preceito, embora só se refira em específico à "palavra falsa", equivale aos quatro aspectos do fator da "palavra correta" do Caminho (ver p. 113). De modo geral, considera-se esse preceito o segundo mais importante, porque dizem que a pessoa que não tem vergonha de mentir de modo intencional é capaz de praticar qualquer tipo de ação nociva (*M.*I.415). Além disso, na coletânea de histórias *Jātaka*, da linhagem Theravāda, embora Gotama tenha violado vários preceitos em vidas passadas como *Bodhisattva*, dizem que ele nunca mentiu (*Jat.*III.499). Qualquer forma de mentira ou dissimulação, seja em benefício próprio ou de outra pessoa, é considerada uma quebra do preceito, embora uma pequena mentira inofensiva seja, por exemplo, muito menos grave do que mentir no tribunal (*Miln.*193). A mentira deve ser evitada não apenas porque não raro prejudica os outros, mas também porque contraria o valor budista de procurar a verdade e ver as coisas "como elas são de fato". Quanto mais uma pessoa engana os outros, maior a probabilidade de que ela engane a si mesma; desse

---

13 *BS1.*71; Conze faz uma tradução equivocada de um texto de Buddhaghosa; este não diz que não deve haver penetração sexual de homens, mas sim que, "para os homens", aqueles que não devem ser penetrados são as mulheres em vários tipos de relacionamentos comprometidos ou aquelas que estão sob vários tipos de proteção.

modo, sua ilusão e ignorância espiritual aumentam. A mentira também tende a resultar em uma vida mais complicada: é mais fácil lembrar da verdade do que de uma rede de mentiras.

As outras formas da "palavra correta" se destinam a moderar ainda mais os atos verbais, de maneira a diminuir os estados mentais não habilidosos e aumentar os habilidosos. Devem-se evitar: palavras desagregadoras que levam quem as está ouvindo a menosprezar uma pessoa; palavras duras ou coléricas; e a tagarelice. A palavra correta tem grande prazer em falar dos pontos *positivos* das pessoas, de maneira a propagar a harmonia em vez da discórdia; ela é "delicada, agradável ao ouvido, carinhosa, atenciosa, segue para o coração"; é proferida "no momento certo, de acordo com o fato, a respeito da meta, a respeito do *Dhamma*, a respeito da disciplina moral", de maneira a "valer a pena ser entesourada" (*M*.III.49). Essa descrição mostra com clareza uma ampla preocupação com o comportamento verbal (o mesmo se aplica hoje, por exemplo, ao *e-mail*). O último item, lidar com a tagarelice, é mais enfatizado em ambiente meditativo, mas em geral põe em evidência a necessidade de usarmos nossas palavras de maneira sábia: para inspirar, ajudar ou expressar bondade aos outros, e não apenas para abrir a boca. Uma lista com "dez ações hábeis", que consiste nos sete fatores da ação e da palavra corretas, acrescidos de evitar a cobiça, a má vontade e os pontos de vista equivocados (*M*.III.45-50; *M*.I.286-90 (*BW*.156-61)), parece ser a base dos "dez grandes preceitos" do Zen.

O quinto preceito não está relacionado nos fatores da ação e da palavra corretas que compõem o Nobre Caminho, mas cumpri-lo ajuda a "atenção plena correta". Nos estados inebriados em que carecemos de calma ou clareza mental, ficamos mais propensos a violar todos os outros preceitos. Por certo, é melhor não fugir dos sofrimentos da vida entregando-nos a uma falsa felicidade. Ao seguir esse preceito, alguns procuram evitar quaisquer substâncias inebriantes ou psicoativas, enquanto outros consideram que o que viola o preceito é somente a embriaguez, e não tomar um pequeno drinque. O budismo não é puritano nessas questões, e, ao contrário de alguns países muçulmanos, nenhum país budista proíbe a venda ou o consumo de álcool. Apesar disso, ganhar a vida vendendo bebidas alcoólicas é um "meio de vida incorreto" (*A*.III.208).

Implicações positivas dos preceitos

Embora cada preceito seja expresso com um fraseado negativo, como uma abstenção, a pessoa que cumpre essas "regras de treinamento" passa, de forma progressiva, a manifestar virtudes positivas. Quando as raízes da ação não hábil se enfraquecem, a pureza profunda e natural da mente pode se manifestar. Por conseguinte, cada preceito tem um equivalente positivo, respectivamente: (i) bondade e compaixão: "com delicadeza e bondade, ele permaneceu compassivo para com todos os seres vivos" (*M*.I.345); (ii) generosidade e renúncia; (iii) "satisfação jubilosa com a própria esposa" (*A*.v.138; cf. *Sn*.108), contentamento e diminuição do número de desejos; (iv) amar a verdade procurando por ela, reconhecer a falsidade e alcançar a precisão de pensamento; e (v) atenção plena e percepção clara. Considera-se o contentamento a "maior das riquezas" (*Dhp*.204), e o auge dessa virtude é mostrado por um comentário de Milarepa, o santo tibetano do século XI, que, vivendo com trajes surrados de algodão em uma caverna congelante do Himalaia, disse o seguinte: "para mim, tudo é confortável" (Evans-Wentz, 1951, p. 201)!

Cumprimento de preceitos adicionais

No budismo do sul (e também no do norte), os leigos devotos podem seguir um conjunto de oito preceitos nos dias de "observância" (*BW*.174-76). Ao seguir preceitos adicionais, eles se comprometem com uma disciplina que reduz os estímulos sensoriais que perturbam a calma e a concentração, de modo que sua conduta se assemelha, temporariamente, à dos monges. Os participantes habituais dos dias de observância, que em geral têm mais de 40 anos, são portanto conhecidos pelo termo que designa um discípulo leigo ou uma discípula leiga: *upāsaka* e *upāsikā*. Na vida cotidiana, eles também observam os cinco preceitos mais à risca que as outras pessoas. As tradições do norte e do leste dão continuidade à antiga prática de usar os termos *upāsaka* e *upāsikā* (na tradução) para qualquer pessoa que observe os cinco preceitos e adote os três refúgios.

A diferença entre os oito e os cinco preceitos é, em primeiro lugar, que o terceiro preceito é substituído por outro que proíbe "qualquer conduta não celibatária (*abrahmacariya*)": qualquer tipo de atividade sexual. Depois do quinto preceito habitual, mais três são então adotados, os quais dizem respeito à abstenção de: (vi) "comer em horário inoportuno"; (vii) "dançar, cantar, ouvir ou tocar música e participar de *shows*; usar guirlandas, perfume e unguentos, roupas finas e adornos"; e (viii) "camas altas ou luxuosas". O sexto preceito envolve não comer alimentos sólidos depois do meio-dia. O sétimo significa evitar ou se manter afastado de diversões e evitar usar maquiagem, perfume e joias, além de vestir sempre roupas simples e brancas: disciplina que também era seguida por aqueles que compareciam ao festival Zen *Jūkai*. O oitavo preceito tem a intenção de diminuir a preguiça ou os sentimentos de grandeza e envolve dormir e sentar-se em esteiras. De qualquer modo, na prática, é assim que a maioria dos asiáticos leigos sempre dormiu.

Há também um conjunto de dez preceitos, os mesmos que os observados pelos monges novatos (*Khp-a*.22-37; *EB*.3.5.1). Nesse caso, o sétimo preceito é dividido em dois, e há a incumbência adicional de a pessoa "se abster de aceitar ouro e prata", impossibilitando-a de lidar com dinheiro. Ao contrário dos oito preceitos, os dez são seguidos apenas em um compromisso de longo prazo. Alguns homens Theravāda, em geral idosos, seguem-nos de modo permanente e vestem branco ou marrom. Um número maior de mulheres fazem isso. Isso acontece porque, na tradição do sul, a ordem plena de mulheres se extinguiu, e o maior número de preceitos que uma mulher poderia observar formalmente, até uma recente revitalização da ordem das monjas no Sri Lanka (ver pp. 325-26), era dez. Um número maior de mulheres do que de homens também observa os oito preceitos nos dias de observância.

A BONDADE AMOROSA E A COMPAIXÃO

A bondade amorosa (P. *Mettā*, S. *Maitrī*) e a compaixão (*karuṇā*) são vistos como parte do fator do Caminho da "intenção correta", além de como desdobramentos da generosidade, ferramentas para aprofundar a virtude e os fatores que enfraquecem o apego ao "Eu". Também são as duas primeiras das quatro "imensuráveis" ou "permanências divinas" (*brahma-vihāra*): qualidades que, segundo dizem, quando desenvolvidas em grau elevado na meditação, tornam a mente "imensurável" e semelhante à mente dos amorosos deuses *brahmā* (*BW*.176-78; *Vism*.IX). A bondade amorosa é a sincera aspiração pela felicidade dos seres, sendo o antídoto do ódio e do medo. A compaixão é aspiração a que os seres fiquem livres do sofrimento, sendo o antídoto da crueldade. A alegria empática (*muditā*) é a alegria pela alegria dos outros, sendo o antídoto do ciúme e do descontentamento. A equanimidade (P. *Upekkhā*, S. *Upekṣā*) é uma serenidade tranquila e imperturbável diante dos altos e baixos da vida — tanto da nossa quanto da dos outros —, que equilibra a preocupação com os outros com a compreensão de que o sofrimento é parte inevitável de se estar vivo. Ela é o antídoto da parcialidade e do apego.

A bondade amorosa é enfatizada em versículos como: "Conquista a raiva com a bondade; conquista o mal com o bem; conquista o avarento doando; conquista o mentiroso com a verdade" (*Dhp*.223). Essa benevolência e verdadeira cordialidade também é o tema do *Karaṇīya-metta Sutta*, um cântico *paritta* muito popular:

> Aquele que é versado no bem e que deseja alcançar aquele Estado de Paz [*Nirvāṇa*] deve agir da seguinte maneira: deve ser hábil, honrado, perfeitamente honrado, ter um modo de falar agradável, ser gentil e humilde, contente, fácil de sustentar [como um monge], não ser atarefado, ter o controle dos sentidos, ser discreto, modesto, não ser apegado em demasia às famílias [para obter caridade]. Não deve praticar nenhuma transgressão por causa da qual outros sábios possam censurá-lo. [Deve então pensar:] "Que todos os seres sejam felizes e seguros, que todos tenham uma disposição alegre! Sejam quais forem os seres que existem — fracos ou fortes, altos, corpulentos ou de constituição média, baixos, pequenos ou grandes, visíveis ou invisíveis [ou seja, fantasmas, deuses e seres do inferno], os que moram longe ou perto, os que nasceram ou estão esperando o renascimento — que todos os seres, sem exceção, tenham uma disposição alegre! Que ninguém engane outro ou despreze qualquer pessoa em qualquer lugar; na raiva ou na hostilidade, que eles não dese-

jem qualquer sofrimento uns aos outros. Assim como uma mãe protegeria seu único filho arriscando a própria vida, que também ele cultive um coração ilimitado para com todos os seres. Que seus pensamentos de bondade amorosa ilimitada permeiem o mundo inteiro: em cima, embaixo e transversalmente, sem obstrução, sem ódio e sem inimizade. Quer ele fique em pé, caminhe, se sente ou deite, enquanto estiver desperto deverá desenvolver essa atenção plena. Isso, dizem eles, é o divino residindo aqui. Sem resvalar para opiniões erradas, virtuoso e provido de compreensão, ele abandona o apego pelos desejos sensoriais. Ele, por certo, não retornará a nenhum útero [o renascimento na esfera dos desejos sensoriais] (*Khp.*8-9; *Sn.*143-52).

Desse modo, o ideal é que a bondade amorosa seja irradiada a todos os seres com a mesma força do amor de uma mãe pelo filho, porém sem o sentimentalismo nem a possessividade que poderiam unir-se a ela. O auge desse ideal é expresso da seguinte maneira: "Monges, sórdidos ladrões podem nos desmembrar membro por membro com uma serra de dois cabos; no entanto, mesmo assim, quem quer que alimente ódio no coração por causa disso não é alguém que põe em prática meu ensinamento" (*M.*I.129 (*BW.*278-79)). A bondade amorosa pode ser praticada na vida cotidiana por meio de ações amáveis, e entoar o *Sutta* acima com a plena consciência de seu significado é uma das formas mais comuns de meditação no budismo do sul. Também se pratica uma meditação mais prolongada sobre a bondade amorosa (ver Capítulo 11).

Para ajudar a superar a hostilidade com relação a alguém, a pessoa que estiver desenvolvendo a bondade amorosa pode refletir que mais danos são causados a alguém por uma mente mal direcionada pela hostilidade do que pelas ações de um adversário (*Dhp.*42). Ficar zangados com uma provocação equivale, na verdade, a cooperar para aumentar nosso sofrimento (*Vism.*300). Outras recomendações são recordar que todos os seres já foram bons para nós em alguma vida passada ou refletir que a mente está em constante transformação, de modo que "a pessoa que me ofendeu" não é mais exatamente a mesma pessoa (*Vism.*301).

A compaixão, como a motivação fundamental do *Bodhisattva*, é muito enfatizada (*EB.*4.4.1). No budismo do leste e do norte, professar os votos do *Bodhisattva*, o que não raro se faz depois de se professar os preceitos, é um compromisso solene que expressa o anseio compassivo de ajudar todos os seres. Isso deve ser feito por meio da prática constante das seis "perfeições" (S. *Pāramitā*): generosidade, virtude, paciência, vigor, meditação e sabedoria (Pagel, 1995; Skorupski, 2002). No budismo do sul, há um conjunto de dez perfeições (P. *Pārami*), encaradas como nobres qualidades de beneficiar compassivamente os outros: generosidade, virtude, não sensualidade, sabedoria, vigor, paciência, sinceridade, determinação, bondade amorosa e equanimidade (Bodhi, 1996). Embora o *Bodhisattva* desenvolva essas qualidades em grau mais elevado, elas também são consideradas apropriadas a todos os que aspiram ao *Nirvāṇa*.

O Buda ensinou que "quem quer que deseje cuidar de mim deve cuidar dos doentes" (*Vin.*I.301-02), e no seu "Preciosa Guirlanda de Conselhos ao Rei" (Hopkins e Lati Rinpoche, 1975, v. 320), Nāgārjuna aconselhou: "Leve os cegos, os doentes, os humildes, os desprotegidos, os infelizes e os aleijados a conseguir comida e beber sem interrupção". Um bom exemplo desse ideal compassivo em ação ocorreu na China da dinastia Tang (618-907), onde mosteiros budistas e sociedades religiosas leigas fundadas por monges administravam hospitais, dispensários, orfanatos, lares para os idosos e casas de repouso para peregrinos; eles alimentavam mendigos, organizavam ajuda humanitária contra a fome, construíam estradas e pontes e cavavam poços. Nas terras do budismo do sul, as obras de caridade, com exceção da administração de orfanatos, têm sido deixadas, em geral, nas mãos de leigos ricos ou governantes. No entanto, os mosteiros têm desempenhado uma série de papéis de assistência social. Hoje em dia, o trabalho de assistência social budista inclui a ajuda humanitária contra a fome, a administração de bancos de órgãos e o movimento de desenvolvimento rural "Sarvodaya Śramadāna", de influência gandhiana, no Sri Lanka.[14] Este último faz parte do que é hoje chamado de "Budismo Engajado",[15] outro exemplo do qual é a Fundação Tzu Chi taiwanesa (www.tzuchi.org), que administra hospitais e se dedica ao trabalho humanitário em catástrofes.

O ideal de cuidar de animais (Harvey, 2000, pp. 170-74) é expresso habilmente em uma história do *Jātaka* (nº 124) que fala do *Bodhisattva* como um eremita que levou água para animais selvagens durante uma seca; como estava muito empenhado no que fazia, não teve tempo de buscar comida para si mesmo, mas os animais fizeram isso por ele. Adequando-se a esse ideal, os grandes mosteiros chineses tinham um laguinho para os peixes resgatados do vendedor de pescado, e os animais de fazenda, quando velhos, eram entregues aos cuidados deles, possivelmente acompanhados de uma contribuição à sua subsistência. A Birmânia tinha "casas de repouso" para as vacas. O budismo também tem a tradição de prover cuidados veterinários, de modo que um animal muito ferido ou doente não costuma ser "sacrificado", mas sim tratado. Matá-lo não seria muito diferente do que matar um ser humano que estivesse em sofrimento.

CUIDADOS COM OS AGONIZANTES E OS MORTOS

De acordo com o budismo, a ajuda compassiva oferecida aos outros não é menos importante na morte do que na vida (Williams e Ladwig, 2012). À medida que a morte se aproxima, é dever

14 www.sarvodaya.org; Harvey, 2000, pp. 225-34; ver também pp. 403-04.

15 Jones, 1981; Harvey, 2000, pp. 112-13; Queen e King, 1996; *site* de recursos do Socially Engaged Buddhism: www.dharmanet.org/lcengaged.htm.

dos parentes e amigos ajudar a pessoa a ter uma "boa morte", porque em uma perspectiva de renascimento, a morte é a "crise" mais importante e problemática da vida. É melhor morrer em um estado calmo e consciente, relembrando com alegria as boas ações anteriores, do que lamentando-as (p. ex., como "excessivamente generosas"), para que o melhor renascimento possível seja alcançado dentro dos limites estabelecidos pelo karma anterior (*M*.III.214). A eutanásia ativa ou passiva não é apoiada, embora seja aceitável que uma pessoa recuse o tratamento se ele se tornar opressivo demais.[16]

No budismo do sul, monges são alimentados em prol de uma pessoa que esteja morrendo, que também é tranquilizada pelos cânticos dos monges e lembrada de suas boas ações. Os funerais (pela cremação) podem ter uma atmosfera quase festiva, e quase nunca se demonstra pesar, a não ser que a morte tenha sido prematura ou particularmente trágica. A fruição kármica é compartilhada com o falecido, como o é também em serviços memoriais subsequentes. Nestes, verte-se água em uma vasilha até transbordar, e os monges entoam um verso que diz que, assim como a água flui para baixo, "possa o que é dado aqui alcançar o defunto" (*Khp*.6).

No budismo do norte, o *Bardo Thodol* (*Bar-do Thos-grol*), comumente conhecido como "O Livro Tibetano dos Mortos", será lido para uma pessoa agonizante ou que tenha morrido há pouco tempo.[17] Essa leitura é feita para guiá-la através das experiências dos 49 dias entre as vidas, para ajudar a superar o apego persistente ao corpo e à família ou até mesmo adquirir uma compreensão libertadora. Dizem que, na hora da morte, todos vivenciam o radiante *Tathāgata-garbha* (ver p. 167), o estado fundamental de consciência vazio de impurezas e sintonizado com a natureza da realidade. Todos, com exceção do *yogin* avançado, por incompreensão, afastam-se desse estado e depois passam pela existência intermediária normal (ver p. 100). Durante esse período, Yama, o deus da morte, segura o "espelho do karma": isso e a consciência fazem com que a pessoa depare com os detalhes das ações de sua vida passada (Dorje, 2005, pp. 279-80). Seguem-se então visões das várias esferas de renascimento, dos Budas celestiais e dos *Bodhisattvas*. Aquele que não compreende a natureza dessas visões é arrastado para um novo renascimento, de acordo com o seu karma. No entanto, aquele que tem entendimento pode acelerar seu desenvolvimento no caminho do *Bodhisattva* ou ser capaz de obter o renascimento em uma Terra Pura. Depois da morte, costuma-se cremar o cadáver. Entretanto, às vezes ele é desmembrado, para que os abutres possam ter o benefício de comê-lo.

No budismo do leste, o agonizante pode segurar cordões presos às mãos em uma pintura de Amitābha. Isso se destina a ajudá-lo a morrer tranquilamente, pensando em ser conduzido

16 Ver Keown, 1995, 2000, pp. 169-82; Harvey, 2000, pp. 292-310; 2001.

17 *BS1*.227-32; *BS2*.48. Dorje (2005) é a tradução mais recente. Sogyal Rinpoche (1992) é um livro recente e influente sobre os cuidados com pessoas agonizantes, que se inspira nas ideias do *Bardo Thodol*.

à Terra Pura de Amitābha (*BP*.48). Os budistas chineses fazem os monges executarem ritos aos mortos várias vezes durante o período de 49 dias entre as vidas, e ritos memoriais são depois realizados. Os monges entoam o nome de um Buda ou *Sūtra*s para instruir o morto, e a fruição kármica da entoação e das doações é transferida para eles; também são feitos pedidos para que os *Bodhisattva*s celestiais e os Budas transfiram fruição kármica para o morto.

A ÉTICA DOS RELACIONAMENTOS SOCIAIS

A ética budista também inclui diretrizes para bons relacionamentos sociais, embora a maneira como foram adotadas na prática varie de cultura para cultura de modo considerável. Um importante texto básico nessa área é o *Sigālovāda Sutta*,[18] descrito por Asoka como o código de disciplina (*Vinaya*) para os leigos, paralelo ao dos monges e monjas. Nele, o Buda depara com Sigāla, o qual venerava as seis direções em conformidade com o último desejo do seu pai. Ele adverte que há uma maneira melhor de servir as "seis direções": por meio de ações adequadas com relação a seis tipos de pessoas, de modo a produzir harmonia na rede de relacionamentos centrados em uma pessoa. Esta deve "cuidar das necessidades" dos pais como o "quadrante do leste" (onde nasce o sol), dos mestres no "sul", do cônjuge no "oeste", dos amigos no "norte", dos criados e funcionários "embaixo", e dos renunciantes (monges) e Brahmins (sacerdotes) "em cima". Em retribuição, cada um desses deve "agir em solidariedade com" a pessoa de várias maneiras.

No que diz respeito aos pais, a pessoa deve pensar: "Tendo sido uma vez sustentado por eles, agora serei o arrimo deles; executarei tarefas de responsabilidade deles, preservarei a linhagem e tradição da minha família, me tornarei digno da minha tradição e farei donativos em nome deles quando estiverem mortos". Da sua parte, os pais "impedem que ele adquira maus hábitos, o exortam a ser virtuoso, encaminham-no a uma profissão, contratam para ele um casamento adequado e, no devido tempo, entregam-lhe sua herança". Em outro lugar, diz-se que "Ajuda para mãe e pai, e sustento para esposa e filhos; esferas de trabalho que não causam conflito: esta é uma suprema bênção" (*Khp*.3). O *Sigālovāda Sutta* diz que os pais só obtêm a reverência e o respeito dos filhos por meio da sua bondosa ajuda a eles. Os pais que a criança recebe e o filho que os pais recebem são resultado do karma passado, mas a maneira como o relacionamento é resolvido é uma questão de escolha de novas ações. Algumas pessoas têm pais "maus", mas dizem que a única maneira de pagar a dívida que temos para com nossos pais por terem cuidado de nós durante a infância é estabelecendo-os em sólida confiança, virtude, generosidade ou sabedoria (*A*.I.61 (*BW*.118-19; *SB*.251)). O *Sigālovāda Sutta* — exceto na tradução

18 *D*.III.180-93, como em *BT*.39-44, *SB*.129-38 e *BW*.116-18 (em parte); Harvey, 2000, pp. 98-100.

chinesa — não considera a obediência aos pais uma obrigação, embora isso seja louvado em vários editos de Asoka. Outro ensinamento sobre a vida em família é que a harmonia e a unidade familiar conferem força, assim como uma árvore consegue resistir melhor a uma tempestade se fizer parte de uma floresta em vez de estar isolada (*Jat.*I.329).

O *Sigālovāda Sutta* lida com outros relacionamentos da maneira apresentada a seguir. O discípulo deve atender às necessidades dos seus mestres: "Levantando-se [do seu assento, à guisa de saudação], servindo-os, demonstrando avidez por aprender, prestando serviço pessoal e demonstrando atenção ao receber o ensinamento deles". Da parte deles, seus mestres "educam-no bem, fazem com que ele aprenda bem, ensinam-no em detalhes sobre o conhecimento de cada arte, falam bem dele com os amigos e companheiros e promovem a segurança dele em todos os lugares". O marido deve cuidar das necessidades da esposa "por meio do respeito, da cortesia, da fidelidade, entregando-lhe autoridade [no lar] e oferecendo-lhe adornos". De sua parte, ela "desempenha bem suas obrigações, demonstra hospitalidade aos parentes de ambos, é fiel, zela pelos bens que ele traz e demonstra habilidade e talento artístico ao desempenhar todas as suas atividades" (cf. *BW.*128-30). Um amigo deve cuidar das necessidades de seus amigos "por meio da generosidade, cortesia e benevolência, tratando-os como trata a si mesmo e mantendo sua palavra". Da parte deles, eles "o protegem quando está desprevenido, e nessas ocasiões defendem a propriedade dele; eles se tornam um refúgio nos momentos de perigo, sem abandoná-lo nos momentos de dificuldade e mostrando consideração pela família dele". Um empregador deve cuidar das necessidades dos criados e de outros funcionários "designando-lhes as tarefas de acordo com sua força; fornecendo-lhes comida e salário, cuidando deles quando doentes, compartilhando com eles iguarias incomuns e concedendo-lhes licenças em todos os momentos apropriados". Da parte deles, eles "levantam antes dele, vão dormir depois dele, ficam satisfeitos com o que lhes é dado, executam bem o trabalho deles, tecem enormes elogios a ele e propagam sua boa reputação". Por último, um chefe de família deve cuidar das necessidades dos monges e dos sacerdotes "demonstrando bondade amorosa nas ações do corpo, da fala e da mente, mantendo a casa sempre aberta para eles e satisfazendo as necessidades temporais deles". Da parte deles, eles o mantêm afastado do mal, o exortam a fazer o bem, amam-no com pensamentos bons e amáveis, ensinam-lhe o que ele não ouviu e corrigem e purificam o que ouviu". Cada parte desses seis relacionamentos tem cinco modos de conduta apropriados para o aprimoramento mútuo, mas os monges também têm uma maneira adicional: mostrar ao leigo "o caminho para um renascimento celestial".

No que diz respeito ao casamento (Harvey, 2000, pp. 101-03), a ênfase monástica no budismo significa que ele não encara o casamento como "sagrado", mas sim como um contrato de parceria. Apesar disso, embora, em princípio, não haja nenhuma objeção ao divórcio, as pressões sociais o tornam incomum entre os budistas. Os serviços de casamento não são conduzidos por monges, embora possa se pedir a eles que abençoem um casal durante ou depois do casamento. No Sri Lanka, contudo, em resposta ao modelo cristão vivenciado durante o colonialismo, alguns elementos mais budistas foram introduzidos nas cerimônias de casamento (Gombrich e Obeyesekere, 1988, pp. 255-73). Um budista japonês se casa com os ritos do xintoísmo, enquanto um tailandês talvez se case em uma simples cerimônia familiar na qual os ancestrais da família são informados de que as duas pessoas estão casadas, para que eles não se ofendam quando o casal tiver relações sexuais (Swearer, 1995, pp. 52-6). No início de uma cerimônia tailandesa mais elaborada, o casal é o primeiro a oferecer comida aos monges, usando uma única colher. Dessa maneira, compartilham um ato de fruição kármica, de maneira a associar alguns dos seus momentos futuros de felicidade. Com relação a isso, dizem que o marido e a mulher, se se unirem em sólida confiança, virtude, generosidade e sabedoria, renascerão juntos se assim o desejarem (*A*.II.61-2 (*BW*.119-24)).

Ao contrário de algumas sociedades, aquelas que têm uma ética social budista costumam encarar o papel da mulher sozinha (solteira, divorciada ou viúva) como respeitável (Nash e Nash, 1963). No budismo do sul e do norte, as leis relacionadas com os motivos de divórcio e a divisão dos bens e dos filhos costumam tratar marido e mulher com relativa igualdade. Ao escrever em 1902, Fielding Hall também disse que considerava as mulheres birmanesas bem mais livres que as mulheres ocidentais de sua época (1902, pp. 169-86). Nas terras do budismo do leste, contudo, a ética social confucionista colocou a esposa em posição claramente inferior à do marido.

Na Tailândia, as mulheres têm tido um papel influente fora de casa nos negócios, tanto de grande porte quanto de pequeno porte.[19] Na agricultura, há pouca diferenciação de tarefas por gênero, embora os homens tendam a fazer o trabalho mais pesado e a tomar as decisões mais importantes. Nenhuma atenção é dada ao fato de um homem fazer um trabalho "de mulher" ou vice-versa: uma mulher pode lavrar a terra e um homem ser parteiro. Nas terras do budismo do sul, as mulheres, por tradição, exerciam o direito e a medicina, e o harém real desempenhava importante papel político. No Sri Lanka, a Sra. Bandaranayake foi a primeira mulher no mundo a ocupar o cargo de primeiro-ministro (1960). No budismo do norte, as mulheres têm desfrutado de considerável igualdade no que diz respeito à liberdade sexual, aos direitos de propriedade e a agir em seu próprio nome. É comum serem chefes de família e ativas no comércio, porém menos diretamente ativas na política. Apesar disso, hoje em dia, muitas mulheres ocupam posições de elevada autoridade entre os exilados tibetanos. Tem havido também uma

19 A respeito da condição da mulher no budismo, ver Cabezón, 1992; Dewaraja, 1994; Faure, 2003; Gross, 1993; Harvey, 2000, pp. 353-410; Horner, 1982; 1999; Paul, 1979; Samuel, 2012, pp. 203-19.

série de importantes *Lamas* do sexo feminino. No Leste Asiático, onde a ética confucionista discriminatória prevaleceu, a escola Chan/Zen enfatizava em particular a igualdade dos sexos, com base na ideia de que todos têm a natureza do Buda (*BP.*40).

Embora o budismo diga que todas as pessoas tiveram vidas passadas como homens e mulheres e encare qualquer renascimento humano como produto de um bom karma, renascer como mulher é considerado, em certa medida, menos favorável do que nascer como homem (Harvey, 2000, pp. 368-76). Isso se deve ao fato de a mulher suportar certos sofrimentos dos quais o homem está livre: ter de deixar sua família pela do marido; a menstruação; a gravidez e o parto; e ter de atender às necessidades de um homem (*SN.*IV.239). O primeiro e o último ponto não são prescritivos, descrevendo apenas a prática vigente na antiga Índia. Embora se acredite que homens e mulheres tenham potencial igual para a virtude e a condição de *Arahat*, dizem que é impossível para uma mulher (enquanto for uma mulher) ser um Buda ou uma divindade tentadora como Māra (*M.*III.65-6). No entanto, a igual consideração do Buda pelos dois gêneros fica bem clara em um trecho no qual ele diz que não morreria enquanto os monges e as monjas, os leigos e as leigas, não estivessem bem treinados (*D.*II.104-05). Os primeiros textos fazem referência a muitas monjas *Arahat* ("bem mais" do que 500, em *M.*I.490), algumas das quais ofereceram importantes ensinamentos.[20] O *Therīgāthā* ("Versos das Monjas Anciãs" (Thig.)) registra ensinamentos e experiências de mais de cem. O Mahāyāna veio a enfatizar, aos poucos, a igualdade entre os sexos, em parte por meio da afirmação de que a "condição masculina" e a "condição feminina" são "vazias" de natureza inerente (Schuster, 1981; Harvey, 2000, pp. 371-76). Enquanto o Theravāda considera o caminho do *Bodhisattva* como pertinente apenas a raros homens heroicos, o Mahāyāna, que considera esse caminho o principal, acredita que as mulheres sejam capazes de percorrer uma longa distância nele. A "Perfeição da Sabedoria" era personificada como um *Bodhisattva* feminino e, de modo figurativo, como "a mãe de todos os Budas", e o budismo tântrico também tem muitos seres sagrados femininos associados à sabedoria. Enquanto o Mahāyāna ainda vê a maioria dos Budas como masculinos, a escola Tiantai chinesa ensina que um Buda pode ser mulher; e, no Tibete, Tārā, Vajra-yoginī e Sarasvatī foram plenamente reconhecidas como Budas femininos (Tsomo, 1988, p. 84).

---

20 *M.*I.299-305; *S.*I.128-35 (em parte em *BS2.*50); *S.*IV.374-8; Krey, 2010.

CAPÍTULO 10

A Prática Budista: o Saṅgha

Consta que o Buda afirmou que só morreria quando tivesse discípulos que fossem monges e monjas, leigos e leigas (*upāsaka* e *upāsikā*) capazes de ensinar o *Dhamma* e "alicerçá-lo, explicá-lo, analisá-lo, esclarecê-lo" (*D.*II.104-05). Esses grupos são conhecidos como as quatro "assembleias" (P. *Parisā*, S. *Pariṣat*, *Jat.*I.148). O termo *Saṅgha* (S. *Saṃgha*) ou "Comunidade" se refere em seu sentido mais elevado ao "Nobre" *Saṅgha* das pessoas, monges ou leigos, que são completa ou parcialmente iluminadas. No entanto, ao falar do *Saṅgha* o Buda em geral se refere aos monges e/ou monjas da comunidade, e este capítulo, além de abranger esse assunto, fala também sobre certos tipos de clérigos casados. O "*Saṅgha*", em seu sentido mais amplo, também designava às vezes as quatro "assembleias" (*A.*II.8) — um sentido que se tornou comum nos círculos Mahāyāna (Prebish, 1999, pp. 203-05).

Os termos que designam os monges e as monjas são, respectivamente, *bhikkhu* (S. *Bhikṣu*) e *bhikkhunī* (S. *Bhikṣuṇī*), que significam literalmente "mendigo" e "mendiga". A mendicância original deles, ainda vigente em grau variado, simbolizava a renúncia às atividades e ao envolvimento mundanos normais. Embora isso favorecesse a humildade, também garantia que não ficariam isolados dos leigos. O relacionamento próximo entre os leigos e os monges torna os *bhikkhus* diferentes da maioria dos "monges" cristãos. Eles também diferem destes últimos porque seu compromisso nem sempre é para a vida toda e porque não fazem voto de obediência. O Buda valorizava a autossuficiência, e deixou o *Saṅgha* monástico como uma comunidade de pessoas que vivem em comum sob a orientação do *Dhamma* e de *Vinaya*. A função de seus membros é trabalhar no próprio desenvolvimento espiritual e usar seu conhecimento e experiência do *Dhamma* para guiar os outros, quando isso lhes for solicitado: e não agir como intermediário entre Deus e a humanidade ou celebrar ritos do ciclo da vida. Apesar disso, na prática, de várias maneiras, vieram a servir os leigos como sacerdotes o fariam.

O PAPEL DO MONASTICISMO

É provável que os membros do *Saṅgha* monástico tenham constituído o clero mais numeroso do mundo. Embora a hostilidade dos governos comunistas tenha reduzido o seu número, que era bem superior a um milhão em meados do século XX,[1] uma boa proporção deles ainda permanece. A vida deles não é "escapista" ou "egoísta", como às vezes se imagina. O leigo pode se distrair das realidades da vida e das fraquezas pessoais com coisas como diversões, passatempos, a bebida e o sexo. A vida monástica simples, no entanto, está estruturada para ter poucas distrações, de modo que há menos oportunidades para ignorar a cobiça, o ódio e a ilusão, e portanto mais oportunidades para trabalhar na redução desses sentimentos e orientar os outros a fazê-lo. Quase todos os monges e monjas procuram fazer isso, embora alguns de fato usem a vida monástica como uma maneira preguiçosa de ganhar a vida. No que diz respeito a ser "egoísta", todo o propósito da vida monástica é ajudar a diminuir o apego ao ego e seus decorrentes desejos e aversões.

O Buda sentia que a vida de um chefe de família era um tanto restritiva do ponto espiritual, já que era difícil para um leigo aprimorar a "vida santa" (ver p. 46). Como a vida monástica de alguém que "saiu de casa para ser um sem-teto" carece de muitos dos apegos e envolvimentos limitantes encontrados na vida leiga, acredita-se que ela tenha menos obstáculos, e mais oportunidades, para a prática espiritual persistente e sistemática. Os primeiros textos de fato fazem referência a muitos leigos que entraram no fluxo e a mais de mil leigos que seguem os oito preceitos e que não retornam (*M.*I.490-91 (*BW.*386-90)). Na realidade, embora as condições da vida leiga apresentem mais obstáculos, aqueles que se esforçam em face deles podem alcançar um bom progresso espiritual (*BS*2.49; Bluck, 2002). Apesar disso, quase todas as escolas budistas encaram o monasticismo como um modo de vida superior, o qual todos devem respeitar e almejar seguir nesta vida ou em alguma vida futura (*BS*I.93-6; *EB.*2.5.1). Consta no Theravāda que o leigo que entra no fluxo deve fazer até mesmo uma reverência a um monge menos evoluído, em um gesto de respeito ao modo de vida dele (*Miln.*162-64). Esse respeito se reflete nos termos honoríficos especiais utilizados para saudar os monges; no Sudeste Asiático, o monge não "come comida" e sim "glorifica a comida dada como esmola". Embora os primeiros textos façam referência a leigos que alcançaram a condição de *Arahat*, eles ou se ordenam de imediato (*Vin.*I.17) ou estão perto da morte (*SN.*v.408-10). Desse modo, diz-se (*Miln.*264-66) que um *Arahat* leigo precisa se ordenar no dia de sua realização se ele não for morrer, já que a natureza sublime de seu estado não pode ser expressa em um contexto leigo. Como será visto mais adiante, embora exista uma divisão muito clara entre monasticismo e vida leiga no budismo Theravāda, a ordenação temporária se desenvolveu em vários países e, às vezes, ex-monges

1 Cousins, 1997a, p. 377. Lester (1973, pp. 87-8, 175-76), por exemplo, relata que, em 1967, durante a estação das chuvas, quando o número de ordenações temporárias aumentou, havia 620 mil monges e noviços no Theravāda no Sudeste Asiático.

se tornam especialistas em determinados rituais. O monasticismo continua sendo importante nas terras do Mahāyāna, com exceção do Nepal e do Japão, como será discutido mais à frente.

O CÓDIGO DE DISCIPLINA MONÁSTICO

A vida no *Saṅgha* é regulada pelo *Vinaya*, que significa "aquilo por meio do qual a pessoa é conduzida para fora [do sofrimento]". Os principais componentes dessa seção dos textos sagrados são um código de regras de treinamento (*sikkhāpada*, S. *Śikṣāpada*) para os *bhikkhus*, outro para as *bhikkhunīs*, e regulamentos para o suave funcionamento da vida e das cerimônias comunitárias. Cada código é conhecido como um *pāṭimokkha* (S. *Prātimokṣa*) e está contido no *Sutta-vibhaṅga* (S. *Sūtra-vibhaṅga*). Isso também descreve a suposta situação que levou o Buda a promulgar cada regra e as circunstâncias atenuantes que anulam ou reduzem as consequências usuais se desviar dela. Os regulamentos para a vida comunitária, conhecidos como *kamma-vācanās* (S. *Karma-vācanā*), estão contidos no *Khandhaka* (S. *Skandhaka*).

O *pāṭimokkha* evoluiu de modo gradual durante a vida do Buda e continuou a evoluir até, talvez, um século depois. De acordo com uma etimologia, "*pāṭimokkha*" significa um "elo": algo que é "contra a dispersão" dos estados espirituais e a pureza do *Saṅgha*. Sob alguns aspectos, o código pode ser comparado tanto a um código de conduta profissional quanto a um programa de treinamento esportivo. Como elaboração dos dez preceitos, ele limita a satisfação dos desejos de forma drástica e promove um modo de vida calmo, muito autocontrolado, que é benéfico para os monges e as monjas e um exemplo que "inspira confiança" aos leigos (*Vism*.19). As regras não são exatamente proibições, mas subsídios do treinamento espiritual, que obrigam aqueles que as observam a permanecerem sempre atentos. Ao enfrentar sempre limites restritivos, eles se tornam mais conscientes de sua "cobiça, ódio e ilusão", sendo, portanto, mais capazes de lidar com eles.

O *pāṭimokkha* é entoado nos dias de observância nas luas cheia e nova. A princípio, essa cerimônia se destinava à confissão, diante da comunidade de monges e monjas, de qualquer violação de uma regra, mas isso logo passou a ser feito de forma privada por um renunciante a outro antes da cerimônia. Nesta, o código é entoado por um monge proeminente — isso é realizado hoje de maneira abreviada — e o silêncio dos outros é tomado como um sinal de que a conduta deles é pura, já tendo confessado quaisquer transgressões. Dessa forma, a cerimônia funciona como uma expressão litúrgica essencial da pureza comunitária de um *Saṅgha* local particular. Por conseguinte, todos os monges presentes dentro dos limites formalmente estabelecidos (*sīmā*) de um mosteiro precisam comparecer a essa cerimônia, a não ser que estejam doentes, quando então devem mandar um aviso de que não cometeram qualquer impureza. O mesmo se aplica às monjas.

As primeiras fraternidades monásticas desenvolveram diferentes versões do *pāṭimokkha* original, que talvez tivesse 150 regras, embora a substância e a maioria dos detalhes desses códigos estivessem em harmonia (Berkwitz, 2010, pp. 35-8). Três ainda estão em uso, todos datando do período pré-Mahāyāna e do lado Sthavira do primeiro cisma (ver p. 119). O código Theravādin de 227 regras para monges (311 para monjas) é utilizado no budismo do sul, o código Mūla-Sarvāstivādin de 258 regras para monges (366 para monjas) é usado no budismo do norte, enquanto o código Dharmaguptaka de 250 regras para monges (348 para monjas) é usado no budismo do leste.

A importância do celibato — no sentido da abstinência total das relações sexuais — relaciona-se ao fato de a atividade sexual expressar um apego muito forte, usar uma energia que poderia ser utilizada de modo mais proveitoso e, ainda, gerar responsabilidades familiares, que deixam menos tempo para a prática espiritual. Entre as diversas listas budistas de estados a serem superados no caminho espiritual, o desejo dos "prazeres sensuais" (*kāma*) é proeminente: ele é o primeiro dos cinco impedimentos à calma meditativa, e nas listas dos três tipos de desejos ardentes, das quatro espécies de avidez e das quatro "máculas" arraigadas que afetam a mente, o primeiro item sempre tem como foco os prazeres sensuais. As três "raízes da ação prejudicial", que devem ser enfraquecidas aos poucos antes que o *Nirvāṇa* cause sua destruição, são a cobiça, o ódio e a ilusão. A prática dos cinco preceitos leigos e da bondade amorosa possibilita à pessoa leiga minimizar o ódio, e a prática dos preceitos e da generosidade pode reduzir a cobiça, mas a vida monástica com seu menor número de apegos tem clara vantagem nesse caso. Como forma de cobiça, o apego aos prazeres sensuais é uma falha menor do que o ódio ou a animosidade, mas acredita-se que leve um longo tempo para ser extirpado (*A*.I.200), e a vida monástica é considerada de poderosa utilidade nessa situação. Karma Lekshe Tsomo, uma monja ocidental da tradição tibetana, encara o celibato como uma fuga ao ciclo de "apego, expectativa não satisfeita, a dor da separação" encontrado nos relacionamentos normais, nos quais: "não raro, o anseio por um companheiro é o desejo de complementar as nossas qualidades que estão ausentes ou pouco desenvolvidas [...]. O celibato, por outro lado, representa a decisão de nos apoiarmos na nossa própria autoridade interior" (1988, p. 55). Desse modo, ficamos "livres para viver a vida, participando dela irrestritamente com atenção exclusiva", e também se torna mais difícil colocar a culpa dos nossos problemas nos outros (Tsomo, 1988, p. 57). No entanto, o celibato precisa ser praticado da maneira correta. O monge Zen Rōshi Kyogen Carlson assinala que ele é "um método bastante poderoso para desenvolver a vontade. O celibato precisa ser empreendido com um coração delicado e compaixão; caso contrário, pode conduzir a uma certa frieza e pode ser indevidamente usado para o desenvolvimento do poder próprio" (1982, p. 38). Alan James, que durante algum tempo foi monge Theravāda, comenta que uma forma "errada" de celibato deixa a pessoa "atrofiada e completamente seca [...] amarga [...] assexuada", mas, em uma forma "correta", a pessoa continua francamente sexuada e mostra uma "face aberta [...] e plena, que é feliz e não deixa dúvidas quanto a ser masculina ou feminina" (James e James, 1987, p. 40).

As regras estão organizadas em categorias de acordo com graus de gravidade (Ṭhānissaro, 2007). A primeira diz respeito a ações *pārājika*, que "acarretam a derrota" na vida monástica e a exoneração permanente.[2] No caso dos monges, essas são violações fortes de quatro dos dez preceitos (ver p. 302): a relação sexual intencional de qualquer tipo (Wijayaratna, 1990, pp. 89-108); o roubo de um objeto de certo valor; o assassinato de um ser humano; e falsas declarações feitas aos leigos a respeito de ter alcançado estados como o *jhāna* ou a entrada no fluxo (uma possível maneira de conseguir mais donativos). Como supõe-se que a infração dessas regras gere graves consequências kármicas para o monge, julga-se que seja melhor que a pessoa permaneça leiga e não corra o risco de infringi-las, pois ela pode ao menos se permitir ter relações sexuais. No caso das monjas, há quatro delitos *pārājika* adicionais (*Vin*.IV.211-22): tocar um homem (com intenção sensual) ou ir para um encontro em lugar e hora marcada com ele; deixar de revelar que outra monja quebrou uma regra *pārājika*; e imitar com persistência um monge que tenha sido suspenso por mau comportamento. As regras remanescentes explicadas são as do *pāṭimokkha* dos monges Theravāda.

Uma segunda categoria de regras, chamada *saṅghādisesa*, abrange aquelas que requerem uma reunião formal do *Saṅgha* para resolver os desvios com relação a elas (*Vin*.I.110-86). O infrator é colocado sob observação, sendo tratado como um monge principiante e excluído dos assuntos do *Saṅgha* pelo mesmo número de dias que ele escondeu ter quebrado as regras, mais seis. Existem treze regras desse tipo para os monges. Cinco dizem respeito a atos de natureza sensual, com exceção do ato sexual. Duas estão relacionadas a residências monásticas, que não devem ser grandes demais e cuja construção não deve envolver a remoção de árvores, o que causaria dano a seres vivos. Duas tratam de falsas acusações de um delito que envolva a "derrota"; duas têm a ver com causar ou apoiar um cisma no *Saṅgha*; uma com os monges a quem é sempre difícil advertir sobre suas transgressões (compare com *M*.I.27-30 (*EB*.2.3.3)); e a última lida com os monges que "corrompem famílias", oferecendo pequenos presentes na esperança de receber em troca abundantes donativos.

A terceira categoria (*aniyata*) inclui duas regras que proíbem os monges de se sentar sozinhos com uma mulher em certos lugares isolados. Isso tinha a intenção tanto de proteger a reputação do *Saṅgha* quanto de evitar uma tentação desnecessária para os monges. A quarta categoria (*nissaggiya*), que contém trinta regras, lida com ações que requerem expiação (pela

2 *Vin*.I.1-109; *BS1*.73-7; *EB*.2.3.1, que inclui as regras *pārājika* adicionais para monjas.

confissão) e o confisco de um objeto. Os monges devem possuir os bens permitidos apenas em pequena quantidade, a não ser por um breve período, e eles só devem ser substituídos quando estiverem gastos. Embora os administradores leigos de um mosteiro possam aceitar e usar dinheiro, os monges não devem recebê-lo, lidar com ele ou usá-lo em transações; na prática, contudo, não é raro isso acontecer (*EB*.6.8.1).

As violações da quinta categoria de regras (*pācittiya*) exigem apenas a expiação. As 92 regras nela incluídas (noventa para os códigos do norte e do leste) tratam de questões como: (i) causar dano a seres vivos por matá-los de modo direto, cavar o chão ou destruir plantas ou árvores; (ii) dormir na mesma residência que uma mulher ou se sentar em um lugar reservado com uma mulher; (iii) várias formas de expressão oral errada; comportamento inamistoso com um colega monge e afirmações aos leigos sobre ter alcançado estados superiores; (iv) comer depois do meio-dia, ingerir bebida alcoólica e consumir alimentos ou bebidas (com exceção de água) que não tenham sido formalmente oferecidos; (v) ter um comportamento frívolo inapropriado e assistir a uma luta ou parada militar; (vi) dormir no mesmo lugar que um leigo por mais de três noites ou usar uma cama alta e luxuosa; (vii) desmerecer regras menos importantes considerando-as incômodas; pretensa ignorância de uma regra; ou ocultar de forma intencional o fato de um monge ter violado uma das primeiras dezessete regras.

A sexta categoria de regras (*pāṭidesanīya*) requer apenas a confissão das violações. Quatro regras são encontradas aqui, como a de que um monge não deve aceitar comida de uma monja que não seja sua parente (as mulheres tinham mais dificuldade de obter esmolas, de modo que não se devia esperar que elas dividissem sua comida com os monges). A sétima categoria de regras, as *sekhiya*, "associadas ao treinamento" também são seguidas pelos noviços e não acarretam pena alguma. Essas diretrizes — 75 no código Theravādin — procuram garantir que os monges sejam elegantes e respeitáveis na maneira como se vestem, caminham, se movimentam, e coletam e comem a comida que lhes é dada como esmola. Esse comportamento calmo é muito valorizado pelos leigos.

O último conjunto de sete regras (*adhikaraṇa-samatha*) delineia procedimentos para resolver questões legais sobre as infrações. Esboçam em especial os tipos de veredicto: inocente, não culpado devido à insanidade e um veredicto por maioria de votos, por exemplo. Depois que a elaboração do código *pāṭimokkha* foi encerrada, desenvolveram-se subcategorias das regras para incluir atos que não correspondiam de modo exato a uma transgressão completa, mas eram considerados, em ordem decrescente de gravidade, "desvios graves", "desvios de transgressão" ou "desvios de expressão oral inadequada".

Além das penas já citadas, uma comunidade monástica pode impor outras, como a advertência ou a suspensão. A suspensão é imposta quando o monge não aceita que tenha ocorrido uma violação, não procura compensá-la ou não abandona a opinião errada de que o comportamento sensual não é um obstáculo a ser superado (*Vin.*IV.133-36). Ser suspenso é mais grave que ser colocado sob observação porque, por exemplo, os outros monges não devem falar com o monge suspenso.

O grau em que o *pāṭimokkha* é seguido varia um pouco na prática. No budismo do sul, embora o nível de observância seja em geral elevado, foram aceitas muitas adaptações às circunstâncias, e as diferentes fraternidades monásticas ou linhas de sucessão diferem na interpretação do *Vinaya.* Na Tailândia, por exemplo, embora a maioria dos monges pertença ao Mahā Nikāya, a "Grande Fraternidade", uma prestigiosa minoria pertence ao Dhammayuttika Nikāya, uma tradição reformista fundada no século XIX. Além de enfatizar uma observância mais rígida do *Vinaya*, ela também dá mais ênfase ao entendimento textual e à meditação e menos ao trabalho pastoral entre os leigos do que o Mahā Nikāya.

No Sri Lanka, as fraternidades diferem sobretudo quanto às castas entre as quais os monges são recrutados (Gombrich, 1971, pp. 294-317). Isso é lastimável, já que o Buda enfatizava que as diferenças sociais eram irrelevantes dentro do *Saṅgha.* O sistema de castas se desenvolveu entre os budistas no Sri Lanka devido à proximidade da Índia e à presença de uma considerável minoria hindu. Na Índia, há as quatro classes principais mais os "intocáveis", e cerca de 3 mil castas distribuídas dentro dessas classes. No Sri Lanka, contudo, há apenas pouco mais de vinte castas; a maioria das pessoas pertence à mais elevada (a dos *goyigama*, que cultivam o arroz), havendo apenas um pequeno grupo semelhante aos "intocáveis". A maior parte das pessoas se casa dentro de sua casta, e, embora as diferentes castas se misturem na sociedade até certo ponto, uma pessoa de uma casta inferior precisa agir de maneira respeitosa diante de outra de casta superior, e esta última não aceitará comida nem bebida de alguém de uma casta inferior. Desde um decreto real de 1765, que fez referência à ordenação de pessoas indignas, somente homens *goyigama* passaram a ter permissão para ser ordenados no Siyam Nikāya, que se baseia na linhagem de ordenação proveniente da Tailândia (na época conhecida como Sião) e reintroduzida em 1753. Linhagens de ordenação da Birmânia foram então introduzidas: em 1803, para formar a Amarapura Nikāya de casta inferior (que veio a ter três subdivisões), e, em 1865, para formar a reformista Rāmañña Nikāya, que oficialmente é desprovida de castas, mas tende a recrutar seus adeptos em castas intermediárias. Os leigos relutam em prestar homenagem a um monge de casta inferior, mas muitos monges se envergonham da existência de castas no *Saṅgha*, e os modernistas criticam abertamente esse fato.

Nas áreas de cultura tibetana, a escola Gelugpa em geral é mais rígida do que as outras com relação à adesão ao *Vinaya.* Entretanto, devido ao papel central que os mosteiros têm desempenhado na sociedade, até mesmo ex-monges encontram um lugar neles. Embora não possam tomar parte nos serviços monásticos, não raro ainda vestem trajes monásticos e moram dentro do complexo monástico, talvez exercendo um cargo na administração do mosteiro. Além disso, uma boa parte dos monges (e todas as monjas, até pouco tempo atrás) não recebe a ordenação superior, mas segue apenas os preceitos de um noviço: os dez dos noviços Theravāda (ver p. 302) mais outros 26.

No budismo do leste, a pequena escola Lü (Ch.) ou Ritsu (Jap.) se especializa na rígida observância do *Vinaya* e tem ajudado a melhorar os padrões de outras escolas. Na Chan, bastonadas e multas foram adicionadas às penas anteriores. Os monges chineses também seguiam um código "Mahāyāna" suplementar que consistia nos "três preceitos puros" (ver p. 293) e num conjunto de preceitos dos *Bodhisattvas* delineados no *Brahmajāla Sūtra.*[3] As regras abrangem tanto a prática leiga quanto a monástica, às vezes fazendo uma distinção entre a maneira como uma regra se aplica a um leigo e a um monge. O celibato ainda é exigido destes últimos. As regras consistem nos "dez grandes preceitos" (ver p. 293) e em 48 preceitos secundários. Alguns desses também são encontrados no código *prātimokṣa*, mas outros têm espírito mais voltado para a compaixão, prescrevendo o vegetarianismo, a pregação, cuidar dos doentes e exortar os outros a abandonar o comportamento imoral. No Japão, o *Vinayas* indianos não são seguidos, já que foram substituídos por outros (veja adiante).

PADRÕES E TIPOS DE ORDENAÇÃO

O ingresso no *Saṅgha* monástico ocorre em dois estágios. A partir da idade de 7 ou 8 anos, uma criança pode receber a ordenação inferior ou "prosseguir" (P. *Pabbajjā*, S. *Pravrajyā*) para se tornar um *sāmaṇera* (S. *Śrāmaneraka*, feminino *Sāmaṇerikā*, S. *Śramaṇerī*): um "pequeno *samaṇa*" ou noviço (*EB*.2.2.2). Estes se comprometem com os dez preceitos (ver p. 302). Quando completa 20 anos (a partir da data da concepção), a pessoa pode receber a ordenação superior ou "admissão" (P. *Upasampadā*, S. *Upasapadā*) como um *bhikkhu* ou *bhikkhunī*. Uma vez ordenados, até mesmo como noviços, eles têm a cabeça raspada em sinal de renúncia à vaidade. Os monges e monjas chineses são identificados ainda por pequenas cicatrizes feitas com incenso incandescente no couro cabeludo, à guisa de oferenda ao Buda. Os noviços e monges também vestem trajes monásticos: de cor laranja, amarela ou marrom-alaranjada no budismo do sul; castanho-avermelhada no budismo do norte; cinza (de maneira geral) na China e na Coreia; e habitualmente preta no Japão. No budismo do norte e do leste, trajes adicionais na cor laranja original podem ser usados durante rituais e cerimônias, ao passo que, no Japão,

3 Ver *EB*.8.4, e a Buddhist Text Translation Society [Sociedade de Tradução de Textos Budistas] (s.d.), *The Brahma Net Sutra.*

os monges de alto nível (e sacerdotes) usam às vezes elaborados mantos de brocado de seda. Outro sinal externo do monge, da monja ou do noviço é a tigela de esmolas, que em geral é um recipiente fundo e arredondado, com tampa. Os monges e monjas também ganham nomes religiosos, como Ānanda (o nome do monge que acompanhava o Buda), Metteyya ("amigável" em páli, e o nome do Buda que há de vir) ou Ñāṇavira ("conhecimento heroico").[4]

Um novo noviço ou monge costuma atuar como acompanhante de um monge de nível mais elevado, seu mestre e companheiro na vida monástica, em um relacionamento explicitamente inspirado no relacionamento entre pai e filho (*Vin*.I.45). No Sudeste Asiático, os noviciados de curto prazo, que duram pelo menos alguns dias ou semanas, são muito comuns. Eles se destinam a gerar fruição kármica para o pai, a mãe ou um parente morto, ou, na Birmânia, funcionam como uma espécie de *rito de passagem* para meninos que se aproximam da puberdade. Como é evidente, alguns jovens permanecem noviços até se tornarem monges. Na tradição tibetana, coreana e, em menor grau, na chinesa, as pessoas ingressam em um mosteiro na infância; na China, embora jovens se tornem noviços de fato por volta dos 16 anos, a ordenação formal do noviço é retardada de maneira a ser um prelúdio da ordenação como monge pleno aos 20 anos ou mais (Welch, 1967, pp. 247, 275, 290).

Os candidatos à ordenação superior devem estar livres de impedimentos como doenças contagiosas, dívidas ou algum crime recente, e ter a permissão dos pais, se forem menores de 20 anos, e em geral do cônjuge, se forem casados.[5] Também podem precisar saber ler, escrever e recitar alguns textos simples. Para ordenar um monge, é preciso um quórum de cinco[6] monges ordenados de forma legítima; considera-se que sua autoridade para fazer essa ordenação provém de uma tradição monástica ininterrupta desde a época do Buda. Na ordenação, o candidato recebe a ordenação inferior, se já não a tiver recebido, e depois se compromete a cumprir mais de duzentas regras de treinamento; nas tradições do norte e do leste, ele também faz os votos do *Bodhisattva.*

O Buda desencorajava os monges a voltarem ao estado laical, e a princípio a ordenação era feita com a intenção de ser para toda a vida. No entanto, a condição monástica nunca foi irrevogável. Na maioria dos países budistas, espera-se que a pessoa seja um monge/sacerdote para

---

4 Mas "Bhikkhu" não é um nome, já que significa apenas "Monge"; na Coreia, "Sunim" é usado como título para monge ou monja, e, na China, "Shih" ("Mestre"); no Vietnã, o título para monge é "Thich" e para monja, "Thich Nū"; na Tailândia, os monges costumam ser chamados também de "Ajahn" ("Mestre"). No Sri Lanka, um monge ordenado por dez anos recebe o título de "Thera" ("Presbítero") e, quando ordenado por vinte anos, "Mahā-thera" ("Grande Presbítero"). Na Birmânia, "Sayadaw" (literalmente, "Mestre Real") é o título para um monge de nível elevado ou abade. No Tibete, "Rinpoche" (também soletrado Rimpoche), ou "Precioso", é um título concedido aos *tulkus* e outros *Lamas* muito respeitados.

5 *Vin*.I.73-6, 83; *BS2*.26; Ṭhānissaro, 2007: II, cap. 14; Wijayaratna, 1990, pp. 117-21.

6 No vale do Ganges central, onde surgiu o budismo, o quórum é de dez (*BS2*.25).

o resto da vida, mas um sistema de ordenação temporária se desenvolveu no Sudeste Asiático (*EB*.6.8.2; Swearer, 1995, pp. 46-52). Nessa região, a tradição diz que todo budista do sexo masculino deve ingressar no *Saṅgha* em algum momento por um período limitado, em geral um *Vassa* (S. *Varṣa*, o período de retiro das "chuvas": ver pp. 117, 284). Na prática, cerca de metade segue a tradição (Bunnag, 1973, p. 37), não raro várias vezes durante a vida. Embora a continuidade da vida monástica seja conservada por um núcleo de monges permanentes, o sistema tende a resultar em um estreito relacionamento entre leigos e monges e um bom nível de conhecimento e experiência religiosa dos leigos. O monacato temporário costuma ser visto como um "amadurecimento" de um jovem antes do casamento e como uma maneira de os idosos gerarem fruição kármica para a vida seguinte. Em particular na Tailândia, a vida monástica pode proporcionar uma boa educação, tanto religiosa quanto secular, de modo que, se um monge volta ao estado leigo, sua posição na sociedade leiga fica mais elevada do que antes e ele também é respeitado como um ex-monge. No Sri Lanka, contudo, o ex-monge fica com certo estigma, e houve até controvérsias com relação a um noviciado adulto de duas semanas introduzido por um monge de Colombo, em 1982.

Na tradição predominantemente Mantranaya do budismo do norte, um *Lama* (*bLa ma*, S. *Guru*) é, em geral, um monge ou monja de longa data ou que tem um carisma especial, mas um leigo exímio em rituais tântricos ou de meditação também pode ser um mestre respeitado do mesmo modo. Na escola Nyingmapa, os *Lama*s leigos são bastante comuns; eles não moram no templo local, mas se reúnem lá para certos rituais. Outras escolas, com exceção da Gelugpa, às vezes também permitem que monges experientes interrompam por um tempo seu compromisso de abstinência sexual para executar ritos tântricos que envolvam o yoga sexual.[7] Os *Lama*s leigos são considerados, de modo geral, como membros do *Saṅgha* monástico; outras figuras, como meditadores-eremitas não ordenados ou leitores profissionais de textos sagrados, também o são. Desse modo, o budismo tibetano conta com uma variedade particularmente abundante de pessoas que assumiram a vida religiosa:

- *gelong* (*dge slong*): monge que tem a plena ordenação *bhikṣu*; alguns são eruditos;
- *gets'ul* (*dge tshul*) e *gets'ulma* (*dge tshul ma*): monge ou monja que segue a ordenação inferior de noviços de 36 preceitos; os termos que abrangem as duas primeiras categorias são *trapa* (*grwa pa*) e *ani* (*a ni*) — algo como "monge" e "monja";
- um *Lama* monge ou leigo, alguns dos quais são *tulku*s (ver p. 199);
- *genyen* e *genyenma*: um homem ou mulher que tomou os preceitos leigos para ser um *upāsaka* ou *upāsikā* e que vive em um mosteiro;
- *yogin*s e *yoginī*s ascéticos não ordenados;

7 Ver Samuel, 1993, pp. 206-07, 240-41, 275-76, 519-20; 2012, pp. 129-64.

- sacerdotes tântricos dos vilarejos;
- leitores de textos sagrados.[8]

No Nepal, os séculos de influência hindu levaram à extinção de um *Saṅgha* celibatário entre os budistas newari (embora o celibato continue existindo nas minorias de cultura tibetana e tenha sido revivido entre newari Theravāda recém-convertidos: LeVine e Gellner, 2005). Os sacerdotes tântricos que permanecem são descendentes de monges e formam uma casta separada na sociedade (Bechert e Gombrich, 1984, pp. 110-11). A maioria deles é chamada de *bhikṣus*, "monges", ao passo que os da elite são chamados de *vajrācāryas*, "mestres *vajra*". Ambos vivem com suas famílias nos seus "mosteiros" ou ao redor deles, e os *bhikṣus* costumam trabalhar com metais preciosos. Eles são "ordenados" como noviços algum tempo antes de completar sete anos e pedem esmolas durante quatro dias antes de ser liberados de seus votos, hoje considerados difíceis demais de seguir. Esse ritual funciona como uma iniciação. Os *bhikṣus* também trajam vestes monásticas quando executam deveres religiosos, os quais têm uma natureza mais limitada do que os dos *vajrācāryas*, que recebem uma iniciação mais elevada, são especialistas em vários rituais e mantêm vivo o conhecimento dos textos sagrados.

No Japão, a distinção entre leigos e monges perdeu aos poucos a importância. No século IX, Saichō (767-822), fundador da escola Tendai, pôs de lado o *Vinaya* tradicional por considerar que sua natureza não era "Mahāyāna" e sim "Hīnayāna", mantendo apenas o código *Brahmajāla Sūtra* suplementar de 58 preceitos dos *Bodhisattvas* (ver p. 318) para os monges Tendai (*EB*.9.4) e especificando um conjunto de práticas requeridas para aqueles que estivessem fazendo o treinamento de doze anos no principal mosteiro Tendai (*BT*.283-86). Dōgen (1200-1253), fundador da Sōtō Zen, enfatizava um estilo de vida simples porém rigoroso. Ele destacava os "três preceitos puros" e os "dez grandes preceitos", mas também desenvolveu um código minuciosamente detalhado para os *unsui*, ou monges aprendizes (Satō, 1973), inspirando-se em regras monásticas Chan anteriores (*BP*.37). Elas delineiam como os principiantes devem se comportar com respeito na presença dos monges de nível mais elevado (62 regras), como os aprendizes devem se comportar quando estão descansando ou estudando juntos, como devem se comportar quando estão comendo e até como devem higienizar os dentes (Jiyu-Kennett, 1999, pp. 131-45). Santos não convencionais conhecidos como *hijiri* tinham passado a não usar mais seus trajes monásticos e a desconsiderar as regras contrárias à ingestão de carne enquanto propagavam o budismo entre o povo, e, no século XIII, Shinran (1173-1262), da escola Jōdo-shin (ver p. 255), criou um sacerdócio cujos membros podiam se casar, estabelecendo um precedente que monges de outras escolas às vezes seguiam (Jaffe, 2001, pp. 49-51).

---

8 *EB*.7.8.3; Samuel, 1993, pp. 206, 274-81, 286-87; ver Bechert e Gombrich (1984, pp. 246-77) para ver algumas imagens.

A partir desse período, o budismo japonês também desenvolveu uma orientação mais voltada para este mundo, encarando a realidade suprema como algo que permeasse as atividades do dia a dia. A realidade suprema poderia ser conhecida por quem vivesse no mundo secular com uma atitude correta, fosse esta uma fé sincera em Amitābha, um anseio de purificar a sociedade inspirado na escola Nichiren ou uma abordagem Zen de se entregar por completo a cada tarefa a ser executada. O papel do monge ou da monja, portanto, se tornou menos central, passou a ter menos carisma e o budismo ganhou uma orientação mais leiga, com os atos devocionais praticados principalmente diante de um altar doméstico em vez de em um templo. Como parte de sua modernização no Japão, o governo Meiji decretou em 1872 que os monges de todas as escolas poderiam se casar (Jaffe, 2001); o decreto foi obedecido a tal ponto que os verdadeiros monges (celibatários) são hoje em sua maioria rapazes em treinamento. As monjas permanecem celibatárias. O decreto de 1872 também permitiu que os monges comessem carne, e, embora a maior parte dos aprendizes e sacerdotes Zen permaneçam vegetarianos, sabe-se hoje que os de outras escolas japonesas comem carne e ingerem bebidas alcoólicas. O treinamento monástico é agora visto como preparação para a função de sacerdote, que executa rituais como funerais para os leigos e, também, pode transmitir seu templo para um filho (Reader, 1991, p. 88). No período do pós-guerra, as esposas dos sacerdotes tiveram permissão para assumir algumas funções sacerdotais, mas os movimentos leigos urbanos populares conhecidos como "Novas Religiões" têm pouca necessidade de sacerdotes ou monges. Em 1872, o número de monges e monjas no Japão era de 122.882 (40% de monjas; Jaffe, 2001, pp. 85-6): 0,35% da população. Em 2003, o número de sacerdotes nos templos tradicionais era de 133 mil — 0,1% da população —, complementados por cerca de 140 mil instrutores leigos em novos movimentos budistas (Horii, 2006, p. 11).

Na Coreia, alguns "monges" também eram casados, mas essa tendência aumentou rapidamente durante a ocupação japonesa (1904-1945) devido à tentativa de niponizar a vida coreana (*EB*.9.8.2). A partir de então, o sentimento antinipônico deu origem a um movimento para restabelecer o celibato a todos os clérigos; os não celibatários hoje perderam o controle da maioria dos templos e seu número é pequeno (Jaffe, 2001, p. 3).

AS MONJAS[9]

Na sociedade indiana da época do Buda, havia algumas mulheres ascéticas e oradoras independentes, mas a ordenação de mulheres era uma inovação. O próprio Buda tinha reservas com

9 Sobre esse assunto, ver Harvey, 2000, pp. 392-400; Khantipālo, 1979, pp. 128-65; Tsomo, 1988. O *site* Sakyadhītā de maio de 2000 relata que existem mais de 130 mil monjas budistas no mundo.

relação a isso, provavelmente por causa das pressões sociais para que as mulheres não fossem colocadas em posições de comando, da possível vulnerabilidade das mulheres que seguissem uma vida errante e da possibilidade de acusações de relacionamentos sexuais entre monges e monjas. No entanto, ao que consta, ele concordou com os repetidos pedidos de ordenação de sua madrasta viúva, Mahāpajāpatī (S. Mahāprajāpatī), quando seu fiel atendente, o monge Ānanda, lhe perguntou se as mulheres eram capazes de entrar no fluxo e alcançar o nível dos *Arahats*.[10] Ao responder de modo afirmativo, ele instituiu o *Bhikkhunī Saṅgha*. Isso, no entanto, ocorreu sob a condição de que as monjas observassem oito regras especiais (*garu-dhamma*), como a de que uma monja deveria sempre fazer uma reverência respeitosa a um monge, por mais iniciante que ele fosse. Assim como um monge principiante que é um *Arahat* deve fazer reverência a um mais antigo que não seja um *Arahat*, a ordem da reverência não indica o valor intrínseco, mas fornece uma clara estrutura de quem faz reverência para quem em um contexto monástico, com a ordem dos monges sendo mais antiga e, portanto, de nível mais elevado. Outras regras tornavam as monjas dependentes dos monges para muitas das suas cerimônias, entre elas a ordenação, para garantir que o *Saṅgha* delas se desenvolveria como uma sólida comunidade espiritual completamente independente da sociedade leiga. Para ser conselheiro espiritual das monjas, o monge precisava ter um nível elevado, ter bom caráter e reputação e ser também um bom orador (*A*.IV.279-80). Mesmo assim, dúvidas têm sido levantadas com relação à historicidade do que acaba de ser descrito. Um *Sutta* (*M*.III.253-57) parece afirmar que a ordem das monjas já existia quando Mahāpajāpatī ainda era leiga (Willliams, 2000), e afirmou-se que as oito regras especiais surgiram no *Saṅgha* primitivo como resultado do debate entre aqueles que apoiavam a ordenação feminina e aqueles que, de alguma forma, resistiam a ela.[11] O *Bhikkhunī Saṅgha* só sobreviveu na era moderna no budismo do leste: em 1930, a China tinha 225.200 monjas e 513 mil monges (Welch, 1967, pp. 412-14).[12] O sucesso que ele alcançou nesse país ocorreu, em parte, porque proporcionava alívio com relação à baixa condição das mulheres na sociedade como um todo; na China, as monjas costumavam viver em conventos inacessíveis, devido às restrições confucianas com relação ao comportamento das mulheres. Na Coreia, a influência confuciana desencorajou, durante muito tempo, muitas mulheres de se tornarem monjas, mas isso mudou a partir da década de 1920, e a Coreia do Sul tem hoje cerca de 15 mil monjas e 8 mil monges (excluídos os clérigos casados). Além de enfatizar mais o *Vinaya* do que os monges, as monjas coreanas são mais acessíveis aos leigos: os serviços e os cânticos que elas executam tornam-nas o sustentáculo do budismo do dia a

10 *Vin*.II.254-55 (*BTTA*.3); *EB*.2.1.4 para uma versão semelhante.
11 Hüsken, 2000; Nattier, 1991; Sponberg, 1992, pp. 13-6.
12 Sobre as monjas no budismo do leste, ver *BS2*.31; Tsai, 1994; Tsomo, 1988, pp. 112-37, 154-59.

dia. Em Taiwan, as monjas também são mais numerosas do que os monges: 6.500 para 3.500 (Tsomo, 1988, pp. 120-22). No Japão, onde há cerca de 2 mil monjas (Tsomo, 1988, p. 124), elas tinham *status* baixo, sendo proibidas de viver em templos propriamente ditos (somente em eremitérios), conduzir funerais por conta própria ou ser reconhecidas como mestras Zen (Uchino, 1986). Essas restrições foram modificadas no clima mais liberal que passou a existir a partir de 1945.

No Tibete, a linhagem de ordenação das monjas não veio da Índia, embora os próprios monges ordenassem as monjas desde o século XII.[13] No entanto, um corpo de opinião influente não aceitou esse costume como uma forma válida de ordenação, de modo que as monjas hoje seguem os dez preceitos de um noviço, acrescidos de 26, embora a maioria dos monges tibetanos também siga apenas esses. Havia 12.398 monjas no Tibete em 1959, talvez 2 mil agora, e há cerca de 840 no norte da Índia, 500 no Nepal (Tsomo, 1988, pp. 151-52) e alguns milhares no Butão; no todo, elas somam cerca de 5 mil (LeVine e Gellner, 2005, p. 327). Em anos recentes, o dalai-lama apoiou o movimento para que algumas monjas se tornassem *bhikṣuṇīs* plenas, com a ajuda de monjas da tradição chinesa. Essa medida acompanha o ímpeto estabelecido pela Sakyadhitā, a International Association of Buddhist Women [Associação Internacional de Mulheres Budistas], fundada em 1987.[14]

No budismo do sul, a linhagem de ordenação *bhikkhunī* floresceu no passado, de acordo com os dois anais religiosos do Sri Lanka, o *Dīpavaṃsa* (final do século IV EC, talvez composto por monjas) e o *Mahāvaṃsa* (início do século VI). O *Dīpavaṃsa* (18.9-44) fala de monjas *Arahat* tanto da antiga Índia quando do Sri Lanka que eram grandes mestras e famosas como eruditas, respeitadas por reis. O *Mahāvaṃsa* (34.7-8) menciona uma doação real feita a 60 mil monges e 30 mil *bhikkhunīs* no século I AEC. No entanto, a linhagem de ordenação feminina se extinguiu em 1017 em Laṅkā depois de uma desastrosa invasão; na Birmânia, ela existiu pelo menos até 1279 (Carrithers, 1983, p. 223; Kawanami, 2007, p. 229), tendo acabado, provavelmente, devido a ataques mongóis à região. Até uma recente revitalização da linhagem *bhikkhunī* no Sri Lanka, uma "monja" Theravāda era uma mulher que professava de modo permanente os oito ou dez preceitos, sendo conhecida como *sil māṇiyō* (Sri Lanka), *thela-shin* (Birmânia), *mae chi* (Tailândia), *donchee* (Camboja) ou *maekhao* (Laos). Assim como no caso dos monges, elas têm a cabeça raspada, adotam um nome páli e vestem manto: branco, marrom, marrom-rosado ou amarelo. No entanto, essas monjas tendiam a ser consideradas mais leigas bastante devotas do que membros plenos do *Saṅgha* monástico. A ordenação em geral é

---

13 Sobre as monjas tibetanas, ver: *EB*.7.7; Havenick, 1991; Miller, 1980; Samuel, 2012, pp. 11-6; Tsomo, 1988, pp. 150-53; Willis, 1989, pp. 96-134.

14 www.sakyadhita.org; LeVine e Gellner, 2005, pp. 117-207; Tsomo, 1988.

permanente, embora na Birmânia muitas meninas se ordenem durante algumas semanas antes da puberdade. O número de monjas Theravādin aumentou no século XX. O total hoje gira em torno de 45.760: 25 mil na Birmânia, 10 mil na Tailândia, 7 mil no Camboja, 3 mil no Sri Lanka, 700 no Laos e 60 no Nepal.[15]

Na Tailândia, as *mae chis* tendem a executar tarefas domésticas no mosteiro, tendo menos tempo do que os monges para estudar. Sua subsistência é proveniente de alguma ajuda da família, poupança, alimentos que elas mesmas cultivam e talvez de um excedente de esmolas e da contribuição de um doador leigo. Em algumas áreas do interior, elas próprias fazem a ronda de esmolas. Embora não tenham o prestígio social concedido aos monges, o trabalho da The Foundation of Thai Nuns [Fundação das Monjas da Tailândia], fundada em 1969, tem ajudado a aumentar a consideração que as pessoas têm por elas. As monjas estão agora, cada vez mais, estudando o *Dhamma* e páli, e também lecionando em escolas ligadas a mosteiros, ajudando em hospitais ou trabalhando com meninas delinquentes. No campo, algumas monjas talentosas criaram conventos independentes e ensinam meditação a outras monjas e leigas visitantes. Na Birmânia, a maioria das monjas vive em conventos independentes; são muitas vezes sustentadas por doações leigas, em especial nos conventos maiores, e também recebem comida quando fazem a ronda de esmolas. Estudam várias horas por dia, e algumas são praticantes de meditação muito experientes. No Sri Lanka, segundo a tradição, as únicas monjas permanentes eram mulheres idosas que professavam os oito preceitos e viviam de esmolas ou caridade. Em 1907, a instituição dos dez preceitos se espalhou a partir da Birmânia e passou, aos poucos, a atrair mulheres jovens. Desde cerca de 1945, essas monjas aumentaram suas atividades, fazendo sermões públicos e desenvolvendo uma organização cada vez mais semelhante à dos monges. Elas dedicam seu tempo ao estudo e à meditação, além de servir os leigos ao conduzir rituais e ensinar o *Dhamma* a adultos e crianças. Em troca, os leigos as sustentam com esmolas etc. Devido ao seu estilo de vida simples e à prática da meditação, os leigos costumam acreditar que elas levam uma existência mais virtuosa do que os monges das cidades e dos vilarejos.[16]

Na década de 1990, o movimento para restabelecer um *Saṅgha bhikkhunī* Theravāda produziu resultados, mas levará tempo para que ele seja plenamente aceito pelos monges do alto escalão em todos os países Theravādin. Além disso, muitas monjas preferem seu *status* atual, no qual são mais independentes dos monges do que seriam como *bhikkhunīs*. A ordenação

15 Harvey, 2000, p. 306; Kabilsingh, 1991, p. 39; Tsomo, 1988, pp. 109, 139, 147; Tsomo, 2010, p. 87; www.budhapia.com/files/files_etc/20050118/S_02_H1_W.doc.

16 Sobre as monjas Theravāda contemporâneas, ver: Khantipālo, 1979, pp. 153-63; Tsomo, 1988, pp. 109-11, 138-49, 229-32, 262-66. Sobre países específicos: Sri Lanka — Bartholomeusz, 1992 e 1994; Bloss, 1987; Gombrich e Obeyesekere, 1988, pp. 274-95: Sasson, 2010; Tailândia — Kabilsingh, 1991, pp. 36-66, 87-93; Birmânia — Kawanami 1997, 2007; Laos — Tsomo, 2010.

bhikkhunī requer um grupo de *bhikkhunīs* ordenadas de forma adequada, bem como um grupo de monges, de modo que foi necessário encontrar uma comunidade de *bhikkhunīs* Mahāyāna que esteja à altura dos padrões Theravāda no que diz respeito à linhagem de ordenação e à disciplina. A linhagem de ordenação Dharmaguptaka chinesa para monjas, também seguida em Taiwan, na Coreia do Sul e no Vietnã, deriva em parte do Sri Lanka do século V EC (*BTTA*.210; *EB*.8.7.1; Heirman, 2010), e por isso tem sido considerada o veículo principal para o restabelecimento da linhagem Theravāda. Doze monjas Theravāda foram ordenadas como *bhikkhunīs* nos Estados Unidos em 1988, e depois, em dezembro de 1996, onze monjas experientes do Sri Lanka foram ordenadas como *bhikkhunīs* em Sārnāth, na Índia, por monjas coreanas e monges Theravāda. Seguiram-se ordenações no Sri Lanka em 1998 (Berkwitz, 2010, pp. 185-90; Weeraratne, s.d.) e, em 2007, já havia quase 500 *bhikkhunīs* nesse país (Kawanami, 2007, p. 227). A maioria delas é diplomada, o que ajudará a nova ordem a se desenvolver bem e obter respeito. Em uma cerimônia de ordenação em Bodh-Gayā em 1998, 134 mulheres de 23 países foram ordenadas como *bhikkhunīs*, entre elas treze da Birmânia (Kawanami, 2007, p. 227) e catorze do Nepal, onde a ordenação *bhikkhunī* está agora eclodindo entre as monjas do novo movimento Theravāda (Berkwitz, 2010, pp. 190-92; LeVine e Gellner, 2005, pp. 189-95). Parece que a Tailândia nunca teve *bhikkhunīs*, e por essa razão a resistência ao (re)estabelecimento é mais forte nesse país (*EB*.6.7; Seeger, 2006). Apesar disso, a dra. Chatsumarn Kabilsingh se ordenou como noviça no Sri Lanka em fevereiro de 2001, e mais tarde como *bhikkhunī*, ganhando o nome de Dhammānandā. O governo tailandês declarou que não a reconheceria como *bhikkhunī*, mas que tampouco tomaria qualquer medida contra ela, e agora ela está começando a ser respeitada, em parte devido à sua consideração pelo *Vinaya*. Em fevereiro de 2001, uma *bhikkhunī* Theravādin foi ordenada na própria Tailândia, e, em março de 2010, havia cerca de cinquenta *bhikkhunīs* ou noviças se preparando para se tornarem *bhikkhunīs*.

A BASE ECONÔMICA DA VIDA MONÁSTICA[17]

O ideal original do *bhikkhu* e da *bhikkhunī* era o de uma pessoa com um mínimo de bens e que levasse um estilo de vida simples, sendo sustentada por donativos leigos em vez de exercer uma ocupação remunerada. Uma lista formal dos "requisitos" pessoais de um monge, tratados como sua propriedade, compreende um manto superior, um manto inferior e um sobremanto, um cinto, uma tigela, uma navalha, uma agulha, um coador de água, um cajado e um palito de dentes. Na prática, o monge também tem objetos como sandálias, uma toalha, trajes de trabalho adicionais, uma bolsa a tiracolo, um guarda-chuva, livros, material para escrever, um

17 Uma boa visão geral desse assunto é Ornatowski, 1996; ver também Harvey, 2000, pp. 203-06.

relógio e uma imagem de seu mestre. No budismo do sul e do norte, há uma tensão estrutural entre as tendências ascéticas do *Saṅgha* e o desejo leigo de gerar fruição kármica mais abundante doando mais para monges abstêmios e ascéticos. Desse modo, um monge da cidade com uma boa reputação pode receber uma geladeira e até mesmo usar um carro. No entanto, se ele viver à altura de sua reputação, usará essas coisas com desapego (ele próprio não pode dirigir) e deixará que outros monges se beneficiem delas.

A *piṇḍapāta,* ou ronda de esmolas, é o símbolo arquetípico da dependência dos monges e monjas em relação aos leigos, embora a extensão dessa prática tenha vindo a variar de maneira considerável. Hoje em dia, embora a ronda de esmolas matutina seja pouco comum no Sri Lanka, ela ainda é a norma no Theravāda do Sudeste Asiático. A doação é uma atividade tranquila e respeitável, na qual monges e noviços marcham em fila, em silêncio, em uma cidade ou vilarejo, são recebidos por mulheres e alguns homens do lado de fora de suas casas e destampam suas tigelas para a oferenda. Não são feitos agradecimentos pela comida, já que os doadores estão praticando um ato karmicamente frutífero, mas pode se dar uma resposta como "que você seja feliz". No budismo do sul, outras formas de ofertar donativos são as seguintes: convidar os monges para uma refeição; levar comida para um mosteiro ou prepará-la lá; e criar um fundo para comprar comida, a qual é preparada por noviços ou meninos que morem em um mosteiro. No budismo do norte, é raro monges e monjas serem sustentados por donativos, a não ser quando estão em peregrinação; no entanto, em certos festivais, os leigos podem pagar pela comida de um mosteiro durante vários dias. É comum que uma família entregue pelo menos um filho ou filha à vida monástica, depois do que, muitas vezes, ajudam a sustentá-lo por meio de produtos agrícolas provenientes de um pedaço de terra reservado para esse fim.

Os leigos também doam outros bens e seu trabalho: por exemplo, ajudando a construir ou restaurar um templo. Os administradores leigos costumam lidar com doações em dinheiro. No budismo do sul, os meninos do templo também lidam com transações financeiras se um monge estiver viajando ou comprando alimentos em um mercado. No Sri Lanka, contudo, um pequeno número de monges recebe um salário quando são professores de escolas ou faculdades, mas essa prática contradiz abertamente o *Vinaya* e não é vista com bons olhos. Os monges tibetanos também são pagos pelos leigos pelos seus serviços rituais. O patrocínio do Estado já foi uma fonte de apoio para os grandes templos em muitos países, mas isso é agora bem mais raro.

No budismo do leste, é raro ver monges fazendo a ronda de esmolas, a não ser no caso dos aprendizes Zen. No Japão contemporâneo, a principal função da maioria dos templos budistas é realizar serviços memoriais para os mortos de famílias afiliadas a um templo particular em uma espécie de sistema paroquial reconhecido de modo formal. Cerca de 75% da renda de um templo é proveniente de pagamentos por funerais e serviços memoriais (Horii, 2006,

p. 14), e um percentual dessa renda precisa ser enviado para a matriz da seita para subsidiar suas atividades administrativas, publicações, atividades de bem-estar social e ainda para sustentar instituições de meditação (Reader, 1991, p. 88). A maioria dos sacerdotes também precisa ter um emprego adicional para sustentar a si próprios e sua família.

Terras têm sido doadas ao *Saṅgha* desde a época do Buda, com residências monásticas simples sendo depois construídas nelas (*Vin*.II.154-59 (*BTTA*.I)). As regras do *Vinaya* que proíbem os monges de cavar a terra se destinavam, em parte, a impedir que se tornassem autossuficientes e, desse modo, se isolassem dos leigos. Com o tempo, as doações acumuladas fizeram com que os templos se tornassem arrendadores de terras em uma série de países, em particular naqueles onde os governos doavam terras. A prática da exploração monástica das terras se desenvolveu em grau notável no Sri Lanka, onde, entre os séculos IX e XII, grandes templos eram proprietários de vastas propriedades rurais, que incluíam plantações, complexos projetos de irrigação, os vilarejos que dependiam deles e os direitos sobre parte do trabalho dos aldeões. Hoje em dia, alguns templos no Sri Lanka ainda podem receber, por exemplo, metade do arroz cultivado nas suas terras por agricultores arrendatários. De modo geral, o século XX presenciou uma considerável redução na propriedade monástica de terras, devido aos confiscos feitos pelos governos comunistas ou por reformas agrárias.

Na China, um código adicional para os mosteiros Chan se tornou, na prática, mais importante do que os códigos *prātimokṣa* e *Brahmajāla*: o *Bai-zhang qing-guei* (*Pai-chang ch'ing-kuei*), atribuído ao mestre Baizhang (Pai-chang; 749-814).[18] Ele foi influenciado por ideias confucianas sobre conduta e etiqueta, mas também exigia que os monges executassem todos os dias um trabalho manual, não apenas no mosteiro, mas ainda em campos e jardins: "um dia sem trabalho, um dia sem comida". Isso se destinava, em parte, a contra-atacar as acusações confucianas de que os monges eram "parasitas" sociais. Escavar a terra, uma violação à *Vinaya* tradicional, era considerado aceitável se fosse feito para beneficiar os "três tesouros" e não para ganho pessoal. Além disso, o trabalho era mais do que um meio de sustento: o exercício físico era um bom complemento para as longas horas em que os monges ficavam sentados meditando; se realizado com atenção, o trabalho em si poderia ser uma meditação, ajudando a desenvolver o espírito de trabalhar juntos em igualdade de condições. Em épocas posteriores, contudo, o trabalho manual diário veio a ser um tanto negligenciado.

Os grandes mosteiros também se envolviam em atividades comerciais. Em Laṅkā, compravam terra, vendiam produtos agrícolas e investiam em guildas de comerciantes. No período Tang na China (618-907), atuavam como penhoristas e emprestadores de grãos e tecidos, eram proprietários de moinhos de cereais e de prensas para extração de óleo, além de administrar

18 Cf. *BS2*.30, que fala de um código adicional da escola Tiantai.

grandes mercados, que começaram como feiras onde vendiam incenso e imagens.[19] No Japão, os templos Zen Rinzai administravam frotas de navios comerciais que iam para a China. No budismo do norte, o *Vinaya* permite especificamente que o excedente das doações seja emprestado a juros, se isso for benéfico para o *Dharma* e o *Saṅgha*. No Tibete pré-comunista, os mosteiros eram importantes instituições econômicas no centro de uma rede de relacionamentos de comércio e doações com os outros dois principais setores da sociedade tibetana: o dos pastores nômades e o dos agricultores. Os monges investiam individualmente em coisas como rebanhos e sementes de cereais, mas a maior parte do capital era recebida e administrada coletivamente, uma subdivisão do mosteiro que herdava os bens de seus membros (*EB*.7.8.2). O superintendente, monge ou leigo, garantia a subsistência do colégio obtendo um bom lucro da terra trabalhada por arrendatários ou camponeses ligados ao mosteiro, do pastoreio, dos direitos sobre florestas e águas, dos rebanhos, do comércio com a China e a Índia, do escambo com os pastores e de empréstimos e investimentos.

O ESTUDO E A MEDITAÇÃO

A vida monástica pode ser, em linhas gerais, dividida em atividades pessoais, comunitárias e pastorais. As do primeiro grupo incluem a observação do código monástico, a meditação e o estudo, todos como um instrumento para o desenvolvimento espiritual e a preservação do *Dhamma* para o benefício de todos. Na prática, os monges e as monjas tendem a enfatizar o estudo ou a meditação. Essa especialização parece ter existido em um certo grau até mesmo no budismo primitivo (*A*.III.355-56 (*SB*.260-61)).

No budismo do sul, desenvolveu-se uma distinção, no início da era cristã, entre os monges com "dever livresco" (*gantha-dhura*), que têm a responsabilidade de estudar e ensinar, e os monges com "dever de percepção interior" (*vipassanā-dhura*), que têm a responsabilidade de meditar.[20] Os primeiros tendem a morar em aldeias, vilarejos e cidades, estudando e cuidando das necessidades dos leigos, enquanto os últimos tendem a ter um estilo de vida ascético e isolado, na floresta. No entanto, alguns monges "da floresta" apenas pertencem a uma seção do *Saṅgha* que outrora morou na floresta. Quando os ensinamentos foram assentados por escrito pela primeira vez no século I AEC, em Laṅkā, foi decidido que o aprendizado era mais importante do que a meditação, a qual não seria possível se os ensinamentos fossem perdidos. Por conseguinte, em Laṅkā, um número muito maior de monges se especializou nos estudos do que na meditação, situação que foi reforçada nos séculos mais recentes devido à crença usual de

19 Ch'en, 1973, pp. 125-78; 1976; para o período moderno: Welch, 1967, pp. 199-202 (*EB*.8.8).
20 *EB*.6.3.1; Gombrich, 1971, pp. 270; 2006, p. 152.

que não é mais possível atingir a condição de *Arahat*. Entretanto, nas décadas de 1940 e 1950, movimentos de reforma reviveram a tradição da meditação na floresta, de modo que hoje, pelo menos 3% dos monges da ilha são genuínos habitantes da floresta, e em 1968 foi reconhecido um novo *nikāya* para eles (Carrithers, 1983). No Sudeste Asiático, uma proporção maior de monges, embora ainda minoritária, se especializou em meditação. As monjas Theravāda em geral praticam mais a meditação (com frequência, mas não sempre, de natureza devocional) do que os monges, embora estudem menos. A especialização nem sempre é permanente, já que um monge pode estudar e depois se voltar para a meditação a fim de explorar por meio da experiência o que aprendeu, ou voltar de um mosteiro na floresta e ir para um mosteiro mais movimentado na cidade. De qualquer forma, um monge de "estudos" que medite durante uma hora por dia pode ter expectativas mais modestas e não tentar obter resultados à força, atingindo assim melhores níveis de meditação do que muitos monges da floresta. O que importa é a qualidade, não a quantidade. Alguns monges nem meditam nem estudam, envolvendo-se mais com a administração de um mosteiro ou com atividades pastorais. Contudo, todos os monges recitam textos sagrados, ato que encerra uma qualidade meditativa, às vezes poderosa.

No budismo do norte, a escola Gelugpa é célebre pela ênfase no estudo, ao passo que outras, como a Kagyüdpa, enfatizam mais a meditação. No entanto, os monges plenos (*gelong*) de todas as escolas começam em geral estudando durante cinco anos. A eles sucedem-se estudos adicionais, o aprendizado da meditação e sua prática em um eremitério; ou senão, o monge apenas presta auxílio de modo geral no mosteiro. A maioria dos monges, que segue apenas 36 preceitos, estuda muito menos do que os *gelong*s.

No budismo do leste, a escola Huayan/Kegon tem uma ênfase erudita, a Tiantai enfatiza tanto o estudo quanto a meditação (*BS2*.40), a da Terra Pura enfatiza a devoção e a Chan/Zen enfatiza a meditação. A relativa especialização do foco de estudo ou prática significava que os monges chineses desenvolviam às vezes diferentes aspectos de seu aperfeiçoamento pessoal deslocando-se entre diferentes escolas. Entretanto, devido à dificuldade de dominar a fundo a escrita chinesa, poucos eram eruditos exímios. Os monges eruditos tendiam a residir em mosteiros maiores, de onde partiam em excursões para palestras, ao passo que a maioria era semiletrada e morava em pequenos templos, atendendo às necessidades dos leigos. Na Coreia, um monge ou monja noviço escolhe estudar (mais ou menos durante seis anos) ou se especializar na meditação. Em tempos mais recentes, a tendência tem sido mais para o estudo do que para a meditação.

O estudo

Os extensos textos sagrados têm sido estudados com carinho por gerações de monges e monjas, que produziram muitos comentários e tratados baseados neles (Pagel, 2001). A necessidade de preservar e disseminar os ensinamentos espalhou a cultura letrada para muitas terras, assegurou um grau elevado de conhecimento e instrução entre os budistas e foi responsável pela invenção da imprensa e de várias formas de escrita. Monges e monjas budistas não raro se encontravam entre a elite intelectual, cultural e artística de suas sociedades.

No budismo do sul, os monges e os noviços começam estudando o *Vinaya*, as doutrinas básicas, histórias do *Jātaka* para serem usadas em sermões e cânticos comuns. Alguns seguem mais adiante e vão estudar em escolas monásticas, faculdades e universidades. A base do estudo além do nível preliminar é o conhecimento do páli. Eles também podem estudar um pouco de sânscrito, que serve de chave para o conhecimento de certos textos não Theravādin. Os idiomas nacionais também têm sido usados para muitos tratados e traduções de textos importantes. Tradicionalmente, os textos eram inscritos em séries de tiras retangulares de folhas de palmeira secas, que duram mais do que o papel em climas tropicais. A primeira impressão completa do Cânone páli ocorreu em 1893, no governo do rei Chulalongkorn da Tailândia, embora a versão impressa em caracteres latinos pela Pali Text Society, em Londres, a partir de 1881, tenha vindo a ser bastante utilizada. O "Sexto Concílio", realizado na Birmânia de 1954 a 1956, conferiu e revisou a tradição manuscrita, produzindo um Cânone impresso conhecido como a versão *Chaṭṭha Saṅgāyana* (Sexto Concílio), hoje disponível, em inglês, em um CD-ROM do Vipassana Research Institute (www.vridhamma.org). Os monges também mantêm viva a tradição oral, sendo que alguns deles decoram grandes segmentos de textos — alguns sabem até mesmo o Cânone inteiro. Na Tailândia, a instituição de sistemas de exames sobre língua páli, budismo e algumas matérias seculares melhorou o nível geral da educação monástica, mas, por outro lado, produziu uma tendência para a interpretação estereotipada dos textos sagrados. O estudo de matérias como psicologia, filosofia e ciências básicas é considerado pelos tradicionalistas como um meio de tornar os monges mais mundanos e propensos a se secularizar, ao passo que os modernistas sustentam que os monges precisam conhecer esses assuntos para ser comunicadores eficientes do budismo para os leigos, que estão cada vez mais instruídos.

Na China, o budismo encontrou uma cultura letrada bem desenvolvida, de modo que todo o corpo de textos disponíveis em sânscrito e em outros idiomas indianos e da Ásia Central foi aos poucos traduzido: uma tarefa incomensurável, constituindo provavelmente o maior projeto de tradução que o mundo já viu. O Cânone chinês também era usado na Coreia, no Vietnã e no Japão, e só foi traduzido para o japonês no início do século XX. Além de traduzir *Sūtra*s genuínos a partir dos seus originais em sânscrito, os próprios chineses também compuseram muitos deles, relacionados como "*Sūtra*s espúrios" nos seus catálogos de *Sūtras*. Estes incluíam textos que tinham surgido da inspiração criativa, mas também abreviações simplificadas de

Sūtras e tentativas de revestir crenças populares de uma aura de budismo ou usar a religião para alguma outra finalidade. No entanto, o valor que se atribuía ao *Sūtra da Plataforma* (ver p. 244) mostra que esse texto chinês era computado como um *Sūtra* "genuíno" (*Jing*). Os chineses inventaram a impressão no século VII, usando blocos de madeira entalhados para reproduzir imagens budistas e pequenos cânticos *dhāraṇī*; um destes últimos sobrevive desde 660 EC. Pouco depois, textos também passaram a ser impressos. O livro impresso existente mais antigo do mundo é, de fato, uma cópia do *Sūtra do Lapidador de Diamantes*, da série Perfeição da Sabedoria, impresso em 868 EC. O Cânone completo foi impresso de 972 a 983, enquanto o século XI presenciou a invenção do tipo de madeira móvel. A edição maior e mais definitiva do Cânone chinês é hoje a *Taishō Daizōkyō*, produzida de 1924 a 1934 no Japão.

No budismo do norte, os textos são grupos de tiras de papel retangulares impressas por blocos de madeira. O estudo tradicional se baseava em palestras diárias sobre textos selecionados, seguidas pela memorização e pelo estudo destes. Depois de no mínimo cinco anos, alguns monges passavam então pelo menos sete anos em um colégio tântrico no qual textos tântricos místicos seriam estudados e depois usados como base para a meditação. Os Gelugpas enfatizavam a lógica como disciplina formativa básica, sendo o conhecimento doutrinal do aluno testado por debates dialéticos públicos. O curso completo de estudos poderia durar até 25 anos, conduzindo ao título de *geshé* (*dge bshes*) de primeira ou segunda classe, uma espécie de Doutor em Budologia. O estudo tradicional também incluía medicina, astrologia, astronomia, gramática, caligrafia e pintura religiosa. Depois da destruição de muitos mosteiros no Tibete pelos comunistas chineses, a cultura monástica tradicional tem sido preservada por monges na Índia e em outros lugares.

A vida meditativa

No budismo do sul, um mosteiro de floresta costuma consistir em um simples salão de reuniões de madeira, que também serve como sala do santuário, e *kutis* (cabanas) ou até mesmo cavernas como local de moradia. É comum os monges que se especializam em meditação seguirem o *Vinaya* com mais rigidez, podendo também se submeter, pelo menos por um tempo, a alguns dos treze *dhutaṅgas* ou "práticas austeras", destinadas a cultivar o desapego e a vitalidade.[21] Entre as práticas desse tipo mais comumente praticadas estão: viver apenas de comida dada como esmola; fazer apenas uma refeição por dia, por volta das dez horas da manhã; comer alimentos só da tigela de esmolas; e morar no mínimo a 800 metros de uma aldeia. Os mais resistentes

21 *Vin.*III.171-2; *Vism.*II; Khantipālo, 1979, pp. 110-13; Ray, 1994, pp. 293-323; Tambiah, 1984, pp. 137, 175-76.

podem experimentar viver aos pés de uma árvore ou dormir na posição sentada. Na Tailândia, os *dhutaṅgas* são praticados com frequência por monges que participam de peregrinações e dormem sob grandes guarda-sóis equipados com mosquiteiros. De modo paradoxal, embora esses monges itinerantes costumem ser admirados por levar uma vida semelhante à existência errante do *Saṅgha* primitivo, os tailandeses têm uma atitude ambivalente diante deles, já que não se integram plenamente à comunidade monástica institucionalizada.[22] Mesmo assim, entre os monges mais respeitados do país estavam monges da floresta, como o célebre *Arahat* Ajahn Mun Buridatta (1870-1949) e alguns dos seus discípulos, como Ajahn Chah (1918-1992).[23]

No budismo do norte, muitos mosteiros têm cavernas ou cabanas para a meditação ou aprendizado intensivos. A reclusão nesses eremitérios pode ocorrer por um breve período ou, nas escolas Kagyüdpa e Nyingmapa, durante talvez três anos, três meses e três dias. Durante esse período, o praticante de meditação fica sozinho; comida e água lhe são passadas em silêncio através de uma pequena abertura. Como é evidente, essa reclusão é voluntária e só é adotada após uma exaustiva preparação. É utilizada para que o monge possa desenvolver com seriedade a meditação, recorrendo tanto à prática anterior quanto a recursos mentais inatos.

No budismo do leste também se praticavam retiros no isolamento, mas a escola Chan/Zen desenvolveu a instituição do "salão de meditação" (Jap. *Zendō*) como foco da vida em mosteiros maiores e bem administrados, sendo o *sesshin* um período de prática de intensa meditação nele.[24] Os monges, monjas ou aprendizes meditam, dormem e (no Japão) comem em uma plataforma elevada na periferia do salão, com seus poucos objetos pessoais arrumados de modo impecável em uma pequena caixa acima ou atrás deles. Durante os períodos de meditação, um auxiliador da vigília (*jikodō*) faz a ronda com uma vareta plana com a qual compassivamente desperta com um toque no ombro quem possa estar sonolento. A energia também é estimulada por meio de períodos alternados de meditação sentada e meditação no caminhar, esta última feita em círculo de maneira lenta, porém altiva e poderosa, comparada às vezes ao avanço majestoso de um tigre; quando é dado um sinal, ela para de repente. Na tradição chinesa, os monges se inscrevem para períodos de seis meses no salão de meditação, enquanto outros executam devoções, estudam, dirigem o mosteiro e vão ao salão para a meditação noturna. No Japão, o dia do aprendiz inclui tanto a meditação quanto o trabalho manual.

Uma forma impressionante de prática ascética é encontrada na escola Tendai japonesa: a *sennichi kaihōgyō*, ou ascese de circum-ambulação da montanha, feita ao redor do templo

22 Ray (1994) identifica uma linhagem de ascetas e santos da floresta desde os primórdios do budismo até o Mahāyāna, argumentando que representam um modelo persistente de vida do *Saṅgha* que contrastava com o do monasticismo institucionalizado, o qual enfatizava o estudo e a vida em grupo.

23 Mahā Boowa, 2005; Tambiah, 1984, pp. 81-110; Ṭhānissaro, 1999b.

24 Maezumi e Glassman, 2002, pp. 43-51; Suzuki, 1970a, pp. 314-62.

principal da Tendai no Monte Hiei. Todos os anos, vários sacerdotes executam a versão de cem dias dessa prática, para serem capazes de se tornar sacerdotes principais no complexo do templo. Uma vez a cada década, em média, um sacerdote executa a assombrosa versão de mil dias. Para fazer isso, ele precisa ser solteiro, ter permissão das autoridades da Tendai e ter concluído o período de treinamento de doze anos na montanha. Os mil dias são distribuídos ao longo de sete anos. Envolvem percorrer, caminhando rápido, uma rota de 35 quilômetros ao redor da montanha, vestindo meias e sandálias de palha, começando à meia-noite, depois de cerca de três horas de sono. O candidato deve também ficar em pé debaixo de cachoeiras geladas, viver com uma escassa quantidade de comida e, na marca de setecentos dias, viver sem comida, água e sono e sem se deitar durante nove dias, caminhando durante todo esse processo. A pessoa que faz isso, uma vez que tenha começado, deve estar preparada para se matar em vez de desistir. Acredita-se que completar os mil dias conduza ao Estado de Buda. O contexto dessa prática é o fato de o Japão ter uma tradição de ascetas da montanha cujo jejum etc. é considerado uma reversão das atividades humanas normais para adquirir poder, o qual é então usado em benefício da comunidade. A entoação de *mantras*, de textos como o do *Sūtra do Coração* e invocações do *Sūtra do Lótus* acompanham essas austeridades, que

> têm uma dimensão bastante purificatória e exorcística: a subjugação ou mortificação do corpo [...] atua para expulsar ou enfraquecer as impurezas da mente, removendo [...] todas as barreiras, físicas ou mentais, que possam impedir o praticante de alcançar a consciência superior e poderes (Reader, 1991, p. 121).

Embora o Buda tenha tido uma fase bastante ascética antes da Iluminação (ver p. 48), depois passou a encarar isso como um exagero a ser evitado. No entanto, a prática descrita parece expressar a opinião de que o asceticismo do Buda foi uma preparação necessária para que alcançasse o Estado de Buda.

A VIDA EM COMUNIDADE

Embora os monges e monjas possam passar algum tempo em meditação solitária, a vida monástica é fomentada e apoiada por um estilo de vida comunitário. Por ter valores e ideais compartilhados, o *Saṅgha* apoia o desenvolvimento espiritual dos seus membros pela solidariedade, o exemplo, o ensinamento, a confissão mútua de violações, um estilo de vida organizado, disciplina comunitária e mínima privacidade. O ideal é que os bens sejam compartilhados, descendo até o nível do conteúdo de uma tigela de esmolas (*M.*ɪɪ.251). Dōgen, o fundador da Sōtō

Zen, afirmava que a maioria das ações dos monges deveria ser praticada de maneira idêntica, com a organização correta da vida do dia a dia sendo a essência do budismo.

A seção do *Vinaya* chamada *Khandhaka* (ver p. 313) pode ser vista como a constituição do *Saṅgha*. Ela regula a vida comunitária de acordo com os dispositivos legais estipulados nos *kamma-vācanā*s, ou "declarações de ação", as quais são determinadas por um quórum de monges que chegam, de forma democrática, a um consenso com relação a uma proposta. Esta se torna assim uma "ação válida do *Saṅgha*". O *Khandhaka* trata tanto dos procedimentos quanto das regras em si. Os procedimentos regulam questões como o retiro das chuvas (*Vassa*), a ordenação, a cerimônia *pāṭimokkha*, assuntos disciplinares, litígios e cismas. A disciplina específica do *Vassa* costuma ser bastante observada no budismo do sul, um pouco menos no budismo no norte e não muito no budismo do leste, onde é conhecida como "Retiro de Verão". As regras do *Khandhaka* regulam, por exemplo, o uso de objetos de couro, o tamanho e o tipo dos mantos, bem como a comida, as bebidas e os remédios permitidos aos monges, em especial depois da última refeição ao meio-dia.

Dentro do *Saṅgha* original, havia uma ordem de precedência baseada no número de anos em que a pessoa era monge, as tarefas eram distribuídas aos administradores de acordo com suas habilidades (o que não lhes conferia autoridade sobre os outros), havia igualdade na tomada de decisões e nenhuma hierarquia. A medida em que essas características sobrevivem varia, mas a igualdade básica dos monges foi preservada em todos os lugares, exceto, talvez, no Japão. Existem hierarquias moderadas dentro de cada fraternidade monástica em Sri Lanka, ao passo que na Tailândia o governo desenvolveu uma forte hierarquia administrativa nacional no século XX. Dirigida por um "*Saṅgha-rājā*" (nomeado pelo rei) e um conselho monástico, ela lida com questões como disciplina, supervisão dos bens do *Saṅgha*, registro dos monges e organização de exames eclesiásticos. Houve em outros tempos hierarquias nacionais no Sri Lanka, na Birmânia, no Camboja e no Laos, mas elas caducaram quando a colonização ou governos comunistas acabaram com as monarquias das quais dependiam. Na Birmânia, cada mosteiro ou um pequeno grupo deles tornou-se então uma unidade independente, embora o governo tenha reinstituído uma hierarquia nacional em 1980. Os abades Theravāda costumam ser nomeados com o consentimento dos outros monges e dos líderes leigos, embora no Sri Lanka sejam ou o discípulo mais velho do abade anterior ou seu sobrinho. Suas responsabilidades são sobretudo administrativas e seu poder individual provém do seu carisma, caso exista, e do "convite" que ele faz aos monges para que façam determinadas coisas (se bem que recusar seria inadequado).

No budismo chinês, não houve nenhuma hierarquia nacional nos séculos mais recentes, embora a Associação Budista Chinesa de âmbito nacional tenha sido criada em 1929 como parte de uma revitalização do budismo. Antes da era comunista, quase todos os mosteiros eram instituições independentes, exceto no caso de alguns, que eram sucursais de outros maiores. Havia cerca de 100 mil pequenos "templos hereditários", cada um de propriedade dos monges que ali viviam e transmitidos em herança àqueles que lá moravam como noviços, de maneira que se tornassem os "filhos" monásticos do monge principal (Welch, 1967, pp. 247-303). A ordenação de monges ou monjas plenos só era concedida em cerca de trezentos grandes "mosteiros públicos" (*EB*.8.5), que evitavam que noviços morassem neles para não se tornarem "hereditários" nesse sentido. A população de cada templo hereditário era pequena, de um a trinta monges e noviços, embora 95% dos monges morassem neles. Os mosteiros públicos tinham de vinte a mil residentes e eram quase sempre localizados em lugares inacessíveis, em particular nas montanhas ou perto delas, sendo dedicados à meditação, à devoção, ao estudo e a uma rígida disciplina. Seu tamanho exigia uma organização eficiente, dirigida por um abade. Abaixo dele vinham vários administradores nomeados a cada seis meses, sendo escolhidos entre monges com o nível apropriado de superioridade, a qual continha uma série de graduações.

A Coreia do Sul possui hoje uma hierarquia nacional, dirigida por monges e monjas, mas que também inclui clérigos casados. No Japão, no entanto, cada subseita possui a própria hierarquia. Em 1970, havia 162 subseitas: 48 Shingon, 37 Nichiren, 25 Terra Pura, 23 Zen, 20 Tendai, 7 Nara (como a Kegon) e 2 "outras".

No budismo tibetano, cada uma das escolas tem sua hierarquia, com as principais posições sendo ocupadas por *Lama*s *tulku*s (ver p. 232). Segundo a tradição, cada grande mosteiro tinha o próprio *tulku* residente (às vezes, mas nem sempre, o abade), que era o foco de grande parte da vida ritual do mosteiro. Nos principais mosteiros Gelugpa, os abades costumavam ser eminentes *geshé*s. No Tibete, assim como no Sri Lanka, alguns mosteiros permaneciam sob o controle de uma única família, com o cargo de abade passando de tio para sobrinho. Dentro do mosteiro, vários administradores eram responsáveis por assuntos como propriedade, receita, disciplina, iniciações tântricas, música e cânticos. Os cargos eram ocupados de modo geral por um período específico, e os candidatos a eles eram pré-selecionados pela comunidade antes de ser escolhidos pela hierarquia da escola.

Como em todas as tradições, o dia monástico no budismo do sul começa cedo, por volta das cinco horas da manhã. Uma rotina típica em um mosteiro de uma cidade ou aldeia tailandesa (Khantipālo, 1979, pp. 91-127) começa com estudo ou meditação, e o café da manhã ocorre por volta das sete horas, depois da ronda de esmolas. Segue-se então entoação de cânticos comunal que dura mais ou menos uma hora, embora alguns monges graduados possam entoar cânticos na casa de uma pessoa leiga que os tenha convidado para uma refeição. Mais ou menos das 9 horas às 10h30, os graduados ensinam os principiantes e os noviços; é feita então a última refeição do dia, de modo que termine antes do meio-dia. Depois de uma sesta, as aulas continuam das 13h30 às 17 horas. Como alternativa, pode haver uma ordenação, uma cerimônia *pāṭimokkha* ou entoação de cânticos a pedido dos leigos. Por volta das 17 horas, servem-se sucos de frutas, chá ou café sem leite. Depois da execução das tarefas domésticas ou de um tempo livre, cânticos são entoados mais ou menos das 19 às 20 horas. A noite é então dedicada ao trabalho administrativo, ao recebimento de visitantes leigos, ao estudo e a um pouco de meditação ou entoação de cânticos. Nos mosteiros tailandeses da floresta, prescindem-se dos cânticos da manhã e, às vezes, dos da noite, e os monges costumam comer apenas a comida dada como esmola pela manhã. A sesta dura mais ou menos das 10 às 15 horas, para recuperar a energia depois de terem meditado grande parte da noite. O estudo é pouco e, às vezes, inexistente, sendo em geral substituído pelo trabalho. À noite, o abade pode fazer um longo discurso baseado na experiência, sucedido por orientações pessoais de meditação.

No budismo do norte, a vida monástica é regulada pelo comparecimento obrigatório a rituais diários e periódicos. Entre eles estão a recitação de *Sūtras*, o culto e a visualização de seres sagrados, a exorcização de forças malignas e a geração de fruição kármica para si mesmo, os mortos, os malfeitores e as comunidades monásticas e leigas. Nesses complexos rituais, os monges podem usar chapéus especiais simbolizando os seres sagrados que procuram invocar, e acompanham seus cânticos litúrgicos com gestos rituais das mãos, a manipulação de instrumentos rituais e o som de tambores e trompas. Os rituais comunitários do início da manhã e do início da noite podem durar cerca de duas horas. As primeiras e últimas horas do dia podem ser passadas em meditação privada. Nos grandes mosteiros, os monges estudantes ouvem um sermão e a discussão erudita de um texto pela manhã e se dedicam a estudos privados das 14 às 16 horas e das 18 às 22 horas. A obrigação de alguns monges é venerar durante vinte horas por dia, no santuário mais sagrado do local, o "Senhor" específico que protege o mosteiro. Assim como no budismo do leste, de modo geral não se observa a regra de não fazer refeições depois do meio-dia, embora as refeições feitas depois dessa hora sejam chamadas de "remédio".

No budismo chinês, embora a vida nos templos hereditários seja uma vida de devoção relaxada, um pouco de estudo e rituais para os leigos, o regime dos mosteiros públicos costuma ser rigoroso e regulado com rigidez. Os prédios do mosteiro, como o salão de meditação, o salão de recitação do Buda, o salão do santuário, o salão do *Dharma*, o salão dos monges itinerantes, o salão dos ancestrais, o refeitório e o escritório comercial são projetados de maneira muito ordenada dentro de um retângulo murado. O prédio principal é o salão de meditação ou, às vezes, o salão de recitação do Buda, onde são executadas a invocação de Amitābha e recitações de *Sūtras*. O horário da meditação, das refeições, da devoção etc., bem como a série de fases entre eles, é em grande parte controlado por um sistema de sinais de sinos, tambores e caixas de ressonância. Os inscritos no salão de meditação passam cerca de nove horas por dia nele, alternando entre a meditação e o circungiro de uma imagem. Nas semanas de prática intensiva, o número de horas pode aumentar para catorze. Grande parte dessa disciplina encontra-se também na Coreia do Sul, em Taiwan e nos templos de treinamento Zen japoneses. Os aprendizes Zen às vezes se levantam às três horas da manhã para meditar. Os versos são recitados antes ou depois de fazerem a barba, limparem os dentes, usarem o banheiro e tomarem banho. Um dos versos da hora da refeição inclui o seguinte: "A primeira mordida é para descartar o mal; a segunda é para que possamos treinar com perfeição; a terceira mordida é para ajudar todos os seres; rezamos para que todos possam se tornar iluminados. Precisamos pensar profundamente nos meios pelos quais essa comida surgiu" (Jiyu-Kennett, 1999, pp. 122-23). Antes de comer, separam-se alguns grãos de arroz para os "fantasmas famintos".

Embora os monges costumem ser auxiliados por noviços, administradores e trabalhadores leigos, e, no budismo do sul, por meninos que trabalham no mosteiro em troca de alimento e moradia, eles também têm trabalho a fazer, em especial os principiantes. Em todas as tradições, o trabalho inclui tarefas como lavar e remendar mantos, restaurar ou construir prédios, recolher lenha e demais combustíveis para fazer fogo, preparar artigos para utilização ritual e manter o mosteiro limpo e arrumado. Todas as tradições têm em comum a varredura das trilhas e dos pátios. Isso é feito não apenas visando a limpeza e o exercício, mas também porque é louvado no *Vinaya* como oportunidade para a ação tranquila e atenta e para servir os outros (*Vin*.VI.129-30). No budismo do sul, os monges da floresta valorizam o trabalho sobretudo devido ao fato de ele desenvolver a vitalidade, que é um bom complemento para a calma da meditação. No budismo do leste, a tradição Chan/Zen louva o trabalho e o expande para incluir a jardinagem, o cultivo de alimentos e a culinária. As funções de chefe de cozinha e jardineiro-chefe são muito importantes nos templos Zen. A atitude Chan/Zen de que o despertar pode ser descoberto nas atividades comuns do dia a dia, quando executadas com a plena presença da mente, está bem expressa em um ditado do mestre leigo Pang Jushi (P'ang Chü-shih; 740-808), da escola Chan: "Como isso é maravilhoso, como é misterioso! Carrego lenha, tiro água do poço" (Suzuki, 1959, p. 16). Em todas as tradições budistas, os monges também podem se envolver na produção de arte religiosa.

RELAÇÕES COM OS LEIGOS

Ao longo dos séculos e em muitas terras, os monges e as monjas budistas têm se comportado como "bons amigos" (*kalyāṇa-mitta*, S. *Kalyāṇa-mitra*) dos leigos de várias maneiras, começando por ser bons exemplos e, portanto, "campos férteis de fruição kármica". O etos do *Saṅgha* foi assim irradiado para a sociedade, e o mundo laico recebeu vários benefícios do *Saṅgha* "que renunciou ao mundo" e que é sustentado por esse mesmo mundo.

No século XX, em muitos países, os atos de governos comunistas antirreligiosos e a crescente secularização reduziram o papel do *Saṅgha* na vida das pessoas. De qualquer modo, esse papel já fora reduzido no Leste Asiático devido à influência do confucionismo, ou, como no Japão, à existência de uma tradição mais centrada nos leigos. Por conseguinte, foi nas terras não comunistas do budismo do sul que o espectro mais amplo de relacionamentos laico-monásticos continuou e se desenvolveu dentro do mundo moderno. Aqui, cada aldeia tem pelo menos um mosteiro que, embora esteja fisicamente fora dela, por causa da quietude, é o foco da vida dela. O abade costuma ser o homem mais respeitado e influente na aldeia, sendo procurado para dar conselhos sobre muitos assuntos, como o arbitramento de disputas, agindo de certo modo como o pároco de uma aldeia (Lester, 1973, p. 109-29). No Sudeste Asiático, o mosteiro oferece uma série de serviços públicos, como hospedagem grátis. Os idosos podem usá-lo como casa de repouso, tornando-se monges ou monjas; os sem-teto ou os doentes crônicos podem receber abrigo; os meninos do templo pertencentes a famílias pobres são sustentados por ele em troca de ajuda com as tarefas no mosteiro; meninos que estudam longe de casa podem usá-lo como albergue; e os viajantes podem usá-lo como local de repouso. O mosteiro abriga a biblioteca da aldeia, sendo o centro de onde tradicionalmente se irradiavam as notícias de locais além da aldeia e o lugar onde a maioria das reuniões de qualquer importância acontece. Também atua, de maneira limitada, como redistribuidor de propriedade, porque a terra doada por um protetor rico pode ser alugada por um valor nominal a agricultores. As doações excedentes em dinheiro também podem ser usadas pelo abade para ajudar a financiar a construção de uma nova escola (Bunnag, 1973, p. 199).

No budismo do sul, os monges proferem sermões para os leigos dentro do mosteiro, nos funerais, em serviços memoriais na casa da pessoa e em cerimônias de bênçãos para algum novo empreendimento. Os temas são na maioria das vezes éticos e com frequência extraídos das histórias do *Jātaka*. Ensinamentos de natureza menos formal são oferecidos àqueles que vão pedir conselhos sobre problemas pessoais ou têm perguntas sobre o *Dhamma*: os visitantes são sempre bem-vindos.[25] No século XX, o ensino da meditação aos leigos aumentou no Sudeste Asiático, sendo revivido no Sri Lanka. No budismo do norte, uma das maneiras pelas quais os monges têm se comunicado com os leigos é a apresentação de peças de teatro religiosas ao ar livre em certos festivais. No budismo chinês, embora os leigos mais instruídos possam comparecer a exposições eruditas dos *Sūtra*s nos mosteiros, pela tradição o *Dharma* era disseminado ao povo ignorante por pregadores itinerantes, que captavam a atenção do seu público com histórias divertidas e interessantes, bem como com elaborações dramáticas de episódios dos *Sūtra*s.

25 Ver *EB*.9.8.1 para conselhos pastorais dados por um monge do século XI no Japão.

O *Saṅgha* também esteve ativo na educação. Nas terras do budismo do sul e do norte, os mosteiros eram a principal ou única fonte de educação até os tempos modernos. Isso se reflete no fato de que o termo birmanês mais comum para mosteiro, *kyaung*, significa "escola". A educação oferecida pelos mosteiros era de natureza elementar, abrangendo assuntos como a leitura, a escrita, o conhecimento religioso básico, a aritmética e as tradições culturais. No entanto, ela garantiu que a taxa de alfabetização nessas terras se elevasse em relação aos padrões asiáticos. No budismo do sul, eram principalmente os meninos a serem educados nas escolas dos mosteiros, mas eles passavam um pouco da sua instrução a suas irmãs e esposas e havia também algumas escolas exclusivamente leigas organizadas para meninas. No Tibete, os comunistas chineses encerraram o papel educacional do mosteiro, e a modernização também significou que a educação no Sri Lanka, na Birmânia e na Tailândia passaria a ocorrer sobretudo em escolas do governo, de modo que os monges perderam seu predominante papel tradicional de professores. No entanto, algumas escolas de mosteiros são reconhecidas e sustentadas pelo Estado como escolas primárias, e alguns monges com qualificações educacionais modernas também atuam no sistema do Estado como professores e palestrantes. Contudo, isso gerou diversas críticas, já que, na opinião de muitos, essa situação priva o monge de dedicar-se a uma função especificamente religiosa.

O *Vinaya* não permite que um monge ganhe a vida com qualquer profissão, nem mesmo a de médico, e o Buda aconselhava os monges a usar qualquer conhecimento médico que tivessem para ajudar apenas outros monges/monjas ou parentes próximos, de maneira a evitar acusações casos os remédios não funcionassem. Apesar disso, nas sociedades nas quais os monges eram a elite esclarecida, era inevitável que eles viessem a atender a pedidos de ajuda médica por parte dos leigos. No budismo do sul, alguns são respeitados pelo seu conhecimento em curas fitoterápicas (por exemplo, de viciados em drogas), massagem ou terapia com luzes coloridas. No budismo do norte, alguns estudam nos mosteiros para ser médicos; no budismo do leste, os monges também têm praticado a medicina em uma certa medida. O *Saṅgha* também serviu os leigos na área da assistência social e do desenvolvimento comunitário. Avanços modernos nessa área também serão discutidos no Capítulo 12.

Embora os monges budistas fossem a princípio renunciantes itinerantes, eles vieram, com o tempo, a atuar como especialistas na execução de cerimônias para os leigos, em particular nos funerais. Uma função importante é a de atuar como portadores de bênçãos e proteções. No budismo do sul, os monges podem ser convidados para cantar *paritta*s (ver p. 274) na inauguração de uma nova casa ou prédio público, no início de um novo empreendimento comercial, antes ou depois de um casamento, para ajudar uma pessoa doente ou perturbada ou em um funeral. No budismo do norte, as pessoas procuram os serviços dos monges, *Lama*s e especialistas leigos em rituais nas ocasiões de nascimento, doenças, perigo e morte. Acredita-se que a segurança e a saúde de toda a comunidade seja assegurada pela vida virtuosa e pelos rituais do *Saṅgha*. No budismo do leste, os monges cantam *Sūtras* ou invocações do Buda Amitābha em benefício de pessoas doentes ou falecidas. Nas ocasiões em que o budismo desempenhou papel central na vida nacional, como no período Tang na China (618-907), os "mosteiros nacionais" eram sustentados pelo Estado de maneira a promover o bem-estar da China e de seu imperador. No budismo do sul, do norte e do leste, os monges também respondiam a pedidos dos leigos para que abençoassem amuletos de proteção, como pequenas imagens do Buda.

Tanto nas tradições do sul quanto do norte, alguns monges usam seu conhecimento de astrologia para analisar o caráter das pessoas e guiá-las ao longo dos altos e baixos que seu karma lhes tem reservado. No budismo do leste, a demanda popular levou os templos a distribuir papeizinhos de adivinhação: pequenos pedaços de bambu ou papel nos quais está escrita alguma previsão. Hoje em dia, em vários países, os leigos às vezes procuram os monges até mesmo para pedir dicas sobre os números que poderão ser sorteados na loteria.

O envolvimento dos monges na política é um tipo de interação com o mundo laico que talvez esteja mais em desacordo com o arquétipo do monge como um renunciante. Apesar disso, como o budismo espalhou uma cultura letrada em muitas sociedades em processo da unificação e organização política, não é de causar surpresa que o *Saṅgha* tenha vindo a exercer uma influência política, ou até mesmo poder político, em uma série de países. O poder político do *Saṅgha* atingiu o auge no Tibete pré-comunista, cujo governante era o então dalai-lama. Nas ocasiões da sua ascendência na China, o budismo exerceu uma considerável influência sobre a elite secular governante, e o Japão tem uma longa história de estreitos contatos entre o *Saṅgha* e o Estado. Nas terras do budismo do sul, os monges também podem ter considerável influência política, mantendo-se ativos em termos políticos no Sri Lanka e na Birmânia, em grau variado, desde a década de 1930 (ver pp. 402, 418 e 419).[26] Em 2007, por exemplo, os monges birmaneses estiveram na vanguarda do protesto popular contra o regime militar opressivo do país.

26 Swearer, 1995, pp. 110-15; em *EB*.6.8.3, Walpola Rāhula apresenta uma justificativa.

CAPÍTULO 11

A Prática Budista: A Meditação e o Cultivo da Sabedoria Baseada na Experiência[1]

No caminho budista, uma importante qualidade a ser desenvolvida é *paññā* (S. *Prajñā*), entendimento ou sabedoria. Ela é de três tipos, sendo alimentada por: (i) ouvir ou ler ensinamentos dos textos sagrados e de mestres espirituais vivos; (ii) refletir sobre eles; e (iii) "desenvolver" ou "cultivar" (*bhāvanā*) *citta* (coração/mente) e os fatores do Caminho.[2] O terceiro aspecto é o que amadurece a verdadeira sabedoria, a qual enxerga diretamente as coisas "como de fato elas são", indo além, portanto, da ignorância espiritual: o principal aspecto do despertar/iluminação. De maneiras diferentes, os vários métodos de meditação budista acarretam afastar-se do envolvimento no fluxo cotidiano da mente, de modo a fazer uma pausa e observar de forma contemplativa. A partir dessa postura, pode ocorrer então uma profunda tranquilização, uma quietude e um despertar transformativo.

No caso de todas as escolas, as práticas devocionais encerram aspectos meditativos postos em prática pela maior parte dos leigos, sendo os cânticos, talvez, a forma mais predominante do cultivo da meditação budista. A entoação de cânticos (ver pp. 268-69), quando bem feita, requer um certo esforço mental, foco e atenção plena e ajuda a gerar energia, alegria e calma, fazendo com que a mente seja pouco afetada por obstáculos à concentração meditativa. Desse modo, contribui para o cultivo e o desenvolvimento de boas qualidades e para a debilitação de características negativas que bloqueiam esse processo. Buddhaghosa, em seu clássico manual de meditação *Visuddhimagga* (Caminho da Purificação), inclui como temas de meditação a recordação cuidadosa (*anussati*) das qualidades especiais do Buda, do *Dhamma* e do *Saṅgha*, usando fórmulas que são idênticas, ou próximas, do fraseado dos cânticos páli comuns (*A*.III.284-88 (*BW*.279-81)). Além disso, a recitação do *Karaṇīya-metta Sutta* (ver p. 303) pode ser a maneira mais comum de praticar *mettā-bhāvanā*, o cultivo da bondade amorosa. Quando os monges cantam para os leigos, isso também pode ser visto como uma forma de "meditação irradiada",

1 Uma boa visão geral da meditação nas diferentes tradições budistas é encontrada em Shaw, 2009, e uma boa antologia de textos sobre meditação é *MW*. *BM*. é uma antologia de textos sobre meditação do Cânone páli.
2 *D*.III.219; *Vism*.439; *AKB*.VI.5c-d; Gethin, 2001, pp. 222-23; cf. *BW*.321-23.

cujo efeito sobre os leigos vai depender da qualidade da atenção tanto deles mesmos quanto dos entoadores.

Onde quer que o budismo seja saudável, praticam a meditação formal (sem contar a entoação de cânticos) não apenas os ordenados, mas também os leigos mais dedicados (*BM.*12-5). No budismo do sul, os praticantes de meditação mais assíduos são membros do *Saṅgha* na tradição da "floresta". Durante muitos séculos, a meditação leiga parece ter sido feita sobretudo por aqueles que seguiam temporária ou permanentemente os "oito preceitos". Era feita também por aqueles que passavam períodos temporários no *Saṅgha.* No século XX, teve início na Birmânia uma revitalização da meditação leiga que depois se espalhou para outros países Theravāda. No budismo do norte, os especialistas em meditação são encontrados tanto entre monges quanto entre *yogins* não ordenados. No budismo do leste, a invocação devocional do tipo Terra Pura é a mais comum entre os leigos, mas a meditação Zen tem sido praticada tanto por leigos quanto pelos ordenados. No Japão do pós-guerra, alguns empregadores têm até incentivado seus funcionários a se dedicarem à sua prática. No Ocidente, uma ou outra das numerosas formas de meditação budista hoje disponíveis é praticada por uma proporção relativamente elevada dos que se voltaram para o budismo.

A ABORDAGEM DA MEDITAÇÃO

A maioria dos tipos de meditação é feita sob a orientação de um professor de meditação. No budismo do sul, essa pessoa é um "bom amigo" orientador (*kalyāṇa-mitta*; *BM.*10-2); o budismo do norte tem o *Lama/Guru* tântrico e o budismo do leste tem, por exemplo, o *Rōshi* Zen. Segundo o Buda, ter um professor desse tipo é o fator externo mais poderoso para ajudar na purificação do coração (*A.*I.14); ele disse também que ter um professor é "toda a vida de santidade", e não meramente a metade dela (*S.*v.1 (*BW.*240-41)). A meditação requer orientação pessoal, já que é uma habilidade sutil que não pode ser transmitida de modo adequado por meio de ensinamentos escritos padronizados. O professor vem a conhecer seu pupilo, orienta-o ao longo das dificuldades à medida que forem acontecendo e o protege contra o uso inadequado ou inapropriado dos poderosos meios de transformação pessoal proporcionados pela meditação (*Vism.*97-110). Em troca, o pupilo precisa se dedicar bastante à prática e ficar aberto a onde ela possa conduzir.

Treinar a mente é um processo gradual que requer uma persistência paciente (*BW.*241-50, 267; Khantipālo, 1986). A pessoa precisa acreditar que é possível e compensador mudar a si mesma e que ela pode fazê-lo sozinha, por meio de um processo de dedicação e cultivo graduais. Aprender a meditar é uma habilidade semelhante a aprender a tocar um instrumento musical: é aprender como "sintonizar" e "tocar" a mente, e a prática regular e paciente é o meio de fazê-lo. Além do mais, assim como as cordas de um instrumento de corda bem afinado não são nem frouxas nem apertadas demais, na meditação o esforço precisa ser correto. Nesse caso, a ideia clássica do percurso como o "caminho do meio" é pertinente. A prática da meditação também é como a jardinagem: não podemos forçar as plantas a crescer, mas podemos lhes proporcionar as condições corretas com assiduidade, para que se desenvolvam com naturalidade. No caso da meditação, as "condições corretas" são a aplicação apropriada da mente e da técnica específica que estiver sendo usada.

A maioria das meditações é feita com a pessoa sentada em uma almofada, com as pernas cruzadas, tendo um dos pés sobre o músculo da panturrilha ou coxa oposta, ou com ambos os pés nessa posição, as mãos juntas no colo e as costas retas porém não rígidas; ou com um dos pés no chão na frente das pernas cruzadas, ou de joelhos (*BM*.15-8; Shaw, 2009, pp. 22-3). Uma vez que a pessoa se acostume a esse tipo de posição, ela se torna estável e pode ser usada como uma boa base para aquietar a mente. O corpo permanece imóvel, com os membros recolhidos, do mesmo modo que a atenção vai se tornando centrada. Os efeitos gerais da meditação são um aumento gradual na calma e na percepção. A pessoa se torna então mais paciente, mais capaz de lidar com os altos e baixos da vida, mais perspicaz e mais energética. Fica mais aberta ao lidar com os outros, mais autoconfiante e capaz de defender sua posição. Esses efeitos são às vezes bem estabelecidos depois de cerca de nove meses de prática. Os efeitos no longo prazo são mais profundos, como indicado mais adiante.

Para desenvolver uma boa base para a meditação, podem ser feitas prostrações preliminares, entoações e reflexões motivadoras. Na tradição do norte, pode-se realizar uma visualização preparatória para expirar qualidades negativas, vistas como fumaça negra, e inspirar qualidades positivas, imaginadas como luz radiante (*MW*.166-68). Há também uma sequência de reflexões sobre: a raridade e a oportunidade de ter obtido um "precioso renascimento humano"; a incerteza de quando esta vida humana terminará; o fato de que a pessoa renascerá de acordo com seu karma; que o sofrimento está envolvido em todas as esferas de renascimento; que esse sofrimento só pode ser transcendido ao se alcançar o *Nirvāṇa*; e, por fim, que a pessoa precisa de um guia espiritual para ajudá-la nesse caminho. Esse método desperta a motivação para um nível de prática Śrāvakayāna (ver p. 133), já que está voltado para as próprias necessidades da pessoa. Em seguida, há reflexões relacionadas com as necessidades dos outros, de modo a desenvolver a motivação Mahāyāna.[3] Isso se dá por meio do desenvolvimento das meditações das "permanências divinas", como no desenvolvimento do *bodhi-citta* (ver p. 182). Todas as práticas Mahāyāna pressupõem a motivação do *Bodhisattva*.

---

3 *MW*.168-71; Kongtrul, 2002, pp. 29-33, 87; Samuel, 1993, p. 200; Wayman, 1991, pp. 46-50; Williams, 2009, pp. 196-97.

QUALIDADES A SEREM DESENVOLVIDAS POR MEIO DA MEDITAÇÃO

Um antigo e influente resumo das qualidades a serem desenvolvidas no caminho, muitas das quais estão bastante relacionadas com a meditação, são as 37 "qualidades que contribuem para o despertar".[4] Elas consistem em sete conjuntos de qualidades (Gethin, 2001):

- As quatro aplicações/estabelecimentos/presenciamentos, ou talvez bases da atenção plena (P. *Satipaṭṭhāna*, S. *Smṛtyupasthāna*): ser "diligente, atento, dotado de conhecimento claro, livre dos desejos e do descontentamento com relação ao mundo" quando contempla o corpo, os sentimentos, os estados mentais e padrões básicos importantes na experiência (*dhammas*).
- Os quatro empenhos corretos (*sammā-ppadhāna/samyak-pradhāna*): dirigir o desejo de agir (*chanda*), o esforço e a energia para: evitar o surgimento de estados mentais prejudiciais/inábeis; abandonar aqueles que surgiram; despertar estados saudáveis/habilidosos; e ainda sustentar e desenvolver estes últimos.
- As quatro bases de realização (*iddhi-pāda/ṛddhi-pāda*): suplementar as forças do empenho com a concentração obtida pelo desejo de agir, energia/vigor/envolvimento corajoso (*viriya/vīrya*), inclinação da mente (*citta*) ou investigação.
- As cinco faculdades (*indriya*): segurança confiante/fé (*saddhā/śraddhā*), energia, atenção plena, concentração e entendimento/sabedoria.
- Os cinco poderes (*bala*): as faculdades depois de inabalavelmente estabelecidas.
- Os sete fatores do despertar (*bojjhaṅga/bodhyaṅga*): atenção plena, diferenciação/análise dos *dhammas*, energia, alegria, tranquilidade, concentração, equanimidade.
- O Nobre Caminho Óctuplo.

Essas qualidades ou habilidades mentais eram importantes tanto nas tradições pré-Mahāyāna[5] quanto nas Mahāyāna.[6] Os sete conjuntos são grupos de habilidades que podem ser combinadas de diferentes maneiras. Várias qualidades se repetem com o mesmo nome ou nomes semelhantes, sendo como notas que podem aparecer em diferentes acordes. Embora o último conjunto seja o culminante, as cinco faculdades talvez sejam o conjunto que reúne os fatores mais recorrentes (*BTTA*.23-38; Conze, 1993). A fé, e a virtude moral a ela associada, confere uma base magnânima que conduz naturalmente ao envolvimento da energia na prática, e com isso à aplicação da percepção atenta; isso, por sua vez, ajuda a mente a se tornar

4 P. *bodhi-pakkhiyā dhammā*, S. *Bodhi-pakṣā dharmā*; *D*.ɪɪ.120, ɪɪɪ.102, 127-28; *M*.ɪɪɪ.81.

5 *SN*.ɪᴠ.360-68; *S*.ᴠ.1-293 (seleção em *SB*.228-42); *Vism*.678-79; Gethin, 2001; Piyadassi, 1980; Ṭhānissaro, 1996.

6 Dayal, 1932, pp. 80-164; Pagel, 1995, pp. 381-401.

unificada, concentrada, calma, o que por sua vez promove o surgimento do entendimento e da sabedoria de uma mente clara.

A energia ou envolvimento corajoso, que equivale ao empenho correto ou esforço correto, é a expressão de "avance e persevere". Serve para possibilitar que o meditador desenvolva e sustente o tipo específico de atividade que a meditação é, porque ela não é algo passivo. Também serve para minar os estados mentais inábeis que se intrometem no processo de meditação. Para evitar o surgimento desses estados, o meditador pratica "vigiar as portas dos sentidos": toma cuidado com o modo como se relaciona com os objetos sensoriais, para que não desencadeiem reações habituais de apego, aversão ou confusão (*BS1*.103-05).

A atenção plena (P. *Sati*, S. *Smṛti*) é o processo de ter alguma coisa em mente, seja ela recordada ou esteja presente diante dos sentidos ou da mente, com uma percepção clara; ela nos mantém conectados com o que está presente e nos lembra do que é hábil (Gethin, 2001, pp. 36-44). Veio a ser definida no Theravāda como "não flutuante" (*Asl*.121), ou seja, uma percepção que não se desloca sobre a superfície das coisas, sendo, ao contrário, uma observação meticulosa e não distorcida. A atenção plena envolve "destacar-se" dos processos do corpo e da mente e observá-los tranquilamente, com plena presença de espírito, atenção alerta, clareza mental, estando bem desperto, plenamente presente, vigilante e não no "piloto automático". Tse-fu Kuan (2008, pp. 41-57) mostrou que ela tem quatro aspectos:

- "Percepção simples [...] o registro consciente da presença de objetos [...] a observação e o reconhecimento imparciais" (2008, pp. 41-2), como, por exemplo, saber que estamos inspirando, ou estar consciente das sensações passageiras que surgem quando levantamos um braço ou mudamos de sentimentos. Ela observa sem preferências, sem a reação habitual, reconhecendo com clareza o que está efetivamente presente no fluxo da experiência, assinalando assim sua natureza. Foi descrita como uma espécie de "atenção singela" que vê as coisas como que pela primeira vez (Anālayo, 2003, pp. 57-60; Nyanaponika, 1997).
- "Percepção protetora", a qual acrescenta uma presença mental que causa naturalmente a coibição de reações inábeis aos objetos sensoriais.
- "Percepção introspectiva", que identifica os estados inábeis que mesmo assim podem ter surgido, e traz à mente, fazendo portanto atuar, qualidades que os neutralizam.[7]
- "Formação deliberada de concepções", que relembra e observa coisas como as qualidades do Buda, do *Dhamma* ou do *Saṅgha*, a bondade amorosa, ou os componentes do corpo,

7 Como no *Sutta* sobre a remoção de pensamentos perturbadores: *M*.I.118-22 (*BW*.275-78; *SB*.152-55; Soma, 1981).

seus estágios de decomposição e a inevitabilidade da morte, todos os quais ajudam a enfraquecer os estados inábeis e cultivar os hábeis.

Desses aspectos, o primeiro é a base dos restantes. A atenção plena é crucial para o processo da meditação, porque sem sua cuidadosa observação não podemos ver as coisas "como elas de fato são".

A experiência normal da "concentração" das pessoas em geral varia de prestar atenção de maneira irresoluta a se absorver em um bom livro, quando a maior parte da tagarelice mental irrelevante se aquieta. A meditação budista, em comum com muitas outras formas de meditação como o yoga hindu, tem como objetivo cultivar o poder da concentração até que ele se torne realmente "unipontual", com a atenção voltada por completo para um objeto tranquilizante escolhido. Nesse estado, a mente se liberta de toda distração e hesitação e entra em um estado de quietude interior: a unificação mental. É isso que "concentração" meditativa (*samādhi*) quer dizer — ou seja, o *estado* de estar concentrado. O *processo* da concentração, contudo, é um aspecto do empenho ou esforço.

Para que a meditação se desenvolva de modo apropriado, as ferramentas precisam ser usadas da maneira correta. Se uma pessoa tentasse se concentrar muito em um objeto, porém com energia insuficiente, ela ficaria sonolenta; porém, muita energia e pouca unificação mental pode levar a uma excitação inquieta (*Vism.*129-30). Se ela desenvolvesse um vigoroso estado de concentração sem também usar do desapego que vem da atenção plena, poderia ficar obcecada pelo objeto ou transformá-lo numa ideia fixa, tratando-se portanto de uma "concentração errada". A concentração, portanto, se desenvolvida com base no esforço correto, em uníssono com a atenção plena correta, é a "concentração correta".

As quatro aplicações da atenção plena (Anālayo, 2003; Gethin, 2001, pp. 29-68) estão relacionadas primeiro nos sete conjuntos anteriores, que enfatizam seu papel fundamental no cultivo de todas as qualidades. A prática da aplicação da atenção plena, tornando-a presente em quatro aspectos da vida, é detalhada no *Satipaṭṭhāna Sutta* (*M.*I.55-63[8]) e no *Mahā-satipaṭṭhāna Sutta* (*D.*II.290-315), sua versão expandida. Esses textos contêm talvez o mais antigo resumo de focos apropriados da meditação budista, além da descrição dos métodos de meditação associados. Incluídas na contemplação atenta do corpo (*kāya*) estão a atenção plena:

- no que o sustenta: inspirar e expirar;

8 = *BS2.*37; *BTTA.*32; *BM.*76-85; *BW.*281-90; *EB.*3.5.4; *MW.*19-25; *SB.*141-51 (compare com 232-34); Anālayo, 2003, pp. 3-13. Anālayo (2003) apresenta uma análise detalhada do *Sutta*; Soma (1998) inclui uma tradução do comentário Theravādin, embora traduza o *Sutta* de modo equivocado ao dizer que a prática do *satipaṭṭhāna* é o "único caminho" para o *Nirvāṇa*, em vez de o "caminho direto".

- no que ele faz: posturas (andar, ficar em pé, se sentar e se deitar) e vários movimentos corporais;
- do que ele é composto: seus vários componentes líquidos e sólidos e os quatro elementos (Terra/solidez, Água/coesão, Fogo/calor e Vento/movimento);
- dos seus estágios de decomposição depois da morte.

Além do corpo, a atenção plena observa:

- A sensação/sentimento (*vedanā*): as modulações de sentimento agradáveis, desagradáveis e neutras que surgem, sejam do corpo ou da mente, ou de causas mundanas comuns ou espirituais, como a alegria que pode surgir na meditação.
- Estados mentais (*citta*): a presença ou ausência de estados mentais prejudiciais e o grau de desenvolvimento mental e concentração da pessoa.
- Padrões de realidade (*dhammas*), tais como delineados no *Dhamma* do Buda: os cinco obstáculos à calma meditativa (ver abaixo, pp. 352-53); os cinco feixes (*khandha*; ver pp. 84-5); os sentidos e seus objetos e como, entre eles, apegos restritivos podem surgir ou ser evitados; os sete fatores do despertar e como aperfeiçoá-los; as quatro Realidades Verdadeiras para os Espiritualmente Enobrecidos.

Samatha e vipassanā

Talvez a maneira mais sucinta de resumir as qualidades necessárias para o despertar/iluminação seja a seguinte: *samatha* (S. Śamatha) — calma, paz, tranquilidade — e *vipassanā* (S. *Vipaśyanā*) — compreensão e discernimento (*SN*.IV.360). Consta que tanto *samatha* quanto *vipassanā* são aspectos do conhecimento liberador: quando *samatha* é cultivado, o coração/mente (*citta*) se desenvolve, o que leva ao abandono do apego/desejo intenso de alguma coisa (*rāga*); quando *vipassanā* é cultivado, a sabedoria (*paññā*) se desenvolve, o que leva ao abandono da ignorância espiritual (P. *avijjā*, S. *Avidyā*).[9] Vemos aqui que o caminho espiritual envolve o trabalho nos aspectos afetivos e cognitivos da mente: as reações radicadas no apego pelas coisas e na aversão por elas, e como vemos e entendemos as coisas. Esses aspectos estão inter-relacionados, porque a turbulência emocional faz com que seja difícil enxergar com clareza, e a confusão e a percepção errônea alimentam a turbulência emocional. Trabalhando juntos, *samatha* e *vipassanā* promovem um estado no qual o conhecimento direto pode surgir em uma mente calma, desimpedida e serena.

Samatha e *vipassanā* são necessários para o surgimento do Nobre Caminho Óctuplo que conduz de imediato à entrada no fluxo (ver p. 114), o primeiro avanço espiritual crucial. Por

9 *A*.I.61 (*BW*.267-68); compare com *A*.II.93-5 (*BW*.269-70).

conseguinte, consta (*A*.II.156-58 (*BW*.268-69)) que a pessoa pode prosseguir e se tornar um *Arahat* uma vez que o Caminho surja de um dos casos seguintes: *vipassanā* precedido por *samatha*; (ii) *samatha* precedido por *vipassanā*; (iii) *samatha* e *vipassanā* reunidos; (iv) a mente sendo "tomada de entusiasmo pelo *Dhamma*", porém depois acalmando-se e alcançando a concentração. Uma vez que *samatha* e *vipassanā* se tornaram naturalmente termos que designam os métodos que cultivam respectivamente essas qualidades, as quatro abordagens que acabam de ser expostas vieram a ser consideradas diferentes sequências nas quais esses métodos podem ser praticados (Cousins, 1984). Como compreendido no budismo do sul: (i) é o "veículo" (*-yāna*) de *samatha*, que desenvolve a tranquilidade profunda e depois a compreensão; (ii) é o veículo de *vipassanā* que, baseado em uma tranquilidade preliminar, desenvolve a compreensão e depois uma tranquilidade mais profunda ("*samatha*" completo); e (iii) é o método "emparelhado", que possui fases alternantes de níveis cada vez mais profundos de calma e compreensão; (iv) parece se referir à compreensão que conduz ao surgimento de várias experiências agradáveis em relação às quais existe um apego inquieto — mais tarde chamadas de "impurezas da compreensão" (*Vism*.633-38) — depois um retorno à serenidade e à concentração (*Patis*.II.100-01). Com o tempo, esse veio a ser encarado como o caminho do "trabalhador da compreensão (*vipassaka*) crua/desnudada (*sukkha*)" (*Vism*. 666, 702): compreensão sem a necessidade explícita do cultivo de *samatha*.

ABORDAGENS QUE COMEÇAM COM SAMATHA NO BUDISMO DO SUL

A maneira mais comum de desenvolver a meditação tem sido praticar o *samatha-yāna*, descrito em *Suttas* como o *Sāmaññaphala*.[10] No aspecto *samatha*, um objeto é escolhido, a atenção plena é aplicada a ele e a concentração é desenvolvida por meio da concentração em aspectos específicos do objeto. À medida que a concentração se fortalece, a atenção plena é também desenvolvida como um auxílio cada vez mais consciente dos estados mentais sutis que surgem da concentração profunda. Desse modo surge um estado de vigilância focada e tranquila, com a concentração e a atenção plena desenvolvidas em um grau elevado, em transes lúcidos conhecidos como *jhānas* (S. *Dhyāna*), depois da "concentração de acesso" (*upacāra-samādhi*) que está prestes a alcançar o primeiros desses.

No "veículo de *samatha*", níveis mais profundos de *jhāna* são desenvolvidos antes que *vipassanā* se desenvolva plenamente. No método de "*samatha* e *vipassanā* reunidos", desenvolve-se um nível de *jhāna*, em seguida sua natureza impermanente e insatisfatória é examinada com *vipassanā*. A seguir um nível mais profundo de *jhāna* é desenvolvido e sua natureza é

10 *D*.I.47-85 (*BM*.59-75; *MW*.30-7; *SB*.5-36).

examinada com *vipassanā* etc. Além disso, na ocasião da entrada no fluxo, quando a mente obtém seu primeiro vislumbre do *Nirvāṇa*, ocorre uma experiência breve ou prolongada de um nível de *jhāna* "transcendente" (*lokuttara*), cujo objeto já não é condicionado (ver p. 78). Para aqueles que começam com uma abordagem mais *vipassanā*, essa pode ser a primeira, e talvez a única, experiência de *jhāna*.

O *Visuddhimagga* de Buddhaghosa descreve em detalhes quarenta possíveis objetos de meditação[11] que pertencem principalmente, porém não de modo exclusivo, a *samatha*. Eles podem conduzir a diferentes níveis de *samatha* e são proveitosos em particular para diferentes tipos de personalidade, que podem ser mais afetados pela cobiça, pelo ódio ou pela ilusão, ou, de modo mais hábil, pela fé, pela inteligência ou pelo raciocínio discursivo (*Vism.*101-10 (*BS1.*116-21)):

- Atenção plena da respiração; que é mais adequada aos tipos da "ilusão" e do "raciocínio discursivo"; — > qualquer um dos quatro *jhāna*s.
- As quatro permanências divinas: bondade amorosa, compaixão, alegria empática e equanimidade; para o tipo do ódio; — > terceiro *jhāna*, ou quarto por meio da equanimidade.
- Os dez *kasiṇas* ou "universais": exemplos preparados de coisas que representam os elementos (Terra, Água, Fogo, Vento), a luz ou o espaço limitado — todos os quais são adequados a todos os tipos; ou as cores, para o tipo do "ódio": azul, amarelo, vermelho, branco; estes — > qualquer um dos quatro *jhāna*s. A pessoa se concentra em um *kasiṇa-maṇḍala*, ou "círculo universal", como um disco azul, um círculo de terra ou uma tigela com água até que consiga enxergá-lo com clareza no olho da mente como imagem mental, representando uma qualidade "universal" como a tonalidade azul, a solidez da terra ou a coesão da água (*Vism.*123-25, 170-77; *MW.*43-9).
- Os quatro estados sem forma: quatro níveis sutis de existência, conhecidos a partir do quarto *jhāna* e adequados a todos os tipos.
- Os dez tipos de feiura ou imundície (P. *asubha*, S. *Aśubha*): dez estágios da decomposição de um cadáver; para o tipo "cobiça", para neutralizar a luxúria; —> primeiro *jhāna*.
- Atenção plena das partes do corpo; para o tipo inteligente; —> primeiro *jhāna*.
- Atenção plena da inevitabilidade da morte, recordação das qualidades serenas do *Nirvāṇa*, percepção do caráter repulsivo da comida ou reflexão sobre os quatro elementos que compõem o corpo; para o tipo inteligente; —> concentração de acesso.

11 Relacionados em *Vism.*110-11, detalhados em *Vism.*IV-X. Conze (1972) tem muitas seleções de *Vism.*; *BM.*86-194 traduz textos canônicos que servem de inspiração a Buddhaghosa.

- Recordações das qualidades do Buda, do *Dhamma* ou do *Saṅgha*, dos benefícios da virtude moral ou da generosidade ou dos vários tipos de *devas* (ver pp. 63-5): para o tipo da fé; —> concentração de acesso.[12]

Destes, a meditação sobre a bondade amorosa e sobre a respiração, as quais, ao lado da entoação de cânticos devocionais, talvez sejam as mais comuns, serão descritas a seguir.

Meditação da bondade amorosa

A bondade amorosa (P. *Mettā*, S. *Maitrī*; ver pp. 303-5) é vista como uma "permanência divina" (*brahma-vihāra*) ou "imensurável" (P. *Appamāṇa*, S. *Apramāṇa*), que, quando plenamente desenvolvida, expande a mente em um campo imensurável de consideração benevolente.[13] Embora isso possa ser usado para desenvolver a calma profunda de *jhāna* (*BTTA*.34), em geral é utilizado como um neutralizador para a animosidade. A prática consiste em desenvolver uma cordialidade que seja amigável, tolerante, paciente e não sentimental. No budismo do sul, a pessoa começa focando isso em si mesma,[14] para que possa vir a conhecer e lidar com todos os aspectos de si mesma, com todas as suas imperfeições. Uma vez que eles sejam aceitos — não de uma maneira complacente — outras pessoas então, com seus defeitos reais ou imaginários, podem se tornar os objetos de uma genuína bondade amorosa: "amar teu próximo como a ti mesmo", usando uma frase cristã, será então acolhedor e sincero.

O meditador começa dizendo para si mesmo, por exemplo, "que eu possa estar bem e feliz, que eu possa estar livre de dificuldades e problemas", e tenta *sentir* o que essas palavras expressam de maneira a gerar um coração feliz e caloroso. Depois de examinar aspectos "desagradáveis" de si mesmo, ele passa então a focar a bondade amorosa nos outros. Um método comum (ver *Vism*.IX) é o meditador se concentrar de forma progressiva em uma pessoa por quem sinta respeito e gratidão, um amigo, uma pessoa a quem seja indiferente e uma pessoa por quem sinta certa hostilidade (desde que nenhuma delas seja um possível objeto de interesse sexual). Desse modo, sua mente se acostuma a espalhar o círculo de bondade amorosa em um território cada vez mais difícil. Se for bem-sucedido, ele poderá então irradiar bondade amorosa a todos os seres sencientes sem exceção, em todas as direções. O objetivo é derrubar as barreiras que tornam a mente amigável apenas para uma seleção limitada de seres; cultivar uma bondade que tudo permeia.

---

12 Para um exemplo moderno de *samatha* desenvolvido pela recordação das qualidades do Buda, ver *BP*.16.

13 Buddharakkhita, 1989; Nyanaponika e Ñāṇamoli, 1998; Salzberg, 1995.

14 No budismo do norte, o primeiro foco é na mãe da pessoa, como alguém com quem ela se preocupa com ternura.

Atenção plena da respiração

A atenção plena da respiração — inspiração e expiração, *ānāpāna-sati* — está descrita no *Ānāpāna-sati Sutta*,[15] que explica que essa prática cultiva as quatro aplicações da atenção plena, as quais, por sua vez, desenvolvem os sete fatores do despertar, conduzindo assim ao conhecimento direto e à libertação. A prática possui aspectos que enfatizam *samatha* ou *vipassanā* (*Vism.*266-93). Sua popularidade resulta do fato de a respiração estar sempre presente e do fato de ela se tornar mais sutil, e portanto mais calma, quando a pessoa se acalma; sua natureza, que muda de modo constante, também é um bom exemplo da impermanência.

A meditação da respiração para induzir *samatha* é feita de olhos fechados. Ela começa com um método de contagem dos movimentos de inspiração e expiração lenta e suave, de maneira a ajudar a mente a se manter nessa respiração. Podem-se usar diferentes tempos de duração da respiração ou pode-se apenas observar a duração da respiração, que varia naturalmente. Com mais experiência, a contagem é abandonada depois de certo tempo de meditação e acompanham-se com mais cuidado as sensações fluentes que surgem da respiração; a seguir, concentra-se a atenção nas sensações em uma das narinas. Quando a pessoa começa a meditar, a atenção fica sempre se afastando da respiração, mas o método é levá-la com delicadeza a voltar-se para ela. No início temos a impressão de que a mente divaga mais durante a meditação do que em outras ocasiões, mas isso se deve apenas à maior conscientização da natureza instável e mutável da atenção. Depois de certa prática, a mente é capaz de permanecer na respiração por períodos mais longos. Em determinado estágio, surge uma imagem mental ou "sinal" (*nimitta*), conhecido como "sinal adquirido (*uggaha*)" (*MW.*44). Essa impressão mental da respiração pode assumir várias formas, como uma mancha ou círculo de luz ou uma rajada de fumaça (*Vism.*285). Ela surge quando há boa concentração e atenção plena focada na respiração, assim como a atenção a um "círculo universal" conduz a uma imagem mental dele. Uma vez que a imagem tenha surgido, em um estado de aprofundamento da quietude interior, ela se torna o foco da atenção de maneira a estabilizá-la.

Os cinco obstáculos e a concentração de acesso

Quando o meditador aprende a trabalhar com a imagem mental, ele precisa suspender aos poucos os "cinco obstáculos" que obstruem um progresso adicional.[16] Cada um deles é uma reação mental ao processo do desenvolvimento de uma concentração prolongada em qualquer tarefa.

15 *M.*III.78-88 (*BM.*146-58; em parte: *BW.*290-95; *MW.*26-8); Brahm, 2006.

16 *D.*I.71-3 (*SB.*26-8); *SN.*v.121-26 (*BW.*270-77); *EB.*3.5.5; Brahm, 2006, pp. 29-52; Gunaratana, 1985, pp. 28-48; Nyanaponika, 1993; Shaw, 2009, pp. 43-8.

O primeiro é o desejo sensual, no qual a mente busca algo mais sedutor e interessante do que o objeto considerado. O segundo é a má vontade, na qual ocorre uma reação de aversão à tarefa em pauta, à nossa divagação mental ou à fonte de sons que distraem a atenção. O terceiro é o embotamento e a letargia, no qual ocorrem o entorpecimento, a passividade mental e a preguiça. O quarto é a inquietação e a preocupação, no qual a mente alterna entre o excesso de entusiasmo diante de algum sucesso com a tarefa e o mal-estar com relação às dificuldades encontradas. O último obstáculo é a vacilação ou medo do comprometimento, no qual a mente oscila em ambas as direções, dizendo que não vale a pena executar a tarefa. A superação dos obstáculos é comparada tanto à purificação do minério de ouro, com o ouro puro simbolizando o potencial pleno da mente (*SN*.v.92), quanto ao treinamento de um animal indócil até que se torne quieto e tratável.

Os obstáculos também podem ser suspensos quando prestamos bastante atenção a um ensinamento do *Dhamma*. Nos *Sutta*s, consta que muitas vezes acontecem de serem suspensos quando uma pessoa ouve o ensinamento do Buda a respeito dos benefícios de doar, da virtude moral, dos renascimentos celestiais a que essas coisas conduzem e das vantagens de se renunciar ao apego aos prazeres sensoriais, ficando então o ouvinte pronto para ouvir e desenvolver a compreensão das Realidades Verdadeiras para os Espiritualmente Enobrecidos (*M*.I.379-80).

Na meditação *samatha*, uma vez que os obstáculos são suspensos, o *nimitta* se torna o "contrassinal" (*paṭibhāga*), que tem uma forma muito mais brilhante, clara e sutil. Esse é o estágio da "concentração de acesso" (*upacāra-samādhi*), porque é o ponto de acesso para a plena concentração de *jhāna* (*Vism*.125-37). Trabalhar com esse sinal fortalece os "cinco fatores de *jhāna*", que vinham aos poucos se desenvolvendo o tempo todo, neutralizando os obstáculos (Gethin, 1998, pp. 180-84). O primeiro fator é a "aplicação mental" (P. *Vitakka*, S. *Vitarka*), o processo de concentrar a mente no objeto. O segundo é o "exame" (*vicāra*), que leva a mente a permanecer no objeto. O terceiro é a "alegria" (P. *Pīti*, S. *Prīti*), que começa na forma de arrepios de calor e culmina em um sentimento de júbilo que permeia o corpo inteiro. Isso surge à medida que outros fatores se desenvolvem de maneira equilibrada. O quarto fator é a "felicidade" (*sukha*), um sentimento de profundo contentamento que é mais tranquilo do que a alegria e surge à medida que a mente se torna mais harmônica e menos agitada. O quinto fator de *jhāna* é a "unipontualidade da mente" (P. *Cittass'ekaggatā*, S. *Cittaikagratā*), ou seja, a mente se unifica completamente na contemplação do objeto. Isso surge uma vez que existe a "felicidade" e a mente é capaz de permanecer contente com o objeto.

Os jhāna*s* e as realizações sem forma

Na concentração de acesso, os fatores de *jhāna* ainda são fracos, como as pernas de um bebê aprendendo a andar. Quando eles ficam fortes, a mente pode mergulhar por um breve momento ou permanecer em um estado de "absorção (*appanā*)-concentração", quando *jhāna* (S. *Dhyāna*), a "meditação" propriamente dita, é alcançada.[17] Nesse caso, a mente é absorvida com deleite em uma enlevada concentração no objeto, tornando-se insensível aos estímulos sensoriais, de modo que pode se encarar *jhāna* como uma espécie de transe. Não se trata de um estupor embotado com uma subsequente perda da memória do estado em que se entra: devido à presença de um alto grau de atenção plena, trata-se de um transe lúcido, no qual a sabedoria também está presente (*Dhs.* sec. 162). Ele tem uma calma tranquila mais profunda do que a do sono profundo, porém com uma percepção consciente maior do que na consciência desperta. A mente tem grande clareza e tranquilidade, assim como um lago imperturbado e translúcido. Devido à natureza radicalmente diferente desse estado alterado de consciência, "isolado da [esfera dos] desejos sensoriais, isolado dos estados inábeis" (*D.*I.73), ele é classificado como pertencente à esfera da forma elemental, um nível de existência no qual os deuses do mundo da forma elemental também vivem (ver pp. 64-5): é um "mundo" de experiência diferente em termos qualitativos. Quando se sai dele, ocorre uma pós-luminescência, na qual a compulsão de pensar está ausente e o impulso de comer ou dormir é enfraquecido.

O estado que acaba de ser descrito é o primeiro de um conjunto de quatro *jhānas*.[18] Uma vez que tenha sido completamente dominado, o meditador desenvolve os outros, abandonando aos poucos certos fatores de *jhāna* como sendo relativamente grosseiros, cultivando assim graus mais profundos e mais sutis de tranquilidade e canalizando cada vez mais energia para a unipontualidade. O quarto *jhāna* é um estado de profunda paz e quietude, no qual a mente repousa com inabalável unipontualidade e equanimidade, e a respiração se acalmou a ponto de parar (*SN.*IV.217; *Vism.*275). A mente tem uma pureza radiante, porque suas profundezas que "brilham vivamente" foram reveladas por inteiro e se manifestaram em nível superficial. Ela é dúctil como ouro refinado, que pode ser usado na fabricação de todos os tipos de objetos preciosos e maravilhosos (*A.*I.253-55): "Com a mente concentrada, purificada e limpa, imaculada, livre de impurezas, maleável, dúctil, firme e tendo obtido a imperturbabilidade" (*D.*I.76). Esse estado é, portanto, um ponto de partida ideal para vários desenvolvimentos adicionais. Na realidade, ele parece ter sido o estado a partir do qual o Buda avançou para alcançar o despertar (*M.*I.247-49).

Uma possibilidade consiste simplesmente em aprofundar ainda mais o processo de tranquilização por meio do desenvolvimento das quatro "realizações sem forma" (P. *Arūpa-samāpatti*, S. *Ārūpya-samāpatti*; *Vism.*X), níveis de transe místico que correspondem às esferas "sem forma" do renascimento (ver Tabela 4). Eles são "sem forma" porque não têm nenhuma configuração

17 *Vism.*137-69; Cousins, 1973; Gunaratana, 1980, 1985, 2006.
18 *BTTA.*33; *BW.*296-98; *MW.*29; *SB.*242-43.

ou forma como objeto, nem mesmo a imagem mental que é o foco dos *jhānas*. No primeiro, o meditador expande o objeto anterior, concentrando-se em seguida no espaço infinito que ele então "ocupa". Depois, concentra-se na "consciência infinita" que percebe esse espaço. Transcendendo isso, ele então focaliza o aparente nada que permanece. Por fim, até mesmo a percepção atenuadíssima que estivera concentrada no nada se torna o objeto de atenção.

Tabela 4 Estados desenvolvidos com base na meditação de samatha

Estados que surgem apenas de samatha		*Quando combinados com* vipassanā
A ESFERA SEM FORMA		
Estados presentes: unipontualidade, equanimidade		
8 Esfera da nem percepção nem não percepção		→ OBTENÇÃO DA CESSAÇÃO
7 Esfera do nada		
6 Esfera da consciência infinita		
5 Esfera do espaço infinito		
ESFERA DA FORMA ELEMENTAL		
4 Quarto *jhāna*—	*Estados presentes* unipontualidade, equanimidade	→ OS SEIS CONHECIMENTOS SUPERIORES: (vi) *Nirvāṇa*, (v) ver como os seres renascem de acordo com seu karma, (iv) memória de vidas anteriores, (iii) leitura da mente, (ii) clariaudiência, (i) poderes psíquicos
3 Terceiro *jhāna*—	unipontualidade, felicidade, equanimidade	
2 Segundo *jhāna*—	unipontualidade, felicidade, alegria	
1 Primeiro *jhāna*—	unipontualidade, felicidade, alegria, exame, aplicação mental	
A ESFERA DOS DESEJOS SENSORIAIS		
iii Concentração de acesso, baseada no "contrassinal"		
ii Trabalho no "sinal adquirido", de maneira a suspender os obstáculos		
i Trabalho no "sinal preliminar" (por exemplo, respiração ou *kasiṇa-maṇḍala*)		

A cessação e os conhecimentos superiores

Os estados remanescentes que podem ser desenvolvidos com base num *samatha* profundo requerem o acréscimo de *vipassanā*, a percepção da natureza das coisas. Dizem que a pessoa pode se tornar um *Arahat*, ou uma pessoa que não retorna, desenvolvendo qualquer um dos quatro *jhāna*s, ou os três primeiros estados sem forma, e depois desenvolvendo a percepção da natureza impermanente das qualidades contidas nesses estados refinados, de modo a superar qualquer apego a elas (*M*.I.350-53; *A*.V.343-47; *A*.IV.422). Outra possibilidade é, por meio do quarto estado sem forma, alcançar a "cessação da percepção e da sensação", também conhecida como "obtenção da cessação" (*nirodha-samāpatti*): ao emergir disso, surge a profunda sabedoria e a pessoa se torna um *Arahat* ou aquele que não retorna (*A*.III.194, *M*.I.175, *EB*.3.5.7). A cessação é um estado anômalo no qual a mente se fecha por inteiro, ficando destituída até mesmo de percepção ou sensação/sentimento sutis, pelo fato de haver se afastado inclusive da paz bastante refinada do nível sem forma. Neste estado, o coração para, mas um metabolismo residual mantém o corpo vivo por até sete dias (*M*.I.296; *Vism*.702-09; Griffiths, 1987). Aqui, a pessoa obtém uma espécie de encontro inconsciente com o *Nirvāṇa*, porque dizem que ela "toca o *Nirvāṇa* com o seu corpo". Só um daqueles que não retornam ou um *Arahat,* que tenham o domínio dos estados sem forma, ou que esteja prestes a atingir esses estados, pode alcançar esse estado.

A partir do quarto *jhāna*, os seis "conhecimentos superiores" (P. *Abhiññā*, S. *Abhijñā*) podem ser plenamente desenvolvidos.[19] Os três primeiros consistem em várias habilidades paranormais. O primeiro é um grupo de "realizações (psíquicas)" (P. *Iddhi*, S. *Ṛddhi*): poderes psicocinéticos como caminhar sobre a água, voar, mergulhar na terra e estar em vários lugares ao mesmo tempo (*D*.I.77-8 (*EB*.3.5.6)). Consta que são desenvolvidos por meio da meditação sobre os elementos da matéria, para se obter controle sobre eles. O segundo "conhecimento superior" é a clariaudiência: a capacidade de escutar sons a uma grande distância, inclusive as palavras dos deuses. O terceiro conhecimento é o da leitura de estados mentais de outras pessoas. Os últimos três compreendem o "conhecimento triplo" (P. *Tevijjā*, S. *Traividyā*): a memória de vidas passadas, ver como os seres renascem de acordo com seu karma e a realização (consciente) do *Nirvāṇa*. Desse modo, com base no poder e na pureza do quarto *jhāna*, muitas barreiras podem ser superadas por meio desses conhecimentos, respectivamente as das leis físicas, da distância, da mente dos outros, do tempo, da morte e, a mais elevada de todas, a barreira da existência condicionada como tal.

---

19 *Vism*.XII-XIII; *BSI*.121-33; *BW*.65-7, 252-3, 273-75.

A CONTRIBUIÇÃO DAS MEDITAÇÕES SAMATHA E VIPASSANĀ NO BUDISMO DO SUL

Tanto *samatha* quanto *vipassanā* se inspiram no princípio do Surgimento Condicionado: todas as coisas, mentais e físicas, surgem de acordo com condições que as alimentam e cessam quando essas cessam. Em *samatha*, a ênfase está em recondicionar o modo como a mente e o coração funcionam; em *vipassanā*, está em enxergar as limitações de qualquer coisa condicionada. *Samatha* procura concentrar energias e integrar fatores mentais saudáveis de maneira a desenvolver um centro de tranquilidade e consciência forte e bondoso, para que a pessoa fique mais centrada, seja mais "ela mesma", mais responsável por si mesma, mais "estável", menos perturbada por eventos externos e pelas próprias emoções; mas também mais franca, sincera e sensível às necessidades dos outros, sobretudo por meio do desenvolvimento da bondade amorosa, que atua particularmente no nível do coração.

Ao praticar *samatha*, a pessoa aprende a abandonar os objetos de apego e a disciplinar o desejo inquietante da mente, o seu estado de constante insatisfação que a leva a estar sempre em busca de algo. Esse estado pode ser observado na maneira como a mente está sempre à procura de outra distração à qual se agarrar. Mesmo quando se torna bastante calma, ela não necessariamente *permanecerá* calma, a não ser mediante a aplicação de uma tranquila disciplina. O constante sussurro de "Eu quero", "Eu quero mais", "Eu quero uma coisa diferente" tem a tendência de continuar a fluir, mesmo quando se torna mais lento. E, se a meditação se tornar muito agradável, a necessidade pode se concentrar nesse prazer, apegando-se a ele e, desse modo, minando as qualidades hábeis que conduziram a ele. Em *samatha*, essa tendência é amenizada aos poucos. Além disso, na tranquilidade profunda por ela induzida, a mente vivencia algo muito diferente da consciência normal. Isso confere à pessoa uma perspectiva a partir da qual as limitações e a falta de sutileza da experiência consciente normal podem ser encaradas diretamente. Também produz mudanças muito valiosas na pessoa, como o aprofundamento da moralidade.

A meditação *samatha* por si só, contudo, não pode produzir a experiência do *Nirvāṇa*, pois, embora possa suspender por um tempo, e portanto enfraquecer, o apego, o ódio e a ilusão, não é capaz de destruí-los a fim de não apenas aquietar o desejo ardente, mas também extirpá-lo por completo da psique. Para isso, é necessária *vipassanā*. De qualquer modo, *samatha* é a preparação ideal (Gethin 1998, pp. 198-201). Ela enfraquece os obstáculos obscurecedores e confere à mente uma clareza na qual as coisas podem ser vistas "como de fato são"; fortalece as qualidades positivas como a fé e as outras faculdades, de modo a desenvolver a habilidade de concentração em um objeto durante o tempo necessário para sua investigação adequada; ensina a mente a "entregar os pontos"; e torna a mente estável e forte, fazendo com que não se abale pela compreensão potencialmente perturbadora de questões como o não Eu. Dessa maneira, *samatha* "sintoniza" a mente, acalmando-a e refinando-a de modo a torná-la mais sutil, sensível e aberta a novas possibilidades, passando a ser, portanto, um instrumento mais adequado de conhecimento e compreensão. Também afrouxa o domínio das impurezas, que podem então ser destruídas por *vipassanā*, assim como pôr os pratos de molho em água morna torna mais fácil sua limpeza quando se acrescenta o detergente.

Impurezas como a cobiça, o ódio e a ilusão se expressam em três níveis: em ações visíveis do corpo e da fala, como pensamentos e emoções conscientes, e tendências mentais latentes muito arraigadas. As impurezas visíveis são refreadas pela virtude moral (P. *Sīla*, S. *Śīla*); as impurezas conscientes são silenciadas pelo *samādhi*, a concentração meditativa induzida pela meditação *samatha*; as impurezas latentes que espreitam no inconsciente são dissolvidas pela sabedoria, *paññā*, induzida especialmente pela meditação *vipassanā*.

Na lista das cinco faculdades, a sabedoria vem depois da concentração, representada por *jhāna*; e consta que a concentração correta conduz ao conhecimento correto (*M*.III.76). Por outro lado, todos os fatores do Caminho Óctuplo, do qual a concentração correta é o último, decorrem da visão correta (*M*.III.71; *SN*.v.2), uma forma de sabedoria (*M*.I.301). Portanto, *jhāna* e a sabedoria se ajudam reciprocamente: "Não há *jhāna* para aquele que carece de sabedoria e não há sabedoria para aquele que carece de *jhāna*. Aquele em quem se encontram *jhāna* e a sabedoria está, de fato, perto no *Nirvāṇa*" (*Dhp*.372).

ABORDAGENS QUE COMEÇAM COM VIPASSANĀ NO BUDISMO DO SUL

O caminho que começa com *vipassanā* e depois passa por *samatha* se tornou popular na Birmânia no século XX e daí se espalhou para outros lugares (Cousins, 1996a; King, 1980, pp. 116--24). O mesmo se aplica ao caminho do "*vipassanā* seco", que considera o cultivo deliberado de *jhāna* e até mesmo da concentração de acesso desnecessário para o despertar, tendo a concentração momentânea como suficiente — embora Buddhaghosa considerasse que a concentração alcança brevemente o nível do primeiro *jhāna* na ocasião da entrada no fluxo (*Vism*.666). A meditação *vipassanā* usa um grau elevado de atenção plena, aliado ao esforço correto e certo grau de concentração: esse grau depende do mestre. De modo geral, usa-se a respiração como base principal para onde a atenção sempre se volta, de maneira a manter a mente calma e sem ser capturada por distrações. A compreensão que se desenvolve também ocasiona uma natural quietude e tranquilidade mais profundas devido à forte concentração momentânea e ao desapego proporcionado pela compreensão.

A prática das quatro aplicações da atenção plena (*satipaṭṭhānas*; ver pp. 347-48) é a base principal da meditação *vipassanā*. Na realidade, os *satipaṭṭhānas* foram às vezes apresentados como um método exclusivamente *vipassanā*, o que não condiz com a verdade (Anālayo, 2003, pp. 67-91). Na meditação *vipassanā*, em vez de se concentrar em um objeto escolhido, como em *samatha*, a atenção fica aberta para que a atenção plena observe com calma cada objeto sensorial ou mental que surja, para observar, de modo sistemático, certas características difundidas da experiência. Acredita-se que os estados condicionados que compõem o corpo e a mente, de "si mesmo" ou "dos outros", surjam e se extingam de forma constante, sendo processos insatisfatórios e impessoais aos quais não convém se apegar. Quando não estiver fazendo a meditação sentada, o meditador pode observar com cuidado as sensações envolvidas nos movimentos, como flexionar e estender os braços, comer, se lavar e ir ao banheiro. A "atenção plena ao caminhar" é um tipo de prática específico, também usado pelos praticantes de *samatha* para fortalecer sua atenção plena. Nela, a pessoa caminha de um lado para o outro ao longo de um caminho com a mente concentrada nas sensações dos pés e dos músculos da panturrilha, e as diversas fases do caminhar podem ser registradas na mente com termos como "levantando", "movimentando" e "colocando". Isso desenvolve um sentimento leve e franco de amplitude e pode até fazer com que o "pé" desapareça em um fluxo de sensações.

Durante a meditação sentada, em geral investiga-se a respiração, porque é por intermédio desse processo de subir e descer que o corpo se mantém vivo. A meditação *vipassanā* é mais analítica e exploradora do que a meditação *samatha*, pois seu propósito é investigar a natureza da realidade e não permanecer concentrada em um objeto relativamente estável. Desse modo, o que poderia se tornar uma distração na meditação *samatha* pode se tornar um objeto para *vipassanā*. A mente não permanece de modo exclusivo na respiração, mas observa também várias sensações físicas quando elas ocorrem, como coceiras e a liberação de tensões antes não percebidas. Como se percebe o corpo com mais facilidade, a atenção plena o toma a princípio como seu objeto, de maneira a fortalecer seu poder de observar os processos mentais mais efêmeros e sutis, começando com os sentimentos. Estes são observados quando surgem e se extinguem, registrando-se apenas se são agradáveis, desagradáveis ou neutros, provenientes do corpo ou da mente, comuns ou mais espirituais. No entanto, nenhum "significado" é atribuído a eles: eles são encarados apenas como fenômenos casuais. A atenção plena segue então para os estados mentais, registrando as disposições de ânimo e as emoções à medida que elas surgem e lhes é permitido desaparecer. Por fim, a atenção plena investiga os *dhammas*, importantes padrões de realidade (ver p. 348), até chegar às Realidades Verdadeiras dos Espiritualmente Enobrecidos, registrando quando estão presentes, quando estão ausentes, como surgiram e como cessaram.

A investigação das "três marcas"

Durante a investigação dos processos antes descritos, o propósito é reconhecer, por meio da experiência, as características que eles compartilham: as "três marcas" (ver pp. 86-7). Seu constante surgimento e cessação demonstram que são impermanentes (P. *Anicca*, S. *Anitya*). O fato de serem efêmeros, instáveis e limitados, não sendo o tipo de coisa em que podemos confiar, mostra que são insatisfatórios, óbvia ou sutilmente dolorosos (P. *Dukkha*, S. *Duḥkha*). O fato de surgirem de acordo com as condições, não poderem ser controlados à vontade e, portanto, não "pertencerem" a ninguém de verdade, mostra que são não Eu (P. *Anattā*, S. *Anātman*), "vazios de Eu ou do que pertence ao Eu". A investigação mostra que a impressão de "si mesmo" e das "coisas" externas como entidades substanciais sempre idênticas a si mesmas é um erro de percepção. Essas compreensões não são de natureza intelectual, surgindo como lampejos de entendimento penetrante, ou sabedoria. Uma vez que estes tenham ocorrido durante a meditação, também podem surgir no decorrer do dia, conforme as coisas são observadas com atenção plena. Esse processo, então, combina o refinamento gradual e lampejos de percepção cada vez mais profundos e repentinos.

Quando se vê que todo o panorama da experiência é composto por processos — mentais ou físicos, internos ou externos, passados, presentes ou futuros, sutis ou grosseiros — transitórios, falíveis e insubstanciais, pode haver um desencantamento (P. *Nibbidā*, S. *Nirvidā*), um abandono desses processos. Quando, desse modo, a pessoa passa então a reconhecer que tudo que identificou com ternura como sendo "eu" ou "meu" está na verdade mudando, ou é condicionado e sutilmente insatisfatório, sabe-se que tais coisas não podem ser "possuídas" como "minhas" de verdade, nem representar a verdadeira identidade de um "eu", uma essência, "Eu mesmo". O fato de cada coisa ser vista dessa maneira possibilita o abandono de qualquer apego ou identificação com ela, o que conduz a uma sensação de leveza, a uma acomodação ampla de tudo o que vier a surgir e à alegria. Quanto maior for a compreensão de que *tudo* é não Eu, mais completa será essa alegria; de que o "Eu" é um conceito vazio. Não apenas um conceito vazio, mas um conceito nocivo: porque tomar uma coisa mutável como um "Eu" permanente só pode levar ao sofrimento quando essa coisa mudar. E, para proteger o "Eu", não raro causamos sofrimento aos outros. Desse modo, *vipassanā* conduz o meditador para além dos hábitos limitantes radicados no egocentrismo, fortalecendo portanto a compaixão. Em última análise, esse tipo de meditação possibilita um vislumbre daquilo que é totalmente *in*condicionado — o *Nirvāṇa* — além da mudança, da limitação e do sofrimento: imortal, não nascido, além de todo pensamento do "Eu".

A meditação *vipassanā*, portanto, visa dissolver o tipo de pontos de vista que alimentam as impurezas. Se o corpo e a mente são apenas processos condicionados, mutáveis, impermanentes, *dukkha*, que não podem ser controlados de modo adequado por "mim", sendo produtos insubstanciais de outros processos desse tipo, mentais ou físicos, então por que ansiar ou ter cobiça por eles? Por que odiar outras pessoas, já que estamos todos atados da mesma forma em *dukkha*? Por que continuar com a ilusão de proteger um "eu" essencial que na realidade não existe? Por que construir presunções centradas no Eu ("*Eu* sou superior", "*Eu* sou inferior" ou "*Eu* sou apenas tão bom/mau quanto qualquer outra pessoa") em torno de processos físicos e mentais que estão sujeitos à mudança de momento em momento? Por que ficar atados a qualquer ponto de vista fixo que identifica as coisas como "eu" ou "meu"? Por que encará-las como "meu Eu real", como sólidas e substanciais? Desista de tudo isso e seja livre.

Alguns métodos recentes da prática vipassanā

Entre os métodos birmaneses do século XX estão os seguintes. U Ba Khin (1899-1971[20]) ensinou um método que enfatiza a percepção consciente, a partir de uma mente concentrada, da impermanência dos fenômenos mentais e físicos, sobretudo por meio da atenção às sensações que surgem a partir do sentido do tato. Dá-se atenção a "aglomerados" semelhantes ao átomo (*kālapa*) de exemplos dos quatro elementos materiais, acrescidos de cor, odor, sabor e essência nutritiva, vistos como elementos integrantes básicos da forma material. Considera-se que a atenção plena ao murmúrio dos *kalāpa*s traz a percepção das "três marcas". A pessoa obtém concentração suficiente com base na atenção plena à respiração a ponto de talvez obter um *nimitta*, e depois trabalha na atenção plena aos sentimentos impermanentes e *dukkha* em diferentes partes do corpo, para que esses sentimentos se acumulem. O objetivo é que a mente os observe com calma, permitindo que eles, assim como as reações incipientes, se dissipem, deixando um espaço tranquilo no qual os hábitos mentais arraigados tenham se dissolvido. S. N. Goenka (1924-2013), indiano criado na Birmânia, ensinava o *vipassanā* de U Ba Khin em muitos centros pelo mundo afora (www.dhamma.org).

Assim como na abordagem de U Ba Khin, na abordagem de Mahāsī Sayadaw (1904-1982; Keown e Prebish, 2007, pp. 677-78), o *vipassanā* conduz, com o tempo, a um profundo *samatha* tendo o *Nirvāṇa* como seu objeto, embora o método de U Ba Khin pareça atribuir ênfase mais evidente a uma fase inicial de *samatha* como plataforma para *vipassanā*, e o método Mahāsī seja às vezes apresentado como um "*vipassanā* seco" (Anālayo, 2003, pp. 64-5). O método Mahāsī enfatiza a constante observação e análise do fluxo das experiências corporais e mentais, ajudadas pela rotulagem do que se percebe, começando pelo "subir" e "descer" do abdômen durante a respiração.[21] O método talvez seja semelhante a diminuir a velocidade de um filme para poder perceber cada fotograma, por meio do processo de cortar a experiência em segmentos e rotulá-los de maneira impessoal.

---

20 Ba Khin, 1981; King, 1980, pp. 125-32; Kornfield, 1995, pp. 235-56.
21 *MW*.113-22; King, 1980, pp. 132-37; Kornfield, 1995, pp. 51-82; Mahāsī Sayadaw, 1990, 1994; Nyanaponika, 1996, pp. 85-113.

Um método "*vipassanā* seco" mais evidente é o de Sunlun Sayadaw (1878-1952[22]). Ele tinha uma abordagem um tanto vigorosa que criticava tanto o pensamento conceitual, que em sua opinião era usado na rotulagem do método Mahāsī, quanto o cultivo deliberado de *samatha*. Sunlun Sayadaw ensinava um método que usa uma respiração vigorosa para estimular a energia, e recomendava meditar durante longos períodos, o que conduziria à dor física, a qual seria apenas observada de forma não conceitual.

Na Tailândia, vários mestres são associados à austera tradição da "floresta" (Tambiah, 1984). A abordagem do célebre *Arahat* Ajahn Mun Bhuridatta (1870-1949) usava a linguagem do guerreiro e enfatizava a atenção plena às partes não atrativas e aos elementos do corpo. Envolvia levar a mente a pelo menos se aproximar da concentração centrada em uma parte do corpo ou elemento corporal, mas também da investigação para desenvolver *vipassanā* em vez de apenas permanecer em um tranquilo estado de *samatha* (Mun, 1995).

Ajahn Chah (1918-1992) praticou a meditação com uma série de mestres, entre eles, Ajahn Mun. A essência do seu ensinamento era bastante simples: permanecer atento em todas as atividades, não se apegar a nada, entregar os pontos e aceitar as coisas como elas são. Na meditação sentada, a pessoa deve saber se a respiração está entrando ou saindo ao usar as duas metades da palavra *bud-dho* em sintonia com a inspiração e a expiração, para ajudar na concentração. A pessoa deve deixar que a mente se torne naturalmente tranquila e suportar qualquer dor que possa surgir no corpo, observando-a e deixando que passe naturalmente.[23] Uma vez que a mente tenha se acalmado, a pessoa deve voltar a atenção para fora a fim de investigar os objetos dos sentidos e a reação da mente a eles, com uma observação distanciada que registra as três marcas na experiência. Se surgirem *nimitta*s ou visões mais complexas, a pessoa deve apenas contemplá-las também como sujeitos às três marcas, e abandoná-las. Embora possam ser úteis para alguém que saiba como trabalhar com elas, os *jhāna*s a que conduzem não devem ser procurados deliberadamente. O objetivo é deixar a mente — "aquela que sabe" — apenas presenciar o que surge, sem se apegar a estados agradáveis que possam aparecer tanto de *samatha* quanto de *vipassanā*. Isso conduz a uma experiência da mente em seu estado "natural", claro e radiante. O estilo de ensinar simples e direto de Ajahn Chah, engraçado porém áspero, parece ser especialmente atraente para os ocidentais. Em 1975 ele fundou o Wat Pah Nanachat, um mosteiro de treinamento especial para o crescente número de ocidentais que desejavam praticar com ele (www.forestsangha.org), e um discípulo americano, Ajhan Sumedho (1934-), tem espalhado ativamente sua tradição no Reino Unido (ver p. 466).

---

22 King, 1980, pp. 137-52; Kornfield, 1995, pp. 83-116.

23 *MW*.97-105; Chah, 1997; Kornfield, 1995, pp. 33-50.

Buddhadāsa Bhikkhu (1906-1993) foi um intelectual influente bem como professor de meditação. Ele acreditava que a concentração profunda trazia benefícios, mas afirmava que, nela, o *vipassanā* não era possível (*MW*.106-12, Kornfield, 1995, pp. 117-30). Por conseguinte, ensinava um caminho mais direto para a compreensão, usando a concentração "natural" da mente focada tranquilamente em um objeto de investigação.

Embora todos os exemplos anteriores deem ênfase comum à atenção plena diretamente direcionada para experiência, em particular do corpo e das sensações a ele associadas, particularmente a dor, vemos uma gama de abordagens: "natural" ou vigorosa; a que usa rótulos conceituais e a anticonceitual; estruturada ou não estruturada; que se inspira em métodos *samatha* ou que prescinde deles; e ensinada por leigos ou por monges.

Além dos mestres mencionados, a tradição que começa com o *samatha* profundo e depois passa ao *vipassanā* permanece viva. Na Birmânia, por exemplo, Pa-Auk Sayadaw (1935-) ensina *samatha* e depois *vipassanā*, mas ensina também o *vipassanā* "seco" (2003). Na Tailândia, Ajahn Lee Dhammadharo (1907-1961), discípulo de Ajahn Mun, ensinava *samatha* e depois *vipassanā* (Dhammadharo, 1994; Kornfield, 1995, pp. 257-72), e o ex-monge Boonman Poonyathiro (1932-) ensinou uma abordagem baseada em *samatha* a seguidores no Reino Unido, os quais criaram o Samatha Trust.

Os sete estágios de purificação

Os estágios no desenvolvimento de *vipassanā* são delineados em detalhes no *Visuddhimagga*, estruturado em torno de um plano de sete purificações encontradas em *M*.I.145-51: duas relacionadas com a moralidade ((1) "purificação de conduta") e *samatha* ((2) "purificação da mente"), além de cinco relacionadas com *vipassanā* (Gethin, 1998, pp. 188-94). Na "purificação da visão" (3), nenhuma "pessoa" ou "ser" é visto à parte dos fenômenos mentais e físicos cambiantes. Na "purificação de passar por cima da dúvida" (4), a compreensão do Surgimento Condicionado começa a se desenvolver, de modo que a tendência de pensar em um "Eu" com identidade própria que continua ao longo do tempo começa a declinar. Percebe-se que a realidade se renova rapidamente a cada momento, sendo uma corrente de *dhamma*s mutáveis e insatisfatórios. Uma forte confiança nos três refúgios agora se desenvolve. Na "purificação por saber e ver o que é o caminho e o que não é o caminho" (5), uma compreensão mais clara conduz ao surgimento das dez "impurezas da compreensão", como lampejos de luz e conhecimento, uma grande alegria e um apego prazeroso sutil a esses fenômenos. Estes podem levar o meditador a pensar, erroneamente, que ele alcançou o *Nirvāṇa*. Uma vez que se reconhece esse pseudo-*Nirvāṇa*, os dez estados podem então ser contemplados como tendo as três marcas, de modo que o apego a eles vai desaparecendo aos poucos.

Na "purificação por conhecer e enxergar o caminho" (6), desenvolve-se uma série de conhecimentos diretos. Estes começam por meio da concentração na cessação de cada fenômeno transitório, de maneira que o mundo passa a ser visto como algo em constante dissolução, uma fantasmagoria que inspira terror e é duvidosa e perigosa. Surge então o forte desejo de se libertar desses fenômenos condicionados inúteis. Eles são vistos como corruptíveis, opressivos e sem dono; em seguida, o medo desaparece e surgem a sublime equanimidade, a clareza mental e o desapego. O mundo condicionado é observado apenas como um fluxo vazio e insatisfatório com o qual não devemos nos preocupar. Ao examinar esses vislumbres, o meditador é dotado de uma intensa fé, energia e atenção plena.

Na "purificação por saber e enxergar" (7), a mente enfim abandona os fenômenos condicionados, de modo que ocorre um momento de "Consciência do Caminho" (*magga-citta*), que "vê" o incondicionado, o *Nirvāṇa.* Percebe-se isso como: "o sem sinal" (P. *Animitta*, S. *Ānimitta*) — desprovido de sinais indicativos de qualquer coisa compreensível; o "sem objetivos" (P. *Appaṇihita*, S. *Apraṇihita*) — que está além da direcionalidade de objetivos relacionados com os fenômenos inúteis; ou como "o vazio" (P. *Suññata*) ou "vacuidade" (P. *Suññatā*, S. *Śūnyatā*) — isento de qualquer base para o sentimento do ego e incapaz de ser conceitualizado em opiniões (ver pp. 125-26; Conze, 1967, pp. 59-69; Harvey, 1986). Seguem-se de imediato alguns momentos de jubilosa "consciência de fruição" (*phala-citta*), também com o *Nirvāṇa* como seu objeto (*Vism*.672-76). Na primeira vez que esses eventos acontecem, a pessoa entra no fluxo (ver p. 114). O mesmo caminho de sete purificações pode ser utilizado depois para alcançar os três estágios mais elevados da santidade, culminando na condição de *Arahat*, a completa libertação. Cada realização da "Consciência do Caminho" é um profundo choque cognitivo, que destrói alguns obstáculos e impedimentos, conduzindo a grandes mudanças psicológicas e comportamentais de maneira a purificar e aperfeiçoar o praticante.

Embora a tradição Theravāda desenvolvida não considere que o Caminho verdadeiramente *Nobre* possa ser vivenciado enquanto a "Consciência do Caminho" momentânea e transcendente não tiver ocorrido, nos *Sutta*s, o Nobre Caminho, da pessoa que "pratica para a realização do fruto que é a entrada no fluxo", começa no estágio que parece se equiparar ao que a tradição desenvolvida chama de "aquele com menor envergadura que entra no fluxo" (*Vism*.605), no final da quarta purificação, sendo a "Consciência do Caminho" o momento em que o Nobre Caminho é então aperfeiçoado. Por isso, o Nobre Caminho não era visto a princípio como momentâneo (*SN*.III.225, Harvey, 2014).

O CAMINHO CLÁSSICO DE ŚAMATHA E VIPAŚYANĀ NO BUDISMO DO NORTE E NO BUDISMO DO LESTE

No budismo do norte e no budismo do leste, a tranquilidade e a compreensão (S. *Śamatha* e *Vipaśyanā*) foram modificadas pela estrutura Mahāyāna de crença e motivação. Havia, no entanto, uma estrutura existente que serviu de base para a concepção Mahāyāna das duas meditações: a dos cinco caminhos (S. *Mārga*), classicamente exposta por Vasubandhu no seu *Abhidharma-kośa*, um tratado da escola Sarvāstivāda:[24]

- O caminho do equipamento ou acumulação (*sambhāra-mārga*): fé, doar, virtude moral e *śamatha* e *vipaśyanā* preliminares, culminando na obtenção de *samādhi*, do nível de "acesso" ou talvez *dhyāna* (P. *Jhāna*), depois na prática das quatro aplicações da atenção plena (S. *Smṛtyupasthāna*).
- O caminho da aplicação ou preparação (*prayoga-mārga*): desenvolvimento adicional de *śamatha* e *vipaśyanā*, em especial este último, nos quatro "estágios de compreensão penetrante" (S. *Nirvedha-bhāgīya*[25]): "resplandecente" (*uṣmagata*), o "topo" (*mūrdhan*), "aceitação" (*kṣānti*) e "o estado comum mais elevado" (*laukikāgra-dharma*). A mente se concentra nestes e alcança uma compreensão mais profunda e aceitação emocional das quatro Realidades Verdadeiras para os Espiritualmente Enobrecidos.
- O caminho da visão (*darśana-mārga*): ver diretamente as Realidades Verdadeiras para os Espiritualmente Enobrecidos, inclusive o *Nirvāṇa*, como no surgimento do olho do Dharma (ver p. 115) e em grande parte como na sétima purificação de Buddhaghosa. Acredita-se que esse caminho tenha uma duração de quinze momentos, que aceitam rapidamente e depois conhecem cada uma das Realidades Verdadeiras como aplicáveis à esfera dos desejos sensoriais e depois às duas esferas remanescentes (*AKB*.VI.26b-d). Um décimo sexto momento completa esse caminho, sendo o momento de "fruto", que é o primeiro do caminho seguinte. No caminho da visão, aquele que já dominou *dhyāna* se torna aquele que retorna uma vez ou aquele que não retorna (ver p. 116), e aquele que ainda precisa desenvolver *dhyāna* se torna aquele que entra no fluxo.
- O caminho do desenvolvimento (*bhāvanā-mārga*): o refinamento adicional dos estados profundos de *śamatha*, caso necessário, e a superação do apego a eles. Para o Mahāyāna, o desenvolvimento das perfeições do *Bodhisattva*.
- O caminho do adepto (*aśaikṣa-mārga*): tornar-se um *Arhat* ou um Buda.

---

24 Gethin, 1998, pp. 194-98; prefácio de Pruden ao vol. III de *AKB*. tradução, xiv-xxii; Williams, 2009, pp. 200-01.
25 *AKB*.VI.16-25b. A frase propriamente dita ocorre em *A*.II.167 e *S*.V.87-8; este último os considera parte dos sete fatores do despertar.

Na utilização desse esquema pelo Mahāyāna (ver pp. 183-84), a pessoa se torna um *Bodhisattva* antes do caminho do equipamento, e um Nobre *Bodhisattva* no caminho da visão (Lodrö, 1998, pp. 156-57).

No budismo do norte, a prática clássica de *śamatha* e *vipaśyanā* se baseia nas obras de Kamalaśīla, mestre indiano do século VIII: os três *Bhāvanā-kramas*, ou "Estágios da Meditação" (*BS2*.39, Adam, 2006). Ela talvez tenha recebido sua mais completa formulação no *Lamrim Ch'enmo* (*Lam rim che ba*; Cutler, 2002), ou "Caminho Graduado para a Iluminação", de Tsongkh'apa (Tsong kha pa; 1357-1419; ver p. 336), fundador da escola Gelugpa.

Na tradição do norte (Lodrö, 1998; Sopa, 1978), os meditadores começam com uma combinação de práticas tradicionais de *śamatha* e as aplicações da atenção plena, de modo a alcançar o estado de *anāgamya*, "que ainda não chegou" ou "o potencial", equivalente à concentração de "acesso", e talvez o *dhyāna* (P. *Jhāna*) completo. A compreensão das "três marcas" pode então ser cultivada. Essa tradição preserva o termo *śamatha* ou "calma permanência" (Tib. *Shiné* (*zhi gnas*)) para os estados de concentração até pelo menos o nível "potencial". O método de meditação que conduz a isso é conhecido como "meditação de estabilização" (*jokgom* (*'jogs sgom*); Lodrö, 1998, pp. 96-122). Ela também reserva o termo *vipaśyanā* (*lhagt'ong* (*lhag mthong*)) ou "compreensão especial" para níveis elevados de compreensão, desenvolvidos pela "meditação analítica" (*chegom* (*dpyad sgom*)). Acredita-se que nove estágios de estabilização conduzam ao "potencial":

1. estabilização da mente; 2. estabilização contínua: a audição e a reflexão inspiram a motivação para começar a concentração no objeto, como uma imagem do Buda, aspectos desagradáveis da existência, bondade amorosa, a respiração ou a natureza condicionada das coisas (Lodrö, 1998, pp. 34-68);
3. estabilização habitual; 4. quase estabilização: a concentração se torna mais persistente à medida que a mente se torna não discursiva;
5. habituação; 6. apaziguamento: a atenção plena reduz a agitação mental remanescente;
7. completo apaziguamento; 8. concentração total da mente: o esforço apropriado conduz à maleabilidade mental e à concentração ininterrupta;
9. *samādhi*: a mente está totalmente acomodada no estado "potencial".[26]

Nestes, a dispersão/agitação e a frouxidão mentais são considerados os dois principais defeitos a serem superados.[27] No estado "potencial", caso o objeto de meditação seja uma imagem do Buda, ela pode ser vista vividamente por meio do olho mental, como com um *samatha nimitta* Theravāda, como se o próprio Buda estivesse presente (Cutler, 2002, p. 43).

---

26 Dharma Fellowship, s.d.; Lodrö, 1998, pp. 68-95; Sopa, 1978, pp. 48-56.

27 *MW*.69-77; Lodrö, 1998, p. 35. Cf. *SN*.v.279 e Anālayo, 2003, p. 178.

Enquanto está no estado de *śamatha*, o meditador faz meditações analíticas, investigando a natureza do objeto de concentração e da mente calma, usando as quatro aplicações da atenção plena (*MW*.5-4; Lodrö, 1998, pp. 236-46). Nesse caso, o objetivo é obter um entendimento conceitual dos fenômenos como vazios de natureza/existência inerente, como uma preparação para a compreensão não conceitual direta do vazio (Williams, 2009, pp. 79-81). Na tradição Gelugpa, até mesmo o objeto de *śamatha* é às vezes a ideia da vacuidade fomentada por reflexões analíticas.[28]

No budismo do leste, os clássicos *śamatha* e *vipaśyanā* receberam a mais sistemática elaboração por parte de Zhiyi (Chih-i; 539-97), fundador da escola Tiantai, no seu *Mo-ho Zhi-Guan* (*Mo-ho Chih-Kuan*), "A Grande Cessação/Calma (*Zhi*) e a Observação Clara/Compreensão (*Guan*)" (Cleary, 1997). O influente "Despertar da Fé no Mahāyāna" (ver p. 240) também tinha uma seção (Parte 4) dedicada a *śamatha* e *vipaśyanā* (Hakeda, 1967).

Eram várias as disciplinas meditativas defendidas por Zhiyi, para agradar os diferentes tipos de praticantes. Não raro envolviam um retiro prolongado em um contexto monástico. O desenvolvimento inicial de *śamatha* não é diferente do da tradição do norte. Uma vez que se alcança *dhyāna*, o meditador continua para desenvolver *guan/vipaśyanā* por meio do desenvolvimento das quatro aplicações da atenção plena, observando a respiração muito sutil, as 32 partes do corpo e o surgimento e a cessação dos *dharmas* condicionados, de maneira a obter a compreensão da impermanência, da insatisfatoriedade e do não Eu das pessoas (*MW*.55-63). Em seguida, *zhi/śamatha* volta a ser enfatizado de modo a ser conduzido à perfeição na "prática do retorno", que leva a mente de volta à permanência de um modo natural e espontâneo em seu "estado original". O "Despertar da Fé no Mahāyāna" parece descrever esse nível de prática *śamatha* quando diz que em *śamatha* nenhum objeto sensorial deve ser tomado como objeto, nem mesmo a respiração; ou melhor, todos os pensamentos devem ser descartados quando surgem, inclusive o pensamento de descartá-los. Tanto o "Despertar da Fé" quanto a tradição Tiantai afirmam que a dispersão dos pensamentos é controlada aos poucos e enfim detida pela reflexão de que tudo aquilo para que nos voltamos são apenas pensamento, o ser-o-que-é, o Corpo do *Dharma*.

O *śamatha* avançado pode ser praticado por meio de técnicas especiais nas quais o meditador busca se tornar totalmente absorto em coisas como preparação e purificação rituais de um salão de meditação, reverência, circum-ambulação de imagens ou um exemplar do *Sūtra do Lótus*, arrependimento (ver p. 294), votos, recitação de *dhāranīs*, invocações de Amitābha ou de outro nome do Buda e visualizações das 32 características de um Buda.[29] Cultiva-se *samādhi*

---

28 *MW*.160-63; Lodrö, 1998, pp. 56-8; Powers, 2007b, pp. 489-92.

29 Stevenson, 1986, do qual *EB*.8.6.2 é uma citação.

(*san-mei*) por meio de meditação sentada, da circum-ambulação constante de um altar dedicado ao Buda Amitābha,[30] de uma mescla de meditação no caminhar e sentada ou do cultivo de "onde quer que ocorra de a mente estar voltada no momento". O meditador então investiga a natureza dos fenômenos que compõem esses ritos e da sua mente. De modo alternativo, a mente pode ser o objeto da atenção desde o início. Como no "Caminho Graduado" do norte, os fenômenos são examinados de modo a serem vistos como vazios e apenas pensamentos. Isso conduz à transcendência da dualidade sujeito/objeto, como na doutrina Yogācāra sobre o caminho (ver pp. 164-65). A plena realização só surge, contudo, quando se vê até mesmo o conhecimento da não dualidade como vazio, ocorrendo assim uma compreensão libertadora na vacuidade da natureza/existência inerente, no "caminho da visão". O meditador precisa então integrar a visão da vacuidade à sua vida, garantindo que ela não o faça dar as costas aos seres no nível da realidade convencional, impregnados das ilusões de que sofrem. De acordo com a tradição Tiantai, o *śamatha* dele (de um nível transcendente) possibilita que ele conheça constantemente o vazio, portanto o *Nirvāṇa*, mas seu *vipaśyanā* lhe possibilita saber que isso não é diferente do mundo dos "seres em sofrimento" (*BT*.160-62).

A versão Mahāyāna do caminho clássico de *śamatha* e *vipaśyanā* era encarada como uma maneira de cultivar o caminho do *Bodhisattva* ao longo de muitas vidas. Para acelerar esse processo, desenvolveram-se outras técnicas, sendo *śamatha* e *vipaśyanā* cultivados de um modo relativamente novo, considerado mais poderoso. Esse novo método envolvia basicamente (i) técnicas de visualização (relacionadas com o antigo método *kasiṇa-maṇḍala*) ou (ii) o cultivo da compreensão espontânea.

VISUALIZAÇÕES DA TERRA PURA

Embora a ênfase na prática da Terra Pura recaia sobre a devoção, ela não é desprovida de um lado contemplativo (*BP*.31). A entoação de cânticos da Terra Pura (ver p. 279) pode conduzir à concentração unipontual, com a mente contemplando alegremente o Buda Amitābha e suas qualidades. Quando praticada pelos chineses, isso envolve: (i) o uso de um rosário com a entoação, quer essa entoação seja *Nan-mo A-mi-tuo Fo*, quer seja *A-mi-tuo*; (ii) entoação sonora quando a mente fica letárgica, afetada pelo "enfraquecimento"; (iii) entoação suave quando a mente fica dispersa e precisa de estabilidade; (iv) "recitação do diamante", quando os lábios se movem em silêncio, quando a mente fica agitada e a respiração irregular; (v) recitação puramente mental, uma forma avançada de prática que cultiva a percepção de tudo apenas como

30 O caminhar constante também é uma característica da austeridade da circum-ambulação da montanha Tendai, descrita nas pp. 333-34.

pensamento; (vi) fazendo a entoação em silêncio uma vez a cada inspiração ou expiração, sem respirar devagar nem depressa, como na prática de contar a respiração na atenção plena da respiração; (vii) recitar enquanto caminha, quando a mente está sonolenta; praticar sentado quando a mente está dispersa. Entretanto, a prática pode ser feita em qualquer posição e em qualquer lugar (Wei-an, 2000, pp. 18, 19, 20, 21, 22, 23, 24-5).

Também existem práticas de visualização da Terra Pura. O *Sukhāvatī-vyūhopadeśa* (ver p. 241) delineia cinco tipos de "recordação" atenta (*anusmṛti*), usadas para despertar a fé absoluta no Buda Amitābha (*BT*.199-201; Kiyota, 1978b). As três primeiras são consideradas formas de *śamatha* purificador, devido à concentração com que são feitas e à aspiração e a fé que despertam. Elas usam, respectivamente, ações do corpo, da fala e da mente: fazer uma reverência para Amitābha enquanto refletimos sobre seus maravilhosos poderes; louvá-lo com a fórmula invocatória (ver p. 279) enquanto contemplamos o significado do nome dele; e despertar a determinação unidirecional de renascer em sua Terra Pura.

A quarta recordação é uma visualização. Em uma forma simples, ela pode ser feita por meio da contemplação de uma imagem de Amitābha até que ela possa ser vista em grande detalhe com os olhos fechados. No entanto, o método mais elaborado é delineado no *Amitāyur-buddhānusmṛti Sūtra* (ver p. 202), que descreve uma maneira de alcançar *dhyāna* (acompanhado por *vipaśyanā*) envolvendo uma série de dezesseis meditações. Os praticantes podem memorizar cada detalhe desse texto (quarenta páginas na sua forma chinesa) como auxílio para fazer as visualizações que ele descreve. Entre os pré-requisitos para essa prática estão coisas como guardar os preceitos, praticar a compaixão e despertar *bodhi-citta* (Williams, 2009, pp. 242-43).

A primeira meditação é executada pelo praticante enquanto ele contempla o pôr do sol (que simboliza a "Radiância Imensurável" do Buda), até que a imagem possa ser mantida com clareza diante do olho mental. As meditações seguintes começam pelo desenvolvimento de uma imagem mental da água; esta é então vista transformando-se em gelo e depois em um berilo translúcido e cintilante rodeado por centenas de joias brilhantes. A partir da luz delas, vê-se uma torre de 10 milhões de andares (a Terra Pura), adornada com joias, se formando no céu. Essa visão é então estabelecida com firmeza até que permaneça o dia inteiro, com a pessoa de olhos abertos ou fechados. Em seguida, as visualizações dos detalhes da Terra Pura são desenvolvidas, por exemplo árvores de joias com 800 léguas de altura e água na forma de joias delicadas estendendo-se sobre areias de diamantes. Em seguida, visualiza-se o trono de Amitāyus/Amitābha como um enorme lótus iridescente com 84 mil pétalas, cada uma das quais tem 84 mil nervuras das quais são irradiados 84 mil raios de luz, cada um dos quais é visto com tanta clareza quanto o próprio rosto da pessoa no espelho! O próprio Amitāyus é então visualizado, de modo que a mente, ao contemplar a forma na qual o Corpo do *Dharma* aparece, tem a sua própria natureza do Buda intrínseca ativada. Os dois *Bodhisattvas* auxiliares são então visualizados: Avalokiteśvara (Guanyin), representando a compaixão de Amitābha, e Mahāsthāmaprāpta ("O Dotado de Grande Poder"), representando sua sabedoria. Os três irradiam raios de luz que transmitem suas imagens por todas as joias da Terra Pura, e o som do *Dharma* ensinado vem da luz, dos cursos d'água e dos pássaros. Prosseguindo, os detalhes do enorme corpo do Buda são visualizados; por exemplo, uma imensurável radiância é emitida dos poros de sua pele, e em um halo tão grande quanto cem milhões de universos encontram-se inumeráveis Budas. Os *Bodhisattvas* assistentes são então visualizados em grande detalhe. Em seguida, o praticante visualiza a si mesmo nascido na Terra Pura sobre um lótus, e depois o Buda e dois *Bodhisattvas* juntos. As meditações remanescentes são sobre a maneira como pessoas de habilidades espirituais e morais elevadas, medianas e baixas renascerão naquela Terra se tiverem fé.

Assim, por meio de uma série de visualizações de um mundo radiante, o praticante obtém um antegozo da Terra Pura, transformando com isso sua percepção do mundo ordinário e impregnando-o com sua sabedoria. Ele alcança a serena certeza do nascimento em Sukhāvatī, e a redução do tempo que ele ficará lá antes que seu "lótus" se abra e ele possa contemplar suas glórias. O *Sukhāvatī-vyūhopadeśa* encara a visualização, em surpreendente detalhe, como um meio de obter a compreensão do "inconcebível" (cf. p. 147), o Corpo do *Dharma* ou Mente Pura (ver p. 170), que jaz além do pensamento conceitual. Ela é, portanto, considerada uma forma de prática que desenvolve o *vipaśyanā*. O centro da Terra Pura, o trono de lótus de Amitābha, é o ponto no qual o Corpo do *Dharma*, a essência de todos os Budas, se manifesta. Dizem que a Terra Pura, Amitābha e os *Bodhisattvas* formam uma única entidade orgânica, um *Dharma* que é o verdadeiro objeto da fé da Terra Pura.

O *Sukhāvatī-vyūhopadeśa* encara a quinta "recordação" como a atividade de meios hábeis, que compassivamente transfere a fruição kármica para as práticas anteriores para ajudar todos os seres a alcançar o renascimento na Terra Pura.

A contemplação anterior do sol e da água, que conduz a imagens mentais vividamente visualizadas, corresponde à prática Theravāda dos *kasiṇas*, que inclui contemplações de luz e de água, conduzindo a vívidos *nimittas*. O nome do Buda que preside a Terra Pura *Sukhāvatī* significa "Radiância Imensurável" e se liga ao fato de que muitos dos *brahmā-devas* no nível da forma elemental, conhecido por meio de *śamatha* concentrado em *nimittas*, têm nomes que sugerem luz e radiância — por exemplo, os *devas* Ābhassara ou Contínua Radiância (ver p. 65). A prática, portanto, possui elementos que correspondem às práticas Theravāda de recordar as qualidades do Buda, ou dos *devas*, mas vai além delas. As imagens usadas para retratar a Terra Pura também têm certa continuidade com a descrição da terra de um imperador *Cakravartin* anterior (P. *Cakkavattin*), que tinha muralhas e árvores de materiais como ouro, prata, berilo, cristal, rubi e esmeralda (*D*.ɪɪ.170-72 (*SB*.100-01); Gethin, 1997).

Existem também paralelos com o mundo descrito no *Gaṇḍavyūha Sūtra* (ver pp. 174-75), e a surpreendente complexidade da visualização poderia ser considerada um paralelo visual do *kōan* Zen: para que possa se dedicar a ela, o praticante precisa transcender sua mente conceitual normal e entrar em uma "marcha" mental diferente. A prática da visualização sem dúvida também tem paralelos com a prática tântrica, mas a visualização da Terra Pura não tem uma gama de seres santos para se escolher como foco, não possui elementos sexuais, não inclui a manipulação de energias psicofísicas e, em geral, não busca alcançar a identidade com o objeto de visualização (embora nem todos os níveis de visualizações tântricas tenham essas características). Embora ela atribua ênfase maior ao "poder do outro" do que a prática tântrica, não tem a devoção ao *Guru*; apenas a devoção a Amitābha e seus *Bodhisattva*s auxiliares.

VISUALIZAÇÕES TÂNTRICAS

As visualizações são uma característica dominante da meditação tântrica no budismo do norte, bem como no Milgyo e no Shingon, as formas coreana e japonesa do budismo tântrico. São usadas práticas de visualização vívidas e complexas para conduzir a mente a estados de calma profunda, para focalizar e se identificar com imagens que são consideradas uma expressão da pureza básica da mente, e depois abandonar essas imagens de modo a desenvolver a compreensão da natureza da mente em si.[31] Pode-se ver isso como *śamatha* e *vipaśyanā* desenvolvidos por meio da geração e manipulação de imagens mentais, baseando-se em elementos do funcionamento da mente que também são encontrados, em uma forma mais simples, no trabalho do Theravāda sobre *nimitta*s meditativos. A abordagem é reforçada por elementos de várias perspectivas filosóficas Mahāyāna:

- O mundo é apenas pensamento: por que então não visualizar, de forma autoconsciente, um mundo de realidade diferente, de maneira a transformar nossa visão de mundo comum?
- A raiz da mente como a pura natureza do Buda.
- Todas as formas como vazias de natureza/existência inerente.

A fim de ser guiado ao longo de complexas e poderosas meditações, o praticante tântrico precisa encontrar um *Lama*/*Guru* adequado para atuar como seu principal preceptor. Uma vez que tenha encontrado alguém com quem tenha afinidade pessoal, ele precisa provar sua sinceridade, pureza e desapego antes de ser aceito como discípulo, porque seu bem-estar espi-

31 *BP*.27; *MW*.163-66, 175-84; Conze, 1972, pp. 133-39.

ritual passará então a ser responsabilidade do *Lama*.[32] Em troca, o discípulo deve obedecer implicitamente a todas as instruções do seu *Lama* como um paciente obedece às instruções do seu médico. Também deve servir e ter grande devoção pelo seu *Lama*, na prática do *Guru-yoga* (ver p. 272).

Depois de o praticante ter executado uma série de árduas práticas preliminares para se purificar (ver pp. 271-72), seu *Lama* o iniciará no Mantranaya, como também o fará para cada novo nível de prática dentro deste. Acredita-se que uma iniciação (S. *Abhiṣeka*) tenha várias funções (Williams e Tribe, 2000, pp. 175-78). Primeiro, ela ajuda a remover obstruções espirituais no praticante. Segundo, transmite o poder espiritual do *Lama* para que o discípulo possa se dedicar a determinada prática. Terceiro, permite o acesso a um corpo de ensinamentos escritos e às instruções orais necessárias para que eles sejam compreendidos e praticados de modo adequado. Por último, autoriza o praticante a se dirigir de certa forma a determinado ser sagrado ou divindade. Na iniciação, o *Lama* seleciona um *mantra* e a "divindade escolhida" (Tib. *Yidam* (*yi-dam*), S. *Iṣṭā-devatā*) apropriada para o tipo de caráter do praticante, e o introduz à *maṇḍala*, ou diagrama sagrado, do *yidam*. A natureza e o papel do *mantra*, do *yidam* e da *maṇḍala* são os que se seguem.

Mantras, mudrās e o yidam

Os *mantras* são palavras sagradas de poder, quase todos formados por sílabas ou sequências de sílabas ininteligíveis, que produzem uma estrutura sonora de grande potência (ver pp. 207-08). Quando pronunciada da maneira certa, com a atitude mental correta, acredita-se que a estrutura sonora de um *mantra* "sintonize" a mente do praticante com um ser que ele deseja visualizar. Isso talvez possa ser comparado à maneira como certos acordes musicais tendem a evocar com naturalidade determinadas disposições de ânimo. Na perspectiva de "apenas pensamento" do Yogācāra, os seres santos invocados podem ser considerados como não sendo "exteriores" a quem invoca, e sim como forças psíquicas ou níveis de consciência latentes dentro da própria mente do praticante. Considera-se que o *mantra* atue como uma chave psíquica que possibilita à pessoa ou ter poder sobre coisas "físicas" ou visualizar e se comunicar com um ser/força que é o senhor do próprio *mantra* (Evans-Wentz, 1954, p. 141). Cada ser sagrado tem o seu próprio *mantra*, considerado a expressão de sua natureza particular. O de Tārā, a "Salvadora", por exemplo, é *oṃ tāre, tuttāre ture svāha*. Cada ser sagrado também tem um breve *mantra*-"semente" (S. *Bīja*), de uma sílaba: *trāṃ*, no caso do Buda Ratnasambhava. No Shingon, uma simples visualização se concentra na sílaba-semente de Vairocana, a letra "*a*", considerada o som básico

32 *EB*.7.6 apresenta a história das dificuldades de Milarepa com seu *Guru*, Marpa (ver p. 232).

de toda a linguagem e a vibração primordial do universo. Visualiza-se essa sílaba rodeada por um halo em cima de um *vajra*.

Os ritos tântricos podem envolver o uso de gestos rituais que, assim como os gestos feitos pelas mãos das imagens do Buda, são conhecidos como *mudrās* ou "sinais". Como já foi visto, estes também são usados na devoção (ver p. 268). Nas imagens do Buda, são "sinais" que caracterizam Budas celestiais particulares; em geral, mostra-se Akṣobhya, por exemplo, fazendo o gesto de "testemunho da terra" (com a mão direita como na Prancha 1). A coleção muito mais vasta de *mudrās* usados no ritual tântrico são considerados "sinais" — e causas — de estados mentais particulares. Está implícita nessa ideia a observação de que os estados mentais se expressam em geral na postura e nos gestos da pessoa. Cerrar o punho expressa raiva, ao passo que erguer a palma da mão aberta expressa o desejo de acalmar uma discussão. Acredita-se que os *mudrās* rituais trabalhem no sentido inverso desse princípio: ao fazer vários gestos, podemos estimular ou acentuar determinados estados mentais.[33] Desse modo, os *mudrās* são usados para ampliar a eficácia dos *mantras* na evocação das forças psíquicas e dos estados superiores de consciência. Esses *mudrās* não raro são associados à utilização do cetro *Vajra* e do sino *Vajra* em certos rituais (ver p. 211). O uso desses implementos simboliza que o adepto precisa vir a desenvolver tanto seus meios hábeis "masculinos" (o cetro) quanto a sabedoria "feminina" (o sino).

O *yidam* é um ser sagrado particular que está em harmonia com a natureza do praticante e que atuará como sua divindade tutelar (Samuel, 1993, pp. 163-66). O *yidam* é selecionado do panteão tântrico descrito no Capítulo 6 (ver pp. 212-15). Ao se identificar com seu *yidam*, o praticante se identifica com a própria natureza purgada de defeitos. O *yidam* também revela aspectos de seu caráter que ele insiste em negligenciar, porque os representa de forma visual. Atuando como um guia para a prática do praticante, o *yidam* possibilita que este último transmute de modo mágico a energia do seu defeito característico em um tipo paralelo de sabedoria, personificado pelo *yidam*. Por exemplo, se o Buda Akṣobhya for tomado como o *yidam*, a luminosidade e a energia bruta do ódio e da raiva se transformam na "ira *vajra*", que pode ser direcionada em um violento "ataque" controlado sobre o ódio e outros obstáculos/impurezas. Um ritual básico da ira-*vajra* é atacar e, às vezes, despedaçar uma efígie que simboliza as impurezas. A energia da raiva também pode ser transmutada na abertura e precisão do "conhecimento semelhante ao espelho" (*ādarśa-jñāna*),[34] que absorve todas as informações do campo da consciência em uma síntese sem preferências.

33 Este princípio também pode ser aplicado ao modo de respirar.
34 De acordo com o sistema Karma Kagyüdpa.

Maṇḍalas[35]

Uma *maṇḍala* ou "círculo (sagrado)" é uma figura desenvolvida na Índia entre os séculos VII e XII, possivelmente derivada do *kasiṇa-maṇḍala*. Sua função básica é retratar o mundo luminoso, ou Terra Pura, de um ser sagrado específico, com outros seres sagrados associados a ele dispostos ao redor. Aqui uma analogia talvez seja o "círculo" de um primeiro-ministro ou presidente e seus principais ministros. O complexo simbolismo utilizado tem várias raízes no budismo, inclusive o simbolismo multivalente dos *Stūpa*s. O padrão de uma *maṇḍala* se baseia no de um *Stūpa* circular com base quadrada orientada para as quatro direções. Na realidade, pode ser considerada um templo *Stūpa* bidimensional, e acredita-se que contenha as efetivas manifestações das divindades representadas dentro dela. Sua forma também pode ser associada à crença comum na eficácia mágica dos círculos e à ideia indiana de que cada mundo físico é um disco circular com uma enorme montanha (S. Sumeru, P. Meru), lar de muitos deuses, no centro. A grande complexidade do simbolismo corresponde sob alguns aspectos à complexidade e exatidão do *Abhidharma*. Ambos mapeiam estados mentais, mas as *maṇḍalas* fazem isso de maneira visual vívida, utilizando alguns princípios diferentes.

Uma *maṇḍala* pode ser construída temporariamente, para um rito em particular, com areia colorida ou com massa de pão e pós perfumados (Bechert e Gombrich, 1984, p. 237), tendo como base uma plataforma horizontal. De forma mais permanente, pode ser pintada em um pergaminho suspenso, chamado *t'angka* (*thang-ka*), como na Prancha 12. As divindades na *maṇḍala* dependerão do rito no qual ela for usada, embora aquela que retrata os cinco *Jina*s (ou seja, os principais Budas; ver p. 212) seja a mais importante. Ao ser apresentado à *maṇḍala* do seu *yidam*, o praticante pode se familiarizar com o mundo da divindade e os seres sagrados associados a ela. Por meio de uma vívida visualização da divindade e do seu mundo, o praticante pode dominar e integrar as forças psíquicas que elas representam, de modo a ser capaz de utilizar com sabedoria todos os aspectos do seu ser de uma maneira espiritualmente hábil.

Os aspectos do pensamento e da prática do budismo primitivo que têm relação com a *maṇḍala* são os seguintes:

- O estreito relacionamento entre a cosmologia e a psicologia, já que as esferas do renascimento celestial estão alinhadas com níveis meditativos particulares, de maneira que um *jhāna*/*dhyāna* conduzirá ao renascimento em uma das esferas celestes, se não houver progresso espiritual ulterior.

35 *BTTA*.189-90; Berzin, 2003; Cornell University, s.d.; Rossi Collection, s.d.; Snellgrove, 1987, pp. 136-41; Strong, 1996; Williams e Tribe, 2000, pp. 158, 171-73.

- A ideia de que o "mundo", no sentido de mundo vivido da experiência, está "nesta carcaça com uma braça de comprimento, com sua mente e percepção" (*SN.*I.62).
- Uma passagem que compara a constituição de uma pessoa a uma cidade murada com seis portões (os sentidos; *SN.*IV.194-95), e outra que vê a pessoa como composta por seis elementos: quatro físicos, o espaço e a consciência (*A.*I.176).
- O fato de que as meditações *samatha kasiṇa* focalizam as cores (azul, amarelo, vermelho, branco) e os elementos (Terra, Água, Fogo, Vento e Espaço, além da luz ou da consciência), cujos aspectos afloram no simbolismo posterior da *maṇḍala.*

As ideias Mahāyāna básicas, como é evidente, incluem:

- A filosofia Yogācāra, na qual a realidade (ou pelo menos toda a realidade vivenciada) é "apenas pensamento": o fluxo de experiência interpretado de modo correto ou equivocado.
- O *Trikāya*, ou seja, doutrina dos "Três Corpos" dos Budas.
- A ideia dos Budas habitando as Terras Puras.

Existem também ideias básicas relevantes do bramanismo que voltaram a aflorar tanto nos *Tantra*s budistas quanto nos hindus:

- A importância das correspondências entre vários aspectos da personalidade humana e do cosmos — o microcosmo e o macrocosmo — e também entre estes e os *mantra*s.
- O altar védico como um lugar no qual a presença dos *deva*s era invocada: a *maṇḍala* é igualmente um local para a invocação de presenças divinas.

Prancha 12: *T'angka* mostrando uma *maṇḍala* rodeada por várias divindades e seres espiritualmente realizados do Vajrayāna.

Dependendo dos materiais utilizados na *maṇḍala*, as divindades podem ser representadas por estátuas de metal, imagens pintadas ou *mantra*s-sementes. As faixas que cercam a *maṇḍala* separam sua área pura e sagrada da área profana mais além, e também sugerem a expansão da visão espiritual obtida pelo praticante quando ele visualiza a si mesmo entrando na *maṇḍala.* Depois de atravessar o limiar, ele chega à cidadela central, que representa o templo do seu próprio coração. Entra por uma das quatro portas, sobre a qual há uma roda do *Dharma* e dois veados, que representam os ensinamentos do budismo. Passando por um dos "quatro grandes reis" — deuses guardiães aceitos por todas as escolas do budismo —, o praticante chega às principais divindades da *maṇḍala*. Na *maṇḍala* mostrada na Prancha 12, a divindade central é o Buda Akṣobhya, e Vairocana toma o lugar habitual de Akṣobhya no leste (embaixo); quatro *Bodhisattvas* também aparecem.

Visualizações

Tendo recebido um *yidam*, um *mantra* e uma *maṇḍala*, o praticante tântrico pode então fazer várias meditações na forma de *sādhanas*, ou "realizações". Os *sādhanas* envolvem a mente em vívidas visualizações,[36] a fala na entoação de *mantras* e descrições de seres sagrados, bem como o corpo na utilização de *mudrās*. A visão vívida é considerada pelo menos tão real quanto os objetos físicos "externos", de modo que a geração e a reflexão sobre ela é uma maneira de compreender que tudo é "apenas pensamento", não sendo mais (ou menos) real do que a visão. O método se concentra resolutamente na ideia da pureza básica da mente, revestindo isso de vívidas formas usadas para afastar a mente de seu comportamento rotineiro normal, elevando-a a níveis mais sublimes. No entanto, faz-se isso de modo a usar o apetite da mente por agarrar as formas — e depois transforma-se esse apetite. Trata-se de um exemplo clássico de uso dos "meios hábeis".

Uma notável prática tântrica tibetana é a do *chöd* (*gCod*), literalmente "retalhamento", proposta por Machig Labdrön (Ma-gcig lab-sgron-ma, 1055-1145), uma mulher considerada uma *ḍākinī* (ver p. 213). Essa prática envolve meditar em lugares selvagens e apavorantes, invocar poderes demoníacos coléricos, procurar controlar estes últimos e depois visualizar o retalhamento do próprio corpo, alimentar esses seres com os pedaços e por fim reabsorver todos os seres visualizados dentro de si mesmo. O objetivo supremo é a compreensão da natureza ilusória de todos os fenômenos, em particular do que se vê como "eu" (Powers, 2007b, pp. 424-28).

Em geral, a prática de um *sādhana* é realizada em dois estágios (Kongtrul, 2002, pp. 13-20). O primeiro é o da Geração ou Criação (S. *Utpanna-krama*), que é o processo de criar a visualização. O adepto primeiro se familiariza com as pinturas e descrição textual detalhada da divindade e sua *maṇḍala*. Aprende então a construir aos poucos uma imagem mental dessa divindade até que esta seja vista de modo totalmente realista, como um ser vivo que se movimenta. Quando a visualização estiver plenamente estabelecida, o adepto entra no estágio da

36 *MW*.163-66; Williams e Tribe, 2000, pp. 225-26, 229-31.

Conclusão (S. *Sampanna-krama*), no qual ele se vale de energias e qualidades espirituais da forma arquetípica visualizada. Acredita-se que as fases da Geração e da Conclusão cumpram, respectivamente, as mesmas funções de *śamatha* — devido à concentração unipontual em uma imagem mental — e *vipaśyanā* (Kongtrul, 2002, pp. 120-22, 141).

Nos *Kriyā Tantras* (ver pp. 209-10), o adepto visualiza e cultua uma divindade com louvores e oferendas visualizadas e depois contempla a característica espiritual dessa divindade, seja ela a compaixão de Avalokiteśvara (Samuel, 1993, pp. 233-65) ou a pureza de Vajrasattva. Bênçãos são então vistas fluindo do ser na forma de luz, antes que ele se dissolva na luz e seja absorvido pelo adepto, ocasionando assim uma purificação gradual das impurezas. Além das visualizações, práticas rituais dirigidas à divindade também desempenham um papel fundamental nos *Kriyā Tantras*.

Os cakras e os "Seis Yogas de Nāropa"

A maneira mais poderosa de recorrer aos poderes de um ser visualizado é na prática tântrica do nível da "Suprema União" (S. *Anuttara-yoga*) (ver pp. 209-10). Depois de colocar de lado todas as imagens usuais de si mesmo e do mundo, considerando-as vazias de essência, o adepto visualiza a sílaba-semente do seu *yidam* e a partir disso passa a criar uma visualização de si mesmo como o *yidam*. No *Anuttara-yoga*, o *yidam* comumente pode ser: Yamāntaka, uma forma colérica de Mañjuśrī; Mahākāla, uma forma colérica de Avalokiteśvara; Vajrayoginī, uma *ḍākinī*; ou uma forma colérica do Buda Cakrasaṃvara (*EB*.5.5.4). O adepto se identifica por completo com o *yidam*, superando assim toda aparente dualidade entre "dois" seres considerados manifestações da mente radiante/Corpo do *Dharma* vazia. Isso também tem o efeito de mostrar a natureza arbitrária da identificação do ego. O meditador desenvolve o "orgulho divino": o orgulho de efetivamente ser a divindade (Kongtrul, 2002, p. 16; Mullin, 1996, pp. 123-26). Visualiza a si mesmo como o *yidam*, no que diz respeito tanto à sua aparência externa quanto à composição interna da sua "fisiologia" mística, um corpo sutil baseado em cinco centros psicofísicos conhecidos como *cakras* (*MW*.189-91; Samuel, 1993, pp. 236-39). Acredita-se que os *cakras* se localizem no alto da cabeça, na base da garganta, no coração, no umbigo, no períneo. São visualizados como florescências de lótus abertas e considerados, respectivamente, os centros de energia do pensamento, energia da fala, energia emocional, energia física e energia sexual. São interligados por três canais (*nādī*) que sobem e descem pela coluna vertebral, através dos quais flui o *prāṇa* ou energia vital.

O meditador então vê à sua volta a *maṇḍala* do *yidam*, representando sua Terra Pura. Ao visualizar-se como divindade, o adepto adquire alguns dos poderes e virtudes dela, que estão expressos de modo simbólico em muitos detalhes de sua aparência. Por fim, toda a visualização é dissolvida aos poucos na vacuidade da ausência de essência, de modo a superar qualquer apego a ela. As visualizações e dissoluções então se repetem até que o domínio do mundo visualizado seja alcançado.

O adepto então entra no estágio da Conclusão, no qual ocorre a visualização e manipulação das energias e qualidades do meditador/*yidam*. Isso requer uma grande disciplina e dedicação e deve ser feito de preferência no ambiente de um retiro. Aqui, o meditador recorre a métodos como os "Seis Yogas de Nāropa",[37] que foram desenvolvidos pelos Kagyüdpas, mas também são usados em outras escolas. Estes são os yogas do (i) calor (Tib. *Tummo* (*gtum mo*)); (ii) do corpo ilusório; (iii) do sonho; (iv) da clara luz (S. *Prabhāsvara*, Tib. *ösel* (*'od gsal*)); (v) do estado intermediário (S. *Antarā-bhava*, Tib. *Bardo* (*bar do*)); (vi) da transferência da consciência (Tib. *Phowa* (*'pho ba*)).

Os yogas trabalham com as energias do corpo sutil, consideradas correspondentes ao nível sutil da mente, à consciência do sonho. Nesse nível, veem-se a consciência e a energia vital em um vínculo estreito, ideia que se baseia na correlação entre os estados mentais e a maneira de respirar. À medida que se focaliza cada *cakra*, acredita-se que a energia-mente se concentre lá. O nível de consciência "extremamente sutil" é o encontrado no estado sem sonhos, sendo visto como correspondente ao nível extremamente sutil do corpo, do qual aliás não se diferencia: uma indestrutível e translúcida "gota" branca (S. *Bindu*, Tib. *Tig le* (*thig le*)) de energia que se desloca para cima e para baixo no canal central e repousa no *cakra* do coração. Vê-se esse *bindu* como a fonte de toda energia física. Os textos tântricos às vezes o chamam de "*bodhi-citta*", a aspiração pelo despertar, já que ele fornece a energia para a obtenção da iluminação quando adequadamente estimulado e transformado.

Na forma Kagyüdpa do yoga do "calor",[38] o *yogin*, tendo visualizado seu corpo como vazio e depois visualizado os componentes do corpo sutil, executa então vários ritmos respiratórios, inclusive a retenção da respiração por até seis minutos, enquanto acompanha a circulação da energia vital derivada da respiração à medida que ela se desloca através dos vários "canais". O *yogin* se concentra então intensamente na fonte de calor *tummo*, um ponto situado abaixo do umbigo. Por meio da respiração controlada, visualiza então uma chama em forma de amêndoa e faz com que ela suba pelo corpo para aquecê-lo. Até aqui, o *yogin* está no estágio da Geração. Ele alcança o estágio da Conclusão quando, em determinado momento, vê-se o calor derretendo o *bindu* que está situado entre as sobrancelhas, conduzindo a uma "grande bem-aventurança" (S. *Mahā-sukha*) que permeia todo o corpo. Uma vez que se vivencie a grande

37 Guenther, 1963; Mullin, 1996; Powers, 2007b: 405-15. Existem registros variantes dos "seis yogas" (Mullin, 1996, pp. 29-33, 87-9, 217-18).

38 *MW*.171-74 para sua forma Gelugpa.

bem-aventurança, acredita-se que ela seja vazia da dualidade sujeito/objeto no "*samādhi* de vacuidade-bem-aventurança", no qual se vê todo o corpo dissolvendo-se até que apenas o *bindu* exista. Ao observar a atividade dos pensamentos nesse vazio, ora interrompendo-os, ora deixando que fluam desimpedidos (como na prática *Mahāmudrā* — ver p. 383), a sabedoria não dual conhece a "essência mental" como um vazio radiante, uma luz clara além das conceitualizações. Se esse yoga for parcialmente desenvolvido, por meio do estágio da Geração, ele pode ser usado como base para os que se seguem, porque acredita-se que esteja afrouxando "nós" bastante arraigados nos canais nervosos, integrando assim energias psicofísicas e gerando a energia de calor que fornece o impulso para a iluminação. Se for desenvolvido por completo, por meio do estágio da Conclusão, é considerado um meio poderoso para alcançar o rápido progresso espiritual ao longo do caminho do *Bodhisattva*.

No yoga do "corpo ilusório", o meditador contempla seu reflexo em um espelho, como auxílio para ver seu corpo e o mundo como ilusórios, apenas pensamentos, mas também como a *maṇḍala* do *yidam*. No yoga do "sonho", o adepto alterna breves períodos de sono e meditação, para estabelecer a tornar-se consciente enquanto sonha e obter pleno controle dos eventos dos sonhos. Ao despertar do sonho sem nenhuma interrupção na consciência, a natureza ilusória das experiências do estado desperto bem como da dos sonhos é reconhecida. No yoga da "clara luz", o *yogin* adormece enquanto visualiza as cinco sílabas de um *mantra*, de modo a reter a consciência até mesmo no sono sem sonhos e, além disso, vivencia a clara luz jubilosa que brilha vivamente da mente pura,[39] a vacuidade, o ser-o-que-é.

O yoga do "estado intermediário" prepara a pessoa para usar da melhor maneira possível, do ponto de vista espiritual, o período entre vidas (ver pp. 100, 305-06). Considera-se que a morte ocorre quando as energias vitais se dissolvem no *bindu* no *cakra* do coração, existindo somente o nível extremamente sutil do corpo e da mente. Acredita-se que a morte corresponda ao sono sem sonhos, como o estado intermediário corresponde ao sonhar e o renascimento ao despertar. Consta que na hora da morte todas as pessoas vivenciam a "clara luz" (compare com relatos de "experiências de quase morte"; Sogyal Rinpoche, 1992, pp. 316-39). Consta também que quase todas as pessoas se esquivam dela com medo e incompreensão, mas um *yogin* avançado, com experiência no yoga da clara luz, pode ser capaz de alcançar o Corpo do *Dharma* nessa ocasião; acredita-se que ele passe então a desenvolver o Corpo de Prazer na existência intermediária, e o Corpo de Transformação no renascimento. No entanto, acredita-se que apenas muito poucos consigam fazê-lo. Outros podem ser capazes de acelerar seu desenvolvimento nos estágios do *Bodhisattva* ou alcançar o renascimento na Terra Pura do seu *yidam*. O yoga da

---

39 Observe que a teoria Theravāda considera que o sono sem sonhos consiste no *bhavaṅga*, o estado fundamental radiante da consciência (ver p. 121).

"transferência de consciência" é para aqueles que têm pouca probabilidade de conseguir dominar o yoga anterior, mas que desenvolveram habilidades de visualização. À medida que a morte se aproxima, ele é usado para dirigir a consciência em direção a um bom renascimento, tendo esperanças de que seja em uma Terra Pura, em especial a do Buda Amitābha.

Yoga sexual

A prática Nyingma do nível *Anuttara-yoga Tantra* consiste nos *Mahā-*, *Anu-* e *Ati-yogas*; o *Ati--yoga* é equivalente ao *Dzogch'en* e será discutido adiante. O *Mahā-yoga* consiste no trabalho com o *yidam*, com o corpo sutil e com os yogas de Nāropa antes apresentado. O *Anu-yoga* é considerado apropriado em particular para aqueles que têm um forte desejo, desde que não estejam sujeitos a votos monásticos de celibato; embora em um estágio avançado da prática, qualquer pessoa possa receber alguns ensinamentos do *Anu-yoga*. O yoga sexual é executado enquanto a energia nos canais nervosos é visualizada e *mantras* são recitados e visualizados, com o homem visualizado como um *yidam* masculino e sua parceira visualizada como a consorte do *yidam*. Acredita-se que esses dois representem o par de meios hábeis e sabedoria, com o pênis sendo chamado, na "fala crepuscular" esotérica dos *Tantras*, de *vajra*, e a vagina, de lótus. No clímax, o sêmen e sua energia psíquica são retidos e visualizados em uma subida pelo canal nervoso central até chegar ao *cakra* da coroa, de modo a produzir uma grande bem-aventurança, um estado de clareza radiante não dual no qual os meios hábeis e a sabedoria se unem, todos os conceitos e imagens desaparecem de modo gradual e consta que ocorre um conhecimento direto do vazio. Esse yoga, embora seja sexual, é praticado com uma grande calma, de modo que a luxúria é diretamente confrontada, redirecionada e depois esmagada ao transmutar sua própria energia em sabedoria. Todas essas práticas só são adequadas àqueles que têm a disciplina mental e preparação adequadas.

TÉCNICAS TÂNTRICAS DE ESPONTANEIDADE

Dois tipos de prática que se relacionam com os *Anuttara-yoga Tantras* e à prática do estágio de Conclusão são os seguintes:

- *Mahāmudrā*, que se originou como uma prática Kagyüdpa, mas que também foi adotada e adaptada pelos Gelugpas e Sakyapas.
- *Ati-yoga*, também conhecida como *Dzogch'en* (*rDzogs chen*; "A Grande Completude/Perfeição"; ver p. 230) — prática Nyingma, mas também encontrada na tradição Bön de influência budista.

Em ambos os tipos de prática, elementos tântricos como as visualizações são mínimos ou apenas preparatórios. A ênfase é uma compreensão direta da natureza da mente, com algumas semelhanças básicas com o Zen e também com a prática Theravāda das quatro aplicações da atenção plena. Considera-se que existam diferenças sutis entre o *Mahāmudrā* e o *Dzogch'en*, embora os conceitos Mahāyāna do vazio, do "apenas pensamento" e do *Tathāgata-garbha* sejam centrais em ambos, com a ideia de que, como os seres já têm a natureza do Buda, deve-se simplesmente permitir que ela se manifeste.

Ambas as práticas são relativamente não estruturadas e diretas; em determinado estágio, prescindem do esforço de modo a possibilitar que um estado espontâneo de liberdade seja vivenciado: devemos deixar que a mente atinja um estado de relaxamento natural e abertura, observar a natureza da mente nesse estado e, desse modo, ver o supremo. Elas são mais simples do que visualizações complexas, embora careçam do poder que estas podem ter e não sejam, de maneira alguma, mais fáceis de fazer; além disso, sua relativa simplicidade significa que poderá haver erros na avaliação do nível de progresso alcançado.

O "Veículo Inato" do Saraha (ver p. 219) transmite alguma coisa do espírito dessas abordagens, embora esteja associado de modo mais explícito ao *Mahāmudrā*. O *Dohā-kośa* do Saraha diz o seguinte:

> 20. Se ele já está manifesto, que utilidade tem a meditação?
> E se está oculto, estamos medindo a escuridão [...]
> 28. O que quer que você veja é ele,
> Na frente, atrás, em todas as dez direções [...]
> 106. Tudo é Buda sem exceção [...]
> 55. Olhe, ouça, toque e coma
> Cheire, perambule, sente-se e fique em pé,
> Renuncie à vaidade das discussões,
> Abandone os pensamentos e não se afaste da simplicidade.
> 71. Não se deixe apanhar pelo apego aos sentidos [...]
> 103. Não se sente em casa, não vá para a floresta,
> Mas reconheça a mente onde quer que esteja.
> Quando permanecemos na completa e perfeita iluminação,
> Onde está o *saṃsāra* e onde está o *Nirvāṇa*?
> 96. Ele é profundo, ele é vasto,
> Ele não é nem eu nem outro [...] (*BTTA*.188)

Mahāmudrā

O termo *mudrā* significa selo, marca, impressão ou sinal, e *Mahāmudrā* significa "Grande Selo" ou "Grande Sinal". Seu objetivo é ver a marca da verdadeira natureza da realidade em todos os fenômenos, e o termo *mahāmudrā* é aplicado tanto ao método quanto ao estado final de realização ao qual ele conduz. Isso acontece porque considera-se o caminho da prática em si uma expressão da realidade à qual ela conduz. A técnica consiste em cultivar *śamatha*, em seguida aprofundá-lo por meio de uma prática semelhante ao desenvolvimento das "aplicações da atenção plena" e depois desenvolver *vipaśyanā* nesse estado.[40]

Quando não estiver sentado meditando, o adepto deverá manter o corpo descontraído e flexível, executando todas as atividades de maneira suave, relaxada e espontânea. Ele cultiva a simplicidade e a objetividade do pensamento para promover a propagação da consciência desenvolvida na meditação para sua vida do dia a dia. Para desenvolver *śamatha*, o praticante se concentra sucessivamente em um seixo, uma visão de seu *Lama* sobre sua cabeça, uma imagem do Buda, o mantra-semente *hūṃ* e um ponto brilhante.[41] A respiração se torna então o foco da atenção, em uma série de fases que culminam com a retenção da respiração como uma ajuda para silenciar os pensamentos.

No entanto, ainda assim os pensamentos surgirão, e eles próprios agora se tornam o objeto da atenção plena. Acredita-se que eles correm atrás de vários objetos, aceitando-os como reais, e a atenção plena é usada para interceptar cada linha de pensamento assim que ela surge. Quando a capacidade de fazer isso se estabelece de modo adequado, alcança-se um estágio de tranquilidade no qual a corrente mutável de inumeráveis momentos de pensamento é observada como uma cachoeira que flui, sendo reconhecida como aquilo que deve ser transcendido. Em seguida, a mente pode permanecer descontraída e natural, de modo que as linhas de pensamento podem surgir como quiserem. Entretanto, ao observá-los com equanimidade, o meditador não é afetado pelos pensamentos. Por meio dessa técnica, o fluxo de linhas de pensamento desacelera, o estado de tranquilidade se aprofunda e a mente se torna como um rio que flui suavemente, no qual os "sedimentos" das impurezas começam a se depositar. Em seguida, a mente se mantém em uma tensão uniforme por meio da alternância entre tensionamento — a interceptação das linhas de pensamento, quando surgem — e relaxamento, deixando que se desenvolvam à vontade. A seguir, até mesmo o pensamento de abandonar os pensamentos, e todo o esforço e atenção plena nessa direção, é deixado para trás, de modo que a mente flui de maneira natural

---

40 Kongtrul, 2002, pp. 71-3, 142-43, 147; Powers, 2007b, pp. 416-24; Trungpa, 1994a.

41 Beyer, 1974, pp. 154-61, que traduz um texto de Pema Karpo (Pad-ma Dkar-po, 1527-1592), "Manual on the Spontaneous Great Symbol".

e espontânea. Nesse estado, sem linhas de pensamento nem sensações do corpo, surgem várias visões, mas permite-se que estas e a bem-aventurança ou o medo que as acompanham passem sem nenhum apego ou rejeição. Nesse estado, a mente está firme e a atenção plena ocorre de modo espontâneo. Pensamentos surgem, mas não são vistos como representação de nenhuma realidade; apenas vêm e vão, sem causar nenhum impacto, como um alfinete que espeta um elefante. Existe a percepção de que a mente calma se agita, mas de uma maneira que não perturba sua estabilidade.

Depois que se alcança e se estabelece esse estágio, desenvolve-se então o *vipaśyanā* nele. Ao investigar tanto a estabilidade quanto a agitação da mente, o meditador vem a perceber que ambas não podem ser separadas, e portanto não têm natureza própria inerente. Do mesmo modo, ele também passa a perceber que a consciência que assiste a tudo isso não é isolada do que ela observa, superando assim a dualidade sujeito/objeto. Isso então possibilita o alcance da plena realização, quando os momentos de pensamento são observados como um ser-o-que-é vazio, transcendendo sua qualidade formadora de ilusões.

Depois disso, o adepto passa a estar sempre em um estado de meditação sem meditação, no qual existe o reconhecimento natural de todo evento como vazio e não produzido, uma expressão espontânea do Corpo do *Dharma* inato, da cristalina, radiante e bem-aventurada natureza da mente. Ele vive de forma espontânea, livre da formulação de pensamentos, deixando que sua "mente ordinária" natural siga seu rumo, sendo suas ações completamente genuínas e impregnadas de compaixão pelos seres iludidos.

Dzogch'en

O *Dzogch'en* se baseia na ideia do *Tathāgata-garbha* dentro de tudo, visto como pura consciência (*rig pa*) — que é diferente da mente ordinária carregada de conteúdo e reativa (S. *Citta*, Tib. *Sem* (*sems*)). *Rig pa* é considerado como o ser-o-que-é imóvel e vazio de "objetos" formadores (Norbu, 2000, pp. 32-3, 89-93; Samuel, 1993, pp. 534-35). O objetivo é enxergar isso diretamente: "A essência vazia da mente é o Corpo do *Dharma*, a natureza clara e radiante da mente é o Corpo de Prazer e a compaixão universal desimpedida da mente é o Corpo de Transformação" (Ling-pa, 1982, p. 96).

O *Dzogch'en* inclui a possibilidade de reconhecer *rig pa* — obter "a visão" — desde o início da prática, com a ajuda de um *Lama* orientador. O praticante então descansa em *rig pa* e o cultiva. Se esse reconhecimento inicial — o caminho do *Dzogch'en* "incomum" — não for obtido, o *śamatha* se torna necessário para ajudá-lo — a abordagem *Dzogch'en* "comum", que é muito semelhante à do *Mahāmudrā* (Kongtrul, 2002, pp. 137-38, 141-46). A forma "comum" do *Dzogch'en* utiliza preparações tântricas, ao passo que a "incomum" não é de fato nem um pouco tântrica; considera-se que vai além da abordagem tântrica da "transformação" das impurezas e até mesmo além da prática *Mahāmudrā*. Nessa forma, ela é considerada pelos seus adeptos como um trajeto completamente autossuficiente, um caminho "espontâneo e perfeito" que abrange todos os "veículos" anteriores. Acredita-se que qualquer uma das duas formas conduza à repentina realização da perfeição e sabedoria primordiais da pessoa.

Para pessoas dotadas de diferentes capacidades mentais, oferecem-se três maneiras possíveis de desenvolver a consciência do *rig pa* primordial em três séries de ensinamentos do *Dzogch'en*.[42] Essas séries são: a "instrução esotérica essencial", ou seja, a "incomum"; a série do "espaço", que usa métodos simbólicos e enfatiza a identidade da pessoa com o espaço circundante, que é o Corpo do *Dharma*; e a série da "natureza da mente", na qual a pessoa vem a enxergar todas as aparições como atividade da mente (*sem*), de maneira a superar a dualidade sujeito/objeto e vivenciar a "autoperfeição".

A prática principal não é vista como uma forma de meditação, mas antes como o ato de deixar que a clareza radiante, a verdadeira natureza da mente, se manifeste. Isso envolve permitir que os pensamentos venham e vão à vontade, sem nenhum apego ou rejeição relacionados a eles ou a seus objetos, de modo a poder enfocar a radiância do próprio fluxo de pensamento, isolado de seu conteúdo. Por meio dessa prática, o adepto desenvolve a capacidade de deixar que o seu fluxo de linhas de pensamento desacelere de forma gradual e natural. Portanto, a prática do *Dzogch'en* é vista como uma forma de meditação sem meditação, sendo seu "método" semelhante à fase da prática *Mahāmudrā* que utiliza a atenção plena para silenciar os pensamentos. Como diz Jigme Lingpa ('Jigs med gling pa, 1730-1798; Trungpa, 1994b), a pessoa precisa de um *Lama* para guiá-la em direção à simplicidade da nítida condição do agora. Depois de vivenciar isso, a pessoa não precisa "meditar" ou filosofar, mas apenas observar os pensamentos de maneira ampla. Ela precisa trabalhar tanto com os pensamentos quanto com a ausência deles, reconhecendo até mesmo as limitações do *sem* que os observa. Quando se houver permitido que os pensamentos se extingam naturalmente, a pessoa deve permanecer consciente da clareza natural da mente e contemplar a combinação da quietude e da atividade na mente (como na prática de *Mahāmudrā*, no estágio que precede de imediato o momento em que os aspectos *vipaśyanā* se manifestam). A pessoa não deve nem *pensar* nas coisas como vazias nem tentar controlar a mente, mas permanecer aberta a experimentar a condição do agora da experiência direta, sem se deixar distrair pelos seus conteúdos. Isso faz com que a distinção entre a meditação e a não meditação desapareça gradualmente. A pessoa não precisa se isolar para meditar, mas apenas trabalhar com o que quer que aconteça na vida, observando as coisas "como um velho observa uma criança brincando" (Trungpa, 1994b, p. 288). A pessoa não deve tentar

---

42 Kongtrul, 2002, p. 144; Norbu, 2000, pp. 43-4, 176-79; Powers, 2007b, pp. 383-98.

alcançar esse estado de modo deliberado, nem procurar a natureza do Buda/*Dharma-kāya* fora da experiência imediata, ou tentar superar determinados pensamentos, mas sim deixar que passem naturalmente ao perceber neles a condição do agora.

Em certo ponto nesse desenvolvimento, o fluxo de repente para, quando a verdadeira não atração e não aversão aos pensamentos surgem em um instante espontâneo, com a mente repousando em seu estado primordial de *rig pa*. Considera-se tal estado como a repentina realização da iluminação e a perfeição espontânea não produzida do Buda primordial Samantabhadra, a personificação do Corpo do *Dharma* — ou pelo menos um antegozo disso.

MEDITAÇÃO ZEN[43]

Embora *chan* (Jap. *Zen*) seja uma transliteração abreviada da palavra sânscrita *dhyāna* (P. *Jhāna*), a meditação Chan ou Zen não diz respeito apenas a esses transes lúcidos, mas também à "meditação" em sentido amplo. Suas técnicas envolvem basicamente o desenvolvimento de estados elevados de consciência e a tentativa de solucionar *kōan*s enigmáticos. Essas técnicas são enfatizadas, respectivamente, pelas escolas japonesas Sōtō (Ch. Cao-dong) e Rinzai (Ch. Linji) (ver pp. 248, 256). São consideradas uma meditação "patriarcal", baseada na transmissão direta de mente para mente, em contraste com o método tradicional de *śamatha* e *vipaśyanā*, em harmonia com os *Sūtra*s, conhecida como meditação "*Tathāgata*" (Dumoulin, 2005a, pp. 155--56). No entanto, como será visto, a prática Sōtō é um tanto semelhante ao método Theravāda de *samatha* e depois *vipassanā*, e a prática Rinzai, ao método que une *samatha* e *vipassanā* (ver pp. 348-49).

A prática Zen mais intensa é feita durante os *sesshin*s: períodos prolongados no salão de meditação (ver p. 333). O *zazen*, ou "meditação sentada", é usado como a base principal das meditações da consciência e do *kōan*, embora o meditador também seja incentivado a desenvolver a consciência, trabalhar com ela enquanto caminha e, na verdade, em qualquer postura. O Zen, em especial em sua forma Sōtō, atribui grande importância à postura correta na meditação sentada.[44] Isso implica sem dúvida um relacionamento muito estreito entre a mente e o corpo. É claro que em uma tradição influenciada por ideias de "apenas pensamento", a posição do corpo

43 Um dos textos clássicos do Zen é o *Sūtra da Plataforma*, atribuído a Huineng (*Plat.*: ver p. 244), do qual há citações em *BT*.217-25 e *EB*.8.6.1. Suzuki, 1999, é guia claro, prático e moderno para a prática do Sōtō Zen. A orientação de Maezumi e Glassman, 2002, é principalmente Sōtō, ao passo que Sekida, 1975, é em essência Rinzai. Embora muito se tenha escrito sobre o Zen japonês, para a forma chinesa — o *Chan* — ver por exemplo Chang, 1970, ou Gregory, 1986, pp. 99-128; para a forma coreana — *Soen* — ver Gregory, 1986, pp. 199-42, ou Mu Soeng, 1987; para a forma vietnamita — *Thien* — ver Thien-An, 1975.

44 Para as instruções de Dōgen, ver *MW*.64-5 e Maezumi e Glassman, 2002, pp. 13-5; ver também *MW*.146-48; Maezumi e Glassman, 2002, pp. 59-62; Sekida, 1975, pp. 38-46.

é em si um fenômeno mental, de modo que é isso que esperaríamos! A parte inferior da coluna vertebral se curva para dentro, com o resto das costas retas e o abdômen completamente relaxado. A área logo abaixo do umbigo, conhecida como *tanden* (Jap.), se torna foco de atenção em grande parte da meditação Zen (Sekida, 1975, pp. 83-90). A partir daqui, desenvolve-se uma energia que se irradia para todo o corpo, parecendo corresponder à importância do *cakra* do umbigo em algumas práticas tântricas.

A tarefa inicial do meditador é aprender a refrear os pensamentos divagantes contando e acompanhando a respiração.[45] O meditador abaixa os olhos e mantém um foco, na parede ou no chão, a uma distância de um a três metros, mas ele não olha para nada em particular. Se quaisquer imagens mentais (Jap. *Makyō*) surgem, como vislumbres de luz ou até mesmo visões de *Bodhisattvas*, elas são desprezadas como alucinações obstrutivas e dispersadas pelo piscar dos olhos. É claro que na meditação *samatha* do Theravāda, concentrada em objetos como a respiração, embora imagens mentais desgarradas possam surgir a princípio devido a pensamentos divagantes, à medida que a mente se acomoda na unipontualidade, imagens mentais (*nimitta*) relacionadas ao objeto da meditação passam a surgir naturalmente ao longo do tempo, tornando-se depois o objeto de atenção, de maneira a levar a mente para *jhāna*. O Zen pode evitar trabalhar com elas porque sua atenção à respiração é sobretudo uma introdução à atenção plena à meditação ou ao trabalho em um *kōan*, nenhum dos quais envolve *nimittas*.

Apenas Sentar

Uma vez que o meditador tenha aprendido a controlar, até certo ponto, seus pensamentos divagantes, pode então avançar e passar a desenvolver graus elevados de consciência enquanto fica sentado, o que é conhecido como "Apenas Sentar" (Jap. *Shikantaza*[46]): a abordagem da "iluminação silenciosa" ou "serena observação" (Jap. *Moku Shō*).[47]Aqui, o meditador não cultiva *nada além* de ficar sentado, em plena consciência do aqui e agora da postura sentada, de modo semelhante às "aplicações da atenção plena" do Theravāda concentradas no corpo, especificamente na postura sentada.[48]

45 Maezumi e Glassman, 2002, pp. 41-2; Sekida, 1975, pp. 53-65.

46 Significado: *shi* = apenas; *kan* = prestando atenção a; *ta* = precisamente; *za* = sentado (Ch., *Zhi-guan-da-zuo* (*chih-kuan-ta-tso*)). Alguém poderia talvez pensar que, como *shi/zhi* = *śamatha* (tranquilidade), *kan/guan* = *vipaśyanā* (compreensão), a expressão poderia significar "Tranquilidade e Compreensão por Apenas Ficar Sentado". No entanto, os caracteres chineses *zhi* e *guan* são diferentes dos que significam "tranquilidade" e "compreensão". Mesmo assim, a coincidência é extraordinária, e desconfio de que seja deliberada, talvez uma espécie de jogo de palavras.

47 *MW*.146-58; Dumoulin, 2005a, pp. 256-61.

48 Compare com *MW*.219-27 e Nhat Hanh, 2008.

A atenção em Apenas Sentar tende a repousar no movimento dos músculos respiratórios na região do *tanden*, mas não está restrita a isso. O meditador passa a um estado no qual não tenta pensar nem tenta não pensar; ele apenas se senta sem nenhum pensamento deliberado. No entanto, quando os pensamentos surgem, ele deixa que passem sem nenhum comentário, como se observasse o trânsito que passa em uma ponte. Ouve sons e percebe mudanças em seu campo visual, mas não reage nem a favor nem contra elas. Se sua mente começa a "tagarelar" sobre um assunto, o meditador se limita a trazê-la de volta à meditação, assim como um praticante do *samatha* Theravāda a traria de volta à respiração. A ênfase está em deixar que a mente seja descomplicada, natural, simples, objetiva e aberta, e no entanto com uma atitude vivaz e positiva, com plena consciência do corpo que está sentado e do fluxo dos pensamentos que passam. De preferência, o meditador deve ser ao mesmo tempo como uma rã despretensiosa (*MW.*158) e um espadachim alerta que se vê diante da possível morte em um duelo repentino.

Para praticar dessa maneira, o meditador precisa manter a mente completamente no presente, sem nenhum pensamento a respeito do que poderá "conseguir" com a prática. Dōgen, o fundador da Sōtō Zen, do Japão, enfatizava que não devemos pensar que a meditação é uma maneira de nos *tornarmos* um Buda, pois isso é como tentar polir um tijolo até que ele se torne um espelho. Ele deixou claro que o treinamento meditativo não é um meio para um fim, como em algumas outras tradições de meditação budistas, mas que deve ser feito pelas suas vantagens intrínsecas, porque o treinamento e o despertar são um só: apenas sentar exibe e aos poucos revela a natureza inata do Buda, cuja manifestação precisamos apenas *permitir.* Como se diz no *Sūtra da Plataforma*: "A própria prática do Buda — ela mesma é Buda" (Plat., sec. 42 (*BT.*225)). O meditador deve se sentar com grande energia, porém em uma postura desprovida de propósitos e desejos, com uma fé profunda na sua pura natureza do Buda interior: seu Estado de Buda original. Aqui, para Dōgen, a importância da postura correta e precisa é importante. Enquanto um praticante tântrico poderá se identificar com um Buda visualizado, aquele que pratica o Apenas Sentar assume a forma de um Buda sentado — o que pode ser visto como uma espécie de *mudrā* do corpo inteiro — como uma maneira de manifestar sua natureza do Buda. Assim como os detalhes precisos de uma forma tântrica visualizada são considerados importantes, aqueles de como se sentar na meditação também são.

A "ausência de propósito" do Zen corresponde às ideias da "meditação sem meditação" do *Mahāmudrā* e do *Dzogch'en* e reflete a antiga ideia de que uma das "vias de acesso para a libertação", ao lado da "vacuidade" e do "sem sinal" (ver pp. 125, 168), é ver o *Nirvāṇa* como o "sem objetivos" (P. *Appaṇihita*, S. *Apraṇihita*), já que ele jaz além da direcionalidade da meta no que diz respeito aos fenômenos condicionados (Conze, 1967, pp. 67-9). A ênfase na "ausência de propósito", contudo, talvez fosse uma orientação apropriada em particular em um contexto japonês, no qual se enfatiza em geral o desenvolvimento da vontade; por exemplo, na prática ascética de se sentar debaixo das águas geladas de uma cachoeira (ver pp. 283, 334).

Apenas Sentar é uma prática de meditação bastante simples, embora difícil, que retém uma forma budista clássica de se sentar com uma grande percepção consciente, tendo a respiração como objeto fundamental. Ela enfatiza o abandono e a anulação da mente conceitual e uma entrega ao momento presente, para impedir que a mente se estabilize em algum lugar e pare de conceitualizar que está entendendo alguma coisa. No entanto, a prática também requer fé e, ao que parece, uma crença numa espécie de doutrina metafísica sutil: a "natureza do Buda" superabrangente que é às vezes chamada de nosso "verdadeiro eu" (Maezumi e Glassman, 2002, pp. 19, 90). Embora Dōgen desaprovasse o ponto de vista que encarava a natureza do Buda como um Eu fixo preexistente (ver p. 258), ele a via como a verdadeira natureza tanto nossa quanto de tudo o mais, embora como uma dança de processos fluida e em eterna transformação que tinha inerente em si um aspecto luminoso e desperto.

A prática do Apenas Sentar conduz a uma observação sem esforço e ao desenvolvimento natural de uma concentração unipontual. Isso pode ser visto como um desenvolvimento de *śamatha* até o estado de "*samādhi* de autodomínio" (Jap. *Jishu-zammai*; Sekida, 1975, pp. 94-7), que parece equivalente à concentração "de acesso" ou "do potencial" (ver pp. 353, 366). O corpo do meditador fica de tal maneira relaxado que ele perde a consciência de sua posição. Quando a mente fica mais silenciosa, alcança-se um *samādhi* mais profundo, no qual a mente é como a superfície imperturbada de um lago transparente. Nesse ponto, "o corpo e a mente desaparecem" (Maezumi e Glassman, 2002, p. 27) em uma experiência de autotranscendência conhecida como "grande morte". A respiração é tão sutil que parece inexistente; o meditador não tem consciência do tempo ou do espaço, porém se encontra em uma condição de extrema vigilância, uma clara consciência na tranquilidade de um estado no qual o pensamento foi interrompido. Isso é visto no Zen como a pureza e calma naturais da "natureza original" do homem (*Plat.*, sec. 19). Essas descrições parecem indicar um estado semelhante a pelo menos o segundo *dhyāna*, que não é afetado pelas atividades do pensamento. Assim, a prática de "Apenas Sentar" parece semelhante à prática *samatha-yāna* do Theravāda, que desenvolve uma calma profunda antes de desenvolver a compreensão (compare com Sekida, 1975, p. 62), como é descrito a seguir.

Ausência de pensamento

A ideia da transcendência do pensamento é muito enfatizada no Zen (*Plat.*, sec. 17; *BP*.15;*BS2*.57). O estado no qual isso é alcançado é conhecido em japonês como *mu-nen* ou *mu-shin*.[49] *Mu-nen* (Ch. *Wu-nian* (*wu-nien*)) é equivalente à palavra em sânscrito *an-anusmṛti*, "ausência de recordação", e é em geral traduzido como "ausência de pensamento", enquanto *mu-shin* (Ch. *Wu-xin* (*wu-hsin*)) é equivalente a *a-citta*, "ausência da mente" (cf. p. 143). O estado referido parece igual ao estágio da meditação *Mahāmudrā* no qual até mesmo o esforço de abandonar linhas de pensamento, e a atenção plena a elas dirigida, é abandonado. Esse estado pode ser relacionado com a descrição da "perfeição" de doar da literatura da Perfeição da Sabedoria, na qual se oferece um presente sem nenhum pensamento do presente, de quem dá ou de quem recebe (*BTTA*.131). Na prática Zen, quando a atenção plena atinge elevada intensidade, é considerada de tal maneira absorta em seus objetos que não tem consciência de si mesma e também não tem mais nenhum objeto mental, de modo que está "desprovida de recordação". Não há separação entre sujeito e objeto e não há consciência do momento de consciência imediatamente anterior. No estado de ausência de pensamento, a mente não tenta turvar a realidade conceitualizando-a. Nas palavras do popular poema Zen de Seng Can (Seng Ts'an; D. 606): "Quanto mais você fala a respeito, quanto mais você pensa a respeito, mais você se afasta dele; /pare de falar, pare de pensar, e não haverá nada que você não compreenda" (*BTTA*.211). Esse estado, em certo nível, pode ser vivenciado às vezes, por exemplo, por um músico que esteja de tal maneira absorto tocando seu instrumento que não tem consciência de "si mesmo", dos seus "dedos" ou do "instrumento": o que é hoje chamado, à vezes, de estado de "fluxo".

A experiência da ausência de pensamento não está restrita à quietude da meditação sentada, mas pode ser alcançada em meio às atividades do dia a dia. Quando o meditador está cavando, ele está *apenas* cavando, não está pensando; quando está andando, está apenas andando; quando está pensando em alguma coisa, ele está pensando completamente nela e não em outras coisas (cf. *Plat.*, sec. 17). A "ausência de pensamento", portanto, não é um estado embotado sem pensamentos. Quando a pessoa está nesse estado, encontra-se consciente de seu ambiente de maneira total e completa, sem se deixar apanhar ou se fixar em qualquer elemento em particular. A mente não escolhe com cuidado nem reflete sobre si mesma, sendo serenamente fluida, inocente e direta, sem ser obstruída por formas-pensamento. Quando surge a necessidade, a "mente com ausência de mente" pode reagir de modo instantâneo e de maneira apropriada.

Espontaneidade e disciplina

Em parte influenciado pelo enaltecimento daoísta da ação natural e espontânea, o Zen a valoriza como uma maneira de promover a obtenção da ausência de pensamento fluida. Paradoxal-

49 Discutido em Suzuki, 1969, e também em Kasulis, 1981, pp. 39-54, que o vê como uma consciência pré-reflexiva; mas com certeza ela só pode ser chamada de consciência quando já foi reconhecida de algum modo.

mente, é necessária uma grande disciplina para cultivar a espontaneidade. A disciplina meditativa ensina a pessoa a ir além das limitações dos pensamentos e ações egocêntricos habituais, possibilitando assim o surgimento da intuição espontânea. Ao ir de forma temporária além do sentimento do "Eu", a mente normal reguladora e crítica da pessoa — o *manas* a que a escola Yogācāra se refere — fica inativa, para que a "Mente do Buda" subjacente possa atuar. O meditador permite que sua natureza inata, a "mente original", funcione natural e espontaneamente em todas as atividades.

O meditador busca trazer uma quietude interior a todas as atividades, executando-as com atenção plena, talvez a ponto de alcançar a ausência de pensamento. Desse modo, as tarefas cotidianas de varrer, limpar, cozinhar e cavar devem ser executadas com uma beleza de espírito e consideração pelos demais que se expressam em pequenas coisas, como em deixar os chinelos limpos e arrumados.

Meditação kōan[50]

As culturas do Leste Asiático enfatizam a harmonização com o contexto e a concentração nos relacionamentos, não nas coisas. Por conseguinte, os *kōans* foram influenciados por certas convenções literárias e poéticas chinesas, interessantes pelas alusões literárias e pela linguagem metafórica (Wright, 1993, ver pp. 296-471). John Strong (*EB*.327) assinala que:

> Durante anos, o estudo dos *kōans* no Ocidente [...] se inclinou a focalizar o lado místico. Hoje, sabe-se que existem muitos tipos de *kōans* e nosso estudo sobre eles precisa se basear mais nos seus contextos literários, sociais, históricos, rituais e até mesmo folclóricos. Sem dúvida, alguns *kōans* parecem celebrar o absurdo e têm o objetivo de colocar o meditador em um dilema lógico. Mas provavelmente é melhor pensar na maioria dos *kōans* como pontos focais de concentração em vez de enigmas a ser resolvidos. Nesse contexto, os *kōans* não são mais ilógicos do que os objetos clássicos da atenção plena, como a respiração.

Robert Aitken, professor ocidental de Zen, definiu os *kōans* como "narrativas metafóricas que particularizam a natureza essencial".[51] Thomas Cleary acrescenta que os *kōans* "contêm padrões, como modelos, para vários exercícios interiores de atenção, postura mental e percepção superior".[52]

---

50 Com relação a esse assunto, ver *BT*.231-40; Ciolek, 2005; Maezumi e Glassman, 2002, pp. 83-129; Sekida, 1975, pp. 98-107.

51 Prefácio a Cleary, 1990, p. ix.

52 Cleary, 1994, p. xv.

A prática da meditação *kōan* (Sekida, 1975, pp. 98-107) é conhecida em japonês como *kanna* (Ch. *Kan-hua* (*k'an-hua*)), "investigando o tema". Nisto, o meditador contempla a palavra ou ponto essencial em uma história *kōan*,[53] conhecido em japonês como *watō* (Ch. *Hua-tou* (*hua-t'ou*)). Na China, o *kōan* mais popular se concentra na pergunta "Quem é que recita o nome do Buda?", ou seja, quem recita a invocação ao Buda Amitābha na prática devocional diária?: "Quem sou eu?" Aqui, a meditação focaliza a pergunta "Quem?" Ao se concentrar em uma única coisa, a prática começa, portanto, a desenvolver a calma concentração. Para "responder" à pergunta, no entanto, é preciso desenvolver a compreensão, seguida por uma calma mais profunda. Desse modo, a meditação *kōan* Rinzai pode ser considerada uma espécie de prática que une *śamatha* e *vipaśyanā*.

A princípio, o meditador se concentra apenas no *watō* internamente vocalizado, harmonizando-o com a observação da respiração no *tanden*. Com isso, refreiam-se os pensamentos divagantes e ele pode ser conduzido a um estado sereno de *dhyāna*. A tradição Rinzai, contudo, afirma que o meditador perderá o interesse em "resolver" o *kōan* se entrar nesse estado cedo demais. Por isso, ele não deve deixar que sua mente se torne tão quieta, mantendo-a em uma espécie de *samādhi* ativo (próximo à concentração de "acesso"; Sekida, 1975, pp. 62, 95-6) no qual recita bem devagar o *watō* e o observa como um gato observa um camundongo, tentando investigá-lo cada vez mais a fundo, até que ele chega ao ponto de onde o *watō* provém, do qual todos os pensamentos e questionamentos surgem e desaparecem, e intui seu significado.

Na China, além do *kōan* que acaba de ser citado e daquele sobre a "face original" da pessoa (ver p. 247), só há mais um habitualmente utilizado. Ele trata da resposta de Zhao Zhou (Chin. Chao Chou, Jap. Jōshu, 778-897) quando lhe perguntaram se um cachorro tinha a natureza do Buda. Embora, em um nível convencional da verdade, todos os seres tenham a natureza do Buda, sua resposta foi "*Wu*" (Jap. *Mu*), que significa "não", "nada".[54] Isso parece aludir ao "vazio" de tudo, e o objetivo parece ser intuir o poder fundamental da atitude de "nem isto nem aquilo": uma espécie de refreamento, sem escolher nem selecionar, que possibilita uma completa abertura. Isso, no entanto, precisa ser *sentido*, *experimentado*, não pensado, porque o pensamento apresenta conceitos e preferências. Não se pretende que "*Mu*" seja uma resposta verbal à pergunta "Um cachorro tem a natureza do Buda?", mas sim um dispositivo para ajudar a conduzir o meditador a um lugar onde ele possa *ver* a natureza do Buda. Nesse lugar, ele precisa negar tanto o "sim" quanto o "não" e repousar entre os dois, no fio da navalha da sabedoria.

No Rinzai japonês, o primeiro *kōan* apresentado é ou "*Mu*" ou "qual é o som de uma mão batendo palmas?" de Hakuin, talvez uma alusão à ideia Zen de que todas as coisas são uma unicidade, a natureza do Buda. Se assim for, como é possível que a diferenciação, a dualidade, como em

53 Ou talvez algo de um texto sagrado ou prática budista que possa gerar confusão.
54 *EB*.9.6; *MW*.66-8; Maezumi e Glassman, 2002, pp. 101-07; Sekida, 1975, pp. 66-82.

duas mãos, também existe? Como se pode afirmar que existe diferenciação dentro da unicidade? O meditador recebe então a incumbência de avançar por uma série de cinquenta ou mais *kōans* extraídos de 1.800 em cinco níveis; os *kōans* do nível apropriado são selecionados pelo *Rōshi*, ou Mestre Zen, de acordo com o caráter, a situação e o nível de compreensão da pessoa. Ao avançar pelos *kōans* ao longo de muitos anos, os melhores discípulos então se tornam *Rōshis*. Esse sistema foi concebido por Hakuin (1685-1768; *BT*.381-88), e os *kōans* são extraídos de coleções como "Registros do Penhasco Azul" e "Barreira sem Portão", ambas compiladas na China (ver p. 247). Aitken explica o seguinte:

> Cada koan é uma janela que mostra toda a verdade, porém somente a partir de um único ângulo. Ele tem uma perspectiva limitada. Cem koans oferecem cem ângulos. Quando são enriquecidos com comentários e poemas perspicazes, temos então 10 mil ângulos. Esse processo de enriquecimento não tem fim.[55]

Enquanto trabalha em um *kōan*, o meditador se reúne com o *Rōshi* pelo menos duas vezes por dia em uma entrevista "*sanzen*", para apresentar respostas para a pergunta do *kōan*, a fim de demonstrar que se adquiriu um entendimento apropriado. A princípio, ele tenta dar respostas intelectuais, com base no que leu ou aprendeu, mas elas podem ser inúteis e rejeitadas com gritos ou golpes. O meditador pode ainda tentar dar respostas "com características Zen" levando objetos para o *Rōshi* ou praticando alguma ação absurda. Estas também podem ser rejeitadas, conduzindo assim o discípulo a um estado de confusa perplexidade, no qual os hábitos e constrututos de sua mente começam a ser minados (Dumoulin, 2005a, pp. 219-22). As tentativas de "compreender" o *kōan* encaixando-o no "mapa" da realidade do meditador existente são eliminadas, deixando-o em um estado de incompreensão que está aberto à transformação e à visão de uma nova "topografia" da realidade.

Eis um registro de uma entrevista Zen com o Mestre Ts'ao-shan (840-901), ela própria usada como *kōan*:

> Alguém perguntou: "Com que tipo de compreensão devemos estar equipados para lidar de modo satisfatório com interrogatórios feitos por outras pessoas?" O mestre respondeu: "Não use palavras e frases". "A respeito do que então o senhor nos interrogará?" O Mestre replicou: "Nem mesmo a espada e o machado são capazes de penetrar nisso!" A pessoa disse: "Que excelente interrogatório! Mas não existem pessoas que não concordam?" O mestre respondeu: "Existem". "Quem?", perguntou a pessoa. O Mestre replicou: "Eu" (*BT*.235).

55 Prefácio a Cleary, 1990, p. ix.

O meditador precisa "resolver" sozinho cada foco enigmático. Alguns *kōans* podem ser solucionados por meio de intuições relativamente simples. Outros requerem que o meditador se debata com a pergunta até chegar ao seu limite. Em um profundo estado de perplexidade, ele enfrenta a "sensação da dúvida": uma "grande dúvida" existencial genuína e sem conteúdo que o afeta não apenas quando está na almofada de meditação. A mente atinge a concentração unipontual assim, eliminando-se a distinção entre a dúvida e aquele que duvida. O meditador se encontra então em um estado de estupefação, estranhamente estático, no qual se sente como se caminhasse no ar, sem saber se está parado ou andando. Nada é o que parece ser, e no entanto tudo é radiante e repentinamente completo. Portanto, o meditador está no estágio "montanhas não são montanhas" de:

> Antes de ter estudado o Zen durante trinta anos, eu via as montanhas como montanhas e as águas como águas. Quando alcancei um conhecimento mais íntimo, cheguei ao ponto em que passei a ver que as montanhas não são montanhas e as águas não são águas. Mas agora que captei a sua essência, estou em repouso. Porque agora vejo de novo as montanhas como montanhas e as águas como águas.[56]

Nessa condição, dizem que o meditador está sujeito a uma série de "doenças Zen" por meio das quais se agarrará a algum aspecto da sua experiência, ou tomará as luzes ou visões que possa ter como sinais de revelação. Essas características parecem ser semelhantes àquelas do "falso *Nirvāṇa*" no caminho do Theravāda (ver p. 363). Depois que o *Rōshi* o ajuda a ficar "curado", o meditador pode progredir. Somente quando ele avança apesar das dificuldades, atirando-se no abismo da dúvida, uma "resposta" surge de modo espontâneo das profundezas de sua mente. Quanto maior a avassaladora "massa de dúvida", maior a compreensão quando ela se desintegrar, tal como é maior a quantidade de água que se origina do derretimento de um grande bloco de gelo. Quanto mais ele se aprofunda na dúvida, sem abandoná-la depois de obter um pequeno entendimento, mais completa será a "grande morte" — a morte dos aspectos do ego.

O grande progresso acontece de repente, talvez depois de meses de esforço. O estímulo pode ser uma pedra atingindo um bambu enquanto o meditador está varrendo o chão, ou uma incitação oportuna do seu *Rōshi*. A mente pensante conceitual alcançou um absoluto beco sem saída e o "fundo" da mente se abre, de modo que o fluxo de pensamentos para de súbito, em um estado sem pensamentos, a compreensão irrompendo das profundezas — uma reminiscência da "inversão da base" do Yogācāra (ver p. 165). Não há mais ninguém para fazer a pergunta

56 Watts, 1962, p. 146, atribuído ao mestre Qingyuan Weixin (Ch'ingyüan Wei-hsin) da escola Chan do século IX, conhecido no Japão como Seigen Ishin.

ou responder a ela, apenas um vazio jubiloso e radiante além do eu e do outro, de palavras e conceitos. Nesse estado de *dhyāna*, podem estar presentes compreensões de vários níveis.

Kenshō

A obtenção desse grande progresso é conhecida em chinês como *wu*, "realização", e em japonês como *satori*, "despertar", ou *kenshō*, "enxergar a própria natureza" (Sekida, 1975, pp. 193-206). É uma realização jubilosa na qual a natureza interior da pessoa, a mente originalmente pura, é diretamente conhecida em uma repentina reordenação da sua percepção do mundo. Tudo aparece com vividez; cada coisa retém sua individualidade, e, no entanto, é vazia de separação, estando assim unida a tudo o mais, inclusive ao meditador. Existe apenas um indescritível ser-o-que-é, situado além da dualidade de sujeito e objeto; um ser-o-que-é que é dinâmico e imanente no mundo. O monge chinês Sengzhao (Sêng-chao; 384-414) aludiu a essa visão de unidade: "O céu, a terra e eu temos a mesma raiz. As 10 mil coisas e eu temos a mesma substância".[57] Quando um *kenshō* passa, o meditador reencontra o mundo convencional como ele era, e no entanto diferente de certo modo: "as montanhas são montanhas de novo".

Os *kenshōs* também podem ser alcançados por um praticante experiente do "Apenas Sentar" quando ele emerge da profunda quietude interior do *samādhi* desprovido de pensamentos e começa a voltar a mente para fora. Essa característica se harmoniza com a ideia de que a abordagem de "Apenas Sentar" é semelhante ao *samatha-yāna* do Theravāda, no qual a compreensão surge depois de uma calma profunda. No *samādhi* do Zen, há uma experiência da mente originalmente pura e reluzente não coberta por impurezas. Considera-se esse um estado no qual o Corpo do *Dharma*, o ser-o-que-é ou a natureza do Buda são vivenciados, porém sem que haja necessariamente um reconhecimento deles. Entretanto, quando a mente emerge de sua profunda quietude, ela está bem alerta e sensível e pode encontrar-se apta a uma experiência de *kenshō*, na qual vê a "face original".

O *kenshō* não é uma experiência isolada, mas refere-se a toda uma série de realizações, desde o vislumbre superficial da natureza da mente do iniciante até uma visão do vazio equivalente ao "caminho da visão" (ver p. 184), ou mesmo ao próprio Estado de Buda. Em todos esses casos, conhece-se a mesma "coisa", porém com diferentes graus de clareza e profundidade.

O despertar repentino

Embora o "despertar repentino" seja geralmente associado ao Zen, ele também é mencionado em outras tradições. O Theravāda cita, por exemplo, os casos de uma monja que, de repen-

57 Sekida, 1975, pp. 173-74; Suzuki, 1959, p. 353.

te, alcançou a condição de *Arahat* quando apagou uma lâmpada (*Thig.*112-6; compare com *Thag.*169-70), e de Ānanda, que alcançou a condição de *Arahat* quando estava no processo de se deitar para dormir depois de fazer uma meditação concentrada em que não conseguira atingir esse estado (*Vin.*II.286). No debate Samye no Tibete (ver p. 230), a abordagem gradual ao despertar ou à iluminação foi preferida à abordagem "repentina" baseada na escola Chan. No entanto, todas as escolas veem progressos efetivamente significativos, como a entrada no fluxo ou a condição de *Arahat*, como transições repentinas; desse modo, a verdadeira diferença é se uma grande ênfase é ou não atribuída à necessidade de uma preparação gradual para o primeiro grande avanço crucial, como no Theravāda e, por exemplo, nas escolas Gelugpa.

Embora o Rinzai Zen enfatize que os *kenshō*s são repentinos, afirma também que se tornar apegado a eles como grandes realizações significa ter o "fedor do Zen". Também reconhece que só podem ser alcançados depois de certo grau de prática gradual. Além disso, o meditador precisa absorver aos poucos a compreensão deles, para que não se percam. Nesse processo de amadurecimento, o que foi alcançado, o Corpo do *Dharma*, identifica-se cada vez mais com o que é encontrado na vida cotidiana (Wright , 1998, pp. 194-97).

Na escola Sōtō, o meditador é desencorajado de tentar alcançar *kenshō*s repentinos. Ao "Apenas Sentar", ele autentica e manifesta sua dignidade e perfeição inatas, a natureza do Buda (*BT.*371-73). O objetivo de se sentar para meditar é apenas desenvolver a habilidade de mostrar o nosso despertar original. Até mesmo um meditador iniciante pode fazer isso, mas essa demonstração precisa ser repetida de forma incessante, de maneira a permear cada vez mais as atividades da vida. A prática do Sōtō costuma ser considerada um caminho gradualista, em contraste como a prática "repentina" do Rinzai; na realidade, a melhor maneira de encará-la é como uma série de realizações repentinas da natureza do Buda, em contraste com as repentinas *visões* da natureza do Buda que caracterizam o Rinzai. No Sōtō, o meditador deixa que os *kenshō*s ocorram de modo natural, como um subproduto da prática; ou o próprio treinamento meditativo é visto como o desdobramento de um único grande "*kenshō*" (Maezumi e Glassman, 2002, pp. 79-81).

O Zen em ação: uma mente objetiva em todos os momentos

O objetivo mais elevado do Zen é atuar no mundo de maneira a manifestar a natureza do Buda e qualquer grau de realização dela que o meditador tenha tido. O auge dessa maneira de atuar é expresso em uma máxima do leigo chinês Bang Wen (Pang Wen, 740-808): "Carregar madeira e buscar água são ações milagrosas; e eu e todos os Budas nos três tempos respiramos através de uma só narina" (Chang, 1970, p. 54). Esse modo de agir é qualificado no *Sūtra da Plataforma* como ter uma "mente objetiva em todos os momentos": ter, em todas as atividades, uma mente descomplicada e livre de apegos (*Plat.*, sec. 14 (*BT.*218-19)). O Zen enfatiza que não ensina nada de especial (conforme os ensinamentos da Perfeição da Sabedoria; ver p. 152): não há nada a fazer ou ganhar. Desse modo, de acordo com um ditado Zen, a pessoa que completou o Zen com perfeição vive da seguinte maneira: "Uma montanha é uma montanha, a água é a água, quando estou com fome eu como, quando estou sonolento eu durmo; não procuro o Buda e nem procuro o *Dharma*, mas sempre presto homenagem ao Buda" (Chang, 1970, p. 182). Essa pessoa não come ou dorme apenas porque "está na hora" de fazer isso; ela come plenamente consciente de que está comendo, em vez de pensar em outras coisas. Quando ela está pronta para dormir, ela não se lastima porque está cansada; apenas dorme. Não pensa mais no Zen ou no budismo, mas apenas age de maneira harmoniosa e suave, residindo discretamente no mundo, mas agindo com espontaneidade, de modo a ajudar todos ao longo do caminho em direção à iluminação.

As artes meditativas do Zen[58]

A ênfase do Zen na naturalidade, na espontaneidade e na manifestação da natureza do Buda nas atividades do dia a dia fez com que uma grande variedade de formas de arte tenha vindo a ser impregnada do espírito do Zen, em particular no Japão. Entre elas estão as pinturas (Jap. *Sumi-e*) dos Mestres Zen, seja com olhares desafiadores, ardorosos e penetrantes, seja executando alguma tarefa cotidiana como cortar bambu, ou ondulando com uma jovialidade espontânea. Elas também incluem pinturas de paisagens, além da caligrafia, poesia, teatro *Nō*, jardinagem paisagística, arranjos florais *Ikebana* e várias atividades em geral não consideradas "artes": arco e flecha, esgrima e o "Caminho do Chá" (*Cha-no-yu*), conhecida de modo geral no Ocidente como a "Cerimônia do Chá".[59]

A arte Zen busca expressar o verdadeiro "ser-o-que-é" de um fenômeno ou situação, seu "espírito" vivo e misterioso tal como encontrado como parte da estrutura da existência em constante transformação (Earhart, 1974, pp. 138-39). Isso requer uma intuição fluida que surge do estado desprovido de pensamentos. Para realizar a expressão do ser-o-que-é, o aspirante a artista Zen precisa primeiro ter um longo treinamento para desenvolver o perfeito domínio das habilidades técnicas de sua arte. Ele então acalma a mente prestando atenção à respiração e busca desenvolver uma intensa concentração no que deseja retratar, alcançando de preferência o estado desprovido de pensamentos. Pode então superar qualquer dualidade entre "ele mesmo" e seu "tema", de maneira a se "tornar" esse tema, podendo depois expressá-lo de modo direto e espontâneo por meio dos instrumentos de sua arte. A inspiração surge das profundezas, da natureza do Buda, considerada a natureza interior tanto dele mesmo quanto do seu tema,

58 Sobre esse assunto, ver Dumoulin, 2005b, pp. 221-56; Suzuki, 1959; Watts, 1962, pp. 193-220.
59 *BT*.376-80, 393-8; Shaw, 2009, pp. 250-53; Suzuki, 1959, pp. 269-314.

e ele expressa seu ser-o-que-é a partir de "dentro dela", digamos assim (Earhart, 1974, p. 139; Suzuki, 1959, p. 31). "Tornar-se" um objeto também é algo encontrado nas visualizações tântricas, mas, enquanto a arte tântrica relacionada enfatiza a riqueza oculta e o poder radiante da natureza da mente, a arte Zen enfatiza sua participação nas coisas simples da vida corriqueira: em um talo de bambu, não na visualização de um *Bodhisattva*. Quando se produz a verdadeira arte Zen, ela é considerada mais como uma expressão espontânea da natureza por intermédio do artista do que como uma destreza humana. Na arte Zen do arco e flecha, por exemplo, a liberação da flecha deve ser como uma ameixa que cai da árvore, em um momento no qual o arqueiro "se tornou" o alvo (Herrigel, 2004; Watts, 1962, p. 214).

A pintura *Sumi-e* (Brinker, 1987) é feita sobre um frágil papel de arroz absorvente ou sobre uma seda também absorvente, para que o pincel dance com rapidez sobre o material sem rasgá-lo ou produzir manchas. Não é possível apagar, fazer um segundo traço ou remodelar. Depois de se preparar espiritualmente, o artista precisa pincelar com audácia, deixando apenas que o pincel se mova em resposta à sua inspiração espontânea: qualquer ato deliberado produzirá uma pintura artificial, não Zen. As pinturas são feitas com tinta borrifada ou pinceladas irregulares, e costumam ter paisagens como tema. Usa-se tinta preta, com suas várias concentrações produzindo diferentes tons. Evita-se a cor, porque o objetivo é enxergar além dos detalhes da aparência superficial para captar o ser-o-que-é do tema: recriar no papel seu "movimento vital", seu propósito, seu "espírito" fluido. Na Prancha 13, tem-se um exemplo da vida humana fundindo-se em harmonia com a natureza e seus ritmos, em conformidade com o ideal Zen. Em primeiro plano, a irregularidade das árvores e das pedras enfatiza a vida natural, ao passo que no plano intermediário há muito espaço vazio, sugerindo a natureza aberta, fluida e misteriosa da realidade.

Outro exemplo da arte Zen é o *haiku*, uma forma de poema de dezessete sílabas popularizado como veículo para o Zen pelo leigo Matsuo Bashō (1644-1694), o poeta mais famoso do Japão.[60] Ele vagava para onde o espírito o levava, com poucas posses, de maneira a permanecer aberto aos aspectos simples porém profundos das coisas comuns, os quais então expressava em seus poemas em uma linguagem não erudita. Seu primeiro *haiku* Zen autêntico (Suzuki, 1959, pp. 238-40) ocorreu quando conversava com seu Mestre de meditação em um jardim silencioso. O Mestre lhe perguntou qual realidade "precedia o verdor do musgo", ou seja, o princípio subjacente além do mundo das características individuais. Ao ouvir um ruído, Bashō respondeu imediatamente, expressando o ser-o-que-é do ruído: "Uma rã salta no lago: o som da água". Como poeta, transformou isso em um *haiku*:

60 Basho e Stryk, 2003; Dumoulin, 2005b, pp. 348-54; Suzuki, 1959, pp. 215-68.

Um velho lago, ah!
Uma rã salta dentro dele:
O som da água.

Isso expressa um momento no qual Bashō era o som e o som não era mais um "som", e sim uma expressão indescritível da realidade suprema. O *haiku* Zen busca *mostrar*, e não descrever, essa realidade. Sua forma é breve, de maneira a não atrapalhar, apenas evocando o ser-o-que-é de um momento vivo, fazendo assim com que a mente do leitor se identifique com a do poeta e "experimente" o profundo sentimento do momento da expressão poética.

Prancha 13: *Paisagem com Pinheiros e Cabana*, de Bunsei, Japão, século XV.

O verdadeiro *haiku* Zen precisa surgir de forma espontânea, como se vê na história de Chiyo (1703-1775), que recebera o tema do cuco que voa à noite para aperfeiçoar suas habilidades de composição do *haiku* (Suzuki, 1959, pp. 224-26). Certa noite, enquanto ouvia o pássaro a distância, ela se esforçou para produzir um *haiku* que seria aceitável para seu mestre. Tão envolvida ficou com a tarefa que o amanhecer surgiu de repente, e em seguida o perfeito *haiku* fluiu do pincel com o qual escrevia:

Chamando "cuco", "cuco",
A noite inteira,
Enfim o amanhecer!

Este não é apenas mais um poema sobre um cuco, e sim um poema sobre Chiyo em relação ao cuco no momento do amanhecer. Na verdade, nem mesmo essa descrição está correta, pois a perspectiva Zen diria que ele expressa tão somente o ser-o-que-é de um momento, sem tentar de maneira alguma dividi-lo em sujeito e objeto.

CAPÍTULO 12

A História Moderna do Budismo na Ásia

Nos dois últimos séculos, o budismo passou por uma série de mudanças e teve de responder a vários tipos de pressão provenientes do/da:

- Colonização de países asiáticos pelas potências ocidentais, o que minou as estruturas políticas associadas ao budismo, mas também conduziu a estudos acadêmicos ocidentais sobre ele, ajudando assim a promover sua disseminação pelo Ocidente e a estimular mudanças, tanto nos países colonizados quanto nos influenciados por eles.
- Cristianismo: as críticas dos cristãos aos budistas foram um dos elementos que estimularam o crescente ativismo social budista. Além disso, na Coreia do Sul e, até certo ponto, na República da China, atualmente o cristianismo e o budismo rivalizam pelo engajamento das pessoas.
- Comunismo: este sufocou, de certo modo, o budismo na China (incluindo hoje o Tibete), na Coreia do Norte, no Vietnã, em Laos, no Camboja e na Mongólia. Permanece bem repressivo na Coreia do Norte, embora o Camboja e a Mongólia tenham escapado de seu domínio nos últimos vinte anos.
- Nacionalismo marxista na Birmânia: não é propriamente antibudista, mas age contra os valores budistas.
- A guerra ou seus efeitos posteriores, em especial no Camboja e no Sri Lanka: o Camboja foi afetado pelos bombardeios norte-americanos e depois pelo Khmer Rouge; o Sri Lanka foi afetado por uma guerra civil entre os cingaleses e os tâmeis.
- Capitalismo moderno: originalmente trazido com o colonialismo, embora o Japão tenha desenvolvido o próprio capitalismo para se defender das ameaças coloniais do Ocidente. Isso trouxe mais prosperidade para muitas pessoas, mas também debilitou estruturas tradicionais de valores.
- Consumismo: forma particularmente virulenta de capitalismo, sendo hoje em dia talvez a maior força corrosiva a minar o budismo no Japão, na Coreia do Sul, em Taiwan, na Tailândia e, mais recentemente, na China. A maneira como ele comercializa a vida e

sua ênfase nos bens materiais intensificou os elementos da cobiça na natureza humana, encorajando, em decorrência disso, uma reorientação dos valores.

- Modernidade: democracia, igualitarismo, secularização, melhor comunicação e facilidade em viajar.

Ainda existem monarcas budistas na Tailândia, no Butão e hoje de novo no Camboja, e o budismo continua a ser a maior religião ou a religião dominante do Sri Lanka, Tailândia, Birmânia, Camboja, Laos, Vietnã, Butão, Tibete, Mongólia, China, Taiwan e Japão. Retém uma forte presença na Coreia do Sul e está ressurgindo no Nepal e, em uma pequena escala, na Índia. Fora da Ásia, encontrou caminhos inteiramente novos.

O BUDISMO DO SUL

O número de budistas do sul na Ásia é fornecido na Tabela 5[1] (os números em parênteses são percentuais das populações totais de cada país), totalizando 150 milhões.

Sri Lanka

Os britânicos assumiram o controle da ilha de Laṅkā/Ceilão em 1815, e embora tivessem concordado em "manter e proteger" o budismo, as objeções dos missionários cristãos conduziram a uma gradual remoção do papel do Estado na purificação do *Saṅgha* (Malalagoda, 1976). Os missionários administravam todas as escolas aprovadas oficialmente, mas converteram poucas pessoas (Harris, 2009). Eles ficaram aborrecidos quando seus ataques ao budismo depararam a princípio apenas com os monges emprestando-lhes manuscritos budistas e permitindo que ficassem nos templos quando estavam em viagens de pregação. No entanto, em 1865, os monges começaram a contra-atacar, imprimindo panfletos e aceitando desafios cristãos para debates públicos. Um debate famoso que ocorreu em Pānadura em 1873 viu a vitória do monge Guṇānanda diante de uma multidão de 10 mil pessoas (Berkwitz, 2010, pp. 165-69; Gombrich, 2006, pp. 179-80). Esse evento bastante anunciado sinalizou um ressurgimento no budismo, que adotou algumas técnicas do cristianismo ao qual ele se opunha.

1 Trabalhando de modo geral com base nos números da *Wikipédia*, "Buddhism by country" [Budismo por país] (*Wikipédia*, 2010), com verificação das fontes citadas e tendendo a tirar a média de diferentes estimativas.

Tabela 5 Número de budistas do sul na Ásia

— Tailândia, 61 m. (94% de 65 m.). — Birmânia, 44,5 m. (89% de 50 m.). — Sri Lanka, 15,05 m. (70% de 21,5 m.). — Camboja, 13,3 m. (95% de 14 m.). — Laos, 4,4 m. (67% de 6,5 m.).	Existem populações minoritárias: — no sudoeste da China (Yunnan), na fronteira com o Laos e a Birmânia, 1,2 m. — no sul do Vietnã, na fronteira com o Camboja, 1 m. — nas regiões da fronteira com a Birmânia em Chittagong, Bangladesh, 1 m., e Índia, 0,3 m. — norte da Malásia, 0,07 m. — convertidos recentes na Índia, 7,1 m., Indonésia, 0,3 m.?, e Nepal, 0,3 m.?

Já na última década daquele século, um novo estilo de budismo se desenvolvia, pelo menos entre as recém-abastadas classes médias com educação inglesa da capital, Colombo. Ele se inclinava a ver o Buda como "apenas um ser humano" e o budismo como uma filosofia "científica" e "racional", "não uma religião", já que não dependia de uma fé cega. Essas ideias eram influenciadas por conceitos ingleses e interpretações ocidentais do budismo. Esse estilo de budismo também defendia a adoção de novas formas organizacionais, como sociedades laicas (por exemplo, a Young Men's Buddhist Association [Associação Budista de Moços]), escolas modernas de influência budista, e a utilização da imprensa e de jornais. Heinz Bechert, portanto, se refere a ele como um "modernismo budista".[2] Richard Gombrich e Gananath Obeyesekere (1988, pp. 6-7 e 204-40) preferem o termo mais carregado "Budismo Protestante". Essa preferência se deve ao fato de eles enfatizarem que essas ocorrências eram em parte um protesto contra o cristianismo, e compartilhavam com o protestantismo tanto o desprezo pelos "acréscimos ritualísticos" quanto a ênfase na ideia de que os leigos são individualmente responsáveis pela própria salvação. Esta última foi auxiliada pela erudição ocidental, que tornou o Cânone páli disponível na tradução inglesa: segundo a tradição, ele só era transmitido aos leigos, pelos monges, em sua forma páli.

Um importante evento ocorreu em 1880, quando o Coronel H. S. Olcott (1832-1907) e Madame H. P. Blavatsky (1831-1891) chegaram a Colombo (Gombrich, 2006, pp. 183-86). Em 1875, esse jornalista norte-americano e essa clarividente russa tinham fundado em Nova York a Sociedade Teosófica, com tendência hindu-budista (ver pp. 443-44). Em 1879, estabeleceram a sede desse movimento religioso sincretista na Índia. Ao chegar a Colombo, pareceram

2 *Buddhismus, Staat und Gesellschaft in den Länden des Theravāda Buddhismus*, 3 vols., 1966, 1967 e 1973.

abraçar o budismo ao tomar publicamente os refúgios e preceitos, conferindo assim grande estímulo de confiança a alguns budistas, devido ao fato de serem ocidentais. Olcott criou uma "Sociedade Teosófica Budista", a qual era, na verdade, um veículo do budismo moderno. Organizou então um próspero movimento de escolas budistas com um programa ocidental no idioma inglês, no qual os leigos começaram a exercer papéis de liderança de natureza religiosa.

Nesse meio surgiu Don David Hewavitarne (1864-1933), que reagiu contra sua escolarização cristã intolerante e foi inspirado por Guṇānanda e Olcott (Berkwitz, 2010, pp. 174-76; Gombrich, 2006, pp. 186-92). Em 1881, adotou o título Anagārika ("O Sem-Teto") Dharmapāla ("Defensor do *Dharma*") e tornou-se o herói do moderno budismo cingalês, sendo considerado um *Bodhisattva*. A condição de *Anagārika* era um novo *status*, que estava a meio caminho entre o de monge e de leigo e envolvia a prática vitalícia dos oito preceitos. Embora outros não seguissem seu exemplo nesse sentido, ele foi o modelo do ativismo laico no budismo moderno. Em 1891, viajou para a Índia e visitou Bodh-Gayā, o local do despertar do Buda, onde ficou angustiado com seu péssimo estado de conservação e pelo fato de o terreno pertencer a um sacerdote hindu. Por conseguinte, fundou a Mahā Bodhi Society, uma organização budista internacional cujos objetivos eram recuperar o local para o budismo por meio de uma ação judicial (o que só se conseguiu em 1949) e fundar um mosteiro budista em Bodh-Gayā com monges de várias nacionalidades. Durante todo o resto de sua vida, Dharmapāla trabalhou pelo ressurgimento do budismo, associando-o ao nacionalismo cingalês e ao clamor pela independência. Em seu trabalho, o fervor missionário a que fora submetido quando criança foi redirecionado contra os britânicos cristãos. Ele também criticava o sistema de castas e até mesmo o recurso aos deuses, por considerá-los não budistas.

Os cristãos e a minoria budista modernista influente criticavam os monges por não serem ativos o bastante na sociedade. Com o tempo, isso os levou a destacar e ampliar suas atividades tradicionais de bem-estar social, atuando como capelães de prisões e até mesmo do exército, e também como professores de escola remunerados. Em seu influente livro *Bhiksuvage Urumaya* (1946),[3] o Ven. Walpola Rāhula defendeu o envolvimento dos monges budistas nas questões sociais e políticas. Em um contexto colonial, isso também dizia respeito ao "nacionalismo religioso" e "patriotismo religioso" (cingalês-budista) (Tambiah, 1992, pp. 27-8). A independência e o advento da democracia em 1948 levou os monges cada vez mais para a esfera política. As ideias liberais, socialistas e marxistas incentivavam a atividade política em todos os setores da população, e alguns monges consideravam como parte de suas obrigações orientar os paroquianos sobre assuntos políticos. Desenvolveram-se grupos de pressão política do *Saṅgha* que estão hoje divididos pelas diretrizes políticas dos partidos. Para muitos leigos, contudo, a atividade

3 Versão inglesa de 1974, *The Heritage of the Bhikkhu* (extraído de *EB*.6.8.3).

do "monge político" é uma expressão repulsiva do faccionalismo e do envolvimento secular do *Saṅgha* (Seneviratne, 1999).

A atividade mais tradicional da erudição monástica também floresceu. Muitas contribuições foram feitas pelo pequeno grupo de monges ocidentais liderados pelo alemão Nyānatiloka (1878-1956), que se ordenara em 1904 na Birmânia. Seu discípulo Nyānaponika (1901-1994), também alemão, ajudou a fundar em 1958 a Buddhist Publication Society , que ele dirigiu até 1988, quando o norte-americano Bhikkhu Bodhi assumiu essa responsabilidade até 2002. A sociedade produziu muitas publicações em inglês e cingalês sobre o budismo (www.bps.lk). Os melhores livretos da série *Wheel* realizaram um grande trabalho ao mostrar as modernas implicações dos antigos textos budistas.

A volta da ênfase no envolvimento leigo na religião continua, e o desejo de que o budismo permeie a vida fez agora com que os casamentos da classe média tenham mais elementos budistas, às vezes sendo inclusive realizados nas dependências dos mosteiros (Gombrich e Obeyesekere, 1988, pp. 255-73). As classes médias também estão praticando cada vez mais a meditação, na maioria das vezes uma forma birmanesa de *vipassanā* (Berkwitz, 2010, pp. 203-04), e certas pessoas leigas têm a tendência de viver uma vida celibatária. À medida que os leigos urbanos se tornaram mais ativos e mais instruídos, ocorreu um desgaste do seu respeito pelos monges, cuja maioria ainda tem antecedentes rurais e muitos dos quais têm menos instrução. Por esssa razão, as pessoas podem se voltar mais para um professor de meditação leigo do que para um monge que não medite a fim de buscar orientação. Cada vez mais, no entanto, os mosteiros vem se tornando "centros de meditação" (Gombrich, 1983), uma ideia extraída do Ocidente e da Birmânia. Entre outras novidades está a revitalização da tradição da meditação na floresta, cujos monges são bastante venerados (Carrithers, 1983). Eles representam uma tendência "reformista", cujo objetivo está mais de acordo com os ideais do *Saṅgha* primitivo. O respeito dedicado às monjas, muitas das quais se tornaram *bhikkhunī*s depois da revitalização dessa ordem em 1998 (ver pp. 325-26), também se deve à sua vida simples e meditativa.

Uma nova forma de ritual, o *Bōdhi Pūjā*, foi desenvolvida na década de 1970 por Bhikkhu Ariyadhamma, tendo se tornado muito popular a partir de então (ver p. 270; Gombrich e Obeyesekere, 1988, pp. 384-410). Baseado na árvore *Bodhi*, ele usa uma entoação que se parece mais com um canto, de maneira a ter uma natureza mais emocional do que os cânticos tradicionais, e também para envolver uma participação mais ativa dos leigos.

Um importante movimento no Sri Lanka, sem dúvida do tipo modernista, é o Sarvodaya Śramadāna ("Doação de Energia para o Despertar de Todos"), um importante exemplo do "budismo socialmente engajado" e a maior organização não governamental do Sri Lanka.[4] Já

4 Berkwitz, 2010, pp. 196-99; Harvey, 2000, pp. 225-34, 275-78; Queen e King, 1996, pp. 121-46.

em meados da década de 1990 esse movimento tinha recrutado mais de 800 mil voluntários e mudado a vida de mais de 4 milhões de pessoas ao promover a renovação das comunidades rurais (Swearer, 1995, p. 117), e em 2006 estava ativo em cerca de 15 mil das 38 mil aldeias da ilha. O movimento, liderado por leigos e criado em 1958 por A. T. Ariyaratne (Keown e Prebish, 2007, pp. 43-5), envolve tanto leigos quanto monges. Ariyaratne critica a atividade monástica isolada da sociedade e rejeita formas de budismo que têm basicamente objetivos ligados ao mundo espiritual, como a geração da fruição kármica e os bons renascimentos (Bond, 1988, p. 255). Enfatiza que o karma é apenas um dos fatores que influenciam a vida das pessoas, portanto elas devem fazer o possível para assumir o comando de sua vida no momento presente (Bond, 1988, p. 272). O objetivo do movimento é promover o "desenvolvimento" em sentido mais amplo, despertando os habitantes das aldeias de sua passividade e fazendo com que se dediquem a escolher projetos e trabalhar neles, como construir uma estrada para sua aldeia ou organizar uma cooperativa comercial. Se inspira em ideais budistas como a generosidade e a bondade amorosa e procura levar *todas* as seções da comunidade a participar e trabalhar em conjunto de maneira a vivenciar seu potencial individual e comunitário para mudar seus ambientes econômico, social, natural e espiritual. Enfatiza ainda as "dez necessidades básicas para o pleno bem-estar e a satisfação humanos" e a "economia da suficiência", criticando tanto o capitalismo quanto o socialismo por estarem concentrados demais nos aspectos puramente econômicos da vida. As mulheres são bastante incentivadas a se manifestar e ser mais ativas, e o movimento também buscou promover um melhor relacionamento entre os cingaleses e os tâmeis.

George Bond descreveu o Sarvōdaya como um "movimento de libertação social budista" (1996, p. 121) no qual "o caminho em direção à libertação individual passa pela libertação social", enquanto Gombrich e Obeyesekere o encaram apenas como uma simplificação do rigoroso caminho voltado para as atividades espirituais, que se transforma em um caminho voltado para as atividades deste mundo (1988, pp. 243-55). Mesmo assim, a atividade do movimento Sarvōdaya coexiste com um aumento da atividade meditativa "rigorosa" no Sri Lanka tanto da parte dos monges quanto dos leigos, e o movimento Sarvōdaya estimulou outros tipos de atividade rigorosa em muitas pessoas que tinham pouca probabilidade de ter se envolvido com a meditação (com exceção do cântico). Gombrich e Obeyesekere também acreditam que o movimento tenha uma imagem muito idealizada da vida tradicional da aldeia no passado, ao mesmo tempo que busca impor certos valores "Budistas Protestantes" urbanos às comunidades das aldeias remanescentes. No entanto, embora a visão de Ariyaratne seja por certo idealista, ele sem dúvida reconhece os defeitos da vida tradicional na aldeia e procura corrigi-los recorrendo a forças negligenciadas que, correta ou erroneamente, considera implícitas na vida da aldeia no

Sri Lanka. Sua imagem entusiástica de determinadas antigas civilizações cingalesas — bastante compartilhadas com alguns nacionalistas cingaleses — com certeza contém exageros e, portanto, deve ser tratada apenas como uma visão inspiradora; mas é certo que esse movimento parece estar produzindo bons resultados.

A partir de 1948, um rápido aumento populacional[5] resultante da erradicação da malária fragmentou comunidades aldeãs tradicionais, fazendo com que muitos camponeses deixassem suas terras e fossem para as cidades. Embora tenha havido uma boa melhora nos cuidados com a saúde e na educação, o fraco desempenho econômico conduziu ao desemprego em massa e ao subemprego e as diferentes comunidades culparam umas às outras por isso, sendo essa uma das causas do prolongado conflito étnico entre tâmeis e cingaleses, que eclodiu em 1983. Os cingaleses (74% da população) tem uma longa história de defender sua cultura de incursões tâmeis provenientes do sul da Índia. No período do pós-guerra, buscaram compensar certas vantagens que eles achavam que os britânicos tinham concedido aos tâmeis (18% da população). Com o tempo, essas medidas foram longe demais e conduziram a demandas tâmeis pela autonomia ou independência para partes da ilha onde eles predominam.

No conflito, os tâmeis vieram a ser dominados por guerrilheiros implacáveis que lutavam por um Estado tâmil independente no nordeste da ilha: os LTTE, ou "Tigres de Libertação do Eelam Tâmil". O conflito se baseou sobretudo em questões linguísticas, áreas de reassentamento de camponeses e descentralização regional. O idioma cingalês veio a ter *status* privilegiado e os falantes do tâmil sentiram que isso os colocava em desvantagem no tocante à educação e a cargos públicos. Os projetos de reassentamento envolveram o deslocamento do povo cingalês para áreas que antes eram secas e que tinham sido povoadas pelos cingaleses em épocas anteriores, porém perturbou-se o equilíbrio populacional com os tâmeis nessas áreas. Buscou-se a descentralização regional de áreas tâmeis de modo a superar a privação econômica, embora os extremistas venham buscando um Estado separado por completo.

O conflito também tem dimensão religiosa. Os cingaleses são principalmente budistas e o budismo é um poderoso componente de sua identidade devido à longa história da religião na ilha e ao fato de que os cingaleses se esforçaram muito para preservar e propagar o budismo Theravāda. Os tâmeis são em sua maioria hindus, mas a religião não é enfatizada em sua identidade cultural. Os budistas cingaleses se veem como uma minoria ameaçada, protetora de uma antiga tradição. Embora sejam maioria no país, o histórico de invasões pelos tâmeis sul-indianos, muito mais numerosos, os faz se sentirem inseguros.

Após a independência, os budistas cingaleses justificadamente buscaram restaurar e fortalecer sua cultura depois do período colonial. No entanto, um dos efeitos colaterais da construção

5 Em 1946, 6,7 milhões; 14,8 milhões em 1981; e 21,5 milhões em 2010.

de seu nacionalismo em torno de uma identidade budista radicada em ideias de antigas civilizações budistas cingalesas foi a exclusão dos tâmeis não budistas desse ideal. Os valores budistas se tornaram distorcidos à medida que o "budismo" se tornou cada vez identificado, por alguns, com o povo cingalês e o território de toda a ilha.[6] Embora na antiga narrativa *Mahāvaṃsa* o Buda preveja que o budismo iria florescer no Sri Lanka, isso foi interpretado de forma equivocada por alguns que apoiaram o impulso de devolver, com exclusividade, a proeminência aos budistas (Bond, 1988, p. 9). Essa perspectiva levou os budistas a explorar sua posição majoritária e alienar os tâmeis, que ainda são considerados uma minoria privilegiada. Os políticos do partido cingalês "procuraram agradar às massas" e tiraram proveito da religião, produzindo uma divisão política baseada na divisão entre comunidades (Bond, 1988, pp. 121-22). Com frequência, o partido da oposição contestou quando o partido no poder tomou medidas para lidar com as queixas dos tâmeis. A divisão do *Saṅgha* ao longo dos discursos políticos também não ajudou.

No entanto, para os extremistas de ambos os lados — entre eles, alguns monges budistas que fizeram manifestações contra as "concessões ao tâmeis" —, os moderados poderiam ter resolvido o problema étnico levando em conta os interesses de ambos os lados e incentivando o perdão mútuo dos agravos do passado (Berkwitz, 2010, pp. 177-81). Em seu impulso de proteger o budismo, os budistas cingaleses precisaram prestar mais atenção ao conteúdo do que "protegiam" e menos atenção às necessidades de seu "receptáculo" político. Uma nova ênfase nos valores budistas de não violência e tolerância tem se mostrado necessária, bem como um modelo mais pluralista do nacionalismo budista (Tambiah, 1992, p. 125). Stanley Tambiah argumenta que a idealização de um antigo passado cingalês fez com que fossem negligenciadas épocas medievais e pré-coloniais mais recentes, nas quais houve uma "civilização multicultural e pluralística com uma marca caracteristicamente budista" (1992, p. 149).

O número de mortes causadas ao longo dos anos do conflito foi de cerca de 90 mil, o dispêndio militar consumiu um quarto dos gastos do governo e retardou-se o desenvolvimento da economia. Depois de várias tentativas infrutíferas tanto de negociar a paz quanto de derrotar os Tigres Tâmeis, o exército foi bem-sucedido em 2009, conseguindo sobrepujá-los e matar seu líder. Muitos civis foram mortos nos bombardeios de ambos os lados, e as questões implícitas no conflito ainda precisam ser abordadas.

Tendo em vista o acima exposto, é irônico que budistas cingaleses tenham sido, de fato, cada vez mais influenciados pelo hinduísmo tâmil na era da pós-independência. Talvez sua resistência aos apelos para que os tâmeis tenham mais poder político seja uma maneira de exteriorizar elementos de inquietação com relação a esse fato. A vida religiosa dos budistas do

6 Compare com a ascensão do "Hindutva", espécie de fundamentalismo hindu na Índia.

Sri Lanka não apenas se inspira no budismo Theravāda como também envolve a interação com um leque de divindades, divindades menores e demônios (*yakṣas*); este último complexo é chamado de "religião dos espíritos" por Gombrich e Obeyesekere (1988, p. 3). O budismo é visto como uma religião superior, que acolhe a todos, e as pessoas o procuram principalmente para se libertar e garantir uma boa reencarnação; já a religião dos espíritos é normalmente procurada por quem busca ajuda com as vicissitudes da vida. Estas aumentaram à medida que a população cresceu, as estruturas tradicionais das aldeias foram superadas e a economia embotada — que, como é evidente, está longe de ser favorecida pelo conflito étnico — foi incapaz de satisfazer às aspirações despertadas pela educação de massa. Por isso, as pessoas — fossem elas empresários, burocratas, políticos, moradores das favelas ou trabalhadores sem-terra — procuraram a ajuda de divindades menos escrupulosas do ponto de vista moral do que as divindades "budistas" tradicionais, como Viṣṇu (visto como um *Bodhisattva* e protetor do budismo).

Kataragama (Gombrich e Obeyesekere, 1988, pp. 99-101, 163-99), hoje a divindade mais popular da ilha, é particularmente importante. Ele recebeu esse nome em alusão ao principal santuário no Sri Lanka, que é visitado por pessoas de todas as classes e afiliações religiosas nominais, entre elas os cristãos, 550 mil dos quais visitaram o local em 1973. O santuário tem um *Stūpa* budista nas proximidades que faz parte dos rituais de todos os visitantes, tendo se tornado um microcosmo da mescla eclética de tendências religiosas encontradas no Sri Lanka atual. O "Budismo Protestante" e seu tom fundamentalista, bastante puritano, vem exercendo sua influência nas classes médias e inferiores e vem encontrando e sendo influenciado por novos aspectos da religião dos espíritos; a classe trabalhadora urbana, em particular, demonstra muita devoção emocional às divindades (Gombrich e Obeyesekere, 1988, pp. 9-11). Embora os monges, de modo geral, não acreditem no culto aos espíritos ou sejam indiferentes a ele, às vezes a pressão popular os leva a incluir novos santuários de divindades nos seus templos.

Kataragama — um dos nomes de Skanda, "filho" da importante divindade hindu Śiva — era visto antes como um deus da guerra e era venerado no Sri Lanka pelos tâmeis. Hoje, é considerado um dos protetores do budismo e seu principal santuário é dominado pelos budistas (Gombrich e Obeyesekere, 1988, pp. 411-44). Ao se apoderar do culto dos hindus tâmeis e enfatizar sua natureza "budista", os budistas vêm assimilando valores hindus. As práticas aqui e em outros lugares estão se tornando mais influenciadas pela *bhakti* emocional, ou devoção amorosa, encontrada no hinduísmo, bem como por práticas mágicas. Segundo a tradição, os budistas cingaleses se voltavam para os deuses em busca de ajuda para os problemas materiais da vida; agora, voltam-se para eles como divindades guardiãs pessoais — como *iṣṭa devatās* (divindades escolhidas) do hinduísmo — para "constante orientação, consolo e amor" (Gombrich e Obeyesekere, 1988, pp. 455; cf. pp. 32-3). No principal santuário de Kataragama, as pessoas caminham sobre brasas incandescentes (originalmente uma prática hindu Śaiva) por *bhakti* a uma divindade, talvez para cumprir uma promessa, mas com certeza para renovarem seu poder de ser possuídas pela divindade (Gombrich e Obeyesekere, 1988, pp. 189-91).

A popularidade de Kataragama significa que ele está se tornando progressivamente influenciado pelo budismo, embora seu culto ainda envolva uma dança extática (*kāvaḍi*) bastante erótica, realizada pelas massas em celebração ao seu flerte com sua amante. À medida que Kataragama vai se tornando mais ético, a popularidade de outras divindades está aumentando (Gombrich e Obeyesekere, 1988, pp. 31-6, 112-62), em especial: Hūniyam, personificação da bruxaria e, na verdade, da magia negra, sendo portanto considerado um protetor contra ela; e a deusa hindu Kālī, que, segundo se acredita, tem um aspecto aterrorizante, embora também seja fonte de poder protetor. Tradicionalmente, ambos eram vistos como demônios pelos budistas. No entanto, em um contexto economicamente inseguro no qual o esforço pessoal nem sempre traz recompensas, em parte devido ao papel desempenhado pelas trocas de influência política, as pessoas se voltaram para meios não racionais de cuidar de si mesmas e de suas famílias. As fatalidades podem ser atribuídas à bruxaria praticada por um vizinho invejoso e são consideradas solucionáveis por uma contrabruxaria.

Tradicionalmente, os budistas entendiam que toda possessão era efetuada por demônios ou espíritos ancestrais malignos (*pretas*), exigindo, portanto, um exorcismo, ou por deuses secundários, em condições limitadas e controladas por especialistas sacerdotais. Acredita-se que as pessoas estejam cada vez mais sendo possuídas por uma divindade como Kataragama (Gombrich e Obeyesekere, 1988, pp. 28-9, 36-41), que as deixa em êxtase e depois as torna capazes de muitas coisas, como fazer previsões, influenciar eventos ou realizar curas, todas estas observadas sob uma luz cada vez mais positiva. A confirmação "Budista Protestante" da meditação leiga, e a avaliação hoje não raro positiva dos estados de possessão, em especial entre as classes inferiores, acarretam a validação de uma gama de estados de consciência alterados. Como é evidente, os estados meditativos budistas diferem da possessão porque se baseiam no autocontrole e na conscientização, que parecem ausentes nos estados de possessão. No entanto, Gombrich e Obeyesekere (1988, pp. 453-54) observaram a tendência de esses dois tipos de estado se fundirem em alguns casos. Isso pode acontecer porque um estado no qual existe forte concentração é, às vezes, uma euforia que causa tremores no corpo associada à meditação *samatha*, mas, sem a ênfase na atenção plena, pode ocasionalmente ser semelhante a um estado de possessão. Sob a óptica budista tradicional, essa seria uma forma de "concentração errada".

Mesmo assim, o budismo Theravāda tradicional continua presente em abundância no Sri Lanka!

Tailândia

No século XIX, a Tailândia (então chamada Sião) foi muito hábil em evitar a colonização por parte das potências europeias, tendo dois governantes esclarecidos e modernizadores: o rei Mongkut (r. 1851-1868), retratado com imprecisão no filme *O Rei e Eu*, e seu filho, o rei Chulalongkorn (r. 1868-1910). No tempo que passou no *Saṅgha* antes de ser rei, Mongkut criou a fraternidade monástica reformista Dhammayutika e procurou propagar um budismo purificado, orientado em termos éticos. Desde 1932 o país tem uma monarquia constitucional e é governado principalmente por um governo parlamentar controlado pelas forças armadas. O budismo é a religião nacional, o *Saṅgha* é regulado pelo Estado e a realeza continua sendo muito respeitada.

A partir da década de 1960, ocorreu um forte desenvolvimento econômico (e secularização), embora sua irregularidade tenha feito com que o governo, em particular nas décadas de 1960 e 1970, pedisse ao *Saṅgha* para cooperar, incentivar e conduzir projetos de desenvolvimento comunitário nas regiões mais pobres (Suksamran, 1977; Swearer, 1995, pp. 117-23). As pessoas que trabalham com o desenvolvimento comunitário sempre entram em contato com o abade da localidade antes de iniciar um projeto, já que este não poderia ser bem-sucedido sem a aprovação dele, porque os aldeões tendem a desconfiar dos funcionários do governo. O abade pode fornecer informações práticas úteis sobre a localidade. Também pode, no final de um sermão, incentivar os aldeões a participar do projeto, como a construção de uma estrada. Os monges podem então participar ou ajudar a organizar as atividades, o que motiva ainda mais os aldeões, por legitimar a ação como geradora de fruição kármica. O *Saṅgha* também iniciou programas de treinamento para ajudar os monges, em especial os graduados, a participar de maneira mais eficaz das atividades de desenvolvimento comunitário. Tanto os líderes dos programas quanto o governo sentiram que o *Saṅgha* deveria ajudar para garantir que o progresso material não fosse acompanhado pelo declínio moral e religioso, porque isso resultaria na desordem pública e o comunismo se tornaria mais atrativo para os habitantes das regiões mais pobres. Uma das atividades dos monges tem sido procurar incentivar os leigos a ampliar sua ideia sobre quais ações geram fruição kármica. Em termos históricos, conforme se observou, elas vieram a se identificar com atos que sejam benéficos ao *Saṅgha*, embora os textos primitivos também façam referência a atividades como plantar ervas medicinais e escavar poços (*SN*.I.33). O treinamento propiciou orientação em questões como: liderança eficaz na construção de estradas, pontes, clínicas e poços; nutrição, primeiros socorros, saneamento, conservação da natureza e mobilização de recursos financeiros. Os efeitos práticos desses programas têm sido relativamente animadores, embora os leigos não raro precisem de bastante persuasão para ampliar sua noção do que gera fruição kármica, e há limites para a recanalização das doações tradicionais, que tendem a ser bastante aleatórias.

A presença de monges no trabalho de desenvolvimento não foi desprovido de críticos. Aqueles que apoiam um maior ativismo social da parte do *Saṅgha* argumentam que, por intermédio desse trabalho, os monges podem "reafirmar seu papel tradicional" como líderes comunitários em um mundo em transformação, conservando assim o respeito. Os antagonistas são aqueles com mentalidade mais cautelosa e tradicional, sobretudo entre os leigos. Eles argumentam que, se os monges se envolverem demais nos assuntos da sociedade secular, vão comprometer seu papel exemplar exclusivo de ser especialistas espirituais, o que causará prejuízo à sociedade. Alguns também criticaram o governo por fazer uso político do *Saṅgha* em um trabalho que tem sido, em parte, uma estratégia anticomunista. Ambos os lados têm razão sob alguns aspectos, sendo que se faz necessária uma reflexão cuidadosa para elaborar a melhor acomodação prática nessa área.

Um tanto diferente da maior parte do trabalho de "desenvolvimento" é a ajuda oferecida aos habitantes urbanos pobres que são viciados em heroína. O monge Phra Chamroon (1926-1999) desenvolveu um regime fitoterápico de cura e disciplina moral no seu mosteiro, Thamkrabok (www.thamkrabok.net). Seu índice elevado de cura atraiu o interesse de médicos no Ocidente. Alguns tailandeses o criticaram por promover um envolvimento muito próximo dos monges com pessoas leigas perturbadas, mas outros viram o seu trabalho como uma extensão do interesse meditativo para purificar a mente. Outros monges têm estado muito ativos ao buscar proteger as florestas definhantes da Tailândia, por meio de ações como a "ordenação" de árvores"; Ajahn Pongsak Tejadhammo incentiva os aldeões das tribos das montanhas a proteger e melhorar seu ambiente florestal em vez de se dedicar a uma agricultura de derrubada e queimada (Harvey, 2000, pp. 181-82; Swearer, 1995, pp. 124-28). O *Saṅgha* como um todo é, de modo geral, cauteloso com relação aos inovadores e também aos monges políticos, sejam eles antigos ativistas estudantis marxistas ou o radical anticomunista Phra Kittivuddho, que em 1973 afirmou (tendo recebido muitas críticas) que não era errado matar comunistas (Harvey, 2000, pp. 260-61; Swearer, 1995, pp. 112-14).

Assim como na Birmânia, existe uma grande quantidade de excelentes mestres de meditação na Tailândia (ver p. 362), alguns dos quais são leigos, e a meditação está cada vez mais popular entre as classes urbanas instruídas. Alguns monges e leigos minimizam a importância de grande parte da religião convencional voltada para a geração de *bun* — "mérito" ou fruição kármica — para se concentrar em questões relacionadas com a superação do apego e alcançar o *Nirvāṇa*, a meta suprema. Enfatizam a centralidade da meditação e a importância periférica das cerimônias, como a escola Chan tinha feito na China. L. S. Cousins (1997a, pp. 408-11) cunhou o termo "ultimatismo" para se referir a essas formas de budismo na Tailândia e em outros lugares.

Na elite instruída, um dos monges "ultimatistas" mais conhecidos, embora controverso, foi Buddhadāsa (1906-1993[7]). Sua interpretação da doutrina do renascimento, que influenciou muitos cientistas tailandeses (mais da metade dos quais não acreditam mais na vida após a morte: Gosling, 1976), era de que ela se referia apenas a uma série de estados dentro de uma vida (Seeger, 2005). Cada vez que o pensamento do "Eu" surge, a pessoa "renasce", mas o objetivo da pessoa deveria ser alcançar um novo tipo de vida Nirvānica, além do nascimento e da morte dos pensamentos do ego. Ele criticava a doação religiosa com a finalidade de obter bons resultados kármicos em uma vida futura, considerando-a mais como um acordo comercial do que como uma verdadeira doação (*BP.*33). Buddhadāsa traduziu alguns *Sūtra*s Mahāyāna para o tailandês, e a arte que ele usava para a educação espiritual era extraída de várias tradições budistas e também de outras religiões. Dizia que tanto o *Dhamma* quando Deus, compreendidos de forma adequada, estão relacionados a uma realidade além dos conceitos. Embora sua interpretação do budismo fosse terrena, ele criticava outras atividades terrenas, como o envolvimento dos monges em projetos de desenvolvimento comunitário, por considerá-las impróprias. Defendia uma espécie de "Socialismo Dhâmmico" espiritual e influenciou outros pensadores tailandeses progressistas, como o crítico social Sulak Sivaraksa,[8] que buscava a justiça social e a proteção tanto da cultura siamesa tradicional quanto do ambiente natural corroído pelas tendências capitalistas internacionais. Em oposição a essas pessoas estão aquelas que enfatizam a dependência econômica do Ocidente, estreitos vínculos militares com os Estados Unidos e a preferência por um governo forte, apoiado pelas forças armadas ou até mesmo dirigido por elas.

Um eminente monge erudito, muito respeitado, é Prayudh Payutto (1939-; Mackenzie, 2007, pp. 51-2; Seeger, 2005), autor de muitos estudos que apresentam ideias clássicas budistas Theravāda e as aplicam a problemas causados pela vida moderna, com sua necessidade de maior cooperação e respeito pela natureza.[9] A prática popular do budismo sob a óptica da ordenação temporária e da frequência no *wat* (templo) da localidade vem declinando, mas novas formas e atividades têm florescido. Viagens de peregrinação em ônibus têm trazido uma crescente patronagem aos templos associados a monges famosos, e palestras em rádio e vídeo vêm reunindo em torno de certos monges uma audiência nacional (Baker e Phongpaichit, 2009, p. 225).

---

7 Buddhadāsa, 1971, 1989; Jackson, 2003; Keown e Prebish, 2007, pp. 160-61; Queen e King, 1996, pp. 147-93; Swearer, 1995, pp. 132-36.

8 Keown e Prebish, 2007, pp. 692-93; Queen e King, 1996, pp. 195-235.

9 Ele teve vários títulos monásticos (Swearer, 1995, pp. 139-40); suas obras incluem Rājavaramuni, 1990; Payutto, 1993, 1994a, 1994b, 1995.

Wat Phra Dhammakāya e Santi Asoke são dois novos movimentos budistas que atraem sobretudo seguidores urbanos (Mackenzie, 2007). Ambos buscam um revigoramento da prática budista, e, embora tenham um núcleo monástico, oferecem maior abrangência para a prática leiga do que o budismo tailandês em geral. O primeiro permaneceu mais ligado à cultura predominante, enquanto o segundo se tornou relativamente marginalizado. Ambos têm recebido críticas das autoridades do *Saṅgha* e de Prayudh Payutto.

O Wat Phra Dhammakāya é um movimento moderno organizado com eficiência, de crescimento rápido, que usa vídeos e um canal de televisão via satélite para atrair as pessoas, obtendo muitas doações dos seus não raro abastados seguidores, entre os quais estão membros da elite política, das forças armadas e da família real. Ele é muito ativo nas Associações Budistas das principais universidades tailandesas e está sediado em um grande templo moderno nos arredores de Bangkok. Este situa-se em uma área de 325 hectares e tem capacidade de atender a milhares de visitantes nos fins de semana e durante os festivais; o número às vezes chega a 200 mil. O templo é o maior da Tailândia sob a óptica do número de habitantes: em 2006, tinha 600 monges, 300-400 noviços,[10] 700 discípulos voluntários residentes em tempo integral, mil funcionários remunerados e muitos outros voluntários com quem podia contar (Mackenzie, 2007, p. 41). O templo também tem mais de 60 mil meditadores leigos dedicados (Mackenzie, 2007, p. 94).

Os visitantes e os residentes leigos se vestem de branco, e a ordem, a eficiência e a conveniência são enfatizadas. O movimento se concentra em uma técnica de meditação particular, enfatizando-se que é melhor meditar em grupo, seja no Wat Phra Dhammakāya, conectado a ele por meio da internet ou em um grupo Dhammakāya local (Mackenzie, 2007, pp. 33-4). São ministrados cursos de treinamento em ética e no método de meditação e existe a aspiração de propagar a meditação Dhammakāya pelo mundo.

O método de meditação utilizado é uma modalidade do ensinado por Luang Phaw Sot (1885-1959), abade de Wat Paknam em Bangkok. Ele julgou ter redescoberto o método perdido de iluminação usado no budismo primitivo, que consistiria em encontrar o *Nirvāṇa* como um corpo sutil radiante oculto dentro do corpo humano.[11] Ele ensinou o método a partir de 1915, além de enfatizar uma rígida disciplina monástica e conquistar reputação como agente de cura. Um de seus principais discípulos foi a monja analfabeta Khun Yai Chan, e entre aqueles que ela ensinou estavam dois homens com formação universitária que se ordenaram e se tornaram Phra Dhammachayo e Phra Dattacheewo. Eles fundaram o que se transformaria no

10 Respectivamente, 800 e mil durante o retiro anual das "chuvas".

11 Enquanto o *Satipaṭṭhāna Sutta* fala de contemplar o "corpo (apenas) em (relação ao) corpo" (*M*.I.56), ele considerava o processo às contemplação de um corpo sutil dentro do corpo.

Wat Phra Dhammakāya em 1970, tendo Dhammachayo como seu abade, e mais tarde formaram a Fundação leiga Dhammakāya.

O método de meditação do Wat Phra Dhammakāya (Mackenzie, 2007, pp. 102-04) utiliza várias técnicas baseadas em *samatha*. Em regra, faz uso do *mantra Sammā Arahaṃ* (*Arahat* perfeito) e a visualização de uma esfera de cristal, a princípio na frente da pessoa, depois em uma das narinas e em vários outros pontos, até chegar ao "centro" do corpo em um lugar situado logo acima do umbigo. O primeiro objetivo é suspender os obstáculos e obter acesso à concentração focalizada em um radiante *nimitta* nesse ponto (ver p. 352). A concentração no centro da imagem produz imagens mais refinadas, em seguida são alcançados o primeiro *jhāna* e alguns estágios *vipassanā*. Depois são vistos corpos interiores cada vez mais sutis, como imagens do Buda, que correspondem a níveis mais profundos de *samatha*, seguidos por corpos que correspondem aos tipos de Nobres pessoas, até que, por fim, segundo dizem, o *Dhammakāya* (Corpo de *Dhamma*) radiante e incondicionado de um *Arahat* é encontrado dentro da pessoa: uma natureza do Buda interior, que possibilita a experiência do *Nirvāṇa*. A "esfera" (*āyatana*) do *Nirvāṇa*" é vista como uma esfera física sutil, com cerca de 2,240 milhões de quilômetros de diâmetro, porém acessível a um *Arahat* a partir de dentro de seu corpo, onde seres iluminados vivem pela eternidade como indivíduos com autoconsciência. Em um importante ritual mensal, oferecem-se frutos a eles (Mackenzie, 2007, pp. 46, 48, 98-9).[12] De modo controverso, o *Nirvāṇa* é encarado como o verdadeiro "Eu" da pessoa (Williams, 2009, pp. 125-28): o ensinamento do não Eu diria respeito a abandonar o que é *não Eu* e encontrar o Eu verdadeiro, como em algumas interpretações da doutrina do *Tathāgata-garbha* no Mahāyāna (ver pp. 171-72). Com efeito, um *site* do Dhammakāya diz o seguinte: "o Tathagata Garbha é o Dhammakaya ou Corpo de Iluminação [...] dentro do nosso corpo".[13]

Um mito que algumas pessoas no Wat Phra Dhammakāya endossam é o de um permanente conflito cósmico entre as forças do "*Dhammakāya* Negro", liderado por Māra, e o "*Dhammakāya* Branco", que buscava criar nosso mundo como uma esfera benéfica. A ênfase em grandes números de pessoas meditando juntas ocorre, em parte, porque se considera que tal união ajuda a superar a influência de Māra na deterioração deste mundo.

O Wat Phra Dhammakāya oferece o sucesso baseado no bom karma gerado pelas doações ao movimento; oferece também a filiação a uma organização eficiente e reformadora que trabalha para superar as forças do mal no mundo, e um método de meditação que começa a produzir resultados com relativa rapidez (Mackenzie, 2007, pp. 56-67). Rory Mackenzie o caracteriza como "um movimento de prosperidade budista com algumas características milenaristas e fun-

12 Embora acredite-se que Luang Phaw Sot apenas tenha renascido no céu Tuṣita (Mackenzie, 2007, p. 49).
13 www.dhammakaya.net/en/docs/middle-way-and-dhammakaya.

damentalistas" (2007, p. 96). Trata-se de uma forma de "modernismo budista" ou "budismo moderno", parte da "revitalização da meditação", e tem algumas conexões com o Theravāda esotérico ou "tântrico" (ver pp. 201-02; Mackenzie, 2007, pp. 94-5).

À medida que o movimento foi crescendo, ele passou a receber publicidade negativa (Swearer, 1995, pp. 114-15; Mackenzie, 2007, pp. 49-54) relacionada com:

- Ênfase excessiva nos benefícios relacionados a doações específicas ao templo (Mackenzie, 2007, pp. 43, 46) que, para os críticos, pareciam "consumismo religioso", embora se acredite que os doadores comumente extraiam grande alegria de suas doações.
- Ênfase excessiva na terra e em prédios grandiosos, a ponto de ter ativos avaliados em mais 40 milhões de dólares em 1995. No entanto, o templo tem uma grande atuação administrativa e usa parte dos seus recursos para ajudar escolas e templos no sul da Tailândia, uma área de tensão com a minoria muçulmana. O movimento foi elogiado por ajudar as pessoas a abandonar o fumo e a bebida, e em 1995 ele produziu um CD-ROM do Cânone páli em cooperação com a Pali Text Society, de Oxford.
- Em 1999, Dhammachayo foi acusado de tomar para si vários lotes de terra que haviam sido doados ao templo; no entanto, embora tenha tido que entregar o cargo de abade do Wat Phra Dhammakāya para Dattacheewo, as acusações parecem ter sido retiradas. Dhammachayo continua a ser o presidente da Fundação Dhammakāya, sendo ainda considerado o líder do movimento.

Embora o movimento Wat Phra Dhammakāya tenha sido controverso, chegou a uma acomodação com o budismo tailandês consagrado, do qual continua a ser uma parte, e tem ajudado a garantir isso oferecendo ajuda administrativa aos monges idosos das autoridades do *Saṅgha*. Outras formas da meditação Dhammakāya de Luang Phaw Sot também são praticadas no Wat Paknam e na Fundação Dhammakāya de Meditação Budista e seu Wat Luang Phaw Sot Dhammakāyaram, fundado em 1991 por algumas pessoas insatisfeitas com aspectos do Wat Phra Dhammakāya.

O Santi Asoke[14] é um movimento budista menor, com cerca de 10 mil membros. Sua prática não enfatiza a meditação formal — embora inclua breves períodos de reflexão ou de *samatha* para desenvolver certa tranquilidade. Ele se concentra em preceitos morais, em especial no vegetarianismo, e na atenção plena constante: às ações, ao impacto que causam no mundo e às outras pessoas, bem como a quaisquer impurezas que possam expressar. O movimento visa alcançar uma vida tranquila, livre do sofrimento, que está associado aos bens materiais, ao apego e a práticas injustas na sociedade, como a corrupção. Embora não faça muita referência a textos budistas, os sete primeiros fatores do Caminho Óctuplo são vistos como aspectos de *sīla*,

14 Heikkilä-Horn, 1997; Mackenzie, 2007; Swearer, 1995, pp. 136-39.

virtude moral, e o fator de concentração correto é visto como um estado mental tranquilo que surge a partir deles e facilita a percepção da redução das impurezas. O *Nirvāṇa,* apesar de poder ser atingido pelos leigos, é visto como estado de mente livre do ego, que possibilita o trabalho natural para os outros.

O movimento se concentra em comunidades amparadas nos templos, dos quais tinha nove em 2007. Elas dirigem restaurantes vegetarianos, cultivam os próprios alimentos orgânicos, produzem determinadas coisas como medicamentos fitoterápicos e tofu e têm lojas que vendem os produtos com uma pequena margem de lucro, cujo custo original vem marcado com clareza (Mackenzie, 2007, pp. 149-50). A ênfase é em um estilo de vida simples e ético, em harmonia com a natureza, sendo as tarefas do dia a dia executadas com grande cuidado, evitando-se assim qualquer desperdício. Quase todos os membros da comunidade, monges ou leigos, comem apenas uma vez por dia e andam descalços. Os membros leigos usam simples trajes azuis de camponeses, embora não costumem ser camponeses pobres e sim agricultores em melhor situação, comerciantes urbanos e pequenos empresários/negociantes, sobretudo de descendência chinesa ou chino-tailandesa.

O Santi Asoke tem sua própria editora, é ativo nas estações de rádio locais e administra escolas que cumprem a programação curricular normal e também enfatizam o trabalho colaborativo, a arte, a música e a ética budista, com bastante conteúdo discutido entre professores e alunos. Também dirige acampamentos para crianças, onde estas aprendem a autodisciplina e a assistência, e programas para jovens adultos, que enfatizam a ecologia, a agricultura natural e o budismo (Mackenzie, 2007, pp. 136-38).

O movimento foi influenciado por ideias gandhianas de autossuficiência e da vida simples (como aconteceu com o Sarvōdaya Śramadana no Sri Lanka), pelo ideal israelense do *kibbutz* e por algumas das ideias de Buddhadāsa, embora também o tenha criticado pela atenção insuficiente a colocar suas ideias em prática. Ao contrário do Wat Phra Dhammakāya, o movimento é anticapitalista e anticonsumista. Critica o individualismo e o materialismo presentes na cultura tailandesa, e ficou portanto satisfeito quando, durante a crise financeira de 1997, um discurso do rei transmitido pela televisão falou da necessidade de a Tailândia ser mais autossuficiente e ter uma economia mais simples. Hoje, de modo geral, a percepção do consumismo na Tailândia se dá sob uma luz mais crítica do que antes.

O Santi Asoke tem uma abordagem mais comunitária do que o Dhammakāya, sendo também mais aberto para os pesquisadores externos, além de menos fundamentalista (Mackenzie, 2007, p. 189). Só aceita doações financeiras daqueles que conhece bem e tem uma ênfase igualitária e democrática. Os abades dos centros são designados a cada ano pelos seus monges, e os centros têm uma hierarquia bastante nivelada, cada um deles sendo administrado por um comitê eleito. Considera-se a "vontade do grupo" algo importante, desenvolvendo-se assim uma forte atmosfera de disciplina. Mackenzie caracteriza o Santi Asoke como uma espécie de "movimento utópico, ascético/profético com tendências legalistas", no qual os membros das comunidades sentem que "experimentam justiça e apoio por viverem uma existência moralmente honrada [...] em contraste com sua experiência na sociedade tailandesa predominante" (Mackenzie, 2007, p. x; cf. pp. 165, 172).

Os aspectos "legalistas" e um tanto regimentados do movimento são vistos no fato de que os membros têm livros nos quais registram o quanto estão sendo capazes de cumprir os oito preceitos (ver p. 302), bem como seus insucessos, já que os oito preceitos devem ser seguidos tanto de forma externa quanto de maneiras mais sutis relacionadas com as atitudes e os estados mentais. Isso pode levar as pessoas a se "apegarem às regras e observâncias" e a desenvolver sentimentos de culpa (Mackenzie, 2007, pp. 165-67). A afiliação a uma comunidade Santi Asoke passa por sete estágios formais, desde convidado temporário até a ordenação, processo que leva pelo menos três anos e três meses (Mackenzie, 2007, pp. 148-49). Ao contrário do budismo convencional, que não considera os bens materiais problemáticos para os leigos desde que sejam obtidos de maneira ética e compartilhados com outras pessoas, o Santi Asoke diz que esses bens tendem a ser intrinsecamente problemáticos; prescreve-se, portanto, um estilo de vida simples e austero tanto para os monges quanto para os leigos.

Em 2005, o Santi Asoke tinha 195 *samaṇas*, o nome alternativo para seus *bhikkhus*/monges, e 27 *sikkhamats*, ou monjas dos dez preceitos, com 9.929 membros registrados em 2001 e milhares de simpatizantes. Não crescia, mas permanecia estável (Mackenzie, 2007, p. 136). As *sikkhamats*, embora seu número seja restrito a um quinto dos ordenados, têm *status* muito mais elevado do que o da maioria das monjas tailandesas e ocupam um lugar muito respeitado no Santi Asoke (Mackenzie, 2007, pp. 145-48).

O fundador do Santi Asoke é o monge Bodhirak, um homem esforçado, direto e carismático, com antecedentes sino-tailandeses da classe trabalhadora (Mackenzie, 2007, pp. 115-30). Ele é muito mais acessível do que Dhammachayo, o recluso líder do Dhammakāya, e algumas pessoas o veem como um *Bodhisattva* e/ou *Arahat*. Foi ordenado em 1970 e logo adquiriu a reputação de ter rígida disciplina e criticar aqueles que considerava não ter essa disciplina. Originalmente adepto do Dhammayuttika Nikāya e depois do Mahā Nikāya (ver p. 317), passou a resistir a ser rotulado como qualquer um dos dois. Enfatizava o esforço próprio e a razão e criticava o que considerava aspectos supersticiosos do budismo tailandês convencional. Em 1976 havia três centros do seu "grupo Asoke", e em 1979 as autoridades monásticas começaram a criticar sua abordagem, que não era compatível com o budismo tailandês convencional, regulado pelo Estado.

Um famoso membro do Santi Asoke foi o general de divisão Chamlong Srimuang, um personagem ascético que foi governador de Bangkok (1985-1989 e 1990-1992), firme na anticorrupção e fundador do partido político Phalang Dhamma. A associação do Santi Asoke a um partido político aumentou as críticas que já recebia e, em 1989, depois que Bodhirak se recusara a se ajustar mais aos regulamentos das autoridades eclesiásticas, decidiram secularizá-lo. Ele e seus monges concordaram em usar trajes marrons em vez de trajes na cor habitual; em deixar de usar o título honorífico Phra, utilizado para os monges; e em "perder" suas carteiras de identidade de monges, mas se recusaram a participar de uma cerimônia monástica de secularização. Em 1995, ele e seus seguidores monásticos receberam penas com suspensão condicional por terem se feito passar por monges quando o Estado não os reconhecia como tal. O movimento permanece sendo uma parte um tanto marginalizada, embora aceita, do cenário religioso tailandês.

Chamlong Srimuang, que já foi vice-primeiro-ministro, é hoje um membro proeminente da Aliança do Povo para a Democracia (os "camisas amarelas", sendo o amarelo uma cor associada ao rei), que se opõe à volta do ex-primeiro-ministro deposto Thaksin Shinawatra e à política de seus defensores. Thaksin, que ficou bilionário por intermédio das suas empresas de telecomunicações, foi expulso pelas forças armadas em 2006 por motivo de corrupção. Desenvolvera estreitos vínculos com Dhammakāya a partir de 2001 e tem o apoio dos "camisas vermelhas", pessoas que são em grande parte da classe trabalhadora e da região rural e valorizam o que ele fez em prol da redução da pobreza no campo e do fornecimento de assistência médica. Em 2009, ativistas dos "camisas amarelas" assumiram o controle do aeroporto de Bangkok, e, em 2010, ativistas dos "camisas vermelhas" tomaram conta de áreas centrais de Bangkok, exigindo a antecipação das eleições.

A saúde precária do muito respeitado e idoso rei Bhumibol (nascido em 1927 e no trono desde 1946),* que, com frequência, interferiu para recomendar moderação e acomodação na política tailandesa, é algo que coloca um ponto de interrogação na futura estabilidade da política tailandesa, tendo em vista que seu filho não é tão respeitado quanto ele. Entre os fatores que contribuem para o grau de conflito está certa insurgência muçulmana no sul da Tailândia.

Birmânia[15]

O grande rei birmanês Mindon (r. 1853-78) apoiou muito o budismo e presidiu ao "quinto" Grande Concílio (1868-1871). Neste, diferentes edições do Cânone páli foram conferidas e

---

* O rei Bhumibol faleceu em 13 de outubro de 2016. (N. dos trads.)

15 Sobre este país, ver Bechert e Gombrich, 1984, pp. 147-58; King, 1964; Spiro, 1971; Swearer, 1995.

uma versão ortodoxa foi insculpida em 729 lajotas de pedra. Os britânicos conquistaram a baixa Birmânia em 1853 e em 1885 assumiram o controle de todo o país, o que causou um certo enfraquecimento na disciplina monástica devido ao fim da prerrogativa real de purgar o *Saṅgha.* A década de 1920 presenciou o desenvolvimento de formas mais acessíveis da meditação *vipassanā* (ver p. 361), para ensinar aos leigos, e a agitação dos monges a favor da independência. Embora os líderes monásticos considerassem que a atividade política contrariava o *Vinaya*, era difícil evitar que alguns dos monges mais jovens desenvolvessem uma inclinação por ela. Assim, monges urbanos descontentes têm estado ativos, a favor ou contra certos partidos ou políticas, desde essa época. Líderes do movimento da independência se inspiravam em uma mescla de socialismo e nacionalismo devido ao desprezo que sentiam pelos capitalistas e senhores de terras indianos apresentados pelos britânicos. Depois da devastação decorrente da luta entre britânicos e japoneses na Segunda Guerra Mundial, a independência foi alcançada em 1948; U Nu, o primeiro primeiro-ministro, favorecia uma forma de socialismo como meio de alcançar a meta budista de uma sociedade justa e pacífica que não incentivava a cobiça.

Em 1956, os budistas do sul celebraram o "*Buddha Jayanti*", que ocorreu, segundo se acredita, 2.500 anos depois da morte do Buda, quando uma revitalização budista era esperada. U Nu presidiu ao "sexto" Grande Concílio (1954-1956), realizado para comemorar esse evento. Monges de uma série de países Theravāda compareceram, uma nova edição do Cânone páli foi produzida — a "*Chaṭṭha Saṅgāyana*" — e esforços foram feitos para estimular a educação budista, os empreendimentos missionários e as atividades de bem-estar social. Foram fundados muitos "centros de meditação" para monges e leigos, e esse movimento se espalhou depois para o Sri Lanka e a Tailândia. Digno de nota foi U Ba Khin (ver p. 361), um leigo que era servidor público proeminente e respeitado. Até mesmo com setenta e poucos anos, ele mantinha uma combinação vigorosa de trabalho no governo com a administração de um Centro de Meditação Internacional, ensinando a meditação *vipassanā* para leigos na Birmânia e no exterior.

Em 1962, um golpe levou ao poder um governo militar semimarxista, o qual gastou muita energia na guerra contra vários grupos étnicos minoritários que lutavam para se tornar independentes dos birmaneses. A população é 68% bamar/birmanesa, 9% Shan e 7% Karen/Kayin, mas há mais de cem grupos étnicos reconhecidos. Oitenta e nove por cento da população é de budistas, com 4% de cristãos e 4% de muçulmanos. A perseguição dos "estrangeiros" pela junta militar provocou a emigração de 300 mil indianos birmaneses por volta de 1964, e a perseguição dos muçulmanos Rohingya levou muitos deles a fugir para Bangladesh. Os cristãos, que compõem cerca de um terço do povo Karen, também estão em desvantagem. O povo Karen tem sido o maior de vinte grupos minoritários a fazer parte de uma insurgência contra o governo desde 1950, com a presença de 140 mil refugiados, sobretudo Karen, na Tailândia em 2006.

A junta formou um estado de um único partido que buscou controlar quase todos os aspectos da economia. No entanto, ela não tem sido francamente antibudista, e suas políticas isolacionistas podem ter ajudado a preservar uma devotada cultura budista contra as forças da secularização e do turismo. Apesar disso, o crescente descontentamento com o fraco desempenho econômico do país e os métodos ditatoriais do governo provocou manifestações de protesto contra o governo em 1988. Os monges participaram dessas manifestações e o público colocou a administração de muitas cidades nas mãos de comitês de monges, devido ao colapso da autoridade governamental nesses locais. Milhares de manifestantes morreram em razão das severas sanções do governo, e um novo governo militar se autodenominou "Conselho Estatal da Restauração da Lei e da Ordem" (SLORC, State Law and Order Restoration Council; a partir de 1997, passou a se chamar "Conselho da Paz e Desenvolvimento do Estado"), tendo mudado, em 1989, o nome do país para "União de Myanmar". Mais tarde (em 2005), também deslocou a capital de Rangoon/Yangon para um novo local construído nos arredores de uma cidade de exploração madeireira. Em 1990, foram realizadas eleições livres pela primeira vez em trinta anos, e a Liga Nacional pela Democracia, dirigida por Aung San Suu Kyi (filha de um herói que ajudou a conseguir a independência da Birmânia; Keown e Prebish, 2007, pp. 68-9), obteve 80% dos assentos parlamentares. No entanto, o SLORC recusou-se a renunciar, anulou o resultado e colocou Aung San em uma rígida prisão domiciliar, que ela cumpriu durante a maior parte do período desde então até novembro de 2010. Ela pratica a meditação *vipassanā*, é uma respeitada autoridade simbólica do movimento democrático e ganhou o Prêmio Nobel da Paz em 1991, o qual só teve permissão para receber em 2012.

Embora o governo tenha permitido uma limitada liberalização econômica e feito acordos de cessar-fogo com a maioria dos grupos de guerrilha étnicos no início da década de 1990, ele usa o trabalho forçado em suas campanhas contra os outros. Dirige o que é, de fato, um Estado policial, cujas forças armadas perfazem quase meio milhão de pessoas e que gasta o menor percentual do seu Produto Interno Bruto (PIB) em assistência médica em relação a qualquer outro país no mundo. Em 2007, ocorreram de novo manifestações de protesto lideradas por monges, desencadeadas por um repentino aumento no preço dos combustíveis, que foram na época reprimidas. Em 2008, partes do país foram devastadas por um ciclone e o governo protelou a ajuda das Nações Unidas, por não apreciar que entidades estrangeiras funcionassem no país. O governo vem redigindo uma nova Constituição, sob a qual novas eleições foram realizadas em novembro de 2010, mas com a desqualificação da participação de Aung San, porque ela fora casada com um estrangeiro, um acadêmico inglês; o principal partido de oposição boicotou a eleição. A paciência da população com seu governo tem sido colocada à prova, mas os budistas sabem que todas as coisas condicionadas mudam. Uma recente e relativa liberalização resultou em que, em 2012, Aung San tivesse permissão para ser eleita ao parlamento e viajasse para o exterior.

Laos, Camboja, Vietnã e Yunnan

A partir de 1893, o Vietnã, o Camboja e o Laos foram colônias da França, formando a união da Indochina, até 1953 no Laos e no Camboja e 1955 no Vietnã. No Laos (Harris, 1999, pp. 153-72), a maior parte dos lao da planície, cerca de 60% da população, é budista do sul, mas a maioria dos outros mais ou menos cinquenta grupos étnicos seguem alguma forma de animismo. O Pathet Lao Comunista subiu ao poder em 1975, depois de guerrear com o governo monarquista. No conflito, monges ingressavam com frequência no Pathet Lao (Terra do Laos) como médicos, carregadores e agentes de propaganda. O Pathet Lao não submeteu o budismo à grande repressão, mas buscou controlar o *Saṅgha*, usando-o como um instrumento para espalhar e reforçar sua ideologia, e também exigiu que os monges fossem professores e trabalhassem na área da saúde. Desde a década de 1990, o governo vem seguindo a orientação chinesa de liberalização econômica junto com o continuado autoritarismo político. No entanto, as ideias e práticas budistas permanecem fortes no país, a ponto de os políticos precisarem se voltar para o budismo em busca de legitimidade, hoje entendida sobretudo sob a óptica nacionalista, e muitos líderes políticos conservam uma associação com o budismo. O budismo está recuperando sua posição e influência social, embora o *Saṅgha* continue controlado pelo Partido Revolucionário do Povo do Laos.

Em 1971, a Guerra do Vietnã se propagou pelo país antes tranquilo e pacífico do Camboja (Harris, 2005, 1999, pp. 54-78). Noventa e cinco por cento da população segue o budismo do sul, inclusive uma linha considerável de "Theravāda tântrico" (ver pp. 227-28). A independência trouxe regimes que favorecem o "socialismo budista", mas a devastação acarretada pelos bombardeios norte-americanos ajudaram a marcar o início do terror do Khmer Rouge de 1975-1979, quando esse regime comunista fanático buscou destruir a civilização anterior e começar do zero sua "utopia" baseada na vida camponesa. As cidades foram evacuadas e muitas pessoas foram assassinadas ou morreram de fome: mais de um milhão de pessoas foram mortas e meio milhão fugiram do país; 63% dos monges morreram e os demais foram obrigados a se secularizar ou fugir. Somente cem monges cambojanos ordenados haviam sobrevivido quando a invasão vietnamita instituiu um governo mais tolerante. Em 1979, o Camboja passou a ter um governo apoiado pelos vietnamitas, mas assediado por um leque de forças cambojanas que incluíam remanescentes do Khmer Rouge. Em 1993, com o auxílio das Nações Unidas, o país se tornou uma democracia e monarquia constitucional, e, em 1990, contava com 10 mil monges e 6,5 mil noviços. Formas socialmente ativistas de budismo floresceram, com marchas anuais pela paz, antes lideradas pelo carismático Mahā Ghosānanda (1929-2007), em apoio à reconciliação e à proteção ambiental (Harvey, 2000, pp. 278-83; Keown e Prebish, 2007, pp. 483-84).

No Vietnã, onde o budismo é predominantemente Mahāyāna, o budismo do sul está presente como minoria, com 64 templos em 1997, em especial no sul, perto do Camboja. Os números aumentaram a partir da década de 1940 devido a movimentos budistas de modernização que desenvolveram certo interesse pelo Cânone páli e pela meditação Theravāda. Na província de Yunnan, na China, o budismo do sul ainda é encontrado em uma região isolada que faz fronteira com o Laos e a Birmânia, entre o 1,2 milhão de pessoas que compõem o povo Dai. A principal ameaça a essa cultura é serem esmagados por um influxo de chineses Han.

Índia, Bangladesh e Nepal

Desde o século XIX, estudiosos ocidentais e indianos estudaram a tradição budista da Índia por meio da arqueologia e da pesquisa textual. A partir da década de 1890, surgiram obras populares sobre o budismo, e o poeta Rabindranath Tagore incluiu temas budistas em suas peças. A Mahā Bodhi Society (MBS) de Dharmapāla desenvolveu centros em muitas cidades e ajudou a difundir uma percepção da existência do budismo. A sociedade aos poucos fez algumas conversões entre os indianos instruídos, e um ex-membro da MBS trabalhou para converter pessoas de castas inferiores no sul. Nas décadas de 1920 e 1930, a MBS foi associada aos textos especializados e populares de três notáveis monges eruditos indianos: R. Sankrityayan, A. Kausalyayan e J. Kashyap.

O redespertar do interesse indiano pelo budismo levou à publicação de muitos livros sobre a religião. Alguns intelectuais secularizados se sentiram atraídos pelo "racionalismo" do budismo e pelo fato de ele não apoiar o sistema de castas, sem que, contudo, se tornassem formalmente budistas. O budismo tende a ser visto como uma parte do hinduísmo, cuja forte natureza social conserva seu domínio. O primeiro primeiro-ministro da Índia independente, Jawaharlal Nehru, era um desses budistas "intelectuais". Eles também são encontrados sobretudo entre as pessoas de classe média, de várias afiliações religiosas, que participam de "acampamentos de meditação" de dez dias e aprendem em particular o método *vipassanā* de S. N. Goenka (ver p. 361) como veículo para uma vida harmoniosa. Essa tendência pode ser encarada como uma forma de modernismo budista.

Os mais numerosos "novos" budistas na Índia são ex-membros de certas castas "intocáveis", seguidores do doutor B. R. Ambedkar (1891-1956[16]). Esses budistas "Ambedkar", que tota-

16 Berkwitz, 2010, pp. 192-96; Keown e Prebish, 2007, pp. 24-6; Ling, 1980, pp. 67-135; Queen e King, 1996, p. 45-71.

lizam cerca de 7,1 milhões, estão concentrados principalmente no estado ocidental de Maharashtra. As castas intocáveis, conhecidas como "castas registradas" a partir de 1935, abrangem grupos que há muito tempo são economicamente debilitados e socialmente marginalizados, colocados abaixo até mesmo dos *Śūdras* no sistema social hindu. Eles executavam trabalhos sujos como limpar as ruas, e eram encarados com desprezo, em particular pelos brâmanes, que os consideravam menos que humanos. Ambedkar, embora tivesse nascido numa dessas castas, conseguiu ter uma boa educação, tanto na Índia quanto no exterior, devido à sua inteligência, ao apoio do pai e ao fato de ter recebido uma bolsa de estudos. Tornou-se advogado e, a partir da década de 1920, trabalhou pela emancipação dos intocáveis, desejando libertá-los de sua degradação dentro do hinduísmo. Via muitos males sociais na Índia e considerava o sistema de castas a raiz de todos eles. Em 1936, criou a Federação das Castas Registradas para ajudar a suplantar o poder político dos brâmanes, que, segundo acreditava, era a base do sistema de castas. Na qualidade de ministro da justiça no primeiro governo da pós-independência, garantiu que a constituição protegesse os direitos dos membros das castas registradas, de modo que a discriminação negativa por motivos de casta se tornou ilegal. No entanto, isso ainda acontece, e os membros das castas registradas preferem hoje se autodenominar "Dalits", ou "os Reprimidos".

Em 1935, Ambedkar havia declarado que se converteria do hinduísmo a outra religião, sendo esse o caminho à frente para os membros das castas registradas. Foi cortejado por diferentes religiões, mas rejeitou o cristianismo e o islamismo devido à sua origem não indiana e porque seus membros indianos eram afetados por atitudes de casta. Também achava os cristãos muito individualistas e não gostava do islamismo devido à sua tendência para a intolerância e por obrigar as mulheres a ficarem reclusas em *purdah*. Embora também se sentisse atraído pelo siquismo, escolheu o budismo em 1950, considerando-o uma religião racional e igualitária, com ênfase no amor, na igualdade e na liberdade espiritual. No entanto, desejava evitar certos aspectos da religião, como por exemplo os gastos em atividades para gerar fruição kármica, e se considerava um "neobudista". Para ele, o budismo era um evangelho social cujos monges o Buda pretendera que inspirassem uma nova sociedade ideal. Por essa razão, deveriam ser "assistentes sociais e pregadores sociais", como os missionários cristãos, e ensinar o budismo como um caminho para a dignidade humana e uma sociedade democrática. Em 1956, Ambedkar e cerca de 500 mil membros das castas registradas se converteram ao budismo em uma cerimônia de "consagração" pública de massa. Outras conversões em massa se seguiram, e as conversões continuam a ocorrer em menor escala, com 5 mil pessoas se convertendo, por exemplo, em uma cerimônia realizada em 2007 em Mumbai. O budismo de Ambedkar se concentra na reforma moral do indivíduo e da sociedade. Ele enfatiza a devoção, mas não a meditação, e o próprio Ambedkar é tomado como um quarto "refúgio", sendo considerado um *Bodhisattva*. Seus ensinamentos são semelhantes ao do budismo do sul modernista.

Os budistas de Ambedkar são predominantemente ex-membros das castas Mahar e Jatav, e na verdade tendem hoje a ser tratados como uma nova casta (inferior), de modo que não romperam os moldes aos olhos dos outros. Apesar disso, a conversão resultou na superação de seu sentimento de inferioridade, tendo eles experimentado grande intensificação de sua dignidade. Passaram a se interessar muito pelo avanço educacional e experimentaram um avanço econômico, reduzindo bastante, por exemplo, os gastos tradicionalmente acarretados por coisas como casamentos. Esses budistas tiveram a incumbência de desenvolver um conhecimento da religião recém-adotada, incumbência essa que não foi a princípio desprovida de dificuldades. O movimento é liderado sobretudo por funcionários leigos, que se submeteram a um treinamento de seis meses. Em 1970, havia cerca de quarenta monges, mas as instalações de treinamento para eles eram inadequadas, de modo que poucos eram instruídos. Por volta de 2009, o número de monges tinha aumentado para cerca de mil (Berkwitz, 2010, p. 196). A partir de 1979, o Trailoka Bauddha Mahasangha Sahayaka Gana (renomeado em 2010 Triratna Bauddha Mahasangha), uma ramificação da Friends of the Western Buddhist Order, com sede no Reino Unido (ver pp. 468-69), também vem trabalhando na Índia entre os budistas Dalit em atividades de bem-estar social e de educação budista (Queen e King, 1996, pp. 73-120).

O censo de 2001 na Índia mostrou que os 7,95 milhões de budistas compunham 0,8% da população de 1.028,6 milhões de habitantes. Sua distribuição é como se segue, mostrando, para cada área, seu número, percentual da população na área e porcentagem do total de budistas na Índia:

- Oeste, centro e norte, onde a maioria dos budistas é ambedkarita: Maharashtra 5,83 m., 6% da população, 73,4% dos Budistas na Índia; Karnataka 0,3 m., 0,6%, 3,8%; Madhya Pradesh 0,2 m., 0,3%, 2,5%; Uttar Pradesh 0,3 m., 0,2%, 3,8%.
- Regiões do norte do Himalaia, onde os budistas do norte são encontrados principalmente em: Ladakh (a região de Jammu e Caxemira) 0,128 m., 47,4%, 1,6%; Himachal Pradesh 0,07 m., 1%, 0,9% — o distrito de Lahaul-Spiti é principalmente budista (33.224), e o dalai-lama e alguns tibetanos vivem em Dharamsāla; Sikkim 0,15 m., 28%, 2%; norte de Bengala Ocidental 0,24 m., 0,2%, 3%.
- Estados do norte perto da Birmânia (Arunchal Pradesh, Tripura, Mizoram, Assam), onde há budistas do sul e alguns da tradição do norte (Ling, 1980, pp. 50-8): 0,374 m., 1,2%, 4,7%.

Peregrinos budistas de muitos países visitam hoje locais associados à vida do Buda na Índia, em particular Bodh-Gayā, o cenário da iluminação do Buda. Ali há templos ou mosteiros construídos por budistas do Butão, Birmânia, China, Japão, Nepal, Sikkim, Sri Lanka, Tailândia, Tibete e Vietnã, em vários estilos nacionais, e uma escola para as crianças da localidade. Os aldeões locais também começaram a se voltar para o budismo. Como o budismo começou em Bodh-Gayā, é apropriado que esse lugar seja hoje um microcosmo do mundo budista.

Existem em Bangladesh cerca de 1 milhão de budistas, sobretudo budistas do sul (0,7% da população de 162,2 milhões em 2009), em particular em uma área escassamente povoada, as Colinas de Chittagong (Berkwitz, 2010, pp. 184-85). Em anos recentes, contudo, essas pessoas têm sofrido repressão, sendo expulsas de suas terras por projetos hidroelétricos e assentamentos efetuados por bengaleses muçulmanos, que são a maioria, com o apoio do exército bangladeshiano. Pode-se atribuir isso tanto à pressão da própria população quanto a uma resposta à importunação dos muçulmanos por parte do governo birmanês.

No Nepal, o budismo permaneceu sobretudo como parceiro secundário em um sincretismo das formas tântricas do hinduísmo e do budismo.[17] No entanto, uma renovação teve início na década de 1930, quando budistas nepaleses conheceram monges da Birmânia e do Sri Lanka que trabalhavam pela revitalização do budismo na Índia. Em 1951, o Nepal se abriu para o mundo exterior, e a pressão do governo para hinduizar a comunidade declinou. As missões do budismo do sul entraram no país, de modo que o Theravāda é hoje uma religião modesta, porém crescente e muito ativa, com um *Saṅgha* nativo composto de monges, pessoas que observam os dez preceitos e, a partir de 1997, algumas monjas *bhikkhunīs*. Em 2001, havia 78 monges, 94 noviços e 118 monjas Theravāda no país, com 81 mosteiros e 17 conventos de monjas (LeVine e Gellner, 2005, p. 13).

Malásia e Indonésia

Na Malásia, o islamismo é a religião oficial, mas o budismo é o elemento dominante na composição religiosa dos chineses (76% dos quais são budistas), que compõem 24% da população, tendo chegado lá principalmente no século XIX. Também existe o budismo do tipo tailandês perto da fronteira com a Tailândia. Missionários do Sri Lanka se tornaram ativos no século XX, dando-se a conquista de convertidos em particular após a chegada de K. Sri Dhammananda, em 1951 (falecido em 2006), que se tornou a força motriz da revitalização budista. A doutrina Theravāda foi combinada com a prática chinesa, e a década de 1980 presenciou um aumento do interesse pela prática *vipassanā* birmanesa, bem como a chegada de grupos tibetanos, taiwaneses e coreanos, da Ordem do Interser (ver pp. 177, 435) e da Sōka Gakkai. O Theravāda malasiano tem foco intenso nas atividades de educação, dos jovens e do bem-estar social, tendo

17 Bechert e Gombrich, 1984, pp. 108-14; Berkwitz, 2010, pp. 181-84, 203-04.

também um envolvimento ecumênico com grupos leigos não sectários (Drew, 2011). Há entre 600 e 700 monges budistas de várias tradições no país, tendo o World Buddhist Directory relacionado na internet, em junho de 2011, 197 grupos, centros ou templos: 66 Theravāda, 35 Mahāyāna (embora muitos templos chineses possam não constar da relação), 44 Vajrayāna e 52 não sectários/mistos.

A visita de teósofos ocidentais à Indonésia em 1883 redespertou o interesse pelo budismo entre os chineses, que compõem cerca de 3% da população, e os indonésios predominantemente muçulmanos, que sempre tiveram inclinação pelo misticismo (Bechert, 1981). Seguiram-se missões budistas do Sri Lanka (1929) e da Birmânia (1934). Em 1955, Ashin Jinarakkhita (1923-2002), um monge chinês ordenado na Birmânia, retornou à Indonésia. Mosteiros Theravāda começaram a ser construídos, ajudados pelo interesse despertado pela celebração internacional do *Buddha Jayanti*. Seguiram-se ordenações e muitas conversões entre as pessoas de Java oriental que ainda seguiam o sincretismo Śiva-Buda, e também entre os chineses. Em 1965, em decorrência de uma tentativa de golpe comunista, o governo proscreveu todas as organizações que duvidavam da existência de Deus ou a negavam. Isso representou um problema para o budismo Theravāda "não teísta". Jinarakkhita propôs que o "Deus" budista era o *Ādi*-Buda, o Buda primordial do budismo Mantranaya anterior da região, enquanto os mais ortodoxos Theravādin disseram que *Nirvāṇa*, o "não nascido", era seu "Deus". Em geral, o budismo favorecido por Jinarakkhita tem sido mais sincretista. Embora seu ensinamento seja predominantemente Theravādin, ele usa alguns textos em sânscrito e javaneses, inclui referências a alguns Budas e *Bodhisattva*s Mahāyāna em sua devoção e se inspira também em elementos do ritual budista chinês. O aumento da atividade budista na Indonésia conduziu a uma maior atividade entre os budistas chineses, que compõem a maioria dos budistas indonésios, bem como a uma revitalização dos aspectos budistas da religião sincretista dominada pelo hinduísmo na ilha de Bali. O Theravāda mais tradicional foi fortalecido em 1970 por uma missão tailandesa que iniciou um *Saṅgha* nativo. No censo de 2000, 3,5% da população era budista ou "outros", o que incluía daoistas — sugerindo assim 8 milhões em 2009, quando a população estimada da Indonésia era de 230 milhões de habitantes.

O BUDISMO DO LESTE

É difícil fornecer um número para a quantidade de "budistas" nessa tradição, devido à fidelidade multirreligiosa tradicional, aos diferentes tipos de "entrosamento" religioso e aos efeitos do comunismo na China e na Coreia do Norte. No entanto, um total arredondado para 360 milhões parece uma estimativa razoável para o budismo do leste.

Tabela 6 Número de budistas do leste na Ásia

- República da China (excluindo 5,4 m. tibetanos, 5,2 m. mongóis e monguor e 1,2 m. Dai), 228 m.?[a] (17,3% dos 1.319 m. não tibetanos/mongóis/monguor ou da população Dai).
- Japão, 52 m. (41% de 127,4 m.).
- Vietnã, 43 m. (50% de 85,3 m.).
- Coreia do Sul, 10,9 m. (23% de 47 m.).
- Taiwan, 8 m. (35% de 22,9 m.).
- Malásia, 5,5 m. (19,2% de 28,25 m.).
- Coreia do Norte 2,5 m.? (11%? de 23,3 m.).
- Cingapura, 1,9 m. (43% de 4,5 m.).
- Hong Kong, 0,7 m. (10% de 7 m.).
- Macau, 0,14 m. (30,7% de 0,46 m.).

Existem populações minoritárias em:

- Indonésia, 4 m.
- Filipinas, 2,3 m.
- Tailândia, 1 m.?
- Brunei, 0,03 m.
- Coreanos no Uzbequistão, 0,055 m.

[a] Em julho de 2010, o Centro de Religião e Sociedade Chinesa da Universidade Purdue (www.purdue.edu/newsroom/research/2010/100726T-YangChina.html) relatou que, com base em um estudo de 2007, 18% da população é budista: 239 m.

Japão

Em 1853, o Japão foi subitamente despertado de um período de interiorização de sua história pelas canhoneiras do almirante Perry, que exigiu o acesso para os comerciantes norte-americanos. A restauração Meiji de 1868 levou o país a encerrar seu período feudal, abrindo-se para o mundo exterior e impulsionando sua modernização com rapidez. O xintoísmo foi apartado de seus vínculos com o budismo, e uma forma dele conhecida como Xintoísmo de "Estado" ou dos "Santuários" foi desenvolvida pelo Estado, que o via como a expressão natural da vida japonesa. Em 1872, o governo decretou que os clérigos budistas poderiam se casar (ver p. 322). O fim do apoio do Estado, bem como ataques vindos do xintoísmo, do cristianismo e da ciência ocidental, estimularam uma revitalização e modernização em algumas seções do budismo. Universidades, escolas e editoras foram fundadas, e monges e o clero visitaram a Europa para estudar história e filosofia e também para se dedicar ao estudo crítico do budismo indiano, do sânscrito e do páli (Bechert e Gombrich, 1984, pp. 229-30).

O Xintoísmo de Estado passou a ser cada vez mais usado como um veículo para o nacionalismo e o militarismo. Os japoneses lutaram contra os russos, colonizaram Taiwan e a Coreia, em seguida atacaram a China e, por fim, os Estados Unidos. Infelizmente, os budistas, às vezes, apoiavam esses excessos nacionalistas como a maneira pela qual o Japão poderia se opor ao imperialismo ocidental e "reviver" as culturas asiáticas (Victoria, 1997). A derrota na Segunda Guerra Mundial conduziu a um descrédito do Xintoísmo de Estado, e a ocupação norte-americana inaugurou um novo período de rápida mudança social e crise espiritual, ainda mais aberto do ponto de vista cultural e religioso.

O budismo tradicional, que perdeu muita renda devido a reformas agrárias no pós-guerra, foi inicialmente lento na abordagem da nova situação. Não obstante, muitas "Novas Religiões" floresceram ou surgiram para responder às necessidades das pessoas (Hinnells, 1997, pp. 497-504; Reader *et al.*, 1993, pp. 121-52). Trata-se de movimentos liderados por leigos que têm suas raízes no budismo, no xintoísmo ou até mesmo no cristianismo. Seus seguidores são sobretudo membros urbanos das classes inferiores mais elevadas, que se sentem econômica e socialmente frustrados, não gostam do anonimato das cidades que tendem a se expandir e sentem a necessidade de uma tradição espiritual modernizada para guiá-los em um confuso mundo secularizado. As Novas Religiões prometem que a prática conduzirá à saúde, à riqueza, à realização pessoal e ao sucesso. Seus líderes são objetos de grande fé, uma característica que se inspira no tradicional valor japonês de lealdade do grupo. As maiores Novas Religiões budistas conferem aos membros tanto uma sensação de entrosamento quanto um sentimento de importância pessoal. Estão organizadas em pequenos grupos de discussão, nos quais os problemas pessoais e sociais são discutidos à luz da fé religiosa, mas os grupos também fazem parte de movimentos bem organizados e bem-sucedidos. As sedes imponentes de muitas das Novas Religiões são grandes e elegantes estruturas de concreto e aço, que combinam formas artísticas tradicionais e modernas.

Várias das Novas Religiões mais bem-sucedidas se baseiam na seita Nichiren. É provável que isso se deva à ênfase de Nichiren em reformar a sociedade, que encontrou eco no período pós-guerra. O *Sūtra do Lótus* também oferece a promessa da felicidade terrena àqueles que o veneram e confere proeminência ao *Bodhisattva* leigo. A Nova Religião mais bem-sucedida foi a Sōka Gakkai ("Sociedade Criadora de Valor"), fundada em 1930.[18] Ela encara os ensinamentos de Nichiren e do *Sūtra do Lótus* como representantes da verdade absoluta, tendo Nichiren como o Buda supremo, mas acredita que os valores tenham de ser criados de modo positivo,

18 Prebish, 1999, pp. 114-27; Queen e King, 1996, pp. 365-400; Seager, 1999, pp. 70-89.

inspirando-se na fé do *Sūtra do Lótus*. Entre os valores básicos estão o respeito pela dignidade de toda a vida e a importância do karma.

A prática central do movimento é a entoação de cânticos devocionais, conhecida como *gongyō*, durante cerca de meia hora pela manhã e à noite. São entoadas seções do *Sūtra do Lótus*, em especial de "*Nam-Myō-hō Ren-ge-kyō*" diante do *gohonzon* (ver p. 281), na qual se sente a presença do "Buda Nichiren". Proferir *Nam* (adoração), segundo se acredita, é como evocar do interior o poder revitalizante da lei universal, ou *Myō-hō* (Verdadeiro *Dharma*). O *Ren-ge* (Lótus) é considerado a causa e o efeito do surgimento da natureza do Buda sob a óptica do benefício, da felicidade e da realização. O *Kyō* (*Sūtra*, literalmente um fio) é visto como o fio da verdade eterna que liga toda a vida. Considera-se a entoação de cânticos uma maneira de superar os obstáculos na vida, como a pobreza, a desarmonia doméstica e a doença, bem como uma forma de abandonar o vício da bebida e do fumo e de alcançar a felicidade. Acredita-se que ela traga à tona a natureza do Buda da pessoa, na forma da intensificação da compaixão, coragem, sabedoria e força vital, de maneira a gerar a "revolução humana". Os praticantes dizem que ela os torna mais pacientes, lúcidos, dinâmicos, confiantes e positivos. A princípio, a entoação de cânticos tem como objetivo metas pessoais, mas depois ela progride e passa a ter como propósito a resolução de problemas nacionais e até mesmo mundiais, como pôr fim a todas as guerras. Reuniões de discussão diárias relacionam a fé à vida cotidiana.

A Sōka Gakkai considera falsas todas as outras religiões e formas de budismo, tendo-as como nocivas. Seu rápido crescimento na década de 1950 foi causado pelo anseio "compassivo" de converter as pessoas afastando-as desses erros, usando para isso uma técnica agressiva conhecida como "quebrar e subjugar" (*shakubuku*). Nessa técnica, a persuasão era seguida de um bombardeio de propaganda proveniente de uma série de convertedores. Objetos de culto rivais eram destruídos; advertências terríveis eram feitas, prevendo problemas que poderiam ocorrer caso a "verdadeira crença" não fosse aceita, e sanções econômicas eram aplicadas. Reações adversas a esse método fizeram com que depois ele se tornasse, aos poucos, mais brando. Daisaku Ikeda (1928-) se tornou o líder do movimento em 1960 e, na sua gestão, o proselitismo também foi direcionado para fora do Japão. A Sōka Gakkai considera sua mensagem a esperança do mundo e a precursora de um novo humanismo, concentrando-se na paz mundial, no ambientalismo, no multiculturalismo, no diálogo religioso e no feminismo.

O *status* formal original do movimento era o de uma organização leiga da antes modesta subseita Nichiren Shōshū ("Verdadeira Seita Nichiren"), e originalmente funcionava sob o nome "Nichiren Shōshū" fora do Japão. No entanto, a Nichiren Shōshū veio a sentir que sua "filha" se tornara mais poderosa do que ela e também a criticou por manter diálogo com outras religiões e não encará-las mais como ensinamentos nocivos (Hinnells, 1997, pp. 502-04).

Como consequência, ocorreu um cisma em 1991, de modo que os sacerdotes deixaram de fornecer *gohonzons* para a Sōka Gakkai, na forma de cópias autenticadas de um original da Nichiren, desligando-a para que se arranjasse sozinha. A Sōka Gakkai hoje considera essas cópias autenticadas desnecessárias, sendo conhecida no exterior como Sōka Gakkai International (SGI). O *site* da SGI informa que sua afiliação em 2005 é de 1,723 milhão de pessoas fora do Japão, em 192 países (1 milhão na Ásia e na Oceania, 352 mil na América do Norte, 246 mil nas Américas Central e do Sul, 71 mil na Europa e 20 mil na África e no Oriente Médio), e "8,72 milhões de unidades familiares" no Japão. Ela se esforça muito para promover a paz e a reconciliação no mundo (Harvey, 2000, pp. 273-74).

Em sincronia com o ideal da Nichiren de unir política e religião, a Sōka Gakkai desenvolveu uma ala política em 1964. Ela é conhecida como Kōmei-tō, ou Partido do "Governo Limpo" (PGL), e se tornou o terceiro ou quarto maior partido no Parlamento Japonês. A partir de 1988, passou a ser conhecido como Novo Partido Kōmei-tō, depois de uma divisão em 1994 e posterior reunificação; ele é hoje mais de centro-direita do que de centro-esquerda. Embora o partido tenha rompido os vínculos formais com a Sōka Gakkai em 1970, permanece influenciado por ela, atraindo filiados de perfil semelhante. Tem organizado Centros de Discussão do Meio de Vida para Cidadãos, que oferecem orientação jurídica gratuita, e atua como um canal para que se apresentem ao governo queixas sobre questões como moradia, previdência social, educação e poluição. A Sōka Gakkai patrocinou um sindicato trabalhista e um movimento estudantil que buscam sintetizar valores capitalistas e socialistas.

Sob alguns aspectos, a Sōka Gakkai se assemelha ao movimento Dhammakāya tailandês (Mackenzie, 2007, pp. 67-74, 96). Ambos têm um ensinamento prontamente compreensível, ênfase na prosperidade do agora, excelente publicidade, recrutamento eficaz e técnicas de angariação de fundos eficazes, oferecendo um senso de entrosamento em um movimento bem-sucedido de ambições internacionais.

A Risshō-kōseikai, fundada em 1938, combina a fé no *Sūtra do Lótus* e no Buda Śākyamuni, o respeito aos ancestrais e a prática dos aspectos éticos do Caminho Óctuplo e das perfeições do *Bodhisattva*. Em sessões de aconselhamento em grupo, os membros confessam suas fraquezas e recebem orientação para os problemas da vida, com base no *Sūtra do Lótus* e nas quatro Realidades Verdadeiras para os Espiritualmente Enobrecidos. Em 2010, ela afirmava ter 6,6 milhões de membros, com sucursais em vinte países. A Agon Shū se concentra nos ensinamentos budistas primitivos, tal como preservados nos textos chineses *Āgama*, com ênfase na liberação do mau karma por meio da meditação. Ela também inclui a ideia de possessão por espíritos, tendo rituais nos quais varetas inscritas com preces são queimadas para o benefício dos ancestrais e dos participantes (Hinnells, 1997, pp. 501-02). Fundada em 1978, ela afirma ter meio milhão de membros.

A Aum Shinrikyo (hoje chamada Aleph), fundada em 1986 por um ex-membro da Agon Shū, é um sistema sincretista que se inspira em elementos do yoga, de um ascetismo severo, do hinduísmo, do budismo Vajrayāna e do cristianismo, com profecias de uma calamidade mundial vindoura.[19] É uma seita pequena, embora com seguidores muito instruídos, e tornou-se famosa em 1995 quando matou doze pessoas ao lançar gás sarin no sistema de metrô de Tóquio. Em 2008, estimava-se que ainda tivesse 1.650 membros.

Os grupos budistas mais antigos, embora ainda atendam à população realizando seus funerais e ritos memoriais (Reader, 1991, pp. 77-106), têm sido, até certo ponto, estimulados pela atmosfera geral de modernização e organizaram movimentos para o revigoramento da prática leiga. Entre estes estão aulas, palestras e discussões sobre budismo, peregrinações organizadas, serviços de aconselhamento, jardins de infância, escolas dominicais, sociedades de jovens, unidades de escoteiros e clubes de meditação Zen. Existem muitos livros e revistas populares e eruditos e há excelentes estudos acadêmicos sobre as raízes históricas e doutrinais do budismo.

No entanto, a orientação consumista da sociedade japonesa contemporânea produziu muita secularização. A maioria dos sacerdotes usa ternos ocidentais e muitos se dedicam a atividades não religiosas para complementar sua renda. Especialmente na zona rural, o apoio ao budismo está hoje em declínio, com alguns templos se fechando porque os filhos dos sacerdotes não querem prosseguir no "negócio da família", talvez porque a renda esteja diminuindo à medida que as pessoas do local se mudam para as cidades. Na realidade, até mesmo as "Novas Religiões" orientadas para a cidade têm prosperado menos do que já prosperaram, o que se deve, em parte, à indignação com a Aum Shinrikyo (Reader, 2011).

Uma tendência de pensamento que evidencia um questionamento reformista das crenças budistas tradicionais é o "Budismo Crítico" (ver p. 173), liderado por dois acadêmicos de uma universidade relacionada com a Sōtō Zen: Noriaki Hakamaya e Shirō Matsumoto (Hubbard e Swanson, 1997). Eles criticam bastante um conjunto de elementos do budismo japonês, ao lado de elementos chineses e, em certo grau, indianos, que conduziram a eles, considerando que o conteúdo foi deturpado no processo de tentativas para preservá-lo e transmiti-lo. Em decorrência disso, veem grande parte do Zen como "não budismo" — embora Dōgen e aspectos da escola Chan chinesa sejam menos criticados. Seus diversos alvos são em geral agrupados sob o título do que chamam de "*dhātu-vāda*", uma visão monística que observa tudo como baseado em um único parâmetro substancial fundamental. Seus principais aspectos são os seguintes:

- A doutrina do *Tathāgata-garbha* e a ideia japonesa correlata da "iluminação original/inerente" (*hongaku shisō*; ver p. 253), que os budistas críticos encaram como fora de sin-

19 Fowler, 1998; Hinnells, 1997, pp. 506-08.

tonia em relação aos ensinamentos do não Eu e do Surgimento Condicionado — estes considerados marcas do "verdadeiro budismo".

- A rejeição do pensamento discriminativo e a ênfase na experiência mística autocorroborante, que os budistas críticos encaram como promoção de uma espécie de autoritarismo que busca invalidar toda a crítica.
- A insistência japonesa em *Wa*, a harmonia de tudo, que parece estar relacionada a ideias Huayan, mas que os budistas críticos acreditam ser uma promoção opressiva de "tolerância", conformismo e discriminação social.

Talvez eles estejam certos ao afirmar que o budismo japonês subestimou o uso do raciocínio crítico, mas equivocados ao desejar até mesmo rejeitar elementos do budismo primitivo com os quais não estão de acordo em seu foco um tanto estreito no não Eu e no Surgimento Condicionado.

Tabela 7 Número de budistas no Japão de acordo com diferentes critérios

Critério	*Resultado*	*Número de budistas*
1. Número declarado de afiliados pelas organizações religiosas	1985: 76% da população budista de 121 milhões, e também 95% xintoísta (Reader, 1991, p. 6)	92 milhões
2. Têm um santuário budista ou xintoísta em casa	61% têm um santuário budista, 60% xintoísta, 45% ambos, 24% nenhum dos dois — então 80% daqueles que têm um santuário em casa têm um budista (Reader, 1991, p. 7; fontes de 1986 e 1988)	73,8 milhões
3. Consideram os sentimentos religiosos i mportantes	~70% (Reader, 1991, p. 6; fonte de 1987)	Budistas entre 85 milhões
4. Professam credo/crença religioso	1983: 32% da população de 119,3 milhões (Reader, 1991, p. 6). Em levantamento semelhante realizado em 1979, para aqueles que assim professaram, 78,4% budistas, 3,3% xintoístas (Hinnells, 1997, p. 493)	29,9 milhões
5. Pessoas que afirmaram ter afiliação ativa em uma organização religiosa	Levantamento realizado em 1979: 13,6% (Hinnells, 1997, p. 492)	Budistas entre 15,6 milhões

Embora tenha havido um declínio generalizado na prática religiosa, o budismo permanece em grande medida a religião mais influente. Entretanto, contar o número de "budistas" não é uma questão fácil, já que isso depende do critério utilizado (ver Tabela 7).

Os números na Tabela 7 mostram que muitas pessoas se valem tanto do budismo quanto do xintoísmo. Os números elevados no item "Resultados" do "Critério 1" surgem porque as pessoas podem ser contadas como membros apenas devido à afiliação tradicional da família; elas também podem ser membros de mais de uma seita budista, e famílias inteiras são contadas quando um único membro ingressa em um grupo religioso ou um templo, não sendo removidas quando a afiliação cessa. Ian Reader (1991, p. 9) ressalta que a seita Sōtō Zen afirmava ter 6.885.000 membros em 1987, mas que, ao mesmo tempo, apenas 287 mil, cerca de 4% desse número, podiam ser contados como pessoas que estudavam e expressavam sua crença segundo os ensinamentos Sōtō. Do mesmo modo, 95% da população tem algum tipo de afiliação xintoísta, mas apenas 3% a 4% podem ser considerados "crentes". O nível japonês de atividade religiosa — visitar santuários, recolher lá amuletos da sorte, rezar e participar de eventos religiosos — é bem mais elevado do que a crença cognitiva religiosa (Reader, 1991, p. 9).

Considerando tudo isso, se tomarmos a média de 32% (Critério 4: crença religiosa) e 70% (Critério 3: sentimentos religiosos), 51% da população é razoavelmente religiosa. Se tomarmos 80% (Critério 2: aqueles que têm santuários budistas em casa) como a proporção dos que são budistas, para a população de 2010, de 127,4 milhões de habitantes, isso fornece um número de 52 milhões de "budistas". Em 2003, havia mais de 300 mil clérigos budistas, e o número de templos budistas era o seguinte: 30 mil Terra Pura, 21 mil Zen, 15 mil Shingon, 14 mil Nichiren, 5 mil Tendai. Dos membros reivindicados pelas seitas, o maior grupo era da seita Nichiren.

República Popular da China

Depois da devastação de muitos templos e mosteiros durante a rebelião de Tai-ping (T'ai-p'ing) inspirada nos cristãos (1850-1864), houve uma modesta revitalização no budismo chinês. No período republicano (1912-1949) também ocorreu uma espécie de renascença intelectual, liderada por Daixu (T'ai-hsü, 1899-1947), em um período mais aberto em termos ideológicos, livre da dominância confucionista, e parcialmente em resposta a missões cristãs bem organizadas (Bechert e Gombrich, 1984, p. 211; Welch, 1968). Houve uma revitalização em uma série de mosteiros, e foi feito contato com outros budistas na Ásia e no Ocidente. Dezenas de sociedades leigas urbanas desenvolveram-se na década de 1930, envolvidas com a educação, o bem-estar social e a devoção. O budismo permaneceu muito forte em algumas províncias, mas novas ideias políticas resultaram em certo descaso em relação a ele por parte da juventude, que o via como indiferente às necessidades da China moderna.

O triunfo dos comunistas em 1949 trouxe a repressão e a manipulação. Muitos *Saṅgha*s foram dizimados quando todos os "templos hereditários" e muitos grandes "mosteiros públicos" fecharam as portas porque suas terras que geravam renda foram confiscadas (Welch, 1972). Muitos dos monges tiveram de cuidar do próprio sustento tecendo, lavrando a terra e administrando restaurantes vegetarianos. Foram exortados a enxergar o trabalho em uma sociedade comunista como o verdadeiro caminho do *Bodhisattva* e até mesmo a aceitar que matar os "inimigos da sociedade" era uma ação compassiva. Durante a Revolução Cultural (1966-1976), os Guardas Vermelhos causaram grande destruição e todos os mosteiros foram fechados, pelo menos durante algum tempo. Depois de 1977, o reajustamento geral da orientação política na China levou os templos a serem reabertos e, em 1980, a ordenação dos monges (proibida desde 1957) foi de novo permitida, com a inauguração de uma Academia Budista da China financiada pelo Estado, destinada a proporcionar seminários de formação (Sponberg, 1982). Em 1997, o país tinha cerca de 200 mil monges e monjas budistas e 13 mil templos fora das áreas tibetanas.[20] Em 1986, o número citado era de 28 mil monges e monjas, enquanto em 1930 havia 738.200 fora do Tibete (Welch, 1967, pp. 412-14). A atividade leiga foi renovada em certas regiões, sobretudo nas províncias da costa leste. O budismo tem sido considerado útil em termos políticos para formar vínculos com países budistas, por intermédio da Associação Budista da China, mas as universidades chinesas agora adotam o estudo do budismo e os budistas vêm se tornando cada vez mais valorizados por suas contribuições à sociedade.[21] Entretanto, este não é o caso do Falun Gong, um movimento religioso fundado em 1992 que enfatiza o *qigong* — método de treinamento físico e cultivo da consciência — e as virtudes morais da veracidade, da compaixão e da tolerância, inspirando-se em ideias budistas e daoistas. Em 1999, o governo afirmou que ele tinha 70 milhões de seguidores e o proibiu, sem dúvida por ser um âmbito de influência independente do poder do governo. Seus seguidores são, na maioria, mulheres e idosos.

O *Saṅgha* sofreu às vezes com falta de renda do aluguel da terra e, em certa época, não tinha sequer permissão para cobrar para realizar os ritos para os mortos. O governo agora exige que os mosteiros se tornem mais autossuficientes, e a economia deles está passando a se basear em doações, fundos de doações investidos, negócios em pequena escala, taxas de ingresso (em

---

20 "Religious Statistics in the People's Republic of China", www2.kenyon.edu/Depts/Religion/Fac/Adler/Reln270/statistics.htm.

21 "Buddhists praised for contributions" [Budistas elogiados pelas suas contribuições]. *China Daily*, 22 dez. 2006. Disponível em: <www.chinadaily.com.cn/china/2006-12/22/content_765071.htm>.

geral impostas pelo governo) e taxas por coisas como incenso e rituais (por exemplo, Caple, 2010). No contexto da modernização maciça da sociedade, agora "A religião na China viceja. O crescimento do cristianismo é impressionante [para 33 milhões, 3,2%], mas o do budismo é extraordinário".[22] O *China Daily* (de 7 de fevereiro de 2007) mencionou que 62% dos crentes religiosos no país estavam no grupo de faixa etária de 16 a 39 anos, o que indica um bom nível de interesse entre as pessoas mais jovens. Nas áreas urbanas, os novos budistas têm nível universitário e estão em ascensão social, buscando um propósito na vida e também maneiras de lidar com a pressão da modernização. Em 2007, no local de um pagode anterior em Changzhou, foi concluído um pagode com 154 metros de altura, o mais alto do mundo.

Taiwan

Na ilha de Taiwan, o governo nacionalista chinês defende uma revitalização da antiga cultura chinesa, e o budismo se beneficiou disso. Novos templos e mosteiros foram construídos e a meditação Chan tornou-se popular; há grupos de estudo budistas em universidades e vários jornais budistas publicados. Há uma ênfase geral nas interpretações do budismo que o veem como compatível com a mentalidade moderna, além de tentativas de separá-lo das "superstições" da religião popular. Uma tendência influente é o Renjian Fojiao, ou "Budismo Humanista", que enfatiza ajudar este mundo a se tornar uma "Terra Pura" por meio da ação compassiva. Um bom exemplo disso é a Fundação Tzu Chi, em atividade nas áreas de medicina, educação e assistência humanitária (www.tzuchi.org/en/; Jones, 2009): outro exemplo do "budismo socialmente engajado".

Vietnã[23]

No Vietnã, cerca de metade da população de 85,3 milhões é sobretudo budista, com 6 milhões de católicos e 0,75 milhão de cristãos protestantes. As ideias e práticas confucionistas e daoistas também são comuns. Na década de 1930, as ideias do reformista chinês Daixu eram influentes, havendo um florescimento da literatura budista popular, em especial a pertinente à Terra Pura. Havia também o Hoa Hao, um novo movimento budista fundado em 1939. Trata-se de um movimento milenarista com foco na Terra Pura, no Thien (Zen) e no confucionismo, com cerca de 2 milhões de seguidores. O Cao Dai, fundado em 1926, é uma religião monoteísta

22 Relatório de 2010 da Universidade Purdue: www.purdue.edu/newsroom/research/2010/100726T-YangChina.html.

23 Com relação a esse assunto, ver Harris, 1999, pp. 254-83; Unger e Unger, 1997.

sincretista que se inspira no budismo, no daoismo, no confucionismo e no cristianismo e se volta para Deus como salvador do ciclo de renascimentos.

Os budistas foram ativos na luta contra o colonialismo e ingressaram na revolução liderada pelos comunistas, que rebentou em 1945. A partir de 1955, o regime apoiado pelos franceses no sul preferiu o catolicismo, procurando marginalizar o budismo, embora a autoimolação de um monge budista em 1963, como testemunho contra isso, tenha ajudado a reagrupar os budistas. Durante a Guerra do Vietnã (1964-1975), monges vietnamitas atuaram no trabalho de assistência social e encorajaram desertores dos exércitos tanto do sul, apoiados pelos norte-americanos, tanto do norte, apoiados pelos comunistas, de modo que os dois lados os consideravam suspeitos. O norte e o sul foram unificados em 1975 sob o controle dos comunistas. Isso causou o fechamento de uma série de mosteiros e templos, o controle estatal do *Saṅgha* e a perseguição dos budistas; encontros políticos, por exemplo, eram marcados para a mesma ocasião dos festivais (Keown e Prebish, 2007, pp. 796-99). No entanto, a partir de 1986, ocorreu uma liberalização econômica e um crescimento geral da atividade religiosa. É provável que o budista vietnamita mais famoso seja Thich Nhat Hanh,[24] que formou na década de 1960 a School of Youth for Social Services, cuja atuação se baseava no auxílio aos que tinham sido afetados pela guerra. Ele cunhou a expressão "budismo socialmente engajado" e constituiu em 1966 a Tiep Hien, ou Ordem do Interser. Na prática, exilado do Vietnã desde 1973, tem residido na França e enfatizado o desenvolvimento da atenção plena às muitas maneiras pelas quais nossas ações afetam o mundo interconectado, bem como a necessidade de agir de maneira pacífica e ecologicamente responsável (ver pp. 177, 458, 478).

Coreia

Em 1904, tropas japonesas invadiram o país, e, entre 1910 e 1945, a Coreia foi uma colônia japonesa. O budismo passou por uma revitalização, mas o desejo japonês de importar e incentivar suas formas de budismo causou tensão, sobretudo no que diz respeito ao aumento do número de clérigos casados. A partir da divisão do país pela Guerra da Coreia (1950-1953), o norte tem sido governado por um regime comunista implacável, voltado para si mesmo e para a veneração do líder. No entanto, talvez 11% da população permaneça budista, e embora o governo controle o *Saṅgha* de modo rigoroso, oferece também um apoio limitado. É digno de nota que, no Uzbequistão, há 55.560 budistas entre os coreanos étnicos que foram transferidos à força para lá pelos soviéticos em 1937-1938.

24 Keown e Prebish, 2007, pp. 545-47; Thich Nhat Hanh, 1967; 1991; 2008; Queen e King, 1996, pp. 321-63.

Na Coreia do Sul, o budismo permanece em uma sociedade ocidentalizada que vem se modernizando com rapidez, junto com o cristianismo, o confucionismo, o daoismo e o xamanismo nativo. Livre da opressão da dinastia Yi confuciana e da ocupação japonesa, o budismo coreano passou por clara revitalização. Existem cerca de 8 mil monges, 15 mil monjas e, talvez, 2.300 clérigos casados. Os jovens instruídos continuam a se ordenar ou frequentar retiros para praticar a meditação Seon (Zen). Desenvolveu-se certa renovação na erudição budista, com o Cânone chinês sendo traduzido para o coreano moderno, o que resultou em um crescente interesse pela filosofia budista em uma forma modernizada. A Buddhist Youth Organization está ativa tanto nos estudos quanto no serviço de assistência social.

Uma nova forma de budismo, que data de 1924 e floresceu a partir de 1953, é o Won, ou escola "Circular" (Chung, 2003; Keown e Prebish, 2007, pp. 834-35). Trata-se de uma escola reformada, simplificada, cujo único foco de culto é um círculo negro que representa o Corpo do *Dharma* ou a vacuidade. A influência ocidental é visível nos serviços religiosos, que abrangem leituras do *Sūtra*, preces, hinos e um sermão. Ela busca equilibrar a quietude interior com um serviço de assistência social desinteressado, tendo conduzido a uma considerável atividade beneficente e à construção de muitas escolas. Em 2005, o Won tinha 130 mil seguidores.

O cristianismo, presente desde o final do século XVII, converteu muitas pessoas durante a confusão espiritual do período pós-guerra e continua a crescer. Em 2005, da população de 47 milhões de habitantes, 10,9 milhões eram budistas, 13,8 milhões eram cristãos, 22 milhões eram não religiosos e 100 mil eram confucionistas, embora este grupo tenha influência geral mais ampla. Os cristãos são influentes nos círculos governamentais, e alguns cristãos protestantes evangélicos são muito antibudistas e já atearam fogo ou vandalizaram algumas vezes templos budistas.

Hong Kong, Macau, Cingapura, Malásia, Indonésia, Tailândia e Filipinas

Em Hong Kong, 56% da população de 6,9 milhões de habitantes não são religiosos, enquanto 10% seguem uma mescla de budismo e daoismo. Em Macau, ex-colônia portuguesa, o censo de 1996 indicou que 60,9% eram não religiosos, 16,8% eram budistas e 13,9%, uma mescla de budismo e daoismo. Em Cingapura, 43% da população pratica alguma forma de budismo: sobretudo o Mahāyāna chinês, mas também algum Theravāda tailandês ou Sōka Gakkai japonês e, mais recentemente, o budismo tibetano. As situações na Malásia e na Indonésia são as descritas antes na seção do budismo do sul. Alguns dos chineses na Tailândia praticam o budismo do leste e não o do sul, e, nas Filipinas, o budismo é praticado pelas comunidades chinesas, japonesas, coreanas, tailandesas e vietnamitas.

O BUDISMO DO NORTE

O número de pessoas que pertencem ao budismo do norte totaliza apenas cerca de 18,2 milhões (ver Tabela 8).

Tabela 8 Número de budistas do norte na Ásia

— 5,4 m. de tibetanos na República Popular da China — ~5 m. dos 5,81 m. de mongóis no norte e no oeste da China — ~0,2 m. dos 0,241 m. do povo monguor ou Tu em Qinghai e Gansu — Mongólia, 2,7 m. (90% de 3 m.) — Nepal, 2,9 m. (10% de 29,33 m.) — Butão, 0,49 m. (70% de 0,7milhão) — Repúblicas de Buryat, Tuva e Kalmyk da Federação Russa, 0,7 m. (70% de 1 m.)	Existem populações minoritárias em: — norte e nordeste da Índia, 0,4 m. — exílios tibetanos na Índia, 0,15 m. — Paquistão, 0,16 m. — Cazaquistão e Quirguistão, 0,1 m.

Tibete

Em 1950, os chineses comunistas invadiram o Tibete, afirmando que voltavam a reivindicar um território que sempre fora chinês. O novo dalai-lama, entronizado pouco antes, continuou a "governar" em uma incômoda coexistência com os chineses até 1959, quando uma rebelião contra os chineses foi reprimida, um governo colonialista foi imposto e o dalai-lama fugiu para a Índia. Durante o período da Guarda Vermelha (1966-1967), cerca de 6 mil mosteiros foram destruídos, junto com sua arte e bibliotecas, na tentativa de exterminar a antiga e rica cultura budista (Powers, 2007b, pp. 205-15). O dalai-lama estima que 1 milhão de tibetanos tenham morrido na rebelião, por causa da fome oriunda de políticas agrícolas inapropriadas e em perseguições (Bechert e Gombrich, 1984, pp. 266-67).

A partir de 1980, as coisas se tornaram mais fáceis, e o Cânone budista tibetano está sendo reeditado; muito trabalho de restauração artística tem sido feito e as pessoas continuam a ter uma grande devoção ao budismo (Lopez e Stearns, 1986; Samuel, 2012, pp. 235-45). As ordenações budistas prosseguiram desde 1959, mas a interrupção anterior dos estudos significou que em uma determinada ocasião houve uma grave escassez de professores budistas cultos. Em 1997 havia 120 mil monges e monjas e 3 mil mosteiros nas áreas tibetanas da China: principalmente na "Região Autônoma do Tibete" e nas prefeituras e condados tibetanos autônomos nas províncias de Qinghai, Gansu, Sichuan e Yunnan. Essas áreas equivalem, em linhas gerais, às três províncias do antigo Tibete: Ü-Tsang no oeste e no centro, sobre a qual o atual dalai-lama tinha poder, e Amdo e Kham no leste.

A cultura tibetana está sendo diluída por um sistema de educação estrangeiro, pelo consumismo introduzido pelos chineses e pela imigração em massa de chineses Han. Estes são mais numerosos do que os tibetanos na capital, Lhasa, e formavam 6% da população na Região Autônoma do Tibete em 2000, com um aumento a partir de 2006, quando uma estrada de ferro ligou essa região ao restante da China. O turismo foi permitido a partir de 1984, e, embora isso possa, com o tempo, se revelar corrosivo para a cultura, em dias atuais possibilita que os tibetanos tenham contato com o mundo exterior e protestem contra a ocupação chinesa. Conflitos antichineses ocorreram em 1987, 1988 e 2008, envolvendo jovens monges e pessoas leigas. O dalai-lama, que hoje mora na Índia, continua sendo um foco de imensa devoção. Ele apoia as manifestações de protesto e a desobediência civil, desde que não sejam violentas, e espera que, se o Tibete não puder se tornar independente, que seja desmilitarizado e que a imigração Han cesse.

Embora a ocupação chinesa do país tenha causado mudanças devastadoras em sua cultura, junto com os benefícios e inconvenientes da modernização, ela também fez com que a religião se espalhasse aos quatro ventos na Ásia e além dela. Não fosse o bastante, alguns chineses Han estão agora se voltando para o budismo tibetano.

A diáspora tibetana na Índia[25]

Quando o dalai-lama fugiu do Tibete em 1959, milhares de pessoas o acompanharam ou o seguiram. Hoje, há cerca de 150 mil exilados na Índia, 13 mil no Nepal e 1.500 no Butão (Powers, 2007b, p. 203). A Índia concedeu terras para os assentamentos dos refugiados e o dalai-lama tem um centro administrativo em Dharamsāla, no estado setentrional de Himachal Pradesh, que contém um terço dos cerca de 120 mosteiros fundados pelos exilados. O maior mosteiro na Índia tem 4.700 monges (Gyatso, 2003, pp. 219-21). Existem comunidades leigas florescentes em Orissa e Mysore. No entanto, os tibetanos estranharam o clima indiano, o que lhes causou muitos problemas de saúde, e, embora muitas comunidades tenham se tornado autossuficientes, o desemprego continua a ser um problema; por essa razão, os tibetanos subsistem parcialmente com a ajuda indiana e estrangeira. Os monges precisam se sustentar cultivando alimentos, cuidando de pequenos rebanhos de gado e produzindo obras de artesanato para venda, de modo que têm menos tempo disponível para estudar. Os exilados se veem diante da

25 A respeito disso, ver Berkwitz, 2010, pp. 199-202; Gyatso, 2003; Keown e Prebish, 2007, pp. 259-61.

dupla incumbência de registrar e passar adiante sua rica herança cultural, além de sobreviver fisicamente. Mesmo assim, Dharamsāla tem uma Biblioteca de Obras e Arquivos Tibetanos (www.tibetanlibrary.org), obras do budismo tibetano estão sendo impressas na Índia e monges e leigos cultos estão estudando em várias universidades na Índia, no Ocidente e no Japão, estimulando portanto um aumento nos estudos da cultura budista tibetana. A diáspora tibetana também levou cerca de 20 mil refugiados a se fixarem no Ocidente, onde têm atuado muito para propagar sua tradição. Um sinal da vitalidade do budismo do norte foi um encontro, em 1985, de mais de 200 mil peregrinos em Bodh-Gayā, com 10 mil até mesmo provenientes do Tibete.

O atual dalai-lama (1935-) permanece uma figura venerada entre os exilados e no Tibete, e suas tentativas de uma reconciliação não violenta com os chineses, voltadas para a liberdade religiosa no Tibete, com o Tibete se mantendo parte da China, valeram-lhe o Prêmio Nobel da Paz de 1989 (Keown e Prebish, 2007, pp. 259-61). Os chineses, no entanto, consideram-no uma pessoa perigosa, que pretende dividir a China, e as imagens dele são proibidas no Tibete. Uma pergunta importante é o que acontecerá quando o Décimo Quarto Dalai Lama morrer: quem o sucederá? Pela tradição, o Panchen Lama identifica seu sucessor, mas existem agora dois candidatos ao título de "Panchen Lama", um dos quais é controlado pelos chineses. O atual dalai-lama, contudo, afirmou que não renascerá em um Tibete controlado pelos chineses, mesmo que isso signifique que ele seja o último dalai-lama. Em 2011, ele também declarou que não seria mais o líder do governo tibetano no exílio, desejando que este tivesse uma forma democrática.

No exterior, há muitos livros disponíveis do dalai-lama sobre o budismo (por exemplo, Piburn, 1990), e suas viagens com propósitos budistas e diplomáticos ajudaram a torná-lo o budista mais reconhecido e respeitado do mundo.

No entanto, ele tem sido criticado por tibetanos que veneram a divindade Dorje Shugden (rDo-rje Shugs-ldan; Dreyfus, 1998). Essa figura é uma divindade protetora colérica Gelugpa, tida como um renascimento de um *Lama* do século XVII que se considera ter sido um rival do quinto dalai-lama. O conflito entre os dois conduziu ao suicídio do primeiro, na esperança de que sinais ocorridos depois da sua morte ajudariam a limpar seu nome de certas "difamações" a seu respeito; seus partidários consideram que esses sinais ocorreram. Mais à frente, ele veio a ser visto como uma divindade secundária "protetora do *Dharma*", responsável por proteger os Gelugpas dos seus inimigos. Com o tempo, ele foi elevado, aos olhos de algumas pessoas, à posição de principal protetor do *Dharma*, depois que ele foi defendido por Pabonka Rinpoche (Pha-bong-ka Rin-po-che; 1878-1941) e seu aluno Trijang Rinpoche (Khri-byang Rin-po-che; 1901-1983).

Depois que o atual dalai-lama teve um sonho no qual viu Dorje Shugden em combate com Nechung (gNas-chung), o principal protetor do *Dharma* do governo tibetano no exílio, anunciou em público que os tibetanos deveriam deixar de propiciar essa divindade, pois ela seria "mundana" e não um verdadeiro "refúgio" budista (de modo que o prefixo *Dorje*, ou *Vajra*, era inapropriado). Embora "Dorje" Shugden tivesse se tornado uma divindade popular entre os *Lama*s Gelugpas, a maioria o repudiou depois disso. A exceção mais eloquente a esse fato foi Geshe Kelsang Gyatso (dGe-bshes bsKal-bzang rgyal-mtsho; 1931-), fundador da Nova Tradição Kadampa, sediada no Reino Unido. Aqueles que apoiam a divindade na Índia acusaram o dalai-lama de reprimir sua liberdade religiosa, e o mal-estar que envolveu a questão pode ter conduzido ao assassinato de um importante partidário do dalai-lama. Implícita à questão está o fato de que Dorje Shugden é considerado especificamente um protetor da escola *Gelugpa*, de maneira sectária, enquanto o dalai-lama, embora sendo Gelugpa, tem uma ampla mentalidade ecumênica. A "Nova Kadampa" (que também era o nome primitivo dos Gelugpas) se considera uma versão reformada da escola Gelugpa que "preservou o ensinamento puro" do seu fundador Tsongkh'apa e de Atiśa, fundador da escola Kadam-pa (bKa-gdams-pa) na qual ela se baseia.

A Mongólia e regiões relacionadas[26]

A Mongólia esteve sob o domínio soviético entre 1924 e 1990, com forte repressão ao budismo, de modo que, embora houvesse 112 mil monges e 1.060 mosteiros na década de 1920, da década de 1940 a 1990 havia cerca de cem monges e apenas um mosteiro. No entanto, o budismo agora está passando por uma entusiástica revitalização, principalmente na forma Gelugpa, e há 3 mil monges e um crescente número de monjas, auxiliados por *Lama*s tibetanos da Índia (Kollmar-Paulenz, 2003), com 284 mosteiros em 2009 (www.mongoliantemples.net). O budismo é visto como uma parte importante da identidade nacional, assim como Genghis Khan (1162-1227), que no passado governou um enorme império mongol. Embora ele não fosse budista, era tolerante em termos religiosos e veio a ser encarado como uma manifestação do *Bodhisattva* Vajrapāni.

O budismo entre o povo da Mongólia Interior, parte da China, também está sendo favorecido com uma atitude mais liberal em relação à prática da religião. O mesmo se aplica às Repúblicas de Buryat e Tuva da Federação Russa, ao norte da Mongólia, e entre o povo mongol de Kalmykia, banhada pelo mar Cáspio, na Europa.

---

26 Sobre esse assunto, ver Bechert e Gombrich, 1984, pp. 267-68.

O Butão, o norte da Índia e o Nepal

No Estado independente do Butão, que só se abriu para o mundo exterior a partir de 1970, o budismo do norte continua a florescer e a ser apoiado tanto pelo povo quanto pelo governo. O turismo é limitado, para ajudar a proteger a cultura butanesa, e o rei é famoso por preferir a "Felicidade Nacional Bruta" ao Produto Nacional Bruto. Por outro lado, quase 100 mil nepaleses étnicos foram expulsos do país, pois são considerados imigrantes ilegais.

O budismo também existe no Sikkim vizinho, um pequeno estado incorporado à Índia em 1975, e nos distritos de Darjeeling e Jalpaiguru, de Bengala Ocidental. Foi fortalecido em ambos pela entrada de refugiados tibetanos. O budismo do norte existe em Ladakh, no estado de Jammu ao norte da Índia e na Caxemira (Norberg-Hodge, 2000), mas enfrenta problemas substanciais devido à população muçulmana em rápido crescimento no estado e à interrupção da comunicação com o Tibete.

No Nepal, a crescente presença minoritária do budismo Theravāda nesse país predominantemente hindu também ajudou a estimular uma revitalização geral do budismo Vajrayāna do povo newar. O budismo é encontrado ainda entre refugiados tibetanos e em grupos étnicos influenciados pelos tibetanos, como os Sherpas. Entre os Gurkhas, que eram originalmente hindus da Índia, há grupos étnicos que se inspiram em elementos do budismo Nyingmapa, do Bön, do xamanismo e do hinduísmo.

CAPÍTULO 13

O Budismo Além da Ásia

À medida que as potências europeias se expandiram para a Ásia, o conhecimento das religiões asiáticas passou a ter uma base mais profunda. Mudanças no pensamento europeu também conduziram a certa receptividade às ideias de religiões não cristãs. No século XVIII, a ênfase do Iluminismo na "razão" e na "ciência" enfraqueceu a dependência em relação à "revelação" em assuntos religiosos, e várias pessoas pensaram ter descoberto uma "religião natural" comum às pessoas de todas as culturas, embora mais bem expressa no cristianismo. No século XIX, avanços na geologia e nos estudos bíblicos conduziram a um enfraquecimento do literalismo bíblico, e o conceito da evolução biológica parecia, para muitos, lançar dúvidas sobre o relato cristão "revelado" da criação. Nesse contexto, foi apresentada a ideia de que fosse realizado um estudo "científico", "comparativo" de todas as religiões (Sharpe, 1986).

Esses elementos foram reunidos nas duas últimas décadas do século XIX, quando houve uma espécie de entusiasmo pelo budismo (modernista) entre segmentos das classes médias nos Estados Unidos, na Grã-Bretanha e na Alemanha.[1] Assim como o cristianismo, o budismo tinha um sistema ético nobre, mas parecia ser uma religião de autoajuda, que não dependia de Deus ou de padres. Tal como a ciência, parecia se basear na experiência, encarava o universo como regido por uma lei e não considerava os seres humanos e os animais como radicalmente diferentes. No entanto, para aqueles com predileção pelo misticismo, como os envolvidos com o movimento romântico, ele oferecia mais do que ciência.

A INFLUÊNCIA INICIAL DO BUDISMO POR MEIO DA LITERATURA, DA FILOSOFIA E DA PSICOLOGIA

O budismo chegou ao Ocidente por vários canais, e um deles foram as obras de determinados escritores e pensadores. Na Alemanha, Arthur Schopenhauer (1788-1860) via paralelos entre sua filosofia e as ideias do budismo e do hinduísmo (que ele, de certo modo, confundia). Sua principal obra, *O Mundo como Vontade e Representação* [*Die Welt als Wille und Vorstellung*]

---

1 Almond, 1988; Clausen, 1973; Jackson, 1981; Lopez, 1995.

(publicada em alemão em 1818 e 1844), contém muitas referências ao budismo, em particular no segundo volume. Schopenhauer considerava o budismo como a melhor religião; embora os missionários cristãos criticassem o budismo pelo seu "pessimismo", para Schopenhauer essa era sua maior força, já que o budismo avaliava realisticamente a presença do sofrimento no mundo (Batchelor, 1994, pp. 250-71). Nas décadas de 1830 e 1840, os escritores transcendentalistas norte-americanos R. W. Emerson e H. D. Thoreau também se inspiraram em temas indianos (Seager, 1999, p. 34). No entanto, quando desenvolveram sua filosofia individualista, intuitiva e panteísta, suas fontes indianas foram sobretudo hindus.

Na Inglaterra, Sir Edwin Arnold, que se tornou editor do *Daily Telegraph*, produziu *The Light of Ásia* [A Luz da Ásia] (1879), um poema sobre a vida do Buda. Isso difundiu um interesse pelo budismo nas classes médias da Grã-Bretanha e dos Estados Unidos e favoreceu a revitalização budista no Sri Lanka. Arnold era um cristão liberal que se sentia muito atraído pelo budismo. Sua descrição favorável, em um estilo um tanto expansivo, dramático e sentimental, retratou o Buda como uma figura sob alguns aspectos semelhante a Jesus. Em 1885, Arnold visitou Bodh-Gayā e depois viajou para o Sri Lanka e o Japão para estimular o apoio à restauração desse e de outros locais sagrados. Isso levou Anagārika Dharmapāla a visitar o local, depois que ele fundou a Mahā Bodhi Society.

Os romances do escritor alemão Hermann Hesse, em especial *Siddhartha* (1922), usavam temas budistas, e o psicanalista suíço Carl Jung investigou paralelos entre os sonhos simbólicos e as *maṇḍalas* tibetanas na década de 1950 (Lopez, 1995, pp. 197-250). *On the Road* [Pé na Estrada] (1951) e *The Dharma Bums* [Os Vagabundos Iluminados] (1958), de Jack Kerouac (Seager, 1999, pp. 40-3), inseriram temas Zen na anárquica subcultura *Beat*, seguidos mais tarde pelas obras dos poetas Allen Ginsberg e Gary Snyder. *The Doors of Perception and Heaven and Hell* [As Portas da Percepção e Céu e Inferno] (1956), de Aldous Huxley, também estimulou o interesse pela meditação oriental ao comparar (de modo equivocado) a iluminação com experiências ocorridas sob a influência da mescalina. Na década de 1960, esse tipo de associação ajudou o budismo a captar o interesse de pessoas influenciadas pelo movimento *hippie*.

A SOCIEDADE TEOSÓFICA: UMA PONTE ENTRE O ORIENTE E O OCIDENTE

O primeiro grupo organizado no Ocidente que defendeu a adoção de crenças e práticas religiosas indianas foi a Sociedade Teosófica, fundada em Nova York em 1875 (ver p. 401; Campbel, 1980). Ela se originou do entusiasmo norte-americano pelo espiritismo e combinou o misticismo neoplatônico, outros elementos da tradição esotérica ocidental, ideias hindus e budistas e uma versão religiosa da "evolução". Considerava que as pessoas evoluíam espiritualmente ao longo de muitas vidas, através de ciclos do universo, de acordo com seu "karma" e conhecimento. No entanto, não aceitava a ideia de que um ser humano pudesse renascer novamente em um nível animal. A realidade suprema era vista mais sob a *óptica* hindu do que budista: todos os seres eram considerados como contendo um *Ātman* ou Si Mesmo interior que seria uma porção do Um universal ou *Brahman*.

A cofundadora Helena Blavatsky (1831-1891) era uma figura excêntrica e carismática que viajara amplamente, tendo talvez chegado a uma área de cultura budista tibetana controlada pelos russos. Mais tarde, ela apresentou aos Estados Unidos e à Europa a imagem do Tibete como uma terra misteriosa e maravilhosa. Ela afirmava que seus livros, como *The Secret Doctrine** (1888), eram ditados para ela, por meio da clarividência, por membros de uma "Fraternidade" de "Mestres" espirituais que viveram no Tibete. Eles a haviam escolhido para ensinar uma antiga religião — a Teosofia, ou "Sabedoria Divina" — que era a essência interior e a base de todas as religiões conhecidas. Jesus e o Buda tinham sido antigos "Mestres" dessa tradição esotérica. Os pontos fortes do outro cofundador, Henry Steel Olcott (1832-1907), residiam em sua capacidade organizacional. No entanto, parece ter sido ele que desejou ir à Índia, lugar que via como uma "terra santa": um dos primeiros de muitos peregrinos ocidentais que se seguiram em décadas posteriores.

A Sociedade Teosófica fundou sucursais nos Estados Unidos, na Grã-Bretanha, na Índia e no Sri Lanka. No Ocidente, atraiu pessoas que se sentiam inibidas pelas estruturas convencionais — pessoas inteligentes e criativas com pouca educação formal, por exemplo, ou mulheres irritadas com sua posição social. A partir de 1907, a presidente passou a ser Annie Besant (1847-1933), uma inglesa que antes fora ateia e socialista. A Sociedade atingiu o auge da sua influência na década de 1920, quando preparara o indiano Jiddu Krishnamurti (1895-1986) para ser o veículo de uma figura messiânica entendida tanto como um retorno do Cristo quanto como a vida do Buda Maitreya. Em 1929, Krishnamurti rejeitou publicamente esse papel, e depois a influência da Sociedade declinou. Entretanto, a Sociedade conseguiu levar uma série de importantes conceitos budistas e hindus ao conhecimento de pessoas não familiarizadas com textos eruditos.

ERUDIÇÃO[2]

Além da tradução de trechos de algumas obras em páli do Sião (hoje Tailândia) por Simon de La Loubère, já em 1691, os mais antigos textos budistas a serem trabalhados foram os em sânscrito (principalmente Mahāyāna) do Nepal, reunidos pelo residente britânico B. H. Hodgson (1800-1894). O erudito francês Eugène Burnouf (Batchelor, 1994, pp. 227-49) usou esses

* *A Doutrina Secreta*, publicado em VI volumes pela Editora Pensamento, São Paulo, 1980.

2 Ver, por exemplo, De Jong, 1986; Gombrich, 2005; Peiris, 1973.

textos para produzir sua *Introduction à l'histoire du Bouddhisme indien* (1845) e uma tradução do *Sūtra do Lótus* (1852).

No Sri Lanka, foram os missionários que começaram a estudar o budismo, embora os melhores de seus relatos ainda tendessem a apresentar uma visão distorcida da tradição do budismo do sul como uma religião pessimista e inadequada (Harris, 2009). A partir de mais ou menos 1850, isso foi retificado pelo trabalho de eruditos ingleses, alemães e escandinavos, como V. Fausboll, que editou o *Dhammapada* e o traduziu para o latim em 1855. Dois relatos influentes e populares da vida e dos ensinamentos do Buda, baseados em textos em páli, foram *O Buddha, sua Vida, sua Doutrina, sua Comunidade* (1881, publicado originalmente em alemão), de Hermann Oldenberg (1854-1920), e *Buddhism* (1878), de T. W. Rhys Davids (1843-1922), que passara oito anos no serviço público colonial no Sri Lanka (Wickremeratne, 1984). Também na Inglaterra, o inglês-alemão F. Max Müller editou os 51 volumes da série Sacred Books of the East (1879-1910), que continham traduções de vários textos budistas. Nos Estados Unidos, Henry Clarke Warren foi cofundador da Harvard Oriental Series (1891), tendo produzido uma excelente antologia de traduções do Cânone páli, *Buddhism in Translations* (1896). Particularmente importante foi o trabalho da Pali Text Society (PTS), fundada na Inglaterra em 1881 por Rhys Davids. Seu objetivo era publicar edições críticas, em caracteres latinos, dos textos do Cânone páli e seus comentários, junto com traduções. O interesse pelo Cânone páli surgiu porque acreditava-se que ele preservava os "ensinamentos" originais do Buda, considerado um mestre racional e ético; os elementos rituais e sobrenaturais do budismo eram encarados como acréscimos posteriores. A cooperação internacional possibilitou que a PTS publicasse a maior parte dos textos em páli do Cânone até 1910, e em 2009 ela tinha produzido 188 volumes de texto, e 97 de traduções, além de obras de apoio ao estudo textual.

No início do século XX, foram estudados textos tibetanos e chineses. Na Rússia, uma equipe de eruditos liderada por Th. Stcherbatsky (1866-1942) produziu obras como *A Concepção Central do Budismo e o Sentido do Dharma do Mundo* (1923) e *Lógica Budista* (1930-1932). Outros eruditos, sobretudo franceses e belgas, também estudaram os aspectos religiosos e históricos do Mahāyāna, com L. de La Vallée Poussin (1869-1938), que produziu traduções do *Abhidharma-kośa* e importantes trabalhos Yogācāra. L'École Française d'Extrême-Orient, fundada em Hanoi em 1901, fez muitas pesquisas arqueológicas e epigráficas, por exemplo no magnífico Angor Wat, e eruditos franceses como Paul Pelliot apresentaram ao público muitos artefatos e textos da Ásia Central e da China. O conhecimento do zen-budismo foi consideravelmente auxiliado pelas publicações eruditas e populares de D. T. Suzuki, por exemplo, seu *Essays in Zen Buddhism, First Séries* (1927).

Depois da Segunda Guerra Mundial, a escola franco-belga continuou viva nas obras de eruditos como Étienne Lamotte (1903-1983) na *Histoire du Bouddhisme indien* (1958), e foram realizados progressos no estudo do budismo do norte com as viagens e traduções do italiano Giuseppe Tucci (1894-1984). Heinz Bechert (1932-2005) investigou os aspectos sócio-políticos do budismo em *Buddhismus, Staat und Gesellschaft in den Ländern des Theravāda Buddhismus* (1966, 1967 e 1973), enquanto eruditos indianos e japoneses fizeram importantes contribuições para a budologia internacional. A descoberta de textos em certas áreas da Ásia Central e nos templos-cavernas de Dunhuang (Tun-huang) na China também desenvolveram novos campos de pesquisa. Edward Conze (1904-1979) promoveu o estudo da literatura da Perfeição da Sabedoria, e suas obras *Buddhism* (1951), *Buddhist Texts Through the Ages* (1954 (*BTTA*)), *Buddhist Scriptures* (1959 (*BS1*)) e *Buddhist Thought in India* (1967) ajudaram muito a disseminar o conhecimento do budismo. A partir da década de 1960, o estudo do budismo se consolidou em muitas universidades ocidentais, com importantes trabalhos que incluíam: Heinz Bechert e Richard Gombrich (orgs.), *The World of Buddhism: Buddhist Monks and Nuns in Society and Culture* (1984), Richard Gombrich, *Theravāda Buddhism* (1988 e 2006), Paul Williams, *Mahāyāna Buddhism: The Doctrinal Foundations* (1989 e 2009), Bernard Faure, *The Rhetoric of Immediacy: A Cultural Critique of Chan/Zen Buddhism* (1991), Damien Keown, *The Nature of Buddhist Ethics* (1992), José Cabezón (org.), *Buddhism, Sexuality and Gender* (1992), Geoffrey Samuel, *Civilized Shamans: Buddhism in Tibetan Societies* (1993), Reginald Ray, *Buddhist Saints in India: A Study in Buddhist Values and Orientations* (1994) e Gregory Schopen, *Bones, Stones, and Buddhist Monks: Collected Papers on Archaeology, Epigraphy and Texts of Monastic Buddhism in Índia* (1997). Em 2005, Paul Williams editou uma coleção em oito volumes de importantes trabalhos sobre o budismo, *Buddhism: Critical Concepts in Religious Studies.*

Isso significa que os acadêmicos ocidentais desempenharam um importante papel na introdução do budismo no Ocidente (Prebish, 2007). Isso se expressou tanto em obras acadêmicas e populares quanto em exposições de arte e artefatos budistas. Entre as publicações de Estudos Budistas estão *The Eastern Buddhist* (fundada em 1921), *Journal of the International Association of Buddhist Studies* (fundada em 1978), *Pacific World* (fundada em 1982), *Buddhist Studies Review* (fundada em 1983) e *Contemporary Buddhism* (fundada em 2000). A International Association of Buddhist Studies foi formada em 1976, a seção de budismo da American Academy of Religion em 1981, e a UK Association for Buddhist Studies, em 1996. O estudo do budismo também é uma parte estabelecida de um leque de cursos universitários, e Charles Prebish avalia que, nos Estados Unidos, talvez metade dos acadêmicos de budismo também sejam budistas, metade destes o sendo de modo declarado. Esses praticantes acadêmicos desempenham um papel semelhante ao dos monges eruditos para o budismo essencialmente leigo do país (1999, pp. 180, 198-200).

A INTERNET, OS FILMES E A MÚSICA

Os praticantes e acadêmicos budistas logo fizeram bom uso da internet.[3] Existem publicações na internet como *Journal of Buddhist Ethics* (fundada em 1994) e *Global Buddhism* (fundada em 2000); a primeira tem mais de 1.500 assinantes (Prebish, 1999, p. 214). Existem *sites* grandes e bem administrados de tradições particulares, como o Access to Insight (Theravāda), o Berzin Archives (Vajrayāna) e a Australian National University Zen Virtual Library. O International Dunhuang Project coordena o estudo de textos e artefatos da Rota da Seda do Oriente, e há portais da *web* que têm *links* para um vasto leque de recursos, como os dos *sites* DharmaNet e BuddhaNet (Prebish, 1999, pp. 217-19). Existem também listas eletrônicas eruditas como a Buddha-L e a H-Buddhism (Prebish, 1999, pp. 209-10). Além disso, quase todas as organizações e centros budistas estão presentes na *web*. Uma pesquisa no Google sobre "Budismo" produz cerca de 15 milhões de resultados (cerca de 20 milhões para "Cristianismo").

O budismo também apareceu em documentários e programas de discussão na televisão e no rádio, bem como em filmes como *O Pequeno Buda* (1994), *Justiça Vermelha* (1997), *Kundun* (sobre a infância do dalai-lama) (1997) e *Sete Anos no Tibet* (1997), além do coreano *Primavera, Verão, Outono, Inverno ... e Primavera* (2003). Influenciou ainda a música de John Cage (1912-1992; Prebish e Baumann, 2002, pp. 371-72).

A IMIGRAÇÃO

Nas décadas de 1860 e 1870, centenas de milhares de imigrantes chineses foram para a Costa Oeste dos Estados Unidos e do Canadá para trabalhar nas minas de ouro e nas estradas de ferro. Depois de 1882, quando uma lei norte-americana restringiu a imigração chinesa, trabalhadores japoneses lhes sucederam.[4] A partir de 1868, uma quantidade significativa de imigrantes japoneses e chineses também foi trabalhar nas plantações de açúcar do Havaí, anexado como território norte-americano em 1898. A imigração asiática para a Califórnia foi interrompida em 1902, mas continuou no Havaí, que se tornou assim um importante centro para a transmissão do budismo aos Estados Unidos. A imigração japonesa para o Brasil começou em 1908 (Prebish e Baumann, 2002, p. 164).

---

3 A respeito desse assunto, ver Lancaster, 2007; Prebish, 1999, pp. 203-32; Williams e Queen, 1999, pp. 168-79. Para uma seleção desses recursos, ver o Apêndice II.

4 Prebish, 1999, pp. 4-5; Prebish e Baumann, 2002, pp. 107-08, 121-22, 192; Seager, 1999, pp. 159-60.

A religião chinesa permaneceu a princípio discreta na América do Norte, embora uma missão da Terra Pura tenha tido certa atividade entre os chineses. A imigração aumentou na década de 1950, e depois, em 1965, a mudança na Lei da Imigração e Nacionalidade dos Estados Unidos causou uma afluência de chineses — não religiosos, cristãos e budistas —, de modo que já em 1990 havia 921 mil pessoas com essas origens no país (Prebish, 1999, p. 26). Grupos de budistas chineses se tornaram depois mais ativos. São menos sectários do que os budistas japoneses e tendem a enfatizar os cânticos devocionais e as expressões compassivas dos votos do *Bodhisattva*. Muitos templos atuam na comunidade *chinesa*, que tende a se dividir entre as pessoas da classe trabalhadora que moram nos bairros chineses, onde os templos podem conter elementos budistas e daoistas, e os profissionais liberais e especializados que moram nos bairros de classe média alta da periferia, mas alguns se expandiram e atraíram euro-americanos. No Canadá, a imigração que ocorreu a partir da década de 1960 também levou o país a ter, já em 2000, mais de 600 mil imigrantes chineses, sobretudo de Hong Kong.

Os imigrantes japoneses se tornaram abertamente ativos em questões religiosas antes dos chineses; muitos provinham de uma região onde a seita Jōdo-shin era forte.[5] Essa seita também foi muito ativa no envio de missões. Em 1889, o sacerdote Sōryū Kagahi chegou ao Havaí e fundou lá o primeiro templo japonês. Ele pertencia à subseita Hompa Hongwanji, que se tornou, durante um longo tempo, a maior denominação budista no Havaí e na América do Norte. Em 1899, Sokei Sonada chegou a São Francisco e instituiu a subseita no continente com o nome de Buddhist Mission of North América. Durante a Segunda Guerra Mundial, quando muitos japoneses estavam sendo colocados em campos de concentração (Prebish e Baumann, 2002, pp. 191-200), o nome foi alterado para Buddhist Churches of America (BCA), tornando-se independente da sua matriz japonesa. Para ajudar a transmitir suas tradições, a Missão e depois a Igreja organizou uma Young Men's Buddhist Association [Associação Budista de Moços] (1900), escolas dominicais, sociedades de mulheres budistas e programas educacionais. Essas atividades de influência ocidental já tinham começado a se desenvolver no próprio Japão nessa época, mas aumentaram no período entre as décadas de 1920 e 1940 devido à pressão antijaponesa na América do Norte. O título "Igreja" indica uma ocidentalização adicional, bem como os cargos de "ministro" e "bispo" e o estilo dos serviços religiosos, que acontecem aos domingos, usam órgão e passaram a incluir hinos como "Buda, amante da minha alma [...]", embora os elementos cristianizados tenham sido reduzidos a partir de meados da década de 1990 (Prebish e Baumann, 2002, p. 197; Seager, 1999, p. 63). Embora a imigração japonesa para os Estados Unidos tenha sido reduzida pela Lei de Exclusão Oriental de 1924, que impediu

5 Sobre o Jōdo-shin na América do Norte, ver Prebish, 1999, pp. 20-3, 127-38; Prebish e Tanaka, 1998, pp. 31-47; Williams e Queen, 1999, pp. 3-19; Seager, 1999, pp. 51-69.

que novos imigrantes japoneses se tornassem cidadãos, ela aumentou depois de mudanças nas leis da imigração em 1962 no Canadá e em 1965 nos Estados Unidos (Prebish and Baumann, 2002, p. 114).

O Institute for Buddhist Studies, para o treinamento de sacerdotes da BCA, foi fundado em 1966; um dos membros da Igreja era um astronauta que morreu em 1986 no desastre do ônibus espacial Challenger e, em 1987, o Departamento da Defesa dos Estados Unidos permitiu que a Igreja indicasse capelães para trabalhar nas forças armadas. A afiliação, no entanto, declinou de cerca de 65 mil membros em 1977 para 50.775 em 1995, provavelmente porque acreditava-se que a BCA era apenas para nipo-americanos, além de bastante insossa e conformista (Prebish, 1999, pp. 132-33). Em 2010, ela elencava 54 templos em seu *site* — uma redução, já que eram 63 em 1987. No Canadá, em 1985, as Buddhist Churches of Canada (hoje chamadas Jodo Shinshu Buddhist Temples of Canada) tinham dezoito Igrejas afiliadas (treze em 2010) e uma afiliação de cerca de 10 mil pessoas.

No Brasil, existem hoje cerca de 1,26 milhão de pessoas com ancestralidade japonesa, 200 mil com ancestralidade chinesa e 80 mil com ancestralidade coreana. Várias seitas do budismo são encontradas entre elas: Zen, Jōdo-shin, Jōdo, Shingon, Tendai e Nichiren, embora o budismo nas famílias de descendência japonesa pareça estar declinando ao longo das gerações (Prebish e Baumann, 2002, p. 167).

A partir de 1975, refugiados do Vietnã comunista, do Laos e do Camboja, dos quais cerca de 60% são budistas, vieram para o Ocidente, com seu número chegando a atingir 884 mil em 1985: 561 mil nos Estados Unidos, 94 mil no Canadá (130 mil em 2002[6]), 97 mil na França, 91 mil na Austrália, 22 mil na Alemanha (60 mil em 2002) e 19 mil na Grã-Bretanha. Os vietnamitas fundaram uma série de templos no Ocidente, e os cambojanos têm construído centros budistas e ordenado monges. Na Grã-Bretanha, uma comunidade de budistas Ambedkar se desenvolveu ao redor de Birmingham, com cerca de 14 mil budistas indianos no censo de 2001.

Alguns buryats e kalmyks, pessoas de origem mongol, migraram para a Rússia Ocidental e construíram um templo e um mosteiro budista Gelugpa em São Petersburgo entre 1909 e 1915. Na Primeira Guerra Mundial, um templo budista também foi fundado em Varsóvia para atender às necessidades das tropas buryats e kalmyks do exército russo, embora o templo em São Petersburgo tenha sido profanado em 1917, tendo havido uma perseguição aos budistas no governo de Stalin a partir da década de 1930 (Prebish e Baumann, 2002, pp. 90-1). Como mencionado antes, a tomada do Tibete pelos chineses teve o efeito colateral de os refugiados tibetanos compartilharem sua tradição com as pessoas da América do Norte e da Europa.

6 Prebish e Baumann, 2002, pp. 122-24.

O budismo chegou à Austrália em 1848 com alguns imigrantes chineses, e depois, em 1882, com alguns do Sri Lanka. No entanto, só começou a se desenvolver entre outros segmentos da população na década de 1920. Em 1996, 31% dos budistas australianos tinham nascido no Vietnã e apenas 2% eram nascidos na Austrália. Os imigrantes chineses entraram na Nova Zelândia em 1863 (Prebish e Baumann, 2002, p. 140). Em 1997, o maior grupo étnico de budistas da Nova Zelândia, 40% deles, eram os chineses (Prebish e Baumann, 2002, p. 143).

De 1860 a 1913, os indianos das castas inferiores foram para a África do Sul como trabalhadores sob contrato, principalmente para a província de Natal. Nas décadas de 1920 e 1930, a crescente discriminação levou alguns deles a se ocidentalizarem e se converterem ao cristianismo, enquanto outros exploraram suas raízes indianas, fortalecendo seu hinduísmo. Alguns se voltaram para o budismo, atraídos pelo que enxergavam como uma maneira de se libertar da casta e da superstição, sua ética social e ênfase na natureza do Buda compassiva dentro de todos. Ligações com os budistas no sul da Índia conduziram à fundação de uma sociedade budista em 1917. No entanto, nunca se constituiu um movimento de massa, com sua fraqueza sendo o fato de não ter templos ou monges, tendo declinado a partir de então. Um mosteiro budista foi fundado na Tanzânia em 1927 por trabalhadores imigrantes trazidos do Sri Lanka. Ele ainda existe, embora o número de budistas pareça estar diminuindo. Os imigrantes do Sri Lanka também parecem estar por trás da existência de Sociedades Mahā Bodhi em Gana e no Zaire e de uma sociedade budista na Zâmbia.

CATEGORIAS DE BUDISTAS, SUAS CARACTERÍSTICAS E NÚMEROS

Na Europa como um todo, no final da década de 1990, havia cerca de 650 mil budistas asiáticos de vários tipos, o que equivalia a cerca de dois terços dos budistas que lá viviam (Prebish e Baumann, 2002, p. 95). O censo de 2001 no Reino Unido indicou que havia 152 mil budistas no Reino Unido (0,26%), dos quais 60% eram de ascendência asiática (Bluck, 2004, p. 93; 2006, pp. 15-6). No censo de 1990 nos Estados Unidos, havia de 500 mil a 750 mil imigrantes budistas Theravāda (Prebish e Baumann, 2002, p. 115[7]), e Richard Seager (1999, p. 232) afirma que:

> Talvez três quartos dos budistas dos Estados Unidos sejam novas comunidades imigrantes, cujas contribuições para o desenvolvimento a longo prazo do *dharma* permanecem particu-

---

7 De 6,9 milhões de pessoas de vários antecedentes asiáticos. No censo de 2000, havia 10,24 milhões, inclusive: 2,73 milhões de chineses, 0,14 milhão de taiwaneses, 1,23 milhão de coreanos, 1,15 milhão de japoneses, 1,22 milhão de vietnamitas, 0,21 milhão de cambojanos, 0,20 milhão de laosianos, 0,19 milhão de hmong (de áreas do Sudeste Asiático), 0,15 milhão de tailandeses. Em 2010, o total era de 14,67 milhões (4,75% da população), um crescimento de 43,3% — o maior aumento em uma categoria racial.

larmente difíceis de acessar e são, com frequência, desconsideradas — e, na minha opinião, bastante subestimadas.

Depois da Segunda Guerra Mundial, alguns soldados norte-americanos que participaram da ocupação do Japão e das Guerras da Coreia e do Vietnã, bem como alguns dos jovens que viajaram para a Índia e o Nepal "místicos" nas décadas de 1960 e 1970, desenvolveram um interesse pelo budismo. Eles ajudaram a inaugurar uma nova era para o budismo fora da Ásia. Assim como em outros países ocidentais, os que são novos no budismo chegam até ele por meio da meditação (ou, no caso da SGI, da entoação de cânticos), tendo seu interesse talvez despertado pelos numerosos livros populares sobre budismo, hoje bastante disponíveis, ou revistas como a *Tricyle: The Buddhist Review* (fundada em 1991). Podem então passar a se envolver com aspectos mais amplos da tradição. Na Ásia, as práticas devocionais e o contato com os monges em geral são o ponto de partida. Nos Estados Unidos, os budistas não asiáticos tendem a estar no final da casa dos trinta anos até o início da dos cinquenta (tendo, em media, 46 anos) e têm nível universitário, com 31% tendo formação protestante, 25% católica e 16,5% judaica,[8] embora os judeus só componham cerca de 1,2% da população (Williams e Queen, 1999, pp. 94-5). Esses convertidos se sentem de certa maneira desenraizados e veem no budismo uma rota não tradicional para a autodescoberta e o crescimento espiritual. Cada vez mais, os mestres asiáticos têm concedido a euro-americanos autoridade para transmitir a tradição, havendo por volta de cinquenta desses mestres já na década de 1980.

Baumann estima (1997, p. 198), para meados da década de 1990, de 3 a 4 milhões de budistas nos Estados Unidos (1,6% da população), com 800 mil[9] "euro-americanos". Para a Europa, no final da década de 1990, ele estimou de 900 mil a 1 milhão, com dois terços deles imigrantes asiáticos (Prebish e Baumann, 2002, pp. 95-6): França ~350 mil (0,6% da população), Grã-Bretanha 180 mil (0,3%), Alemanha 170 mil (0,2%), Itália 70 mil (0,1%), Holanda 33 mil (0,2%), Suíça 25 mil (0,3%). Em 2007, colocou o total na Europa em "um ou dois milhões" (2007, p. 176).

No Canadá, há pelo menos 300 mil budistas (1%; Prebish e Baumann, 2002, p. 120). No censo de 1996, a Austrália tinha 199.812 budistas (1,1%) e a Nova Zelândia, 28.131 (0,8%) (Prebish e Baumann, 2002, p. 139). No Brasil, o censo de 1991 indicou que havia 236.408 budistas (0,14%), sendo 89.971 de origem asiática (Prebish e Baumann, 2002, p. 164). Na África do Sul existem entre 6 mil e 30 mil budistas (0,014% — 0,07%; Prebish e Baumann, 2002, p. 153); no Oriente Médio, há talvez 800 mil[10] trabalhadores migrantes budistas (em particular

---

8 *EB*.10.2; Prebish e Baumann, 2002, pp. 177-80.

9 Embora Seager (1999, p. 242) tenha relatado estimativas de 100 mil a 800 mil.

10 *Wikipédia*, página sobre "Buddhism by country".

do Sri Lanka) na Arábia Saudita, nos Emirados Árabes Unidos e no Kuwait. No todo, há cerca de 7 milhões de budistas fora da Ásia.

Talvez a maneira mais óbvia pela qual os budistas além da Ásia possam ser classificados é a seguinte:

- Budistas "étnicos" ou talvez "imigrantes asiáticos": vários migrantes (especialmente chineses, japoneses e, em certa medida, tailandeses e cingaleses) e comunidades de refugiados (em particular vietnamitas, cambojanos e laosianos) que dão continuidade a uma gama de tradições e práticas budistas associadas a suas terras de origem. O foco deles é, em geral, gerar fruição kármica para si mesmos e membros da família (vivos e mortos) por meio de doações a monges, práticas devocionais e, por exemplo, obter prognósticos por intermédio de leituras astrológicas ou quiromânticas. A identidade da comunidade e a preservação de sua cultura é importante para eles, mas não raro eles têm um perfil público discreto. Costumam ter um foco monástico ou sacerdotal, com atividades que giram em torno dos templos, mas, como seria de se esperar, a maioria é leiga (Numrich, 1996; Seager, 1999, pp. 121, 234-35).
- Budistas "convertidos": aqueles que começaram a estudar o budismo agora (com frequência, embora não exclusivamente, com mestres asiáticos). O budismo deles tem comumente uma forma modernista, derivada de manifestações modernistas do budismo asiático. Ele tende a se concentrar na meditação e em outras práticas que se considera terem benefícios psicológicos a curto e médio prazos. Estão mais interessados nos textos e ensinamentos do *Dharma* do que os budistas étnicos, colocam menos ênfase na divisão entre leigos e monges (com muitos leigos se dedicando a práticas meditativas que na Ásia tendem a ser feitas sobretudo por monges) e estão mais interessados na igualdade de gênero e nos princípios democráticos.[11] Os convertidos em geral colocam menos ênfase nos rituais do que os budistas étnicos, embora aqueles atraídos pelo budismo tibetano valorizem o ritual, visto mais em termos de seus benefícios psicológicos do que como modo de interação com forças benéficas no cosmos. As ideias sobre o karma e o renascimento são muito menos dominantes do que no caso dos budistas étnicos, podendo até ser abandonadas ou tratadas com um espírito agnóstico (por exemplo, Batchelor, 1997). Os convertidos tendem a ser instruídos e prósperos, formam mais organizações do que os budistas étnicos e são porta-vozes do budismo (Prebish e Baumann, 2002, pp. 95, 100).

---

11 Prebish e Baumann, 2002, pp. 145-46, 160-61, 259-84, 309-23; ver Schedneck (2009) para uma gama de atitudes com relação ao monasticismo, e, sobre o gênero, ver: *EB*.10.4 e 10.7; Prebish, 1999, pp. 75-81; Prebish e Baumann, 2002, pp. 309-23; Prebish e Tanaka, 1998, pp. 238-65; Seager, 1999, pp. 185-200; "Bibliography on Women and the Female in Buddhism": lhamo.tripod.com/8bibli.htm.

No entanto, à medida que um grupo étnico se acomoda e produz novas gerações, suas características mudam; isso pode ser visto em particular nos grupos mais velhos, descendentes de migrantes chineses e japoneses nas Américas, que estão hoje plenamente integrados à sua terra adotada: Richard Seager os identifica como uma terceira corrente de budistas nos Estados Unidos, os "budistas étnicos da velha guarda" (1999, pp. 9-10, 52; Prebish e Baumann, 2002, pp. 106-09). Além disso, os filhos dos convertidos não são mais verdadeiros "convertidos", mas, se continuarem na congregação budista — embora a proporção que continua possa não ser elevada (Seager, 1999, p. 241) —, é bem provável que também seguirão alguma forma de budismo moderno. Por isso, Martin Baumann (Prebish e Baumann, 2002, pp. 51-65) considera "tradicionalistas" e "modernistas" uma maneira melhor de dividir os budistas, seja na Ásia ou fora dela. Em alguns casos, no entanto, existem templos com congregações paralelas de budistas convertidos e étnicos (Numrich, 1996, p. 63; Prebish, 1999, pp. 62-3), e figuras como o dalai-lama têm larga influência.

A influência do budismo sobre as pessoas se dá em graus variados.[12] Existem budistas "mornos" cuja ligação com a tradição é intermitente. Além disso, assim como na Ásia, onde os budistas se inspiram em outras tradições — como o daoismo, o xintoísmo ou a religião dos espíritos do Sri Lanka — também no Ocidente os budistas modernistas se inspiram em outras tradições, como a Psicologia Humanista. E, assim como aqueles na Ásia que não são primariamente "budistas" se inspiram em alguns aspectos do budismo, no Ocidente também há uma penumbra de simpatizantes ou "companheiros de viagem" que se valem de alguns aspectos de práticas e ideias budistas mas que talvez não se considerem "budistas". Existem também acadêmicos do budismo que respeitam a tradição e colaboram para que esta seja entendida, bem como descrições positivas do budismo e dos budistas na mídia,[13] em especial desde o início da década de 1990; aspectos da cultura popular se inspiram em elementos budistas, como os livros sobre "mente, corpo e espírito" e imagens do Buda como ornamentos para o jardim ou a casa.

Embora os países ocidentais hoje tenham representantes de todas ou da maioria das tradições budistas, o grau em que elas cooperam entre si não é uniforme (Seager, 1999, pp. 232-33). Entretanto, além de várias redes nacionais e internacionais de afiliação de grupos particulares (Baumann, 2007, pp. 37-79), existem o Buddhist Sangha Council of Southern California, o American Buddhist Congress e o Buddhist Council of the Midwest (Prebish, 1999, p. 92), fundados na década de 1980 ou depois. Uma União Budista da Europa foi formada em 1975,

---

12 Prebish, 1999, pp. 53-6; Prebish e Baumann, 2002, pp. 17-33; Prebish e Tanaka, 1998, pp. 184-88; Williams e Queen, 1999, pp. 71-90. Seager, 1999, pp. 249-65 apresenta o perfil de budistas influentes nos Estados Unidos.
13 Pessoas famosas que são hoje budistas também causam impacto; ver a lista para os Estados Unidos em Prebish, 1999, pp. 255-56.

como um fórum comum para discussão, cooperação e publicações. Ela tinha 45 membros em 2002 (Prebish e Baumann, 2002, pp. 98-9). Existem associações budistas nacionais na Alemanha (fundada em 1955), Austrália (fundada em 1958), Áustria e Suíça (fundada em 1976), Holanda e Noruega (fundada em 1979), Itália (fundada em 1985), França (fundada em 1986), Dinamarca (fundada em 1992), Bélgica e Portugal (fundada em 1997; Baumann, 2007, p. 307), com o Reino Unido originalmente representado pela London Buddhist Society (fundada em 1943) e mais tarde pela Network of Buddhist Organizations (fundada em 1993).

MISSÕES E ORGANIZAÇÕES BUDISTAS

Os Estados Unidos[14]

Uma importante plataforma de missões budistas para os ocidentais foi criada pela convocação do Parlamento Mundial das Religiões, organizado pelos cristãos liberais como um apêndice da Feira Mundial de Chicago de 1893 (Seager, 1999, pp. 35-7). A esperança era revelar os elementos comuns a todas as religiões de modo a promover a fraternidade no culto, no serviço ao homem e na oposição ao materialismo. O representante que causou melhor impressão foi Swami Vivekānanda, um hindu vedāntico, mas Anagārika Dharmapāla também causou um impacto bastante favorável. Ele e o abade Rinzai Zen Sōen Shaku desencadearam um breve crescimento do interesse pelo budismo com seus discursos no Parlamento. O doutor Paul Carus resolveu publicar trabalhos sobre o budismo, em particular sobre o Zen, por meio da sua Open Court Publishing Company, e ele próprio produziu *The Gospel of Buddha* (1894), uma antologia popular de textos budistas (Prebish e Tanaka, 1998, pp. 207-27).

Em 1896, Dharmapāla voltou aos Estados Unidos por um ano a convite de Carus, quando viajou ensinando a doutrina, a psicologia e a meditação budista. Retornou em 1902-1904. Carus também convidou D. T. Suzuki (1870-1966), um aluno leigo de Sōen Shaku, para trabalhar na sua editora. Depois de fazer isso durante onze anos, Suzuki voltou ao Japão em 1909, mas manteve contatos com o Ocidente, publicando várias obras em inglês sobre o Zen desde o final da década de 1920 e dando palestras na Universidade Columbia no final de década de 1950. Sua nova apresentação do Zen, muito influente, retratou este último como a mais genuína e direta experiência mística da realidade, associada com a espontaneidade e desprovida dos fardos dos ritos e da religião institucional. Sōen Shaku voltou aos Estados Unidos em 1905-1906, a convite de partidários em São Francisco. Seu discípulo próximo, Nyogen Senzaki,

14 A respeito desse assunto, ver: Baumann, 2007, pp. 561-65; Fields, 1992; Prebish, 1999; Prebish e Baumann, 2002; Prebish e Tanaka, 1998; Seager, 1999. Bechert e Gombrich (1984, pp. 272, 279-85) discutem o budismo no Ocidente. Baumann (1997) examina trabalhos sobre o budismo no Ocidente.

fundou grupos Zen na Califórnia da década de 1920 à década de 1950. Outro discípulo, o Ven. Sōkei-an, fundou a Buddhist Society of America em Nova York em 1930. Esta se tornou mais tarde o First Zen Institute of America. O Zen se tornou a primeira forma de budismo a se popularizar de fato entre os euro-americanos, que a consideravam muito acessível à disposição pragmática e dinâmica dos norte-americanos.

Nos Estados Unidos do pós-guerra, o Zen continuou a se desenvolver no período "*Beat*" da década de 1950: depois, na contracultura das décadas de 1960 e 1970, o budismo de um modo geral começou a decolar de fato, sobretudo nas suas formas Zen e tibetana. Quase todas as formas existentes do budismo, inclusive algumas ecléticas e sincretísticas novas, existem hoje nos Estados Unidos. Em 2010, o número de ocorrências para os Estados Unidos no World Buddhist Directory da *web* consta na Tabela 9.[15]

O Zen é hoje a forma mais popular de budismo entre os convertidos que meditam (Seager, 1999, p. 92),[16] embora o budismo tibetano tenha o mesmo número de centros. Embora o Rinzai tenha sido a primeira forma de budismo estabelecida nos Estados Unidos, o Sōtō, que é popular no Havaí, o acompanhou. Em 1961, o mestre Sōtō Shunryu Suzuki (1904-1971) inaugurou o imponente San Francisco Zen Center e, em 1967, fundou o mosteiro de Tassajara Mountain (Seager, 1999, pp. 96-100); sua obra de 1970, *Mente Zen, Mente de Principiante* (*Zen Mind, Beginner's Mind*), permanece muito influente. O Sōtō Zen também foi introduzido por Peggy Kennett (1924-1996), uma inglesa cujos pais eram budistas. Depois de se ordenar como uma *bhikṣunī* do *Saṅgha* chinês na Malásia, em 1962, ela foi para o Japão e recebeu treinamento em um templo Sōtō, no qual era a única mulher. Em 1969, foi para os Estados Unidos e, em 1970, fundou a Shasta Abbey, na Califórnia, como sede da Zen Mission Society, que a partir de 1983 passou a se chamar Order of Buddhist Contemplatives (Bluck, 2006, pp. 6-8).

Uma figura particularmente influente no Zen norte-americano foi Hakuun Yasutani (1855-1974). Ele ensinava tanto o Sōtō quanto o Rinzai, em sincronia com a abordagem do seu mestre no Japão, Daiun Harada (1871-1961), que tinha a intenção de modernizar e desmistificar o Zen (Prebish, 1999, pp. 16-20). Um discípulo de Yasutani (e de outros mestres) foi Taizan Maezumi (1931-1995), fundador do Zen Center of Los Angeles (1956), e um dos seus sucessores no *Dharma* foi John Daido Loori (1931-2009) do mosteiro Zen Mountain, que é para monges e monjas e também é um centro de retiro para leigos (Prebish, 1999, pp. 96-107; Seager, 1999, pp. 101-05). Assim como outros centros de retiro budistas, esse não

15 www.buddhanet.info/wbd/index.php. Acesso em: 8 de setembro de 2010. Ver também Morreale (1998), que abrange o Canadá.

16 Para os japoneses Zen nos Estados Unidos, ver: Prebish, 1999, pp. 8-20; Prebish e Baumann, 2002, pp. 218-29; Prebish e Tanaka, 1998, pp. 49-78; Seager, 1999, pp. 90-112; Williams e Queen, 1999, pp. 20-35.

proporciona uma "fuga" em relação à vida, e sim uma oportunidade para que as pessoas possam enfrentá-la e compreendê-la. Loori enfatizava a ação ética e a conscientização em todas as ações, e desenvolveu um programa de visitas em prisões e um centro de estudos ambientais Zen. Dois outros discípulos influentes de Yasutani foram Philip Kapleau (1912-2004) e Robert Aitken (1917-2010). Kapleau foi autor da influente obra *The Three Pillars of Zen* (1965) e fundador do Rochester Zen Center em Nova York (1966). Aitken, do Havaí, fundou o Sangha do Diamante (1959), o qual, com o tempo, se propagou para a Califórnia, a Austrália e a Nova Zelândia (Baumann, 2007, pp. 814-15).

Tabela 9 Grupos, centros, mosteiros/templos e organizações budistas nos Estados Unidos

Budismo do leste, 1.049:

Zen, 677: Thich Nhat Hanh Community of Mindful Living (199); Sōtō (138); Zen japonês não específico ou misto (136); Chan (60); Rinzai (45); Kwan Um Zen coreano (44); outros tipos de Zen coreanos (30); outros tipos de Zen vietnamitas (25)

Terra Pura, 145: Jōdo-shin (102); Terra Pura chinesa (29); Jōdo (8); Terra Pura vietnamita (6)

Mahāyāna geral, 113: Vietnamita (38); Chinês (13); Coreano (10); Japonês (9); não especificado (43)

Nichiren, 53: Nichiren Shōshū e Nichiren Shū (24); Sōka Gakkai International (24); Risshō-kōseikai (5)

Outros, 61: Budismo Humanista chinês (25); Shingon (23); Tendai (8); Won coreano (3); Mantranaya chinês (2)

Budismo do norte, 656:

Gelugpa, 174: Gelugpa da linha principal (96); Tradição Nova Kadampa (78)

Kagyüdpa, 160

Nyingmapa, 141: Nyingmapa geral (114); Dzogch'en (27)

Kagyüdpa/Nyingmapa, 84: Shambhala (64); outras formas dessa mistura (20)

Não específico ou não identificado, 61

Outros, 36: Ri-may (não sectário) (19); Sakyapa (13); Jonangpa (2); Sakyapa/Nyingmapa (1); Bön (1)

Budismo do sul, 373:

Mosteiros/templos, 190: tailandeses (98); Sangha da Floresta tailandês (5); do Sri Lanka (28); Laosianos (27); Cambojanos (17); Birmaneses (7); Vietnamitas (3); de Bangladesh (1); mistos (2); para monjas (2)

Vipassanā, 97

Não específico, 63

Organizações nacionais, 12: Birmanesas (4); Cambojanas (4); Indianas (2); do Sri Lanka (1); Vietnamitas (1)

Outras, 12: Tradição da Floresta tailandesa (9); Dhammakāya (2); Samatha Trust (1)

Misto, 131:

Budista em geral, 115

Outros, 16: Friends of the Western Buddhist Order (6); Budistas Engajados (4); Vipassanā/Zen (3); Vipassanā/Vajrayāna (1); Sanghas da Floresta chineses e do Sri Lanka (1); Tendai/Vajrayāna (1)

No final da década de 1990, havia quase 150 organizações budistas chinesas nos Estados Unidos, com 68 na Califórnia e 25 em Nova York (Prebish, 1999, p. 27). As mais notáveis são as que se seguem.[17] O mestre Tripiṭaka Hsüan Hua (1918-1996) veio de Hong Kong em 1962 a convite de alguns discípulos sino-americanos, que fundaram a Sino-American Buddhist Association (SABA) em São Francisco em 1968 (em 1984, ela passou a se chamar Dharma Realm Buddhist Association). Sua reputação logo atraiu seguidores euro-americanos, que, já em 1971, formavam dois terços da afiliação da SABA. Em 1977, a sede da Associação era "A Cidade de 10 mil Budas", um grande ex-hospital com amplas dependências situado no norte da Califórnia, com a maior comunidade de monges e monjas budistas celibatários — por volta de 150 — nos Estados Unidos. Ali funcionam a Universidade Dharma Realm e escolas primárias e secundárias. No local, existem também instalações do *Saṅgha* e de treinamento para leigos. A Associação enfatiza o *Vinaya* rígido para os monges e monjas, a meditação e o estudo de textos budistas chineses. Por intermédio da Buddhist Texts Translation Society, ela também traduz esses textos, junto com explicações de Hsüan Hua. Os estudos são do Chan, Lü, Tiantai, Terra Pura e Chen-yen, enquanto a meditação é Chan, havendo também entoações da Terra Pura. O templo principal tem hoje doze templos, mosteiros e institutos sucursais.

A maior, mais recente e dinâmica forma de budismo chinês nos Estados Unidos é o templo Hsi Lai na Califórnia, uma extensão do templo Fo Kuang Shan em Taiwan. Fundado e dirigido pelo ex-abade deste último, mestre Hsing-yün (1927-), e tendo custado 30 milhões de dólares, o templo foi inaugurado em 1988. Conta hoje com mais de cem monges e monjas, além de uma universidade, uma editora universitária e a sede de sua ala leiga, a Buddha's Light International Organization [BLIA — Associação Internacional Luz de Buda], que funciona em

17 Prebish, 1999, pp. 26-32, 139-48; Prebish e Tanaka, 1998, pp. 13-30; Seager, 1999, pp. 159-68; Williams e Queen, 1999, pp. 36-56.

51 países e conta com cerca de 1 milhão de membros. Também promove a administração de uma embaixada taiwanesa informal. O templo Hsi Lai dirige mais de cem grupos regionais e uma série de templos sucursais, atendendo tanto à comunidade chinesa quanto aos euro-americanos, tendo formado elos com budistas de tradições não chinesas. Sua premissa é o "Budismo Humanista" (ver p. 434) e um trabalho que visa tornar este mundo uma "Terra Pura", em parte por meio do estímulo a um maior entendimento intercultural.

Há também a Buddhist Association of the United States (fundada em 1969) e seu mosteiro Chuang Yen (no Estado de Nova York), o Institute of Chung-Hwa Buddhist Culture (fundada em 1985), dedicado à meditação Chan e à revitalização do budismo chinês, e a organização taiwanesa Tzu Chi de compaixão e assistência humanitária, que possui em torno de 16 mil membros nos Estados Unidos.

Na tradição coreana,[18] embora haja templos focados na devoção para imigrantes coreanos, há também mestres coreanos da comunidade mais ampla, como Seung Sahn Sunim (1927-), um mestre Seon (Zen coreano) que fundou a escola Kwan Um de Zen em 1983. Sua sede é em Rhode Island e em 1998 tinha sessenta centros no mundo inteiro, em particular nos Estados Unidos e na Europa. Traz elementos das práticas Huayan e da Terra Pura, bem como a repetição de prostrações. Também permite que pessoas leigas vistam os mantos de monges e monjas, enfatizando uma atitude franca de "não saber" diante da vida.

Na tradição vietnamita,[19] há cerca de 160 templos na América do Norte, com monges e monjas celibatários que lideram a comunidade vietnamita em coisas como entoações da Terra Pura e meditação Chan. Há também mestres como Thich Nhat Hanh (ver pp. 177, 435, 478), receptivo a novos adeptos convertidos, e na realidade sua Community of Mindful Living [Comunidade de Vida Consciente] (e a Order of Interbeing [Ordem do Interser] associada) possui o maior número de grupos relacionados ao Zen nos Estados Unidos.

A ideia do "budismo socialmente engajado" de Thich Nhat Hanh se originou no caos da Guerra do Vietnã, e desde o seu exílio no Ocidente em 1973 ele tem sido um importante foco de inspiração para uma série de grupos budistas cujos adeptos são ativistas que meditam engajados na ação compassiva no mundo para aliviar o sofrimento deste.[20] Entre esses grupos estão as próprias comunidades de Thich Nhat Hanh, a intertradicional Buddhist Peace Fellowship, fundada em 1978 pelos mestres Robert e Anne Aitken, formados pelo budismo Zen (Prebish, 1999, pp. 107-14), e a Zen Peacemaker Order de Rōshi Bernard Glassman.

---

18 Prebish, 1999, pp. 32-5; Prebish e Tanaka, 1998, pp. 117-28; Seager, 1999, pp. 168-73.

19 Prebish, 1999, pp. 35-7; Prebish e Tanaka, 1998, pp. 129-46; Seager, 1999, pp. 173-81.

20 Batchelor, 1994, pp. 353-69; Prebish, 1999, pp. 81-5; Prebish e Baumann, 2002, pp. 223-26, 324-47; Prebish e Tanaka, 1998, pp. 266-86; Seager, 1999, pp. 201-15.

Eles estão "empenhados em proporcionar emprego para os necessitados, os sem-teto e os não qualificados, bem como em criar instalações para os sem-teto e creches, além de fornecer treinamento profissional" (Prebish e Baumann, 2002, p. 41), tendo se envolvido no trabalho com refugiados e "boicotes, trabalho de assistência aos doentes terminais, resistência a impostos, programas ecológicos, mobilizações de eleitores, reformas prisionais, campanhas para escrever cartas" (Prebish, 1999, p. 82). Nesses grupos, a inspiração de mestres asiáticos como Thich Nhat Hahn flui junto com o interesse da esquerda liberal pela justiça social e as tendências protestantes reformistas na cultura ocidental. Existem também templos étnicos que se dedicam ao trabalho engajado, como um tailandês na Califórnia, que trabalha com crianças de gangues de rua (*EB.*10.8).

Em 1960, a Sōka Gakkai of America, de base japonesa (ver pp. 427-29),[21] que logo seria conhecida como Nichiren Shōshū of America e depois, a partir de 1991, como Sōka Gakkai International USA (SGI-USA), começou a fazer um intenso proselitismo. A partir de 1967, trabalhou também fora da comunidade nipo-americana, de modo que 95% dos seus membros são hoje não asiáticos. Já em 1970 ela afirmava ter 200 mil membros nos Estados Unidos, e em 1974 tinha grupos em mais de sessenta *campus* de universidades e faculdades. A partir de 1976, diminuiu seu evangelismo de rua e passou a se dedicar mais à consolidação e ao crescimento lento e constante. Hoje, há cerca de 300 mil budistas Nichiren nos Estados Unidos (Prebish, 1999, p. 118), cuja maioria é da SGI, mas alguns são da Nichiren Shōshū menor, da qual a SGI se separou, e da Nichiren Buddhist Church of America (Nichiren Shū). A prática da SGI é realizada em casa, sendo propagada pelo boca a boca. Seu crescimento tem tido ajuda de sua estrutura nacional piramidal: unidades (estruturadas de acordo com a idade e o gênero) e grupos, depois distritos, capítulos, sedes, territórios e territórios conjuntos. Na década de 1990, ela democratizou sua organização, com funções ministeriais desempenhadas por voluntários não remunerados de maneira rotativa, e com as mulheres, que sempre foram parte muito ativa dela, exercendo algumas funções em sua liderança. A afiliação da SGI contém mais latino-americanos e negros do que outros grupos budistas — 30% não são nem brancos nem asiáticos — e tem membros famosos como a cantora Tina Turner e o músico Herbie Hancock; o falecido ator Patrick Swayze também era membro. A simplicidade e o poder de sua prática atraíram aqueles que buscam superar a frustração ou a negatividade e abraçar a própria criatividade, embora sua ênfase devocional não tenha sido atrativa para pessoas com formação contracultural, que se sentiam mais atraídas pelo Zen e pelo budismo tibetano. O principal atrativo da SGI são as qualidades dos membros, e, uma vez que as pessoas se associam, elas passam a valorizar sobretudo

21 Prebish, 1999, pp. 23-6, 114-27; Prebish e Baumann, 2002, pp. 42-3, 113-14, 311; Prebish e Tanaka, 1998, pp. 79-97; Seager, 1999, pp. 70-89.

a motivação ética, a satisfação intelectual, a confiança pessoal, a felicidade e o envolvimento social em uma organização bem administrada. A SGI não têm normas morais formalizadas, o que é atrativo para os norte-americanos liberais, mas considera que os valores emergem da prática individual.

As quatro principais escolas do budismo tibetano estão presentes nos Estados Unidos, atraindo um crescente número de jovens com a sua mistura de misticismo, simbolismo, ritual e percepções psicológicas.[22] "A combinação singular dentro do budismo tibetano de uma grande complexidade, elementos místicos e não racionais proeminentes, e a flexibilidade de se adaptar a diferentes temperamentos, pode explicar grande parte do seu atrativo para os ocidentais" (Bluck, 2006, p. 110). Existem cerca de 10 mil exilados e imigrantes tibetanos nos Estados Unidos, de modo que a maioria dos seguidores da tradição são convertidos que se agrupam ao redor de influentes mestres tibetanos ou de seus principais discípulos ocidentais. Existem três principais focos de atividade relacionados com o budismo tibetano nos Estados Unidos (Seager, 1999, pp. 114-28):

- A prática religiosa, em uma rede de centros de prática concentrados em diferentes mestres e linhagens.
- A preservação da rica tradição de textos budistas do Tibete e sua disseminação e tradução no Ocidente, como, por exemplo, no trabalho de Jeffrey Hopkins da Universidade da Virginia, no Asian Classics Input Project do monge Geshe Michael Roach da escola Gelugpa, e nas atividades de um grupo de editoras budistas, com raízes em diferentes escolas tibetanas: Shambhala Publications (1969, Kagyüdpa), Dharma Publishing (1971, Nyingmapa), Snow Lion Publications (1980) e Wisdom Publications (1983, ambas da escola Gelugpa), além de Tharpa (1985, Nova Kadampa) — com exceção desta última, suas publicações não estão limitadas às da própria escola.
- A campanha para que o Tibete se liberte da dominação e do colonialismo chinês, como no movimento Estudantes para um Tibete Livre e a Tibet House (fundada em 1987) em Nova York, associada ao professor Robert Thurman e atores como Richard Gere.

Entre os mestres Kagyüdpa estiveram Kalu Rinpoche (1905-1989), embora o mais influente tenha sido Chögyam Trungpa Rinpoche (1939-1987), uma figura carismática com um comportamento um tanto controverso, cujos ensinamentos e textos populares, como *Cutting Through Spiritual Materialism*** (1973), apresentavam a tradição tibetana de uma maneira atraente para aqueles que buscavam novos horizontes culturais e "crescimento psicológico", em

22 Prebish, 1999, pp. 40-6; Prebish e Baumann, 2002, pp. 111-12; Prebish e Tanaka, 1998, pp. 99-115; Seager, 1999, pp. 113-35.

** *Além do Materialismo Espiritual*, publicado pela Editora Cultrix, São Paulo, 1987. (fora de catálogo)

especial na contracultura das décadas de 1960 e 1970. Ele era um *Lama* e ex-monge Karma Kagyüdpa, mas também fazia parte do movimento Rimay (ver pp. 235-36), de modo que também se inspirava nos ensinamentos da escola Nyingmapa. Ele fundou um próspero centro em Boulder, Colorado, em 1971, que se tornou um importante eixo da organização Vajradhatu (fundada em 1973), uma rede que incluía muitos centros de meditação e grupos afiliados, e a mais secular Fundação Nalanda (fundada em 1974). Depois da morte de Trungpa, esses foram a princípio dirigidos pelo regente de Trungpa Ösel Tendzin (Thomas Rich), que morreu de Aids em 1990, e depois pelo filho mais velho de Trungpa, Mipham Rinpoche, que os reorganizou sob o nome Shambhala International (fundada em 1992),[23] com sede em Halifax, na Nova Escócia. "Shambhala" é o nome de uma terra mítica ideal (do qual deriva o termo "Shangri-la"), que sinalizava o objetivo de Trungpa de desenvolver uma sociedade iluminada. A organização publica a popular revista *Shambhala Sun*, possui seis comunidades contemplativas residenciais principais, entre elas a Abadia Gampo (fundada em 1984) na Nova Escócia, com Thrangu Rinpoche como o abade e a monja norte-americana Pema Chödrön (1936-) como mestre residente, e tem mais de cem centros pelo mundo afora. Possui três "portões" ou linhas:

- O caminho Vajradhatu, que, em vários centros conhecidos como Dharmadhatus, enfatiza o treinamento meditativo e o estudo por meio de um programa gradual que se inspira em aspectos Zen e Theravāda, além do Vajrayāna.
- O Treinamento Shambhala, ou "Caminho Sagrado do Guerreiro", um caminho secular de treinamento espiritual para membros de qualquer tradição religiosa ou para os que não têm nenhuma, enfatizando uma abertura consciente à vida e inspirando-se na bondade humana básica ao superar padrões de hábito limitantes.
- O caminho Nalanda (nome em homenagem a uma famosa universidade budista no antigo nordeste da Índia), que enfatiza o desenvolvimento da sabedoria por meio de atividades artísticas e culturais como a fotografia, a dança, a equitação, a poesia e a Cerimônia do Chá, e abrange o Instituto Naropa (fundada em 1974), uma universidade de artes liberais que também envolve saúde, educação, negócios e assuntos como estudos ambientais, psicologia contemplativa e estudos budistas.

Na escola Nyingmapa, Tarthang Tulku Rinpoche (1935-) é um *Lama* carismático que incentiva o estudo, a publicação de trabalhos budistas e a ajuda para os refugiados tibetanos na Índia. Sogyal Rinpoche (1947-), o aclamado autor de *The Tibetan Book of Living and Dying* (1992), fundou a Rigpa Fellowship em 1982, com um centro importante em Santa Cruz. Ele ensina o *Dzogch'en*, assim como o Lama Surya Das (Jeffrey Miller, 1950-), que estudou com

23 Baumann, 2007, pp. 818-19; Prebish, 1999, pp. 158-71; Seager, 1999, pp. 125-28.

mestres budistas de muitas tradições, fundou a Fundação Dzogchen (1991) e escreveu *Awakening the Buddha Within* (1997).

Na escola Gelugpa, a Foundation for the Preservation of the Mahayana Tradition (FPMT), fundada pelo Lama Thubten Yeshe (1935-1984) no Nepal em 1975, é dirigida pelo Lama Thubten Zopa (1946-) desde 1984, supervisionando mais de cinquenta centros budistas pelo mundo afora, com mosteiros, conventos de monjas, um Instituto de Estudos Budistas, um programa prisional, clínicas e um abrigo para doentes terminais. Desde seus primórdios em 1991 no Reino Unido, a forma de Gelugpa mais exclusivista chamada de Nova Tradição Kadampa (ver p. 468) também se propagou para os Estados Unidos.

A tradição Theravāda é relativamente nova nos Estados Unidos,[24] tendo seu primeiro templo-mosteiro sido fundado pelos cingaleses em 1966 em Washington DC. Nos últimos anos, a tradição cresceu de modo considerável (Prebish, 1999, p. 38), e ela está bem posicionada para causar grande impacto no budismo norte-americano. Embora muitos dos seus templos sejam para comunidades imigrantes, para as quais a prioridade é a conservação da cultura ao mesmo tempo que são feitas as adaptações necessárias à cultura norte-americana, também há aqueles que abarcam as comunidades imigrantes e as convertidas. O monge cingalês Henepola Gunaratana fundou a Bhavana Society em 1982, um centro de retiro tanto para monges e monjas quanto para leigos. Ele é um modernizador moderado que defende o ideal monástico, mas apoia a revitalização da linhagem de ordenação das *bhikkhunīs* Theravāda. A tradição tailandesa da floresta, de ênfase meditativa, também está presente. Na Califórnia, o mosteiro Abhayagiri pratica a linha do mestre tailandês Ajahn Chah, e há uma ramificação dessa tradição do "Sangha da Floresta" no Reino Unido, com monges sobretudo ocidentais. Ajahn Ṭhānissaro é um discípulo norte-americano do mestre tailandês Ajahn Fuang Jotiko e é abade do mosteiro Metta Forest na Califórnia; muitas das suas traduções de textos budistas estão disponíveis no *site* Access to Insight. Esses dois mosteiros também oferecem retiros para pessoas leigas, sendo sustentados por doações.

No caso da comunidade de convertidos do Theravāda, a tendência mais notável, de considerável popularidade, é o movimento de meditação *Vipassanā* ou Meditação de Insight. Ele tem muitos mestres leigos que praticaram na Birmânia com Mahāsī Sayadaw (ver p. 361) e seus discípulos, alguns como monges. Eles não raro transmitem a meditação em um contexto desprovido de características tradicionais — mais ainda do que o Zen norte-americano — como técnica de percepção consciente e veículo para o desenvolvimento psicológico. Também se inspiram em elementos do budismo Mahāyāna e da Psicologia Humanista. Um centro importante

---

24 Prebish, 1999, pp. 37-40, 148-58; Prebish e Baumann, 2002, pp. 36-9, 285-306; Prebish e Tanaka, 1998, pp. 147-80; Seager, 1999, pp. 136-57; Williams e Queen, 1999, pp. 57-68.

é o Insight Meditation Center em Barre, Massachusetts, fundado em 1975 por Sharon Salzberg, Jack Kornfield, Joseph Goldstein e outros. A partir de 1989, ele passou a ter um Centro para Estudos Budistas, e o livro *Seeking the Heart of Wisdom* (1987), de Goldstein e Kornfield, exerceu considerável influência. Em 1988, Kornfield fundou o Spirit Rock centre na Califórnia. A maioria dos cerca de 150 centros de meditação Theravāda nos Estados Unidos em 1997 eram *vipassanā* (Seager, 1999, pp. 149-50). Além do *vipassanā*, o movimento veio a enfatizar a prática da *mettā*, ou meditação da bondade amorosa. O objetivo é encerrar a essência da prática da meditação monástica em uma série de retiros para pessoas leigas — com a meditação sentada e caminhando, palestras sobre o *Dhamma* e entrevistas privadas e em grupo — embora alguns, como Goldstein, receiem que ocorra uma diluição da tradição.

A abordagem do movimento Insight Meditation, assim como do Zen coreano, se inspira no trabalho de Jon Kabat-Zinn (Seager, 1999, pp. 213-14), que criou a abordagem Redução do Estresse Baseada na Atenção Plena ou Mindfulness Based Stress Reduction (MBSR) em 1979 como uma terapia não religiosa. Ele publicou muitos livros como *Wherever You Go, There You Are: Mindfulness Meditation in Everyday Life* (1994) e, em 1995, fundou o Center for Mindfulness in Medicine, Healthcare and Society da Universidade de Massachusetts (http://umassmed.edu/cfm/index.aspx). Isso é parte de uma interação bilateral do budista ocidental com aspectos da psicologia,[25] como também se reflete em livros como *Thoughts Without a Thinker: Psychotherapy from a Buddhist Perspective* (1995), de Mark Epstein, e *Buddhist Practice on Western Ground: Reconciling Eastern Ideals and Western Psychology* (2004), de Harvey B. Aronson, além do trabalho do Mind and Life Institute (www.mind andlife.org), que tem organizado seminários envolvendo o dalai-lama e cientistas que estudam o cérebro.

Canadá[26]

No Canadá, o desenvolvimento do budismo foi semelhante ao que ocorreu nos Estados Unidos. Os números quadriplicaram na década de 1970, com cerca de 50 mil budistas vivendo no país em 1985 e cerca de 300 mil em 2002. Grande parte desse aumento se deve à imigração, mas também houve um aumento no número de convertidos. Em 1983, foi formado o multidenominacional Buddhist Council of Canada, que é mais ativo na região de Toronto. O World Buddhist Directory na *web* tinha, em 2010, 306 ocorrências para o Canadá: 119 "Mahāyāna", 94 Vajrayāna/Tibetana, 63 Theravāda e 30 Não sectários/Mistos, embora buddhismcanada.com indicasse um total de quase 700 em 2002 (Prebish e Baumann, 2002, p. 120).

25 Prebish e Tanaka, 1998, pp. 228-37; Prebish e Baumann, 2002, pp. 348-64.
26 Sobre esse assunto, ver Matthews, 2006, e sua menção em Prebish e Baumann, 2002, pp. 120-38.

Reino Unido e Irlanda[27]

O primeiro missionário budista no Reino Unido foi Dharmapāla, que visitou o país durante cinco meses em 1893, e depois em 1896 e 1904. Nessas ocasiões, esteve em contato com T. W. Rhys Davids, Edwin Arnold e os teósofos. O primeiro ocidental a se ordenar como monge budista talvez tenha sido um austríaco que trabalhava em Sião (Tailândia, 1878). Os primeiros a adquirir proeminência foram os seguintes: Gordon Douglas (ordenado no Sião em 1899 com o nome de Asoka), o livre-pensador irlandês Laurence Colvin (ou O'Rourke, ?1856-?1914), que se ordenou como Dhammaloka na Birmânia em 1900, e Allan Bennett (1872-1923), o primeiro a voltar ordenado para o Ocidente. Bennett foi inspirado pelo livro *The Light of Asia** e parece ter sido influenciado pela teosofia. Em 1902, foi para a Birmânia e, ordenado com o nome de Ānanda Metteyya, formou uma sociedade missionária (1903). Em 1907, para receber uma missão, foi constituída a Buddhist Society of Great Britain and Ireland, tendo como presidente T. W. Rhys Davids; e em 1908, Ānanda Metteyya e três monges birmaneses chegaram à Grã-Bretanha (Bluck, 2006, pp. 6-8).

A Sociedade estava interessada em uma versão modernista do budismo do sul, tanto como visão de mundo quanto como ética. No início o progresso foi lento, mas a *Buddhist Review* foi publicada entre 1909 e 1922. A Primeira Guerra Mundial interrompeu esse progresso, e depois a Sociedade prosseguiu com dificuldades até sofrer um colapso em 1924. Nesse ano, no entanto, o advogado Christmas Humphreys (1901-1983) fundou a Buddhist Lodge of the Theosophical Society (Humphreys, 1968), que absorveu o que restou da Sociedade anterior em 1926. Em 1943, a Lodge se tornou a Buddhist Society, e sua revista *Buddhism in England* transformou-se na *The Middle Way*, que se mantém em atividade até hoje. Durante a gestão de Humphrey, o interesse voltou-se mais para o Zen e a prática da meditação. Sua brochura *Buddhism* (1951, e ainda à venda) foi o primeiro livro de budismo que muitos ocidentais leram, embora sua interpretação esteja distorcida por ideias do "Um" e do "Eu", que são específicas da teosofia e de algumas apresentações do Zen. A Buddhist Society continua a existir, oferecendo aulas sobre Theravāda, tradições tibetanas e Zen, e tem uma escola de verão anual.

Dharmapāla visitou a Inglaterra de 1925 a 1927 para fundar uma sucursal da Mahā Bodhi Society (1926) e um mosteiro para monges cingaleses (1928), que existiu até 1939. Em 1928, o reformador chinês Ven. Daixu (ver p. 432) também visitou o país, enquanto, em 1936,

---

27 Sobre esse assunto, ver Bluck, 2004, 2006; Harris e Kauth, 2004; Humphreys, 1968; Kay, 2004; Prebish e Baumann, 2002, pp. 85-105; Waterhouse, 1997; Wilson e Dobbelaere, 1994.

* *A Luz da Ásia*, publicado pela Editora Pensamento, São Paulo, 1978. (fora de catálogo)

D. T. Suzuki compareceu ao Congresso Mundial de Religiões, em Londres, e deu palestras sobre o Zen e a cultura japonesa em várias cidades inglesas.

Depois da Segunda Guerra Mundial (Bluck, 2006, pp. 8-17), um *vihāra* cingalês foi fundado em Londres em 1954 e um tailandês em 1966. A partir da década de 1970, o budismo começou a lançar raízes firmes, as quais se manifestaram em um comprometimento mais difundido com a *prática* budista, em contraste com um interesse puramente intelectual, e no desenvolvimento de uma dimensão social, como o estabelecimento de um *Saṅgha* nativo e muitos centros budistas. Em 1979, o número de grupos, centros, mosteiros/templos e organizações era de 74 (Prebish e Baumann, 2002, p. 93). Já o *Buddhist Directory* para o Reino Unido e a Irlanda, da Buddhist Society (Bluck, 2006, p. 14), dá o número de 468, conforme mostra a Tabela 10.

Tabela 10 Grupos, centros, mosteiros/templos e organizações budistas no Reino Unido e na Irlanda

Budismo do leste: 161 (dos quais 20 mosteiros/templos):

Zen, 142 (dos quais 6 mosteiros/templos): Sōtō (59, 5 mosteiros/templos); Thich Nhat Hanh Community of Interbeing (43); Chan (22, 1 mosteiro/templo); Sōtō/Rinzai (10); não específicos (6); Kwan Um (2)

Terra Pura, 9 (dos quais 1 mosteiro/templo)

Outros, 10 (dos quais 7 mosteiros/templos)

Budismo do norte: 137 (dos quais 2 mosteiros/templos):

Karma Kagyüdpa (43, 2 mosteiros/templos); Dzogch'en/Nyingmapa (37); Kagyüd-Sakyapa (19); Kagyüd-Nyingmapa (17); Gelugpa (14); não específicos (6); Nepaleses (1)

Budismo do sul: 117 (dos quais 22 mosteiros/templos):

Sangha da Floresta (40, 4 mosteiros/templos); Samatha Trust (29); Vipassanā (13); Ambedkar (5, 4 mosteiros/templos); outros (30, 14 mosteiros/templos)

Friends of the Western Buddhist Order/Triratna Buddhist Community 53

A esses podem ser adicionados os números para a Nova Tradição Kadampa (370, dois mosteiros/templos) e Sōka Gakkai (544 "distritos"; em junho de 2010, mais quatro centros), já que o *Buddhist Directory só relaciona suas sedes nacionais.*

Alguns dos elementos mais importantes do budismo na Grã-Bretanha são os que seguem. Em 1954, William Purfhurst[28] viajou para a Tailândia para se ordenar com Luang Phaw Sot

28 Também conhecido como Richard Randall.

(ver p. 412), tornando-se o Ven. Kapilavaddho (Mackenzie, 2007, pp. 36-7). Em 1956, voltou para a Inglaterra e fundou o English Sangha Trust, cujo objetivo era estabelecer um *Saṅgha* nativo da tradição do sul. Em 1957, ele se secularizou por problemas de saúde, mas seu discípulo, o Ven. Paññavaddho, continuou o trabalho de ensinar a meditação *vipassanā*. No entanto, o recrutamento ou retenção de novos monges não alcançou muito sucesso. Em 1962, um monge canadense formado na Tailândia, Ānanda Bodhi, fundou o Hampstead Buddhist Vihāra, sob os auspícios do English Sangha Trust. Dois anos mais tarde, um convite ao seu mestre tailandês para visitar a Inglaterra resultou na fundação de um *vihāra* tailandês em Londres, inaugurado em 1966. Em 1967, Ānanda Bodhi seguiu em frente e fundou o Johnstone House Meditation Centre, em Dumfriesshire, na Escócia, mas Kapilavaddho foi reordenado e voltou a ser o titular de Hampstead Vihāra. Em 1969, o *vihāra* contava com quatro monges e dava aulas regulares de meditação. Em 1970, contudo, Kapilavaddho voltou a se secularizar devido a problemas de saúde, vindo a falecer em 1971. Os outros monges também se secularizaram, mas deram seguimento às atividades budistas, conduzindo à fundação de dois centros de meditação *vipassanā*.

Em 1977, o conhecido professor de meditação Ajahn Chah (ver p. 362) visitou o Hampstead Vihāra a pedido do English Sangha Trust. Seu discípulo ocidental, o monge norte-americano Ajahn Sumedho (1934), permaneceu e organizou a introdução de um *Saṅgha* de monges ocidentais, treinados na tradição tailandesa da floresta (Bluck, 2006, pp. 25-48; Sumedho, 1984). O mosteiro logo se mudou para uma propriedade rural centrada numa casa de campo quase em ruínas em Chithurst, Sussex, com uma floresta vizinha de 44 hectares como parte integrante da povoação monástica. Mosteiros sucursais foram então inaugurados em Northumberland (1981) e Devon (1984). Em 1985, o Amaravati Buddhist Centre (amaravati.org) foi inaugurado perto do Hemel Hempstead, em um grupo de construções de madeira em um local que fora antes um acampamento escolar. Esse é o maior mosteiro do grupo e também atua como centro para atividades leigas; um imponente prédio, o templo principal, foi concluído em 1999.

Em 2010, essa tradição do "Sangha da Floresta" tinha setenta membros ordenados no Reino Unido: 42 monges, nove monjas dos dez preceitos, três noviços (todos do sexo masculino) e sete postulantes do sexo feminino (*anagārikas* e *anagārikās*). Alguns dos monges mais velhos, que treinaram na Tailândia, são da América do Norte, porém metade são britânicos e os restantes de quinze países europeus, cinco países asiáticos, da Austrália, da Nova Zelândia e da África do Sul. Seu líder, até 2010, era Ajahn Sumedho. Eles vivem uma vida simples, enfatizando o *Vinaya*, a meditação e o desapego nas atividades cotidianas. Oferecem às pessoas leigas introduções à meditação com um fim de semana ou dez dias de duração, enfatizando a prática do *vipassanā*, e têm contatos de ensino regulares com grupos leigos em todo o país. Os monges graduados viajam para mosteiros associados hoje estabelecidos na Austrália, na Nova Zelândia, na Itália, na Suíça, nos Estados Unidos e no Canadá, nos quais há mais cinquenta monges e dezesseis membros da comunidade monástica.

Uma organização da tradição do sul dirigida por leigos é a Samatha Trust (http://samatha.org; Bluck, 2006, pp. 49-64). Ela foi criada em 1973 por discípulos de um professor de meditação tailandês, Nai Boonman Punyathiro (1932-), que fora monge durante quinze anos e depois criara ligações com o Hampstead Vihāra. A organização se especializa no ensinamento da atenção plena à respiração num contexto de *samatha*, seguindo um conjunto de estágios progressivos envolvendo diferentes durações de respiração e maneiras de prestar atenção a ela, bem como a prática da bondade amorosa, da atenção plena ao andar, *vipassanā*, entoações em páli (e mais recentemente em inglês) e aulas de *Sutta* e *Abhidhamma*. Em 2010, tinha 82 professores leigos, com aulas em 34 cidades, um centro de meditação em Manchester e um centro de meditação nacional numa área rural de Gales (fundada em 1987), bem como quatro grupos nos Estados Unidos. Em 2006, um grupo de entoadores do Samatha Trust participou de uma turnê na Tailândia, em especial para entoar o *Mahāsamaya Sutta* (*D. Sutta* 20), que em geral não é entoado por pessoas leigas.

Outra organização da tradição do sul é o International Meditation Centre em Heddington, Wiltshire. Ela foi fundada em 1978 para proporcionar um local para o ensino da meditação *vipassanā* por meio de cursos de dez dias, utilizando a abordagem do mestre birmanês U Ba Khin (ver p. 361). Outros grupos inspirados na tradição do sul oferecem *vipassanā* despojado de acompanhamentos devocionais: The House of Inner Tranquillity em Wiltshire (fundado em 1980), Gaia House em Devon (fundado em 1983) e Dhamma Dipa, um centro S. N. Goenka em Herefordshire (fundado em 1991). O movimento tailandês Dhammakaya (ver pp. 412-15) também possui templos em Londres (fundados em 2007) e em Newcastle-upon-Tyne (fundado em 2010).

As quatro escolas da tradição tibetana estão estabelecidas no Reino Unido. Em 1967, Ānanda Bodhi convidou o monge Chögyam Trungpa (ver p. 460) e o *Lama* casado Akong Tulku Rinpoche (1939-) para ensinar na Johnstone House. Isso levou à sua transformação no mosteiro Kagyu Samye-Ling e Tibetan Centre (www.samyeling.org; Bluck, 2006, pp. 110-28). Embora Trungpa tenha se secularizado e deixado de ser monge depois de um grave acidente de carro, mudando-se para os Estados Unidos em 1970, o Samye-Ling tem funcionado como um local de retiro tranquilo para pessoas de vários antecedentes religiosos e tem trabalhado para transmitir não apenas ensinamentos e práticas budistas, mas também artes e habilidades tibetanas. Seus seminários e escola de artes tibetanas foram utilizados na construção de um novo e imponente templo (1988). São ministrados cursos sobre budismo, meditação, yoga, tai chi, arte e jardinagem, e várias pessoas fizeram lá retiros de quatro anos, que podem incluir longos períodos de solidão. Cerca de sessenta pessoas — vinte ou mais das quais são monges ou monjas — vivem nessa comunidade Karma Kagyüdpa, dirigida desde 1995 pelo *Lama* Yeshe Losal (1943-). O centro tem ligações com muitos outros na Grã-Bretanha e em outros lugares e em 1992 comprou a Holy Island (Ilha Sagrada), ao largo da costa da Escócia, como local para retiros de longo prazo e centro inter-religioso. Também criou o Rokpa Trust, que visa "promover o budismo e estimular o diálogo e o entendimento inter-religioso não sectário. Proporcionar cuidados médicos e terapia. Fornecer educação. Aliviar a pobreza".

Na tradição Gelugpa, uma importante organização é a Foundation for the Preservation of the Mahayana Tradition (http://fpmt.org; ver p. 462), que em 1976 fundou o Manjushri Institute, situado no limite do Distrito dos Lagos, como faculdade para o estudo e a preservação da tradição Gelugpa. No entanto, em 1991, seu então mestre residente, Geshe Kelsang Gyatso (1931-), assumiu o ponto de vista de que a tradição Gelugpa no Ocidente tornara-se aberta demais à influência de outras escolhas budistas tibetanas, de modo que fundou uma nova tradição que chamou de New Kadampa Tradition, considerando-a a guardiã da pura tradição Gelugpa.[29] A NKT se separou da FPMT, mantendo o controle do Manjushri Institute (renomeado Manjushri Kadampa Meditation Centre), que tem estado em franca atividade no desenvolvimento de centros no Reino Unido e além. Embora o líder Gelugpa, o dalai-lama, tenha um espírito muito ecumênico e esteja preocupado com a preservação da cultura tibetana, a NKT se concentra na "pura transmissão" do *Dharma*, não em questões tibetanas, e se indispôs com o dalai-lama por causa da crítica deste último à divindade protetora da NKT, Dorje Shugden (ver pp. 439-40; Kay, 2004, pp. 100-09). Com seus supostos 370 mosteiros, centros e grupos no Reino Unido, ela superou em muito a FPMT, que tem catorze, sendo o principal o Jamyang Buddhist Centre em Londres. Os monges e monjas da NKT, dos quais talvez haja cinquenta no Reino Unido, e supostos 700 no mundo inteiro, seguem apenas os cinco primeiros dos dez preceitos de um noviço (ver p. 302), e mais cinco outros: "Praticarei o contentamento, reduzirei meu desejo por prazeres mundanos, abandonarei o envolvimento com atividades sem sentido, manterei os compromissos de refúgio e praticarei os três treinamentos de pura disciplina moral, concentração e sabedoria". A maioria dos membros da comunidade monástica tibetana segue 36 preceitos, enquanto alguns monges tibetanos tomam a ordenação superior e seguem 253 (ver p. 321).

Embora o Rinzai Zen seja forte na Buddhist Society, um importante centro Sōtō é a Abadia de Throssel Hole, em Northumberland.[30] Ela foi fundada em 1972 como mosteiro sucursal da Abadia Shasta, na Califórnia (ver p. 455). Atua como mosteiro de treinamento para monges e

29 kadampa.org; Bluck, 2006, pp. 129-51; Kay, 2004, pp. 3-116, 211-14.
30 throssel.org.uk; Bluck, 2006, pp. 65-88; Kay, 2004, pp. 117-207, 215-18.

monjas (também chamados de "monges" por razões igualitárias) da "Order of Buddhist Contemplatives", sendo ainda um centro de retiro intensivo para a "serena meditação de reflexão". Os monges residentes de Throssel Hole e os visitantes leigos vivem uma existência que enfatiza a disciplina, o asseio, a meditação e o trabalho árduo. Os monges — que eram em número de trinta em 2006 — são celibatários, ao contrário do padrão moderno de sacerdotes casados no Japão. Visitam vários grupos, realizam casamentos e funerais, ordenam pessoas como budistas leigos e conduzem um programa de ministério leigo. Novos priorados foram abertos em Reading em 1990 e em Telford em 1997, e, em 2007, havia 27 grupos de Serena Meditação de Reflexão no Reino Unido e na Irlanda.

Os Friends of the Western Buddhist Order (FWBO) é um movimento leigo que busca identificar a "essência" do budismo e ensiná-lo em um contexto e com uma postura ocidentais.[31] Em 2010, a ordem mudou seu nome para Triratna Buddhist Community. Ela foi fundada em 1967 pelo Ven. Sangharakshita (Dennis Lingwood, 1925-; Batchelor, 1994, pp. 323-40), um monge inglês com experiência nas tradições do sul, do norte e do leste. Ele havia sido monge na Índia durante catorze anos, em dez dos quais trabalhou com os budistas Ambedkar. A FWBO consiste de uma rede de quatro tipos de organizações: centros urbanos que oferecem aulas de meditação, retiros e palestras para o público; grupos locais; cooperativas nas quais os membros trabalham em equipe enfatizando o meio de vida ético, o que promove o desenvolvimento pessoal da pessoa; e comunidades onde vivem muitos membros, tendo muitas vezes um "caixa comum". O movimento se espalhou do Reino Unido para a Europa Continental, Nova Zelândia, Austrália e os Estados Unidos, e em especial para a Índia (Queen e King, 1996, pp. 73-120), onde ficou conhecido como Trailoka Bauddha Mahasangha Sahayaka Gana (hoje Triratna Buddhist Community) e faz um trabalho educacional, médico e espiritual entre os budistas Ambedkar. As práticas introdutórias da FWBO são a atenção plena à respiração e *mettā-bhāvanā* (o cultivo da bondade amorosa), e entre as práticas posteriores estão tomar refúgio, o "Apenas Sentar" do Zen e a visualização de Budas e *Bodhisattva*s específicos, bem como a utilização de seus *mantra*s. A entoação é feita em páli e inglês, sendo utilizado um *pūjā* devocional adaptado a partir do de Śāntideva (ver pp. 143-44). Há também a prática de yoga, tai chi e karatê.

A Sōka Gakkai International (SGI),[32] como é hoje chamada (ver pp. 427-30), ingressou na Grã-Bretanha na década de 1980. Já no final de 1986 ela afirmava ter 3 mil seguidores e, em 2010, seus 544 grupos locais, com uma média de 12 membros, reúnem cerca de 6.500

31 http://thebuddhistcentre.com/text/what-triratna-buddhist-community; Baumann, 2007, pp. 815-16; Bluck, 2006, pp. 152-78; Subhuti, 1994.
32 sgi-uk.org; Bluck, 2006, pp. 89-110; Wilson e Dobbelaere, 1994.

membros, embora ela tenha em torno de 11 mil nomes no seu banco de dados. Muitos dos seus adeptos trabalham em profissões médicas, nas artes cênicas e nas artes gráficas, com muitos deles trabalhando por conta própria. A idade média com que ingressam na SGI é de 31/32 anos (Wilson e Dobbelaere, 1994, p. 45), não raro depois de algum tipo de crise pessoal. A maioria valoriza a prática da entoação como uma maneira de se empoderarem para assumir o controle e a responsabilidade sobre a sua vida. No Reino Unido, a sede da SGI é em Taplow Court, Maidenhead. Nessa casa antiga e elegante, a ausência de qualquer tipo de arte ou imagem budista chama a atenção de qualquer pessoa que já tenha visitado outros centros budistas. Somente quando entramos na sala de entoação e um pequeno santuário é aberto é que vemos o pergaminho *gohonzon*. A entoação do *Nam-Myō-hō Ren-ge-kyō* e de seções do *Sūtra do Lótus* é feita de forma bem rápida, "como um cavalo a galope", conforme a descrição. Embora careça da tranquilidade de grande parte das entoações budistas, ela tem um efeito bastante energizante, que propicia a concentração.

Os monges e monjas da Ordem Nipponzan Myōhōji, uma pequena subseita Nichiren fundada por Nichidatsu Fujii (1885-1985) que se dedica a trabalhar em prol da paz mundial, também têm estado muito ativos (http://mkbuddhism.org.uk). Alguns monges da Ordem chegaram no final da década de 1970 e se envolveram com marchas da Campanha pelo Desarmamento Nuclear. Eles passaram então a construir "Pagodes da Paz". A partir de 1924, construíram 61 no Japão, inclusive os de Hiroshima e Nagasaki, sete na Índia, dois no Nepal e um no Sri Lanka. Em 1980, inauguraram o primeiro Pagode/*Stūpa* no Ocidente, em Milton Keynes, no Reino Unido. Em seguida construíram um em Viena (1983), um em Massachusetts (1985) e um em Londres (1985), e depois mais três nos Estados Unidos (1993, 1998, 2010) e um na Itália (1998). O de Londres é em Battersea Park, ao lado do Tâmisa. Ele tem 34 metros de altura e contém relíquias do Nepal, da Birmânia, do Sri Lanka e do Japão. Ao contrário da estrutura de Milton Keynes, que combina *designs* japoneses e indianos antigos, sua forma é, em essência, japonesa (veja o Frontispício). Os mantos amarelos e brancos de seus monges e monjas podem às vezes ser entrevistos em reportagens da televisão que tratam de assuntos relacionados a armas nucleares em várias partes do mundo.

A tradição da Terra Pura também tem um pequeno grupo de adeptos no Reino Unido. Em 1976, a Shin Buddhist Association of Great Britain foi formada por Jack Austin (1917-1993) e pelo palestrante Hisau Inagaki. O pai de Inagaki fora em grande medida responsável pela instituição do budismo Jōdo-shin na Europa, e o Rev. Austin também estivera ativo nessa área. Em 1977, as pessoas que se reuniam na casa do Rev. Inagaki também formaram a não sectária Pure Land Buddhist Fellowship, hoje liderada pelo *quaker*-budista Jim Pym, que publica a revista *Pure Land Notes*. O Amida Trust (www.amidatrust.com) também se desenvolveu, liderado por David e Caroline Brazier, oferecendo um curso de psicologia e psicoterapia budista; possui ainda uma Ordem comprometida com o envolvimento social. Outra tradição japonesa com um pequeno número de adeptos é a escola Shingon.

Todas as diferentes formas do budismo britânico, embora tenham diversas raízes asiáticas, compartilham a necessidade de elaborar uma acomodação com a cultura ocidental. Nesse aspecto, o Sangha da Floresta e a FWBO repousam, em linhas muito gerais, nas duas extremidades de um espectro — embora o grau de adaptação à cultura ocidental não seja uniforme em nenhuma tradição, variando dentro de suas dimensões (Bluck, 2006, pp. 184-85). O Sangha da Floresta procurou introduzir um estilo de vida monástico predominantemente tradicional, sem nenhuma tentativa deliberada de se adaptar às condições ocidentais. Ajahn Sumedho afirma: "Se desbastarmos a tradição antes de plantar a semente, não raro cortamos ou desprezamos todo o espírito dela".[33] Àqueles que criticam a importação de costumes "asiáticos", como a entoação em páli, ele responde que agarrar-se dogmaticamente às tradições apenas pelo que elas são em si mesmas deve ser evitado. Em vez de rejeitar tradições e convenções de forma dogmática, ele prefere o caminho do meio ao *usá-las* de modo habilidoso. Essa atividade poderia ser caracterizada como um tradicionalismo pragmático e não dogmático.

Quanto às formas institucionais, os monges e as monjas liderados por Ajahn Sumedho dão seguimento às tradições monásticas dos mosteiros da floresta tailandeses.[34] Introduziram com sucesso o estreito relacionamento leigo-monástico da Tailândia e são sustentados por doações dos leigos, tanto de comunidades asiáticas no Reino Unido (e na Tailândia) quanto de nativos da Grã-Bretanha. Desenvolveram uma forma monástica para as mulheres que vai além daquela das *mae chis* tailandesas (ver pp. 324-25), visto que, embora ainda só sigam formalmente dez preceitos, na prática seguem cerca de 120 regras. Seu papel está se desenvolvendo aos poucos, embora, até agora, a reinstituição da plena ordenação Theravāda das *bhikkhunīs* com 311 preceitos, como foi desenvolvida no Sri Lanka e, mais recentemente, na Austrália (2009), não foi aceita. A entoação leiga é feita tanto em inglês quanto em páli. São transmitidos ensinamentos relativamente tradicionais, embora o renascimento seja visto sobretudo como algo a ser observado nos estados mentais em transformação. No que diz respeito à vida depois da morte, tende-se a comunicar uma atitude um tanto agnóstica.

A FWBO procura enfaticamente desenvolver uma forma ocidental de budismo e tem criticado outros grupos budistas por importarem o que ela encara como agregações culturais irrelevantes junto com o budismo "essencial" (Bell, 1996). Ela seleciona as práticas e os ensinamentos utilizando como critério a contribuição deles para o desenvolvimento da pessoa. Dos

---

33 Revista *Middle Way*, 1984 (59, nº 1), entrevista citada em Bluck, 2006, p. 36.
34 Bell, 2000a; Prebish e Baumann, 2002, pp. 245-54.

grupos budistas, tem sido a mais avessa a certas características da cultura ocidental, como a que ela enxerga como "pseudoliberalismo", também criticando muito o cristianismo, que encara ao mesmo tempo como limitado e nocivo. Por outro lado, admira muito o místico inglês William Blake. A ideia ocidental de uma "sociedade alternativa" tem sido influente, sendo que o movimento se considera o núcleo de uma "Nova Sociedade" na qual os valores do crescimento humano são muito importantes. A ênfase está em que o movimento se torne uma sociedade autossuficiente em termos econômicos. A base econômica é proporcionada pelas cooperativas do "Meio de Vida Correto", como restaurantes vegetarianos, lojas de produtos naturais, formação de equipes, um centro de artes, a loja de presentes Windhorse Trading e a editora Windhorse Publications, além da Clear Vision Education, que produz conteúdo sobre budismo para escolas do Reino Unido.

A FWBO está centrada na Western Buddhist Order (hoje chamada Triratna Buddhist Order), que tinha 677 membros no Reino Unido em 2004 (Blusk, 2006, p. 156). Eles seguem dez preceitos (os quatro primeiros dos habituais cinco preceitos leigos, mais três sobre a fala e três sobre o pensamento correto), adotam um nome em sânscrito e estão unidos pelo seu compromisso com o Buda, o Dharma e a Ordem. Entre os membros da Ordem, conhecidos como Dharmacharis e Dharmacharinis ("viajantes do Dharma" do sexo masculino e do sexo feminino), estão tanto pessoas casadas quando celibatárias que levam vida semimonástica. Eles vivem em comunidades (em geral com membros de um só sexo), sozinhos ou com a família. A FWBO criticou a forma de vida conjugal baseada na família nuclear, julgando-a restritiva do ponto de vista espiritual e "neurótica", refletindo uma fragmentação na sociedade moderna (Subhuti, 1994, pp. 162-64, 177). Os casais, quer heterossexuais, quer homossexuais, são vistos às vezes como ligados por meio da projeção e da dependência, o que tende a tornar cada um dos membros metade de uma pessoa (Subhuti, 1994, pp. 173-74). Em um determinado estágio do desenvolvimento da FWBO, alguns membros da Ordem buscaram "evitar o apego inadequado desfrutando com alegria de uma série de diferentes relacionamentos sexuais" (Subhuti, 1983, p. 167), mas agora se enfatiza que o desejo sexual deve ser aos poucos transcendido (Subhuti, 1994, p. 171). No entanto, o celibato não é requerido dos membros da WBO, e a FWBO está agora procurando assegurar que os membros que vivem com a família não se sintam marginalizados. A FWBO é receptiva aos homossexuais, e no final da década de 1970 e início da de 1980 alguns membros encaravam os relacionamentos homossexuais como menos propensos a apegos e ciúmes do que os heterossexuais. As amizades do mesmo gênero são em geral consideradas as mais profundas, além de promover uma maior confiança, comunicação espiritual e orientação (Subhuti, 1994, p. 155), mas acredita-se que o desenvolvimento espiritual envolva uma transcendência progressiva da identificação polarizada com a masculinidade ou a feminilidade da pessoa (Subhuti, 1994, p. 171). No início, os ensinamentos da FWBO enfatizavam a "Evolução mais Elevada" do "indivíduo", com um ideal associado que parecia ser uma espécie de super-humanismo heroico, atlético e romântico, influenciado por algumas das ideias do filósofo Friedrich Nietzsche. Nisso, ela parecia negligenciar o aspecto do caminho budista que, em última análise, visa à transcendência da condição do Eu e o apego ao ego. No entanto, aquelas ideias parecem agora menos influentes, embora a meditação vipassanā seja reservada apenas para os mais comprometidos. Na imprensa britânica (1997) e nos "FWBO-files" (arquivos da FWBO) na internet, a FWBO tem sido acusada de ser uma seita, alguns de cujos membros praticaram manipulação sexual; mas a FWBO amadureceu ao refletir sobre essas críticas e reagir a elas (ver, por exemplo, Vishvapani, 2001). Em 1994, foi criada um College of Public Preceptors (Órgão Colegiado de Preceptores Públicos) para supervisionar as ordenações e, em 2000, Sangharakshita entregou a esse órgão colegiado a liderança da Ordem. A partir de então, o movimento incluiu reflexões críticas sobre seu fundador e alguns de seus ensinamentos.

A FWBO, junto com a NKT e a SGI, podem ser encaradas como "novos movimentos budistas", e Sandra Bell (2000b, p. 398) as descreveu como "organizações hierárquicas de vínculo estreito", com um "evidente compromisso com o recrutamento e a expansão". Bluck (2006, p. 188) considera mais proveitoso encará-las como "entusiásticas, com convicções firmes e uma mensagem urgente, comprometimento com um estilo de vida particular e, talvez, uma 'liderança carismática'." Outros grupos budistas britânicos tendem a encará-las com alguma suspeita — muitos grupos, por exemplo, deixaram a Network of Buddhist Organizações quando a NKT se tornou membro — mas, à medida que elas vêm amadurecendo, essa visão tem enfraquecido.

Sob a óptica de membros razoavelmente ativos nos maiores grupos de convertidos, Bluck informa o seguinte: 1.500 para o Sangha da Floresta (2006, p. 27); cerca de 500 membros e outros 500 com algum contato com o Samatha Trust (2006, p. 50); mil ou mais na tradição Sōtō Zen Serene Reflection Meditation (2006, p. 68); cerca de 6.500 membros da Sōka Gakkai International (2006, p. 91); talvez 5 mil associados ao centro tibetano Karma Kagyüd Samye Ling (2006, p. 112); 3 mil membros da New Kadampa Tradition (2006, p. 132); e, para a Friends of the Western Buddhist Order, 2 mil "membros básicos" e 5 mil com "envolvimento regular" (2006, p. 156): 23 mil no total. Isso deixa muitos dos cerca de 62 mil convertidos pertencendo a grupos menores, ou sem nenhuma especificação.

As pessoas interessadas no budismo estão propensas a ser expostas a várias tradições, e os adeptos delas interagem em uma certa medida: provavelmente mais aqui do que na Ásia, devido à separação geográfica. Há uma organização budista de capelania nas prisões (Angulimala), um Buddhist Hospice Trust [Fundação Budista de Assistência a Doentes Mentais], uma Network of Engaged Buddhists [Rede de Budistas Engajados] (interessados na paz, na ecologia e nos direitos humanos dos budistas no exterior) e a instituição beneficente Rokpa Trust (Bluck, 2006, pp. 22-3, 124). O crescimento dos mosteiros e centros de meditação budistas ajudou a estimular até certo ponto uma revitalização da meditação cristã, e os monges e as freiras cristãos às vezes aprendem técnicas com os budistas.

Baseando-se no trabalho de Kabat-Zinn nos Estados Unidos, Mark Williams e John Teasdale, do Reino Unido, e Zindel Siegal, do Canadá, desenvolveram a Terapia Cognitiva Baseada na Atenção Plena (MBCT — Mindfulness Based Cognitive Therapy). Em 2004, ela foi reconhecida pelo National Institute for Health and Clinical Excellence do National Health Service (Reino Unido) como um tratamento recomendado para a depressão recorrente, e agora o Mindfulness Centre da Universidade de Oxford, a Universidade de Wales em Bangor e as Universidades de Exeter e de Aberdeen oferecem Mestrado em Artes (MAs) e Mestrado em Ciências (MScs) na disciplina. O país também tem cursos de MA de Estudos Budistas na Universidade de Bristol e na Escola de Estudos Orientais e Africanos em Londres. Um MA *on-line* foi criado na Universidade de Sunderland de 2002 a 2011, sendo absorvido pela Universidade de Wales em Newport, além de um MA que talvez venha a ser desenvolvido pela Universidade de Oxford.

A Europa Continental[35]

Em 2010, o World Buddhist Directory na internet relacionou 2.717 grupos, centros, mosteiros/templos e organizações para toda a Europa (Tabela 11): 1.216 (44,7%) "Vajrayāna" ou tibetanos; 985 (36,2%) "Mahāyāna", ou seja, do Leste Asiático, como os do Zen, da Terra Pura, da Nichiren/SGI e das tradições vietnamitas; 319 (11,7%) "Theravāda"; e 197 (7,2%) "Não sectários/Mistos". Os países com mais de cinquenta ocorrências estão relacionados na Tabela 11 (ver Prebish e Baumann, 2002, p. 94).

Baumann relata que "O interesse pelo budismo aumentou exponencialmente na Europa a partir do início da década de 1990" (Prebish e Baumann, 2002, p. 85), com um aumento na Alemanha de quarenta grupos em 1975 para mais de 500 grupos, centros e mosteiros em 1999 (2002, p. 93), e com crescente interesse na Europa Oriental depois das mudanças políticas de 1989. No todo, o interesse pelo Theravāda a partir do início do século XX foi complementado por um grande avanço do Zen nas décadas de 1960 e 1970, e depois por uma onda de interesse pelo budismo tibetano (2002, pp. 93-4). Além disso, a SGI, introduzida a partir da década de 1970, "parece ser uma das mais fortes organizações budistas na Europa contemporânea" (2002,

35 Sobre esse assunto, ver Baumann, 2007, pp. 349-52; Prebish e Baumann, 2002, pp. 85-105.

p. 92). No entanto, os números antes citados incluem muito poucos dos grupos da SGI, já que seus endereços não estão publicamente disponíveis. Além disso, os budistas imigrantes (muitos deles provenientes das terras Theravāda) têm um número menor de instituições, em comparação com sua quantidade, do que os convertidos. Por outro lado, os 60 mil imigrantes vietnamitas na Alemanha construíram o maior pagode da Europa em Hanover.[36]

Tabela 11 Grupos, centros, mosteiros/templos e organizações budistas na Europa

País	Theravāda	Mahāyāna (por exemplo Zen, Terra Pura, Nichiren)	Vajrayāna	Não sectários /Mistos	Total
Alemanha	66 (9,8%)[a]	247 (36,6%)	332 (49,2%)	35 (5,2%)	680[b]
Reino Unido	100 (19,8%)	168 (33,3%)	138 (27,4%)	101 (20,0%)	507
França	24 (7,3%)	157 (47,4%)	139 (42,0%)	7 (2,1%)	327
Suíça	19 (12,8%)	55 (37,2%)	69 (46,6%)	7 (4,7%)	150
Espanha	4 (3,0%)	43 (32,3%)	82 (61,7%)	3 (2,3%)	132
Itália	28 (21,2%)	42 (31,8%)	56 (42,4%)	6 (4,5%)	132
Holanda	12 (11,8%)	50 (49,0%)	34 (33,3%)	10 (9,8%)	106
Polônia	1 (1,2%)	23 (27,0%)	56 (65,9%)	6 (7,0%)	86
Áustria	7 (8,9%)	29 (36,7%)	44 (55,7%)	0 (0%)	80
República Tcheca	12 (17,1%)	14 (20,0%)	43 (61,4%)	1 (1,4%)	70
Bélgica	7 (10,3%)	45 (66,2%)	11 (16,2%)	4 (5,9%)	67
Suécia	12 (20,7%)	22 (37,9%)	22 (37,9%)	6 (10,3%)	62
Dinamarca	5 (8,9%)	23 (41,0%)	26 (46,4%)	3 (5,4%)	57

[a] Os percentuais entre parênteses para cada país são os percentuais dos grupos budistas etc. nesse país, que são Theravāda, Mahāyana, Vajrayāna ou mistos.
[b] Os totais na coluna da direita refletem o fato de que alguns dos grupos etc. nas colunas da esquerda estão relacionados em mais de uma coluna no World Buddhist Directory.

Na Alemanha (Baumann, 1995), o interesse pelo budismo inicialmente se concentrou na tradição do sul, que talvez agrade às pessoas de cultura protestante. A primeira sociedade budista foi criada em 1903 pelo erudito páli Karl Seidenstücker (1876-1936) a fim de promover o aprendizado budista. No entanto, o sucesso foi pequeno. Uma figura influente nos primórdios do budismo alemão foi George Grimm (1868-1945), cuja obra *A Doutrina do Buda, a Religião*

36 "Immigrant Buddhism in Germany: Vietnamese Buddhism": http://pluralism.org/resources/slideshow/thumbs.php?show=buddhagerm&shownumber=&from=1&to=18.

da Razão (1915 em alemão) foi um dos livros sobre budismo mais lidos, tanto no seu original em alemão quanto em numerosas traduções. Sua interpretação dos *Sutta*s via o ensinamento de que todos os fenômenos são não Eu como maneira de intuir o verdadeiro Eu, que está além dos conceitos. Por sentir que a tradição budista tinha interpretado o Buda de forma equivocada, ele chamou sua interpretação de "Antigo Budismo", querendo dizer com isso que se tratava do ensinamento "original". Em 1921, Grimm e Seidenstücker formaram a Comunidade Budista para a Alemanha, que se tornou a Comunidade do Antigo Budismo em 1935, sob a liderança de Grimm. Como a maioria dos budistas alemães não aceitava as ideias de Grimm, o "Antigo Budismo" se tornou uma espécie de seita. Outro budista importante foi Paul Dahlke (1865-1928), que desenvolveu um interesse pelo budismo quando esteve no Sri Lanka em 1900. Ele seguia uma versão modernista do budismo do sul, bastante radicada nas fontes páli. Construiu a "Casa Budista" em Berlim-Frohnau, um centro de meditação inaugurado em 1924, tendo também publicado uma série de *Sutta*s.

Vários alemães se sentiram atraídos pela vida monástica na Ásia. No Sri Lanka, Nyānatiloka (Anton Gueth; 1878-1957) se ordenou como noviço em 1903 (recebendo a ordenação superior na Birmânia em 1904), enquanto seu principal discípulo, Nyānaponika (Siegmund Feniger; 1901-1994), se tornou monge em 1937. Ambos produziram muita literatura budista, tanto em inglês quanto em alemão, que tem sido amplamente lida pelos budistas europeus. São exemplos os livros *The Word of the Buddha*, de Nyānatiloka (1906, em alemão; 1927, em inglês), e *The Heart of Buddhist Meditation*, de Nyānaponika (1954). A primeira monja budista europeia, a Irmã Uppalavannā (Else Buchholtz; 1886-1982), foi ordenada no Sri Lanka em 1926. No período do pós-guerra, foram estabelecidas missões do Sri Lanka (1952) e da Birmânia (1957), e um centro de meditação foi inaugurado perto de Hamburgo (1961). Ayya Khema (Ilse Kussel; 1923-1997), com antepassados judaicos tal como Nyānaponika, tornou-se monja no Sri Lanka em 1979 e foi muito ativa no movimento em prol do restabelecimento da ordenação das *bhikkhunī*s Theravāda.

No intervalo das guerras, foram feitos alguns estudos do Zen, mas ele ainda era pouco conhecido ou valorizado. Isso mudou depois da Segunda Guerra Mundial, especialmente devido à influência de um pequeno livro de Eugen Herrigel, *Zen in the Art of Archery** (1948, na Alemanha; 1953, em inglês), fruto de cinco anos do estudo de uma arte marcial Zen. A partir de 1970 surgiram os centros Zen, e o Jōdo-shin também estabeleceu uma presença. O período do pós-guerra também presenciou a introdução, em 1952, do Arya Maitreya Mandala, que, já em 1970, tinha centros em dez cidades. Trata-se de uma Ordem leiga fundada na Índia em 1933

* *A Arte Cavalheiresca do Arqueiro Zen*, publicado na coleção Clássicos Zen por Monja Coen, pela Editora Pensamento, São Paulo, 2011.

pelo Lama Anagārika Govinda (Ernst Hoffman; 1898-1985), que tinha sido treinado tanto na tradição do sul quanto do norte, e era seguidor do movimento ecumênico tibetano Rismay (ver pp. 235-36). A partir da década de 1970, foram criados outros grupos tibetanos: dos 332 relacionados para a Alemanha no World Buddhist Directory em 2010, 38 são especificamente Gelugpa, 10 Nova Kadampa, 37 Nyingmapa, 3 Sakyapa, porém 197 Kagyüdpa, dos quais 79 pertencem à linhagem Diamond Way Karma Kagyüdpa, dirigida pelo *Lama* dinamarquês casado Ole Nydahl (1941-) e com sua sede europeia em Immenstadt.

A França (Lenoir, 1999) tem sido forte nos estudos budistas. Os primeiros popularizadores foram Alexandra David-Néel (1868-1969; Batchelor, 1994, pp. 303-22) e Suzanne Karpelès (1890-1969). A primeira se tornou uma intrépida exploradora e prolífica escritora, popularizando aspectos exóticos do budismo tibetano décadas antes que o interesse por ele experimentasse um grande avanço. A revitalização do budismo no Camboja e no Laos, com institutos budistas nas capitais, foi muito auxiliada pela pressão de Karpelès sobre as autoridades coloniais nesses lugares. Ela supervisionou a impressão do Cânone páli e Khmer, foi a Secretária Geral dos dois Institutos e secretária da L'École Française d'Extreme-Orient em Hanói, no Vietnã. Também esteve bastante envolvida no Les Amis du Bouddhisme, fundado em Paris em 1929 pelo reformador chinês Daixu (ver p. 432) e a norte-americana expatriada Grace Constant Lounsberry (1876-1964). Nessa instituição davam-se palestras sobre o Mahāyāna, mas ela enfatizava o Theravāda, conforme mostra um livro de meditação pioneiro de Lounsberry e a tradução do *Dhammapada* de R. e M. de Maratray. No entanto, a partir de 1940, a sorte do Les Amis declinou. Mais tarde, Paul Arnold (1909-1992) fundou a La Communauté Bouddhique de France intertradições (1986).

Entre os convertidos na França, o budismo tibetano tem o maior número de seguidores, seguido pelo Zen. Jean-Pierre Schnetzler (1929-2009) supervisionou círculos de meditação e estudo em Grenoble (a partir de 1972) e criou um dos maiores e mais influentes centros budistas tibetanos na França em um antigo mosteiro cartucho, o Instituto Karma Ling em Arvillard (fundado em 1979). Este é um dos 53 centros Karma Kagyüdpa que existem hoje no país, muitos fundados por Kalu Rinpoche (1905-1989) a partir de 1976. Outro grande centro Kagyüdpa é Dhagpo Kundreul Ling (1984), na Dordonha, fundado pelo Gwalya Karmapa (1902-1981), que talvez seja o maior grupo de centros de retiro e eremitérios monásticos na Europa. As tradições Gelugpa e Nyingmapa também fundaram mosteiros e centros. O budista francês mais conhecido é o monge Nyingmapa Matthieu Ricard (1945-), filho do famoso filósofo Jean-François Revel, com quem um diálogo, *Le Moine et le Philosophe* (1997; *The Monk and the Philosopher*, 1998), foi um *best-seller* muito traduzido. Depois que ele fez tomografias do cérebro na Universidade de Wisconsin-Madison, tem sido às vezes rotulado de a "pessoa mais feliz do mundo". Os estudos e a prática Zen giraram em grande medida ao redor do mestre japonês do Sōtō Zen, Taisen Deshimaru (1914-1982), que fundou L'Association Zen Internationale em Paris (fundada em 1970), um centro residencial em um castelo no Loire (fundado em 1979), e sucursais no país e no exterior.

Hoje, muitos refugiados do Mahāyāna do Vietnã e do Theravāda do Laos e do Camboja vivem na França. Os vietnamitas criaram muitos centros, sobretudo em Paris e nos arredores, dirigidos por monges como Huyên-vi (da associação Linh So'n) e Thich Nhat Hanh (ver pp. 435, 458). Este último tem uma reputação internacional como ativista da paz e integrou a prática budista da atenção plena a muitas áreas da vida, respaldando-a com textos populares em inglês e francês, como *The Miracle of Mindfulness* (1991). Em 1982 ele fundou Plum Village, um mosteiro e centro de retiro na Dordonha, que é o centro da rede internacional Community of Mindful Living. Ele promove um retiro anual de quatro semanas no verão, o qual, em 2004, contou com cerca de 2 mil participantes. Um conjunto de quatro comunidades nesse local abrigavam respectivamente, em 2010, 65 monges e leigos, 40 monjas e leigas e 20 monges.

Os budistas cambojanos, laosianos e cingaleses também fundaram alguns mosteiros-templos, mas, como estes atendem sobretudo às necessidades de seus compatriotas, o budismo Theravāda está mal representado entre os convertidos. Em comparação com o mundo anglófono, a Alemanha e a Itália, a França tem sido menos bem servida pelas editoras para traduções de textos originais, em especial as escrituras canônicas.

Na Itália, depois da efêmera Società degli Amici del Buddhadhamma (1958-1959), foi fundada a Associazione Buddhista Italiana em 1966 por Luigi Martinelli, um tradutor de textos Theravāda, que tem um periódico, *Buddhismo Scientifico*. A partir da década de 1980, Amadeo Solé-Leris também apoiou a prática da meditação *vipassanā* por meio de seus textos e palestras, os quais vieram a se tornar a Associazone per la meditazione di consapevolezza (*vipassanā*). O Theravāda também está presente em nove mosteiros-templos do Sri Lanka, em seis grupos *vipassanā* e no mosteiro Santacittarama (fundado em 1990), a 50 quilômetros ao sul de Roma, que segue a mesma tradição do Sangha da Floresta do Reino Unido, tendo seis grupos associados.

A tradição Zen na Itália é um tanto maior, com seu principal centro sendo o Bukkosan Zenshinji, um mosteiro Rinzai perto de Orvieto, na Umbria. Fundado em 1975, ele é dirigido pelo sacerdote casado Luigi Mario, conhecido como Engaki Taino. Dois monges italianos dirigem a principal instituição Sōtō Zen, a Associazione Italiana Zen, em Milão. A tradição tibetana agrada mais aos italianos, sem dúvida devido ao fato de seu ritual ser bem desenvolvido, com imagens coloridas e a perspectiva "católica" se harmonizando com um povo de antecedentes católico-romanos. Muitas cidades têm uma presença tibetana, em particular Pomaia (perto de Pisa), onde o Istituto Lama Tzong Khapa (Gelugpa, FPMT) (fundado em 1977) tem sua sede, com cerca de quarenta residentes monges e leigos. Aqui e em outros centros semelhantes são publicados textos budistas Mahāyāna em tradução junto com um conteúdo explicativo em italiano. A SGI também se tornou popular na Itália, contando talvez com 22 mil membros, em parte porque é seguida pelo astro do futebol Roberto Baggio e pela atriz Sabina Guzzanti (Prebish e Baumann, 2002, p. 103).

A partir de 1975, o Centro d'Informazione Buddhisti tem promovido o conhecimento do budismo e incentivado o desenvolvimento de centros de retiro. Durante a década de 1980, foi desenvolvido o Centro di Cultura Buddhista com sede em Roma (dirigido pelo professor de psicologia Riccardo Venturini), e a Fondazione Maitreya, com sua publicação trimestral *Paramita*, que aborda todos os aspectos do budismo. Uma boa seleção representativa de textos budistas tem fácil disponibilidade nas editoras comerciais italianas, entre eles, a tradução de quase todos os *Sutta*s do Cânone páli.

O monge Theravāda alemão Nyānatolika residiu na Suíça em 1909/1910, tendo sido construído um mosteiro para ele em Lausanne, no qual foi realizada a primeira ordenação budista na Europa, a de um homem alemão como noviço. Houve um grupo Theravāda em Zurique de 1942 a 1961, e em 1968, foi criado o Instituto Monástico do Tibete para atender às necessidades de cerca de mil refugiados tibetanos no país. Grupos Zen e de outras tradições tibetanas foram criados na década de 1970, com o mosteiro Gelugpa Rabten Choeling sendo fundado perto de Lausanne em 1977. Foram criados grupos *vipassanā* e, na década de 1980, refugiados cambojanos e vietnamitas fundaram centros. Há também o mosteiro Dhammapala (fundado em 1988), da tradição do Sangha da Floresta, e um templo tailandês (fundado em 1996). No entanto, os grupos tibetanos são maioria.

Na Espanha, a tradição tibetana tem o maior número de grupos/centros budistas (82), com cinquenta deles sendo Karma Kagyüdpa, e quatorze Gelugpa. Vinte e dois dos Karma Kagyüdpa pertencem ao Caminho do Diamante, e, em 2003, este construiu um *Stūpa* de 33 metros de altura em Benalmádena, na Andaluzia. Na ordem Gelugpa, em 1986, um menino espanhol de 1 ano de idade, Osel Hita Torres, filho de um casal que dirigia um centro budista tibetano, foi reconhecido como a reencarnação do fundador da FPMT, Thubten Yeshe Rinpoche (ver p. 461-62). O menino foi então treinado no mosteiro Kopan, no Nepal, fundado pelo *Lama* Yeshe. Ele estuda hoje em dia em uma universidade espanhola e investiga uma abordagem aberta à espiritualidade. Dos 37 grupos Zen de vários tipos, 24 são Sōtō.

Austrália, Nova Zelândia, América Latina, África e Israel

A partir de meados da década de 1920, várias sociedades budistas efêmeras começaram a se formar na Austrália e, a partir da década de 1950, na Nova Zelândia.[37] As que existem há mais tempo são as Sociedades Budistas de Victoria e de Nova Gales do Sul, fundadas na década de 1950. A irmã norte-americana Dhammadinna veio do Sri Lanka em 1952, o birmanês U Thittila em 1954 e o líder da SGI, Ikeda, em 1964. A partir do início da década de 1970, o budismo começou a criar raízes à medida que outros mestres vinham da Ásia. Entre eles estavam o monge britânico Phra Khantipālo, treinado na Tailândia, que fundou um mosteiro, e os *Lamas* da FPMT Thubten Yeshe e Thubten Zopa (1974). Hoje, as tradições tibetana, Theravāda, Zen, chinesa, vietnamita e Sōka Gakkai estão presentes e ativas, com um templo Fo Kuang Shan inaugurado em 1996 em Wollongong, Nova Gales do Sul. As tradições Karma Kagyüdpa, FPMT, FWBO, Rinzai Zen e Sangha do Diamante Zen também foram para a Nova Zelândia, tendo um mosteiro do Sangha da Floresta sido fundado em 1986 e outro em 2000. O mosteiro Bodhinyana, do Sangha da Floresta, (fundado em 1983) em Serpentine, na Austrália Ocidental, dirigido por Ajahn Brahmavamso, é digno de nota por ter aceito em 2009 o restabelecimento da linhagem de ordenação das *bhikkhunīs* Theravāda, mas, como fez isso sem fazer suficientes consultas a outros líderes do Sangha da Floresta, ele foi apartado dessa tradição. Refugiados do Vietnã, do Camboja e do Laos também levaram seu budismo para ambos os países, e, com os imigrantes chineses, compõem a maioria dos budistas nos dois. A Tabela 12 mostra as ocorrências no World Buddhist Directory em 2010.

O budismo só se propagou além da comunidade japonesa em países como o Brasil depois da Segunda Guerra Mundial.[38] A partir de então, o budismo tibetano e Zen ocidental consolidou uma pequena presença na Argentina, no Brasil, no Chile, na Colômbia e na Venezuela, enquanto a Sōka Gakkai está ativa em toda a região, alegando ter 140 mil seguidores no Brasil, principalmente não japoneses. Neste país, além de uma série de grupos japoneses, há templos para imigrantes chineses e coreanos e verifica-se a presença das tradições tibetana e Theravāda, bem como uma linha de interesse acadêmico pela filosofia budista.

37 Baumann, 2007, pp. 69-71; Prebish e Baumann, 2002, pp. 139-51; Rocha, 2007; Rocha e Barker, 2010.
38 Baumann, 2007, pp. 709-10; Prebish e Baumann, 2002, pp. 163-76.

Tabela 12 Grupos, centros, mosteiros/templos e organizações budistas na Austrália, Nova Zelândia, Brasil, África do Sul e Israel

País	Theravāda	Mahāyāna (por exemplo Zen, Terra Pura, Nichiren)	Vajrayāna	Não sectários /Mistos	Total
Austrália	128 (25,4%)	171 (34%), dentre os quais 61 Vietnamita, 22 Terra Pura, 10 Sangha do Diamante Zen, 7 Sōtō Zen	146 (30%), dentre os quais 48 Gelugpa, 31 Sakyapa, 24 Karma Kagyüdpa, 18 Nyingmapa, 4 Nova Kadampa	59 (11,7%)	504[a]
Brasil	16 (11,3%)	71 (50%)	52 (36,6%)	5 (3,5%)	144
Nova Zelândia	30 (30%)	26 (26%)	31 (31%)	16 (16%)	103
África do Sul	7 (14,3%)	17 (34,7%)	18 (36,7%)	9 (18,4%)	51
Israel	4 (14,3%)	16 (57,1%)	6 (21,4%	2 (7,1%)	28

a Os totais na coluna da direita refletem o fato de que alguns grupos etc. das colunas da esquerda estão relacionados em mais de uma coluna no World Buddhist Directory.

Na África do Sul,[39] o budismo vem se desenvolvendo entre os brancos desde 1970. Em 1984, havia oito centros tibetanos e o Theravāda Buddhist Retreat Centre modernista, em Ixopo (fundado em 1980), especializado em meditação *vipassanā*, com o Kagyüdpa e Gelugpa tibetanos, o Zen japonês e coreano e o budismo monástico Theravāda vindo depois, na década de 1990. A escola chinesa Fo Kuang Shan e a Sōka Gakkai também estão ativas, obtendo mais sucesso em atrair membros negros. A Sōka Gakkai também esteve ativa na África Ocidental a partir de mais ou menos 1975, e o Zen e o *Vipassanā* despertam certo interesse entre pessoas com educação ocidental em outros países africanos. O World Buddhist Directory tinha vinte ocorrências para o resto da África em 2010. O budismo também começou a se desenvolver em Israel (Prebish e Baumann, 2002, pp. 177-88) a partir da década de 1990, com parte da camada liberal secularizada desenvolvendo um interesse pelo budismo tibetano, pelo Zen, pelo *Vipassanā* e pela Sōka Gakkai.

39 Baumann, 2007, pp. 711-12; Prebish e Baumann, 2002, pp. 152-62.

Hoje, o budismo se tornou um fenômeno mundial. Na Ásia, ele sofreu perdas durante o domínio comunista, mas mostra sinais de recuperação. Também vem tendo de se adaptar a um ambiente secularizador. Além da Ásia, está cada vez mais bem estabelecido e reconhecido como uma das facetas de um diversificado cenário religioso.

APÊNDICE I

Cânones de Textos Sagrados[1]

O Cânone das escrituras do budismo do sul em geral é conhecido como Cânone páli ou, tradicionalmente, como *Tipiṭaka*, os "Três Cestos/Coleções" (ver abreviaturas nas pp. 23-29). Compreende o *Vinaya-piṭaka*, ou "Cesto da Disciplina Monástica", o *Sutta-piṭaka*, ou "Cesto dos Discursos", e o *Abhidhamma-piṭaka*, ou "Cesto dos Ensinamentos Adicionais". O conteúdo do *Vinaya* (seis volumes) e do *Abhidhamma* (sete textos em treze volumes, em uma edição) é discutido nas páginas 289 e 90-2, respectivamente. O conteúdo do *Sutta-piṭaka* é o seguinte (os números dos volumes são os da edição PTS — www.palitext.com):

(i) *Dīgha Nikāya*, ou "Coleção Longa", com 34 discursos (três volumes).

(ii) *Majjhima Nikāya*, ou "Coleção de Extensão Média", com 152 discursos (três volumes).

(iii) *Saṃyutta Nikāya*, ou "Coleção Conectada", com 7.762 discursos, agrupados em 56 seções (*saṃyutta*s) de acordo com o assunto (cinco volumes).

(iv) *Aṅguttara Nikāya*, ou "Coleção Suplementar", com 9.550 discursos, agrupados de acordo com o número de itens que ocorrem em listas (de um a onze) dos quais os discursos tratam (cinco volumes).

(v) *Khuddaka Nikāya*, ou "Pequena Coleção", com quinze textos variados em vinte volumes, muitos em forma de verso, os quais contêm parte do conteúdo mais antigo e do conteúdo mais recente do Cânone:

  (a) *Khuddaka-pāṭha*, uma breve coleção de "Pequenas Leituras" para recitação.

  (b) *Dhammapada*, ou "Versículos sobre o *Dhamma*", uma coleção popular de 423 versículos concisos de natureza sobretudo ética. Sua popularidade se reflete no número de vezes em que foi traduzida para idiomas ocidentais.

  (c) *Udāna*, oitenta breves *Sutta*s baseados em "Versículos de Elevação Espiritual" inspirados.

  (d) *Itivuttaka*, ou "Como Foi Dito": 112 breves *Sutta*s.

---

1 Sobre esse assunto, ver Ch'in, 1964, pp. 365-78; Gethin, 1998, pp. 39-45; Keown e Prebish, 2007, pp. 195-205; Lancaster, 1979, pp. 215-19; Pagil, 2001.

(e) *Sutta-nipāta*, o "Grupo de Discursos", uma coleção de 71 *Suttas* em verso, além de um conteúdo provavelmente muito antigo como o *Aṭṭhakavagga*.

(f) *Vimāna-vatthu*, "Histórias das Mansões", sobre renascimentos celestiais.

(g) *Peta-vatthu*, "Histórias dos Mortos", sobre renascimentos espectrais.

(h) *Thera-gāthā*, "Versos dos 'Anciãos'", que narram como uma série de antigos monges alcançou a condição de *Arahat*.

(i) *Therī-gāthā*, o mesmo que (h), para monjas.

(j) *Jātaka*, uma coleção de 547 "Histórias de Nascimento" de vidas passadas do Buda, com a finalidade de ilustrar pontos éticos. As histórias completas são narradas nos comentários, com base em versos, que são canônicos; juntas abrangem seis volumes. Embora essa seja uma parte relativamente tardia do Cânone, que provavelmente incorpora muitas lendas populares indianas, é bastante popular e é utilizada com frequência em sermões.

(k) *Niddesa*, uma "Exposição" sobre parte de (e).

(l) *Paṭisambhidāmagga*, análise de certos pontos da doutrina no estilo *Abhidhamma* (dois volumes).

(m) *Apadāna*, "Histórias de Ações e Seus Resultados", sobre vidas passadas de monges e monjas em (h) e (i).

(n) *Buddha-vaṃsa*, "Crônica dos Budas", sobre 24 Budas anteriores.

(o) *Cariyā-piṭaka*, "Cesto da Conduta", sobre a conduta de Gotama em vidas passadas, formando as "perfeições" de um *Bodhisattva*.

A tradição birmanesa também inclui no *Khuddaka Nikāya*:

(p) *Suttasaṃgaha*, "Compêndio de Discursos".

(q) e (r) *Peṭakopadesa*, "Revelação de *Piṭaka*", e *Nettippakaraṇa*, "O Guia", ambos atribuídos a Kaccāna Thera e voltados para os autores de comentários.

(s) *Milindapañha*, "Perguntas de Milinda": discussões entre o rei Milinda e Nāgasena Thera.

O Cânone chinês é conhecido como *Dazangjing* (*Ta-tsang-ching*) ou "Grande Depósito de Textos Sagrados". A edição moderna convencional, seguindo uma ordem não tradicional baseada numa sistematização feita por eruditos, é o *Taishō Daizōkyō*, publicado no Japão de 1924 a 1929. Ele compreende 55 volumes com 2.184 textos:

(i) Traduções dos *Āgamas* (que equivalem aos quatro primeiros *Nikāyas* páli e parte do quinto) e dos *Jātakas* (219 textos em quatro volumes).

(ii) Traduções dos *Sūtras* Mahāyāna, às vezes incluindo várias traduções do mesmo texto. Estas estão agrupadas em seções sobre: a Perfeição da Sabedoria (ver pp. 142-46), o *Sūtra do Lótus* (ver p. 192), o *Avataṃsaka*, o *Ratnakūṭa* (uma reunião de textos, alguns muito antigos, como o *Kāśyapa-parivarta*), o *Mahāparinirvāṇa* (sobre os últimos dias do Buda e a "natureza do Buda"), o *Mahā-sannipāta* ("Grande Assembleia") e "*Sūtras*" em geral (principalmente Mahāyāna) (627 textos em treze volumes).

(iii) Traduções de *Tantras* (ver p. 182; 572 textos em quatro volumes).

(iv) Traduções de vários antigos *Vinayas* (sobre a disciplina monástica) e alguns textos que delineiam a "disciplina" para *Bodhisattvas* (86 textos em três volumes).

(v) Traduções de comentários sobre os *Āgamas* e os *Sūtras* Mahāyāna (31 textos em três volumes).

(vi) Traduções de vários antigos *Abhidharmas* (ver p. 123) (28 textos em quatro volumes).

(vii) Traduções do Mādhyamika, Yogācāra e outros *Śāstras*, ou "Tratados" (129 textos em três volumes).

(viii) Comentários em chinês sobre os *Sūtras*, *Vinaya* e *Śāstras* (doze volumes).

(ix) Textos chineses sectários (cinco volumes).

(x) Histórias e biografias (95 textos em quatro volumes).

(xi) Enciclopédias, dicionários, doutrinas não budistas (hindus, maniqueístas e cristãos nestorianos) e catálogos de vários Cânones chineses (64 textos em três volumes).

Como pode se ver, o Cânone chinês inclui tipos de conteúdo (como comentários, tratados e histórias) tratados como extracanônicos na tradição páli do sul. Em 1934 havia também um suplemento *Taishō Daizōkyō* de 45 volumes contendo 736 textos adicionais: textos japoneses, textos recém-descobertos em Dunhuang, textos apócrifos compostos na China, iconografias e informações bibliográficas.

O Cânone tibetano compreende o *Kangyur (bK'-'gyur)* e o *Tengyur (bsTan-'gyur)*. O primeiro é a "Tradução da Palavra do Buda"; na edição Narthang (sNar thang), consiste em 98 volumes contendo mais de 600 textos traduzidos, agrupados como se segue:

(i) *Vinaya* (disciplina monástica) (13 volumes).

(ii) Perfeição da Sabedoria (21 volumes).

(iii) *Avataṃsaka* (seis volumes).

(iv) *Ratnakūṭa* (49 *Sūtras* em seis volumes).

(v) *Sūtra* (três quartos dos quais são Mahāyāna; 270 textos em trinta volumes).

(vi) *Tantra* (mais de 300 textos em 22 volumes).

O *Tengyur* é a "Tradução dos Tratados"; em sua edição Pequim, compreende 3.626 textos em 224 volumes. Estes estão agrupados da seguinte maneira:

(i) *Stotras*, ou hinos de louvor (64 textos em um volume).

(ii) Comentários sobre os *Tantras* (3.055 textos em 86 volumes).

(iii) Outros comentários e tratados: comentários sobre os *Sūtras* da Perfeição da Sabedoria e o *Vinaya*; tratados Mādhyamika e Yogācāra, obras do tipo *Abhidharma*, contos e obras dramáticas, tratados sobre temas como lógica, medicina, gramática e química, bem como outros trabalhos variados (567 textos em 137 volumes).

O *Tengyur* consiste sobretudo em obras indianas, mas, além do Cânone duplo anterior, há uma enorme literatura escrita por tibetanos.

APÊNDICE II

Fontes da Internet Utilizadas Neste Livro

Você encontrará uma versão *on-line* desses *links* para as fontes em: www.cambridge.org/harvey

LINKS E FONTES EM GERAL

- BuddhaNet: Rede de Informações e Educação Budistas: www.buddhanet.net — inclui: biblioteca eletrônica, o Catálogo Budista Mundial (www.buddhanet.info/wbd) e recursos de áudio.
- DharmaNet: www.dharmanet.org — inclui: centro de recursos de aprendizado, centro de estudos e lista de endereços.
- Australian National University —Biblioteca Virtual de Estudos Budistas: www.ciolek.com/WWWVL-Buddhism.html
- Biblioteca Digital e Museu de Estudos Budistas da Universidade Nacional de Taiwan: http://buddhism.lib.ntu.edu.tw/BDLM/copyright2E.htm
- LinksPitaka: www.pitaka.ch/intro.htm
- Links Budistas e Recursos em Geral: www.academicinfo.net/buddhismmeta.html
- *Site* de Textos Sagrados: www.sacred-texts.com/bud/index.htm — para traduções em domínio público.
- Huntingdon Archive: Arquivo de Arte Budista e Artes Correlatas: http://chnm.gmu.edu/worldhistorysources/d/104/whm.html
- Projeto Internacional Dunhuang: http://idp.bl.uk
- Dicionário Digital de Budismo (em inglês): www.buddhism-dict.net/ddb
- Dicionário Budista — Manual de Termos e Doutrinas Budistas (em inglês), de autoria de Nyanatiloka Mahathera: www.buddhanet.net/budsas/ebud/bud-dict/dic_idx.htm — explica a terminologia páli.

PERIÓDICOS *ON-LINE* E TEXTOS ELETRÔNICOS DE REVISTAS IMPRESSAS GRATUITOS

- *Philosophy East and West*, *Japanese Journal of Religious Studies*, *Journal of Oriental Studies* e *Hsi Lai Journal of Humanistic Buddhism* — no *website* do Centro de Estudos Budistas da Universidade Nacional de Taiwan: http://ccbs.ntu.edu.tw/FULLTEXT/e-journal.htm

  Há também seleções de uma gama de outras publicações em: http://ccbs.ntu.edu.tw/DBLM/pg2-En/pg2_index_2.htm
- *Journal of Buddhist Ethics*: http://blogs.dickinson.edu/buddhistethics/
- *Journal of Global Buddhism*: www.globalbuddhism.org
- *Pacific World: Institute of Buddhist Studies*: www.shin-ibs.edu/academics/_pwj
- *Buddhist Himalaya*: http://buddhim.20m.com
- Boletim do Nanzan Institute for Religion and Culture: http://nirc.nanzan-u.ac.jp/welcome.htm
- *Shenpen Osel*: www.shenpen-osel.org — uma publicação Kagyüpa.
- *New Ch'an Forum*: http://westernchanfellowship.org/ncf
- *Western Buddhist Review* (Publicação dos Friends of the Western Buddhist Order/Triratna Buddhist Community): www.westernbuddhistreview.com/index.html

BUDISMO DO SUL

- Access to Insight: www.accesstoinsight.org/index.html — inclui traduções de muitos textos do Cânone páli, ensinamentos de mestres tailandeses da floresta, livretos da série "*Wheel*" da Buddhist Publication Society, outros livros e ensinamentos, orientações sobre a língua páli e muito mais.
- Buddhist Publication Society, Sri Lanka: www.bps.lk — livretos da série "*Wheel*" que podem ser baixados e outras publicações.
- As obras do Ven. P. A. Payutto: www.buddhanet.net/cmdsg/payutto.htm — livros eletrônicos desse renomado monge erudito tailandês.
- BuddhaSasana: www.budsas.org/ebud/ebidx.htm — inclui artigos, livros e traduções selecionadas de *Sutta*s e do *Vinaya*, que podem ser baixados.
- Livro de cânticos da Buddhist Society of Western Australia, no *website* do BuddhaSasana: www.budsas.org/ebud/chant-bswa/chantbook.htm
- Abhidhamma Papers: www.samatha.org/images/stories/abhidhammapapers-final.pdf
- Zolag sobre o budismo Theravāda: www.zolag.co.uk/ — inclui livros eletrônicos de Nina van Gorkom sobre temas do *Abhidhamma*.

- Livros do Dhamma da Floresta: www.forestdhammabooks.com — livros que podem ser baixados.
- Insight Meditation Society, Barre: www.dharma.org
- The Bhāvanā Society: www.bhavanasociety.org
- Forest Sangha Newsletter: www.fsnewsletter.amaravati.org
- Suan Mokkh, The Garden of Liberation (mosteiro de Buddhadāsa): www.suanmokkh.org/
- Sulak Sivaraksa: www.sulak-sivaraksa.org/
- Sarvōdaya Śrāmadāna: www.sarvodaya.org/ — ver também www.buddhanetz.org/texte/sarvoday.htm

MAHĀYĀNA EM GERAL, ESPECIALMENTE TEXTOS

- *Sūtras* budistas Mahāyāna em inglês: www4.bayarea.net/~mtlee
- *Sūtras* budistas em Buddhism.org: www.buddhism.org/Sutras
- Dharma Realm Buddhist Association: www.drba.org/dharma
- *Sūtras* e *mantras* budistas Mahāyāna: www.sutrasmantras.info/sutra0.html
- Índice da Virtual Religion com *links* para traduções: http://virtualreligion.net/vri/buddha.html
- Yogācāra Buddhism Research Association: www.acmuller.net/yogacara/ — que inclui artigos *on-line*.

BUDISMO DO NORTE

- The Berzin Archives: www.berzinarchives.com/web/en/index.html
  Um vasto *site* que inclui vários livros eletrônicos e abrange diversos aspectos do budismo tibetano, pelo erudito Gelugpa Alexander Berzin.
- The Tibetan and Himalayan Library: www.thlib.org/
- *Website* da Biblioteca da Universidade da Virgínia com o Livro Tibetano dos Mortos em inglês: www.lib.virginia.edu/speccol/exhibits/dead/
- Cânticos do Budismo Tibetano — Shar Gan-Ri Ma: www.youtube.com/watch?v=WaFUS4HVpGg
- *Website* da Universidade Cornell, "Exploring the Mandala" — alguns aspectos da *maṇḍala* Vajrabhairava: www.graphics.cornell.edu/online/mandala/significance.html
- "Mandala", *website* de Jytte Hansen: www.jyh.dk/indengl.htm
- Coleção Rossi, Mandalas Tibetanas Antigas: www.asianart.com/mandalas/mandimge.html

- Foundation for the Preservation of the Mahayana Tradition (Gelugpa): www.fpmt.org/teachings/default.asp e Lama Yeshe Wisdom Archive: www.lamayeshe.com/index.php
- Nova Tradição Kadampa: http://kadampa.org
- Centro Tibetano Kagyu Samye Ling: www.samyeling.org (Kagyüdpa)
- Shambhala Sun Online: www.shambhalasun.com (Kagyüdpa) Buddhistorientated newspaper/magazine.
- Dzogchen Center: www.dzogchen.org/

BUDISMO DO LESTE

- The Zensite: www.thezensite.com — artigos acadêmicos etc. sobre o Zen.
- Textos Fundamentais do Zen: www.zentexts.org/primary-texts.html
- Coleção de *kōan* The Gateless Gate: www.ibiblio.org/zen/cgi-bin/koanindex.pl
- Awakening 101: http://webspace.webring.com/people/tt/the_wanderling/awakening101.html — inclui um curso de nível universitário sobre o Zen e textos Zen.
- *Links* Pitaka-Jodo-Shinshu: www.pitaka.ch/indxshin.htm
- Jardim Japonês do Bowdoin College: http://academic.bowdoin.edu/zen/index.shtml?overview
- *Website* História do Haiku: www.big.or.jp/~loupe/links/ehisto/ehisinx.shtml
- Haikus de Bashō em diferentes traduções: www.haikupoetshut.com/basho1.html
- *Site* de Haiku com artigos e links: www.ahapoetry.com/haiku.htm
- Comunidade do Viver Consciente de Thich Nhat Hanh: www.parallax.org/about_cml.html
- *The Mindfulness Bell* — Revista da Comunidade do Viver Consciente de Thich Nhat Hanh: www.mindfulnessbell.org
- Amida Net: www12.canvas.ne.jp/horai
- Nichiren Shū: www.nichiren-shu.org/
- Sōka Gakkai International USA: www.sgi-usa.org/
- Sōka Gakkai International USA, textos de Nichiren: www.sgilibrary.org/writings.php
- Risshō-kōsei-kai: www.rk-world.org/

OUTRAS ORGANIZAÇÕES

- Network of Buddhist Organisations: Rede de organizações budistas do Reino Unido: www.nbo.org.uk
- Friends of the Western Buddhist Order (hoje chamada de Triratna Buddhist Community): http://thebuddhistcentre.com/text/what-triratna-buddhistcommunity

- UK Buddhist Prison Chaplaincy Organisation, Angulimala: Organização de capelania budista do Reino Unido: http://angulimala.org.uk
- Buddhist Peace Fellowship: www.bpf.org/default.aspx
- Tzu Chi Foundation, ajuda humanitária de compaixão budista: www.tzuchi.org
- Dharma Net —Prática Engajada: www.dharmanet.org/engaged.html
- Sakyadhita, Associação Internacional de Mulheres Budistas: www.sakyadhita.org/
- Páginas da WAiB, fontes sobre a ordenação de mulheres: http://lhamo.tripod.com/4ordin.htm
- Fontes Budistas sobre Vegetarianismo e Cuidados com os Animais, de Ron Epstein: http://online.sfsu.edu/~rone/Buddhism/BuddhismAnimalsVegetarian/BuddhistVegetarian.htm
- Mind and Life Institute: www.mindandlife.org/ — explora as fronteiras da psicologia e do budismo.
- Oxford Mindfulness Centre: www.oxfordmindfulness.org
- Amida Trust: www.amidatrust.com — terapia relacionada ao budismo.

BIBLIOGRAFIA

Para as abreviaturas usadas a seguir (BPS, *BSR*, *JBE*, *JIABS*, MB), consulte a Lista de Abreviaturas. Nas informações que se seguem, as reedições só são mencionadas quando publicadas por editoras diferentes das originais.

Adam, M. T., 2006, "Two Concepts of Meditation and Three Kinds of Wisdom in Kamalaśīla's Bhāvanākramas: A Problem of Translation", *BSR*, 23 (1), pp. 71-92.

Aitken, R., 1984, *The Mind of Clover: Essays in Zen Buddhist Ethics*, Berkeley, Califórnia, North Point Press.

Almond, P. C., 1988, *The British Discovery of Buddhism*, Cambridge, Cambridge University Press.

Anālayo, 2003, *Satipaṭṭhāna: The Direct Path to Realization, Birmingham*, Windhorse.

Anderson, C., 1999, *Pain and its Ending: The Four Noble Truths in the Theravāda Buddhist Canon*, Londres, Curzon Press.

Appleton, N., 2010, *Jātaka Stories in Theravāda Buddhism: Narrating the Bodhisatta Path*, Farnham, Ashgate.

Arnold, E., 1978, *The Light of Asia: Or the Great Renunciation, Being the Life and Teaching of Gautama*, Londres, Routledge and Kegan Paul (orig. 1879).

Aronson, H. B., 2004, *Buddhist Practice on Western Ground*, Boston e Londres, Shambhala.

Ba Khin, U, 1981, *The Essentials of Buddha Dhamma in Meditative Practice*, livreto da série "Wheel" 231, Kandy, BPS: www.bps.lk/olib/wh/wh231.pdf.

Baker, C. e Phongpaichit, P., 2009, *A History of Thailand*, 2ª edição, Cambridge, Cambridge University Press.

Bartholomeusz, T., 1992, "The Female Mendicant in Buddhist Srī Laṅkā", in Cabezón, 1992, pp. 37-61.

1994, *Women Under the Bo Tree: Buddhist Nuns in Sri Lanka*, Cambridge, Cambridge University Press.

Basham, A. L., 1981, *History and Doctrine of the Ājīvikas*, Delhi, MB.

1982, "Asoka and Buddhism — a Re-examination", *JIABS*, 5 (1), pp. 131-43.

2005, *The Wonder That Was India*, 3ª edição revista, Delhi, Picador.

Basho, M. e Stryk, L., 2003, *On Love and Barley: The Haiku of Basho*, Londres, Penguin.

Bastow, D., 1995, "The First Argument for Sarvāstivād", *Asian Philosophy*, 5 (2), pp. 109-26.

Batchelor, M. e Brown, K., orgs., 1992, *Buddhism and Ecology*, Londres e Nova York, Cassell.

Batchelor, S., org., 1987, *The Jewel in the Lotus: A Guide to the Buddhist Traditions of Tibet*, Londres e Boston, Wisdom.

1994, *The Awakening of the West: Encounters of Buddhism and Western Culture*, Berkeley, Parallax Press.

1997, *Buddhism Without Beliefs: A Contemporary Guide to Awakening*, Londres, Bloomsbury.

Baumann, Martin, 1995, *Deutsche Buddhisten: Geschichte und Gemeinschaften*, 2ª edição, Marburg, Diagonal-Verlag.

1997, "The Dharma has Come to the West: A Survey of Recent Studies and Source", *JBE*, 4, pp. 194-211: http://blogs.dickinson.edu/buddhistethics/files/ 2010/04/baum2.pdf.

2000, "Buddhism in Switzerland", *Journal of Global Buddhism*, 1, pp. 154-59: www. globalbuddhism.org/toc.html.

2007, "Buddhism and the Modern World", menções em D. Keown e C. S. Prebish, 2007, pp. 69-71, 165-79, 180-81, 285-88, 306-07, 348-52, 378, 379, 542-43, 561-65, 709-12, 814-19.

Bays, G. 1983, *The Voice of the Buddha: The Beauty of Compassion*, Berkeley, Dharma Publishing. (Tradução para o inglês da tradução francesa do *Lalitavistara* de 1884-1892, de P. E. Foucaux.)

Bechert, H., 1981, "The Buddhayāna of Indonesia: A Syncretistic Form of Theravāda", *Journal of the Pali Text Society*, 9, pp. 10-21.

org., 1991-1992, *Dating of the Historical Buddha/Die Datierung des historischen Buddha, Parts 1-2*, Göttingen, Vandenhoeck und Ruprecht.

Bechert, H. e Gombrich, R., orgs., 1984, *The World of Buddhism: Buddhist Monks and Nuns in Society and Culture*, Londres e Nova York, Thames & Hudson.

Bell, S., 1996, "Change and Identity in the Friends of the Western Buddhist Order", *Scottish Journal of Religious Studies*, 17 (1), pp. 87-107.

2000a, "Being Creative With Tradition: Rooting Theravāda Buddhism in Britain", *Journal of Global Buddhism* 1, pp. 1-23: www.globalbuddhism.org/toc.html

2000b, "A Survey of Engaged Buddhism in Britain", in C. Queen, org., *Engaged Buddhism in the West*, Boston, Wisdom, pp. 397-422.

Benn, J. A., 2007, *Burning for the Buddha: Self-immolation in Chinese Buddhism*, Honolulu, Kuroda Institute.

Berkwitz, S. C., 2010, *South Asian Buddhism: A Survey*, Londres e Nova York, Routledge.

Berzin, A., 2002, *Buddha-Family Traits (Buddha-Families) and Aspects of Experience*, Berzin Archives: www.berzinarchives.com/tantra/buddha_family_traits.html.

2003, *The Meaning and Use of a Mandala*, Berzin Archives: www.berzinarchives.com/tantra/meaning_use_mandala.html.

Beyer, S., 1974, *The Buddhist Experience: Sources and Interpretations,* Encino, Califórnia, Dickenson.

Birnbaum, R., 1980, *The Healing Buddha*, Londres, Rider, e Boulder, Colorado, Shambhala.

Blofeld, J., 1987, *The Tantric Mysticism of Tibet: A Practical Guide*, Nova York, Dutton, 1970; reimpr. Boston, Mass., Shambhala.

1988, *Bodhisattva of Compassion: The Mystical Tradition of Kuan Yin*, Boston, Mass., Shambhala.

Bloss, L. W., 1987, "The Female Renunciants of Sri Lanka", *JIABS*, 10 (1), pp. 7-32.

Bluck, R., 2002, "The Path of the Householder", *BSR*, 19 (1), pp. 1-18.

2004, "Buddhism and Ethnicity in Britain: The 2001 Census Data", *Journal of Global Buddhism*, 5, pp. 90-6: www.globalbuddhism.org/toc.html.

2006, *British Buddhism: Teachings, Practice and Development*, Londres e Nova York, Routledge.

Blum, M. L., 2002, *The Origins and Development of Pure Land Buddhism*, Oxford, Oxford University Press.

Bodhi, Bhikkhu, 1980, *Transcendental Dependent Arising: A Translation and Exposition of the Upanisa Sutta*, livreto da série "Wheel" 277-78, Kandy, BPS: www. bps.lk/olib/wh/wh277.pdf.

1981, *Going for Refuge and Taking the Precepts*, livreto da série "Wheel" 282-84, Kandy, BPS: www.bps.lk/olib/wh/wh282.pdf.

tradução, 1984, *The Great Discourse on Causation: The Mahā-nidāna Sutta and its Commentary*, Kandy, BPS.

1990, "Merit and Spiritual Growth", pp. 13-7 no seu *Nourishing the Roots: Essays on Buddhist Ethics*, livreto da série "Wheel" 259-60, Kandy, BPS: www.bps.lk/olib/ wh/wh259.pdf.

org., 1993, *A Comprehensive Manual and Abhidhamma: The Abhidhammattha Sangaha: Pali Text, Translation and Explanatory Guide*, Kandy, BPS.

1994, *The Noble Eightfold Path: The Way to the End of Suffering*, livreto da série "Wheel" 308-11, Kandy, BPS: www.bps.lk/olib/wh/wh308.pdf.

1996, *A Treatise on the Paramis, From the Commentary to the Cariyapitaka by Acariya Dhammapala*, livreto da série "Wheel" 409-11, Kandy, BPS: www.bps.lk/olib/ wh/wh409.pdf.

org., 2003, *Dāna: The Practice of Giving*, 2ª edição, livreto da série "Wheel" 367-69, Kandy, BPS: www.bps.lk/olib/wh/wh367.pdf

Bond, G. D., 1988, *The Buddhist Revival in Sri Lanka: Religious Tradition, Reinterpretation and Response*, Columbia, University of South Carolina Press.

1996, "A.T. Ariyaratne and the Sarvodaya Shramadana Movement in Sri Lanka", *in Queen and King*, 1996, pp. 121-46.

Brahm, Ajahn, 2006, *Mindfulness, Bliss and Beyond: A Meditator's Handbook* Boston, Wisdom. [Sobre a meditação *Samatha*.]

Brinker, H., 1987, *Zen in the Art of Painting*, Nova York, Arkana.

Buddhadāsa, 1971, *Towards the Truth*, org. D. K. Swearer, Filadélfia, Pensilvânia, Westminster.

1989, *Me and Mine*, org., D. K. Swearer, Albany, State University of New York Press.

Buddharakkhita, Acharya, 1989, Mettā: *The Philosophy and Practice of Universal Love*, livreto da série "Wheel" 365--66, Kandy, BPS: www.bps.lk/olib/wh/wh365.pdf.

Buddhist Society, 2007. *The Buddhist Directory*, 10ª edição, Londres, The Buddhist Society.

Buddhist Text Translation Society, s.d., *The Brahma Net Sutra*, www.purifymind.com/BrahmaNetSutra.htm, acesso em 30 de abril de 2010.

Bunnag, J., 1973, *Buddhist Monk, Buddhist Layman: A Study of Urban Monastic Organization in Central Thailand*, Cambridge, Cambridge University Press.

Burtt, E. A., 1987, *The Teachings of the Compassionate Buddha* (originalmente Nova York, Mentor, 1955), reeditado por Camberwell, Austrália, Penguin. [Antologia de textos.]

Cabezón, J. I., org., 1992, *Buddhism, Sexuality and Gender*, Nova York, State University of New York Press.

Campbell, B. F., 1980, *Ancient Wisdom Revived, a History of the Theosophical Movement*, Berkeley, University of California Press.

Caple, Jane, 2010, "Monastic Economic Reform at Rong-bo Monastery: Towards an Understanding of Contemporary Tibetan Monastic Revival and Development in A-mdo", *BSR*, 27 (2), pp. 19-219.

Carlson, Rōshi Kyogen, 1982, "The Meaning of Celibacy", *in Sexuality and Religious Training*, Hexham, Throssel Hole Priory.

Carrithers, M. B., 1983, *The Forest Monks of Sri Lanka: An Anthropological and Historical Study*, Delhi, Oxford University Press (Índia).

Carter, J. R., org., 1982, *The Threefold Refuge in the Theravāda Buddhist Tradition*, Chambersburg, Pa., Anima Books.

Chah, Ajahn, 1997, *Bodhinyana: A Collection of Dhamma Talks,* Bung Wai Forest Monastery, e no *website* Access to Insight: www.accesstoinsight.org/lib/thai/chah/bodhinyana.html.

Chang, G. C. C., 1970, *The Practice of Zen*, Nova York, Harper & Row.

Chapple, C. K., 1996, "Abhidharma as Paradigm for Practice", *in* F. J. Hoffman e M. Deegalle, *Pāli Buddhism*, Richmond, Surrey, Curzon Press, pp. 79-101.

Ch'en, K. K. S., 1964, *Buddhism in China: A Historical Survey*, Princeton, Princeton University Press.

1973, *The Chinese Transformation of Buddhism*, Princeton: Princeton University Press.

1976, "The Role of Buddhist Monasteries in T'ang Society", *History of Religions*, 15 (3), pp. 209-31.

Chun, Shi-Yong, org., 1974, *Buddhist Culture in Korea*, Seul, Cultural Foundation.

Chung, Bongkil, 2003, "Won Buddhism: The Historical Context of Sot'aesan's Reformation of Buddhism for the Modern World", in S. Heine e C. S. Prebish, *Buddhism in the Modern World: Adaptations of an Ancient Tradition*, Oxford, Oxford University Press, pp. 143-68.

Ciolek, M. T., 2005, "Zen Buddhism Koan Study Pages", The World-Wide Web Virtual Library: www.ciolek.com/WWWVLPages/ZenPages/KoanStudy. html.

Clausen, C., 1973, "Victorian Buddhism and the Origins of Comparative Religion", *Religion*, 5, pp. 1-15.

Cleary, T., 1983, *Entry Into the Inconceivable: An Introduction to Hua-yen Buddhism*, Honolulu, University of Hawaii Press.

1985, 1991, 1989, *The Flower Ornament Scripture: A Translation of the Avataṃsaka Sūtra*, Boulder, Colorado, Shambhala, 3 volumes. [O volume II contém o *Daśabhūmika Sūtra* e o volume III é o *Gaṇḍavyūha Sūtra*. Há também uma edição de 1994 dos três volumes em um, junto com *Entry into the Realm of Reality: The Guide*.]

1990, *Book of Serenity*, Hudson, N.Y., Lindisfarne Press.

1994, *Instant Zen — Waking Up in the Present*, Berkeley, Califórnia, North Atlantic Books.

1997, *Stopping and Seeing: A Comprehensive Course in Buddhist Meditation, by Chih-I*, Boston e Londres, Shambhala.

2000, *Record of Things Heard* [Dōgen], Berkeley, Califórnia, Shambhala.

s.d., Discussão do *Amitābha-dhyāna Sūtra* e um comentário sobre ele: www.sinc.sunysb.edu/Clubs/buddhism/mindseal/introamita.html.

Collins, S., 1982, *Selfless Persons: Imagery and Thought in Theravāda Buddhism*, Cambridge, Cambridge University Press.

2010, *Nirvana: Concept, Imagery, Narrative*, Cambridge, Cambridge University Press.

Conze, E., 1958, *Buddhist Wisdom Books: The Diamond Sutra and the Heart Sutra*, Londres, George Allen and Unwin (reeditado em Londres, Vintage, 2001).

1967, *Buddhist Thought in India*, Ann Arbor, Michigan, University of Michigan Press.

1972, *Buddhist Meditation*, Londres, Allen and Unwin (reeditado por Mineola, N.Y., Dover, 2003). [Antologia.]

1973, *The Short Prajñā-pāramitā Texts*, Londres, Luzac and Co.

1975, *The Large Sutra on Perfect Wisdom, with the Divisions of the Abhisamaālaṇkara*, Berkeley e Londres: University of California Press.

1993, *The Way of Wisdom: The Five Spiritual Faculties*, livreto da série "Wheel" 65-6, Kandy, BPS: www.bps.lk/olib/wh/wh065.pdf.

Cook, F. H., 1977, *Hua-yen Buddhism: The Jewel Net of Indra*, University Park, Pennsylvania State University Press.

1983, "Enlightenment in Dōgen's Zen", *JIABS*, 6 (1), pp. 7-30.

1989, "The Jewel Net of Indra", *in* J. B. Callicott e R. T. Ames, *Nature in Asian Traditions of Thought: Essays in Environmental Philosophy*, Albany, State University Press of New York, pp. 213-30.

Corless, R. J., 1979, "The Garland of Love: A History of the Religious Hermeneutics of Nembutsu Theory and Practice", in A. K. Narain, *Studies in Pali and Buddhism*, Delhi, B. R. Publishing Corp., pp. 53-73.

Cornell University, s.d., "Exploring the Mandala": www.graphics.cornell.edu/online/mandala. Acesso em 18 de maio de 2010.

Cousins, L. S., 1973, "Buddhist Jhāna", *Religion*, 3, pp. 115-31.

1984, "*Samatha-yāna* e *Vipassanā-yāna*", *in* D. Dhammapala *et al.*, *Buddhist Studies in Honour of Hammalava Saddhatissa*, Nugegoda, Sri Lanka, pp. 56-68.

1991, "The 'Five Points' and the Origins of the Buddhist Schools", *in* T. Skorupski, *The Buddhist Forum Volume II*, Londres, School of Oriental and African Studies, pp. 27-60.

1994, "Person and Self", *in Buddhism into the Year 2000: International Conference Proceedings*, Bangkok e Los Angeles, Dhammakaya Foundation, pp. 15-32.

1996a, "The Origins of Insight Meditation", *in* T. Skorupski, *The Buddhist Forum, Volume 4*, Londres, School of Oriental and African Studies, pp. 35-58.

1996b, "Good or Skilful? Kusala in Canon and Commentary", *JBE*, 3, pp. 136-64: http://blogs.dickinson.edu/buddhistethics/files/2010/04/cousins12.pdf.

1996c, "The Dating of the Historical Buddha: A Review Article", *Journal of the Royal Asiatic Society*, 6, pp. 57-63.

1997a, "Buddhism", *in* J. R. Hinnells, *A New Handbook of Living Religions*, Blackwell, Oxford, pp. 369-444.

1997b, "Aspects of Esoteric Southern Buddhism", *in* P. Connolly e S. Hamilton, *Indian Insights: Buddhism, Brahmanism and Bhakti*, Londres, Luzac Oriental, pp. 185-208.

2001, "On the Vibhajjavādins: The Mahiṃsāsaka, Dhammaguttaka, Kassapiya and Tambapaṇṇya Branches of the Ancient Theriyas", *BSR*, 18 (2), pp. 131-82.

Cowell, E. B., org., 1985, *Buddhist Mahāyāna Texts*, Sacred Books of the East, Voume 49 (Oxford, Clarendon Press, 1894), reeditado em Delhi, MB. [Contém a tradução de três textos da Terra Pura que tratam de Amitābha.]

Crosby, Kate, 2000, "Tantric Theravāda: A Bibliographic Essay on the Writings of François Bizot and others on the Yogāvacara Tradition", *Contemporary Buddhism*, 1 (2), pp. 141-98.

Cutler, Joshua W. C., 2002, *The Great Treatise on the Stages of Enlightenment: Lam Rim Chen Mo (of) Tsong-kha-pa*, 3 volumes, Ithaca, Nova York, Snow Lion.

Dalai Lama, XIV, Tenzin Gyatsho, 1971, *The Opening of the Wisdom-Eye*, Adyar, Theosophical Publishing House. [2ª ed. revista, *Opening the Eye of New Awareness* (tradução para o inglês de D. S. Lopez), 2005, Boston, Wisdom.]

Dayal, H., 1932, *The Bodhisattva Doctrine in Buddhist Sanskrit Literature*, Londres, Routledge and Kegan Paul (reedição Delhi, *MB*, 1970).

Deegalle, M., 1999, "The Search for the Mahāyāna in Sri Lanka", *JIABS*, 22 (2), pp. 343-57.

de Jong, J. W., 1986, *A Brief History of Buddhist Studies in Europe and America*, 2ª ed. revista, Delhi, Sri Satguru.

Dewaraja, L. S., 1994, *The Position of Women in Buddhism*, livreto da série "Wheel" 280, Kandy, BPS: www.bps.lk/olib/wh/wh280.pdf.

Dhammadharo, Ajahn Lee, 1994, *The Craft of the Heart*: www.accesstoinsight.org/lib/thai/lee/craft.html.

Dhammika, S., 1993, *The Edicts of King Asoka*, livreto da série "Wheel" 386-87, Kandy, BPS: www.bps.lk/olib/wh/wh386.pdf.

Dharma Fellowship, s.d., "Deepening Calm-abiding — The Nine Stages of Abiding", website de Dharma Fellowship of his Holiness the Gyalwa Karmapa: www.dharmafellowship.org/library/essays/nine-stages-of-abiding.htm (acesso em 1º de junho de 2011).

Dorje, Gyurme, tradução, 2005, *The Tibetan Book of the Dead (The Great Liberation by Hearing in the Intermediate State)*, Londres, Penguin.

Drew, T., 2011, "Theravāda Buddhism in Malaysia: Transmission and Development of Practice in a Plural/Multicultural Southeast Asian Context", dissertação de mestrado em Estudos Budistas, Universidade de Sunderland, Reino Unido.

Dreyfus, G., 1998, "The Shuk-den Affair: History and Nature of the Quarrel", *JIABS*, 21 (2), pp. 227-70.

Dumoulin, H., 2005a, *Zen Buddhism: A History: India and China* (tradução de J. W. Heisig e P. Knitter), Bloomington, Indiana, World Wisdom.

2005b, *Zen Buddhism: A History: Japan*, tradução de J. W. Heisig e P. Knitter, Bloomington, Indiana, World Wisdom.

Dutt, N., 1978, *Mahāyāna Buddhism*, Delhi, MB.

Earhart, H. B., 1974, *Religion in the Japanese Experience: Sources and Interpretations*, Encino and Belmont, Califórnia, Dickenson.

Ekvall, R. B., 1964, *Religious Observances in Tibet: Patterns and Functions*, Chicago, University of Chicago Press.

Evans-Wentz, W. Y., 1951, *Tibet's Great Yogī Milarepa: A Biography from the Tibetan*, 2ª ed., Londres, Oxford University Press.

1954, *The Tibetan Book of Great Liberation*, Londres, Oxford University Press.

Faure, B., 1991, *The Rhetoric of Immediacy: A Cultural Critique of Chan/Zen Buddhism*, Nova Jersey, Princeton University Press.

2003, *The Power of Denial: Buddhism, Purity and Gender*, Princeton e Oxford, Princeton University Press.

Fields, Rick, 1992, *How the Swans Came to the Lake: A Narrative History of Buddhism in America,* 3ª ed., Boston, Shambhala.

Fisher, Robert E., 1993, *Buddhist Art and Architecture*, Londres, Thames & Hudson.

Flood, Gavin, 1996, *An Introduction to Hinduism*, Cambridge, Cambridge University Press.

Foard, J., Solomon, M. e Payne, R. K., orgs., 1996, *The Pure Land Tradition: History and Development,* Berkeley, Califórnia, Institute of Buddhist Studies, Universidade da Califórnia.

Fowler, J., 1998, "Aum Shinrikyo": www.bibliotecapleyades.net/sociopolitica/esp_sociopol_AUM01.htm.

Fuller, P., 2005, *The Notion of Ditthi in Theravāda Buddhism*, Londres e Nova York, RoutledgeCurzon.

Gethin, R. M. L., 1994, "*Bhavanga* and Rebirth According to the *Abhidhamma*", *in* T. Skorupski e U. Pagel, *The Buddhist Forum, Volume III*, Londres, School of Oriental and African Studies, pp. 11-36.

1997, "Cosmology and Meditation: from the *Aggañña Sutta* to the Mahāyāna", History of Religions, 36, pp. 183-219.

1998, *The Foundations of Buddhism*, Oxford e Nova York, Oxford University Press.

2001, *The Buddhist Path to Awakening*, Oxford, Oneworld.

Getty, A., 1988, *The Gods of Northern Buddhism: Their History and Iconography* (Oxford, Clarendon Press, 1928), reedição Nova York, Dover.

Gokhale, B. G., 1994, *New Light on Early Buddhism*, Delhi, Sangam Books.

Gombrich, R. F., 1966, "The Consecration of a Buddhist Image", *Journal of Asian Studies*, 26 (1), pp. 23-36.

1971, *Precept and Practice: Traditional Buddhism in the Rural Highlands of Ceylon*, Oxford, Clarendon Press (2ª ed., Delhi, MB, 1998).

1981, "A New Theravādin Liturgy", *Journal of the Pali Text Society*, 9, pp. 7-73.

1983, "From Monastery to Meditation Centre: Lay Meditation in Modern Sri Lanka", *in* P. Denwood e A. Piatigorsky, *Buddhist Studies, Ancient and Modern*, Londres, Curzon Press e Totowa, N.J., Barnes and Noble, pp. 20-34.

1986, "Buddhist Festivals", *in* S. Brown, *Festivals in World Religions*, Londres e Nova York, Longman, pp. 31-59.

1991-1992, "Dating the Buddha: A Red Herring Revealed", *in* Bechert, 1991-1992, pp. II, 237-57.

1996, *How Buddhism Began: The Conditioned Genesis of the Early Teachings*, Londres e Atlantic Highlands, N. J., Athlone.

2000, "Discovery of the Buddha's Date", *in* L. S. Perera, org., *Buddhism for the New Millennium: Sri Saddhatissa International Buddhist Centre 10th Anniversary Celebratory Volume*, Londres, World Buddhist Foundation, pp. 9-25.

2005, "Fifty Years of Buddhist Studies in Britain", *BSR*, 22 (2), pp. 141-54.

2006, *Theravāda Buddhism,* 2ª ed., Londres e Nova York, Routledge.

2009, *What the Buddha Thought*, Londres, Equinox.

Gombrich, R. F. e Obeyesekere, G., 1988, *Buddhism Transformed: Religious Change in Sri Lanka,* Princeton, Nova Jersey, Princeton University Press.

Gómez, Luis O., 1996, *The Land of Bliss: The Paradise of the Buddha of Measureless Light. Sanskrit and Chinese Versions of the Sukāvatīvyūha Sutras: Introductions and English Translations*, Honolulu, University of Hawaii Press.

Gosling, David, 1976, "The Scientific and Religious Belief of Thai Scientists and the Inter-relationship", *Southeast Asian Journal of Social Science*, 4 (1), pp. 1-18.

Gregory, P., org., 1986, *Traditions of Meditation in Chinese Buddhism*, Kuroda Institute, Studies in East Asian Buddhism 4, Honolulu, University of Hawaii Press.

Griffiths, P. J., 1987, *On Being Mindless: Buddhist Meditation and the Mind—Body Problem*, La Salle, Ill., Open Court.

1994, *On Being Buddha: The Classical Doctrine of Buddhahood*, Albany, Nova York, State University of New York Press.

Gross, R. M., 1993, *Buddhism After Patriarchy: A Feminist History, Analysis, and Reconstruction of Buddhism*, Albany, Nova York, State University of New York Press.

Guenther, H. V., 1963, *The Life and Teaching of Nāropa*, Oxford, Clarendon Press.

tradução, 1971, *The Jewel Ornament of Liberation* [of Gampopa], Berkeley, Califórnia, Shambhala.

1976, *Philosophy and Psychology in the Abhidharma*, Berkeley, Califórnia, Shambhala.

Gunaratana, H., 1980, *A Critical Analysis of the Jhānas in Theravāda Buddhist Meditation*, Washington, DC, The American University Library, e no *website* Buddhanet: www.buddhanet.net/pdf_file/scrnguna.pdf.

1985, *The Path of Serenity and Insight: An Explanation of the Buddhist Jhānas*, Delhi, MB.

2006, *The Jhanas in Theravada Buddhist Meditation*, livreto da série "Wheel" 351-53, Kandy, BPS: www.bps.lk/olib/wh/wh351.pdf

Gyatso, S., 2003, "Of Monks and Monasteries", *in* D. Bernstorff e H. von Welck, *Exile as Challenge: The Tibetan Diaspora*, Nova Délhi: Orient Longman, pp. 213-43.

Habito, R. F. L. e Stone, J., orgs., 1999, Revisiting Nichiren. Edição especial do *Japanese Journal of Religious Studies*, 26 (3/4): http://nirc.nanzan-u.ac.jp/publications/jjrs/pdf/546.pdf.

Hakeda, Y. S., tradução, 1967, *The Awakening of Faith in the Mahāyāna*, Nova York e Londres, Columbia University Press.

1972, *Kūkai and his Major Works*, Nova York e Londres, Columbia University Press.

Hall, D. G. E., 1981, *A History of Southeast Asia*, 4ª ed., Londres, Macmillan.

Hall, F., 1902, *The Soul of a People*, Londres, Macmillan. [Observações sobre a vida birmanesa.]

Harris, E. J., 1994, *Violence and Disruption in Society: A Study of the Early Buddhist Texts*, livreto da série "Wheel" 392-93, Kandy, BPS: www.bps.lk/olib/wh/wh392.pdf.

2009, *Theravāda Buddhism and the British Encounter: Religious, Missionary and Colonial Experience in Nineteenth Century Sri Lanka*, Londres e Nova York, Routledge.

Harris, E. J. e Kauth, R., orgs., 2004, *Meeting Buddhists*, Leicester, Christians Aware.

Harris, I., org., 1999, *Buddhism and Politics in Twentieth-century Asia*, Londres e Nova York, Continuum.

2005, *Cambodian Buddhism: History and Practice*, Honolulu, University of Hawaii Press.

Harrison, P., 1978, "Buddhānusmṛti in the Pratyutpannabuddha-saṃmukhāvasthita-samādhi Sūtra", *Journal of Indian Philosophy*, 9, pp. 35-57.

1987, "Who Gets to Ride in the Great Vehicle? Self-image and Identity Among the Followers of the Early Mahāyāna", *JIABS*, 10 (1), pp. 67-89.

1990, *The Samādhi of Direct Encounter with the Buddhas of the Present: An Annotated English Translation of the Pratyutpanna-Buddhasaṃmukhāvasthita-Samādhi-Sūtra,* Tokyo, The International Institute for Buddhist Studies.

1992, "Is the Dharma-kāya the Real 'Phantom Body' of the Buddha?", *JIABS*, 15 (1), pp. 44-94.

2000, "Mañjuśrī and the Cult of the Celestial Bodhisattvas", *Chung-Hwa Buddhist Journal,* 13 (2), pp. 157-93: http://ccbs.ntu.edu.tw/FULLTEXT/JR-BJ001/93605.htm.

Harvey, P., 1986, "Signless Samādhis in Pāli Buddhism", *JIABS*, 9 (1), pp. 25-52.

1990, "Venerated Objects and Symbols in Early Buddhism", *in* K. Werner, *Symbols in Art and Religion*, Londres, Curzon Press, e Glen Dale, Md., The Riverdale Company, pp. 68-102.

1993, "The Dynamics of Paritta Chanting in Southern Buddhism", *in* K. Werner, *Love Divine: Studies in Bhakti and Devotional Mysticism*, Richmond, Curzon Press, pp. 53-84.

1995a, *The Selfless Mind: Personality, Consciousness and Nirvana in Early Buddhism*, Londres, Curzon Press.

1995b, "Contemporary Characterisations of the 'Philosophy' of Nikāyan Buddhism", *BSR*, 12 (2), pp. 109-33.

1999, "Vinaya Principles for Assigning Degrees of Culpability", *JBE*, 6, pp. 271-91: http://blogs.dickinson.edu/buddhistethics/files/2010/04/harvey991.pdf.

2000, *An Introduction to Buddhist Ethics: Foundations, Values and Issues*, Cambridge, Cambridge University Press.

2001, "Coming to be and Passing Away: Buddhist Reflections on Embryonic Life, Dying and Organ Donation", *BSR*, 18 (2), pp. 183-215.

2007a, "*Dhammacakkappavattana Sutta*: The Discourse on the Setting in Motion of the Wheel (of Vision) of the Basic Pattern: The Four Realities for the Spiritually Ennobled Ones", tradução, com notas, no *website* de Access to Insight: www.accesstoinsight.org/tipitaka/sn/sn56/sn56.011.harv.html.

2007b, "Avoiding Unintended Harm to the Environment and the Buddhist Ethic of Intention", *JBE*, 14, pp. 1-34: http://blogs.dickinson.edu/buddhistethics/files/2010/05/harvey-article1.pdf.

2007c, "'Freedom of the Will' in the Light of Theravāda Buddhist Teachings", *JBE*, 14, pp. 35-98. blogs.dickinson.edu/buddhistethics/files/2010/05/harvey2-article1.pdf.

2007d, Dezoito verbetes sobre vários aspectos de "O Buda", *in* Keown e Prebish, 2007, pp. 83-7, 92-102, 105-55, 161-65, 318-37, 568-75, 600-02. [Estes também aparecem, com referências mais completas, em: www.sunderland.ac.uk/buddhist/orig-inaleob.pdf]

2008, "Between Controversy and Ecumenism: Intra-Buddhist Relationships", *in* P. Schmidt-Leukel, *Buddhist Attitudes to Other Religions*, St Ottilien, EOS, pp. 114-42.

2009a, "The Four Ariya-saccas as 'True Realities for the Spiritually Ennobled' — the Painful, its Origin, its Cessation, and the Way Going to This — Rather than 'Noble Truths' Concerning These", *BSR*, 26 (2), pp. 197-227.

2009b, "The Approach to Knowledge and Truth in the Theravāda Record of the Discourses of the Buddha", "Theravāda Philosophy of Mind and the Person" e "Theravāda Texts on Ethics", *in* W. Edelglass e J. L. Garfield, *Buddhist Philosophy: Essential Readings*, Oxford, Oxford University Press, pp. 175-85, 265-74, 375-87.

2011, "An Analysis of Factors Related to the *kusala/akusala* Quality of Actions in the Pali tradition", *JIABS*, 33, pp. 175-209.

2014, "The Nature of the Eight-factored *ariya, lokuttara magga* in the *Suttas* Compared to the Pali Commentarial Idea of it as Momentary", *Religions of South Asia*, 8: em breve.

Havenick, H., 1991, *Tibetan Nuns Now: History, Cultural Norms and Social Reality*, Oslo, Norwegian University Press.

Hazra, K. L., 1982, *History of Theravāda Buddhism in South-East Asia, with special reference to India and Ceylon*, Nova Délhi, Munshiram Manoharlal.

Heikkilä-Horn, M., 1997, *Buddhism With Open Eyes: Belief and Practice of Santi Asoke*, Bangkok, Fah Apai.

Heirman, Ann, 2010, "Fifth Century Chinese Nuns: An Exemplary Case", *BSR*, 27 (2), pp. 61-76.

Heng-ching Shih, 1994, *The Sutra on Upasaka Precepts* (BDK English Tripitaka), Berkeley, Numata Center for Buddhist Translation and Research, Bukkyo Dendo Kyukai.

Herrigel, E., 2004, *Zen in the Art of Archery*, Londres, Penguin.

Hinnells, J. R., org., 1997, *A New Handbook of Living Religions*, Oxford, Blackwell.

Hookham, Shenpen, 2004, "Key Ideas Common to all Buddhist Traditions", *in* Harris e Kauth, 2004, pp. 185-89.

Hopkins, J. e Lati Rinpoche, 1975, *The Precious Garland and Song of the Four Mindfulnesses* (*Rāja-parikathā-ratnamālā* de Nāgārjuna e um texto do sétimo Dalai Lama), Londres, George Allen and Unwin.

Horii, Mitsutoshi, 2006, "Deprofessionalisation of Buddhist Priests", *in Contemporary Japan, Electronic Journal of Contemporary Japanese Studies:* www.japanesestudies.org.uk/articles/2006/Horii.html.

Horner, I. B., 1982, *Women in Early Buddhist Literature*, livreto da série "Wheel" 30, Kandy, BPS: www.bps.lk/olib/wh/wh030.pdf.

1999, *Women Under Primitive Buddhism: Laywomen and Almswomen* (Londres, Routledge and Kegan Paul, 1930); reedição Delhi, MB.

Hua, H., 1974, *Sūtra of the Past Vows of Earth Store Bodhisattva*, Nova York, Institute for Advanced Studies of World Religions.

Hubbard, J. e Swanson, P., orgs., 1997, *Pruning the Bodhi Tree: The Storm over Critical Buddhism*, Honolulu, University of Hawaii Press.

Humphreys, C., 1968, *Sixty Years of Buddhism in England* (*1907-1967*), Londres, The Buddhist Society.

Hüsken, U., 2000, "The Legend of the Establishment of the Buddhist Order of Nuns in the Theravāda Vinaya-piṭaka", *Journal of the Pali Text Society*, 26, pp. 43-69.

Ingaki, H., 1995, *Three Pure Land Sutras*. Berkeley, Califórnia, Numata Center for Buddhist Translation and Research.

Jackson, C. T., 1981, *The Oriental Religions and American Thought — Nineteenth-Century Explorations*, Westport, Connecticut e Londres, Greenwood Press.

Jackson, P., 2003, *Buddhadasa: Theravada Buddhism and Modernist Reform in Thailand*, Chiang Mai, Silkworm Books.

Jaffe, R. M., 2001, *Neither Monk nor Layman: Clerical Marriage in Modern Japanese Buddhism*, Princeton e Oxford, Princeton University Press.

James, A. e J., 1987, *Modern Buddhism*, Box, Wiltshire, Aukana.

Jiyu-Kennett, Roshi, 1999, *Zen is Eternal Life*, 4ª ed., Mt Shasta, Califórnia, Shasta Abbey.

Johnston, E. H., 1972, *The Buddhacarita or Acts of the Buddha* [de Aśvaghosa; texto e tradução inglesa], 2ª ed., Nova Délhi, Oriental Books Reprint Corp.

Jones, C. B., 2009, "Modernization and Traditionalism in Buddhist Almsgiving: The Case of the Buddhist Compassion Relief Tzu-chi Association in Taiwan", *Journal of Global Buddhism*, 10, pp. 291-319: www.globalbuddhism.org/toc.html.

Jones, K., 1981, *Buddhism and Social Action: An Exploration*, livreto da série "Wheel" 285-86, Kandy, BPS: www.bps.lk/olib/wh/wh285.pdf.

Joshi, L., 1977, *Studies in the Buddhistic Culture of India*, 2ª ed., Délhi, MB.

Kabilsingh, C., 1991, *Thai Women in Buddhism*, Berkeley, Califórnia, Parallax Press.

Kapleau, P., 2000, *Three Pillars of Zen*, 4ª ed., Nova York, Anchor Books.

Kasahara Kazuo, org., 2001, *A History of Japanese Religion*, Tóquio, Kosei Publishing.

Kasulis, T. P., 1981, *Zen Action, Zen Person*, Honolulu, University of Hawaii Press.

Katz, N., 1980, "Some Methodological Comments on the use of the Term 'Hīnayāna' *in* the Study of Buddhism", *Religious Traditions*, 3 (1), pp. 52-8.

1982, *Buddhist Images of Human Perfection: The Arahant of the Sutta Pitaka Compared With the Bodhisattva and the Mahāsiddha*, Délhi, MB.

Kawanami, H., 1997, "Buddhist Nuns in Transition: the case of Burmese thila-shin", *in* P. Connolly e S. Hamilton, *Indian Insights: Buddhism, Brahmanism and Bhakti*, Londres, Luzac Oriental, pp. 209-24.

2007, "The Bhikkhunī Ordination Debate: Global Aspirations, Local Concerns, with Special Emphasis on the Views of the Monastic Community in Burma", *BSR*, 24 (2), pp. 226-44.

Kay, D. N., 2004, *Tibetan and Zen Buddhism in Britain: Transplantation, Development and Adaptation*, Londres e Nova York, RoutledgeCurzon.

Keenan, J. P., 1982, "Original Purity and the Focus of Early Yogācāra", *JIABS*, 5 (1), pp. 7-18.

Kent, S. A., 1982, "A Sectarian Interpretation of the Rise of the Mahāyāna", *Religion*, 12, pp. 311-32.

Keown, D., 1992, *The Nature of Buddhist Ethics*, Londres, Macmillan.

1995, *Buddhism and Bioethics*, Londres, Macmillan, e Nova York, St. Martin's Press.

org., 1998, *Buddhism and Abortion*, Londres, Macmillan.

org., 2000, *Contemporary Buddhist Ethics*, Richmond, Surrey, Curzon Press.

Keown, D. e Prebish, C. S., orgs., 2007, *Encyclopedia of Buddhism*, Londres e Nova York, Routledge.

Khantipālo, Bhikkhu, 1979, *Banner of the Arahants: Buddhist Monks and Nuns from the Buddha's Time till Now* [no budismo antigo e no budismo do sul], Kandy, Sri Lanka, BPS.

1982, *Lay Buddhist Practice: The Shrine Room, Uposatha Day, Rains Residence*, livreto da série "Wheel" 206-07, Kandy, BPS: www.bps.lk/olib/wh/wh206.pdf.

1986, *Practical Advice for Meditators*, livreto da série "Wheel" 116, Kandy, BPS: www.bps.lk/olib/wh/wh116.pdf.

King, S. B., 1991, *Buddha Nature*, Albany, Nova York, State University Press of New York.

King, W. L., 1964, *In the Hope of Nibbana: An Essay on Theravada Buddhist Ethics*, LaSalle, Ill., Open Court.

1980, *Theravāda Meditation: The Buddhist Transformation of Yoga*, University Park, Pennsylvania State University Press (reedição, Delhi, MB, 1998).

1981, "A Christian and a Japanese Buddhist Work Ethic Compared", *Religion*, 11, pp. 207-26.

Kitagawa, J. M., 1990, *Religion in Japanese History*, 2ª ed., Nova York, Columbia University Press.

Kiyota, M., org., 1978a, *Mahāyāna Buddhist Meditation: Theory and Practice*, Honolulu, University Press of Hawaii (reedição Delhi, MB, 1998).

1978b, "Buddhist Devotional Meditation: A Study of the *Sukhāvatīvyūhôpadeśa*", *in* Kiyota, 1978a, pp. 249-96.

1978c, *Shingon Buddhism: Theory and Practice*, Los Angeles e Tóquio, Buddhist Books International.

Kodena, T. J., 1979, "Nichiren and his Nationalistic Eschatology", *Religious Studies*, 15, pp. 41-53.

Kollmar-Paulenz, K., 2003, "Buddhism in Mongolia after 1990", *Journal of Global Buddhism*, 4, pp. 18-34: www.globalbuddhism.org/toc.html.

Kongtrul, J., 2002, *Creation and Completion: Essential Points of Tantric Meditation*, Boston, Wisdom.

Kornfield, J., 1995, *Living Dharma: Teachings of Twelve Buddhist Masters*, Boston, Shambhala.

Krey, Gisela, 2010, "On Women as Teachers in Early Buddhism: Dhammadinnā and Khemā", *BSR*, 27 (1), pp. 17-40.

Kuan, T., 2008, *Mindfulness in Early Buddhism: New Approaches Through Psychology and Textual Analysis of Pali, Chinese and Sanskrit Sources*, Londres e Nova York, Routledge.

LaFleur, W., 1992, *Liquid Life: Abortion and Buddhism in Japan*, Princeton, Princeton University Press.

Lamotte, E., 1976, *The Teaching of Vimalakīrti* (*Vimalakīrtinirdeśa*), tradução do francês *L'Enseignement de Vimalakīrti*, 1962 por Sara Webb, Londres, Pali Text Society.

1988, *History of Indian Buddhism*, tradução do francês *Histoire du Bouddhisme Indien*, 1958 por Sara Boin--Webb, Leuven, Bélgica, Peters Press.

Lancaster, L. R., 1979, "Buddhist Literature: Its Canons, Scribes and Editors", *in* W. D. O'Flaherty, org., *The Critical Study of Sacred Texts*, Berkeley Religious Studies Series, Berkeley, Califórnia, pp. 215-29.

2007, "Buddhism and technology", menções em Keown e Prebish, 2007, pp. 241-44, 254-58, 288-99, 307-10, 726-33.

Lenoir, Frederic, 1999, *Le Bouddhisme en France*, Paris, Fayard.

Lester, R. C., 1973, *Theravada Buddhism in Southeast Asia*, Michigan, University of Michigan Press.

LeVine, S. e Gellner, D. N., 2005, *Rebuilding Buddhism: The Theravāda Movement in Twentieth-Century Nepal*, Cambridge, Massachusetts, Harvard University Press.

Ling, T., 1962, *Buddhism and the Mythology of Evil: A Study in Theravāda Buddhism*, Londres, George Allen and Unwin (reedição Oxford, One World, 1997).

1980, *Buddhist Revival in India: Aspects of the Sociology of Buddhism*, Londres, Macmillan.

Ling-pa, Jig-me, 1982, *The Dzogchen: Innermost Essence Preliminary Practice*, Dharamsala, Library of Tibetan Works and Archives.

Liu, Ming-Wood, 1982, "The Doctrine of the Buddha-Nature in the Mahāyāna *Mahāparinirṇvā a Sūtra*", *JIABS*, 5 (2), pp. 63-94.

Lodrö, G. G., 1998, *Calm Abiding and Special Insight*, Nova York, Snow Lion.

Lopez, D. S., org., 1995, *Curators of the Buddha: Study of Buddhism Under Colonialism*, 2ª ed., Chicago, University of Chicago Press.

Lopez, D. S. e Stearns, C., 1986, "A Report on Religious Activity in Central Tibet", *JIABS*, 9 (2), pp. 101-08.

Mackenzie, R., 2007, *New Buddhist Movements in Thailand: Towards an Understanding of Wat Phra Dhammakāya and Santi Asoke*, Londres e Nova York, Routledge.

Maezumi, T. e Glassman, B., orgs., 2002, *On Zen Practice: Body, Breath and Mind*, Boston, Wisdom.

Mahā Boowa Ñāṇasampanno, Ācariya, 2005, *Venerable Acariya Mun Bhuridatta Thera: A Spiritual Biography*, 3ª ed.: www.abhayagiri.org/main/book/277/.

Mahāsī Sayadaw, 1990, *Satipatthāna Vipassanā*, livreto da série "Wheel" 370-71, Kandy, BPS: www.bps.lk/olib/wh/wh370.pdf.

1994, *The Progress of Insight (Visuddhiñāṇa-kathā): A Modern Treatise on Buddhist Satipatthana Meditation*, 3ª ed., Kandy, BPS, e no *website* Access to Insight: www.accesstoinsight.org/lib/authors/mahasi/progress.html.

Malalagoda, K., 1976, *Buddhism in Sinhalese Society, 1750-1900: A Study of Religious Revival and Change*, Berkeley, Califórnia, University of California Press.

Malalasekera, G. P. *et al.*, orgs., *Encyclopaedia of Buddhism*, Colombo, Governo de Sri Lanka: Vol. I, fasc. 3 (1964), pp. 363-68 ("Akṣobhya"), pp. 434-63 ("Amita"); Vol. II, fasc. 3 (1967), pp. 407-15 ("Avalokiteśvara"); Vol. II, fasc. 4 (1968), pp. 661-66 ("Bhaiṣajya-guru").

Masunaga, Reihō, 1971, *A Primer of Sōtō Zen: A Translation of Dōgen's Shōbōgebzō Zuimonki*, Honolulu, University of Hawaii Press.

Matthews, Bruce, org., 2006, *Buddhism in Canada*, Londres e Nova York, Routledge.

McDermott, J. P., 1984, *Development in the Early Buddhist Concept of Kamma/Karma*, Delhi, MB.

McMahan, D. L., 2000, "New Frontiers in Buddhism: Three Recent Works on Buddhism in America — A Review Article", *Journal of Global Buddhism*, 1, pp. 116-35: www.globalbuddhism.org/toc.html.

McQueen, G., 1981 e 1982, "Inspired Speech in Mahāyāna Buddhism", *Religion*, 11, pp. 303-19 e 12, pp. 49-65.

Mendis, N. K. G., 1985, *The Abhidhamma in Practice*, livreto da série "Wheel" 322-23, Kandy, BPS: www.bps.lk/olib/wh/wh322.pdf.

Miller, B. D., 1980, "Views of Women's Roles in Buddhist Tibet", *in* A. K. Narain, *Studies in the History of Buddhism*, Delhi, B.R. Publishing Corp., pp. 155-66.

Morreale, Don, org., 1998, *The Complete Guide to Buddhist America*, Boston, Shambhala.

Mu Soeng Sunim, 1987, *Thousand Peaks: Korean Zen: Tradition and Teachers,* Berkeley, Califórnia, Parallax Press.

Mullin, G. H., 1996, *Tsongkhapa's Six Yogas of Naropa*, Nova York, Snow Lion.

Mun, Ajahn, 1995, *A Heart Released: The Teachings of Phra Ajaan Mun Bhuridatta Mahāthera*, *website* de Access to Insight: www.accesstoinsight.org/lib/thai/mun/released.html.

Nagao, G., 1991, *Mādhyamika and Yogācāra: A Study of Mahāyāna Philosophies: Collected Papers of G.M. Nagao*, Albany, Nova York, State University of New York Press.

Ñāṇamoli, Bhikkhu, 2003, *The Life of the Buddha: According to the Pali Canon*, Onalaska, Washington, Pariyatti Press.

Ñāṇamoli e Bodhi, Bhikkhus, 1991, *The Discourse on Right View: The Sammaditthi Sutta and its Commentary*, livreto da série "Wheel" 377-79, Kandy, BPS: www.bps.lk/olib/wh/wh377.pdf.

Ñāṇamoli Thera e Khantipalo Bhikkhu, 1993, *The Buddha's Words on Kamma*, livreto da série "Wheel" 248-49, Kandy, BPS: www.bps.lk/olib/wh/wh248.pdf.

Nash, J. e M., 1963, "Marriage, Family and Population Growth in Upper Burma", *Anthropology*, 19, pp. 151-66.

Nattier, J., 1991, *Once Upon a Future Time: Studies in a Buddhist Prophecy of Decline*, Berkeley, Califórnia, Asian Humanities Press.

1992, "The Heart Sūtra: A Chinese apocryphal text?", *JIABS*, 15 (2), pp. 153-219.

2000, "The realm of Akṣobhya: A Missing Piece in the History of Pure Land Buddhism", *JIABS*, 23 (1), pp. 71-102.

2003, *A Few Good Men: The Bodhisattva Path According to The Inquiry of Ugra (Ugraparipṛcchā): A Study and Translation*, Honolulu, University of Hawaii Press.

Nattier, J. J. e Prebish, C. S., 1976-1977, "Mahāsaṅghika Origins", *History of Religions*, 16, pp. 237-72.

Nhat Hanh, Thich, 1967, *Vietnam: Lotus in a Sea of Fire*, Londres, SCM Press, e Nova York, Hill and Wang.

1991, *Peace is Every Step: The Path of Mindfulness in Everyday Life*, Londres, Rider.

2008, *The Miracle of Mindfulness*, Londres, Rider.

Nikam, N. A. e McKeon, R., 1959, *The Edicts of Aśoka*, Chicago, University of Chicago Press.

Norberg-Hodge, H., 2000, *Ancient Futures: Learning form Ladakh*, 2ª ed., Londres, Rider.

Norbu, N., 2000, *The Crystal and the Way of Light: Sutra, Tantra and Dzogchen*, Ithaca, Nova York, Snow Lion.

Norman, K. R., 1975, "Asoka and Capital Punishment", *Journal of the Royal Asiatic Society*, Part I, pp. 16-24.

1997, *A Philological Approach to Buddhism*, Londres, School of Oriental and African Studies.

Numrich, P., 1996, *Old Wisdom in the New World: Americanization in Two Immigrant Theravada Buddhist Temples*, Knoxville, University of Tennessee Press.

Nyanaponika Thera, 1965, *Abhidhamma Studies: Researches in Buddhist Psychology*, Kandy, BPS, e no *website* Access to Insight: www.buddhanet.net/pdf_file/abhistudy.pdf.

1981, *Buddhism and the God-Idea*, livreto da série "Wheel" 47, Kandy, BPS: www.bps.lk/olib/wh/wh047.pdf.

1983, *The Threefold Refuge*, livreto da série "Wheel" 76, Kandy, BPS: www.bps.lk/olib/wh/wh076.pdf.

org., 1990, *Kamma and its Fruit*, livreto da série "Wheel" 221-24, Kandy, BPS: www.bps.lk/olib/wh/wh221.pdf.

1993, *The Five Mental Hindrances and Their Conquest*, livreto da série "Wheel" 26, Kandy, BPS: www.bps.lk/olib/wh/wh026.pdf.

1996, The Heart of Buddhist Meditation: A Handbook of Mental Training Based on the Buddha's Way of Mindfulness (originalmente Londres, Rider, 1962), Newburyport, Mass., Red Wheel/Weiser.

1997, *The Power of Mindfulness: An Inquiry into the Scope of Bare Attention and the Principal Sources of its Strength*, livreto da série "Wheel" 121-22, Kandy, BPS: www.bps.lk/olib/wh/wh121.pdf.

Nyanaponika Thera e Ñāṇamoli Thera, 1998, *The Four Sublime States: Contemplations on Love, Compassion, Sympathetic Joy and Equanimity, & The Practice of Lovingkindness (Mettā): As Taught by the Buddha in the Pali Canon*, livreto da série "Wheel" 6-7, Kandy, BPS: www.bps.lk/olib/wh/wh006.pdf.

Nyanatiloka Mahāthera, 1994, "Kamma and Rebirth", pp. 10-8, *in Fundamentals of Buddhism*, livreto da série "Wheel" 394-96, Kandy, BPS: www.bps.lk/olib/wh/wh394.pdf.

Olivelle, Patrick, 1996, *Upanisads: A New Translation*, Oxford, Oxford University Press.

Ornatowski, G. K., 1996, "Continuity and Change in the Economic Ethics of Buddhism: Evidence from the History of Buddhism in India, China and Japan", *JBE*, 3, pp. 198-240: http://blogs.dickinson.edu/buddhistethics/files/2010/04/ornatow1.pdf.

Pa-Auk Sayadaw, 2003, *Knowing and Seeing*: www.buddha.net/pdf_file/know-see.pdf.

Pagel, U., 1995, *The Bodhisattvapiṭaka: Its Doctrines, Practices and their Position*, in *Mahāyāna Literature*, Tring, Reino Unido, The Institute of Buddhist Studies.

2001, "The Sacred Writings of Buddhism", in P. Harvey, *Buddhism*, Londres, Continuum, pp. 29-63.

Pas, J. F., 1995, *Visions of Sukhāvatī*, Albany, N.Y., State University of New York Press.

Paul, D. Y., 1979, *Women in Buddhism: Images of the Feminine in Mahāyāna Tradition*, Berkeley, Califórnia, Asian Humanities Press. [Traduções e discussão.]

Payutto, P. A., 1993, *Good, Evil and Beyond: Kamma in the Buddha's Teaching*, Bangkok, Buddhadhamma Foundation, e no *website* Buddhanet: www.buddhanet.net/cmdsg/kamma.htm.

1994a, *Dependent Origination: The Buddhist Law of Causality*, Bangkok, Buddhadhamma Foundation, e no website Buddhanet: www.buddhanet.net/cmdsg/coarise.htm.

1994b, *Buddhist Economics: A Middle Way for the Market Place*, Bangkok, Buddhadhamma Foundation, e no website Buddhanet: www.buddhanet. net/cmdsg/econ.htm.

Payutto, Phra Pryudh, 1995, *Buddhadhamma: Natural Laws and Values for Life*, Albany, State University of New York Press.

Peiris, W., 1973, *The Western Contribution to Buddhism*, Delhi, MB.

Piburn, S., org., 1990, *The Dalai Lama: A Policy of Kindness: An Anthology of Writings By and About the Dalai Lama*, Ithaca, Nova York, Snow Lion.

Piyadassi Thera, 1980, *The Seven Factors of Enlightenment*, livreto da série "Wheel" 1, Kandy, BPS: www.bps.lk/olib/wh/wh001.pdf.

1999, *The Book of Protection*: Paritta, Kandy, BPSe no *website* Access to Insight website: www.accesstoinsight.org/lib/authors/piyadassi/protection.html.

Powers, J., 1995, *Wisdom of the Buddha: The Saṃdhinirmocana Sūtra*, Berkeley, Dharma.

2000, *A Concise Encyclopedia of Buddhism*, Oxford, One World.

2007a, "Other Emptiness and Self Emptiness in Tibetan Buddhism", *in* Keown e Prebish, 2007, pp. 580-81.

2007b, *Introduction to Tibetan Buddhism*, edição revista, Ithaca, Nova York, Boulder, Colorado, Snow Lion.

Prebish, C. S., 1999, *Luminous Passage: The Practice and Study of Buddhism in America*, Berkeley, University of California Press.

2007, "Academic study of Buddhism", verbetes em Keown e Prebish, 2007, pp. 9-18, 30-3, 74-5, 244-45, 252-54, 262-63, 268-70, 393, 470-71, 493-95, 565-68, 596-97, 605-07, 614-15, 628-29, 678-80.

Prebish, C. S. e Baumann, M., orgs., 2002, *Westward Dharma: Buddhism Beyond Asia*, Berkeley, University of California Press.

Prebish, C. S. e Tanaka, K. T., orgs., 1998, *The Faces of Buddhism in America*, Berkeley: University of California Press.

Puri, B. N., 1987, *Buddhism in Central Asia*, Delhi, MB.

Putney, D., 1996, "Some Problems of Interpretation: The Early and Late Writings of Dōgen", *Philosophy East and West*, 46 (4), pp. 497-531, e no *website* da Buddhist Digital Library and Museum: http://ccbs.ntu.edu.tw/FULLTEXT/JR-PHIL/putney1.htm.

Pye, M., 2003, *Skilful Means: A Concept in Mahāyāna Buddhism*, 2ª ed., Londres e Nova York, Routledge.

Queen, C. S. e King, S. B., orgs., 1996, *Engaged Buddhism: Buddhist Liberation Movements in Asia*, Albany, State University of New York Press.

Rahula, W., 1966, *History of Buddhism in Ceylon: The Anurādhapura Period, 3rd Century b.c. to 10th Century A.D.*, 2ª ed., Colombo, Gunasena.

1974, *What the Buddha Taught*, 2ª ed., Nova York, Grove.

Rājavaramuni, Phra, 1990, "The Foundations of Buddhist Social Ethics", *in* R. F. Sizemore e D. K. Swearer, *Ethics, Wealth and Salvation: A Study of Buddhist Social Ethics*, Columbia, South Carolina, University of South Carolina Press, pp. 29-53.

Ratnayaka, S., 1981, "Metapsychology of the Abhidharma", *JIABS*, 4 (1), pp. 76-88. 1985, "The Bodhisattva Ideal of the Theravāda", *JIABS*, 8 (2), pp. 85-110.

Ray, R., 1980, "Accomplished Women in the Tantric Buddhism of Medieval India and Tibet", *in* N. A. Falk e R. Gross, *Unspoken Worlds: Women's Religious Lives in Non-Western Cultures*, São Francisco, Harper & Row, pp. 227-42.

1989, "The Mahāsiddha", *in* J. M. Kitagawa e M. Cummings, *Buddhism and Asian History: Religion, History and Culture*, Nova York, Macmillan e Londres, Collier Macmillan, pp. 389-94.

1994, *Buddhist Saints in India: A Study in Buddhist Values and Orientations*, Oxford e Nova York, Oxford University Press.

Reader, I., 1991, *Religion in Contemporary Japan*, Honolulu, University of Hawaii Press.

2006, *Making Pilgrimages: Meaning and Practice in Shikoku*, Honolulu, University of Hawaii Press.

2011, "Buddhism in Crisis? Institutional Decline and the Problems of Modernity in Japan", *BSR*, 28 (2), pp. 233-63.

Reader, I., Andreasen, E. e Stefánsson, F., 1993, *Japanese Religions: Past and Present*, Honolulu, University of Hawaii Press.

Reynolds, F. E., 1977, "Several Bodies of the Buddha: Reflections on a Neglected Aspect of Theravāda Tradition", *History of Religions*, 16, pp. 374-88.

Rocha, C., org., 2007, edição Especial Issue sobre "Buddhism in Oceania", do *Journal of Global Buddhism*, 8: www.globalbuddhism.org/toc.html.

Rocha, C. e Barker, M., orgs., 2010, *Buddhism in Australia: Traditions in Change*, Londres, Routledge.

Ronkin, N., 2005, *Early Buddhist Metaphysics: The Making of a Philosophical Tradition*, Londres e Nova York, RoutledgeCurzon. [Sobre o *Abhidhamma* Theravāda.]

Rossi Collection, s.d., "Early Tibetan Mandala": www.asianart.com/mandalas/mandimge.html, acesso em 18 de maio de 2010. [Catorze *maṇḍalas*.]

Rotman, A., tr., 2008, *Divine Stories: Divyāvadāna Part I*, Boston, Wisdom.

Rowlands, M., org., 1982, *Abhidhamma Papers*, Manchester, Samatha Trust, e no *website* do Samatha Trust: www.samatha.org/images/stories/abhidhamma-papers-final.pdf.

Ruegg, D. S., 1969, *La Théorie du Tathāgatagarbha et du Gotra*, Paris, L'École Française D'Extrême-Orient.

1989a, "The Buddhist Notion of an 'Immanent Absolute' (*Tathāgatagarbha*) as a Problem in Hermeneutics", *in* T. Skorupski, *The Buddhist Heritage*, Tring, Reino Unido, The Institute of Buddhist Studies, pp. 229-46.

1989b, *Buddha-nature, Mind and the Problem of Gradualism in a Comparative Perspective: On the Transmission and Reception of Buddhism in India and Tibet*, Londres, School of Oriental and African Studies.

Saddhatissa, H., 1970, Buddhist Ethics: Essence of Buddhism, Londres, George Allen and Unwin (reimpr. Boston, Wisdom, 1997).

Salzberg, S., 1995, *Lovingkindness: The Revolutionary Art of Happiness*, Boston e Londres, Shambhala.

Samuel, G., 1993, *Civilized Shamans: Buddhism in Tibetan Societies*, Washington DC e Londres, Smithsonian Institute.

2012, *Introducing Tibetan Buddhism*, Londres e Nova York, Routledge.

Sanderson, A., 1994, "Vajrayāna: Origin and Function", *in Buddhism into the Year 2000: International Conference Proceedings*, Bangkok e Los Angeles, Dhammakaya Foundation, pp. 87-102.

Sasson, V. R., 2010, "Peeling Back the Layers: Female Higher Ordination in Sri Lanka", *BSR*, 27 (1), pp. 77-84.

Satō, G., 1973, *Unsui: A Diary of Zen Monastic Life*, org. B. L. Smith, Honolulu, University Press of Hawaii.

Schedneck, B., 2009, "Western Buddhist Perceptions of Monasticism", *BSR*, 26 (2), pp. 229-46.

Schopen, G., 1997, *Bones, Stones, and Buddhist Monks: Collected Papers on the Archaeology, Epigraphy, and Texts of Monastic Buddhism in India*, Honolulu, University Press of Hawaii.

Schuster, N., 1981, "Changing the Female Body: Wise Women and the Bodhisattva Career in Some *Mahāratnakṭastras*", *JIABS*, 4 (1), pp. 24-69.

Seager, R. H., 1999, *Buddhism in America*, Nova York, Columbia University Press.

Seeger, M., 2005, "How Long is a Lifetime? Buddhadāsa's and Phra Payutto's Interpretations of *paṭiccasamuppāda* in Comparison", *BSR*, 22, pp. 107-30.

2006 (2008), "The Bhikkhunī-Ordination Controversy in Thailand", *JIABS*, 29 (1), pp. 155-83.

Sekida, K., 1975, *Zen Training: Methods and Philosophy*, Nova York e Tóquio, Weatherhill.

Seneviratne, H. L., 1999, *The Work of Kings: The New Buddhism in Sri Lanka*, Chicago e Londres, University of Chicago Press.

Sharpe. E. J., 1986, *Comparative Religion: A History*, 2ª ed., Londres, Duckworth.

Shaw, S., 2009, *Introduction to Buddhist Meditation*, Londres e Nova York, Routledge.

Skilling, P., 2009, "Theravāda in History", *Pacific World*, 11, pp. 61-93: www.uio.no/studier/emner/hf/ikos/SAS4014/v12/undervisningsmateriale/Skilling_Theravada%20in%20History%202009.pdf.

Skilling, P., Carbine, J. A., Cicuzza, C. e Pakdeekam, S., orgs., 2012, *How Theravadā is Theravāda?: Exploring Buddhist Identities*, Chiang Mai, Silkworm Books.

Skorupski, T., 2002, *The Six Perfections: An Abridged Version of E. Lamotte's French Translation of Nāgārjuna's Mahāprajñāpāramitāśastra Chapters xvi-xxx*, Tring, Institute of Buddhist Studies.

Snellgrove, D. L., 1987, "Celestial Buddhas and Bodhisattvas", *in* M. Eliade, *The Encyclopaedia of Religion*, Nova York, Macmillan e Londres, Collier Macmillan, Vol. III, pp. 133-44.

Snellgrove, D. L. e Richardson, H., 1968, *A Cultural History of Tibet*, Londres, Weidenfeld, e Nova York, Praeger.

Sogyal Rinpoche, 1992, *The Tibetan Book of Living and Dying*, Londres, Rider.

Soma Thera, 1981, The *Removal of Distracting Thoughts: Vitakka Santhana Sutta*, livreto da série "Wheel" 21, Kandy, BPS: www.bps.lk/olib/wh/wh021.pdf.

1998, *The Way of Mindfulness: The Satipaṭṭhāna Sutta and Its Commentary*, 6ª ed., tradução do *Satipaṭṭhāna Sutta*, Kandy, BPS, e no *website* Access to Insight: www.accesstoinsight.org/lib/authors/soma/wayof.html.

Sopa, Geshe, 1978, "*Śamatha-vipaśyanā-yuganaddha*: The Two Leading Principles of Buddhist Meditation", *in* Kiyota, 1978a, pp. 46-65.

Spiro, M. E., 1971, *Buddhism and Society: A Great Tradition and its Burmese Vicissitudes*, Londres, Allen and Unwin.

Sponberg, A., 1982, "Report on Buddhism in the People's Republic of China", *JIABS*, 5 (1), pp. 109-17.

1992, "Attitudes towards Women and the Feminine in Early Buddhism", *in* Cabezón, 1992, pp. 3-36.

2007, "Buddha-fields and Pure Lands", *in* Keown e Prebish, 2007, pp. 155-58.

Sponberg, A. e Hardacre, H., orgs., 1988, *Maitreya, the Future Buddha,* Cambridge, Cambridge University Press.

Stcherbatsky, T., 1956, *The Central Conception of Buddhism and the Meaning of the Word "Dharma"* (Londres, Royal Asiatic Society, 1923), Calcutá, Susil Gupta.

Stevenson, D. B., 1986, "The Four Kinds of Samādhi in Early Tiantai Buddhism", *in* Gregory, 1986, pp. 45-98.

Stevenson, I., 1974, *20 Cases Suggestive of Reincarnation*, 2ª ed., Charlottesville, University of Virginia Press.

1987, *Children Who Remember Previous Lives*, Charlottesville, University of Virginia Press.

Stone, J. L., 1999, *Original Enlightenment and the Transformation of Medieval Japanese Buddhism*, Honolulu, University of Hawaii Press.

Strong, J. S., 1996, "The Moves *Mandalas* Make", *JIABS*, 19 (2), pp. 301-12. [Edição sobre *maṇḍalas*.]

2001, *The Buddha: a Short Biography*, Oxford, One World.

2004, *Relics of the Buddha*, Princeton e Oxford, Princeton University Press.

tradução, 2008, *The Legend of King Aśoka: A Study and Translation of the Aśokāvadāna*, 2ª ed., Delhi, MB.

Subhuti, Dharmachari, 1983, *Buddhism for Today: A Portait of a New Buddhist Movement*, Salisbury, Wiltshire, Element Books.

1994, *Sangharakshita: A New Voice in the Buddhist Tradition*, Birmingham, Windhorse.

Suksamran, S., 1977, *Political Buddhism in Southeast Asia: The Role of the Sangha in the Modernization of Thailand*, Londres, Hurst.

Sumedho, Ajahn, 1984, *Cittaviveka: Teachings from the Silent Mind*, Hemel Hempstead, Amaravati Publications. *On-line* em: www.what-buddha-taught.net/Books2/Ajahn_Sumedho_Cittaviveka.htm.

Suzuki, D. T., 1959, *Zen and Japanese Culture*, Nova York, Princeton University Press.

1969, *The Zen Doctrine of No Mind*, Londres, Rider.

1970a, b, c, *Essays in Zen Buddhism*, First, Second and Third Series, 2ª ed. (orig. Londres, Luzac and Co., 1927, 1933 e 1934), Londres, Rider.

Suzuki, S., 1999, *Zen Mind, Beginner's Mind*, Nova York, Weatherhill.

Swanson, Paul L., 1989, *T'ien-t'ai Philosophy*, Berkeley, Califórnia, Asian Humanities Press.

Swearer, D. K., 1995, *The Buddhist World of Southeast Asia*, Albany, Nova York, State University of New York Press.

Tambiah, S. J., 1984, *The Buddhist Saints of the Forest and the Cult of Amulets*, Cambridge, Cambridge University Press.

1992, *Buddhism Betrayed? Religion, Politics and Violence in Sri Lanka*, Chicago e Londres, University of Chicago Press.

Tatz, M., 1986, *Asanga's Chapter on Ethics, With the Commentary of Tsong-Kha-Pa*, Studies in Asian Thought and Religion, Volume IV, Lewiston/Queenston, Edwin Mellen.

1994, *Skill in Means, Upāyakauśalya, Sūtra*, Delhi, MB.

Tay, N., 1976-1977, "Kuan-yin: The Cult of Half Asia", *History of Religions*, 16, pp. 144-77.

Ṭhānissaro Bhikkhu, 1996, *The Wings to Awakening: An Anthology from the Pali Canon*, Barre, Massachusetts, Barre Center for Buddhist Studies, também no *website* de Access to Insight: www.accesstoinsight.org/lib/authors/thanissaro/wings/index.html.

1999a, *The Mind Like Fire Unbound*, Barre, Massachusetts, Dhamma Dana Publications, e no *website* Access to Insight: www.accesstoinsight.org/lib/modern/thanissaro/likefire/index.html.

1999b, "The Custom of the Noble Ones", no *website* de Access to Insight: www.accesstoinsight.org/lib/authors/thanissaro/customs.html.

2007, *The Buddhist Monastic Code*, 2ª ed., 2 volumes, Califórnia, Metta Forest Monastery, e no *website* Access to Insight: www.accesstoinsight.org/lib/authors/thanissaro/bmc1/bmc1.intro.html.

Thien-An, Thich, 1975, *Buddhism and Zen in Vietnam in Relation to the Development of Buddhism in Asia*, Rutland, Vermont e Tóquio, C. E. Tuttle.

Thomas, E. J., 1949, *The Life of Buddha as Legend and History*, 3ª ed., Londres, Routledge and Kegan Paul (reedição Dover, 2000).

Tribe, A. H. F., 1997, "Mañjuśrī: Origins, Role and Significance", Partes I e II, *Western Buddhist Review*, 2, pp. 49-123: www.westernbuddhistreview.com/vol2/manjusri_parts_1_and_2.html.

Trungpa, Chogyam 1973, *Cutting Through Spiritual Materialism*, Berkeley, Califórnia, Shambhala.

1994a, "Tilopa, 'The Union of Joy and Happiness' (*Mahāmudropadeśa*)", *in* S. Bercholz e S. Kohn, *Entering the Stream: An Introduction to the Buddha and his Teachings*, Boston, Shambhala, pp. 266-72.

1994b, "Jigme Lingpa, 'Ati: the innermost essence'", *in* S. Bercholz e S. Kohn, *Entering the Stream: An Introduction to the Buddha and his Teachings*, Boston, Shambhala, pp. 283-88.

Tsai, K. A., 1994, Lives of the Nuns: Biographies of Chinese Buddhist Nuns from the Fourth to Sixth Centuries, Honolulu, University of Hawaii Press.

Tsomo, K. L., org., 1988, *Sakyadhītā: Daughters of the Buddha*, Ithaca, Nova York, Snow Lion. 2010, "Lao Buddhist Women: Quietly Negotiating Religious Authority", *BSR*, 27 (1), pp. 8-106.

Tucker, M. E. e Williams, D. R., orgs., 1997, *Buddhism and Ecology: The Interconnection of Dharma and Deeds*, Cambridge, Massachusetts, Harvard University Center for the Study of World Religions.

Uchino, K., 1986, "The Status Elevation Process of Sōtō Sect Nuns in Modern Japan", *in* D. L. Eck e D. Jain, *Speaking of Faith: Cross-cultural Perspectives on Women, Religion and Social Change*, Londres, The Women's Press, pp. 149-63.

Unger, A. H. e Unger, W., 1997, *Pagodas, Gods and Spirits of Vietnam: Popular Religion, Sacred Buildings and Religious Art in Vietnam*, Nova York, Thames & Hudson.

Van Gorkom, N., 1990, *Abhidhamma in Daily Life*, Londres, Triple Gem Press, e no *website* Abhidhamma.org: www.Abhidhamma.org/abhid.html

Victoria, B., 1997, *Zen at War*, Nova York e Tóquio, Weatherhill.

Vishvapani, Dharmachari, 2001, "Perceptions of the FWBO in British Buddhism", *Western Buddhist Review*: www.westernbuddhistreview.com/vol3/Perceptions.htm.

Waddell, N. e Abe, M., tradudores, 2002, *The Heart of Dōgen's Shōbōgenzō*, Nova York, State University of New York Press.

Waldron, W. S., 2003, *The Buddhist Unconscious: The ālaya-vijñāna in the Context of Indian Buddhist Thought*, Londres e Nova York, RoutledgeCurzon.

Wallace, B. A., org., 2003, *Buddhism and Science: Breaking New Ground*, Nova York, Columbia University Press.

Waterhouse, H., 1997, *Buddhism in Bath: Adaptation and Authority*, Leeds, Community Religions Project, University of Leeds.

Watts, A., 1962, *The Way of Zen*, Londres, Pelican.

Wayman, A., 1991, *Ethics of Tibet: Bodhisattva Section of Tsong-Kha-Pa's Lam Rim Chen Mo*, Albany, State University of New York Press.

1996, "A Defence of Yogācāra Buddhism", *Philosophy East and West,* 46 (4): 447-76, e no *website* da Buddhist Digital Library and Museum: http://ccbs. ntu.edu.tw/FULLTEXT/JR-PHIL/alex1.htm.

Webster, D., 2005, *The Philosophy of Desire in the Buddhist Pali Canon*, Londres e Nova York, RoutledgeCurzon.

Weeraratne, D. A., s.d., "Revival of the Bhikkhuni Order in Sri Lanka", www. buddhanet.net/nunorder.htm, acesso em 30 de abril de 2010.

Wei-an, Cheng, 2000, *Taming the Monkey Mind: A Guide to Pure Land Practice*: www.buddhanet.net/pdf_file/monkeym.pdf.

Welch, H., 1967, *The Practice of Chinese Buddhism*, Cambridge, Massachusetts, Harvard University Press.

1968, *The Buddhist Revival in China*, Cambridge, Massachusetts, Harvard University Press.

1972, *Buddhism Under Mao*, Cambridge, Massachusetts, Harvard University Press.

Welter, Albert, 2000, "Mahākāśyapa's Smile: Silent Transmission and the Kung-an (*Kōan*) Tradition", *in* S. Heine e D. S. Wright, *The Kōan: Texts and Contexts in Zen Buddhism*, Oxford e Nova York, Oxford University Press, pp. 75-109.

Westerhoff, J., 2009, *Nāgārjuna's Madhyamaka: A Philosophical Introduction*, Oxford, Oxford University Press.

Wickremeratne, Ananda, 1984, *The Genesis of an Orientalist: Thomas William Rhys Davids in Sri Lanka,* Delhi, MB.

Wijayaratna, M., 1990, *Buddhist Monastic Life According to the Texts of the Theravāda Tradition*, Cambridge, Cambridge University Press.

Wijeratne, R. P. e Gethin, R., trads., 2002, *Summary of the Topics of Abhidhamma (Abhidhammaahasaṅgaha) by Anuruddha. Exposition of the Topics of Abhidhamma (Abhidhammatthavibhāvinī) by Sumaṅgala, being a commentary on Anuruddha's Summary of the Topics of Abhidhamma*, Oxford, Pali Text Society.

Wikipedia, 2010, "Buddhism by Country": http://en.wikipedia.org/wiki/ Buddhism_by_country, acesso em 26 de maio de 2010.

Willemen, C., Dessein, B. e Cox, C., 1998, *Sarvāstivāda Buddhist Scholasticism*, Leiden, Brill.

Williams, D. R., e Queen, C. S., orgs., 1999, *American Buddhism: Methods and Findings in Recent Scholarship*, Richmond, Curzon Press.

Williams, L., 2000, "A Whisper in the Silence: Nuns Before Mahāpajāpatī", *BSR*, 17(2), pp. 167-74.

Williams, P., 2004, *Songs of Love, Poems of Sadness: The Erotic Verses of the Sixth Dalai Lama*, Londres e Nova York, I.B. Tauris.

org., 2005, *Buddhism: Critical Concepts in Religious Studies*, 8 volumes, Londres e Nova York, Routledge.

2009, *Mahāyāna Buddhism: The Doctrinal Foundations*, 2ª ed., Londres e Nova York, Routledge and Kegan Paul.

Williams, P. com Tribe, A. e Wynne, A., 2012, *Buddhist Thought: A Complete Introduction to the Indian Tradition*, 2ª ed., Londres e Nova York, Routledge and Kegan Paul.

Williams, P. e Ladwig, P., orgs., 2012, *Buddhist Funeral Cultures of Southeast Asia and China*, Cambridge, Cambridge University Press.

Willis, J., 1989, *Feminine Ground: Essays on Women and Tibet*, Ithaca, Nova York, Snow Lion.

Wilson, B. e Dobbelaere, K., 1994, *A Time to Chant: The Soka Gakkai Buddhists in Britain*, Oxford, Clarendon Press.

Wright, D. S., 1993, "The Discourse of Awakening: Rhetorical Practice in Classical Cha'n Buddhism", *Journal of the American Academy of Religion*, 61 (1), pp. 23-40.

1998, *Philosophical Meditations on Zen Buddhism*, Cambridge, Cambridge University Press.

Xing, Guang, 2005a, *The Concept of the Buddha: Its Evolution from Early Buddhism to the Trikāya Theory*, Londres e Nova York, RoutledgeCurzon.

2005b, "Filial Piety in Early Buddhism", *JBE*, 12, pp. 82-106: http://blogs.dickinson.edu/buddhistethics/files/2010/04/xing1228.pdf.

Zürcher, E., 1959, *The Buddhist Conquest of China*, 2 volumes, Leiden, Brill.

1989, "The Impact of Buddhism on Chinese Culture in Historical Perspective", *in* T. Skorupski, *The Buddhist Heritage*, Tring, Reino Unido, The Institute of Buddhist Studies, pp. 117-28.

ÍNDICE REMISSIVO

Os termos chineses são apresentados na forma *pinyin*, com a forma Wade-Giles, mais antiga, entre parênteses. Quando um termo nesta última forma começa com uma letra diferente, ele também tem a própria menção que encaminha o leitor à menção em *pinyin*. Os termos tibetanos são apresentados em uma forma pronunciável, com as formas Wylie completas entre parênteses. As menções principais estão em negrito. Os termos em itálico são palavras em idiomas estrangeiros ou nomes de textos.

abandonar os objetos de apego, 69, 103, 125, 144, 255, **357**, 336, 388, 413

Abhidhamma (Páli, Sâncr., *Abhidharma*), 33, 119-21, 131-32, 483

crítica Mahāyāna do, 136, 144-45, 150

dois níveis de verdade/realidade no, 119, 147

e os cânticos, 227-28

e os *maṇḍalas*, 374

estudo do, no Ocidente, 445, 466

na China, 236, 239-40

no Japão, 124

os "momentos" no, 114, 119, 120, 121, 159

Sarvāstivāda/Sarvāstivādins, 114, 121-24, 125, 126, 127, 136, 144, 147, 157, 168, 365

sobre o "vir a ser", 100

últimas obras em páli do, 33-34, 121, 223

Vibhajyavāda/Theravāda, 119-21, 124, 126, 147, 224

Yogācāra, 156, 157, 158

Abhidhammattha-saṅgaha, 120, 223

Abhidharma-kośa, 24, 123, 124, 156, 239, 445

Abhidharma-kośa-bhāṣya, 24, 123, 125, 156

Abhidharma-samuccaya, 156

aborto, 296

ação correta, 111, 113, 300, 301

ações mentais, 69, 98, 289

Ādi Buda (Buda Primordial), 198, 212, 231, 425

Afeganistão, 135, 221, 262

África do Sul, 450, 451, 466, 481

África, 429, 450, 451, 466, 481

Āgamas, 33, 79, 240, 429, 485

agarrar-se (Páli e Sânscr., *upādāna*), 84, 95, 100 *Ver também* apego

quatro tipos de, 100, 314, 416

Aggañña Sutta, 66

Agon Shū, escola, 429

agregados. *Ver khandhas*

Aitken, R., 390, 456, 458

Ājīvikas, 42, 131

ālaya-vijñāna (consciência-depósito), **159-61**, 165

ālaya que está além", 161

como o *Tathāgata-garbha*, 171

e o *Nirvāṇa*, 165

e o *Tathāgata-garbha*, 169

alegria (Páli, *pīti*; Sânscr., *prīti*)

como um fator do despertar, 107, 345

como uma impureza da compreensão, 363

da fé, 60, 74, 267, 269, 272, 280, 368

da reverência, 273

de doar, 74, 292, 414

de *jhāna*, 48, 50-51, 353, 355

do desapego, 360-61

do primeiro estágio do *Bodhisattva*, 184

e a compaixão, 180

e a fruição kármica, 267
e a percepção de *dukkha*, 96
e a virtude moral, 288
e o "pessimismo", 83
e os cânticos, 268, 342
tremores de, 408
alegria, empática (Páli e Sânscr., *muditā*), 182, 303, 350
Alemanha, budismo na, 443, 449, 451, 454, 474, 475, 477
"alma" no budismo, 90-91
Ambedkar, budistas, 421-23, 449, 465, 469
América do Sul, 449, 451, 481
Amitāyur-buddhānusmṛti Sūtra, 201, 202, 369
Ānanda Bodhi, 466, 467
Ānanda Metteyya, 464
Ānanda, 52-53, 54-55, 117, 322-23, 394-95
Ānāpāna-sati Sutta, 352
anattā (Páli e Sâncr., *anātman*). *Ver* não Eu
Anatta-lakkhaṇa Sutta, 87
animal(is). *Ver também* vegetarianismo
como Corpos de transformação, 194
morte do(s), 38, 68, 130, 221, 237-38, 295, 297
o *Bodhisattva* como um, 44
renascimento como, 62, 67, 68, 71, 443
respondendo à bondade, 54, 274, 278
tratamento do(s), 130, 205, 295, 299, 305
"aniquilacionismo", 42, 69, 102
antarā-bhava (Páli, Sâncr., Tib. *bardo*) – estado intermediário, 100, 306
yoga do, 378, 380
Anurādhapura, 222, 264, 282, 284
Anuttara-yoga, 209, 230, 377, 380, 381
Anu-yoga, 209, 230, 380
apego ou cobiça (Páli e Sâncr., *rāga*, ou *lobha*), 32, 49, 62, 83, 90, 92, 97, 102, 110, 140, 148, 157, 172, 217, 218, 303, 306, 312, 315, 348, 357, 360, 363, 383, 395
aos céus, 106
às opiniões, 89, 90
às regras morais, 100, 115, 288, 416,
com ódio e ilusão, 59, 86, 100, 101, 106, 110, 154, 156, 186, 289, 312, 313, 315, 357, 358
no Mahāyāna, 191, 217
apenas pensamento (Sânscr., *citta-mātra*), 159, 162-63, 165, 191, 194, 367, 368
e a meditação tântrica, 209, 371, 372, 376, 377, 378, 380-81
e a postura de meditação, 386-87
Arahats (Páli, Sâncr., *Arhat*), 103, **104-07**, 112
aquele que "Tornou-se *Dhamma*", 57, 413
caminhos para se tornar um, 356
cânticos sobre, 227, 275, 412
como "verdadeiros Brahmins", 56-57
como *sāvaka-buddhas*, 128
compaixão dos, 52-53, 107
comparados com o Buda, 44, 57-58
depois da morte, 107-09
do sexo feminino, 310
e cessação da percepção e da sensação/sentimento, 356
e o *Bodhisattva* do sétimo estágio, 186-87, 188
e o Caminho Décuplo, 116
e o *Nirvāṇa*, 102, 103, 105-06, 109-10
e outras pessoas Nobres, 115
grilhões destruídos por, 116
imagens dos, 264
leigos como, 313
Mahāyāna sobre os, 137-38, 139, 181, 185, 187-88, 191, 204-205
podem ser deuses, 116
poder dos, 76
recentes, 333
regressão dos, 126
relíquias dos, 55, 131
Zen sobre os, 257
arianos, 38, 58
Arnold, Sir Edwin, 443, 464
arrependimento por falhas morais, 70, 71, 271, 294
arrependimento, cerimônias de, 266, 294, 367
artes, 248, 252, 253, 280, 331, 338, 411, 415, 487, 489, 490
e Zen, 242, 259, 260, 396-398
árvore(s) *Bodhi*, 133, 265, 284
e *Bōdhi Pūjā*, 403
em Anurādhapura, 222, 282

em Bodh-Gayā, 282
poder benéfico da(s), 273, 282
simbolismo da(s), 227, 265, 266
Asaṅga, 156, 157, 158, 159, 162, 167, 181, 193, 295
trabalhos de, 25, 26-27, 157
ascetismo, 48, 111, 127, 333-34, 430
não budista, 38, 42
Ásia Central, 122, 124, 201, 203, 221, 262, 446
e a China, 236, 331
e o Tibete, 229
Asoka (Páli e Sânscr., Aśoka), imperador, 36, 124, **129-131**, 132, 225, 296, 297, 307, 308
aspectos inconscientes da mente, 57, 65, 89, 90, 159, 160, 209, 231, 243, 356, 357 *Ver também* ālayavijñāna, *bhavanga*; tendências latentes; manchas
Aṣṭasāhasrikā Sūtra da série Perfeição da Sabedoria, 23, 143, 196, 197
astrologia, 69, 219, 231, 332, 341
atemporal
condição de *dharma*, 196
face original, 247
Nirvāṇa como, 32, 101, 103, 104, 109-10, 124
atenção plena (Páli, *sati*; Sânscr., *smṛti*), 86, 111, **346--47** *Ver também* "como recordação meditativa" *s.v.* memória; atenção plena correta
abandonando a, 383, 389
como um fator do despertar, 107, 345
da morte, 350
da postura sentada, 386
da respiração, 350, 352, 368, 467, 469
da sensação/sentimento, , 359, 361
das ações, , 414, 435, 478
do caminhar, 359
do corpo, 49-50, 218, **347**, 350, 359, 361, 362
dos *dhammas*, 119
e a ausência de ebriedade, 301
e a concentração, 366
e a consciência, 294
e a liberdade de ação, 98
e a meditação *samatha*, 358
e a meditação *vipassana*, 358
e *jhāna*, 354
na prática *Dzogch'en*, 384
na prática *Mahāmudrā*, 384
necessária para a concentração correta, 347
quatro aplicações da (Páli, *satipaṭṭhāna*; Sânscr., *smṛtyupasthāna*), 345, **347-48**, 358, 365, 367, 381
trabalhando com concentração, 349
utilização de/nas terapias, 463, 474
atenção plena correta, 111, 112, 113, 301, 347 *Ver também* atenção plena
Atiśa, 183, 232, 233, 440
atividades construtivas (Páli, *saṅkhāra*; Sânscr., *saṃskāra*), **85**, 87, 91, 95, 96, **97**, 98, 99-100, 101, 104, 105, 109
no *Abhidhamma*, 120-21
atividades de bem-estar social, 223, 305, 328, 403, 404, 423, 424, 432, 435 *Ver também* budismo engajado, *e s.v.* monges
Ati-yoga, 209, 230, 380 *Ver também Dzogch'em*
Ātman. *Ver* Eu
Aum Shinrikyo, 430
ausência da mente (Jap., *mu-shin*; Ch., *wuxin* (*wu--hsin*)), 171, 389
ausência de pensamento (Jap., *mu-nen* (Ch., *wu-nian* (*wu-nien*))), 388, 389, 390, 393, 394, 396
ausência de propósito no Zen, 387
autoconfiança, 54, 59, 255, 261, 311
autoimolação, 435
Avadānas, 106, 127, 128, 132, 136, 264
Avalokiteśvara Sūtra, 276
Avataṃsaka Sūtra, **173-177**, 198, 199, 212, 226, 240
avidez (Páli, *taṇhā*; Sânscr., *tṛṣṇā*), 49, 52, 61, 81, **92**, 95, 96, 98, 100, 101, 102, 314
cessação do, 102, 357
pelo *Nirvāṇa*, 102, 216

Baizhang (Pai-chang), 328
Bali, 227, 425
bandeiras de oração, 282
Bangladesh, 262, 401, 418, 424, 456
bardo. *Ver antarā-bhava*
"Barreira sem Portão", coleção de *kōans*, 247, 392, 490
bases sensoriais (Páli e Sânscr., āyatana), seis, 95, 99
Bashō, Matsuo, 260, 397-98, 490
Bhāvanā-kramas, três, 366
bhavaṅga (Páli), consciência, 121, 158, 159-160

bhikkhu (Páli e Sãncr., *bhikṣu*). *Ver* monges
bhikkhunī (Sãncr., *bhikṣuṇī*). *Ver* monjas com ordenação superior
Birmânia, 131, 220, **225**, 227, 262, 284 *Ver também* sudeste da Ásia
budismo na moderna, 331, **400**, 417-20
e Laṅka, 224, 317
ética na, 292, 297, 298, 305
festivais na, 285
meditação na, 343, 358, 361-62, 363, 403
missionários da, 424, 425
monjas na, 324, 325, 326
ordenação temporária na, 319-320
organização monástica na, 335-36
política na, , 341, 399
rito de passagem na, , 319
Stūpas na, , 265
Blavatsky, H. P., , 401-02, 444
Bodh-Gayā, 50, 282, 379, 423, 424, 439, 443
bodhi (iluminação, despertar, Estado de Buda), **44** *Ver também* iluminação, despertar,
Bodhicaryāvatāra 23, 143, 180, 182, 291
bodhi-citta, 138, 171, 182, 183, 185, 202, 231, 369, 378
e o *Tathāgata-garbha*, , 171
meditações para despertar, 182
Bodhidharma, 242, 243
Bodhisattva Avalokiteśvara, **200**, **204-07**, 283 *Ver também* Guanyin
aparecendo para Shinran, 255
como um criador do mundo, , 205
devoção a, 253-54, **276-279**
e Amitābha, 204, 280, 369
e os dalai-lamas, 200, 234
e Tārā, , 214
em Laṅkā, 224
iconografia de, 205, 276
locais de peregrinação do, 204, 283
mantra do, 208, 278-79
meios hábeis do, 276
na Tailândia, 228, 279
no budismo tântrico, 212, 377
no Chan/Zen, 277-78
poder do, 277
promessa do, 276
Bodhisattva e Buda Samantabhadra, 173, 193, 198, 206, 212, 219, 231, 283, 385
Bodhisattva Guanyin (Kuan-yin), 204, 276, 277, 286, *Ver também* Avalokiteśvara
Bodhisattva Kṣitigarbha (Jap., Jizō), 206, 283
Bodhisattva Kuan-yin. *Ver* Guanyin
Bodhisattva Mahāsthāmaprāpta, 204, 280, 370
Bodhisattva Maitreya, 143, 156, 167, 174, 187, **198**, 203, 204 *Ver também* Metteyya
Bodhisattva Mañjuśrī, 203, 206, 213, 283, 377
Bodhisattva Metteyya, 44, 64, 140, 204, 224, 319 *Ver também Bodhisattva* Maitreya
Bodhisattva Tārā, **213-15**, 277
como um Buda, 310
mantra do, 372
Bodhisattva-bhūmi, 181, 183, 295
Bodhisattvas (Páli e Sâncr., *Bodhisatta*), **44**, **179** *Ver também* perfeições
alguns deuses como, 44, 221, 253, 254, 407
Ambedkar como um, 422
Anagārika Dharmapāla como um, 402
autossacrifício dos, 185, 296-97
como seres salvadores celestiais, 138, 200
comparados com *Arhats*, 137, 139, 181, 183, 186, 188, 214
de mundos distantes, 174
do sexo feminino, 213, 310
e o *Tathāgata-garbha*, 168
e os *Cakkavattins*, 129, 181-82
formas coléricas dos, 213
identificam-se com os outros seres, 180
imagens de, 206, 211, 214, 215, 265, 277, 278
irreversíveis, 187
leigos, 140, 427
locais de peregrinação dos, 283
mantêm um leve apego, 217
nos *Jātakas*, 44, 128
podem permanecer no *saṃsāra*, 154, 165, 186
preceitos dos, 293, 298, 318, 321
principais, 204-07, 276-79
que mataram, 180, 295

realidade dos, 198, 214-15
reis como, 223, 224, 226
relação com o *Nirvāṇa*, 189, 193
tipo Nobre de, 155, 184, 271
tipos de, 188
votos dos, 183, 198, 201, 304
Bodhisattva-yāna, 138
Bön, 35, 229, 231, 231-32, 235, 286, 380, 441
bondade amorosa (Páli, *mettā*; Sânscr., *maitrī*), 58, 59, 72, 218, 290, 303-05, 308, 342, 351, 357, 366, 463, 467, 469 *Ver também* brahma-vihāras
como uma perfeição do *Bodhisattva*, 184
dos *Arahats*, 107, 139
dos *Bodhisattvas*, 182
e as vidas passadas, 68, 182
e atenção plena, 347
e Sarvodaya Śramadāna, 404
na intenção correta, 112-13
poder de proteção da, 54, 274
Brahmā Sahampati, 50
Brahmā, Grande, e outros *brahmās*, 40, 50, 58, **63**, 64, **65-66**, 201, 303, 370
Brahmajāla Sūtra e o código de preceitos, 293, 298, 318, 321, 328
Brahman, 38, 39, 66, 79-80, 87, 88, 102, 148, 155, 240, 444
brahma-vihāras (Páli e Sânscr., "moradas divinas"), 182, 303, 351
brâmanes, 37-38, 40, 53, 58, 422
bramanismo, 37-40, 80, 84, 134
comparado com o confucionismo, 249
e o budismo tântrico, 375
no Camboja, 226
brigas entre escolas budistas, 232, 259-60
britânicos na Ásia, 225, 400, 405, 417, 418, 444
Buda Akṣobhya, 202-03, 212, 219, 236, 373, 376
Buda Amida. *Ver* Buda Amitābha
Buda Amitābha (Jap. Amida), **201-02**, 204, 236, 241, 252 *Ver também* Amitāyus
como refúgio do Buda, 246, 271
devoção ao, 252, 253, 254, 255, 263, **279-80**, 322, 337, 340, 367, 368, 379-80, 391
e a ética, 259, 287
e as escolas da Terra Pura, **241-42**, **254-56**
e Avalokiteśvara, 204, 205, 276
e o Chan/Zen, 248, 260
e o corpo do *Dharma*, 259, 369-70
e o Panchen Lama, 200, 215, 234
e os agonizantes, 306
fé absoluta no, 369
hinos ao, 279, 448
imagens do, 280
meditação sobre o, 212, 369-71
Nichiren sobre o, 258-59
Buda Amitāyus, 190, 201, 369-70 *Ver também* Buda Amitābha
Buda Amoghasiddhi, 212
Buda Bhaiṣajya-guru, 203, 253, 281, 282-83
Buda Dīpaṇkara, 44, 192
Buda Gautama. *Ver* Buda Gotama
Buda Gotama (Páli, Sânscr., Gautama), 31, 43-56 *Ver também* Buda, natureza e função de um; Śākyamuni
"biografias" do, 43, 127
carisma e poderes do, 54
como o principal refúgio do Buda, 270
datas do, 37
despertar e depois, 50-51
e a natureza, 52, 53
estilo de ensinamentos do, 58-60
falecimento do, 54-56
fim da sua influência, 109
nascimento e início da vida, 45-46
primeiro sermão do, 51-53
relíquias, 132
renúncia e busca do despertar do, 46-47
reverência pelo, 31-32
tentação de Māra, 49-50, 54
vidas passadas do, 44, 128
Buda Maitreya, 191, 198, 444
Buda Prabhūtaratna, 281-82
Buda Ratnasambhava, 212, 372
Buda Śākyamuni, 192, 194-95, 195, 198, 204, 206, 286 *Ver também* Buda Gotama
ajudantes do, 206
e as escolas Nichiren, 258, 281, 429
e o Zen, 257
imagens do, 281
tempo de vida do, 193

Buda Vairocana
como *Ādi* Buda, 198
como Amaterasu, 253-54
como o Corpo do Dharma, 197, 198
na escola Huayan/Kegon, 174, 176, 198, 252
na escola Shingon, 176, 253, 259, 372
nos *Tantras*, 212, 218-19, 376
Buda, natureza e função de um, **31**, **56-58** *Ver também* Budas, tipos de; Gotama; Śākyamuni; "Três corpos", doutrina dos
carisma e poderes do, 54
como "o Ser Nobre", 80
como "Senhor" ou "Abençoado", 51
como "um refúgio", 270, 271
como um médico espiritual, 81
conhecimento triplo do, 61
depois da morte, 107-09
e a onisciência, 57, 127, 138, 139, 179, 187, 189, 192, 197.
e os *Cakkavattins*, 45
gênero do, 213-14, 309, 310
Lokottaravādins sobre o, 127
Mahāyāna sobre o tempo de vida do, 193
poder da devoção ao, 128
poder de proteção do, 275, 281
simplesmente humano?, 56, 401
Sūtra do Lótus sobre o, 192
Budai (Pu-tai), 200, 204
Budas do Corpo de prazer (Sânscr., *Nirmāṇa-kāya*), 193, **195**, 197-98, 198 *Ver também* "Três corpos", doutrina dos
Chan/Zen sobre os, 271
e *Dzogch'en*, 383
e o período entre vidas, 379
status da realidade dos, 198
Budas, tipos de, 1. *Ver também* Ādi Buda (Buda Primordial); Buda, natureza e função de um; "Três corpos", doutrina dos
celestiais, 200
cinco principais Budas Vajrayāna, 211, 212
do futuro, 64
do passado, 44, 129, 192, 281
Pacceka-buddhas (Páli, Sânscr., *Pratyeka-buddha*), 128, 138, 139, 230, 275
Sammā-sambuddhas (Páli, Sâncr., *Samyak-sambuddha*), 31, 128
sāvaka-buddhas (Páli, Sânscr., *śrāvaka-buddha*), 128
sentido vago do termo "buda" no Japão, 201
Buddha Jayanti, 418, 425
Buddhacarita, 43-44
Buddhadāsa, 363, 411
Buddhaghosa, 28, 34, 95, 129, 195, 223, 223-224
sobre a meditação, 342, 350, 358, 365
Buddhavaṃsa, 24, 44
budismo "*mainstream*", 141
budismo crítico, 173, 430
budismo do leste, **20**, 32, 35, 236-61, 425-36, 456, 465
arrependimento no, 266
festivais no, 287
meditação no, 333, 365, 367-71
monasticismo no, 314, 318, 323, 330, 334, 337, 338, 341
papeizinhos de previsão no, 341
ritos para os mortos no, 306, 327, 340
sites relacionados, 490
suicídios religiosos no, 297
upāsakas e *upāsikās* no, 293
budismo do norte, **34**, 35, 207, **228-36**, 249, 437-41, 456, 465, 489-90 *Ver também* Mantranaya; tântrico, budismo; Tibete; Vajrayāna
apoio para os monges no, 327
atividades comerciais dos mosteiros no, 328-29
como o termo "Hīnayāna" é usado no, 140
dias de observância no, 283
divórcio no, 308-09
estudo no, 332
festivais no, 285
igualdade de gênero no, 309
ingestão de carne no, 298-99
Lamas no, 320
Maṇi mantra no, 278
meditação tântrica no, 371-85
monjas no, 324
oferendas no, 268
peças religiosas no, 339
prática da medicina no, 340
programação monástica no, 336

prostrações no, 266
"refúgios adicionais" no, 271
retiros solitários no, 333
ritos para os mortos no, 306
śamatha e *vipaśyanā* no, 365
tipos de pessoas religiosas no, 320
Vinaya usado no, 314
budismo do sul, 20, 34, 338, 400-26 *Ver também* Theravāda
aceitação de preceitos adicionais, 302
ajuda para os agonizantes e os mortos, 281, 306
atividades de bem-estar social, 305
atividades médicas e de bem-estar social dos monges, 340
bases para realizar a fruição kármica, 73
Cânone, 483
cânticos de proteção, 274-75
cinco preceitos, 293
código monástico usado no, 314
compartilhando a fruição kármica no, 74
dez perfeições, 184-85, 304
dia monástico no, 336
donativos, 327
educação tradicional, 339
ensino dos leigos, 339
entoação meditativa, 304
era de ouro, 224
estudo e meditação monásticos, 329-30
festivais, 283-87
ideia da "força do Buda", 273
imagens, 273
mantras, 224, 227, 269
meditação, 349-64
meditadores, 343
meninos dos templos, 327, 338
monges e a política, 341
monjas, 224, 324, 470, 480
na China, 226
no Ocidente, 456, 462-63, 464, 465, 474, 475
novos movimentos religiosos no, 411-17
números, 35, 401
obediência ao *Vinaya*, 317
ordenação temporária, 284, 312-13, 319-20
práticas esotéricas, 227
retiro das chuvas, 335
vegetarianismo, 298
budismo engajado, socialmente, 403-04, 409-10, 434, 435 *Ver também* budismo humanístico
budismo humanístico, 434, 456-57, 459, 488
"budismo protestante", **401**, 404, 407, 408
budistas "convertidos" e "étnicos" no Ocidente, 452, 455, 458, 460, 462, 463, 473, 475, 477 *Ver também* budistas imigrantes fora da Ásia
budistas, número de, **35**
em Bangladesh, 424
fora da Ásia, 450-52
imigrantes fora da Ásia, 447-50
na Índia, 423
na Indonésia, 425
no budismo do leste, 425, 426
no budismo do norte, 437
no budismo do sul, 400
no Japão, 431, 432
Butão, 234, 262, 285, 299, 324, 400, 423-24, 438, 441

Cakkavattin (Páli, Sânscr., *Cakravartin*), imperador, 45, 55, 129, 134, 191, 370-71
cakras (Sâncr.), 216, 377, 379, 386
Camboja, 215, 226, 227, 250, 262, 284, 335, 400
e a política moderna, 35, 399, 400, 420-21
budistas no Ocidente, 449, 452, 456-457, 477, 478, 479, 480
monjas no, 324
Caminho Décuplo, 114, 116
caminho do *Bodhisattva*, 136, 138, 139, 140, 144, 368
aceleração do, 199, 306, 379
e a compaixão, 140
enorme extensão do, 140, 183, 188, 199, 207
estágios do, 127, 146, **182-89**
nas escolas Śrāvakayāna, 128, 140, 141
caminho do meio
na prática, 51, 110-11, 111, 117, 294, 344, 471
no entendimento, **101**, 102, **143**, 146, 148, 158, 164
"caminho fácil", 242, 254, 255
Caminho Óctuplo, comum, 111, 112-13, 184

Caminho Óctuplo, Nobre (Páli, *ariya aṭṭhaṅgika magga*; Sânscr., *ārya aṣṭhaṅgika mārga*), 51-52, 55, 96, 102, **110-16**, 121, 345, 358
como "refúgio do *Dhamma*", 270
e o caminho do *Bodhisattva*, 181
e o *Nirvāṇa*, 104
e Risshō-kōseikai, 429
os "momentos" do, 121, 364
surgimento do, 349, 364
caminhos, cinco, 184, 365
campos do Buda, 129, 191, 195, 199, 203, 206 *Ver também* Terras Puras
Canadá, budismo no, 262, 447, 449, 463, 466-67
Candrakīrti, 143
Cânone páli, 33 *Ver também* Cânones de Textos Sagrados
Cânones de Textos Sagrados, 33
em sâncrito, 33
tibetano, 33, 34, 210, 232, 437, **485-86**
chinês, 33, 34, 249, 250, 331, 436, **484-85**
Páli, 33, 34, 61, 222, 223, 225, 277, 331, 401, 414, 417-18, 418, 445, 479, **483-84**
Cao Dai, 434-35
Cao-dong (Ts'ao-tung) Chan, escola, 248 *Ver também* Sōtō Zen
Caoshan (Ts'ao-shan), 248, 392
capelães na prisão e no exército, 402, 449, 473, 491
casamento, 35, 284, 300, **307**, 308, **319**, 320, 472
casta ou classe, 38, 53, 58-59, 80, 221, 222,
antipatia budista pela, 53, 238, 421,
e o budismo tântrico, 214, 217, 218
e os budistas Ambedkar, 421-23
no Japão, 253
no Nepal, 229, 321
no Sri Lanka, 317, 402
Caxemira, 201, 220, 423, 441
Ceilão, 123, 131, 220, 221, 222, 400. *Ver também* Laṅkā; Sri Lanka
celibato, 38, 217, 232, **302**, **314-15**, 380, 457, 469
abandono do, 228, 256, 321, 322
entre os leigos, 302, 403, 472
cerimônia do fogo *goma*, 253
cessação (Páli e Sânscr., *Nirodha*) da percepção e da sensação/sentimento, 56, 356,
céu(s) (Páli, *sagga*; Sânscr., *svarga*), 44, 63-65, 66, 67, 68, 78, 186, 484, *Ver também* deus(es); moradas puras; Terras Puras
Akaniṭṭha/Akaniṣṭha, 187
e aqueles que não retornam, 116
e os estados meditativos, 64, 374
sem forma(s), 104
Tāvatiṃsa/Trāyastriṃśa, 64, 285
Tusita/Tuṣita, 44, 64, 127, 187, 191, 204, 285
Ch'ont'ae, escola, 250 *Ver também* Tiantai
Chah, Ajahn, 333, 362, 462, 466
antinomianismo na, 258
Chan (Ch'an), escola, 176, **242-48**, 248, 256, 257, 260, 261, 271 *Ver também* Seon; Thien; Zen/ e Huayan, 177, 241
código monástico da, 321, 328
devoção na, 242
disciplina na, 318
e a igualdade entre os sexos, 310
e o "ultimatismo", 411
e o budismo tibetano, 230, 231, 395
e o trabalho manual, 328, 338
Guanyin na, 277
iconoclasmo na, 243, 256-57, 272
meditação na, 333, 385, **385-96**, 434
na Europa, 465
natureza do Buda na, 243
nos Estados Unidos, 456, 457, 458
sincretismo com a Terra Pura, 248
uso da linguagem na, 247
Chen-yen, escola. *Ver* Zhenyan
Chih-i. *Ver* Zhiyi
China, 35
aceitação dos preceitos na, 293, 298
análise do budismo primitivo na, 140, 167, 173, 240
budismo chinês no Ocidente, 447, 448, 450, 452, **457-58**, 480, 481, 482
budismo do sul na, 226, 400, 421
condição das mulheres na, 323
e a civilização indiana, 236
e a Rota da Seda, 221
e o Tibete, 229, 230, 232, 437, 438, 439, 460

escolas de budismo na, 144, 156, 160, 176, 189, 197, 216, 239-48, 279
festivais na, 286
história do budismo na, 262
moderna, 35, 399, 400, 425, 426, **432-34**, 440
posterior, 248-49
primitiva, 236-39
impressão na, 331
locais sagrados na, 204, 207, 282
monjas na, 323, 324
principais textos budistas na, 143, 167, 173, 190, 201, 203, 246, 392
ritos para os mortos na, 238, 307, 433
salões de imagens na, 281
traduções na, 136, 138, 140, 169, 183, 190, 192, 196, 201, 203, 207, 236, 331
Vibhajyavādins na, 123-24
vida monástica na, 305, 318, 319, 328, 330, 333, 336, 337, 340, 341, 433-34
Chinul, 250-51, 257
Chittagong, 401, 424
Chu-she, escola. *Ver* Zhushe
"chuvas", período das. *Ver Vassa*
ciência e budismo, 331, 426, 442
cingalês, 222, 270, 296, 399, 402, 404, 405, 406
mosteiro, 462, 464, 477
Cingapura, 426, 436
circum-ambulação, 132, 133, 258, 266, 278, 337-38, 367
cisma, **118**, 131, 315, 335
e a Sōka Gakkai, 428
no Sri Lanka, 233
primeiro, 121, 124, 126, 224, 347-48
citta (Páli e Sânscr., mente, coração, pensamento), 86, 90, 97 *Ver também bhavaṅga*; *bodhi-citta*; consciência; "mente que brilha vivamente"
atenção plena de, 348
como eu empírico, 89
cultivo de, 342, 348
no *Abhidhamma*, 38
no *Dzogch'en*, 383
no pensamento Yogācāra, 158, 161, 163
nos *Tantras*, 218-19
nos textos da Perfeição da Sabedoria, 144, 171
unipontualidade de, 353
classe *Kṣatriya*, 38, 43, 53, 222
clero casado
na Coreia, 322, 323, 336, 435
no Japão, 256, 321, 322
no Nepal, 229, 321
no Tibete, 320
cobiça. *Ver* apego
código monástico. *Ver Vinaya*
código *pātimokkha* (Páli, Sânscr., *prātimoksa*), 313-18, 335
coisas condicionadas/fenômenos condicionados (Páli, saṇkhāra; Sânscr., Saṃskāra), 55, 89, 125, 419
cessação dos, 109, 147
dukkha dos, 83
"três marcas dos", 84, 86, 89, 360, 367
combustível-para-a-avidez, feixes de (Páli, *upādāna-khandha*; Sânscr., *upādāna-skandha*), 81, 84, 85
comentários, 33, 75, 123, 126, 143, 156, 193, 222, 223, 239, 250, 330, 445, 484, 485 *Ver também* a *lista de Abreviaturas*,
comerciantes, budistas, 53, 221, 236
compaixão (Páli e Sânscr., *Karuṇā*) 58, 59, 67, 72, 263, 290, 301
como um *brahma-vihāra*, 182, 303, **350**
e a natureza do Buda, 277, 428, 450
e a Sōka Gakkai, 428
e *dukkha*, 290
e *Dzogch'en*, 383
e o ato de matar, 218, 295, 433
e o celibato, 314-15
e o *vipassanā*, 360
e os cânticos, 278
intenção correta, 111, 306
na prática da Terra Pura, 261, 279
no Mahāyāna, 32, 138, 139, 142
pelas divindades *brahmā*, 50, 65
pelos animais, 305
pelos *Arahats*, 52, 107, 139
pelos *Bodhisattvas*, 136, 140, **179-82**, 182, 183, 185, 186, 188, 200, 214, 297, **304**, 318

pelos Budas, 50, 54, 188, 189, 192, 194, 195, 197, 253, 273, 275, 280
pelos *Cakkavattins*, 45, 129
pelos doentes ou sofredores, 305, 434, 458
pelos mortos, 305-6
pelos praticantes do mal, 290
por Avalokiteśvara, 200, 204, 205, 213, 276
comportamento sexual, preceitos sobre o, 300, 302, 314, ,315
compreensão
acaba com a ignorância, 348
com o *Nirvāṇa* como objeto, 102-10
como destruidora de grilhões, 115
como não ilusão, 72
como repentina, 78
como *rig pa*, 230-31
como visão/ponto de vista correta(o) transcendente, 78, 93, 112
da interpretação, 176
da mortalidade, 47
das Verdaderias Realidades para os Espiritualmente Enobrecidos, 79, 124
do *Arahat*, 103
do vazio, 136, 154-55, 184
e a calma, 114, 349, 357-58
e a virtude moral, 69
e as três vias de acesso para a liberação, 125
e o primeiro sermão, 51
e os seres nobres, 80
na meditação *vipassanā*, 360
na natureza do Buda, 243, 394
não conceitual, 155, 234
por transmissão direta, 244
compromisso
com refúgios e preceitos, 269
medo do, 49, 97, 115, 353
níveis de, 289, 293
comunismo e budismo, 311-12, 328, 339, 399
na China, 33, 286,
na Coreia do Norte, 435
no Sudeste Asiático, 33, 409, 410, 420, 435
no Tibete, 332, 340
conceito de "eu sou" (páli and Sânscr., *asmi-māna*), **91**, 93, **94**, 107, 116, 139, 159, 213, 217, 255, 361
concentração correta, 110, 113, 347, 358, 414-15 *Ver também* concentração meditativa
concentração de acesso. *Ver* concentração meditativa
concentração meditativa (Páli e Sâncr., *Samādhi*), 47, 96, 111, 113, 114, 125, 135, 155, 157, 162, 165-66, 187, 190, 302, 345, 347, 349, 362-63, 390, 391, 393, *Ver também* concentração correta de acesso (Páli, *upacāra-samādhi*; Sânscr., *anāgamya*, "que ainda não chegou" ou "o potencial"), 349, 350, 351, **353**, 355, 358, 362, 366, 388, 391, 413
desprovida de sinal, 110, 125
e os cânticos (entoação), 279, 342, 368
e *samatha*, 352, 358, 366, 388
errada, 347, 408
momentânea, 358
concepção, 101, 296, 318
de Gotama, 45
concílios religiosos, 33, 117, 118, 123, 124, 192, 222, 244
Condição de *Arahat*, 110, 330
ansiando pela, 217
um progresso repentino, 395
condição de Buda, todos os seres têm a, 154, 155
condição ou estado de *dharma* (*dharmatā*), 196, 197
confissão, 294
confucionismo, 35, **236-37**, 238, 239, 249-50, 283, 432
comparado com o bramanismo, 249
e o código monástico Chan, 246, 328
ética social do, 238, 294, 309, 323
na Coreia, 435, 436
neoconfucionismo, 249, 251, 261
no Japão, 252, 261, 299
no Vietnã, 250, 434
conhecimento e instrução, 330-31, 339, 340,
"conhecimento triplo" (Páli, *tevijjā*; Sânscr., *traividyā*), 50, 356
conhecimentos superiores, (Páli, *abhiññā*; Sânscr., *abhijñā*), 47, 50, 61, 111, 127, 355, 356
consciência (Páli, *viññāṇa*; Sânscr., *vijñāna*), 40, 62, **86**, 87, 90, 95, 96, **98**, 99, 375 *Ver também ālaya-vijñāna*; *bhavaṅga*; *citta*
de um Buda, 197
e o *Nirvāṇa*, 105, 109

e o renascimento, 98, 99, 109, 379-80
e o vórtice de norme-e-forma, 99, 105
infinita, 63, 355
no *Abhidhamma*, 120
sutil, 378
transferência de, 378
Yogācāra sobre a, 157, 158-61, 164
consciência desprovida(o) de objeto/pensamento, 104, 105, 109-10, 165
consciência moral, 294, 298, 306
consciência-depósito. *Ver* ālaya-vijñāna
consortes femininas, 213, 214, 380
construção do irreal, 163, 164, 171
controle da natalidade, 296
Conze, E., 145, 196, 364/trabalhos de, 23, 24, 26, 27
"Coração", *Sūtra* do, da série Perfeição da Sabedoria, 27, 143, 148, 153, 243, 334
Coreia, 35, 249-51, 262, 399, 426, 435-36
budistas da, fora da Ásia, 449, 456-57, 458, 463, 481, 482
clérigos casados na, 322
monasticismo na, 319, 331, 336
monjas na, 323, 326
Corpo do *Dharma* (Sânscr., *Dharmakāya*), **193-200**, 379
como "refúgio" do *Dharma*, 271
como Amitābha, 259-60, 369
como *Nirvāṇa*, 170
como Samantabhadra, 172-73, 385
como Vairocana, 252
como Vajrasattva, 211
e o *Tathāgata-garbha*, 171
e os Budas nos *Tantras*, 212
ideias precursoras, 57, 124, 195
tudo como, 199, 217, 367, 383, 384, 395,
corpo. *Ver também* "Três corpos", doutrina dos
32 características do corpo de um Buda, 134, 135, 194
atenção plena do, 49-50, 113, 218, 345, **347-48**, 350, 352, 359, 361, 362
"cessação" do, 104
como algo que não pertence à pessoa, 94
como apenas pensamento, 162
como forma material, 85
como um elemento do ritual, acrescido de fala e mente, 253, 241, 369, 376
concepção tântrica do, 216, 217, 378, 379
corpo ilusório, 378, 379
corpo senciente, 95, 97, 99
criado pela mente, 127, 165, 194
e relíquias, 132
estremecendo de alegria, 408
importância da postura do, 257, 344, 385, 387
Nirvāṇa como "interior", 412
no budismo do sul esotérico, 227, 412
no *Mahāmudrā*, 384
no movimento Dhammakāya, 412
tocando o *Nirvāṇa* com o, 356
Corpos de transformação (Sânscr., *Nirmāṇa-kāya*), **193-195**, 198, 199, 204, 205, 215, 232, 271, 379 *Ver também tulkus*
Dalai-lamas como, 200, 234
no Chan/Zen, 271
no *Dzogch'en*, 383
cosmologia, **61-65**, 66, 136, 225, 281, 374 *Ver também* Terras Puras
Cristianismo
budismo auxiliado pelos cristãos, 443, 454
comparações com o, 32, 64, 69, 73, 130, 196, 255, 291, 311, 442, 443, 447
crítica da FWBO, 471
enfraquecimento no Ocidente, 442
influência budista sobre o, 474
na Birmânia, 417
na China, 236, 399, 432-33, 434,
na Coreia, 399, 435, 436,
no Ceilão, 225, 400, 401, 407,
no Japão, 260, 426, 427, 430
no Vietnã, 250, 434
rival do Budismo, 399, 401, 436
sua influência no budismo, 309, 399, 401, 402, 422, 448
textos cristãos no Cânone budista chinês, 485
cuidados veterinários, 223, 305
culpa, 69, 298, 300, 416
cura, 54, 203, 259, 281, 332, 340, 410, 434, 463, 486
Daixu (T'ai-hsü), 432, 434, 464-65, 477

Dalai-lama
14º 1935-, 197, 200, 219, 235, 324, 341, 423, 437, 438, 439-40, 447, 453, 463, 468/5º, 234
conceito de, 200, 205, 234
e o Palácio de Potala, 204, 282
daoismo, 35, 176, 236, **237**, 238, 240, 425, 433
aliado do budismo, 239
e o Chan, 242, 389-90
hostil ao budismo, 239, 248
na Coreia, 436
no Japão, 252, 254
no Vietã, 434-35
sincretismo com o budismo, 248, 436, 448
Daśa-bhūmika Sūtra, 174, 183, 184
debates, 172, 230, 234, 323, 332, 395, 378
declínio do budismo
doutrina do, 44, 109, 242, 254, 255, 258-59
em Laṅkā, 224
na China, 248
na Índia, 220, 221-22
no Japão, 430
desapego (Páli e Sânscr., *virāga*), 88, 96, 101, 102-103, 104, 110, 147, 176, 292, 332, 466
alegria do, 360
desejo sensual. *Ver também* obstáculos, cinco
como um grilhão, 116
como uma forma de apego, 100-01
como uma forma de avidez, 92
como uma impureza, 97
e Māra, 49, 126
desejos sensoriais (Páli e Sânscr., *kāma*), esfera dos, **63**, 64, **65**, 69, 116, 354, 355, 365
"Despertar da Fé no Mahāyāna", Tratado sobre o, 167, 173, 240, 243, 253, 367
despertar/iluminação original (Jap., *hongku shisō*), 173, 243, 253, 430-31
despertar/realização repentina. *Ver* gradual e repentino no caminho
desprovido de propósito (Páli, *appaṇihita*; Sânscr., *apraṇihita*), o, 125, 168, 364, 387
desprovido de sinal (Páli, *animitta*; Sânscr., ānimitta), o, 110, 125, 157, 219, 364, 381, 387
deus(es) (Páli e Sânscr., *deva*), 35, 38, 40, 45, **63-65**, 68, 71, 199, 226, 407 *Ver também* Brahmā; deuses hindus; *kami*; Māra; Sakka
Ābhassara, 65, 66
ajuda para o(s), 75
ajudando o Buda, 47, 50-51
Arahats podem ser, 116
Bodhisattvas podem ser, 44, 221, 252, 254
como devotos do Buda, 275
Dharmapāla sobre o(s), 402
ensinado(s) pelo Buda, 50-51, 270
na morte do Buda, 56
o Buda não é um, 56-57
os que entram no fluxo podem ser, 64, 282
quatro grandes reis, 281, 376
Deus, conceito de, 67, 69, 311,
crítica do, **65-67**, 70
e o "mérito", 72-73
e o "pecado", 97
e o *Dhamma,* 57, 411
e o Mahāyāna, 198
em Cao Dai, 434-35
deusa da terra, 49
deuses hindus, 134, 205, 208 *Ver também* Indra; Śiva; Viṣṇu
devas. *Ver* deus(es)
devoção, 128-129, 131, **131-36**, 138, 200, 203, 243, 254, **263-87**, 322, 330, 371, 407, 422-23, 451, *Ver também* fé
e a meditação, 329, 342, 343, 367, 369-371, 467
Dhamma, 32, 39, 52, 266 *Ver também* Tornou-se *Dhamma*; roda do *Dhamma*; Corpo do *Dharma*; *Dharma-dhātu*
atenção plena ao, 348
como um "refúgio", 55, 196, **270**, 271
como uma balsa, 59
e Asoka, 129, 130-31
e Deus, 441
e o primeiro concílio, 37
e o que entra no fluxo, 115
e o Surgimento Condicionado, 94
e os budas, 57, 195
e os *Cakkavattins*, 129
e os *dhammas*, 120

investigação do, 107
melhor dádiva, 291
profundo e sutil, 50, 104
recordação do, 346, 351
redescoberto pelos budas, 99, 128
"ver" o (*ver* olho do *Dhamma*), 52
Dhamma-cakka-ppavattana Sutta, 52, 79 *Ver também* primeiro sermão do Buda
Dhammapada, 24, 455, 477, 483
dhammas (Páli, Sânscr., *dharma*), **86, 119, 120**, 125, 144-47, 179 *Ver também Abhidhamma*
atenção plena dos, 113, 119
base comum dos, 159, 169
como não Eu, 89,93
e o *Dhamma*, 119
e o *dharma-kāya*, 195, 196
e o tempo, 122, 123, 124, 157-58
e *svabhāva* (natureza/existência inerente), 122, 126, 144-47, 149
Huayan sobre os, 173-74
"identidade" dos, 148
inter-relacionamento dos, 119
Mādhyamika sobre os, 144, 147, 148, 149, 150, 153
ser-o-que-é dos, 152, 153
Yogācāra sobre os, 163
Dhamma-saṅgaṇī, 24, 119
dhāranī (Sânscr.,) cânticos, 207-08, 210, 227, 275, 294, 332, 367
Dharma dos tempos modernos" (Ch., *mofa* (*ma-fa*); Jap., *mappō*), 242, 254, 258
Dharma. Ver Dhamma
Dharma-dhātu (Sânscr., esfera do *Dharma*/princípio), 160, 165, 166, 174, 175, 176, 177, 178
Dharmaguptaka, escola, 124, 241, 314, 326
Dharmapāla, 157
Dharmapāla, Anagārika, 402, 421, 443, 454, 464, 464-65
dharmas. Ver dhammas
dhutaṅgas, "práticas austeras", 333
dhyāna. Ver jhāna
dia monástico, 336
dias de observância (Páli, *uposatha*; Sânscr., *poṣadha*), 266, **283**, 297, 298, 302, 303, 313
disciplina monástica. *Ver Vinaya*
divindades coléricas, 212-13, 213, 218, 236, 377, 439
divindades femininas, 209, 212-13, 214, 276, *Ver também* Guanyin, Tārā
doentes, assistência aos, 305, 318, 339, 434, 458
Dōgen, **256-59**, 321, 33-35, 387
sobre a natureza do Buda, 173, 257, 387, 388, 430
textos de, 257, 496, 503, 506, 509
Dohā-kośa, 219, 381
Dorje Shugden, 439-440, 468
drogas, 293-94, 340
dukkha (Páli, Sânscr., *duḥkha*, dor mental e física, doloroso, o doloroso), 79, 81-86, 87, 89, 92, 93, 94, 95, 101, 108, 109, 110, 124, 125, 147, 269, 288, 359-60, 360, *Ver também* "três marcas"; Realidades Verdadeiras para os Espiritualmente Enobrecidos
atenção plena do, 361
como um "fogo", 103
e a compaixão, 290
e a fé, 96
e o desprovido de propósito, 125
e o mundo, 99-100
Dzogch'en (Tib., *rDzogs chen*; "A Grande Conclusão/Perfeição"), **172**, 209, 230, 231, 235, 380, 383-85 *Ver também Ati-yoga*

economia, 40, 234, 237, 299, 404, 405, 406, 408, 409, 415, 419,
de mosteiros, 326-29
educação, 31, 223, 249, 259, 274, 320, 331, 340, 405, 418, 423, 424-25, 429, 432, 434, 438, 448, 461, 468, 469 *Ver também* universidades, budista
Eisai, 257
elementos físicos, quatro, 85, 99, 110, 120, 375/meditação sobre, 348, 350, 356, 361, 362, 375
elementos, seis, 40, 375
encarnações. *Ver* Corpos de Transformação
energia (Páli, *viriya*; Sânscr., *vīrya*). *Ver* vigor/energia
entoação (cânticos), 109, 227, 261, 263, **268**, 273, 334, 336, 344, 368, 376, 403, 448, 467, 469, 471
como meditação, 342-43
de preceitos, 293
de proteção, 274-75, 277
do *Maṇi mantra*, 208, 278

nas escolas da Terra Pura, 279, 343, 368, 457
nas escolas Nichiren, 281, 427, 470
para os mortos, 306, 307
sobre a bondade amorosa, 304, 342
entrada no fluxo (Páli, *sotāpatti*; Sânscr., *srotāpatti*), 57, **109**, 114, 115, 124, 263, 348, 350
como uma transição repentina, 394
e a verdadeira fé da Terra Pura, 255, 280
e *jhāna*, 358
e o ingresso no Caminho do Nobre *Bodhisattva*, 184
entram no fluxo (Páli, *sotāpanna*; Sânscr., *srotāpanna*), aqueles que, 52, 64, 112, 114, **115-16**, 116, 121, 270, 312, 323, 364, 365
entre os deuses, 212, 282
entrevistas no Chan/Zen, 246, 247, 248
éons (Páli, *kappa*; Sânscr., *kalpa*), 44, 62, 63, 64, 65, 183, 188, 190, 192, 193, 201
equanimidade (Páli, *upekkhā*; Sânscr., *upekṣā*), 50, 107, 116, 182, 184, 218, **303, 304-05**, 345, 350, 354, 355, 364, 382
"eternalismo", 43, 99, 101
ética, **288-310**, 412, 415 *Ver também* virtude moral; preceitos; ética social
no Jōdo-shin, 259, 288
no Mahāyāna, 180, 181
eremitas, 232, 305, 320, 477
escrita, surgimento da, 229, 252, 330-31
escrituras. *Ver* Cânones das escrituras
esfera sem forma, 63, 116
esferas, três, 63, **64-65**, 354, 355
esforço correto, 111, 112, 113, 133, 346, 358
esmola, 40, 291, 283, 312, 316, 319, 325, **327**, 332, 334, 336
espíritos da natureza, 265
espontaneidade
dos *Arahat*s, 106
na prática da Terra Pura, 279
no budismo do norte, 172, 219, 380-85
no Chan/Zen, 242, 245-46, 247, 389, 393, 396, 398, 454
no daoismo, 237
no Huayan, 177
Estado de Arahat, 106
estado ou condição de *dhamma* (*dhammatā*), 47
Estados Unidos, 262, 326, 429, 442, 443, 447-49, 449-51, 454-63
estudos acadêmicos sobre o budismo, ocidentais, 347-48
ética social, 129, 130, 299, 307-10
Eu (Sânscr., ātman; Páli, *atta*), **43, 87, 88, 89** *Ver também* não Eu, *s.v.* vacuidade, *e* eu empírico;
busca do, na época do Buda, 87
crença no, 88, 91, 93, 100, 101, 361
debilitação sistemática da ideia do, 90
e a ideia da "Mente Una", 240
e a natureza do Buda, 258, 388
e o "eternalismo", 43, 99
e o ālaya-vijñāna, 161
e o método do não Eu, 90
e o *Tathāgata-garbha*, 171, 172
George Grimm sobre o, 475-76
movimento Dhammakāya sobre o, 413
não é diretamente negado, 89
nos *Upaniṣads*, 39, 66, 79, 88
Pudgalavādins sobre o, 121
teosofia sobre o, 444
eu empírico, 88, 89, 91, 107
grande eu, 91, 107
Europa, budismo na, 262, 429, 440, 449, 451, 464-79
eutanásia, 306
existência e a não existência, caminho intermediário entre a, 101, 145
exorcismo, 334, 408
experiências visionárias, 134, 137, 174, 175, 190, 192, 194, 203, 205, 235, 277, 280, 362, 369, 370, 375-76, 382-83, 439
Chan/Zen sobre, 386, 393
entre renascimentos, 306

face original, 247, 391, 394
Fa-hsiang. *Ver* Faxiang
falsidade na palavra, 113, 293, 300
Falun Gong, 433
famílias, tântricas, 212
fantasmas (Páli, *peta*; Sânscr., *preta*), **62**, 65, 67, 68, 162, 484
ajuda para os, 74, 205, 274, 286, 338

fatalismo, 42, 70
fatores do despertar (Páli, *bojjhaṅga*; Sânscr., *bodhyaṅga*), 107, 113, 119, 345, 348, 352
Fa-tsang. *Ver* Fazang
Faxiang (Fa-hsiang), escola, 157, 160, 169, 239
Fazang (Fa-tsang), 175, 176, 241
fé (Páli, *saddhā*; Sânscr., *śraddhā*), 57, 60, 114, 115, 131, 177, 185, 345, 364, 365, 401, 427 *Ver também* devoção; seguidor da fé
  da consciência de *dukkha*, 96
  e a cura, 54, 203
  e a sabedoria, 263
  nas escolas da Terra Pura, 191, 202, 241-42, 254, 255, 280, 369, 370
  nas escolas Nichiren, 258, 281, 427-28
  no Chan/Zen, 257, 387, 388
  no *Guru* da pessoa, 272
  no Theravāda, 60
  tipo de pessoa, 350, 351
  felicidade (Páli e Sânscr., *sukha*), 85, 353
  de *jhāna*, 48, 353, 355
  nacional bruta, 299
  proveniente da generosidade, 291-92
  proveniente de ouvir o *Dhamma*, 52
  proveniente de uma vida ética, 288
  proveniente do bom karma, 72
  real porém impermanente, 83
festivais, 266, **283-87**, 293, 302, 327, 339, 412, 435
física, 149
floresta, monges da, 247, 329, 332, 337, 338, 343, 362, 403
  e a origem do Mahāyāna, 136
  no Ocidente, 456-57, 462, 465, 466, 471, 473, 478, 479
floresta, tradição de meditação da, 330, 332, 462, 466, 471
Fo Kuang Shan, 457, 480, 481
força do Buda, 273
forma (Páli e Sânscr., *rūpa*) pura ou elementar, esfera da, 63, 187, 211, 354, 370
França
  budismo na, 435, 449, 451, 454, 475, 477-78
  e a Indochina, 420
fraternidades, monásticas. *Ver nikāyas*
Friends of the Western Buddhist Order, FWBO, 423, 457, 465, 469, 471, 471-73, 480, 488, 490
fruição kármica (Páli *puñña*; Sânscr., *puṇya*), 72-77, 98, 263
  armazenamento da, 191
  bases para efetivá-la, 74, 291
  budistas "étnicos" se concentrando na, 452
  campos de, 129, 270, 271, 291, **327, 338**
  como ajuda para o início oportuno das chuvas, 284-85
  como protetora, 252
  compartilhamento/transferência da, **72-75**, 140, 185, 187, 238, 252, 265, 286, 292, **306**, 307, 319, 337, 370
  compartilhando na geração da, 292, 309
  críticas ao foco na, 404, 411, 422
  dedicação da, ao Estado do Buda, 181, 185
  e a alegria, 265, 271-72
  e a autoimolação, 297
  e a motivação, 292
  e *bodhi-citta*, 182
  e o Corpo de Prazer, 194
  e o Corpo do Dharma, 195
  e o gênero, 310
  e o *Maṇi mantra*, 278
  e o renascimento em uma Terra Pura, 201
  e os prisioneiros libertados, 130
  entoação para concretizá-la, 274
  proveniente da aceitação dos preceitos, 293
  proveniente da entoação, 274
  proveniente da libertação de seres, 292
  proveniente da meditação, 74
  proveniente da ordenação, 285, 320
  proveniente da peregrinação, 282
  proveniente da virtude moral, 74
  proveniente de atividades de desenvolvimento social, 409
  proveniente de cavar poços, 409
  proveniente de copiar textos, 137
  proveniente de fazer oferendas, 267
  proveniente dos festivais, 283
  provenientes das doações, 291, 292, 299, 327
  regozijando-se com a, 180
  transferida de um Buda, 191

usada para criar uma Terra Pura, 191
vazia, 179, 185, 242-43
funções sacerdotais dos monges, 311, 340
funerais, 292, 306, 322, 327, 339, 340, 430
do Buda, 55, 56

Gaṇḍavyūha Sūtra, 174-75, 193, 371
Gelugpa (dGe lugs pa), escola, **233-35,** 243
Dorje Shugden na, 440
e a disciplina monástica, 317, 320
e a lógica, 332
e o estudo, 330, 336
e Ri-may, 235
meditação na, 366, 380, 395
na Mongólia, 440
no Ocidente, 449, 456, 460, 462, 465, 468, 477, 478-79, 479, 481
sites relacionados, 489, 490
sobre o Corpo do *Dharma*, 197
sobre o vazio, 146, 154
generosidade/doação (Páli e Sânscr., *dāna*), 59, 74, 75, 128, 130, 274, 291-92, 293, 299, 301, 303, 315, 327, 353, 365
alegria em, 74, 271, 392, 414
Buddhadāsa sobre, 411
da própria vida, 185, 297
e a vacuidade, 186, 389
e o compartilhamento da fruição kármica, 74-75
e Sarvodaya Śramadāna, 403
focos de, 263, 292
para monges e monjas, 327
para os amigos, 308
para os pobres, 181
perfeição da, 184, 185, 304
recordação da, 351
geshé (Tib., *dge bshes*), 332
gestos (Sânscr., *mudrā*; Páli, *muddā*)
de imagens, 49, 135, 136
de respeito,
rituais, 254, 268, 337, **373**
Goenka, S. N., 361, 421, 467
Gombrich, R., 37, 39, 84, 224, 401, 446
gong-an. Ver kōans
graça, 187, 202, 255, 279
gradual e repentino no caminho, **78**, 343, 395
na escola Gelugpa, 395
na vida do Buda, 46
na visão da vacuidade de outros, 172
na visão da vacuidade do eu, 172
no *Abhidhamma*, 124
no budismo tântrico, 377
no Chan/Zen, 244, 245, 248, 250, 258, 387, 393, **394-95**
no *Dzogch'en,* 172, 384, 385
no Theravāda, 360, 394, 395
no Tibete, 230, 395
no Yogācāra, 164, 165
Grande Homem, 32 características de um, 134, 194, 367
Grange Ser (Sânscr., *Mahāsattva*), 179
grilhões, espirituais, **115**, 116, 288
guerra, 93, 296, 399
Gupta, dinastia (320-540), 135, 220
Gurus (Sânscr., Tib., *Lama*), 215, 216, 219, 230, 232, 271, 272, **320**, 343
idealização dos, 272
obediência aos, 372
yoga concentrada nos, 272, 372

hábeis/sadios (Páli, *kusala*; Sânscr., *kuśala*)**,** ações e estados da mente, 71-72, 74, 85-86, 92, 96, 102-103, 112, 113, 114, 120, 170, 181, 251, **289**, 294, 301, 345, 357
raízes das, 72
haiku, 260, 397-98, 490
Hakuin, 260, 391, 392
Havaí, budismo no, 447, 455, 456
heresia Senika, 258
Hevajra Tantra, 210, 217
"Hīnayāna", 138, **140**, 141, 184-85, 224-225, 233, 321
hinduísmo, 38 *Ver também* bramanismo
Ambedkar sobre o, 422
como aliado do budismo, 219
e o confucionismo, 249
e o declínio do budismo na Índia, 220, 221, 221
em oposição ao budismo, 221, 226

em sincretismo com o budismo, 226, 249-50, 407, 424, 425
escola Sāṃkhya de, 150
"incluindo" o budismo, 421
influência budista no, 221
no Nepal, 228, 441
sua influência no Ocidente, 443
sua influência sobre o budismo, 205, 207, 208, 217-18, 406, 407
Hoa Hao, movimento, 434
Hōnen, 254, 255
Hong Kong, 426, 436, 448, 457
Hsüan-tsang. *Ver* Xuanzang
Huayan (Hua-yen), escola, **173-77**, 178, 193, 198, 241, 243, 250, 252, 261, 330, 431, 458
Huineng, 243, 244-45, 385
humildade, 266, 291, 311
Hwaom, escola, 251

icchantika (Sânscr., uma pessoa que não pode ser libertada), 169
iconoclasmo, 219, 243, 256
iconografia. *Ver também* imagens de seres sagrados
de Avalokiteśvara, 205, 276
de Kṣitigarbha, 206
de *maṇḍalas*, 203, 210, 212, 216, 228, 253, **368**, 374-76, 376, 377, 379, 443/de Amitābha, 280
de Mañjuśrī, 206
do Buda, 49, 50, **134-36**
dos *Bodhisattvas*, 205
formas coléricas na, 213
união sexual na, 213
identidade
dos *dharmas*, 148, 175
dos seres, 175, 180
ignorância (Páli, *avijjā*; Sânscr., *avidyā*), espiritual, 95, **96**, 97, 98, 100, 101, 103, 111, 153, 154, 169, 348 *Ver também* ilusão
como um grilhão, 61, 116
como uma "impureza", 97
igualdade
de gênero, 310, 452
do potencial para a iluminação, 238
no *Saṅgha*, 335
social, 422 *Ver também* casta e classe
iluminação/despertar (Páli e Sânscr., *bodhi*), **44** *Ver também* condição de *Arahat*; Budas, tipos de
do buda, 50-51
no Mahāyāna, 187
original. *Ver* despertar original
ilusão (Páli e Sânscr., *moha*), 32, 59, 68, **72**, 103, 106, 116, 147, 161, **217**, 289, 360-361 *Ver também* ignorância, *e s.v.* apego
tipo de, 350
imagens de seres sagrados, 49-50, **134-36**, 264 *Ver também* iconografia
atitudes com relação às, 243, 252, 265, 266, **272-74**
do Buda, 49, 50, 266
gestos das, 49, 50, 136, 373
imagens do Buda. *Ver* imagens de seres sagrados
imagens meditativas, 162, 352, 353, 355, 386
imigrantes budistas fora da Ásia, 447-50, 451, 452, 458, 460, 462, 463, 474, 481 *Ver também* "convertidos"; budistas "étnicos" no Ocidente
Imortal, *Nirvāṇa* como o, 46, 51, 56, 101, 103, 104, 110, 153, 360
impecabilidade/pureza original, 97, 166, 168
impermanente/impermanência (Páli, *anicca*/*aniccatā*; Sânscr., *anitya*/*anityatā*), 84, **86**, 87, 89, 114, 153, 352, 360 *Ver também* "três marcas"
da sensação/sentimento, 361
e a respiração, 352
e as flores, 248, 267
e Dōgen, 257
e o desagradável, 218
e o desprovido de sinal, 125
e o potencial para a mudança, 154, 172, 290
e os *Pratyeka-buddhas*, 128
no Mādhyamika, 153
no Tiantai, 367
"imponderável" (Páli, *acinteyya*; Sânscr., *acintya*)
Corpo do *Dharma* como, 370
detalhes do karma como, 71
natureza da realidade como, 154, 175
imprensa, 249, 250, 259, 331, 332
impurezas (Páli, *(upak)kilesa*; Sânscr., *kleśa*), 44, 103, 166, 186, 197, 358

acidentais, 68, **178**, 97, **205-06**
Chan/Zen sobre as, 245
de compreensão, 349, 363
e o *Tathāgata-garbha*, **168-70**, 172, 178, 197, 290
fim das, 103, 106
Huayan sobre as, 177
livre de, 154, 155
textos da Perfeição da Sabedoria sobre as, 154
transmutação das, 230
Yogācāra sobre as, 160, 164, 166, 197
inábeis/insalubres (Páli, *akusala*; Sânscr., *akuśala*), ações/estados da mente, 59, **72**, 74, 86, 96, 97, 112-113, 120, 159, 170, 190, **289**, 301, 314, 345, 346, 347, 348, 354
resultados das(dos), 288, 294
seriedade das(dos), 295
incondicionado (Páli, *asaṅkhata*; Sânscr., *asaṃskṛta*), 50, 83, 89, **102, 103, 104,** 105, **109, 124, 125,** 146, 153, 168, 169, 171, **360**, 364, 413
Índia, 262
budismo na moderna, 34, 400, 421-24, 438-40, 441
declínio do budismo na, 220, 221-22
Indonésia, 215, 226, 262, 401, 425, 426, 436
Indra, deus hindu, 76, 175, 211, 212
inferno(s), 63, 65, 67, 68, 71, 180, 181, 255, 296
ajuda para os seres no, 205, 206, 214, 276, 287
iniciação, 219, 227, 233, 321, 336, **372**
intenção correta, 111, 112, 303
interpenetração, 175, 176, 252
interser, 177
intuição, 165, 219, 244, 390, 396
Islã, 220, 221, 222, 226-27, 422, 424 *Ver também* muçulmanos
Israel, budismo em, 480, 481,

jainismo, 40-42, 87, 134, 220, 221
Japão, 35, 199, 318, 341, 387, 399
aborto no, 296
artes Zen no, 396-98
atitude com relação ao trabalho no, 299-300
austeridades no, 333-34
budismo japonês fora da Ásia, 251-61, 447, 448-449, 454-57, 459, 469, 469-70, 478, 480
casamento no, 309
clérigos casados no, 322
colonização da Coreia, 435
concepções do budismo primitivo no, 141, 173
escolas de budismo no, 124, 198, 248, 254-59, 336, 432
festivais no, 286, 287
história do budismo no, 262
moderna, 426-32
posterior, 259-61
primitiva, 251-54
ingestão de carne pelos clérigos no, 298, 322
monasticismo no, 318, 321, 322
monjas no, 322, 324
Novas Religiões no, 427-30, 430
número de budistas no, 426, 431
orientação leiga do budismo no, 322
ritos para os mortos no, 200, 327
Jātaka, histórias do, 24-25, 44, 127, 128-129, 132, 136, 331, 339, 484
e a ética, 291, 296, 300, 305
Java, 226, 425
Jesus, 45, 54, 56, 57, 236, 443, 444
jhāna (Páli, Sânscr., *dhyāna*), 349, **353-55, 355**
Ajahn Chah sobre o, 362
caminhos para o, 350
cinco fatores do, 353
como concentração correta, 113
como uma perfeição do *Bodhisattva*, 184
concentrado em Amitāyus, 369-70
declarações a respeito do, 314
e a condição de *Arahat*, 356
e a entrada no fluxo, 358
e a sabedoria, 358
e a virtude moral, 69
e o *vipassanā* "seco", 358
e o Yogācāra, 157
e os cinco caminhos, 365
e os conhecimentos superiores, 127, 356
e os pontos de Mahādeva, 126-27
e os renascimentos celestiais, 64, 65, 374
na vida do Buda, 48, 49, 50, 56, 79
no budismo do leste, 367
no budismo do norte, 366

no Chan/Zen, 242, 385, 386, 388, 391, 393
no movimento Dhammakāya, 413
transcendente e comum, 111, 350
Jinarakkhita, 425
Jizō. *Ver* Kṣitigarbha
Jñāna-prasthāna, 123
Jōdo (-shū), escola, 255, 261, 456 *Ver também* Terra Pura, escolas da
Jōdo-shin (-shū), escola, 256, 259, 261, 279 *Ver também* escolas da Terra Pura
clérigos casados na, 256, 321
ética na, 260, 288
fora da Ásia, 448-49, 456, 470, 476
joia(s)
árvores de, 174, 202, 369
cidade de joias, 175
que atende aos desejos, 205
rede de, Indra, 175
três, 269, 275, 293-94
Jonangpa (Jo nang pa), escola, 155, 234, 235, 456

Kabat-Zinn, Jon, 463, 474
Kadampa (bKa' gdams pa), escola, 232, 233, 440 *Ver também* New Kadampa Tradition [Nova Tradição Kadampa]
Kagyüdpa (bKa' brgyud pa), escola, 154, **232**, 233, 234, 479
e a meditação, 330, 333, 378-80, 380
na América do Norte, 456, 460-61, 465, 490
na Australásia e na África, 480
na Europa, 467-68, 473, 477, 479, 488, 490
Kālacakra Tantra, 210, 219, 234
Kālāma Sutta, 59
Kālī, deusa hindu, 408
Kamalaśīla, 143-44, 183, 230, 366
kamis (divindades japonesas), 199, 251, **252**, 254, 261, 281
Kaniṣka I, imperador, 122, 123, 135
Karaṇīya-metta Sutta, 274, 303, 342
karma, **68-75** *Ver também* fruição kármica e aborto, 296
assumindo o mau karma dos outros, 185
conhecimento meditativo do, 50, 57, 61, 355
crença no, **76-78**, 93, 112, 180
de Māra, 64
dedicação do bom, 185
e a astrologia, 341
e a atenção, 170
e a moralidade, 238
e a Sōka Gakkai, 427
e a vontade/volição, 69, 85, 295
e as crianças, 307
e *bodhi-citta*, 183
e o arrependimento, 294
e o confucionismo, 238
e o fatalismo, 70, 404
e o sofrimento, 69, 70
e os *Arahats*, 107
e os budistas "convertidos", 452
e os cânticos *paritta*, 274
espelho do, 306
ideia jainista do, 40, 42
origem da ideia do, 39
reflexão meditativa sobre o, 344
vir a ser do karma, 100, 101
Yogācāras sobre o, 157-58, 159
kasiṇa-maṇḍalas, 350, 355, 368, 370, 374, 375
Kataragama, divindade hindu/budista, 407, 408
Kathāvatthu, 25, 124, 126, 227
Kegon, escola, 252, 261, 330, 336 *Ver também* Huayan
kenshō ("ver a própria natureza"), 394-95
khandhas (Páli, Sânscr., *skandha*) ou feixes/agregados, cinco, 80, 81, 84-86
atenção plena aos, 113, 119, 348
como consciência e nome-e-forma, 99
como não pertencentes a ninguém, 94
como não Eu, 87, 91
como o "grupo existente", 94
constante renascimento dos, 101
de *dukkha*, 95
e a "pessoa" sutil, 122
e as sílabas dos cânticos, 228
e o *Abhidhamma*, 119
e o *Arahat*, 103
e o sentimento de "Eu sou", 89, 94
e o símile do carro de guerra, 88
e o Surgimento Condicionado, 97
ocos, 87

"três marcas" dos, 86
vazios, 148
Khmer Rouge, 93, 295, 399, 420
kōans (Jap.), 247-48, 257, 260, 371, 385, 386, 390-94, 490
Kūkai, 176, 252-53
Kumārajīva, 144, 239
Kusha, escola, 124
Kyeyul, escola, 251 *Ver também* Lü
Kyoto, 252, 254, 283

Ladakh, 423, 441
laicidade/leigos. *Ver também upāsikās*; *upāsakas*
ativismo e liderança da/dos, 305, 401, 402, 403, 404, 427, 452
cânticos pelos, 275, 342
celibato entre os, 302, 403, 472
como pessoas Nobres, 115, 140, 271, 312
como *Bodhisattvas*, 140, 179, 318, 427
como especialistas em rituais, 320, 340-41
como o Buda ensinava os, 78
como patronos, 117
como *yogins*, 235
condição de *Arahat* na, 312
e as "Novas Religiões", 322
e os bens, 416
ênfase dos budistas "convertidos" na, 452
limitações espirituais da vida dos, 312
meditação pelos, 245, 339, 343, 408, 412, 418, 452
no budismo tântrico, 215, 216, 320
no Mahāyāna, 140
ordenação para os, 293
ordenação temporária dos, 284, 293
preceitos dos, 293
preocupações típicas dos budistas da/dos, 130
relacionamento com os monges e as monjas, 238, 275, 291, 311, 312, 314, 316, 317-18, 321, 323, 325, 326, 327, 328, 329, 330, 331, 335, 338-41, 343, 404, 410
"*Vinaya*" para a/os, 307
Lalitavistara, 43
Lama (Tib., *bLa ma*), 216, **230, 371**
como um refúgio, 271
como um *tulku*, 233
iniciação por um, 372
leigo, 320
mulher, 309-10
obediência ao, 372
visualização do, 272
Lamotte, E., 446
Lamrim Ch'enmo (*Lam rim che ba*), 233, 366
Laṅkā, 124, 222-25, 226, 227, 228, 324, 328, 329 *Ver também* Ceilão; Sri Lanka
Laṇkāvatāra Sūtra, 25, 159, 167, 171, 196, 242, 243
e o vegetarianismo, 298
Laos, 35, 226, 227, 262, 284, 324, 325, 335, 399, 400, 401, 420, 421
budistas do, no Ocidente, 449, 477, 478, 480
Laozi (Lao-tzu), 237, 239
"Lapidador de Diamantes", *Sūtra* do, da série Perfeição da Sabedoria, 27, 142-43, 243, 244, 332
leitura da mente, 51, 107, 355
lembrança do Buda, 134, **190**, 201, 242, 342, 351, 368, 369
liberdade da vontade, 68, **71**, 98, 295
libertação de seres vivos, 284, 286, 292, 297, 305
Light of Asia [*A Luz da Ásia*], 443, 464
linguagem
da suprema realidade, 119
do Buda, 33
e a dualidade sujeito/objeto, 161
e o solipsismo, 162
ensinando na língua local, 53
esotérica, 216
limitações da, 104, **147-48**, 152
sagrada, 227, 268
uso da no Chan/Zen, 247
linhagem de ordenação, 32, 224, 225, 226, 233, 263, 317, 326,/para monjas, 302-03, 324, 432
Linji (Lin-chi) Chan (Ch'an), escola, 248, 251 *Ver também* Rinzai Zen
Linji (Lin-chi), 248
literatura páli não canônica, 33, 22, 223
"Livro Tibetano dos Mortos", 306
Lobottaravāda, escola, 126- 127
local do, 282

lógica, 59, 142, 143, 150, 151, 152, 157, 234, 332, 390, 486
lótus, simbolismo do, **57**, 202, 205, 206, 208, 224, 267, 276, 280, 369, 370, 377, 380 *Ver também* *Sūtra do Lótus*
Lü, escola, 241, 318 *Ver também* Kyeyul; Ritsu

Madhyamaka-kārikā, 25, 143, 150
Mādhyamika, escola, 101, **142-56**, 178
  e a doutrina Tathāgata-garbha, 155, 166, 168, 170-72
  e a escola da Terra Pura, 241
  e a escola Gelugpa, 197, 233
  e a escola Huayan, 176, 177, 178
  e a escola Kadampa, 232
  e o Yogācāra, 157, 163, 164, 166
  e o Zen, 246
  na China, 239
Madhyānta-vibhāga, 26, 157
Madhyānta-vibhāga-kārikā-bhāsya, 26, 157
mãe
  ajuda para a, 307
  como modelo de bondade amorosa, 304
  de todos os Budas, 214, 310
  deusa, 276
  do Buda, 45, 46, 285,
  ordenação para beneficiar a, 75
  respeito pela, 78, 130, 307
  todos os seres terão sido nossa mãe, 182
magia, 40, 187, 207, 209, 210, 215, 223, 228, 230, 233, 238, 261, 374, 407, 408/como uma ilusão de, 87, 145, 165
Mahā Bodhi Society, 402, 421, 443, 464
Mahādeva, cinco pontos de, 118, 126, 127
Mahākassapa (Páli, Sânscr., Mahākāśyapa), 56, 247
Mahāmudrā, prática de, 379, 380, 382-83, **384**, 387, 389
Mahānidāna Sutta, 94
Mahāpajāpatī (Páli, Sânscr., Mahāprajāpatī), 46, 47, 53, 195, 323,
Mahāparinibbāna Sutta, 54, 56
Mahāparinirvāna Sūtra, 168, 169, 173, 241, 258, 260
Mahāsamaya Sutta, 467
Mahāsāmghika, fraternidade, 119, 121, 126, 127, 136
Mahāsi Sayadaw, 361, 362, 462
Mahā-siddhas, 210, 215, 219, 229
Mahāsudassana Sutta, 175
Mahāvaṃsa, crônica, 26, 222, 324, 406
Mahāvastu, 26, 43, 127, 129, 192
Mahāvibhāṣā, 123
Mahāyāna, 32, 33, 34 *Ver também* budismo do leste; budismo do norte
  ascensão do, **136-38**
  budologia do, 56, 190-200
  código de disciplina do, 318, 321
  e o hinduísmo, 221
  e o Mantranaya, 207, 210
  e o Vajrayāna, 214
  e o vegetarianismo, 217
  e os Mahāsāmghikas, 121, 127
  e os *Mahā-siddhas*, 215
  Estado de Buda como meta do, 67
  filosofias do, **142-78**
  flexibilidade ética do, 295
  focos de devoção, **276-82**
  igualdade entre os sexos no, 310
  imagens nos templos no, 264
  meditação no, **365-98**
  na Ásia Central, 221
  natureza do, **138-41**
  nível de motivação do, 233, 344
  no Sri Lanka, 223, 224
  no Sudeste Asiático, 225, 226, 249, 279, 411, 421, 425, 436
  no Tibete, 230
  panteão do, **200-07**
  "refúgios" no, 271
  sobre as Realidades Verdadeiras para os Espiritualmente Enobrecidos, 79
  Sūtras do, 34, 136-38, 240
Mahāyāna-abhidharma Sūtra, 156, 159, 169, 171
Mahāyāna-saṃgraha, 25, 156, 165, 181, 193
Mahāyāna-sūtrālaṃkāra, 171, 187, 193
Mahā-yoga, 209, 210, 212, 218, 230, 380
Mahinda, 131, 222, 223, 284
Maitreya/Maitreyanātha, mestre, 156
mal. *Ver também* Māra
  abstendo-se do, 308

compaixão por aqueles que praticam o, 290
e o termo "*pāpa*", 73-74
problema do, 66, 169
salvação daquele que pratica o, 241
Malásia, 226, 262, 401, 424-25, 426, 436, 455
manas. *Ver* órgão mental
manchas ou ulcerações (Páli, āsava; Sânscr., āśrava), 50, 97, 103, 314
maṇḍalas, 203, 210, 212, 216, 228, 253, **374-76**, 376, 377, 379, 443 *Ver também kasiṇa-maṇḍalas*
Maṅgala Sutta, 274
Maṇi mantra, 208, 278
Mantranaya, 32, 34, **207-09**, 240 *Ver também* Milgyo; budismo do norte; Shingon; Zhenyan
imagens no, 273
iniciações no, 372
no budismo do sul, 224, 227
"refúgios" adicionais no, 271
mantras, 32, 207, 210, 219, **278**, 334, **372**, 373, 375, 376, 380, 382, 469
e a recitação do *nembutsu*, 280
nas consagrações de imagens, 273
no budismo do sul, 269, 413
no hinduísmo, 38, 208
no Shingon, 253
Mantrayāna. *Ver* Mantranaya
mappō. *Ver* "*Dharma* dos tempos modernos"
Māra, divindade tentadora, 64, 109, 126, 186, 413
conquista de, 49-50, 54, 413
não pode ser do sexo feminino, 310
meditação *chöd* (Tib. *gCod*), 376
meditação da compreensão. *Ver vipassanā*
meditação sem meditação, 383, 384, 387
meditação sobre
32 características de um Buda, 367
a natureza da mente, 368, 381
a posição sentada, 386
Amitābha, 241, 368, 369
as "três marcas", 359
brahma-vihāras, 303
cakras e canais, 377
kōans, 247, 390
maṇḍalas, 374, 375
o caminhar, 333, 359
respiração, 352, 359
vacuidade, 367, 368
vários objetos, **347-48**, **350-351**, 366, 367
yidams, 373, 377
meditação, 111, **342-98** *Ver também* concentração meditativa; *jhāna*
aspecto do caminho, 112, 113
cântico como, 268, 304, 342
como *citta-bhāvanā*, 342
como uma perfeição do *Bodhisattva*, 186, 304
e a união sexual, 380
e as artes Zen, 396
e o estudo, 250, 329-30
ênfase do Chan na, 242
ênfase dos budistas "convertidos" na, 452
nos *sādhanas*, 376
pelos leigos, 339, 342-43, 403, 408, 410, 412, 418
postura na, 257, 344, 385
qualidades desenvolvidas pela, **345-48**
vida da, 332-34, 336
meditação, campos de, 421
meditação, centros de, 403, 418/no Ocidente, 461, 463, 466, 467, 474, 476
meio de vida correto,111, 113, 294, 298
meios hábeis (Sânscr., *upāya-kauśalya*; Páli, *upāya-kosalla*)
como mediação entre a sabedoria e a compaixão, 179
como sabedoria "masculina" para "feminina", 213, 373, 380
de Avalokiteśvara, 276
e a prática da visualização, 376
e a projeção nos mundos, 187
e a sabedoria no simbolismo do *Vajra*, 211
e a transferência da fruição kármica, 370
e aconselhando os governantes, 238-39
e adaptações culturais, 238
e ensinando o samurai, 256
e matando por compaixão, 180, 295
e mestres não budistas, 194
e métodos tântricos, 209
e níveis de ensinamento, 139, 192, 240
todos os ensinamentos como, **149-52**, 159
memória, 99, 157-58, 160

como recordação meditativa, 134, 190, 201, 202, 242, 277, 304, 342, 346, 350, 351, 369
de textos, 137, 222, 268, 275, 331, 332, 369
de vidas passadas, 50, 57, 61, 66, 77, 78, 355, 356,
e a atenção plena, 346, 347
e *jhāna*, 354
mente objetiva no Zen, 395-96
mente original, 367, 390
"mente que brilha vivamente" (Páli, *pabhassara citta*; Sânscr., *prabhāsvara citta*), **96,** 197, 201, 290, 379
no Mahāyāna, 166, 167, 170, 171/no Theravāda, 121, 354
Mente, Una, 173, 178, 199, 240, 243, 250, 260
mente. *Ver ālaya-vijñāna*; "mente que brilha vivamente"; *citta*; consciência; órgão mental; aspectos inconscientes da mente
"aquela que sabe", 362
aquietar a mente, 344
como a base de tudo, 171, 173
como um relâmpago, 107, 211
comum, 383
estado de ausência da mente, 171, 389
estado de constante motivação da, 357
estado saudável da, 289
impurezas afetando a, 97
intrinsecamente pura, 169, 171, 301, 371, 376, 394
meditação como treinamento da, 343
modo *rig pa* da, 172, 383, 385
níveis da, 159, 378, 379
no *Abhidhamma*, 120, 121
no *jhāna*, 354
objetiva, 395
original, 367, 390
purificação da, 73, 281, 363
quando calma e aberta, 357-58
radiante, 155, 172, 377, 383
radiante, 272, 397
relacionamento com o corpo, 385
semelhante a um espelho, 245
torna-se imensurável, 351
unificação/unipontualidade da, 345-46, 347, 353, 354, 366
vazia, 171
verdadeira natureza da, 170, 172, 381, 383, 384
Yogācāras sobre a, 159-61
mente-e-corpo (Páli e Sânscr., *nāma-rūpa*), 95, 96-97, 99 *Ver também* "corpo senciente" *s.v.* corpo
cessação da, 105
Nirvāṇa como além, 104
mera representação (*vijñapti-mātra*), 158, 164
mérito. *Ver* fruição kármica
mettā. *Ver* bondade amorosa
Milarepa (Mi la ras pa), 232, 282, 302
Milgyo, escola, 251, 371 *Ver também* Zhenyan
Milindapañha, 25, 33-34, 484
modernismo budista, 56, 200, 273, 317, 331, **401**, 402, 403, 414, 421, 423, 442, 452, 453, 464, 476, 481
Moggallāna (Páli, Sânscr., Maudgalyāyana), 43, 52, 286
Mo-ho Zhi-Guan (*Mo-ho Chih-Kuan*), 367
momentos, 114, 119, 120, 121, 123, 157-58, 159, 364
Mon, 131, 225, 226
monasticismo, papel do, 46, 117, 311-13
monges (Páli, *bhikkhu*; Sânscr., *bhikṣu*), **311-41** *Ver também* Saṅgha monástico
atividades médicas, 305, 340, 409
como capelães, 402
como soldados, 260
e a educação, 223, 320, 331, 340, 403
e a política, 341, 402, 419
e o dinheiro, 117-18, 302, 316
e o trabalho de bem-estar social/desenvolvimento, 305, 340, 403-04, 410, 418
errantes, 221, 333, 337, 340
número de, 311-12, 322, 324, 433, 435, 438, 439, 440, 457-58
ocidentais, 403, 457, **464**, 466, 467, 468, 469, 476, 480
papel dos na sociedade moderna, 410
respeito pelos, 266, 312
Mongkut, rei, 409
Mongólia/Mongóis, 35, 232, 235, 236, 249, 262, 296, 399, 400, **426**, 440
influência dos no Tibete, 234
invasões pelos, 256
monjas com ordenação superior (Páli, *bhikkhunī*; Sânscr., *bhikṣuṇī*), 310, 311, 316, 484
como *Arahat*s, 310

como uma das "quatro assembleias", 311
desaparecimento das, no budismo do sul, 224, 324
no budismo do leste, 323
no budismo do sul, 324
novas no budismo do sul, 403, 471, 480
origem da sua ordem, 53, 322-23
regras para as, 314
revitalização da sua ordem no budismo no sul e no budismo do norte, 325-26,
monjas sem ordenação superior, 302-03/no budismo do norte, 324/no budismo do sul, 330, 416, 424, 466
monjas, japonesas, 322
monjas, número de, 323, 324, 433, 436
montanha central (Meru/Sumeru), 62, 282, 374
moradas puras (Páli, *suddhāvāsa*; Sânscr., *śuddhāvāsa*), **64**, 65, 116, 187, 191
mortos, ritos para os, 74, 200, 206-07, 238, 305-07, 307, 319, 322, 327, 340, 433, 489
mosteiros na era Tang, 248, 305, 328, 341
"mosteiros públicos", 336, 337, 433
movimento Dhammakāya, 412-14
movimento Ri-may (Ris med), 235, 461
movimento Santi Asoke, 412, 414-17
Muçulmanos (*ver também* Islã), 220, 222, 232, 298, 418, 424
mudrās, 253. *Ver também* gestos
"mulher", a sabedoria como. *Ver* sabedoria
mulheres, ordenação das, 322-24 *Ver também* monjas com ordenação superior
mulheres, *status* das, 216, 309-10, 311 *Ver também* divindades femininas
Mu-lian (Mu-lien), 286
Mundo
como a natureza do Buda, 173, 257-58
como apenas pensamento, 162-64
como o "corpo" de Vairocana, 176
criado por Avalokiteśvara, 204-05
da experiência vivida está no corpo, 99-100
da experiência vivida, 101
e a interpenetração, 174, 177
e a linguagem, 148
e a Mente Una, 240
e *dukkha*, 81, 100
e o karma, 191
e o simbolismo do cetro *Vajra*, 211
mentalmente construído, 158, 160, 161
na cosmologia budista. *Ver* cosmologia
não irreal, 78
nem existente, nem não existente, 101
origem do nosso, 66

nada, esfera do, 47, 63, 355
Nāgārjuna, 25, 28, 142-56, 196, 239, 305
não dualidade, 167, 377
do "puro" e do "impuro", 166
do *saṃsāra* e do *Nirvāṇa*, 154
do sujeito e do objeto, 163, 164, 172, 178, 197, 247, 368, 378-79, 383, 384, 396
não nascido(s)
dharmas como, 153
Nirvāṇa como, 46, 111, 104, 110, 153, 360, 425
não sensualidade, 112, 118, 304, 317, 353
não violência, 42, 68, 296-99, 406
não Eu (Páli, *anattā*; Sânscr., *anātman*), **86-91**, 93, 102, 106, **125**, **157** *Ver também* vazio; Eu
budistas críticos sobre o, 173, 430-31
e a ética, 291
e o chan, 247
George Grimm sobre o, 476
Mahāyāna sobre o, 144, 186
meditação sobre o, 357, **359-61**, 367
movimento Dhammakāya sobre o, 413
Nara, escolas de 252, 336
Nāropa, 215
seis yogas de, 377-80
nascimento humano, 62, 63, **67**, 68, 69, **71**, 296, 310, 344
natureza do Buda, **169**, **173**, 200 *Ver também Tathāgata-garbha*
e a escola Nichiren, 258
e a ética, 288, 290
e a igualdade, 238, 310
e a Sōka Gakkai, 428
e Amitābha, 248, 253-54, 369
e as artes Zen, 396
e as escolas da Terra Pura, 255
e Huayan, 177
e o "despertar original", 395

e o budismo crítico, 173, 430
e o budismo tântrico, 371
e o Chan/Zen, 244, 245, 246, 251, 257, 258, 271, 277, 294, 387, 388, 391, 394, 395
e o Eu, 258, 388
e o poder pessoal, 261
e Tiantai, 240
no *Mahāmudrā* e *Dzogch'en*, 381, 384-85
no *Mahāparinirvāṇa Sūtra*, 168
Tratado sobre a, 240, 243
um cachorro tem a natureza do Buda?, 391
natureza própria/existência própria (Sânscr., *svabhāva*; Páli, *sabhāva*), 122 *Ver também* vazio
Avataṃsaka *Sūtra* sobre a, 175
e as visualizações tântricas, 371, 376
e o gênero, 310
escola Huayan sobre a, 176
Mādhyamikas sobre a, 143, **144-47**, 148, 149, 150, 154, 158
meditação sobre a ausência da, 366, 368
Sarvāstivādins sobre a, 122, 123
Sūtras da Perfeição da Sabedoria sobre a, 144, 171, 179, 200
Vibhajyavādin/theravādins sobre a, 126
Yogācāras sobre a, 162, 163
natureza
codesenvolvimento dos seres humanos e a, 67
conservação da, 409, 410
cuidado com a, 297
na arte Zen, 397
na vida do Buda, 45
nem da percepção nem da não percepção, esfera, 48, 63, 64, 109, 355
nembutsu (Jap., Ch., *nianfo* (*nien-fo*)), recordação do Buda, 254, 255, **279** *Ver também* "como recordação meditativa" *em* "memória"
kōan relacionado com, 390
na liturgia Chan, 247
Nichiren sobre, 258
Nepal, 43, 228, 229, 262, 400, **424**, 438, **441**, 451, 470
budistas do no Ocidente , 465
clérigos não celibatários no, 321
monjas no, 324, 325, 326
textos budistas em sânscrito do, 20, 33, 444
Theravāda no, 400, 424, 441
Tibetanos no, 438, 462, 479
New Kadampa Tradition [Nova Tradição Kadampa], 440, 456, 462, 465, 468, 473, 490
Nhat Hanh, Thich, 177, 435, 456, 458, 465, 478
nianfo (nien-fo). Ver nembutsu
Nibbāna. Ver Nirvāṇa
Nichiren, 258-59, 449
escolas, 198, 258-59, **260**, 261, **281-82**, 322, **336**, 429, 432, 456, 474, 475 *Ver também* Sōka Gakkai,
Ordem Nipponzan Myōhōji, 470
Risshō-kōseikai, 429
Shōshū, 200, 428, 459
Shū, 200, 459
Sōka Gakkai, 427-29
nidāna (Páli e Sânscr.) como uma conexão religiosa, 263
Nidāna Saṃyutta, 94
Nidānakathā, 26, 43-44
nidānas (Páli e Sânscr.), os doze elos condicionados, 95, 101, 103
nikāyas (fraternidades monásticas), 32, 118, 314
da Tailândia, 228, 317, 409
do Sri Lanka, 223, 224, 228, 317, 329, 335,
e as escolas, 118
e o Mahāyāna, 137, 141
e o primeiro cisma, 118
e o *Vinaya*, 314
Mahāsāṃghika, 126
principalmente Śrāvakayāna, 141
Sthavira, 126
"Theravāda" como nome de um, 224
Vibhajyavāda, 124
Nikāyas (textos), 23, 24, 25, 27, 33, **44**, 79, **483-84**
Nirvāṇa (Sânscr., Páli *Nibbāna*), 20, 32, 50, 102-03
além da morte (Sânscr., *nir-upadhi-śeṣa Nirvāṇa*; Páli, *an-upādi-sesa Nibbāna*), **107-09**, 192, 193
como "dentro" do corpo senciente, 100, 216, 412
como "Deus", 425
como "tocado" quando da cessação, 356
como a "outra margem", 59-60
como aspecto do Corpo do *Dhamma*, 195
como cessação da avidez e de *dukkha*, 81
como cessação dos *nidānas*, 96, 115

como conceitualmente dependente do condicionado, 146
como dependente da designação, 147
como *Dhamma*, 57, 95, 270
como Estado de Buda, 139, 170
como meta de longo prazo, 67
como não condicionado, 89, 124
como não Eu, 88, 89, 413
como o Imortal, 46, 51, 56, 101, 360
como o vazio, o desprovido de sinal, o desprovido de propósito, 110, 125, 157, 168, 364, 387
como oposto de *dukkha*, 83-84
como um *dhamma*, 120
como um objeto de compreensão, 109-10
"de não permanência" (Sânscr., (*apratiṣṭhita*) tipo de, 165, 186-87, 189, 193/não condicionado pelo Caminho para ele, 104
doutrina dos Yogācāras sobre o, 164
durante a vida (Sânscr., *sopadhiśeṣa Nirvāṇa*; Páli *saupādisesa Nibbāna*), **103-06**
e a ação transcendental, 69
e a consciência, 105, 109
e o *Arahat*, 107
e o *Tathāgata-garbha*, 169-70
e os conhecimentos superiores, 356
falso, 363, 393
jubiloso, 85, 217
Mahāyāna sobre o, 139, 144
mente brilhante como potencial para o, 97
movimento Dhamakāya sobre o, 413
na morte, 56
na visão da vacuidade do eu, 155
recordação da sua paz, 350
seu relacionamento com *saṃsāra*, 125, 153-54, 165, 210, 240-41, 368
seu vislumbre pela pessoa que entrou no fluxo, 52, 109, 114, 115, 121, 350
um *Bodhisattva* o adia?, 188-89
visto simultaneamente com a visão de *dukkha*, 124-25, 147
Nobre Caminho Óctuplo. *Ver* Caminho Óctuplo, Nobre
Nobres Pessoas, 58, **80, 114-16**, 271, 413 *Ver também Arahats*; os que não retornam; os que só retornam uma vez; os que entram no fluxo
Bodhisattvas que são, 155, 184, 188, 199, 271, 365-66
Nobres Verdades. *Ver* Realidades Verdadeiras para os Espiritualmente Enobrecidos
Nova Zelândia, budismo na, 450, 451, 456, 466, 469, 480, 481
Novas Religiões
da Tailândia, 411-17
do Japão, 322, 427-30, 430
noviços (Páli, *sāmaṇera*; Sânscr., śrāmaneraka; noviças, sāmaṇerikā, śramanerī), 47, 225, 238, **318, 319**, 330, 331, 336, 420, 424, 466
preceitos dos, 302, 316, 318, 320, 326
Nyingmapa (rNying ma pa), escola, 155, 172, 209, **230-231**, 233, 234, 320, 333, 380, **441**
e Bön, 231
e Ri-may, 235
no Ocidente, 456, 460, 461, 477, 481

Ōbaku Zen, escola, 260
obstáculos (Páli, *nīvaraṇa*; Sânscr., *nivāraṇa*), cinco, 50, 78, 97, 294, 314, **352-53**, 355, 357, 413
atenção plena dos, 113, 119, 348
ódio e má vontade, 59, **68**, **72**, **217**, **314** *Ver também* apego
e a avidez, 102
e a família *Vajra* tântrica, 219
por si mesmo, 72
oferendas, 132, 207, 263, **266-69**, 270, 287, 377
com fogo, 253
repugnantes, 216, 217,
Olcott, H.S., 401, 444
olho do *Dhamma*, 52, 57, 109, 115, 116
oração, 138, 140, 185, 187, 191, 193, 205, 207, 263, 338
ordenação, 115, 140, 284-85, 336
de árvores, 410
de mulheres, 322-24
do primeiro ocidental, 464
e a cooperação entre as tradições, 325-26
e o compartilhamento da fruição kármica, 75, 252

leiga, 293, 469
no Santi Asoke, 416
padrões e tipos de, **318-22**
para monjas, 324, 325-26
primeira na Europa, 479
quórum para a, 319
retomada da, na China, 433
superior e inferior, 318, 320, 468
temporária, 284, 312, 411
órgão mental (Páli, *mano*; Sânscr., *manas*), 86, 99, 120, 159, 389
orgulho divino, 377
os que não retornam (Páli e Sânscr., *anāgāmin*), 64, 112, 116, **121**, 187, 191, 270, 312, 356, 365
os que retornam uma vez (Páli, *sakadāgāmin*; Sânscr., *sakṛdāgamin*), **116**, 121, 270, 365
outras religiões, budismo e as, 35, 55, 422 *Ver também* Bön; bramanismo; cristianismo; confucionismo; daoísmo; hinduísmo; islamismo; jainismo; xintoísmo

paciência (Páli, *khanti*; Sânscr., *kṣānti*), 184, 277, 290, 304
Padmasambhava, 215, 229, 231
Pagodes, 3, 133, 264, 434, 470, 475 *Ver também Stūpas*
Pai-chang. *Ver* Baizhang
palavra correta, 111, 113, 300, 301
Pali Text Society, 331, 414, 445
páli, 20, 33, 91, 331
Panchen Lama, 200, 234, 439
Paquistão, 38, 135, 220, 262
Parakkama Bahu I, rei, 224
Paramārtha, 239
parinirvāna (Sânscr., Páli *parinibbāna*), 56, 132
celebração do, 284, 285, 418
das relíquias do Buda, 109
paritta (Páli) cânticos, 129, 208, 261, 274-75, **277**, 303, 340
Paṭisambhidāmagga, 26, 125, 218, 484
Paṭṭhāna, 119, 121, 227
Payutto, Prayudh, 411
paz, atividades de, por parte dos budistas, 404, 420, 428, 458, 470/Prêmios Nobel da Paz ganhos, 419, 439
pecado, 97, 255
pena de morte, abolição da, 130, 250
pensamento do despertar. *Ver bodhi-citta*
percepção (Páli, *saññā*; Sânscr., *saṃjñā*), **85, 87**, 97, 99, 110, 120, 154, 155, 160
peregrinação, 130, 131, 253, 261, **282-83**, 284, 333
espiritual, 174, 227
Perfeição da Sabedoria (*Prajñāpāramitā*), *Bodhisattva* da, 310
Perfeição da Sabedoria (Sânscr., *Prajñāpāramitā*), *Sūtras* da, 23, 27, **142-56**, 156, 171, 179, 183, 184, 484
Bodhisattvas nos, 200
e Mañjuśrī, 206
e o chan/Zen, 243, 244, 246
estudo dos, no Ocidente, 446
na China, 236, 239, 332
na escola Huayan, 241
sobre doar, 389
termo *dharmakāya* nos, 196
perfeições (Sânscr., *pāramitā*; Páli, *pāramī*), 44, 144, **183-89**, **304**, 365, 484
caminho das, 207
de Gotama, 49, 57
dos cânticos Nichiren, 281
e a ética Mahāyāna, 181
e as 32 características, 134
e o Corpo do *Dharma*, 123
e o *Maṇi mantra*, 208
na Terra Pura de Amitābha, 202
no budismo do Sul, 184, 304
três níveis das, 128
"perguntas indeterminadas", 107
perseguição de não budistas por governos relacionados com budistas, 260, 406, 418
perseguição dos budistas
na China, 240, 248
na Coreia, 250
na Índia, 221
no Camboja, 226
no Sri Lanka, 225
no Tibete, 231
pelos comunistas, 35, 399, 435, 437, 449
personalidade, ponto de vista da (Páli, *sakkāya-diṭṭhi*; Sânscr., *satkāyadṛṣṭi*), 94, 108

pessimismo, 83, 443, 445 *Ver também* felicidade; alegria
"pessoa comum" (Páli, *puthujjana*; Sânscr., *pṛthagjana*), 110-11, 114
pessoa iluminada. *Ver Arahats*; Buda, natureza e função de um
pessoa, conceito de uma, **85-91**, 120, 122, 144, 147, 154, 363
Petavatthu, 26, 74
Plataforma, Sūtra da, do Sexto Patriarca, 26, 244, 331, 387, 395
poder do outro, **242**, 248, **261**, 272, 280, **371**
poder para o bem, 109, 132, 264, 273
poder próprio, **242,** 248, 255, 259, **261**, 272, 280
poderes psíquicos, 52, 54, 181, 185, 194, 207, 238, 355, **356**
política e o budismo, 129, 341, 399
  no budismo do leste, 239, 252, 254, 260, 429, 432-33, 433, 435
  no budismo do norte, 231, 233, 234, 341
  no budismo do sul, 341, 402, 406, 410, 412, 417, 418, 419, 420, 422
"ponto de vista da personalidade", 94
possessão por espíritos, demônios ou divindades, 77, 229, 236, 408, 429
potencial de Buda, 167, 168
Prasannapadā, 143
Pratyeka-buddhas. *Ver* Budas, tipos de
preceitos éticos, 181, **292-95**, 315
  dez grandes, 318, 321
  dos *Bodhisattvas*, 318 *Ver também* código de preceitos do *Brahmajāla Sūtra*/do FWBO, 449,
  entoação de, 283, 293, 401
  o primeiro, **296-99**
  oito e dez, 302, 312, 313, 318, 324, 343, 402, 416, 468
  segundo ao quinto, **299-301**
  três, puros, 318
  violação proveniente da compaixão, 218, 295
"Preciosa Guirlanda de Conselhos ao Rei", 305
primeiro sermão do Buda, 45, 51-53, 79, 116, 135, 156, 282, 284
"prodígio dos pares", 54, 285
proliferação/elaboração conceitual (Páli, *papañca*; Sânscr., *prapañca*), 104, 148, 153
proteção
  mágica, 40, 210, 228, 238, 408
  oferecida pela atenção plena, 274, 346
  oferecida pela bondade, 54
  oferecida pelo *Dhamma*, 130
  oferecida pelo poder das relíquias, 273
  oferecida pelos *Bodhisattvas* celestiais, 206, 276, 407
  oferecida pelos Budas celestiais, 192, 203, 281, 337
  oferecida pelos deuses, 64, 75, 229, 238, 253, 282, 286, 407, 408, 439
  oferecida pelos ritos karmicamente produtivos, 252
  oferecida pelos rituais, 253
  oferecida por amuletos, 341
  oferecida por cânticos, 227, 258, 274, 281, 340 *Ver também parittas*
psicologia, budista, 120, 463
Pudgalavāda, escola, 121, 122, 126
Puggala-paññatti, 120
pūjā, "veneração", 266, 403, 469
pureza e impureza, 97, 166, 168-70
purgatório, 202
purificação, sete estágios de, 363-64
Pu-tai. *Ver* Budai

"racionalismo" do budismo, 416, 421, 422, 430, 442, 474
raízes das ações inábeis e das ações hábeis, 72, 289, 301, 314
Rājagaha (Páli, Sânscr., Rājagṛha), 53, 117
Ratana Sutta, 274, 275
Ratnagotra-vibhāga, 26, 168, 169, 170, 171
Realidades Verdadeiras para os Espiritualmente Enobrecidos (Páli, *ariya-sacca*; Sânscr., ārya-satya), 52, 61, 78, **79-116**
  atenção plena às, 119, 348
  cântico sobre as, 269
  compreensão das, 186, 353, 365
  compreensão das, como repentinas, 124
  Mahāyāna sobre as, 79, 139, 149, 156, 240
realizações sem forma (Páli, *arūpa*; Sânscr., *ārūpya*), 49, 50, 56, 104, 350, **353-55**, 356
recordação. *Ver* memória

reformismo no budismo moderno, 317, 403, 409, 430, 434
reformistas no budismo primitivo, 118-119
refúgio(s) (Páli, *saraṇa*; Sânscr., *śaraṇa*)
Ambedkar como um, 422
busca, 115, 269, 402
e a controvérsia com relação a Dorje Shugden, 440
Lama e *yidam* da pessoa como, 271
Nirvāṇa como um, 104
os três, 115, 266, **269-72**, 274, 363
própria pessoa como um, 55, 261
"Registros do Penhasco Azul", 392
regras e observâncias, apego às, 100, 113, 288, 416
Reino Unido, 442, 443, 449, 451, **464-74**, 479
reis
como *Bodhisattvas*, 223, 224
como uma ameaça, 181
escolha dos primeiros, 67
ideal budista para os, 129
relacionamento monástico-leigo. *Ver* laicidade/leigos
relacionamentos familiares, ética dos, 78, 130, 237, **307-10**
religião de Estado, o budismo como, 229, 252, 409
religião dos espíritos no Sri Lanka, 407-08
relíquias (Páli, *sarīra*; Sânscr., *śarīra*), 55, 129, 131, **132**, 196, 201, 222, 261, 264, **273**, 282, 470
em imagens, 273
parinirvāṇa das, 109
renascimento, 50, 61-65, **344** *Ver também antarā-bhava*; nascimento humano; *saṃsāra*; *tulkus*
bom renascimento como uma meta, 130, 233, 353, 484
ceticismo confuciano sobre o, 237-38
como *dukkha,* 82
como um animal, 62, 71
crença no, 76-78, 93, 112
crenças não budistas no, 39, 40, 42
do ego, 411
e a consciência, 98, 99, 379-380
e a meditação, 374
e a virtude moral, 68, 182, 238, 290
e karma, 68, 69, 71
e o gênero, 310
e o não Eu, 91, 96
e uma "boa morte", 306
em uma Terra Pura, 191, 202, 242, 370, 380
implicações do, **67-68**
indícios contemporâneos em favor do, 77
mínimo interesse dos budistas "convertidos" pelo, 452
momento a momento, 100, 471
mudança de identidade entre dois, 99
poder de controlar o renascimento por meio da meditação, 187
tipo escolhido de, 199
renúncia, 46-47, 59, 72, 112, 125, 134, 292, 301, 311, 318
como uma perfeição, 184
modo de, 230
respiração, meditação sobre a, 185-86, 344, 347, 350, **352**, 358, 359, 361, 362, 366, 367, 378, 386, 391, 396, 467, 469
reverências e prostrações, **266-67**, 323, 344, 367, 369
Rhys Davids, T.W., 445, 464
rig pa (Tib.), percepção pura, 172, 230, **383-84**, 385
Rinzai Zen, escola, 256, 257, 259, 260, 329, 385, 391, 395 *Ver também* Linji
no Ocidente, 454, 455, 456, 465, 468, 478, 480
riqueza, 299
e contentamento, 302
proveniente de boas ações, 69
Risshō-kōseikai, 429, 456, 490
Ritsu, escola, 256 *Ver também* Lü
rituais memoriais, 74, 306, 307, 327, 339, 430
ritual(is), **74**, **263-64**, 327 *Ver também* rituais memoriais
atratividade do(s) no Japão primitivo, 251
Bōdhi Pūjā, 403
Chan/Zen, 245-46
danças, 285
de "matar" o mal, 286, 373
de arrependimento, 266, 294, 367
de consagração de imagens, 273
de tomar os preceitos, 293
implementos usados nos rituais tântricos, 213
libação de água, 49
monástico(s), 337
mudrās, 372

no budismo esotérico do sul, 227
no movimento Dhammakāya, 413
para crianças abortadas, 296
pouco interesse dos budistas "convertidos" pelos, 452
reverência, 266
ritual *goma*, 253
Shingon, 253
tântricos, 32, 207, 216, 336, 478
textos para rituais tântricos, 216
roda de oração, 278
roda do *Dhamma*, 40, 52, 134, 135, 136, 278
rosários, 269, 278, 279, 368
Rússia, 35, 236, 440, 444, 445, 449

sabedoria (Páli, *paññā*; Sânscr., *prajñā*), 44, 52, **59**, 73, **78**, 92, 93, 131, 136, 358, 360 *Ver também* Perfeição da Sabedoria, *Sūtras* da; visão/ponto de vista correta(o)
como um de três ingredientes do caminho, 107, 111, **112, 113**
como uma de cinco faculdades, 345
como uma perfeição, 137, 184, **186**, 304
de um Buda, 189
e a compaixão e os meios hábeis, 179-82, 211
e a compaixão, 51
e a fé, 263
e a transmutação dos defeitos, 213, 230
e as ações hábeis, 71-72, 289
e *jhāna*, 354, 358
e Mañjuśrī, 206
e o *Guru*, 272
e o seguidor do *Dhamma*, 115
e os cânticos sobre o *Abhidhamma*, 227
e os Mādhyamikas, 157
e vipassanā, 348
"feminina" em relação aos meios hábeis "masculinos", 213, 216, 380
três tipos de, **342**
sacrifícios dos brâmanes, 38, 39, 40, 58, 130, 221
Saichō, 252, 321
Saivismo, 208, 210, 217, 221, 225, 226, 249, 408
Sakka (Páli, Sânscr., Śakra: divindade budista), 64, 212
Sakyapa (Sa skya pa), escola, 232, 234, 380, 456, 465, 477, 481
salão de meditação, 265, 337, 385
salão de recitação do Buda, 337
salvação
dos malfeitores, 244, 255
por meio da graça, 255
samādhi, 47 *Ver também* concentração meditativa
Saman (divindade do Sri Lanka), 282
Samaṇas (Páli, Sânscr., Śramaṇa), 40-43, 46, 47, 55, 117, 130
Sāmaññaphala Sutta, 40
samatha (Páli, Sânscr., śamatha, calma) meditação, 348-56
e a meditação da Terra Pura, 369, 370
e *Dzogch'en*, 383
e o chan/Zen, 386, 387, 388
e o movimento Dhammakāya, 413,
e o Santi Asoke, 414
e o *vipassanā* na meditação tântrica, 371, 377
e o *vipassanā*, **348-49**, **357-58**, 365-68
e *vipassanā* reunidos, 349, 385, 391
estremecer de alegria, 408
no Reino Unido, 465, 467-68, 473
Samatha Trust, 363, 457, 465, 467, 473
samatha-yāna, 349
e o Chan/Zen, 385, 388, 394
e o *Mahāmudra*, 382
Saṃdhinirmocana Sūtra, 156
saṃsāra (Páli e Sânscr., "perambulando"; mundo condicionado dos renascimentos), 61, 186. *Ver também* *Nirvāṇa*, de não permanência
sua relação com o *Nirvāṇa*. *Ver* *Nirvāṇa*/*Tathāgatagarbha* como sua base, 169
samurai, 254, 256, 260, 299
Samyé (bSam yas), debate, 230, 395
Saṅgha (Páli, Sânscr., *Saṃgha*) monástico, **32**, 311-41 *Ver também* *Lamas*; monasticismo; monges; noviços; monjas; e *s.v.* refúgio(s)
cânticos de proteção oferecidos pelo, 275
como um "campo de fruição kármica", 291
"dirigido" pelo *Dhamma* e pelo *Vinaya*, 55
primitivo, 32, 117-19
purificação do, 224, 232

seu relacionamento com os imperadores chineses, 237
votação dentro do, 117
Saṅgha (Páli, Sânscr., *Saṃgha*), Nobre, **114** *Ver também* refúgio(s)
como melhor "campo de produtividade kármica", 73
recordação das qualidades do, 342, 351
Saṅgha (Páli, Sânscr., *Saṃgha*), três significados do, 311
Sangha do Diamante, 19, 456, 480, 481
Sanlun, escola, 144, 239
"sânscrito híbrido budista", 20, 136
sânscrito, 20, 38, 53, 87, 91, 136, 331
mantras em, 275
textos em, 33, 34, 127, 331, 425, 444
Śāntarakṣita, 144, 229, 230
Śāntideva, 23, 27, 143, 180, 182, 185, 469
Saraha, 219, 381
Sarvāstivāda, escola, 23, 118, 121, 122-24, 126, 128, 131, 156, 183
Abhidharma da, 112, 120, 121, 124, 126, 147, 157, 168
códido monástico da, 314
crítica Mādhyamika da, 144, 145
Mahāyāna como um "Sarvāstivāda aumentado", 136
na Ásia Central, 221
na China, 239
no Sudeste Asiático, 225, 226, 228
no Tibete, 158, 365
sobre o Estado de Buda, 183, 195
sua "biografia" do Buda, 43
Sarvōdaya Śramadāna, 305, 403-04, 489
Śāstras ("Tratados"), 119, 142, 485
Satipaṭṭhāna Sutta, 347, 412
satipaṭṭhānas (Páli, Sânscr., *smṛtyupasthāna*), aplicações da atenção plena. *Ver* atenção plena
satori (Jap.), despertar, 244, 394
Sautrāntika, escola, 123, 158
Sāvatthī (Páli, Sânscr., Śrāvastī), 53, 54, 285
secularização, 286, 339, 400, 409, 419, 421, 427, 430, 481
seguidor da fé, 115, 132, 280
seguidor do *Dhamma*, 115, 132
sensação/sentimento(s) (Páli e Sânscr., *vedanā*), 56, 82, 83, **85**, 87, 95, 96, 99, 100, 120, 353 *Ver também* cessação da percepção e da sensação/sentimento
atenção plena à, 113, 345, 348, 359, 361
causas das desagradáveis, 70
Seon, escola, 250, 251, 436 *Ver também* Chan
serena observação/reflexão (Jap., *moku shō*), meditação, 386 469, 473
seres visualizados, natureza dos, 372, 376
seres
como entidades convencionais, 88
como fluxos de *dharmas* vazios, 179
"identidade" dos, 180
tipos de, **62-65**
todos têm a Condição de Buda, 154, 155, 183
todos terão sido bons para nós em uma vida passada, 67
todos terão sido nossa mãe, 182
"Sermão do Fogo", 103
ser-o-que-é (*tathatā*), **152**, 153, 160, **164**, 172, 175, 197, 199, 240, 241, 367
e a meditação tântrica, 379, 383
e o Chan/Zen, 245, 246, 394, **396**, 397, 398
sabedoria de Vairocana, 253
ser-o-que-é, 197
verdades/realidades, 44, 57-58
sexos, desenvolvimento dos, 67
SGI. *Ver* Sōka Gakkai
Shaku, Sōen, 454
Shambhala International, 456, 461
Shandao (Shan-tao), 242, 279
Shelun (She-lun), 160, 239
Shikoku, 253, 278, 283
Shingon, escola, 176, 198, **252-54**, 256, 259, 260, 261, 283, 336, 371, 372, 432 *Ver também* Mantranaya; Zhenyan
fora da Ásia, 449, 456, 471
shinjin (Jap.), verdadeira confiança da autoentrega, 255
Shinran, 255, 256, 259, 280, 321
Shōtoku, príncipe, 252, 256
Sigālovāda Sutta, 307-08
Sikkim, 234, 262, 423, 441
Śikṣā-samuccaya, 27, 180
simbolismo sexual, 213

simbolismo, **131-34** *Ver também Stūpas*
 da árvore *Bodhi*, 132, 133, 227, 264, 265, 266
 da esfera de cristal, 227, 413
 da espada, 206, 391
 da face original, 247, 394
 da joia que atende aos desejos, 205, 280
 da luz, 201 *Ver também* "mente que brilha vivamente"
 da torre, 174
 das *maṇḍalas*, 374-76
 de *Vajra*, 211
 do berilo, 281, 369, 371
 do embrião, 167
 do lótus, **57**, 202, 205, 206, 208, 224, 267, 276, 280, 369, 370, 377, 380
 do útero, 167, 227
sexual, 213, 380
 tântrico, 207
símbolo do trono vazio, 134
símiles
 acender uma lâmpada a partir de outra, 75
 água fluindo para baixo, 306
 árvores em um grupo, 308
 assistindo à televisão, 161
 balsa, 59
 bananeira, 87
 bolha, 87
 brotos de um fruto, 168
 carro de guerra, 88
 cataratas, 164
 céu sem nuvens, 166
 esplendor de luz ofuscante, 199
 espuma, 87
 flecha envenenada, 107
 fogo extinto, 108
 fundo do oceano se inclinando em direção às profundezas, 78
 gelo derretendo, 393
 ilusão de mágico, 87, 145, 165
 imagem embrulhada em farrapos, 168
 imagem holográfica, 175
 instrumento de corda bem afinado, 344
 lago límpido, 354, 388
 leão de ouro, 176
 leite e creme, 168
 miragem, 87, 164
 outra margem, 60
 purificação do minério de ouro, 97, 168, 353
 semente em bom solo, 271
 sementes e frutos, 69, 158
 tela da televisão, 121
 veículo de realidade virtual, 145
sincretismo
 Chan/Terra Pura, 248
 Chan/Terra Pura/Shingon, 260
 com o Bön e o hinduísmo, 441
 com o daoismo e o confucionismo, 249
 com o daoismo, 436, 448
 com o hinduísmo, 226, 227, 249, 407, 424, 425
 com o xintoísmo, 253
siquismo, 422
sistemas de mundo (Páli e Sânscr., *loka-dhātu*), 31, 62, 64, 129, 183, 190, 191, 195, 199
sites, 292, 447, 487-91
Śiva (divindade hindu), 205, 208, 221, 226, 282, 407, 425
sociedade humana, origem da, 67
sofrimento. *Ver dukkha*
Sōka Gakkai, **427-29**
 fora da Ásia, 451, 456, 459, 465, 469, 473, 474, 478-79, 480, 481, 490
sonho, 45, 379
 da mãe de Gotama, 45
 e a consciência *bhavaṅga*, 121
 e a consciência-depósito, 158
 e os *maṇḍalas*, 443
 e visões, 137, 190, 206, 256, 440
 os *dharmas* como um, 145, 153
 yoga do, 378, 379
Sōtō Zen, escola, 173, 248, 256-58, 432 *Ver também* Cao-dong
 disciplina monástica na, 321, 334-35
 e o budismo crítico, 173, 430
 ética na, 288, 293
 meditação na, 385, 387, 395
 no Ocidente, 455, 456, 465, 468, 473, 478, 479, 481

Śrāvakayāna (Sânscr., Veículo dos Discípulos), **138,** 140, 141, **157**, 196, 215, 236, 240, 249
como um nível de prática, 344
Sri Lanka, 33, 35, 337, 133, 225, 262, 264, 273, 282, 284, 305, 309, 339, 340 *Ver também* Ceilão; Lankā
budismo do/no Ocidente, 450, 452, 456, 462, 476, 478
Budismo moderno, **400-08**, 445
castas no, 317
conflitos étnicos no, 296, 404-07
meditação no, 339, 418
missões do, 424, 425
monasticismo no, 327, 328, 335, 341
monjas no, 303, 324, 325, 326
ordenação de ocidentais no, 476
ronda de esmolas no, 327
Śrīmālā-devī-siṃhanāda Sūtra, 27, 167, 169, 197
Sthavira (Sânscr., Páli, Thera), fraternidades, 119, 121, 124, 126, 314 *Ver também* Theriya
Sthiramati/Sāramati, 25, 167
Stūpas (Sânscr., Páli, *Thūpa*), 20, 55, 131, **132-33**, **264--65**
alegria de construir novos, 265
devoção nos, 265, 266
e os *maṇḍalas*, 374
em Borobudur, 226
no Ocidente, 32, 470, 474
Pagodes como, 264
temporários, 265, 284
Sudeste Asiático, 124, 131, 224, 225, 226, 227, 228, 265, 282, 284, 312 *Ver também* Birmânia; Camboja; Indonésia; Laos; Malásia; Tailândia; Vietnã
meditação no, 330, 339
mosteiros no, 339
ordenação temporária no, 284, 320
refugiados do, no Ocidente, 449, 452, 478
ronda de esmolas no, 327
suicídio, 92, 297
religioso, 297, 334, 439
Sukhāvatī ("Terra Feliz"), 201, 241, 255, 280, 370
Sukhāvatī-vyūha Sūtras, 193, 201, 241
Sukhāvatī-vyūhopadeśa, 241, 369, 370
Śūnyatā-vāda, 142
Śūraṅgama Sūtra, 246, 277
Surgimento Condicionado (Páli, *paṭicca-samuppāda*; Sânscr., *pratītya-samutpāda*), **94-102**, 111
cessação do, 104, 105, 116
compreensão do, 112, 115, 186, 363
e *Dhamma*, 270
e o budismo crítico, 173, 430-31
e o caminho "do meio" do entendimento, 99, 151
escola Tiantai sobre o, 240
Mādhyamika sobre o, 147, 148, 150
na meditação, 357
no *Abhidhamma*, 119
Yogācāra sobre o, 163
Surgimento Dependente. *Ver* Surgimento Condicionado
Sūtra do Lótus, 25, 138, 192, 193, 195, 242, 261, 275, 334
devoção ao, 259, 367
e a escola Nichiren, 258, 281-82
e a escola Tiantai/Tendai, 197, 252, 258, 367
e a Sōka Gakkai, 427, 470
e Avalokiteśvara, 205, 276
e Risshō-kōseikai, 429
primeira tradução do/no Ocidente, 445
Sūtras (Sânscr.). *Ver também Suttas*, e *s.v.* Mahāyāna
espúrios, 331
recitação dos, 258, 337
Suttas (Páli, Sânscr., *Sūtra*), 33, 117, 138, 483-84 *Ver também Lista de Abreviaturas*
Suvarṇa-bhāsottama Sūtra, 27, 194
Suzuki, D.T., 194, 196, 445, 454, 465
Suzuki, Shunryu, 455
Svābhāvika-kāya, Corpo intrínseco, 197

T'ai-hsü. *Ver* Daixu
t'angka (Tib., *thang-ka*), pergaminho suspenso, 206, 374, 375
T'ien-t'ai, escola. *Ver* Tiantai
Tailândia, **225**, 226, 227, 262, 331, 399, 418, 444 *Ver também* Sudeste Asiático
atitude com relação ao exército na, 296
Avalokiteśvara na, 279
budismo na moderna, 401, **409-17**, 426, 436
budismo tailandês no Ocidente, 456, 459, 462, 464, 465-67, 471, 480

casamento na, 309
e a terra dos Mon, 131, 225
e o Sri Lanka, 225, 226, 317
festivais na, 284
missões da, 425
monasticismo na, 228, 317, 320, 331, 335, 337
monges da floresta na, 333
monjas na, 324, 325, 326
mulheres na, 309
professores de meditação na, 363
yantras na, 228
Taishō Daizōkyō, 332, 484, 485
Taiwan, 35, 249, 262, 286, 305, 324, 326, 338, 399, 400, 426, **434**, 457, 458
tâmeis, 220, 224, 296, 404, 405, 406, 407
Tāmraparṇīya, escola, 124, 224
Tang, mosteiros na era, 248, 305, 328, 341
Tanluan (T'an-luan), 241
Tantras, 207, **209-12**, 230, 232, 235, 375, 485
Anuttara-yoga, 230, 380
Caryā, 212
"externos" e "internos", 230
Guyha-samāja e *Cakra-saṃvara*, 234
Hevajra, 217
Kālacakra, 219, 234
Kriyā, 212, 377
Mahā-yoga, 212
Yoga, 212
Yoginī, 208
tântrico, budismo, 32-33, 176, 198, 199, **209-12** *Ver também* Mantranaya, budismo do norte, Vajrayāna
e o Chan, 242, 244, 387, 397
meditação no, **371-85**
na tradição do sul, 224, 227-28, 414, 420
no Japão, 252-53
no Sudeste Asiático, 225, 226
no Tibete e na Mongólia, 228-36
taoismo. *Ver* daoismo
Tathāgata (Páli e Sânscr., "Aquele sintonizado com a realidade"), 51 *Ver também Tathāgata-garbha*
e o *Dhamma*, 57, 154
além da morte, 107-09
o ser-o-que-é do, 154
Tathāgata-garbha Sūtra, 167, 168, 170
Tathāgata-garbha, 155, **166-73**, 178, 183, 243, 290, 413 *Ver também* natureza do Buda; Tathāgata-garbha, doutrina do
como Mente Una, 240
e a Perfeição da Sabedoria, 219
e Amitābha, 201
e o Corpo do Dharma, 197
Gelugpas sobre o, 197
no *Dzogch'en*, 381, 383
no Huayan, 176, 178
vivenciado na morte, 306
Tathāgata-garbha, doutrina do, 166-73 178, 198, 231, 430
"templos hereditários", 336,0 337
tempo, 61, 62, 65, 67, 191, 199, 356 *Ver também* éons; momentos
e o futuro dos Budas celestiais, 189, 192, 193
e o *Tathāgata-garbha*, 168
escola Huayan sobre o, 175, 177
esfera sem início no, 159, 169
Mādhyamika sobre o, 150
relativo, 65
roda do, 219
Sarvāstivādins sobre o, 122, 123, 147
Vibhajyavādins sobre o, 124
Yogācāras sobre o, 158, 159
Tendai, escola, 252, 253, 260, 261, 336, 432 *Ver também* Tiantai
cerimônia do fogo na, 253
disciplina monástica na, 321
escolas geradas pela, 255, 256, 258
fora da Ásia, 449, 456
prática ascética na, 333
sobre o "despertar original", 253
sobre o Corpo do Dharma, 198
sobre o *status* dos *kamis*, 254
tendências latentes (Páli *anusaya*; Sânscr., *anuśaya*), 97, 98, 100, 358
Teósofos, 401, 425, 443-44, 464
termas (Tib., *gTer ma,* "textos-tesouros") e *tertöns* (*gTer ston*, "descobridores de tesouros"), 231, 232, 233, 235
Terra Pura (Ch., *Jingtu* (*Ching-t'u*)), escolas da, 201, 271, 279 *Ver também* Jōdo e Jōdo-shin

meditação nas, 369-71
na China, **241-42**, 249, 279
na Coreia, 250
no Japão, **254-56**, 259, 280, 336, 432
no Ocidente, 448, 456, 457, 458, 465, 470
no sincretismo com Chan/Zen, 248, 260
no Vietnã, 249, 434
Sūtras da, 193, 201, 241
Terras Puras (Ch., *jingtu* (*ching-t'u*)), **191**, 195, 198, 202, 203, 236
criando uma na terra, 434
de Amitābha, 200, 202-03, 307, **369-71** *Ver também* Sukhāvatī
no budismo tântrico, 212, 374, 375, 377, 379
textos de meditação, 34, 223, 236, 350, 367
Thera-gāthā e *Therī-gāthā*, 27, 53, 310, 484
Theravāda, escola, 20, 32, 34, **61**, **124**, 223, **225**, 226, 261 *Ver também* Birmânia; Camboja; Laos; budismo do sul; Sri Lanka; Tailândia; Vibhajyavāda
Abhidhamma da, 114, 119, 120-21, 124, 126
atitude com relação aos monges na, 312, 327
autoimagem da, 225
"biografia" do Buda na, 43-44
budismo esotérico na, 227-28, 420
caminho do *Bodhisattva* na, 140, 142, 184, 310
Cânone da, 33
código monástico da, 314, 316
compartilhando a fruição kármica na, 74-75
despertar repentino na, 394
devoção na, 60, 267, 270
e a religião dos espíritos no Sri Lanka, 407
e Asoka, 124, 131
e o "Śrāvakayāna", 141
e o termo "Hīnayāna", 140
em Cingapura, 436
fora da Ásia, 450, 461, 462-63, 465-68, 471, 474, 475, 477, 478, 479, 480, 481
imagens na, 264, 272
meditação na, 348-64, 381, 385, 386, 388, 394
monjas na, 324, 325, 326, 330, 471, 480
na Indonésia, 425
na Malásia, 424
no Nepal, 321, 326, 400, 424, 441
no sul da Índia, 220
no Vietnã, 250
ordenação temporária na, 312, 320
recordação do Buda na, 190
refúgios na, 270
sobre a "existência intermediária" (*antarā-bhava*), 100
sobre a natureza do Buda, 56
sobre as datas da vida do Buda, 37
sobre o *Arahat*, 139
sobre o Buda como além de todo contato, 109
sobre o Corpo do *Dhamma*, 195
sobre o *Nirvāṇa*, 102-10, 147
sobre o primeiro cisma, 118
sobre o Surgimento Condicionado, 95
templos na, 264, 265
Theriya (Páli, Sânscr., Sthāvira), fraternidade, 119, 224, 225, 226
Thien, escola, 177, 224, 434 *Ver também* Chan
Tiantai (T'ien t'ai), escola, 173, 189, 197, **240, 241,** 248, 261, 330 *Ver também* Ch'ont'ae; Tendai
arrependimento na, 294
meditação na, 367-68
no Ocidente, 457
sobre os Budas femininos, 310
Tibete, 33, 35, 35, 228-36, 299 *Ver também* Bön; Gelugpa; Kagyüpa; Mantranaya; budismo do norte; Nyingmapa; Sakya; tântrico, budismo; Vajrayāna
Avalokiteśvara no, 276
budismo do, no Ocidente, 452, 455, **460-62**, 463, **467-68**, 473, 474, 477, 478, 479, 480, 481
budismo no moderno, **426**, 437-40
classificação das escolas no, 158, 166, 197
e os teósofos, 444
festivais no, 285
imagens do, 211, 214
Maṇi mantra no, 269, 278
modelo do caminho do *Bodhisattva* no, 183
monasticismo no, 327, 329, 336
monjas no, 324
mulheres no, 309
necessidade dos meios tântricos no, 214
Palácio de Potala, 282
refugiados do, 423, 441, 449

Tārā no, 213, 310
tipos de pessoas religiosas no, 320-21
tulkus no, 199
Tipiṭaka (Páli, Sânscr., *Tripiṭaka*), 483 *Ver também* páli *em* Cânones das escrituras
Tissa Moggaliputta, 124, 131
"tornar-se" um objeto ou ser sagrado, 373, 376, 397
tornou-se *Dhamma*, 57, 115, 195
traduções, 34, 229, 230, 232, 236, 239, 331, 401, 444, 445
trajes monásticos, 318
transcendente(s) (Páli, *lokuttara*; Sânscr., *lokottara*)
ação, 69
Bodhisattvas, 187, 188, 203
Caminho, 111, 121, 364
citta, 166
conhecimento no Yogācāra, 164
esfera do *Dharma*, 175
fé, 280
jhāna, 350
Nirvāṇa, 103
o Buda como, 127
perfeições, 186
samatha, 368
visão/ponto de vista correta(o), 78, 93, 112
transmissão de mente para mente, 244, 250, 257, 385
transmissão oral, 33, 38, 43, 222, 231, 232, 233, 244, 250, 261, 331, 372
"Três corpos", doutrina dos (Sânscr., *Trikāya*), 193-200, 271
"três marcas" (Páli, *ti-lakkhaṇa*; Sânscr., *tri-lakṣaṇa*) das coisas condicionadas, 86, 114, **359-61**, 362, 363, 366
três naturezas (Sânscr., *tri-svabhāva*), **163-64**, 166, 171
Triṃśatikā-kārikā, 27, 157
Tri-svabhāva-nirdeśa, 27, 157
tulkus (Tib., *sprul-sku*), **199**, **232**, 234, 320, 336
Trungpa, Chögyam, 460, 467
Ts'ao-shan. *Ver* Caoshan
Ts'ao-tung Chan, escola. *Ver* Cao-dong
Tsongkh'apa (Tsong kha pa), 184, 233, 234, 285, 366, 440
Tzu Chi, Fundação, 305, 434, 458, 491

ultimatismo, 410
"um veículo" (*eka-yāna*), 139, 187/e "três veículos", 139, 241
umbigo, função do na meditação, 377, 378, 386, 413
universidades budistas, 215, 220, 234, 331, 430
unsui (um aprendiz Zen), 321
Upaniṣads, 38, 39, 40, 88, 148, 155, 176
upāsakas e *upāsikās* (Páli e Sânscr., discípulos leigos devotos), 293, 302, 311, 320
uposatha. *Ver* dias de observância

vacuidade (Sânscr., *śūnyatā*; Páli *suññatā*), 125, 142 *Ver também* vazio *e* vazio, o/e a bem-aventurança, 378
como uma realidade suprema fluida, 176
como uma via de acesso para a liberação, 110, 364, 387
compreensão da, 136, 186, 367, 368
de *svabhāva* (natureza/existência inerente), 144-47 *Ver também s.v.* vazio
do doador, da doação e do beneficiário, 186
do Estado de Buda, 154
do vazio, 152
dos Budas, 198
e *'Mu' kōan*, 391
e a compaixão, 180
e a escola Won, 436
e a igualdade de gênero, 310
e a interpenetração, 175
e a não diferença entre *saṃsāra* e *Nirvāṇa*, 154
e o corpo do Dharma, 197, 199
e o ser-o-que-é, 152, 160, 164
e o *Tathāgata-garbha*, 197
e o yoga sexual, 380
gama de significados da, 125
Gelugpas sobre três aspectos da, 146
Huayan sobre a, 176, 177
Mādhyamikas sobre a, 148-49, 152
na arte Zen, 397
na doutrina do Tathāgata-garbha, 167, 169, 170, 171
na meditação Chan/Zen, 393
no *Dzogch'en*, 230
no *Mahāmudrā*, 379
tipos de, 178

vacuidade do eu e vacuidade de outros, 154-56, 172, 197, 234, 235
visão da, 184, 394
Yogācāras sobre a, 164, 166
vādas (escolas de pensamento), **32, 118, 121**, 124
Vaibhāṣikas, 123, 158
Vajra, 211, 212, 219, 253, 373, 440
vajrācārya, 321
Vajradhara, 198, 207, 212
Vajrapāṇi, 208, 211, 212, 440
Vajrasattva, 212, 377
Vajrayāna, 33, 34, 209-12, 213, **214**, 217, 224, 230, 234, 261, 375, 425, 430, 441, 461, 463, 474, 475, 481 *Ver também* Mantranaya; tântrico, budismo
Vassa (Páli, Sânscr., *Varṣa*), o período das "chuvas", **117, 284**, 285, 320, 335
Vasubandhu
autor de *Abhidharma*-kośa, 23, 123, 365
dois ou um?, 156
o autor Yogācāra, 26, **156**, 163, 166, 195, 241
vazio (Sânscr., *śunya*; Páli, *suñña*)
da dualidade sujeito/objecto, 165, 172, 197, 379, 383
da realidade suprema, 147, 152
da separação, 394
de "solidez", 110
de *svabhāva* (natureza/existência inerente), 143, **144-47**, 148, 149, 150, 154, 158, 164, 171, 176, 180, 200, 310, 367, 368, 371, 376, 377 *Ver também* própria natureza.
de uma forma fixa, 176, 178/de impurezas, 110, 153, 154, 155, 170, 172, 176, 245, 306
do Eu, 87, 110, 122, 125, 153, 154, 360
gama de significados do, 125, 156, 178
vazio, o (Páli, *suññata, suññaṃ*), 110, 125, 142, 153, 155, 157, 364
Veda, 38, 40, 53, 58, 64, 211, 375
vegetarianismo, 130, 217, 221, 297, 298, 491
e o budismo do norte, 299
na FWBO, 472
no budismo do leste, 279, 298, 318, 322, 433
no budismo do sul, 298, 414
no jainismo, 42
veículo do Buda, 139
Veículo inato (*Sahaja-yāna*), 219, 381
veracidade como perfeição, 184, 304
verdade/realidade (Páli, *sacca*; Sânscr., *satya*), 79, 80, 81, 119 *Ver também* verdades/realidades convencionais e supremas
amor pela, 302
asseveração da, 264, 275
experiência como critério fundamental da, 60
verdade/realidade suprema. *Ver* verdades/realidades convencionais e supremas
verdades/realidades (Sânscr., *satya*; Páli, *sacca*) convencionais (Sânscr., *saṃvṛti*; Páli, *sammuti*) e supremas (Sânscr., *parmārtha*; Páli, *paramattha*), 88, 119, 122, 123, 147, 149, 151, 152, 153, 155, 163, 186, 198, 368, 391
vergonha, 294, 300
Vesālī (Páli, Sânscr., Vāiśalī), 53, 117
vias de acesso para a liberação, três, 125 *Ver também* desprovido de propósito; vazio, o; desprovido de sinal
Vibhajyavāda, 121, **124, 125, 126**, 156, 158 *Ver também* Dharmaguptaka; Theravāda
Vibhaṅga, 28, 119, 227
Vietnã, 35, **249**, 262, 297, 319, 399, 400, 401, **420-21**, 426, 434-35, 458, 477, 504, 509,
budismo de fora da Ásia, 449, 450, 452, 458, 474, 478, 480
vigor/energia (Páli, *viriya*; Sânscr., *vīrya*), 338, 345
como um fator do despertar, 107
como uma perfeição, 184, 186, 304
e as práticas de austeridade, 332
Vigraha-vyāvartanī, 28, 143
vihāra (Páli e Sânscr.),"morada" monástica, 264
Vijñānavāda, 158
Vimalakīrti-nirdeśa Sūtra, 140, 195
Viṃśatikā-kārikā, 28, 157
Vinaya (Páli e Sânscr., disciplina monástica), 28, 33, 43, 55, 117, 118, 124, 127, 224, 289, 311, **313-18**, 326, 483
e os juros sobre empréstimos, 329
e os monges da floresta, 332, 466
na Coreia, 323
na tradição chinesa, 241, 318, 457
para os leigos, 307
sobre a atividade política, 418

sobre a varredura, 338
sobre a vida comunitária, 335
sobre cavar a terra, 328
sobre pagamentos aos monges, 327, 340
substituição do, pelo Saichō, 321
vipassanā (Páli, Sânscr., *vipaśyanā*, compreensão), meditação, **358-64** *Ver também samatha-yāna*
e a respiração, 352
e *jhāna*, 350
e o Chan/Zen, 385, 391
e o movimento Dhammakāya, 413
e *samatha* na meditação tântrica, 371, 377
e *samatha* reunidos, 349, 391
e *samatha*, **348-49**, 355, **357-58**, 365-68
forma "seca", 349, 358, 361, 363
na África, 481
na Birmânia, 361-62, 418
na Europa continental, 476, 478, 479
na Índia, 421
no Reino Unido, 465, 466, 467
no Sri Lanka, 403
nos Estados Unidos, 456-57, 462
vipassanā-dhura, 329
vipassanā-yāna, 349
vir a ser (*bhava*), 100
virtude moral (Páli, *sīla*; Sânscr., *śīla*), 74, 78, 107, **111**, **113**, **288** *Ver também* ética; preceitos/e a fé, 345
como um dos três fatores do caminho ao lado da meditação e sabedoria, 111-13, 195
como uma perfeição do *Bodhisattva*, 184, 185
e a alegria, 288
e a meditação, 69, 288, 363
e as impurezas, 358
no Mahāyāna, 180
recordação da, 351
visão, Mādhyamika sobre a, 146
visão/ponto de vista correta(o), 102, 111, 112, 113, 358
dois níveis de, 78, 98, 111, 112, 113, 114
Viṣṇu (divindade hindu), 221, 226
como um *Bodhisattva*, 221, 407
visões/pontos de vista (Páli, *diṭṭhi*; Sânscr., *dṛṣṭi*), **93-94**, 97-98, 144 *Ver também* visão/ponto de vista correta(o)
da existência e não existência, 102, 145
da unidade e diversidade, 102
endireitando nossas(as), 74
erradas(os), 76
eternalismo e aniquilacionismo, 42-43
Mādhyamika sobre as(os), 149-52
sobre o grupo existente, 94 *Ver também* personalidade, ponto de vista da
visualização, 136, 368
e o Chan/Zen, 397
na escola Tiantai, 367
na FWBO, 469
nas escolas da Terra Pura, 279, 368-71
no budismo do sul esotérico, 19
no budismo tântrico, 32, 208, 209, 253, 271, 272, 337, 344, 371-80
para despertar compaixão, 182
Visuddhimagga, 28, 34, 129, **223**, 224, 342, 350, 363
vitória sobre o, 49, 286, 402, 413
volição/vontade (Páli e Sânscr., *cetanā*), 85
e a consciência, 98
e o karma, 69, 70, 72, 159, 161, 289
votos (Sânscr., *praṇidhāna*; Páli *paṇidhāna*), **263**, 321, 408
de Amitābha, 201, 203, 241, 254
de Avalokiteśvara, 276
de Bhaiṣajya-guru, 203
de Kṣitigarbha/Jizō, 206
de Mañjuśrī, 206
de Samantabhadra, 193
de Śāntideva, 185
de Tārā, 214
de um *Bodhisattva*, 128, **183**, 185, 187, 188, 193, 195, 198, 230, **304**, 319
e a peregrinação, 282
no budismo do leste, 202, 271, 281, 294, 367
preceitos éticos como, 181, 293
tântricos, 216

Won, escola, 436, 456

xintoísmo, 251
integrado com o budismo, 35, 199, 200, 253, 281, 309

GRUPO EDITORIAL PENSAMENTO

O Grupo Editorial Pensamento é formado por quatro selos:
Pensamento, Cultrix, Seoman e Jangada.

Para saber mais sobre os títulos e autores do Grupo
visite o site: www.grupopensamento.com.br

Acompanhe também nossas redes sociais e fique por dentro dos próximos lançamentos, conteúdos exclusivos, eventos, promoções e sorteios.

editoracultrix
editorajangada
editoraseoman
grupoeditorialpensamento

Em caso de dúvidas, estamos prontos para ajudar:
atendimento@grupopensamento.com.br

Pensamento Cultrix SEOMAN JANGADA
GRUPO EDITORIAL PENSAMENTO

no Japão moderno, 426, 427, 432
separado do budismo, 261, 426
Xuanzang (Hsüan-tsang), 137, 143, 157, 239

Yamāntaka, *Bodhisattva* colérico, 213, 214, 377
Yasutani, Hakuun, 455
Yeshe, Thubten, 272, 462, 480, 490
yidam (Tib.) ou "divindade escolhida", 372, **373**, 374, 377, 378, 379, 380
yoga sexual, 216, 218, 231, 233, 320, **380**
yoga, 48, 157, 232 *Ver também* Nāropa, seis yogas de; yoga sexual
Yogācāra, escola, 142, **156-66** *Ver também* Asaṅga; Vasubandhu
e a doutrina do "apenas pensamento", 162-63, 191, 194, 372, 375
e a doutrina do Tathāgata-garbha, 166, 167, 170-72
e as visualizações tântricas, 372
e o Chan/Zen, 243, 247, 390, 393
e os Mādhyamikas, 144, 157, 164
na China, 160, 239, 241
sobre a consciência, 158, 159-61
sobre a doutrina dos "Três corpos", 197
sobre o caminho e a meta, 164-66, 368
sobre o vazio, 160, 164, 178
Yogāvacara (sistema de budismo do sul esotérico), 227-28
Yunnan, 226, 401, 421, 438
Zazen (Jap., meditação sentada), 257, 258, 385
Zen, escolas, 32, 144, 159, 173, 242, 256-58, 259, 261, 321, 336, 430, 455-58
Ver também Chan; Cao-dong; Linji; Rinzai; Seon; Sōtō; Thien
aprendizes nas, 327, 338
artes das, 260, 396-98
e a igualdade entre os sexos, 310
e Guanyin, 277, 278
e o trabalho, 338
ética nas, 288, 293, 301, 302, 322
meditação no, 343, 371, 381, **385-96**, 430
mosteiros e templos nas, 265, 333
na Australásia e na África, 480, 481
na Europa, 464, 465, 468, 473, 474, 475, 476, 477, 478, 479
nas Américas, 443, 449, 454, 455, 456, 458, 481
no Japão moderno, 432
"refúgios" nas, 271
ritos para os mortos nas, 297
versos de oferenda das, 267
Zhenyan (Chen-yen), escola, 240, 251, 252
Zhiyi (Chih-i), 240, 367
Zhushe (Chu-she), escola, 239